LEBRON

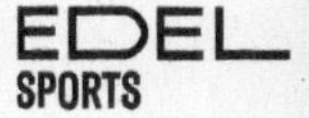

LEBRON

JEFF BENEDICT

INHALT

VORWORT VON DENNIS SCHRÖDER

LeBron James ist kein gewöhnlicher Basketballer. Er ist kein gewöhnlicher Mensch.

In der Saison 2020/21 hatte ich bei den Los Angeles Lakers das Glück, erstmals mit ihm in einem Team zu stehen. Damals versuchte ich, mich ganz normal im Training neben LeBron zu verhalten ... aber das ging nicht. Denn da stand halt LeBron James. Wenn er in die Kabine kommt und „Good morning everybody" sagt, dann ist das etwas ganz anderes, als wenn das ein Rookie sagt. Du weißt, was für einen Status er in der Geschichte des Spiels hat, was er in seiner Karriere geleistet hat.

LeBron James ist seit über 20 Jahren „The Man" im Basketball. Er ist ein Weltstar. Trotzdem ist er extrem gelassen und geerdet. Er übernimmt große gesellschaftliche Verantwortung, hat eine eigene Schule gegründet. Ich war in der Arena, als er zum ewigen Topscorer der NBA wurde – ein Moment für die Ewigkeit. Der Rekord von Kareem Abdul-Jabbar stand 39 Jahre!

Wir hatten zwar von Beginn an ein cooles Verhältnis, aber erst in meiner zweiten Saison in L. A. 2022/23 war es normal für mich, mit LeBron James zusammen Basketball zu spielen oder abzuhängen. Er wusste und schätzte, was ich dem Team gebe.

Es ist ein Segen, mit ihm zu spielen. Er verlangt viel von dir, aber genau dadurch wirst du besser. LeBron nimmt dich immer wieder zur Seite, gibt dir Ratschläge. Sein Wissen über das Spiel ist unbegrenzt.

Wir haben uns oft morgens in der Trainingsanlage der Lakers getroffen – LeBron, unser Mitspieler Rui Hachimura und ich. Dann haben wir zusammen trainiert. Das war einzigartig und verrückt. Andere Menschen würden sonst was dafür tun, Zeit mit dieser Ikone zu verbringen. Wir haben gearbeitet, Witze gemacht, Karten gespielt. Wenn mein Sohn in die Kabine kam, begrüßte LeBron ihn jedes Mal und fragte, wie es ihm geht.

LeBron hat mich auch unterstützt, als ich 2021/22 meine schwerste Saison durchlebte. Damals standen unwahre Dinge über mich im Internet. Er meldete sich, riet mir, den Kopf nicht hängen zu lassen – dabei spielte ich zu dieser Zeit gar nicht bei den Lakers. Dafür bin ich dankbar.

Ich musste mich oft echt kneifen. Aus Braunschweig in Niedersachsen zu den Los Angeles Lakers, dem schillerndsten Basketballclub der Welt, und dann an der Seite von diesem Superstar zu spielen, der auch als Mensch ein absolutes Vorbild ist, das hätte ich niemals zu träumen gewagt.

1

WAS IST DA GERADE PASSIERT?

Am 8. Juli 2010, einem Donnerstag, verließ eine Reihe glänzend schwarzer SUVs den Westchester County Airport im Bundesstaat New York, schlängelte sich auf Nebenstraßen nach Connecticut und bog am Ende in eine frisch asphaltierte, von mächtigen Eichen und Ahornbäumen gesäumte Privatstraße ein. Auf dem Rücksitz der Fahrzeuge saßen der damals 25-jährige LeBron James und die 23-jährige Savannah Brinson. Seit Highschooltagen waren die beiden füreinander bestimmt und hatten inzwischen zwei Söhne miteinander. LeBron, schwarze Sonnenbrille, weißes T-Shirt und schwarze Cargoshorts, hatte kaum einen Blick für die Szenerie, vor der die Kolonne hielt. Ein Kiesweg führte zu dem prachtvollen Gebäude im Neuengland-Kolonialstil. Die nachmittägliche Sonne schien durch den weißen Holzzaun, der das Grundstück umgab, und tauchte den üppigen grünen Rasen und die pinken und violetten Rabatten in goldenes Licht.

James würde in einem Special zur Hauptsendezeit auf ESPN bekannt geben, wie er sich entschieden hatte: bei den Cleveland Cavaliers zu bleiben oder bei einem der fünf Teams zu unterschreiben, die seit über einem Jahr um ihn buhlten. Der berühmteste Basketballspieler der Welt ahnte nicht, dass er am Ende der Sendung der meistgehasste der Welt sein würde.

Aus den anderen Fahrzeugen stiegen unter anderem seine zwei Freunde Maverick Carter, 29, und Rich Paul, 28. Sie gehörten zu den wenigen Personen, die in James' Pläne eingeweiht waren. Seit James' letztem Jahr an der Highschool in Akron, Ohio, arbeiteten sie für ihn, zusammen mit Randy Mims, seinem 31-jährigen Stabschef. James hatte die drei damals gebeten, seinen engsten Kreis zu bilden. Sie waren klug, äußerst ehrgeizig und nicht zuletzt loyal, sich selbst nannten sie „The Four Horsemen". Carter und Paul folgten James den Kiesweg zum Haus (Mims hatte sie auf dieser Fahrt nicht begleitet). Vor allem Carter, ein aufstrebender Unternehmer, hatte James geraten, seine Entscheidung auf diese Weise bekannt zu geben. James war vermutlich der einzige Sportler in Amerika, der die Macht besaß, John Skipper, den Präsidenten von ESPN, dazu zu bringen, ihm für eine Stunde seine eigene Show einzuräumen. Carter gefiel es, dass James seine Macht nutzte, um etwas Revolutionäreres zu tun, als lediglich ein Team einem anderen vorzuziehen, wie es sein Recht als vertragsloser Spieler war. Stattdessen stand James kurz davor, sich für unabhängig zu erklären: unabhängig vom wirtschaftlichen Einfluss der Clubbesitzer, von den Journalisten und von der allgemeinen Machtdynamik, die Sportler – insbesondere schwarze Sportler – in der Vergangenheit an ihrem Platz festgehalten hatte. Paul sah es genauso: LeBron war kurz davor, den Status quo zu zerstören.

James war voller Selbstvertrauen und genoss den Moment mit seinen Freunden. Ihm war bewusst, wie viel Einfluss er besaß. In sieben Spielzeiten in Cleveland hatte er erreicht, was noch keinem Basketballer – nicht einmal Michael Jordan – gelungen war. Während seines ersten Jahres an der Highschool wurde James auf der Titelseite von *Sports Illustrated* zu „The Chosen One" (dem „Auserwählten") geweiht. Und noch vor seinem Schulabschluss unterzeichnete er einen Nike-Schuhvertrag über neunzig Millionen US-Dollar. Er war im Alter von 18 Jahren wie ein Komet in die NBA gekommen und erreichte als jüngster Spieler der Ligageschichte und schneller als jeder andere vor ihm die Meilensteine von 10.000 Punkten, 2.500 Rebounds, 2.500 Assists, 700 Steals und 300 Blocks. Er war auf dem besten Weg, der erfolgreichste Scorer, Rebounder und Playmaker zu werden, den es im Basketball je gegeben hatte. 2004, mit 19 Jahren, war er der jüngste Spieler, der es jemals in den olympischen Basketballkader der USA geschafft hatte, und 2008, mit 23, gewann er eine Goldmedaille. Im selben Jahr gründete er seine eigene Firma, produzierte seinen ersten

Film, unterzeichnete seinen ersten Buchvertrag und beteiligte sich an Beats Electronics von Dr. Dre und Jimmy Iovine, das später von Apple übernommen wurde. Er pflegte seine Freundschaft mit zwei der reichsten Männern der Welt, Warren Buffett und Bill Gates, die beide beeindruckt waren von dem Kreis erfahrener Banker und Anwälte, den James um sich zu ziehen verstand. Buffett sagte über James: „Würde er an die Börse gehen, würde ich Aktien von ihm kaufen."

Im Juli 2010 waren James' geschätzte jährliche Einnahmen von fünfzig Millionen US-Dollar aus seinem Basketball-Salär und seinen Werbeverträgen nur ein Teil seines wachsenden Portfolios. Sein Vermögen war auf dem besten Weg, innerhalb des folgenden Jahrzehntes eine Milliarde US-Dollar zu erreichen. In Amerika hatte es noch nie einen Milliardär gegeben, der professionellen Mannschaftssport betrieb. James war entschlossen, der erste zu sein.

Bei Nike hatte er Tiger Woods als wertvollsten Markenbotschafter des Schuhunternehmens in den Schatten gestellt. Als Woods im Herbst zuvor seinen SUV gegen den Baum eines Nachbarn gesetzt hatte und sein Ruf wegen seines Eheskandals bröckelte, ließ man den Golfprofi fallen und wandte sich mehr und mehr James zu. American Express, McDonald's, Coca-Cola und Walmart schätzten seine authentische Liebe zur Familie und wie er sich unverbrüchlich zu seinen Wurzeln in Akron bekannte.

Mittlerweile war er über die Sportsphäre hinaus weltberühmt. James trat mit Jay-Z auf, warb für Barack Obama, dinierte mit Anna Wintour, machte Fotoshootings mit Annie Leibovitz und Gisele und gründete eine eigene Stiftung. Noch vor seinem 25. Geburtstag wagte er sich in die Politik, die Modewelt, die Massenmedien und die Gefilde der Philanthropie. In einem Zeitraum von nur einem Jahr wurde er in *60 Minutes* porträtiert und war auf den Titelseiten von *Vogue, TIME, Esquire, Fortune* und *GQ* zu sehen. Laut einem führenden Promi-Index hatte er Jay-Z an Popularität übertroffen. Und Nike machte James durch Fernsehwerbespots auf Hollywood-Niveau, in denen er seine Fähigkeiten als Schauspieler und Comedian unter Beweis stellte, zu einer internationalen Ikone, von China bis Europa.

Das Einzige, was ihm noch fehlte, war der Gewinn einer NBA-Meisterschaft. Aber das, so hatte er beschlossen, sollte sich bald ändern.

Seit mehr als einem Jahr war ihm klar, dass er, wenn sein Vertrag mit den Cavaliers nach der Saison 2009/2010 auslief, seine Optionen prüfen und bei dem Club unterschreiben würde, der am besten gerüstet war, ein Team aufzustellen, das Meisterschaftsringe gewinnen konnte. Alle wollten ihn haben. New Yorks damaliger Bürgermeister Michael Bloomberg und die Stadt gingen sogar so weit, die Kampagne „C'mon LeBron" zu starten, digitale Botschaften auf dem Times Square zu platzieren und Werbung auf den Minibildschirmen von Taxis zu schalten, in der Hoffnung, dass James zu den Knicks kommen würde. Ein russischer Milliardär, dem die Brooklyn Nets gehörten, versuchte, James zu ködern, indem er mitteilte, es sei seine Vision, James zu helfen, Milliardär zu werden. Sogar Präsident Obama schaltete sich ein und pries vom Westflügel des Weißen Hauses aus den Club seiner Heimatstadt an, die Chicago Bulls. Auf Plakatwänden in Cleveland wurde James angefleht zu bleiben. Auf Plakatwänden in Miami wurde er inständig gebeten, nach Florida zu kommen.

Wie jeder große Entertainer wollte auch James begehrt werden. Von allen. Mitunter war er besessen davon, wie die Leute ihn wahrnahmen, besonders wenn es um Gleichaltrige ging. Am Tag bevor James nach Greenwich fuhr, brauchte der vertragslose Spieler Kevin Durant auf Twitter weniger als 140 Zeichen, um bekannt zu geben, dass er beschlossen habe, erneut bei den Oklahoma City Thunder zu unterschreiben. Er sagte: „Ich bin einfach nicht der Typ, der immer im Rampenlicht stehen oder sein Geschäft nach außen tragen muss." Durant war James' schärfster Rivale in Sachen Talent. Und Durants zurückhaltende Art wurde von Basketball-Journalisten allseits gelobt. Viele von ihnen nutzten seine Herangehensweise, um gegen James und sein ESPN-Special zu feuern. „Eine einstündige Show? Was zum Teufel …?", schrieb ein Kommentator von *Fox Sports.* Einige Spieler meldeten sich anonym zu Wort. „Bei LeBron dreht sich alles um ihn selbst", gab ein ungenannter NBA-Profi zu Protokoll. „Er spricht davon, einer der Besten aller Zeiten sein zu wollen, wie Jordan, wie Kobe. Aber Jordan und Kobe würden so etwas niemals tun. Er versucht, größer zu sein als das Spiel."

James las alles, was über ihn geschrieben wurde. Die ständigen Vergleiche mit Jordan und Kobe hatten schon einen Bart. Aber nichts schmerzte mehr, als egoistisch genannt zu werden. In seiner Vorstellung ging er Basketball nur genauso an wie die Clubbesitzer – als Geschäft. Die Vereine waren bereit, um seine Dienste zu wetteifern. Warum sollte er sich nicht mit den Clubrepräsentanten treffen und ihre Argumente anhören? Und warum sollte er nicht versuchen, die bestmöglichen Voraussetzungen zu schaffen, indem er mit anderen Spielern darüber sprach, die Kräfte zu bündeln, um gemeinsam Meisterschaften zu gewinnen? Das war nicht egoistisch. Das war klug.

Niemand schien James' Einstellung so zu schätzen wie Pat Riley, der Präsident von Miami Heat. In der Woche vor dem ESPN-Special traf sich James mit mehr als einem Dutzend Führungskräften von Clubs, die um ihn buhlten. Riley erschien mit seinen Meisterschaftsringen und machte deutlich, dass er wusste, wie man sie gewinnen konnte. Er empfand es auch nicht als Bedrohung, dass James es auf sich nahm, andere großartige Spieler zu rekrutieren, die mit ihm zusammen die Meisterschaft gewinnen sollten.

Aus beruflicher Sicht war James klar, dass Miami die richtige Wahl war. Dennoch tat er sich schwer mit der Aussicht, Cleveland zu verlassen. Ohio war Heimat. Er hatte nie woanders gelebt. Er fühlte sich wohl dort. Und aus Gründen, die nur wenige Menschen außer seiner Mutter vollständig verstanden, hatte James eine so tiefe Verbindung zu seiner Heimatstadt Akron, dass er sich dem Ort, der ihn hervorgebracht hatte, verpflichtet fühlte. Sein Kopf sagte ihm, er solle nach Miami gehen. Sein Herz war an Akron gebunden.

Entschlossen, seine Mutter nicht zu enttäuschen, rief er sie Stunden vor seinem Flug nach Greenwich an und erzählte ihr, was er dachte. Er sei es, der mit den Konsequenzen seiner Entscheidung leben müsse, sagte sie und ermutigte ihn zu tun, was das Beste für ihn sei.

Weil er die Sache hinter sich bringen wollte, verspürte James Erleichterung, als er das Haus von Mark Dowley in Greenwich betrat. Dowley trug ausgeblichene Jeans und ein Polohemd, das ihm über der Hose hing. Er sah nicht aus wie ein Seniorpartner von William Morris Endeavor (WME), der größten und mächtigsten Agentur Hollywoods. Dowley, ein Marketingguru und führender strategischer Denker, hatte die Details des ESPN-Specials ausgearbeitet. James kannte ihn nicht besonders gut. Aber Carter kannte ihn, und das allein zählte für James.

Er dankte Dowley dafür, dass er ihn und Savannah bei sich in seinem schönen Zuhause willkommen hieß.

Obwohl Dowleys Agentur ihren Sitz in Los Angeles hatte, lebte er in Greenwich, was seinen Wunsch, die Veranstaltung dort auszurichten, stark beeinflusst hatte. Sie sollte im Greenwich Boys & Girls Club stattfinden, und der Erlös aus der ESPN-Show sollte an Boys & Girls Clubs in den Städten der NBA-Teams gespendet werden, die James umworben hatten.

Dowley stellte James seinem von Ehrfurcht ergriffenen zwölfjährigen Sohn und ein paar von dessen Kumpels vor. Einige Vertreter von ESPN, Nike und anderen Sponsoren waren ebenfalls anwesend. James begrüßte alle höflich, zog sich dann in einen privaten Raum zurück und schlüpfte in Designerjeans und ein violettes Gingham-Hemd. Sein Telefon piepste unablässig wegen eingehender Nachrichten. Nur zwei Tage zuvor hatte James sich bei Twitter registriert und zum ersten Mal getwittert: „Hallo Welt, der echte King James ist im Gebäude. ‚Finally'." Seine bevorstehende Entscheidung trendete bereits auf der aufstrebenden Social-Media-Plattform. Außerdem wurde er mit Textnachrichten überschwemmt. Eine war von Kanye West: Wo bist du?

Nachdem er Taylor Swift bei der Grammy-Verleihung die Show gestohlen hatte, war West auf Hawaii untergetaucht, um an seinem fünften Studioalbum *My Beautiful Dark Twisted Fantasy* zu arbeiten. Weil er James' Entscheidung persönlich miterleben wollte, hatte er sich auf den Weg nach Greenwich gemacht und suchte nun Dowleys Haus. Ohne Dowley vorzuwarnen, schickte James West die Adresse, bevor er sich mit Carter und dem Sportreporter Jim Gray zusammensetzte, um das Programm durchzugehen. Bald darauf klopfte es an der Eingangstür. Verblüfft rief Dowleys Zwölfjähriger: „Kanye ist hier!" Die kleine Probeveranstaltung fühlte sich plötzlich wie eine Hausparty an.

James hatte Kanye über Jay-Z kennengelernt. Sie waren Freunde. James war mit vielen Rappern und Hip-Hop-Künstlern befreundet. Sie genossen es, in seiner Nähe zu sein. Sie ließen ihm Backstage-Ausweise für ihre Konzerte zukommen. Luden ihn zu ihren Partys ein. Saßen bei seinen Spielen am Spielfeldrand. Verewigten ihn in ihren Liedtexten. In vielerlei Hinsicht wollten sie LeBron nicht nur kennen, sie wollten LeBron sein. Mit seinem Ruhm als Basketballstar übertraf er sie alle. Doch als die Abenddämmerung in Dunkelheit überging, stand James an der Schwelle zu einer ganz neuen Welt voller Möglichkeiten, die sich vor ihm auftaten. Während er mit seinem Gefolge das Haus verließ und in einen Van stieg, um von der Polizei zum Greenwich Boys & Girls Club eskortiert zu werden, konnte er nicht umhin, sich zu fragen: Wie kommt ein Junge aus Akron hierher?

Generatoren brummten, und Übertragungswagen blockierten den Parkplatz vor dem Boys & Girls Club. Tausende von Menschen in NBA-Trikots und mit Schildern in der Hand – KOMM ZU DEN NETS – säumten die Straßen. Die Fans standen in zwanzig Reihen gestaffelt und sangen „Let's go Knicks", während ein Verkehrspolizist mit Megafon vergeblich versuchte, sie zurückzudrängen. In einem Van, der Polizeibeamten auf Motorrädern folgte, bog James wie auf einem Festwagen bei einer nächtlichen Parade um die Ecke. Blitze von Handykameras in Kombination mit Straßenlaternen, gelben Scheinwerfern, blauen und roten Polizeilichtern und weißen Scheinwerfern vor dem Club sorgten für ein Kaleidoskop von Farben inmitten von Sirenen.

James war nervös, während er darüber nachdachte, die Cavaliers zu verlassen.

„Wir melden uns live aus Greenwich, Connecticut", sagte ein Moderator im ESPN-Studio in Bristol, während der Sender Szenen von dem Chaos draußen übertrug.

Während Jay-Zs *Empire State of Mind* auf einem Gettoblaster aufgedreht wurde, kreischten Kids und zeigten auf LeBron und Kanye, die aus den Fahrzeugen stiegen. Kinder im Teenager-Alter von Risikokapitalgebern und Wall-Street-Bankern freuten sich darüber, dass ihre Stadt für eine Nacht das Zentrum des Basketballuniversums war.

Kurz vor neun Uhr abends stand James mit Savannah Brinson vor der Sporthalle. Kanye mit dunkler Sonnenbrille, schwarzer Clubjacke und bunten Slippern war in ihrer Nähe. Dowley vergewisserte sich, dass alles vorbereitet war. Rich Paul rief Dan Gilbert an, den Besitzer der Cavaliers, und teilte ihm mit, dass LeBron nach Miami gehen würde.

Gilbert reagierte wütend. Drei Jahre zuvor hatte er versucht, James mit einem Fünfjahresvertrag an sich zu binden, der all das verhindert hätte, aber James hatte darauf bestanden, lediglich einen Dreijahresvertrag zu unterschreiben. „Als er sagte: ‚Ich unterschreibe für drei

Jahre', hätten wir den Mumm haben sollen zu sagen: ,Du kannst uns mal'", erklärte Gilbert einem Journalisten. „Wir hätten sagen sollen: ,Fick dich. Geh.'"

Während Paul sich mit Gilbert auseinandersetzte, konzentrierte sich James auf Savannah, bis ein ESPN-Produzent mit Ohrhörer ihm sagte, dass es Zeit sei.

„Wünsch mir Glück", sagte James zu Brinson und umarmte und küsste sie. Bevor er sich zum Gehen wandte, zeigte er ihr seine Zähne. Brinson mochte es, wie er sie immer zum Lachen brachte. Sie signalisierte ihm „Alles bestens" und gab ihm einen kleinen Schubs Richtung Sporthalle.

Jim Gray saß in einem Regiestuhl auf einer provisorischen Bühne in der Mitte der Halle. James saß ihm gegenüber auf einem entsprechenden Stuhl. Unter einem Korb saßen etwa 65 Kinder auf Klappstühlen. Unter dem anderen Korb und an den Wänden saßen etwa hundert Erwachsene in Geschäftskleidung auf Stühlen. Polizeibeamte standen in den Eingängen. Obwohl Gray ein erfahrener Profi war, sah er nervös aus. Auch James schien sich nicht gerade wohlzufühlen. Beide Männer schwitzten unter den weißen Lichtern. Ein Visagist machte sich an ihnen zu schaffen. Das Publikum verhielt sich so still wie eine Trauergemeinde.

Aus Bristol teilte Stuart Scott von ESPN den Zuschauern mit, dass es nur noch wenige Minuten bis zu James' Entscheidung seien. Grays einleitende Fragen wirkten gestelzt. Die Minuten zogen sich hin, während James vage Antworten gab. Schließlich, fast eine halbe Stunde nach Beginn der Sendung, sagte Gray: „Die Antwort auf die Frage, die jeder wissen möchte ... LeBron, wie lautet Ihre Entscheidung?"

„Ähm, diesen Herbst ... Mann, das ist sehr hart. Ähm, diesen Herbst werde ich meine Fähigkeiten mit nach South Beach nehmen und mich den Miami Heat anschließen."

In der Sporthalle war gedämpftes Keuchen zu hören. Gray schien sich nicht sicher zu sein, was er als Nächstes sagen sollte. Es war, als hätte jemand das Live-Fernsehen angehalten. Draußen brach die Menge in Buhrufe aus.

Das Buhen hallte in Sportbars von New York bis Los Angeles wider. In Cleveland wurden Tränen ungläubiger Fassungslosigkeit vergossen. James' neun Worte – ich werde meine Fähigkeiten mit nach South Beach nehmen – hatten die NBA und ihre Fans erschüttert.

„Wie erklären Sie das den Menschen in Cleveland?“, fragte Gray.

„Ah, für mich ist das eine Herzensangelegenheit“, versuchte James zu erklären. „Ich wollte Cleveland nie verlassen … Und mit meinem Herzen werde ich immer in dieser Gegend sein.“

Im gleichen Moment gingen die Fans in Cleveland auf die Straße, zündeten LeBron-Trikots an und verfluchten ihn aufs Übelste.

Ohne zu wissen, was in seiner Heimat vor sich ging, stand James auf und verließ die provisorische Bühne. Er erklärte sich bereit, ein Foto mit den Kids zu machen, und forderte sie auf herüberzukommen. Sie drängelten sich um ihn.

Ältere Jungs eilten an der Viertklässlerin Gigi Barter vorbei, aber plötzlich wurde sie von hinten in die Luft gehoben. Der Mann, der den Club leitete, übergab sie an James, der sie auf seine Schultern setzte. James' Hände schlossen sich um ihre, und Gigi hielt seine Daumen fest. Sie strahlte und konnte nicht glauben, dass sie auf den Schultern von LeBron James saß. „Ich war die Kleinste im Raum“, erinnerte sie sich später. „Ich fühlte mich wie die Größte der Welt. Ich hatte buchstäblich das Gefühl, den Himmel berühren zu können.“

Umgeben von Kindern lächelte James in die Kamera.

***

Nachdem die Kinder gegangen waren, gab James dem Sportjournalisten Michael Wilbon, der sich in einem ESPN-Studio befand, ein Interview. „Ich muss Sie das fragen“, sagte Wilbon, „in Cleveland wurde Ihr Trikot an einigen Orten verbrannt. Wir haben gerade ein Video davon bekommen.“

James sah auf einen Bildschirm. Flammen verzehrten Trikots mit seinem Namen und seiner Nummer darauf. In seinem Ohrhörer hörte James Wilbons Stimme: „Wenn Sie dieses Bild sehen können … wie fühlen Sie sich?“

„Was ich nicht wollte, war, eine emotionale Entscheidung zu treffen“, sagte er. „Ich wollte tun, was für LeBron James am besten ist und was LeBron James glücklich macht. Betrachten Sie es mal von der anderen Seite. Die Cavs wären mich irgendwann losgeworden. Hätte meine Familie dann den Club niedergebrannt? Natürlich nicht.“

Im Fernsehen und in den sozialen Medien wurde James an den Pranger gestellt.

„Er wirkt wie ein narzisstischer Narr", sagte ein prominenter Basketballjournalist auf ESPN.

Ein anderer Basketballreporter kritisierte die Show als „Schande".

Ein weiterer Journalist nannte es „das Äquivalent zum Waterboarding im Fernsehen".

Einer von David Lettermans Produzenten äußerte sich auf Twitter: „Ich halte meine Zweijährige wach, damit sie das LeBron-James-Special anschaut. Ich möchte, dass sie genau den Moment erlebt, in dem unsere Gesellschaft den Tiefpunkt erreicht hat."

Sogar Jim Gray wurde verspottet. „Das Vorspiel von Jim Gray ist genauso befriedigend, wie ich es mir immer vorgestellt habe", twitterte der Comedian Seth Meyers.

In Dowleys Haus rief der CEO von Dowleys Agentur aus Los Angeles an, um ihm zum Erfolg der Show zu gratulieren. Es war die Studiosendung mit der höchsten Einschaltquote in der Geschichte von ESPN. 13 Millionen Menschen sahen zu, als James die Worte „meine Fähigkeiten mit nach South Beach nehmen" aussprach. Unterdessen erhielten die Boys & Girls Clubs in sechs Städten Rekordspenden zur Verbesserung ihrer Einrichtungen. Aber darüber sprach niemand. Stattdessen verwandelte sich James in Echtzeit in einen herzlosen Bösewicht. Die *New York Times* hatte bereits einen Artikel online gestellt, in dem Miami zum „neuen Reich des Bösen" erklärt und James für sein „gewinnsüchtiges Greifen nach Meisterschaftsringen" kritisiert wurde.

„Was wir taten, war gut gemeint", erklärte Dowley Jahre später. „Aber niemand erinnert sich daran, dass wir dem Boys & Girls Club fünf Millionen Dollar gespendet haben. Das haben wir total versiebt. Es ist einfach untergegangen."

***

Als James für einen Nachtflug nach Miami in ein Privatflugzeug stieg, war Dan Gilbert, der Besitzer der Cavaliers, in größter Rage und veröffentlichte auf der Website des Teams einen Brief in der Schriftart Comic Sans, der folgendermaßen begann:

Liebes Cleveland,

wie Sie wissen, ist unser ehemaliger Held, der in der Region aufgewachsen ist, die er heute Abend verlassen hat, kein Cleveland Cavalier mehr.

Das wurde mit einer mehrtägigen, narzisstischen Eigenwerbung angekündigt, die in einem landesweiten TV-Special über seine „Entscheidung" gipfelte, was in der Geschichte des Sportes und wahrscheinlich auch in der Geschichte der Unterhaltung seinesgleichen sucht …

Diese Art von feigem Verrat haben Sie einfach nicht verdient.

Er fuhr fort, James wegen seiner „beschämenden Zurschaustellung von Selbstsucht und Verrat" und seines „herzlosen und gefühllosen Handelns" zu beschimpfen, was „genau das Gegenteil dessen vermittelt, was wir unseren Kindern vermitteln wollen". Während Polizeibeamte vor der Arena der Cavaliers stationiert waren, um Vandalen davon abzuhalten, das riesige James-Banner von der Außenseite des Gebäudes herunterzureißen, beendete Gilbert seine Wutrede mit dem Satz: „Gute Nacht, Cleveland."

Niemand fühlte sich schlechter wegen der Situation in Cleveland als Maverick Carter. Der selbst ernannte Leiter und Architekt des Planes für eine grandiose Ankündigung hatte sich schwer verkalkuliert. Von den Folgen ernüchtert, wollte er in einem Loch verschwinden, um nichts mehr sehen und hören zu müssen.

Diese luxuriöse Option hatte James nicht. Nachdem er in der Luft war, fragte James: „Was zum Teufel ist da gerade passiert?"

Niemand sagte ein Wort. Rich Paul war schon oft zusammen mit James und Carter geflogen. Noch nie war es so unangenehm still gewesen wie auf diesem Flug.

„Wir haben es vermasselt", sollte Carter Jahre später in Gedanken an diese Situation sagen. Aber im Moment war er zu benommen, um sich zu äußern.

Bedrückt zog sich James in sich selbst zurück. Als großer Fan von Mafia-Figuren aus Film und Fernsehen hatte er Zeilen aus denkwürdigen Szenen auswendig gelernt, etwa als sich Tony Soprano verletzlich fühlte und seinen Consigliere angriff, weil der ihn nicht beschützt hatte:

Du hast keine verdammte Ahnung, wie es ist, die Nummer eins zu sein. Jede Entscheidung, die du triffst, wirkt sich auf jede Facette jeder anderen verdammten Sache aus. Es ist fast zu viel, um damit fertig zu werden. Und am Ende bist du mit alldem völlig allein.

James mochte *Die Sopranos*, besonders Tony. Aber James war nicht wie der fiktive Gangsterboss. Zunächst einmal war er nicht konfrontativ. Anstatt Carter anzugreifen, hielt James seine Zunge im Zaum. Außerdem wusste er, dass Carter sich verletzt fühlte. Es hatte keinen Sinn, sich zu streiten. Überdies schätzte James Beziehungen mehr als alles andere. Er und Carter waren beste Freunde seit der Highschool, in der sie Teamkollegen gewesen waren. Er betrachtete Carter mehr als Bruder, weniger als Geschäftspartner. Er wollte sich weder privat noch öffentlich von der Entscheidung, an der ESPN-Sendung teilzunehmen, distanzieren. Das würde Carter nur in Verlegenheit bringen. Stattdessen beschloss James, die Verantwortung für Carters Fehleinschätzung zu übernehmen.

Mit Dan Gilbert war es eine andere Geschichte. Er hatte James bewusst angegriffen und sich über dessen Motive lustig gemacht. Ohio zu verlassen war die herzzerreißendste Entscheidung, die James seit seinem Eintritt in die NBA getroffen hatte. Akron war der einzige Ort, an dem er jemals gelebt hatte. Er hatte sich dort verliebt. Seine Kinder waren dort zur Welt gekommen. Er und Savannah hatten dort ihr Traumhaus gebaut. Sie hingen so sehr an ihrem Haus, dass sie vorhatten, dort weiterzuleben, auch nachdem James seinen Vertrag mit den Heat unterzeichnet hatte. Seltsamerweise dämpfte die Kenntnis von Gilberts Brief James' Schmerz und überzeugte ihn davon, dass es die richtige Entscheidung war, die Heat den Cavaliers vorzuziehen. Ich glaube nicht, dass er sich jemals für mich interessiert hat, sagte sich James.

Es war fast drei Uhr morgens, als das Flugzeug in Miami landete. Pat Riley wartete auf dem Rollfeld auf James. Erschöpft und emotional ausgelaugt stieg James aus dem Flugzeug, umarmte Riley und legte seinen Kopf auf dessen Schulter. Dann stiegen James und Brinson in einen SUV. Die beiden hielten sich an den Händen, während sie aus dem Fenster in die Dunkelheit Floridas starrten. James sollte bald schon herausfinden, wie es war, in jeder NBA-Stadt außer Miami Staatsfeind Nummer eins zu sein.

Während sie die Landebahn hinter sich ließen, rückte Savannah das Geschehene mit einer einfachen Erinnerung ins rechte Licht: Du hast schon Schlimmeres durchgemacht. Viel Schlimmeres.

2

GLO UND BRON

In einer Wohnsiedlung in Akron, Ohio, war es schon weit nach der Schlafenszeit. In einer der Wohneinheiten war ein schüchterner kleiner Junge mit einem ungewöhnlichen Namen hungrig, wach und allein. Er war vaterlos und lebte bei seiner Mutter. Es gab nur die beiden. Aber sie war weg. Ausgegangen über Nacht. Vielleicht war sie morgen früh wieder zu Hause. Vielleicht auch nicht. Manchmal verschwand Mama für ein paar Nächte hintereinander.

Über seinem Gebet, dass sie bald zurückkehren möge, schlief der Junge schließlich ein. Vertraute Geräusche weckten ihn auf. Schreiende Männer. Eine flehende Frau. Schüsse. Die Leute zerstreuen sich. Sirenen. Türen knallen zu. Noch mehr Geschrei. Noch mehr Sirenen. Der Junge brauchte keine Fantasie, um sich die Gefahr um ihn herum vorzustellen. Bei vielen Gelegenheiten hatte er gesehen, was kein Kind sehen sollte. Gewalt. Drogenmissbrauch. Bedrohliche Gangmitglieder. Einschüchternde Cops. Aber die nächtlichen Geräusche verunsicherten ihn am stärksten. Er wusste immer, wann schlimme Dinge passierten.

In diesen Fällen, dachte er, hatte er keine andere Wahl, als hier zu liegen und darauf zu warten, dass sich alles beruhigte. Selbst dann war es schwer, wieder einzuschlafen. An manchen Abenden machte es seine Angst unmöglich. Obwohl er sich darauf konditioniert hatte auszublenden, was um ihn herum passierte, gab es eine Sache, die LeBron James nicht aus dem Kopf bekommen konnte. „Wirklich wichtig war mir, während ich aufwuchs, nur eines: aufzuwachen und zu wissen, dass meine Mutter noch am Leben ist und an meiner Seite war“, sagte

LeBron Jahre später. „Ich war schon ohne Vater und wollte nicht ganz ohne Eltern sein."

In diesen dunklen Kindheitstagen lernte LeBron schon früh, für sich selbst zu sorgen. „Ob es dir gefällt oder nicht, spielt keine Rolle", sagte er, „so hat mich meine Mutter behandelt." Doch LeBron zweifelte nie an der Liebe seiner Mutter. Er fragte sich nur, wo sie sich in den Nächten aufhielt. „Wenn du dort bist und weißt, dass deine Mutter nicht zu Hause ist", sagte LeBron, „weißt du nie, ob diese Polizeisirenen wegen ihr zu hören sind. Oder ob diese Schüsse gegen sie gerichtet waren. Aber so sind die Nächte, fast jede Nacht, du hörst diese Geräusche und hoffst und betest, dass es nicht um deine eigene Mutter geht."

LeBron musste lernen, Akron zu lieben. Sein Charakter wurde dort geformt. Seine sportliche Begabung wurde dort entdeckt und geprägt. Und seine Genialität als Entertainer spiegelte seine Zeit an diesem Ort wider. Aber als Kind, das sich nach Geborgenheit und Gesellschaft sehnte, sagte er sich oft: Wenn ich jemals das Glück habe, einen Ausweg zu finden, renne ich weg, so schnell ich kann.

2009 veröffentlichte LeBron James seine Erinnerungen an seine Highschool-Zeit und den Weg zum Gewinn einer nationalen Meisterschaft in der Abschlussklasse. Als das Buch herauskam, war er der amtierende MVP (Most Valuable Player) der NBA. Dennoch stellte er seine Teamkollegen an der Highschool in den Mittelpunkt seiner Geschichte. Er ließ sie sogar auf dem Buchcover abbilden. In vielerlei Hinsicht war seine Herangehensweise bei dem Buch dieselbe wie beim Basketballspielen: Instinktiv gab er den Ball weiter – manchmal fehlerhaft – und stellte den Teamerfolg über die individuelle Leistung. Indem er seine Freunde und ihren jeweiligen Hintergrund ins Rampenlicht rückte, spielte James wichtige Aspekte seiner eigenen Vorgeschichte herunter. In dieser Hinsicht war die verlockendste Passage aus LeBrons Memoiren möglicherweise auf der Widmungsseite versteckt:

An meine Mutter, ohne die ich nicht da wäre, wo ich heute bin.

Leser überspringen regelmäßig die Widmungsseiten. Und ohne Kontext scheint LeBrons Ein-Satz-Hommage wenig aufschlussreich. Gleichwohl deutet sie auf harte und schöne Wahrheiten hin. Einerseits gibt die

Widmung Hinweise darauf, warum LeBron ein so zupackender Vater und treuer Ehemann ist. Sie erklärt auch, warum er so viel von seinem Vermögen für Ernährung, Kleidung und Bildung bedürftiger Kinder, insbesondere in Akron, aufwendet. Sogar die Beständigkeit des engen inneren Kreises von LeBron lässt sich aus diesem Statement ableiten. Andererseits macht seine Hommage an seine Mutter glasklar, dass sich einer der reichsten und erfolgreichsten Sportler der Welt seiner Wurzeln bewusst ist. Darüber hinaus blickt er auf diese eher mit Wertschätzung und Stolz als mit Groll oder Scham zurück.

Doch James' Entstehungsgeschichte verlangt nach Erhellung. Er ist berühmt für seine herausragende Fähigkeit, sich an Spielsequenzen bis ins kleinste Detail zu erinnern oder obskure Statistiken aus dem Stegreif zu zitieren, als würde er von einem Spickzettel ablesen. Sein Gedächtnis ist sehr viel selektiver, wenn es darum geht, Details aus seiner Kindheit zu diskutieren. Dabei handelt es sich nicht um ein eigennütziges Täuschungsmanöver. Vielmehr sagt es viel über die Neigung eines Sohnes aus, seine Mutter und deren Vergangenheit vor dem gnadenlosen Rampenlicht zu schützen, in dem er selbst steht.
Aber so viel ist klar: Wenn man LeBron James verstehen will, führen alle Wege zurück zu Gloria James und nach Akron, Ohio.

Dionne Warwick war Amerikas berühmteste Sängerin, und ihre Hitsingle *Say a Little Prayer* hatte gerade die Marke von einer Million verkauften Exemplaren übersprungen, als Freda M. James am 4. Februar 1968 Gloria Marie James zur Welt brachte. Der Text – *The moment I wake up, before I put on my makeup, I say a little prayer for you* – sollte ein Liebeslied über eine hingebungsvolle Frau sein, die für ihren Mann betet. In Fredas Fall spiegelte das Lied eher die Art wider, wie sie ihre kleine Tochter betrachtete. Fredas Ehe war kein Märchen. Weniger als ein Jahr nach Glorias Geburt trennten sich Freda und ihr Mann. In den Gerichtsakten wurden grobe Vernachlässigung und extreme Grausamkeit als Scheidungsgründe aufgeführt. Freda war Anfang zwanzig. Neben Gloria hatte sie zwei kleine Söhne. Um über die Runden zu kommen, nahm Freda einen Job als Arbeiterin im Western Reserve Psychiatric Habilitation Center an und lebte mit ihrer Mutter in einem heruntergekommenen viktorianischen Gebäude in der 439 Hickory Street, einer unbefestigten Straße, die von Eisenbahngleisen am Rande der Innenstadt von Akron begrenzt ist. Das Viertel war bekannt als die Boondocks. Gloria wuchs dort mit ihrer Mutter und ihrer Großmutter auf.

Kurz nachdem sie 16 geworden war, wurde Gloria schwanger. Während der Schwangerschaft brach sie die Highschool ab. Am 30. Dezember 1984 brachte sie im Akron City Hospital einen sechs Pfund schweren Jungen zur Welt, den sie LeBron Raymone James nannte. Die Identität des Vaters bleibt eines der großen Rätsel des modernen Sportes. Gloria zog es vor, nie über LeBrons Vater zu sprechen, nicht einmal mit LeBron. Als LeBron ein Kind war, fragte er seine Mutter einmal nach dem Verbleib seines Vaters. Anstatt sich mit der Identität des Vaters zu befassen, sagte Gloria ihrem Sohn, er solle sich keine Sorgen um ihn machen. „Es geht um mich und dich", sagte sie zu ihm. LeBron fragte nicht noch einmal nach seinem Vater.

Gloria hatte ihre Gründe, ihrem Sohn nichts von seinem Vater zu erzählen. LeBron hingegen wurde von einer der wichtigsten Wurzeln seines Stammbaums abgeschnitten. Die Unsichtbarkeit seines Vaters und der Mangel an Informationen über seine Identität und seinen Verbleib führten zu Verbitterung. „Ich bin mit einem Groll auf meinen Vater aufgewachsen", sagte James. „Alles war wie ‚Scheiß auf Pops'. Wissen Sie, er hat mich verlassen. Warum hat er das meiner Mutter angetan? Sie war im zweiten Jahr an der Highschool, als sie mich bekam."

***

Als Gloria mit ihrem Neugeborenen das Krankenhaus verließ und ihn nach Hause in die Boondocks brachte, waren die Chancen gering, dass ihr Baby zu einem der erfolgreichsten schwarzen Männer der amerikanischen Geschichte und zu einem der bekanntesten Menschen der Welt werden würde. Gloria war eine arme alleinerziehende Mutter im Teenageralter, die sich auf ihre eigene 39-jährige alleinerziehende Mutter und ihre Großmutter verlassen musste, um sich anzupassen und zu lernen, wie man sich um ein Neugeborenes kümmert. Fast sofort wurde der Weg, der vor ihr lag, noch schwieriger. Kurz nach LeBrons Geburt starb Glorias Großmutter. Das war ein Schlag für Freda, die die volle Verantwortung für den Haushalt übernahm und die einzige stabilisierende

Kraft für Gloria und LeBron wurde. Als Gloria zur Highschool zurückkehrte, hoffte Freda, dass ihre einzige Tochter ihren Abschluss machen und ihr einziger Enkel überleben würde. Unter den gegebenen Umständen waren dies hochgesteckte Erwartungen.

Noch vor LeBrons erstem Geburtstag fing Gloria an, mit Eddie Jackson auszugehen, einem Zwanzigjährigen, der an ihrer Highschool Leichtathletik betrieben hatte. Wie so viele junge schwarze Männer im Akron der Achtzigerjahre hatte Jackson Schwierigkeiten, Arbeit zu finden. Stattdessen stieß er auf Probleme. Schon bald brauchte er eine Wohnung und wollte bei Gloria einziehen. Freda war dafür bekannt, dass sie Kids aufnahm, die in eine schwierige Lage geraten waren, darunter auch solche, die aufgrund schlechter Entscheidungen in Schwierigkeiten geraten waren. Jackson entsprach dieser Beschreibung. Freda, die über niemanden urteilte, erlaubte Jackson, unter ihrem Dach zu leben.

„Wenn du Glorias Mutter begegnet wärest, hättest du den wunderbarsten Menschen der Welt kennengelernt", sagte Jackson einmal. „Wenn sie dir vertraut hat, hat sie dich geliebt. Wenn nicht, hätte sie dir gesagt, du sollst verdammt noch mal verschwinden. Und Gloria war genauso."

Während er eine intime Beziehung mit Gloria aufbaute, fand Jackson auch Gefallen an LeBron. Einige Tage vor LeBrons drittem Geburtstag schenkten Gloria und Eddie ihm einen Little-Tikes-Basketballkorb und einen Miniatur-Gummibasketball. Der Plan war, LeBron am Weihnachtsmorgen damit zu überraschen. Es würde ein „Kodak-Moment" sein, eine Gelegenheit, den kleinen „Bron Bron", wie Gloria ihn gern nannte, zum ersten Mal auf den Korb werfen zu sehen. Aber am frühen Weihnachtsmorgen waren Gloria und Eddie diejenigen, die eine Überraschung erlebten – Freda hatte an Heiligabend irgendwann nach Mitternacht einen Herzinfarkt erlitten. Gloria und Eddie kamen von einer nächtlichen Party nach Hause und fanden sie auf dem Boden liegend. Im St. Thomas Hospital wurde sie für tot erklärt. Sie war 42 Jahre alt.

Gloria war verzweifelt. Innerhalb von drei Jahren war sie schwanger geworden, hatte die Schule abgebrochen, ein Kind zur Welt gebracht, ihre Großmutter verloren, war zur Schule zurückgekehrt, während sie sich um ein Neugeborenes kümmerte, hatte ihren Freund bei sich aufgenommen und nun ihre Mutter verloren. Das Leben war plötzlich nicht mehr nur prekär, sondern beängstigend. Wie würde sie ohne ihre Mutter auskommen?

Damit ihr Kind frohe Weihnachten erleben konnte, beschloss Gloria, LeBron erst nachdem er seine Geschenke geöffnet hatte zu sagen, dass seine Großmutter nicht mehr da war. Es gab keinen Schinken im Ofen und keine Stereoanlage mit Nat King Coles Gesang von Kastanien, die am offenen Feuer geröstet wurden, und kleinen Kindern mit leuchtenden Augen. Die Farbe an den zugigen Fensterbänken im Wohnzimmer war abgeblättert. Die Vorhänge waren ausgeblichen und fleckig. Aber es gab einen kleinen Weihnachtsbaum mit rot-silbernem Schmuck. Später an diesem Morgen entdeckte LeBron einen Basketballkorb aus Kunststoff, mit orangefarbenem Rand und einem rot-weiß-blauen Netz, der die anderen Geschenke überragte. Nachdem er alle anderen Päckchen geöffnet hatte, nahm er den orangefarbenen Miniaturball mit beiden Händen, streckte die Arme über den Kopf aus, erhob sich auf die Zehenspitzen und schaffte es, den Ball über den Rand des Ringes und durch das Netz hindurch zu versenken. LeBron lächelte, und eine Kamera klickte. Gloria hatte ihren Moment der Freude.

Freda James wurde an LeBrons drittem Geburtstag, dem 30. Dezember 1987, in Akron beigesetzt. „Sie hinterlässt eine Tochter, Gloria James, die Söhne Terry und Curtis James und ihren Enkel LeBron", hieß es in ihrem Nachruf. Mit Fredas Tod war Glorias Sicherheitsnetz zerrissen. Sie hatte niemanden für die Kinderbetreuung. Sie hatte kein Geld, erst recht nicht, um das große, heruntergekommene Haus ihrer Mutter instand zu halten. Die Sanitäranlage war defekt. Es gab Probleme mit der Elektrik. Auch ihre Brüder lebten dort. Aber sie konnten gleichfalls nicht helfen. Ebenso wenig wie Jackson. Er war arbeitslos und hatte mit seinen eigenen Problemen zu kämpfen. Er blieb zwar mit Gloria in Kontakt, zog aber woanders hin.

Mittlerweile konnte sich Gloria nicht einmal mehr Lebensmittel und Heizung leisten. Im Winter kam ein Nachbar vorbei und stellte fest, dass das Haus für Kleinkinder nicht geeignet war – schmutziges Geschirr stapelte sich der Spüle, im Wohnzimmerboden klaffte ein Loch, und es war so kalt, dass man den Atem sehen konnte. „Hier ist es nicht sicher", sagte die Nachbarin zu Gloria und flehte sie an,

LeBron mitzunehmen und bei ihr einzuziehen. Gloria stopfte so viel wie möglich in einen Koffer und verabschiedete sich vom Haus ihrer Mutter. Mit einem Miniaturrucksack und einem Stofftier folgte LeBron seiner Mutter zum Haus der Nachbarn. Es gab dort kein zusätzliches Schlafzimmer. Aber es gab eine Couch. Darauf schliefen Gloria und LeBron in den folgenden Monaten. Dann zogen sie zu einem von Glorias Cousins. Dann quartierten sie sich bei einem Typen ein, den Gloria kannte. Danach bei einem von Glorias Brüdern. Während die Stadt das Haus ihrer Mutter in der Hickory Street beschlagnahmte und schließlich abreißen ließ, lebten Gloria und LeBron wie Nomaden. In dieser Zeit wurden sie von Bekannten Glo und Bron genannt, eine Mutter und ihr Sohn, die einfach versuchten zu überleben. „Ich kann mich an viele Male erinnern, als mein Sohn und ich nichts mehr zum Essen hatten und hungern mussten", erinnert sich Gloria. „Was uns am Leben hielt, war die Hilfe von Freunden, der Familie und der Gemeinde."

Seine Mutter kam mit Sozialhilfe und Lebensmittelkarten kaum aus, und LeBron hatte Mühe, Freundschaften mit Klassenkameraden zu schließen oder Beziehungen zu Lehrern aufzubauen. Da sie keinen festen Wohnsitz hatten, wechselte er häufig die Schule und entwickelte sich zu einem ruhigen Kind, das sich selten zu Wort meldete. „Wir sind von Ort zu Ort gezogen", erinnert sich LeBron. „Ein Dutzend Mal in drei Jahren. Es war beängstigend. Es galt aufzuschnappen, was irgend ging, und das Möglichste herauszukratzen, um über die Runden zu kommen."

Obwohl sein Vater abwesend und seine Mutter außerstande war, sie beide aus eigener Kraft zu ernähren, murrte LeBron nie und benahm sich nie daneben. Er war sich der Notlage seiner Mutter bewusst und versuchte, sie nicht noch mehr zu belasten. „Als sehr kleines Kind entwurzelt zu werden, ist keine Art zu leben", sagte LeBron. „Aber sich zu beschweren hätte nichts genutzt. Es hätte den Druck auf meine Mutter nur noch verstärkt, dabei fühlte sie sich schon schuldig genug."

Viele Jahre später drückte LeBron es so aus: Er fühlte sich in seiner Kindheit wie so viele afroamerikanische Jungs, die sich selbst in der Härte des Lebens verlieren. „Ich habe keinen Ärger gesucht", sagte er, „weil ich Ärger nicht mochte. Aber ich war kurz davor, in einen Abgrund zu fallen, aus dem es keinen Ausweg mehr gegeben hätte."

Eine zufällige Begegnung im Sommer 1993 veränderte den Lauf von LeBrons Leben und zeigte ihm zum ersten Mal einen möglichen Weg auf, der ihn schließlich aus der Hoffnungslosigkeit, die ihn umgab, herausführen sollte. Während er vor einem Wohnkomplex mit einigen anderen Jungs seines Alters spielte, näherte sich ein Mann namens Bruce Kelker. Kelker war ein Bekannter von Gloria. Er war außerdem Footballtrainer für die Jüngsten.

„Mögt ihr Football?", fragte Kelker die Jungs.

„Das ist mein Lieblingssport", sagte LeBron.

Zu diesem Zeitpunkt hatte LeBron noch nie in einem Team gespielt. Er hatte auch keine grundlegenden Instruktionen erhalten, etwa wie man richtig wirft, fängt oder angreift. Er hatte jedoch NFL-Spiele im Fernsehen gesehen. Mit seinen farbenfrohen Trikots, großen Schulterpolstern, glänzenden Helmen und mythischen Teamnamen wie Steelers oder Cowboys, Giants oder Lions hatte der Profifootball eine magische Qualität. LeBron zeichnete gern und skizzierte häufig die Logos seiner Lieblings-NFL-Teams auf einem Block, den er in seinem Rucksack aufbewahrte.

Kelker war auf der Suche nach jemandem, der als Running Back für sein Team spielen konnte, was bedeutete, dass er schnell sein musste. Er ließ die Jungs sich in einer Reihe aufstellen und um die Wette rennen. LeBron war schneller als alle anderen.

„Wie viel Football-Partien hast du schon gespielt?", fragte ihn Kelker.

„Keine", sagte LeBron.

Kelker war entschlossen, das zu ändern, und wollte, dass LeBron fortan am Training teilnahm. Aber zuerst musste er sich mit Gloria auseinandersetzen. Sie sagte laut und deutlich, dass sie kein Geld für Anmeldung und Sportbekleidung hatte. Sie besaß auch kein Auto. Es gab also keine Möglichkeit, ihn zum Training zu bringen. Wichtiger noch, sie war sich nicht sicher, ob ein solches körperbetontes Spiel das Richtige für ihren Sohn war – er war ein ruhiges, zurückhaltendes, kein aggressives Kind. „Woher weiß ich überhaupt, dass Football gut für Bron Bron ist?", fragte sie.

Kelker war sich sicher, dass LeBron eine großartige Ergänzung für sein Team sein würde. Und er überzeugte Gloria davon, dass Football für ihren Sohn großartig wäre. Er versprach, sich um die Kosten für die Anmeldung und die Mannschaftskleidung zu kümmern. Und er erklärte ihr, dass sie sich um den Transport keine Sorgen machen müsse. „Ich hole ihn ab", sagte er.

Gloria hätte Nein sagen können. Es war jedoch offensichtlich, dass LeBron dem Team beitreten wollte. Also stimmte sie zu. Und es dauerte nicht lange, bis sie erkannte, dass sie die richtige Entscheidung getroffen hatte. Als LeBron zum ersten Mal in einem Spiel den Ball bekam, rannte er achtzig Yards und erzielte einen Touchdown. Erwachsene jubelten. Teamkollegen umringten ihn. Trainer schlugen ihm auf die Schulterpolster und riefen ermutigende Worte.

LeBron war die Aufmerksamkeit und das Lob, insbesondere von männlichen Personen, nicht gewohnt. Aber einen Treffer zu erzielen, fühlte sich berauschend an. Dieses Gefühl und die dadurch hervorgerufene Empfindung, akzeptiert zu sein, wiederholten sich in diesem Herbst immer wieder. LeBron schaffte in seiner ersten Footballsaison in der Pee Wee League 17 Touchdowns. Die Verteidiger konnten ihn nicht erwischen, geschweige denn angreifen.

Für Kelker und den Rest des Trainerstabs war leicht zu erkennen, dass LeBron mit Abstand der beste Spieler seiner Altersgruppe war. Sie konnten auch nicht übersehen, dass sein häusliches Leben mit Risiken behaftet war. Während Gloria und LeBron auf einer Warteliste für subventionierten Wohnraum standen, waren sie innerhalb von drei Monaten fünfmal umgezogen. „Ich hatte es satt, ihn an verschiedenen Adressen abzuholen", sagte Kelker. „Oder an einem abgewrackten Ort aufzutauchen und herauszufinden, dass sie bereits an einen anderen gezogen waren."

Wenigstens bot der Football eine gewisse Struktur. Doch als die Saison zu Ende ging, war LeBron völlig überfordert. In diesem Jahr verpasste er als Viertklässler fast hundert Schultage. Die Dinge waren so dysfunktional, dass LeBrons Pee-Wee-Trainer ihn bei sich aufnehmen wollten. Aber die meisten von ihnen waren jüngere, alleinstehende Männer, die nicht gut gerüstet waren, um die Verantwortung für einen Neunjährigen zu übernehmen. Die einzige Ausnahme war Frank Walker, der Trainer, den alle „Big Frankie" nannten. Walker arbeitete für die Akron Metropolitan Housing Authority. Seine Frau Pam arbeitete für einen Kongressabgeordneten aus Ohio. Sie besaßen ein Haus und hatten drei Kinder.

Walker kümmerte sich mehr um James' persönliches Wohlergehen als um die sportlichen Fähigkeiten des Jungen. Er wusste, dass LeBron angeschlagen war und eine Rettungsleine brauchte. „Für ihn sah es so aus, als gäbe es wenig Freude in meinem Leben", erinnert sich LeBron, „als wäre ich älter als dem Kalender nach und hätte bereits zu viel gesehen und durchgemacht, so als würde ich versuchen, die Rolle eines Kindes zu spielen, obwohl ich tatsächlich kein Kind mehr war."

Die Walkers wandten sich an Gloria, damit sie LeBron bei ihnen einziehen ließ. Es war schwierig, dieses Thema anzusprechen. Gloria wusste, dass sie LeBron kein stabiles Zuhause bieten konnte. Sie musste nicht daran erinnert werden, dass sich ihre Situation negativ auf LeBron auswirkte. „Er hatte keine normale Kindheit", sagte Gloria. „Ich meine, verdammt noch mal, er hat in einigen der schlimmsten Viertel der Stadt gewohnt." Dennoch quälte sie die Vorstellung, ihren Sohn in die Hände eines anderen Paares – insbesondere einer anderen Mutter – zu geben. Sie kannte Pam Walker kaum.

Ohne Gloria zu verurteilen, boten die Walkers an, LeBron Sicherheit und eine Familienstruktur zu geben. Er könnte sich ein Zimmer mit Frank Jr. teilen. Es würde drei anständige Mahlzeiten am Tag geben. Er würde eine feste Schlafenszeit haben. Und der Schulbesuch wäre ein Bestandteil seines Tagesablaufs. Frank machte deutlich, dass sie LeBrons beste Interessen im Auge hatten.

Gloria wusste, dass sie Hilfe brauchte. 25 Jahre waren vergangen, seit ihre Mutter sich hatte scheiden lassen und die volle Last übernommen hatte, sie und ihre beiden Brüder allein großzuziehen. Nun dachte Gloria über einen Schritt nach, der möglicherweise noch traumatischer war. Sie konnte nur beten, dass LeBron eines Tages verstehen würde, dass in dem alten Lied von Dionne Warwick, das im Jahr ihrer Geburt herauskam, zusammengefasst wurde, was sie für ihn empfand:

To live without you would only mean heartbreak for me.
My darling, believe me,
For me, there is no one but you.

Gloria nahm das Angebot der Walkers an.

3

WENN DU DEN BALL ABSPIELST

Fassungslos hörte LeBron zu, als seine Mutter ihm mitteilte, dass sie ihr Leben auf die Reihe bekommen müsse. Bis dahin, sagte sie, würde er bei den Walkers wohnen. Es war nicht klar, wohin genau sie gehen würde. Der entscheidende Punkt war, dass sie getrennt sein würden.

Die Nachricht war verwirrend. Bisher waren es immer sie beide gegen den Rest der Welt gewesen. Glo und Bron. Plötzlich sollte es nur noch Bron sein.

Es war das Beste für ihn, versuchte sie zu erklären.

Das Beste? Für ihn klang es unvorstellbar und beängstigend.

Es werde nicht von Dauer sein, beharrte sie und versuchte, den Schlag abzumildern.

Würde er sie sehen können?

Sie würde ihn so oft wie möglich besuchen, sagte sie.

„Sie versprach, dass wir wieder zusammen sein würden, sobald sie eine stabile Lebensgrundlage für uns beide gefunden hätte", erinnerte sich LeBron später.

Für einen Neunjährigen war das eine Menge zu verarbeiten.

LeBron wusste nicht, was ihn erwartete, als er im Wohnhaus der Walkers am Hillwood Drive eintraf, erbaut im Kolonialstil, mit drei Schlafzimmern. Er lernte die beiden Töchter kennen. Und er brachte seine Sachen in das Zimmer von Frankie Jr., wo er schlafen würde. LeBron war 18 Monate älter als Frankie Jr. und der bessere Sportler. Würde Mrs Walker ihm das übel nehmen? Was war mit den Schwestern?

Würden sie ihn akzeptieren? LeBron hatte viele Fragen, aber er behielt sie für sich.

Es gab auch viele Regeln. LeBron sollte jeden Morgen um sechs Uhr aufstehen, duschen und sich für die Schule fertig machen. Er musste pünktlich sein. Und nach der Schule hatten die Hausaufgaben Vorrang vor allem anderen. Das Abendessen nahm die Familie immer zusammen ein. Danach waren häusliche Arbeiten zu erledigen – den Müll rausbringen, Geschirr spülen, fegen. Und wenn er vor dem Schlafengehen duschte, konnte er bis 6.45 Uhr schlafen.

Für LeBron war das alles fremd. Ein Zeitplan. Feste Strukturen. Häusliche Arbeiten. Pflichten. Er hatte noch nie einen Mülleimer geleert, Geschirr gespült, einen Besen oder einen Staubsauger benutzt. Sogar die Idee, Teil einer Familie zu sein, war neu für ihn. Die älteste Tochter der Walkers wollte nichts mit ihm zu tun haben. LeBron stellte jedoch bald fest, dass sie ihrem jüngeren Bruder gegenüber dasselbe empfand. Er und Frankie Jr. waren sofort Freunde. Und LeBron merkte, dass die jüngste Tochter zu ihm aufsah. Es fühlte sich an, als hätte er eine kleine Schwester.

Sogar seine Schule war neu für LeBron. Die Walkers meldeten ihn für die fünfte Klasse der Portage Path Elementary an, einer der ältesten Schulen von Akron, wo mehr als neunzig Prozent der Schüler Afroamerikaner waren und die meisten von ihnen kostenlos Mittagessen bekamen. Seine Lehrerin, Karen Grindall, kümmerte sich persönlich um ihn. Etliche Jahre zuvor hatte sie Gloria unterrichtet und war mit einigen der Turbulenzen in der Vergangenheit von LeBrons Mutter vertraut. Anfangs befürchtete Grindall, dass sich die Geschichte mit LeBron wiederholen könnte. Er entwickelte sich jedoch schnell zu einem ihrer diszipliniertesten Schüler. Nie verpasste er den Unterricht. Er war immer pünktlich. Und er machte nie Ärger. Seine Lieblingsfächer waren Musik, Kunst und Sport.

Während sich LeBron in der Schule einlebte, etablierte sich sein Ruf als dominanter Jugend-Footballspieler. Sein Name wurde sogar in der Zeitung erwähnt. In jenem Herbst berichtete das *Akron Beacon Journal:* „Das East-B1-Team bestritt nur elf Offensivspiele, erzielte aber in fünf davon ein Tor und besiegte Patterson Park letzte Woche in einem Spiel der Pee Wee Football Association mit 34:8. LeBron James erzielte drei der TDs, wobei er für zwei von ihnen 50 und 18 Yards lief und für den dritten einen 28-Yard-Pass von Michael Smith abfing."

Die Anerkennung stärkte sein Selbstvertrauen. Besonders hilfreich war es, Big Frankie Walker als Trainer zu haben, und Pam Walker, die sich zu Hause um ihn kümmerte. LeBron musste sich nicht mehr um seine Sportkleidung sorgen oder wie er zum Training und wieder zurückkommen sollte. Der Rhythmus eines geschäftigen Familienlebens mit zwei berufstätigen Eltern, die sich an einen Zeitplan hielten, kam ihm sehr entgegen. „Ich bekam die Stabilität, nach der ich mich sehnte", sagte LeBron. „Ich liebte es, Teil des Flows einer Familie zu sein … Ich sah, wie das Leben gelebt werden sollte."

Eines Tages im Herbst nahm Big Frankie LeBron und Frankie Jr. mit auf einen Basketballplatz. Nachdem Walker gesehen hatte, wie mühelos LeBron sich im Football hervorgetan hatte, führte er ihn auch in das Basketballspiel ein und zeigte ihm einige Grundlagen – wie man dribbelt, wie man einen Sprungwurf umsetzt, wie man einen Layup in den Korb legt.

Für LeBron war es eine willkommene Erfahrung, von einer Vaterfigur unterrichtet zu werden. Und sofort ließ er sich auf das Abenteuer ein zu versuchen, einen Ball in einer Höhe von drei Metern über dem Boden einzulochen. Das Gefühl, einen Korb zu erzielen, ähnelte dem, das er jedes Mal verspürte, wenn er mit einem Football die Endzone erreichte.

Walker bemerkte, dass LeBron zwar nur rudimentär und schlampig dribbeln konnte, aber anders als die meisten Kinder eine Veranlagung zu beidhändigem Dribbeln mitzubringen schien. Auch LeBrons lange Arme und seine Sprungkraft beeindruckten Walker. Er ließ LeBron und seinen Sohn gegeneinander spielen.

LeBron hatte noch nie eins zu eins gespielt. Aber er nahm die Herausforderung gern an.

Frankie Jr. liebte Basketball und spielte seit ein paar Jahren mit seinem Vater. Er besiegte LeBron. Aber die Tatsache, dass ein Neunjähriger, der noch nie Basketball gespielt hatte, das Spiel so leicht zu erlernen schien, beschäftigte Walker – er musste LeBron zum Training mitnehmen.

***

In dem Jahr, in dem LeBron bei den Walkers einzog, brachte Walt Disney den Film *Der König der Löwen* heraus, der schnell zum umsatzstärksten Animationsfilm aller Zeiten wurde. Als LeBron den Film zum ersten Mal sah, konnte er es nicht glauben, als Scar Mufasa tötete. Der Verrat machte ihn fassungslos und trieb ihm Tränen in die Augen. LeBron liebte den Film. Aber jedes Mal, wenn er sich den Film ansah, hatte diese Szene die gleiche Wirkung auf ihn.

LeBron hatte eine gefühlvolle Seite, die er verbarg. In seiner gesamten Kindheit war er haltlos umhergetrieben worden, mit der Folge, dass er seine Gefühle unterdrückte und so wenig wie möglich mitteilte. Es fiel ihm schwer, Erwachsenen zu vertrauen. Und er zögerte, Freundschaft mit Kindern zu schließen, weil er befürchtete, dass seine Freunde wieder verschwinden würden, wenn er und seine Mutter weiterzogen. Durch die Walkers änderte sich das. Ihr Haus war ein emotional sicherer Ort, der LeBron die Augen dafür öffnete, wie viel er verpasst hatte. Er hatte *Alle unter einem Dach* (*Family Matters*) und *Die Bill Cosby Show* gesehen und sich oft gefragt, wie es wäre, Teil einer afroamerikanischen Mittelklassefamilie wie den Winslows oder einer afroamerikanischen Oberklassefamilie wie den Huxtables zu sein. Die Walkers kamen diesen fiktiven Familien näher als alles, was LeBron je gesehen hatte. Frank und Pam Walker verhielten sich zueinander loyal und stellten das Wohl ihrer Kinder über alles andere. Es gab selbst gekochte Mahlzeiten und gefaltete Wäsche, Erwartungen an die Kinder und Konsequenzen, Geburtstags- und Festtagsfeiern. Die Familie war wie ein Zufluchtsort.

LeBron bot das Leben im Haus der Walkers auch die Gelegenheit, einen Vater in Aktion zu sehen und über Gefühle nachzudenken, die er lange unterdrückt hatte. Aus Respekt vor dem Wunsch seiner Mutter fragte er nie nach seinem Vater. Aber Vaterlosigkeit führt unweigerlich dazu, dass sich das Kind fragt: Warum wollte er mich nicht? Während Big Frankie LeBron unter seine Fittiche nahm, lief in der Serie *Der Prinz von Bel-Air* eine Folge mit dem Titel *Der verlorene Vater* (im Original *Papa's Got a Brand New Excuse*). In dieser Folge taucht Will Smiths Vater Lou, der Versager, nach 14 Jahren endlich auf. Will liebte es zu dieser Zeit, bei der Familie seines Onkels Phil zu leben, genauso wie LeBron es liebte, in Big Frankies Familie zu leben. Doch sobald

Wills Vater auftauchte und andeutete, dass er seinen Sohn mitnehmen wolle, packte Will seine Tasche und war bereit, mit ihm zu gehen. Dann, an dem Tag, an dem sie zusammen abreisen sollten, ließ Wills Vater ihn im Stich. Onkel Phil sah den Schmerz in Wills Gesicht und tröstete ihn, indem er ihm erklärte, es sei okay, wütend zu sein. Will versuchte, so zu tun, als wäre er nicht verletzt. „Ich bin ja nicht mehr fünf", sagte er. „Es ist nicht so, dass ich jeden Abend aufstehe und meine Mutter frage: ‚Wann kommt Papa nach Hause?' Wer braucht ihn schon? Er war nicht da, um mir beizubringen, wie ich meinen ersten Korb werfen sollte. Aber ich habe es gelernt, oder? Und darin bin ich verdammt gut geworden, Onkel Phil."

LeBron sah die Sendung, und die Story traf bei ihm ins Schwarze. Es war, als ob Will Smith für ihn sprechen würde. Zum ersten Mal hörte LeBron etwas, das den Schmerz widerspiegelte, den er empfand. Sogar die Wut war authentisch.

„Weißt du was, Onkel Phil?", dröhnte Smith. „Ich werde das College ohne ihn überstehen. Ich werde ohne ihn einen tollen Job bekommen. Ich werde eine schöne Frau heiraten und eine ganze Menge Kinder haben. Ich werde ein besserer Vater sein, als er es je war. Und dafür brauche ich ihn verdammt noch mal nicht. Weil er mir nie beibringen könnte, wie ich meine Kinder lieben kann!"

Als Smith anfing zu weinen, fing auch LeBron an zu weinen.

„Warum will er mich nicht, Mann?", fragte Smith Onkel Phil, der die Arme um ihn legte.

Die Folge wurde in einem Wendejahr in LeBrons Leben ausgestrahlt. Auf verschiedene Weise wurde Big Frankie zu LeBrons Onkel Phil. An den meisten Tagen holte er LeBron von der Schule ab und fuhr ihn nach Hause. Er brachte ihm bei, wie man Basketball spielt. Und er machte ihm ständig Komplimente, die LeBron Selbstvertrauen gaben. „Dieser junge Mann hier", erzählte Walker den Leuten stolz und zeigte auf LeBron, „wenn er Präsident der Vereinigten Staaten werden will, kann er es werden." Es war die Art von Worten, die ein stolzer Vater sagen würde. Aber Walker meinte es ernst. „Er bekommt nicht die Anerkennung, die er verdient", sagte LeBron viele Jahre später über Walker. „Aber er war der Erste, der mir einen Basketball gegeben hat, und der Erste, der wirklich Interesse an mir gezeigt hat."

Abgesehen davon, dass er LeBron den Basketball näherbrachte, übte Walker den vielleicht tiefgreifendsten Einfluss auf LeBron aus, indem er ihn in ein Umfeld mit weiteren hart arbeitenden Vätern brachte, die sich um die Jungs in der Innenstadt von Akron kümmerten. Einer der Männer, die LeBron während seines Lebens bei den Walkers kennenlernte, war Dru Joyce II. Er sollte der einflussreichste Trainer werden, dem LeBron in seiner Entwicklung als Basketball-Wunderkind begegnen würde.

Als junger Mann hatte Joyce danach gestrebt, seinen Lebensunterhalt als Footballtrainer zu verdienen. Aber als er 1978 sein Studium an der Ohio University abschloss, war es seine oberste Priorität, seine Frau zu unterstützen und eine Familie zu gründen. Er gab seinen Traum, ein professioneller Coach zu werden, auf und nahm eine Stelle bei Hunt-Wesson an, einer Tochtergesellschaft von ConAgra, wo er sich bis zum leitenden Handelsvertreter hocharbeitete. Nachdem er Bezirksleiter geworden war, siedelte Joyce seine Familie in Akron an, wo er und seine Frau Carolyn zwei Töchter bekamen. Dann, im Januar 1985 – einen Monat nach der Geburt von LeBron –, bekamen die Joyces einen Sohn. Sie nannten ihn Dru Joyce III. Seinen Spitznamen „Little Dru“ erhielt er schon früh. Als klar wurde, dass sein Sohn Basketball dem Football vorzog, begann Joyce, die Jugendbasketballmannschaft seines Sohnes in einer Freizeitliga in Akron zu trainieren. Zu diesem Zeitpunkt traf Joyce auf den neunjährigen LeBron James.

Joyce wusste von LeBrons Ruf als herausragender Footballspieler und beobachtete neugierig, wie LeBron in einem Spiel gegen andere Neunjährige als Point Guard spielte. An seinen Fähigkeiten im Umgang mit dem Ball muss noch gearbeitet werden, dachte Joyce. Aber LeBron war mindestens zehn Zentimeter größer als alle anderen im Team. Und er nutzte seinen Größenvorteil, um die Verteidiger auf dem Spielfeld zu unterstützen, und dribbelte sich in eine Position, in der er relativ leicht punkten konnte. Seine Fähigkeiten waren ungeschliffen, aber seine Instinkte waren fortgeschritten.

Es dauerte nicht lange, bis LeBron und Little Dru anfingen, zusammen Ball zu spielen. LeBron mochte ihn auf Anhieb. Little Dru sprach außerhalb des Spielfeldes nur wenig. Aber auf dem Platz scheute er sich nicht, LeBron zu sagen, was er tun sollte. Obwohl er der kleinste Typ auf dem Platz war, benahm er sich wie ein Trainer. LeBron fing an, ihn „General“ zu nennen. Little Dru spielte seit seinem vierten oder fünften Lebensjahr Basketball. Aber LeBron war so viel größer und stärker, dass er Little Dru im Spiel eins gegen eins besiegen konnte. Nach jeder Niederlage verlangte Little Dru, dass sie es noch einmal versuchten. Und noch mal. Und noch mal. Er hatte das, was LeBron als „Kleiner-Mann-Komplex“ bezeichnete. Kinder lachten Little Dru aus und nannten ihn „Schlumpf“, wie die kleinen blauen Zeichentrickkreaturen. Das alles trug zu der monumentalen Last auf Little Drus Schultern bei, die ihn dazu anspornte, härter als alle anderen Kids zu arbeiten, um sich zu beweisen. LeBron gefiel, wie er es mit jedem aufnahm, ungeachtet seines Größennachteils. Zum ersten Mal hatte LeBron einen gleichaltrigen Freund, von dem er nicht befürchtete, dass er verschwinden würde.

***

In der fünften Klasse lernte LeBron, dass er gern zur Schule ging. Er verpasste im gesamten Schuljahr kein einziges Mal den Unterricht. Seine hundertprozentige Anwesenheit war für ihn eine Quelle des Stolzes. Es war eine besondere Belohnung, Pam Walkers anerkennenden Blick zu sehen. Sie hatte ihn das ganze Jahr über dazu angehalten, seine Noten zu verbessern und sich hohe Ziele zu stecken. Mit seiner Sportlichkeit, so sagte sie ihm wiederholt, könne er sich ein College-Stipendium verdienen. Niemand hatte LeBron gegenüber jemals zuvor das College erwähnt. Das Wort Stipendium gehörte nicht einmal zu seinem Wortschatz. Mrs Walker versicherte ihm, dass er an jedem College seiner Wahl aufgenommen werden könne. Er musste nur seine Noten verbessern. Sein Talent würde für den Rest sorgen.

LeBron war klar geworden, dass seine anfänglichen Befürchtungen, Mrs Walker könne ihm seine sportlichen Fähigkeiten übel nehmen, unbegründet waren. Die Tatsache, dass LeBron im Sport besser war als ihr Sohn, war kein Anlass zur Eifersucht. Im Gegenteil, Pam Walker behandelte LeBron, als wäre er ihr viertes Kind. Im Laufe des Jahres hatte sie alles für ihn getan, ihn hinter den Ohren gewaschen, seine Tränen getrocknet und sich um ihn gekümmert, als er die Windpocken bekam.

Pam Walker wollte, dass ihm ein Aufstieg gelang, als wäre er einer von ihnen. Deshalb war sie hin- und hergerissen, als Gloria sagte, sie wolle, dass LeBron am Ende des Schuljahres wieder bei ihr einzog.

Auch LeBron war hin- und hergerissen. Die Walkers waren für ihn zur Familie geworden. Ihr Zuhause fühlte sich an wie sein Zuhause. Er fühlte sich dort sicher. Er fühlte sich erwünscht. Und er war reif genug, um zu erkennen, wie viel Glück er hatte, bei ihnen zu leben. „Ich weiß ehrlich gesagt nicht, was ohne meine Zeit bei den Walkers aus mir geworden wäre", sagte James. Auch der Schmerz und die Verwirrung, die er verspürt hatte, als seine Mutter ihn das erste Mal zu den Walkers geschickt hatte, hatten nachgelassen. Schließlich, lange nachdem James selbst Vater geworden war, betrachtete er die Bereitschaft seiner Mutter, ihn bei den Walkers leben zu lassen, als „großes Opfer", bei dem sie seine Interessen über ihre eigenen gestellt hatte. „Ich weiß, dass sie es nicht gern gemacht hat", sagte James.

Obwohl Gloria sich darauf freute, LeBron wieder unter ihrem Dach zu haben, verlief ihre Wiedervereinigung turbulent. Zu Beginn der sechsten Klasse verlor Gloria die Wohnung, in der sie zu leben geplant hatte. LeBron musste vorübergehend wieder bei den Walkers einziehen, während Gloria über ihren nächsten Schritt nachdachte. Es war sogar die Rede davon, nach New York zu ziehen.

LeBron war reif genug, um zu erkennen, wie schwer es für seine Mutter war, für sie beide zu sorgen. Sie schaffte es zwar immer, Essen auf den Tisch zu bringen, aber er wusste nicht, wie sie das hinbekommen hatte. Es gab viele Dinge, die sich seiner Kontrolle entzogen. Er wusste nur, dass das Leben seiner Mutter nicht einfach war und er sie stolz machen wollte. „Es gab Dinge, die ich sehen konnte", überlegte James später. „Es gab Dinge, die ich nicht sehen konnte. Aber ich habe nie gefragt. Ich wollte es nicht wissen."

Bei so viel Unsicherheit griff Pam Walker ein. Sie erkannte, wie wichtig es war, dass Gloria und LeBron in Akron zusammenblieben, und kontaktierte einen Freund, der einen Wohnkomplex namens Spring Hill Apartments verwaltete. Die Gebäude waren düster, und die Nachbarschaft war nicht gerade die begehrteste. Gloria hatte jedoch

Anspruch auf Unterstützung für Personen mit geringem Einkommen. Und mit Pam Walkers Hilfe erhielt sie eine Wohnung mit zwei Schlafzimmern. Zum ersten Mal in seinem Leben hatte LeBron sein eigenes Zimmer. Spring Hill schien endlich ein Ort zu sein, den sie ihr Zuhause nennen konnten.

***

In der sechsten Klasse traf LeBron nach wie vor die Walkers. Aber er fing auch an, Zeit im Haus von Joyce zu verbringen. Es war wie im Haus des Walkers: Beide Elternteile arbeiteten. Es gab drei Kinder. Und das Haus hatte drei Schlafzimmer. Aber im Joyce-Haus gab es auch einen Aufenthaltsraum im Keller. Es war ein großartiger Ort für Jungs, um abzuhängen, Sport zu treiben und Videospiele wie *NBA Live* und *Madden NFL* zu spielen. Mrs Joyce führte ein strenges Regiment. Sie arbeitete für eine gemeinnützige Organisation, die Mittelschülern beibrachte, Sex und Drogen zu vermeiden. Ihre Prioritäten prägten den Haushalt der Joyces. Die Familie Joyce ging auch jeden Sonntag zusammen in die Kirche.

Dru Joyce unterrichtete in der Sonntagsschule zusammen mit einem anderen Gemeindemitglied, Lee Cotton, einem FedEx-Fahrer, der mit Frau und Kindern in einem Stadtteil lebte, der als Goodyear Heights bekannt ist. Cotton hatte einen Sohn namens Sian, der genauso alt war wie Little Dru und LeBron. Sian war noch größer als LeBron. Er war so groß, dass er beim Pee Wee Football über der Gewichtsgrenze für seine Altersgruppe lag. Sian war zwar größer als LeBron, aber kein guter Basketballspieler. Doch Joyce war bewusst, dass Sians Vater ein außergewöhnlicher Spieler war und es nie schadete, einen groß gewachsenen, stürmischen Jungen in der Mannschaft zu haben. Er überzeugte Lee Cotton, ihm beim Trainieren einer Jugendbasketballmannschaft zu helfen, und er rekrutierte LeBron, damit der sich mit Little Dru und Sian zusammentat. Das Team wurde Shooting Stars genannt.

LeBron war begeistert. Aber Gloria war skeptisch. Obwohl LeBron ihr versichert hatte, dass er sich mit Coach Dru stärker verbunden fühle als mit jedem anderen Mann, den er je getroffen hatte, bestand Gloria darauf, eine Trainingseinheit zu besuchen, bevor sie entschied, ob ihr Sohn dort mitspielen könne. Coach Dru erklärte, sie sei willkommen. Er hatte dafür gesorgt, dass sein Team bei der Heilsarmee in der Maple Street trainierte. Der Platz war um einiges kleiner als ein Spielfeld von regulärer Größe, es gab fast keinen freien Raum zwischen dem Platz und den umgebenden Betonwänden, und der Boden war mit Linoleum bedeckt. Nichts davon spielte für Gloria eine Rolle. Sie interessierte sich nur dafür, was für ein Typus von Männern ihren Sohn trainieren würde.

Zusammen mit Lee Cotton führte Coach Dru die Jungs durch einige grundlegende Übungen. Es gab viel Energie und positive Bestärkung. Es war offensichtlich, wie gut sich die Jungs verstanden. Little Dru war ein geborener Anführer und sehr konzentriert. Sian Cotton besaß eine einschüchternde Präsenz unter dem Korb. Und LeBron war der beste Allround-Spieler. Die drei Jungs kooperierten auf dem Platz wie Brüder, und die anderen Kinder wurden von ihrer Energie angesteckt.

Gloria sagte LeBron, er könne dem Team beitreten.

***

Dru Joyce wusste, dass LeBron ein begabter Sportler war. Er war nicht nur größer und schneller als die meisten anderen Jungs seines Alters, sondern besaß auch eine unheimliche Sprungfähigkeit und Schnelligkeit. In seiner Altersgruppe gab es niemanden, der gegen ihn im Kampf eins gegen eins verteidigen konnte, Selbst gegen ältere Jungs fiel es LeBron leicht, Körbe zu erzielen. Little Dru war ein disziplinierterer und grundsätzlich soliderer Spieler. Aber LeBron konnte dominieren, auch ohne die Grundlagen zu beherrschen. Es war eine Situation, die Little Dru ärgerte und manchmal dazu veranlasste, sich mit LeBron anzulegen.

Aber Coach Dru forderte LeBron nicht sehr. Als Trainer war Joyce unerfahren und mehr aus väterlichem Pflichtbewusstsein dabei. Er liebte Sport und verwendete seine Wochenenden, um LeBron und den anderen Jungs Lektionen fürs Leben beizubringen, etwa zur Bedeutung von Teamarbeit. Wäre Joyce ein Trainerguru mit jahrzehntelanger

Erfahrung in der Spielersuche, der Bewertung von Talenten und dem Coaching bei hochkarätigen Turnieren gewesen, hätte er vielleicht geahnt, dass LeBron das Zeug dazu hatte, eines Tages Profiballspieler zu werden. Vielleicht hätte er den zukünftigen wirtschaftlichen Wert von James' immateriellen Eigenschaften erkannt – die gleiche Fingerfertigkeit in beiden Händen, die für Klavierspieler typisch ist, das angeborene Selbstvertrauen, das unerklärliche Energiereservoir, das ihn offenbar unermüdlich machte. Aber selbst wenn Joyce dieser Trainerguru gewesen wäre, hätte er sich wohl kaum träumen lassen, geschweige denn erwartet, dass der Zehnjährige in seinem Rec-League-Team, das Kind, das in seinem Keller abhing und mit seinem Sohn Videospiele spielte, ein echtes Wunderkind war.

***

Eines Tages, als er mit Coach Dru vom Training nach Hause fuhr, hörte LeBron sich dessen Vorschläge an, wie er sich als Spieler verbessern könnte. Da er keinen Vater hatte, mit dem er über sein Spiel sprechen konnte, hörte LeBron aufmerksam zu, wann immer sein Trainer über Basketball fachsimpeln wollte. Bei dieser Gelegenheit ermutigte ihn Coach Dru, seine Mitspieler in die Offensive zu integrieren. „Bron", sagte er, „wenn du den Ball abspielst, werden alle mit dir spielen wollen."

In LeBron hallte der letzte Teil dieses Satzes nach – alle werden mit dir spielen wollen. Diese sechs Wörter hätten nicht mehr Wirkung haben können, wenn sie von einem himmlischen Wesen gesprochen worden wären. Bei seinem Versuch, eine grundlegende Wahrheit über Mannschaftssportarten zu vermitteln – wenn der Starspieler selbstlos ist, legen sich die Mitspieler mehr ins Zeug und erreichen mehr –, hatte Coach Dru LeBrons Hunger nach Freundschaft und Akzeptanz angefacht. LeBron, der so viel Zeit allein verbracht hatte, wünschte sich nichts sehnlicher, als beliebt zu sein.

Er musste nie wieder aufgefordert werden, den Ball abzuspielen. In jener Zeit, in der er für Eindrücke besonders empfänglich war, verlagerte er seinen Fokus vom Scoren auf das Abspielen des Balles. Er beobachtete Spieler wie Magic Johnson und war stolz darauf, No-Look-Pässe zu spielen. Schon bald entwickelte er sich zum besten Ballverteiler in der Jugendbasketballliga von Akron. Manchmal war LeBron so darauf fokussiert, seine Mitspieler in Szene zu setzen, dass Coach Dru ihn ermutigen musste, mehr Abschlüsse zu machen. Es war der Beginn seiner Angewohnheit, den Ball selbstlos zu handhaben, die sich bis zu seiner Zeit in der NBA auswirkte, wo er manchmal dafür kritisiert wurde, dass er in wichtigen Momenten abspielte, anstatt auf den Korb zu werfen. Aber als Jugendspieler machte seine Bereitschaft, den Extrapass zu spielen, bei seinen Mitspielern Schule und das Team von Coach Dru zum Goldstandard der Rec League von Akron.

„Meine Trainer der Little League haben uns immer einfach beigebracht, wie man Basketball richtig spielt", sagte LeBron Jahre später. „Den Ausdruck ‚Ballschwein' verachteten wir und ließen nicht zu, dass er unsere Sichtweise unseres Ballvereins beeinflusste."

***

LeBron wusste nicht, was ihn erwartete, als sich sein Team für das nationale Turnier der Amateur Athletic Union (AAU) in Cocoa Beach, Florida, qualifizierte. Er war elf Jahre alt und hatte noch nie einen Familienurlaub erlebt. Die Shooting Stars fühlten sich für ihn wie seine Familie an. Mit ihnen weit weg zu fahren und Basketball zu spielen, klang nach einem großes Abenteuer. Eines Nachmittags im Sommer 1996 stieg LeBron zusammen mit Little Dru, Sian Cotton und einer Handvoll anderer Spieler in den Minivan von Trainer Dru. Mrs Joyce und ihre beiden Töchter folgten in einem Auto voller Lebensmittel und Ausrüstung. Zusammen machten sie sich auf eine fast neunhundert Meilen lange Reise von Akron zu einem Hotel unweit der Cape Canaveral Air Force Station.

Für LeBron und seine Freunde war es großartig, stundenlang in einem Fahrzeug festzusitzen, da es so viel zu erzählen gab und so viel, wovon man träumen konnte. Ein 17-jähriger Highschool-Schüler aus Lower Merion namens Kobe Bryant war gerade in der ersten Runde des NBA-Drafts von den Charlotte Hornets ausgewählt und prompt an die Los Angeles Lakers abgegeben worden. Und ein 26-jähriger aufstrebender Rapper namens Jay-Z hatte kürzlich sein Debütalbum

Reasonable Doubt veröffentlicht. LeBron, Little Dru und Sian wollten Profisportler werden. Und mit Songs wie *Dead Presidents II* und *Can't Knock the Hustle* bereiteten sie sich auf das Spiel vor.

Die Eröffnungszeremonien fanden im Kennedy Space Center statt. Teams aus dem ganzen Land zogen durch den Austragungsort, und LeBron hatte das Gefühl, an den Olympischen Spielen teilzunehmen. Die Spiele waren jedoch nur ein kleiner Teil des Gesamterlebnisses. Als LeBron zum ersten Mal das Meer sah, war er überwältigt. Er war noch nie am Strand gewesen. Er hatte noch nie Sand unter den Füßen gespürt. Niemals in Salzwasser herumgeplanscht. Es war heiß und sonnig. Es gab Mädchen in Bikinis. Im Vergleich zu Akron war Cocoa Beach ein exotischer Ort.

Die Shooting Stars belegten im Feld der 64 Teams, von denen viele schon erheblich länger zusammen spielten und trainierten, den neunten Platz. Coach Dru war stolz. „Ihr werdet es zu etwas Besonderem bringen", sagte er zu seinem Team.

LeBron war sich nicht sicher, was sein Trainer damit meinte. Aber die Reise nach Florida hatte ihm klargemacht, dass Little Dru und Sian Cotton mehr als nur Teamkollegen waren – sie waren seine Brüder. Zusammen hatten sie einen Vorgeschmack von der Welt außerhalb Akrons bekommen und davon, wie es war, in ihrer Altersgruppe gegen einige der besten Basketballspieler des Landes zu spielen. Jetzt, da sie sich bewiesen hatten, dass sie am nationalen AAU-Turnier teilnehmen konnten, wollten sie auch erleben, wie es sich anfühlte, es zu gewinnen.

***

Im folgenden Jahr verbrachte LeBron immer mehr Zeit bei Coach Dru. Es wurde sein zweites Zuhause. Dort stellte er fest, dass Coach Dru angefangen hatte, Bücher von großen Trainern zu lesen, die er bewunderte, wie John Wooden von der UCLA. Gleichzeitig wusste LeBron, dass Lee Cotton seinen Sohn jedes Wochenende zum örtlichen YMCA mitnahm, um mit ihm zu trainieren, an seiner Technik zu arbeiten und ihm beizubringen, wie er seinen großen Körper auf dem Spielfeld einsetzen konnte.

Mithilfe seines Vaters schloss Sian in Bezug auf sein Selbstvertrauen als Spieler zu LeBron und Little Dru auf. In diesem Sommer bestritten die drei Zwölfjährigen zusammen sechzig Sommerligaspiele. Die harte Arbeit zahlte sich aus. Mit einigen soliden Rollenspielern qualifizierten sich die Shooting Stars für das nationale AAU-Meisterschaftsturnier in der Altersklasse bis zwölf Jahre in Salt Lake City.

Die Reise nach Utah verlief gänzlich anders als die nach Florida. Das Team hatte genug Spenden gesammelt, um es sich leisten zu können, von Cleveland nach Salt Lake City zu fliegen. LeBron war noch nie in einem Flugzeug gewesen. Es hätte ein aufregendes Abenteuer werden sollen, aber LeBron war die meiste Zeit des Fluges in Tränen aufgelöst. „Da es meine erste Flugreise war", überlegte er Jahre später in seinen Memoiren, „könnte ich genauso gut gestehen: Ich habe geweint, als gäbe es kein Morgen, ich hatte große Angst, und meine Ohren waren wegen der Höhe völlig verstopft."

LeBron mag sich gefürchtet haben. Aber hinter seinen Tränen verbarg sich offenbar mehr als Flugangst. „Er hat seine Mutter mehr als alles andere geliebt", sagte Coach Dru. „Wenn sie nicht für ihn da sein konnte, schmerzte ihn das sehr. Ich erinnere mich an seine erste Flugreise. Er hat die ganze Zeit geweint. Er wollte bei seiner Mutter sein. An solche herzzerreißenden Momente in seiner Kindheit werde ich mich immer erinnern."

LeBron sprach nicht gern darüber, aber Little Dru und Sian waren einfühlsam. Ihre Eltern waren immer für sie da. Und wenn es um Reisen und Turniere ging, waren Coach Dru und Lee Cotton so zuverlässig, dass man ihre ständige Präsenz leicht für selbstverständlich halten konnte. Für LeBron war sie das nie. In seinem Leben gab es Lücken, und er war sich immer der Menschen bewusst, die sie ausfüllten.

Aber so verunsichert er im Flugzeug auch gewesen war, als sie in der Sporthalle ankamen, ging es LeBron gut. Egal an welchem Ort er sich befand, er fühlte sich immer wie zu Hause, wenn er ein Spielfeld betrat.

Die AAU-Spieler des Turniers in der Altersklasse bis zwölf Jahre waren deutlich größer und besser als die Teams, gegen die die Shooting Stars bislang gespielt hatten. Sie standen einem Team mit drei Jungs gegenüber, die 1,96 Meter groß waren. Mit 1,88 Metern war Sian der größte Spieler von Coach Dru. Das spielte keine Rolle. Little Dru war ein furchtloser Point Guard. Sian war muskulöser als die größeren Jungs. Und niemand konnte LeBron im Spiel eins gegen eins bewachen. Die Rollenspieler trugen ihren Teil bei. Die Mannschaft gewann die meisten ihrer Spiele und wurde Zehnter bei 72 Teams. Coach Dru war zufrieden. Sie wurden immer besser.

Diese Erfahrungen waren lebensverändernd, insbesondere für LeBron. Flugreisen, so stellte er fest, waren nicht so schlimm. Und der sich wiederholende Nervenkitzel, bei nationalen Turnieren vor jubelnden Zuschauern zu spielen, machte es einfacher, sich vorzustellen, ein professioneller Sportler zu sein. Basketball war die Eintrittskarte in ein Leben, das er sonst nie kennengelernt hätte. Die anderen Jungs in seinem Spring-Hill-Apartmentkomplex in Akron hatten keine Ahnung, wie es war, eine Flugzeug-Bordkarte zu besitzen, die Miniatur-Seifenstücke in einem Motelzimmer zu entdecken oder in einer fernen Stadt in einem beheizten Pool zu planschen. Basketball hatte ihm auch eine Familie in Gestalt eines Teams beschert. So vieles von dem, was LeBron wollte, wurde durch vorherige Entbehrungen befeuert. „Die große Kraft der Geschichte liegt darin, dass wir sie in uns tragen, unbewusst in vielerlei Hinsicht von ihr kontrolliert werden und dass Geschichte buchstäblich in allem, was wir tun, präsent ist", bemerkte der Schriftsteller James Baldwin. „Der Geschichte verdanken wir unseren Bezugsrahmen, unsere Identitäten und unsere Bestrebungen." Das gilt auch für die persönliche Geschichte.

Ohne Zweifel hat LeBrons Vergangenheit die Art und Weise geprägt, wie er seine Zukunft betrachtete. Als sein Lehrer zu Beginn des Schuljahres leere Karteikarten verteilte und die Schüler anwies, drei Dinge aufzuschreiben, die sie als Erwachsene erreichen wollten, schrieb LeBron:

NBA Player
NBA Player
NBA Player

Nachdem er die Karten eingesammelt hatte, wies der Lehrer darauf hin, dass LeBron die Aufgabe falsch verstanden hätte – er sollte drei verschiedene Dinge aufschreiben, die er als Erwachsener erreichen wollte, nicht bloß eines.

Doch LeBron hatte es nicht falsch verstanden. Es gab nur eines, das er unbedingt erreichen wollte.

***

Coach Dru war überzeugt, dass er einen weiteren Spieler integrieren musste, um das Team an die Spitze zu bringen und eine nationale Meisterschaft zu gewinnen. Der beste 13-jährige Spieler der Stadt nach LeBron hieß Willie McGee und spielte in einer Mannschaft namens Akron Elite. Nachdem die Shooting Stars in der Qualifikationsrunde für das AAU-Nationalturnier für 13-Jährige Akron Elite besiegt hatten, beschloss Coach Dru, McGee anzuwerben. Willie lebte mit seinem älteren Bruder Illya McGee zusammen, der mit einem Basketball-Stipendium an der University of Akron studierte. Coach Dru machte Illya ausfindig und fragte ihn, ob Willie seinem AAU-Team beitreten und nach Salt Lake City reisen könne. Illya gefiel die Idee. Sein kleiner Bruder hatte viel durchgemacht. Die Chance, in einem guten Team zu spielen, das von einem positiven männlichen Vorbild geleitet wurde, wäre gut für ihn.

Willie McGee stammte aus Chicago, wo er zusehen musste, wie seine Eltern der Crack- und Heroinsucht erlagen. Als seine Eltern im Strafvollzug landeten, zog McGee zu seiner älteren Schwester, die Mühe hatte, ihre beiden eigenen Kinder, die noch Windeln trugen, zu ernähren und zu versorgen. Aus Angst, dass ihr kleiner Bruder den Drogen und der Gewalt auf der Straße zum Opfer fallen würde, und da sie erkannte, dass er einen positiven männlichen Einfluss in seinem Leben brauchte, packte sie Willies Kleidung in einen Plastikmüllsack und schickte ihn nach Akron, wo er bei seinem älteren Bruder leben sollte. Illya sorgte dafür, dass Willie Essen und Kleidung hatte, in der Schule gut abschnitt und Manieren und Respekt an den Tag legte. Er brachte Willie auch bei, wie man Basketball spielt. Willie war ein wirklich guter Basketballspieler, versicherte Illya Coach Dru, und ein noch besserer Junge. Es gab nie Probleme mit ihm. Er war einfach ruhig. Wirklich leise.

Coach Dru bot an, Willie zu seinem ersten Training mit dem Team zu fahren.

***

Es war nach der Schule, und LeBron war bei Coach Dru zu Hause, bis es Zeit war, zum Training zu gehen. Little Dru machte seine Hausaufgaben. Willie McGee sollte jeden Moment hier abgesetzt werden. LeBron und Little Dru fragten sich, ob er in ihre enge Gemeinschaft passen würde. Keiner von ihnen war in Gesprächslaune, als Willie das Haus betrat. Mit seinen 1,88 Metern war er zehn Zentimeter größer als LeBron.

Little Dru machte sich nicht einmal die Mühe, von seinen Schularbeiten aufzuschauen.

„Was geht?", murmelte LeBron.

Die Stille war peinlich. Willie kannte lediglich LeBrons Ruf als Spieler. Er wusste nichts über dessen Persönlichkeit oder die von Little Dru. Erst als sie die Basketbälle in Coach Drus Auto luden, stellte sich Little Dru endlich vor.

Während der Fahrt zum Training blieben LeBron und Willie unter sich, da Coach Dru seinen Sohn wegen eines Vorfalles in der Schule ausschimpfte. Aber sobald sie die Sporthalle erreicht hatten, die Musik anfing zu spielen und sie mit der Layup-Linie begannen, war das Eis gebrochen. LeBron, Little Dru und Sian Cotton liebten den Basketball und pflegten eine Kameradschaft, die auch Willie sofort ansprach. Ohne ein Wort zu sagen, zeigte er sich so begeistert wie sie. Er hängte sich rein. Er sprang den Bällen nach. Er hatte einen guten Griff. Er kämpfte um Rebounds. Er verteidigte. Und er konnte punkten.

LeBron gefiel, was er sah. Nach einigen weiteren Trainingseinheiten lud er Willie ein, die Nacht in seiner Wohnung in Spring Hill zu verbringen. Auch Sian übernachtete bei ihm. Gloria kochte Abendessen für sie. Dann machten sie es sich bei Videospielen gemütlich. Irgendwann wandte sich LeBron an Willie und sagte: „Du bist ziemlich cool."

Willie sagte nichts. Aber er fühlte sich mit LeBron verbunden. Little Dru und Sian hatten solide Familien mit fleißigen Vätern, die ihre gesamte Freizeit der Erziehung ihrer Kinder widmeten. LeBron war mehr wie Willie. Sie hatten keine Väter. Sie lebten am Rande der Gesellschaft.

Allmählich erkannte Willie mit LeBrons Hilfe, dass er Coach Dru und Mr Cotton als Familie betrachten konnte. Sie nahmen Willie und LeBron sonntags mit in die Kirche. Sie drängten sie, ihre Hausaufgaben zu machen. Sie ließen die Jungs am Freitagabend regelmäßig bei ihnen übernachten. Für LeBron waren all die Freizeitaktivitäten der beste Teil seiner Mitgliedschaft in einem Basketballteam.

„Eine Sache über Bron", sagte Coach Dru. „Er war nie gern allein. Als er uns fand, fand er ein Zuhause. Er hat Vaterfiguren gefunden. Er fand eines der großartigsten Dinge, die ihm je passiert sind: Freundschaft."

Als sich diese Freundschaften vertieften, wurde LeBron in seiner Ausdrucksweise selbstbewusster. Eines Abends, als sie zusammen übernachteten, sah er Willie an und sagte: „Du und ich sind gute Freunde." Willie wusste immer noch nicht, wie er reagieren sollte. Er war es nicht gewohnt, dass irgendjemand, geschweige denn ein anderer Junge, so mit ihm sprach. Aber es war nicht nur LeBron, der so redete. Auch Sian und Little Dru äußerten ihre Gefühle. „Sie gaben mehr", erklärte Willie. „Sie akzeptierten mehr. Es wurde einfach lockerer."

Willie sagte nur selten etwas, aber er zeigte Loyalität gegenüber seinen neuen Freunden. Als er nach einem Spiel sah, wie ein größerer Spieler Little Dru in der Handshake Line schubste, sprang Willie herbei und stieß den anderen Spieler zurück. Coach Dru war ein großer Befürworter von Sportlichkeit. Aber ihm gefiel es, wie Willie einen Teamkollegen verteidigte. LeBron gefiel es auch. Es zeigte ihm, dass Willie loyal war. Von da an nannten er, Willie, Sian und Little Dru sich „The Fab Four".

***

In der achten Klasse maß LeBron 1,88 Meter. Aus dieser Höhe konnte er die Verteidiger leichter überblicken, wodurch er das Spielfeld anders visualisierte und beim Lauf über den Platz ein noch besserer Passspieler wurde. LeBron fing auch an, den Ball routinemäßig mit beiden Händen zu dunken. Sein erster Dunk gelang ihm in der Sporthalle seiner Mittelschule. Er war damals in der siebten Klasse, und seine Freunde drängten ihn, es in einem Spiel auszuprobieren. Obwohl

LeBron den Ball mühelos über den Rand bringen konnte, zögerte er, Dunkings während eines Matches zu versuchen. Stattdessen legte er den Ball hinein. Dann, eines Tages, während eines AAU-Turniers in Cleveland, erhob er sich weit über den Korbrand und stopfte den Ball durch den Zylinder. Es war eine Sache, auf einem Spielfeld durchzustarten und genug Schwung zu erzeugen, um den Ball zu versenken, ohne von den Verteidigern herausgefordert zu werden. Aber die wenigsten Mittelschüler schafften es in einer Spielsituation, mit dem Ball bis zum Korbrand zu gelangen und den Ball dann auch noch nach unten zu werfen.

LeBrons neu erworbene Fähigkeit zu dribbeln, den Ball zu führen und Verteidiger mit Dunks zu überspielen, machte es fast unmöglich, die Shooting Stars zu schlagen. Die erfahreneren AAU-Teams gingen dazu über, zwei bis drei Verteidiger auf LeBron anzusetzen, wann immer er den Ball bekam. In solchen Situationen verstand es James, unbewachten Mitspielern zu unangefochtenen Layups und offenen Jump Shots zu verhelfen. Für 14-jährige Kids spielten sie wie eine gut geölte Maschine.

In diesem Jahr waren die Shooting Stars beim nationalen AAU-Turnier erfolgreich. Irgendwann während eines Spieles im Viertelfinale bekam LeBron den Ball auf dem offenen Spielfeld und rannte auf den Korb zu. Da niemand vor ihm war, nahm er sein Dribbling knapp innerhalb der Foul-Linie auf, machte einen zusätzlichen Schritt, hob ab und warf einen zweihändigen Jam, der das Backboard erzittern ließ. Er hatte sich beim wettbewerbsintensivsten Jugendbasketballturnier des Landes als bester Spieler etabliert. Und die Shooting Stars erreichten das nationale Meisterschaftsspiel der AAU für die Division bis 14 Jahre. Das Ziel, das sie sich drei Jahre zuvor gesetzt hatten, war endlich in Reichweite. Sie sollten gegen die stark favorisierten Southern California All-Stars antreten, eine Gruppe von Jungs, die drei Jahre in Folge die nationale Meisterschaft gewonnen hatten. Sie hatten jede Menge Spitzensportler, die leapen und dunken konnten, darunter einen, der bereits in *Sports Illustrated Kids* porträtiert worden war.

Coach Dru spürte, dass einige seiner Spieler unter Druck standen. Die California All-Stars waren eine einschüchternde Truppe. Eingebildet waren sie auch. Beim Aufwärmen stolzierten sie mit

Nike-Reisetaschen, Nike-Sneakers und passenden rot-weißen Nike-Trikots auf den Platz. Die Shooting Stars hatten nicht einmal einen Sponsor. LeBron und seine Teamkollegen hatten geknausert und geschuftet – Autos gewaschen, Grillabende veranstaltet und in Akron Klinken geputzt, um Spenden zu sammeln –, um auch nur ihre Trikots bezahlen zu können. Neben den All-Stars sahen sie wie Bettler aus. Kurz vor dem Spiel versammelte Dru sein Team in der Umkleide und versicherte ihnen, dass er ihren Traum teile, alles zu gewinnen. Aber sie sollten wissen, dass sie bereits alles gegeben hatten, was ein Trainer von seinem Team erwarten konnte. „Ich möchte einfach, dass ihr spielt und gut spielt", sagte er. „Ihr müsst nicht gewinnen."

Mit seiner Ansprache wollte er sie beruhigen. Doch als LeBron und seine Mitspieler am 8. Juli 1999 im Disney-Sportkomplex in Orlando zum ersten Mal das Parkett betraten, schlugen ihre Herzen schneller. „Ihr seid alle aus Akron?", fragte einer der All-Stars herablassend. Seine Teamkollegen kicherten. Ein anderer mischte sich ein: „Seid ihr alle vom Land?"

LeBron fühlte sich verachtet. Die anderen auch. Akron war in der Tat ein weißer Fleck auf der AAU-Basketballkarte gewesen. Aber die Shooting Stars hatten sich den Ruf erarbeitet, einen teamorientierten, hartgesottenen Basketball-Stil zu spielen, mit dem sie es jedes Jahr in die letzten Runden des Turniers schafften. Und LeBron war für Trainer und Spieler auf der gesamten AAU-Strecke ein vertrauter Name geworden. Es machte ihn wütend, dass diese Typen aus Südkalifornien auf ihn und seine Teamkollegen herabschauten wie auf einen Haufen zweitklassiger Spieler aus dem Hinterland.

Zu Beginn gerieten die Shooting Stars weit in Rückstand und lagen am Ende der ersten Halbzeit mit 45 : 30 hinten. Aber in der zweiten Halbzeit kamen sie zurück. LeBron ging voran, indem er sich seinen Weg zum Korb bahnte, No-Look-Pässe warf, die in Layups umgewandelt wurden, und Schüsse in der Defense blockte. Als noch eine Minute zu spielen war, dribbelte er mit der linken Hand die linke Seite des Spielfeldes hinauf, wechselte zur rechten Hand, um einem Verteidiger auszuweichen, und bahnte sich dann seinen Weg zwischen zwei weiteren Verteidigern hindurch, um einen Korbleger zu erzielen, der den Ansager zum Jubeln brachte: „Oh! Was für ein

Move von James!" Der akrobatische Wurf reduzierte den Vorsprung der All-Stars auf drei Punkte. Dann, vier Sekunden vor Schluss und bei einem Zwei-Punkte-Rückstand seines Teams, nahm Coach Dru eine Auszeit. Das Ziel war es, den Ball erfolgreich einzuwerfen und ihn rechtzeitig über die gesamte Spielfeldlänge zu befördern, um einen Korbwurf zu erringen. Der Plan war einfach: Bring den Ball zu LeBron.

LeBron hatte lange davon geträumt, das Spiel mit der Schlusssirene zu gewinnen. Im Training hatte er dieses Szenario unzählige Male nachgespielt und über imaginäre Verteidiger hinweg geworfen, während die Zeit ablief. Im Geiste sah er, was er tun würde. Augenblicke später hatte LeBron den Kopf gedreht und überblickte das Spielfeld, während Sian den Pass über LeBrons Kopf warf. LeBron schaute gerade rechtzeitig zurück, sah den Ball und fing ihn mit Schwung. Mit zwei Dribblings raste er das Seitenfeld entlang, vorbei an zwei Verteidigern. Er überquerte das halbe Spielfeld, dribbelte noch einmal und hob ab, als ein dritter Verteidiger auf ihn zulief und mit ausgestrecktem Arm hochsprang. Mit dem Schwung, der ihn in Richtung Korb trug, startete LeBron einen Dreipunkteversuch aus knapp elf Metern Entfernung, was NBA-Reichweite entsprach. Die Menge war vollkommen still, als der Ball eine perfekte Flugbahn beschrieb, im Zylinder landete und dann, beim Ertönen der Sirene, ins Aus flog. Die erleichterten All-Stars sprangen vor Freude hoch. LeBron stand wie versteinert da, wo er gelandet war, und verbarg seinen Kopf in den Händen, während ihn seine Teamkollegen anstarrten. Sie hatten 68 : 66 verloren.

***

Die Rückreise nach Akron war lang und ruhig. Coach Dru dachte daran, dass er die Jungs nie wieder coachen würde – später in diesem Jahr würden sie alle auf die Highschool gehen. Es fühlte sich an wie das Ende einer großartigen Fahrt. Aber die Jungs hatten andere Pläne. Anfang des Jahres hatten sie begonnen, ernsthaft darüber zu sprechen, dass sie dieselbe Highschool besuchen wollten, um weiter zusammen spielen zu können. Sie wohnten über die ganze Stadt verteilt. In Akron gab es jedoch mehrere Highschools, und das Schulsystem bot ihnen die Möglichkeit, alle dieselbe Schule auszuwählen. Die Niederlage gegen die Southern California All-Stars war eine bittere Erfahrung. Aber es bestärkte sie in ihrem Vorhaben, in der Highschool zusammen Ball zu spielen.

Sie hatten noch eine Rechnung offen.

4

WIR SIND ALLES, WAS WIR HABEN

Little Dru hatte in seinem Schlafzimmer eine Klimmzugstange montiert. LeBron beobachtete ihn, wie er daran hing, in der Hoffnung, seinen Körper zu dehnen. Little Dru hätte so ziemlich alles getan, um größer zu werden, alles, um ein besserer Basketballspieler zu werden.

Coach Dru wusste, wie fleißig sein Sohn daran arbeitete, sein Spiel zu verbessern, und suchte immer nach Möglichkeiten, ihm zu helfen. Als er erfuhr, dass am Sonntagabend im Jewish Community Center in Akron Basketballkurse veranstaltet wurden, nahm er Little Dru dorthin mit. Die Kurse wurden von dem 38-jährigen Keith Dambrot geleitet, einem Börsenmakler, der zuvor Chefbasketballtrainer an der Central Michigan University gewesen war. Coach Dru wusste nicht viel über ihn. Aber jeder, der mit Anfang dreißig Division-I-Basketball trainiert hatte, musste ziemlich beeindruckend sein, dachte er sich.

Dambrot war klein und feurig und fand sofort Gefallen an Little Dru, der bei seinem ersten Besuch in der siebten Klasse war und kaum 1,48 Meter maß. Als Dambrot ihn anschaute, sah er sich selbst – eine Sportskanone, die ihren Mangel an Körpergröße durch einen weiten Sprungwurf und die Fähigkeiten im Umgang mit dem Ball kompensierte. Dambrot nahm Little Dru unter seine Fittiche und lobte die Arbeitsmoral und den Wettbewerbsgeist des Jungen.

Little Dru mochte Dambrot sofort und nahm von da an regelmäßig an den Kursen teil. Jeder andere Trainer hätte ihm gesagt, dass er größer werden müsse, wenn er in der Highschool spielen wolle. Dambrot verlor nie ein Wort über die Körpergröße von Little Dru. Er konzentrierte sich auf die Mechanik des Ballhandlings und die Bedeutung von Dingen wie Beinarbeit und Wurftechnik. Bei ihm drehte sich alles um die Grundlagen. Little Dru blühte auf und tat sich als der fundierteste Soundplayer in Dambrots Kursen hervor.

LeBron ging bald schon sonntagabends mit Little Dru zu dem Kurs. Das Erste, was ihm auffiel, war, dass sie die einzigen schwarzen Kinder im Jewish Community Center waren. James hatte nicht viel Kontakt zu Weißen gehabt. Und bei dem Siebtklässler begannen sich die Ansichten zum Thema Ethnie gerade erst zu formen. Als er beobachtete, dass Coach Dambrot jedes Mal auf Little Dru zurückgriff, wenn er den anderen Kids zeigen wollte, wie eine Übung richtig ausgeführt wurde, fragte sich James, ob es rassistisch sei, jedes Mal eines der beiden einzigen schwarzen Kids zu wählen. Aber bald verwarf er die Idee und kam zu dem Schluss, dass Dambrot Little Dru bevorzugte. Und Little Dru demonstrierte gern die richtige Technik. Es war offensichtlich, dass er und Dambrot gut miteinander auskamen. Die Chemie zwischen ihnen stimmte. Und James passte sich schnell an die neue Umgebung an. Es dauerte nicht lange, bis auch Sian Cotton und Willie McGee zu den Kursen kamen. Die vier stachen schnell als die besten Spieler in der Sporthalle heraus.

Im Juli 1998, etwa ein Jahr nachdem Coach Dru angefangen hatte, seinen Sohn zum Training mit Keith Dambrot im Jewish Community Center mitzunehmen, wurde Dambrot neuer Cheftrainer in St. Vincent-St. Mary, einer privaten katholischen Highschool in Akron. Die Medien erinnerten an Dambrots umstrittenen Abschied von der Central Michigan University fünf Jahre zuvor. Das *Akron Beacon Journal* berichtete, Dambrot sei 1993 entlassen worden, weil er das N-Wort benutzt hatte. In jenem Jahr, nach einer frustrierenden Niederlage gegen die Miami University of Ohio, hatte Dambrot zu seinen Spielern in der Umkleidekabine angeblich gesagt: „Ich wünschte, wir hätten mehr Nigger in diesem Team." Tage später wurde sein Kommentar in der Studentenzeitung veröffentlicht, was zu Protesten auf dem Campus führte. Damals bestritt Dambrot nicht, die rassistische Beleidigung verwendet zu haben. Stattdessen sagte er der Presse: „Das Wort wurde nicht in rassistisch anstößiger Weise verwendet. Unser

Team verstand die Konnotation des Wortes, als ich es verwendet habe, und war nicht beleidigt."

Nachdem die Schule ihn entlassen hatte, reichte Dambrot eine Bundesklage gegen die Universität ein, in der er die Kündigung als Verletzung seiner Rechte auf freie Meinungsäußerung und akademische Freiheit gemäß dem First Amendment anfocht. Neun schwarze Spieler des Teams von Central Michigan betonten, dass sie sich durch seine Verwendung des N-Wortes nicht beleidigt fühlten, und schlossen sich der Klage zur Unterstützung von Dambrot an. „Niemand von den Leuten, die gefordert haben, dass er gefeuert werden sollte, waren dabei, als er es gesagt hat", erklärte einer der Spieler in jener Zeit. „Sie verstehen die Situation nicht. Es war eine schlechte Wortwahl, aber man musste dabei gewesen sein, um es zu verstehen." Dambrots Klage wurde schließlich von einem Richter abgewiesen, und fünf Jahre lang fand er keinen Trainerjob. Dann beschloss St. Vincent-St. Mary, ihm eine Chance zu geben.

„Offensichtlich habe ich Fehler gemacht, und ich habe mich dafür entschuldigt", sagte Dambrot dem *Akron Beacon Journal.* „Ich habe einen hohen Preis dafür bezahlt, und das akzeptiere ich." Dambrot dankte St. Vincent-St. Mary, dass sie ihm eine zweite Chance gaben. Der Sportdirektor der Highschool, Jim Meyer, verteidigte die Entscheidung der Schule. „Wir haben uns erkundigt, und was wir über ihn gehört haben, hat uns gefallen", sagte Meyer. „Er arbeitet gut mit jungen Sportlern zusammen, und das war uns wichtig." Die Entscheidung, Dambrot als Highschool-Trainer zu engagieren, wurde als „Chance zur Wiedergutmachung" bezeichnet.

Coach Dru wurde kritisiert, weil er seinen Sohn in Dambrots Kurse gehen ließ. Ein Mitarbeiter sagte zu ihm, er solle sich von diesem Mann fernhalten. Aber Coach Dru kannte die Einzelheiten von Dambrots Vergangenheit nicht, und er wollte ihn nicht aufgrund von Medienberichten ausgrenzen. Er konnte sich nur auf das stützen, was er aus erster Hand erfahren hatte, nämlich dass Dambrot ein hervorragender Trainer war, der seinen Sohn und die anderen Jungs stets mit Respekt behandelt hatte. Little Dru blühte unter Dambrots Anleitung auf und meldete sich für ein Sommer-Basketballcamp mit ihm an. LeBron und die anderen taten es ihm gleich.

Anfänglich waren LeBron, Little Dru, Sian und Willie nicht direkt von dem Wirbel um Dambrot und der Tatsache betroffen, dass er auf dem Weg nach St. Vincent-St. Mary war. Sie standen kurz vor dem Eintritt in die achte Klasse der Mittelschule. Und danach würden sich die vier auf den Weg zur Buchtel High machen, einer öffentlichen Highschool in Akron mit einer außergewöhnlichen Basketballmannschaft. LeBron hatte bereits alles geplant. „Ich kannte den sportlichen Ruf der Schule, wie jedes schwarze Kid in Akron", sagte LeBron. „Ich habe mir schon ausgemalt, wie es sein würde – wir vier würden als Big Men on Campus einmarschieren und Buchtel zu einer Landes- und zur nationalen Meisterschaft führen."

Im Jugendbasketball von Akron war es kein Geheimnis, dass die vier besten Spieler von Drus AAU-Mannschaft eine verschworene Truppe waren, die hoffte, in der Highschool zusammen spielen zu können. Um sicherzustellen, dass sie in Buchtel landeten, nahm der Basketballtrainer der Schule Dru Joyce als Assistenztrainer in sein Team auf, ein kluger Schachzug von Buchtel. Er begann dort, in der achten Klasse von Little Dru zu unterrichten, als der noch in der Mittelschule war. Bei Buchtel ging man davon aus, dass Coach Dru seinen Sohn zu ihnen bringen würde, der wiederum LeBron und die anderen mitbringen würde.

Aber in der achten Klasse ließ Little Dru die Idee, nach Buchtel zu gehen, wieder fallen. Die Schulmannschaft dort war stark besetzt, und er glaubte nicht, dass das Trainerteam ihn ernst nehmen würde. Little Dru war überzeugt, dass er am Ende in der Juniorenmannschaft der Schule landen würde. Er hatte auch das Gefühl, dass LeBron der einzige Spieler der Shooting Stars war, den Buchtel wirklich wollte. Er ließ LeBron wissen, dass er es sich noch einmal überlegt habe, dorthin zu gehen. „Mann, ich glaube nicht, dass das funktionieren wird", sagte er. „Ich glaube nicht, dass sie mir eine Chance geben werden."

LeBron hielt nicht viel von den Bedenken seines Freundes. Für ihn war es einfach – wenn du ein Kid aus der Innenstadt warst, gingst du nach Buchtel. Es war eine rein schwarze Schule. Jeder erwartete, dass sie dorthin gehen würden. Außerdem war Coach Dru im Team. Warum sollten sie woanders hingehen?

Aber Little Dru meinte es ernst damit, Buchtel zu verschmähen. Er war mit seinem Vater dort zum Open Gym gegangen. Die Jungs im Schulteam waren ihm gegenüber ziemlich abweisend gewesen, hauptsächlich wegen seiner Größe. Entmutigt führte Little Dru ein persönliches Gespräch mit seinem Vater.

„Dad, sie werden mir dort keine Chance geben", sagte Little Dru zu ihm.

Coach Dru versuchte, ihn zu beruhigen.

„Dad, ich gehe nicht nach Buchtel", sagte er schließlich.

„Wie meinst du das?", fragte Coach Dru. „Ich bin im Trainerstab. Alles ist vorbereitet."

„Ich möchte nach St. V. gehen", sagte Little Dru.

Coach Dru zögerte.

„Ich weiß, dass Coach Dambrot mir eine Chance geben wird", fuhr Little Dru fort.

Zuerst war Coach Dru wütend. Nicht auf seinen Sohn. Nicht auf Dambrot. Sondern wegen der Situation. Ihm war die Stelle als Assistenztrainer bei Buchtel angeboten worden, in der Erwartung, dass er LeBron und seine anderen AAU-Spitzenspieler mitbringen würde. Aber nun musste er dem Cheftrainer sagen, dass er nicht einmal seinen eigenen Sohn dazu bewegen konnte, zur Buchtel High zu kommen. Es war peinlich.

Coach Dru erkannte jedoch, dass sein Sohn eine Beziehung zu Coach Dambrot aufgebaut hatte. Nachdem er sich beruhigt hatte, beschloss er, seinem Sohn nicht im Weg zu stehen. Stattdessen teilte er dem Cheftrainer von Buchtel mit, dass er kündigen werde.

***

LeBron, Sian und Willie sahen Little Dru an, als ob er verrückt geworden wäre, während er ihnen erzählte, dass er sich für St. Vincent-St. Mary entschieden habe. Die Schule war für akademische Leistungen bekannt, nicht für Basketball. Und da es sich um eine private katholische Schule mit Studiengebühren von mehr als fünftausend Dollar pro Jahr handelte, waren die Schüler fast ausschließlich weiße Kids aus der Vorstadt. LeBron wollte mit einer solchen Schule nichts zu tun haben. „Ich war auf einem ‚Ich gebe mich nicht mit Weißen ab'-Trip, weil ich in der Gosse aufgewachsen bin und so sozialisiert war", sagte LeBron Jahre später. „Es ist, als wollten sie nicht, dass wir Erfolg haben."

Überzeugt, dass er und seine Freunde sich an den ursprünglichen Plan halten sollten, nach Buchtel zu gehen, versuchte LeBron, Little Dru zu überreden, seine Meinung zu ändern. Was war mit ihrem Schwur, eine nationale Meisterschaft zu gewinnen? Zusammenzuhalten?

Little Dru blieb standhaft. Er versuchte nicht, seine Freunde zu beeinflussen. Aber er bestand darauf, nach St. V. zu gehen. Coach Dambrot hatte ihm versichert, dass er bereit sei, Freshmen in den Kader der Schule aufzunehmen. Und wenn ein Freshman besser sei als ein älterer Spieler, so Coach Dambrot, scheue er sich nicht, den Freshman spielen zu lassen. Little Dru war der Meinung, dass Dambrot ihm die beste Chance bot, in einem Schulteam Basketball zu spielen.

Ein paar Wochen lang dachte LeBron, die Fab Four würden sich tatsächlich trennen. Nach und nach übernahmen Willie und Sian jedoch Little Drus Sicht der Dinge. Zuerst traf sich Willie mit Dambrot, der ihm sagte, er würde ihn gern in seinem Team haben und ihm die Chance geben, als Freshman einen Platz in der Schulmannschaft zu erringen. Dann bekam Sian das Gefühl, dass die Buchtel-Trainer wirklich nur an LeBron interessiert waren. Sian wollte für einen Trainer spielen, der ihn wollte. Und er wollte die Fab Four zusammenhalten. Er beschloss, Little Dru und Willie nach St. V. zu folgen.

LeBron konnte sich des Eindruckes nicht erwehren, dass die Trainer in Buchtel einen Fehler gemacht hatten, als sie Little Dru übersehen hatten. Er war der Anführer der Fab Four. Da sie sich darauf fixierten, dass er für Basketball-Verhältnisse winzig war, konnten die Trainer von Buchtel die Entschlossenheit in seinem Herzen und seine Leidenschaft für den Basketball nicht erkennen. Das waren die Eigenschaften, die Little Dru zu einem so attraktiven Teamkollegen machten. LeBron hatte auch das Gefühl, dass die Buchtel-Trainer ihn ebenfalls unterschätzt hatten. Sicher, sie schätzten ihn als Basketballspieler. Aber sie verstanden ihn und die Bindung, die er zu seinen Freunden empfand, nicht wirklich. Er hatte den Eindruck, dass die Buchtel-Trainer ihn als Jungen aus dem Armenviertel sahen, der es nicht schaffen würde, eine fast ausschließlich weiße katholische Schule mit hohen akademischen Standards und Kleiderordnung zu absolvieren. Es missfiel ihm, unterschätzt zu werden.

LeBron erwog, sich weit aus seiner Komfortzone herauszuwagen und eine Schule zu besuchen, in der er eher ein Außenseiter sein würde. Er war fest davon überzeugt, dass die weißen Schüler und Lehrer von St. V. auf ihn herabschauen würden, und er wusste, dass sich die afroamerikanische Gemeinschaft gegen ihn wenden könnte, weil er nicht nach Buchtel gegangen war. Es wäre viel einfacher gewesen, sich schlichtweg anzupassen. Aber seine Loyalität galt zuerst seinen Freunden. Sie hatten einander ihr Wort gegeben. Letztlich ging es bei dieser Entscheidung um mehr als Basketball. Es kam darauf an, einander treu zu bleiben. „Wir sind alles, was wir haben", pflegte Sian zu sagen. LeBron stimmte zu. Er erkannte jedoch, dass die Entscheidung, als Gruppe nach St. V. zu gehen, mit ethnischen und klassenspezifischen Implikationen behaftet war. Es würde als etwas viel Größeres angesehen werden als bloß die Wahl einer Schule, die einer anderen vorgezogen wurde. Für ihn war es ein entscheidender Moment, der den Verlauf seines Basketball-Lebens dramatisch verändern sollte.

***

In seinem ersten Jahr in St. Vincent-St. Mary coachte Keith Dambrot sein Team zu einer Bilanz von 16:9, und die Mannschaft qualifizierte sich für das Staatsturnier. Sein bester Spieler war Maverick Carter, ein Forward von 1,93 Meter Länge. Als Junior war Carter der beste Scorer und ein hervorragender Allround-Athlet mit natürlichen Führungsqualitäten. Zusammen veränderten Dambrot und Carter schnell die Art, wie das Basketballprogramm von St. V. wahrgenommen wurde.

LeBron war vier Jahre jünger als Maverick, aber er kannte ihn, seit sie kleine Kinder gewesen waren. Sie hatten sich auf der Feier zu Mavericks achtem Geburtstag kennengelernt. Damals lebte LeBron in einem Wohnprojekt in der Nähe von Maverick. Sie wohnten nicht lange nebeneinander, aber ihre Wege kreuzten sich in Akron immer wieder, und es entstand eine Freundschaft zwischen ihnen. Sie waren die beiden Jungs mit ungewöhnlichen Namen. Maverick wurde nach der Fernsehsendung *Maverick* aus den späten Fünfzigerjahren benannt, in der James Garner den Pokerspieler Bret Maverick spielte, der sich im Wilden Westen immer wieder in Schwierigkeiten bringt. Carters Großmutter liebte diese Show. Sie liebte auch Glücksspiele. Nach Feierabend lud sie die Leute aus der Nachbarschaft zum Pokern und zu Würfelspielen in ihren Keller ein.

Wie LeBron war auch Maverick hauptsächlich von seiner Mutter großgezogen worden, die fast dreißig Jahre lang als Sozialarbeiterin beim Bezirk beschäftigt war. Mavericks Vater hatte wegen Rauschgiftbesitzes und eines geplanten Drogendeals eine Gefängnisstrafe verbüßt.

Da er hoffte, in der NBA spielen zu können, war Maverick entschlossen, mit einem Basketball-Stipendium das College zu besuchen. Er begrüßte die Ankunft von Coach Dambrot in St. V. und ließ sich sofort auf dessen intensiven Coaching-Stil ein. Maverick war der Meinung, dass das für seine eigenen Ambitionen nur förderlich sein konnte.

Im Sommer 1999 veranstaltete Coach Dambrot ein Basketballcamp im Jewish Community Center. Er lud Maverick und einige weitere seiner Spieler aus der Schulmannschaft dazu ein. LeBron, Little Dru, Sian und Willie waren auch dabei. Im selben Sommer hatten sie im nationalen Meisterschaftsspiel der AAU in Orlando mit zwei Punkten Rückstand gegen die Southern California All-Stars verloren. Und sie waren gerade dabei, ihre Entscheidung, zusammenzuhalten und nach St. V. zu gehen, zu verarbeiten.

Aufgrund des Altersunterschieds von vier Jahren hatten Maverick und LeBron nicht viel zusammengespielt. Aber während des Camps beobachtete Maverick, dass LeBron sich von den anderen Jungs unterschied, indem er zum Korb schoss und präzise Pässe zu offenen Mitspielern spielte. Er spielte mit mehr Grips als die Jungs, gegen die Maverick in der Highschool antrat. Es war verlockend, darüber nachzudenken, wie es wäre, LeBron im Trikot von St. V. spielen zu sehen.

Dambrot konnte nicht umhin, sich dasselbe zu fragen. Im Laufe der Jahre hatte er als College-Coach eine ganze Reihe von Basketballspielern ausfindig gemacht. Bei LeBron erkannte er einen „It-Faktor" – diese schwer zu beschreibende Eigenschaft, die nur sehr wenige Spieler besaßen, dieses seltene Talent kombiniert mit einem inneren Antrieb, der weder gelehrt noch trainiert werden kann. In jenem Sommer spielten LeBron und seine Kumpels in einem Freundschaftsspiel gegen einige von Dambrots Schulteam-Spielern. Dambrots Assistenztrainer, ein hartgesottener Typ in den Dreißigern namens Steve Culp, ließ sich einwechseln und ging mit LeBron auf Tuchfühlung. Einmal spielte Culp absichtlich mit LeBron und dribbelte so, dass James versuchen musste, ihm den Ball abzunehmen. Als LeBron einen Ausfallschritt machte, wechselte Culp schnell sein Dribbling von der rechten auf die linke Hand und zog in Richtung des Korbes, wodurch LeBron das Gleichgewicht verlor und auf dem Hintern landete. Culp lochte mühelos ein, und alle lachten. Als Culp das nächste Mal den Ball auf den Platz brachte, erwartete er, dass LeBron zurückweichen würde. Stattdessen stand LeBron nah vor Culp, presste und forderte ihn heraus, diesen Move erneut zu versuchen. Und in der Offensive verlangte LeBron den Ball, sodass er ihn dicht bei Culp annehmen konnte. Nochmals. Und noch mal. Nach dem Spiel sagte Culp zu Dambrot: „Dieser Junge wird unheimlich gut werden."

Dambrot stimmte zu. Im Gegensatz zu den anderen Kids spielte LeBron nicht nur, um zu gewinnen. Er spielte, um wahrgenommen zu werden. Er wollte jemand sein. Wie großartig wäre es, so einen Jungen zu coachen?, dachte Dambrot. Aber er wollte nicht versuchen, LeBron zu rekrutieren. Wie alle anderen in der Stadt dachte er, LeBron würde auf jeden Fall nach Buchtel gehen.

Auch LeBron sprach mit Dambrot nicht über die Möglichkeit, für ihn zu spielen. Aber Mavericks Anwesenheit in St. V. trug dazu bei, sein Denken zu festigen. LeBron schaute zu Maverick mehr auf als zu jedem anderen Teenager in Akron. Er hatte, was auch LeBron sich wünschte – ein eigenes Auto, eine hübsche Freundin, ein Tattoo. Maverick war so cool, dass er beim Gehen irgendwie stolzierte. Außerdem war Maverick ein Junge aus der Innenstadt, der an einer überwiegend weißen Schule erfolgreich war. Seine Erfahrung gab LeBron Selbstvertrauen. Er wusste bereits, dass er gut genug war, um für das Schulteam zu starten. Und die Gelegenheit, in seinem Abschlussjahr neben Maverick auf dem Platz zu stehen, war verlockend. „Maverick", sagte er Jahre später, „war der Hauptgrund, warum ich nach St. Vincent-St. Marys gegangen bin."

***

Gloria konnte sich das Schulgeld für LeBron nicht leisten. Aber Dambrot wusste das, und die Schule vergab Stipendien für bedürftige Schüler. Etwa ein Viertel der 550 Schüler erhielt finanzielle Unterstützung. Die Studiengebühren waren kein Hindernis für LeBron und seine Freunde.

Sobald sich im Jugendbasketballclub in Akron die Nachricht verbreitete, dass alle vier Stars des AAU-Teams von Coach Dru nach St. V. gehen würden, setzten die Reaktionen ein. Jemand rief Sian Cotton zu Hause an und hinterließ eine Nachricht, in der er andeutete, dass Dambrot ein Rassist sei, basierend auf den Dingen, die er angeblich vor Jahren zu seinen Spielern in Central Michigan gesagt hatte. Lee Cotton hatte in der Highschool gegen Dambrot Basketball gespielt. Er fand die Dambrot zugeschriebenen Kommentare zwar beunruhigend, aber sie passten nicht zu dem Mann, an den sich Cotton erinnerte. Anstatt sich auf Anspielungen zu verlassen, sprach er direkt mit Dambrot über den Vorfall, der zu dessen Entlassung geführt hatte. Zerknirscht gab Dambrot zu, töricht gewesen zu sein. Er bestand jedoch darauf, dass seine Worte nicht erniedrigend gemeint gewesen seien. Er empfahl Cotton, sich die Zeugenaussagen aus seinem Prozess gegen Central Michigan anzusehen.

Lees Frau Debra machte die Gerichtsdokumente ausfindig. Eine wichtige Passage aus dem Gerichtsurteil lautete:

Im Januar 1993 gebrauchte Dambrot das Wort „Nigger“ während einer Sitzung mit seinen Spielern und seinem Trainerstab im Umkleideraum, entweder in der Halbzeitpause oder am Ende eines Basketballspiels, bei dem das Team gegen die Miami University of Ohio verlor. Laut Dambrots Aussage sagte er zu den Spielern, dass sie nicht hart genug gespielt hätten, und fragte dann: „Macht es euch etwas aus, wenn ich das N-Wort verwende?“ Nachdem einer oder mehrere der Spieler offenbar angedeutet hatten, dass es in Ordnung sei, sagte Dambrot: „Wisst ihr, wir brauchen mehr Nigger in unserem Team … Coach McDowell ist ein Nigger … Sand[er] Scott, ein akademischer All-American, ein Weißer, ich sagte, Sand[er] Scott ist ein Nigger. Er ist knallhart, [sic] er ist zäh, und so weiter.“ Er sagte aus, dass er den Begriff in einer „positiven und verstärkenden“ Weise verwenden wollte. Die Spieler bezeichneten sich selbst während der Spiele, auf dem Campus und in der Umkleide oft mit dem N-Wort. Dambrot erklärte, er habe das Wort auf die gleiche Weise verwendet, wie die Spieler den Begriff untereinander gebrauchten, „um eine Person zu bezeichnen, die furchtlos, mental stark und zäh ist“.

Die Cottons erhielten auch einen Anruf von einem von Dambrots schwarzen Spielern, der bestätigte, dass Dambrot zuerst gefragt habe, ob es in Ordnung sei, das N-Wort zu benutzen.

Lee Cotton akzeptierte Dambrots Erklärung und fühlte sich wohl dabei, seinen Sohn für Dambrot spielen zu lassen. Auch Coach Dru war mit der Situation zufrieden. Aber er sprach mit Dambrot und schlug vor, ihn und Cotton in sein Trainerteam aufzunehmen. Die Absicht war nicht, Dambrots Trainerstab zu diversifizieren – er hatte bereits einen Afroamerikaner, der als Assistenztrainer arbeitete, und eine Assistenztrainerin. Dru war bewusst, womit sein Sohn und seine Freunde konfrontiert werden würden. Er hielt es für eine gute Idee, dass er selbst und Lee Cotton die Jungs in einer kritischen Übergangsphase unterstützten.

Dambrot stimmte zu und hieß sie an Bord willkommen. Schließlich trainierten sie die Shooting Stars seit vier Jahren und kannten LeBron, Little Dru, Sian und Willie viel besser als er.

Coach Dru wurde umgehend kritisiert. Eines Tages war er auf der Straße in Akron, als ein Auto anhielt. Dru Joyce kannte den Fahrer, der für die öffentlichen Schulen von Akron arbeitete. „Hey, Dru“, sagte der Mann, „ich habe gehört, dass du jetzt Zuhälter für St. V. bist.“

Cotton musste noch mehr Beschimpfungen einstecken. „St. V. wird sich nicht für dich interessieren“, sagte ein Typ zu ihm. „Die Weißen werden sich nicht für dich interessieren.“

Aber am meisten beunruhigte sowohl Joyce als auch Cotton, was Menschen aus ihrer eigenen Gemeinde zu ihren Söhnen sagten. „Ihr seid alle verdammte Verräter“, sagte ein Mann zu Sian. „Und dein Trainer ist ein Pädophiler.“

Das spielte keine Rolle. Vier afroamerikanische Jungs aus der Innenstadt gingen auf eine katholische Schule, um für einen jüdischen Trainer zu spielen.

5

DER FRESHMAN

LeBron ging nach St. V., um Basketball zu spielen. Aber Football war seine erste Liebe gewesen. Und Football spielte in St. V. eine viel größere Rolle als Basketball. In den zehn Jahren zuvor hatte die Schule drei staatliche Footballmeisterschaften gewonnen. Bei dem aktuellen Team waren zwei ehemalige NFL-Spieler im Trainerstab. Sian, der das Ziel hatte, mit einem Football-Stipendium aufs College zu gehen, hatte sich für das Freshman-Team entschieden. Willie spielte ebenfalls Football. LeBron wollte sich seinen Freunden anschließen und sprach mit seiner Mutter.

Gloria wollte nichts davon hören. Football ist gewalttätig. Es brauchte nur einen Schwachkopf, der mit dem Helm gegen LeBrons Knie krachte, und seine Basketballträume wären in Gefahr gewesen. Vergiss es, sagte Gloria zu LeBron. Konzentriere dich auf Basketball und Bildung.

Zu diesem Zeitpunkt war LeBrons Traum auch zu Glorias Traum geworden. Sie hatte begonnen, Basketball als legitimen Weg anzusehen, der ihren Sohn aus der Armut und in eine Karriere führen könnte, die sein Leben verändern würde. Die überwältigende Mehrheit der Highschool-Sportler träumt von einer Karriere im Profisport. Aber als LeBron in der achten Klasse war, wurde Gloria klar, dass ihr Sohn nicht wie die meisten Sportschüler war. Diese Schlussfolgerung war mehr als nur mütterlicher Stolz. Die Männer, die LeBron trainierten, sagten Dinge über ihn, die sie über ihre eigenen Söhne nicht sagten.

Gleichzeitig wurde die Vorstellung, dass LeBron das Potenzial hatte, eines Tages in der NBA zu spielen, von Glorias langjährigem Freund Eddie Jackson begeistert bekräftigt. Seit LeBron klein gewesen war, hatte Jackson sich für ihn interessiert. Es gab jedoch einen bedeutenden Abschnitt in LeBrons Leben, in dem Jackson nicht da gewesen war. Als LeBron die Grundschule besuchte, wurde Jackson festgenommen und beschuldigt, eine halbe Unze Kokain in einer Schulzone an einen verdeckten Ermittler verkauft zu haben. Er saß 26 Monate im Gefängnis. „Ich hatte eine schlechte Entscheidung getroffen", sagte Jackson nach seiner Freilassung gegenüber *The Plain Dealer*. „Ich habe Gott ein Versprechen gegeben. Keinem Menschen. Nicht meinen Kindern, meinen Freunden, meiner Schwester, meinem Bruder, meiner Mutter oder irgendjemandem sonst. Ich habe zu Gott gesagt, dass ich es nie wieder tun oder ihn auf diese Weise hintergehen werde, wenn er mir meine Freiheit gewährt. Realer geht es nicht."

Als LeBron in der achten Klasse war, begann Jackson, sich in Akron und Umgebung mit Immobilien zu beschäftigen. Er nahm auch wieder Kontakt zu Gloria auf, und die beiden sahen sich gemeinsam LeBrons AAU-Spiele an.

Jackson hatte in Akron am Highschool-Sport teilgenommen und verstand die ethnische Dynamik rund um LeBrons Entscheidung, St. V. zu besuchen. Sowohl Jackson als auch Gloria fühlten sich anfangs unwohl, als sie hörten, was Dambrot in der Vergangenheit zu seinen College-Spielern gesagt haben sollte. Jackson bemühte sich jedoch um ein persönliches Gespräch mit Dambrot und kam zu der Überzeugung, dass Dambrot kein Rassist war. Darüber hinaus war Jackson der Ansicht, dass Dambrots intensiver, sachlicher Coaching-Ansatz ideal war, um LeBron auf das nächste Level vorzubereiten. „Er hatte eine Division-I-College-Mentalität beim Training dieser Kids", sagte Jackson. „Wenn er die Jungs ansah, richteten sie sich verdammt noch mal auf."

LeBron vertraute Jackson. Er mochte es, nach oben zu schauen und Jackson und Gloria bei seinen AAU-Spielen auf der Tribüne zu sehen. Für ihn war es wichtig, dass Jackson fand, er habe die richtige Wahl getroffen, als er beschloss, für Dambrot zu spielen, und dass auch seine Mutter mit Dambrot einverstanden war.

LeBrons Wunsch, Football zu spielen, blieb aber bestehen. Einige Wochen vor Schulbeginn ging LeBron am ersten Tag des Footballtrainings zum Campus. Auf einem Feld machten Sian und Willie mit dem Anfängerteam Gymnastik. Auf einem anderen Feld zog Maverick Carter mit dem Schulteam vorbei. Maverick war der beste Receiver der Mannschaft. LeBron beobachtete ihn und wünschte sich, er könnte seine eigenen Fähigkeiten im Passfangen unter Beweis stellen. Stattdessen ging er zwischen Pfiffen und Flüchen von Trainern wie ein Zuschauer an der Seitenlinie auf und ab. Er kam am nächsten Tag und am darauffolgenden Tag wieder und verbrachte seine Nachmittage damit, am Spielfeldrand herumzuhängen, während das Team täglich zwei Trainingseinheiten absolvierte.

Gloria wusste, was er vorhatte. Sie hörte ihm zu, als er einen letzten Versuch unternahm, ihre Meinung zu ändern.

Seine Freunde waren da draußen, sagte er. Er wollte bei ihnen sein. Und die Trainer waren kompetent. Sie waren Profis. Mark Murphy hatte für die Green Bay Packers als Safety gespielt. Und Jay Brophy hatte für die Miami Dolphins gespielt.

Brophys Name erregte Glorias Aufmerksamkeit. Sie kannte ihn. Brophy war ein bisschen älter als sie. Aber er war in der Gegend aufgewachsen und hatte die Buchtel Highschool besucht. Gloria erklärte sich bereit, mit ihm zu sprechen.

Brophy war ein bulliger ehemaliger Linebacker mit breiten Schultern, kräftigen Armen und 1,91 Metern Körperlänge. Er hörte aufmerksam zu, als Gloria ihm erläuterte, dass LeBron eine glänzende Zukunft als Basketballspieler vor sich habe und sie nicht begeistert sei, dass er Football spielen wolle. Aber, sagte sie, LeBron habe sich gegen sie durchgesetzt, und sie werde ihn spielen lassen.

„Jay, lass nicht zu, dass mein Baby verletzt wird“, sagte sie.

Brophy grinste. „Gloria, sieh ihn dir an, er ist kein Baby mehr“, sagte er.

Sie nickte und lächelte.

„Wir passen auf ihn auf“, sagte Brophy.

Am nächsten Tag rannte LeBron, ausgerüstet mit Stollen und Polstern, aus der Umkleide. Mit seinen 1,93 Metern und einem Gewicht von 180 Pfund machte er sofort Eindruck. Der Freshman-Coach sagte ihm, er solle Receiver spielen. Er begann, mit einer Hand zu fangen und mit seiner außergewöhnlichen Geschwindigkeit und Schnelligkeit potenziellen Angreifern auszuweichen. Aber er war bald unzufrieden mit dem Trainingsverlauf und meldete sich freiwillig, als Quarterback zu spielen. Als er das erste Mal in den Huddle trat, sah er seine Teamkollegen an und sagte: „Ich bin jetzt QB."

***

Der Beginn der Highschool war schon einschüchternd genug. Aber dass er im Alter von 14 Jahren in eine so andere Welt eingetreten war, machte LeBron noch unruhiger. St. V. hatte eine obligatorische Kleiderordnung: Hosen mit Gürtel, Hemden mit Kragen und Anzugschuhe. LeBron besaß das alles nicht. Es gab auch Pflegestandards. Tätowierungen, Ohrringe, Zöpfe und Gesichtsbehaarung waren verboten. Doch die größte Angst bereitete ihm das Zusammensein mit so vielen weißen Menschen. Da er glaubte, dass die Weißen nichts mit den Schwarzen zu tun haben wollten, nahm LeBron die gleiche Haltung ihnen gegenüber ein. Gleichwohl war er von weißen Lehrern und weißen Schülern umgeben. Da er nicht wusste, wie er mit ihnen klarkommen sollte oder was er zu ihnen sagen sollte, beschloss er, die Reihen zu schließen und einfach in der Nähe von Little Dru, Sian und Willie zu bleiben. Wir sind hier, um Ball zu spielen, sagte er sich. Das war's.

Maverick Carters Sicht der Dinge war weiterentwickelt, und er schlug einen anderen Ansatz vor. Während seiner Zeit in St. V. hatte sich Maverick mit vielen weißen Kids angefreundet und war in der gesamten Schule sehr beliebt gewesen. Für Maverick war der Sport ein natürliches Umfeld, um Barrieren abzubauen und Einigkeit zu schaffen. Er war von Natur aus optimistisch und zweifelte nicht daran, dass LeBron von der St.-V.-Gemeinde aufgenommen werden und die Schule lieben würde, sobald er anfing, Sport zu treiben. Dennoch war Maverick nicht so naiv zu glauben, dass alle von den Neuankömmlingen begeistert waren. Ob es nun stimmte oder nicht, die vorherrschende Meinung war, dass LeBron der Anführer von vier afroamerikanischen Freshmen war, die von der Schule hauptsächlich zum Basketballspielen angeworben worden waren.

LeBron verließ sich auf Maverick für Ratschläge, welche Lehrer wohlgesonnen wären und welche nach einem Grund suchen könnten, hart gegen ihn vorzugehen. Er vertraute auch darauf, dass Maverick ihn informieren würde, welche Schüler ihn willkommen heißen und welche ihn wie einen Außenseiter behandeln würden. Der größte Schock, den LeBron zu Beginn der neunten Klasse erlebte, war die Tatsache, dass so viele fremde Augen auf ihn gerichtet waren, als er in einem Hemd mit Kragen, einen Rucksack über der Schulter, durch die mit Teppich ausgelegten Gänge der Schule ging. Noch nie hatte er sich so sehr als Angehöriger einer Minderheit gefühlt.

Der beste Ratschlag, den LeBron in dieser Zeit erhielt, kam von Coach Dru: Behandle die Menschen in St. V. so, wie du selbst behandelt werden möchtest. Der Mann, der LeBrons selbstlosen Spielstil gefördert hatte, indem er ihm erklärt hatte, dass jeder mit ihm spielen wollte, wenn er den Ball öfter weitergab, bot erneut eine einfache Lektion mit tiefgreifenden Konsequenzen an. Ausgehend von seinen religiösen Überzeugungen wandte Coach Dru die Goldene Regel an, die Jesus Christus in der Bergpredigt eingeführt hatte – „Alles, was ihr wollt, dass euch die Leute tun sollen, tut ihnen auch“ –, und wies LeBron an, sich seinen Mitschülern und Lehrern in der Highschool gegenüber so zu verhalten.

***

Patrick Vassel war in Akron aufgewachsen und hatte von der ersten bis zur achten Klasse katholische Schulen besucht. Als es an der Zeit war, sich für eine Highschool zu entscheiden, tat er, was die meisten katholischen Kinder in der Gegend taten: Er stattete den drei katholischen Highschools der Stadt einen Besuch ab: Walsh-Jesuit, Erzbischof Hoban und St. Vincent-St. Mary. Seine Mutter und seine ältere Schwester hatten St. V. besucht. Also bewarb sich Vassel dort und erhielt einige Stipendien, um die jährlichen Schulgebühren teilweise zu begleichen. Dann rechnete Vassel nach, wie viel seine Eltern drauflegen mussten, um die Differenz auszugleichen. In St. V. gab es auch wohlhabende Kinder, aber Vassel gehörte zu den etwa 25 Prozent, die Beihilfe erhielten.

Vassel war ein ausgezeichneter Schüler und interessierte sich für die Künste, insbesondere für das Theater. Sein Lieblingssport war Basketball, und er hatte es sich zum Ziel gesetzt, in die erste Mannschaft von St. V. zu gelangen. Er hatte in der Catholic Youth Organization League von Akron gespielt und Keith Dambrots jährliches Sommer-Basketballcamp im Jewish Community Center besucht. Durch das Camp hatte er LeBron, Little Dru, Sian und Willie kennen gelernt. Vassel und LeBron waren gleich alt, in Bezug auf ihre Basketballfähigkeiten aber auf ganz unterschiedlichen Levels. Manchmal wies Dambrot LeBron an, mit Vassel und anderen Kindern in seiner Gruppe an Übungen zu arbeiten. Als er erfuhr, dass LeBron und seine drei Freunde St. V. besuchen würden, war Vassel begeistert.

In der ersten Schulwoche erkannte LeBron Vassel aus dem Camp wieder und grüßte ihn. Sie kamen in denselben Religionskurs und hatten eine gemeinsame Lerngruppe. Vassel hatte sich bereits eine positive Meinung über LeBron gebildet, aber die meisten der 115 Schüler der ersten Klasse kannten ihn oder seine drei Freunde nicht. Als LeBron sich mit Sian, Willie und Little Dru auf dem Flur versammelte, zeigten sich einige von Vassels Freunden kritisch. „Sie reden und lachen nur", erklärte Vassel seinen Freunden. „Sie machen nichts falsch."

Insgeheim bewunderte Vassel LeBron und die Tatsache, dass er so selbstbewusst und zuversichtlich wirkte. Vassel schien es, dass LeBron bereits ein Ziel vor Augen hatte. Er selbst hingegen versuchte noch, sich über die Dinge klar zu werden. Es verdross ihn, dass er keine Ahnung hatte, wohin er gehen oder was er mit seinem Leben anfangen sollte. Ein Teil von ihm wünschte sich, in dieser Hinsicht LeBron ähnlicher zu sein.

Als das Probetraining für die Basketballmannschaft der Freshmen angekündigt wurde, tauchte Vassel dort auf. Es störte ihn nicht, dass LeBron, Little Dru, Sian und Willie nicht mitmachen mussten. Dambrot hatte beschlossen, sie in den Schulkader aufzunehmen. Das bedeutete, dass es im ersten Freshman-Kader vier freie Plätze gab. Vassel schaffte es ins Team.

Als gegen Ende des Herbstes die Basketballsaison begann, war LeBron immer noch dabei, in St. V. Fuß zu fassen. Aber Glorias Entscheidung, ihn Football spielen zu lassen, hatte den Anpassungsprozess beschleunigt. Es ermöglichte ihm auch, mehr Zeit mit Maverick und einigen anderen Oberstufenschülern zu verbringen.

Zu Beginn der Footballsaison verließen Coach Brophy und Coach Murphy eines Nachmittags das Footballtraining der Schulmannschaft, um bei den Freshmen zuzuschauen. Sie konnten nicht umhin zu staunen, wie viel fortgeschrittener LeBron im Vergleich zu den anderen Neuntklässlern war. Als Brophy und Murphy sahen, wie er Pässe abfing, waren sie der Meinung, dass er in die Schulmannschaft aufgenommen werden sollte. „Man musste ihm nur beim Spielen zuschauen und die Schritte sehen, die er beim Fangen von Bällen machte", sagte Brophy. „Man konnte bei LeBron sehen, dass er Abläufen folgen konnte."

Brophy und Murphy trafen sich mit Jim Meyers, dem Cheftrainer, und plädierten dafür, LeBron in die Schulmannschaft aufsteigen zu lassen. Meyers wollte keine Freshmen im Schulteam haben. Die gängige Meinung besagte, dass Neuntklässler körperlich noch nicht weit genug entwickelt seien. Es bestand Verletzungsgefahr, wenn ein Freshman mit Seniorspielern auf dem Feld stand. Aber LeBron war bereits größer als praktisch alle Mitglieder des Schulteams. Und als Receiver war er auch talentierter. „Es hat keinen Sinn, ihn da unten zu lassen", sagte Brophy. Meyers gab nach.

Aber Maverick war der beste Receiver, und hinter ihm kamen noch eine Reihe von Juniors und Seniors, darunter der Sohn des Cheftrainers. Es war LeBrons erster Vorgeschmack auf die Politik des Highschool-Sports. LeBron wurde an die Seitenlinie verwiesen und kam nie zum Einsatz. Während sich die Saison hinzog, ermutigte Maverick seinen Freund, die Hoffnung nicht aufzugeben und im Training weiter hart zu arbeiten. LeBron beschwerte sich nie.

Am 13. November 1999 stand St. V. dann Wickliffe in den Play-offs gegenüber. Maverick war im Startteam. Aber er fühlte sich krank und ließ sich schließlich auswechseln. In der Zwischenzeit brachte die St.-V.-Offensive nichts zustande. Nach drei Vierteln lag St. V. mit 15:0 zurück. LeBron saß auf der Bank, und der Quarterback des Teams konnte nicht länger ruhig bleiben. Er hatte LeBron beim Training beobachtet und wusste, wozu er fähig war. „Setz ihn ein", sagte der Quarterback zum Trainer.

Meyers zögerte. LeBron war das ganze Jahr über nicht eingesetzt worden. Er war nicht mit allen Spielzügen vertraut.

„Mir ist egal, ob er nur einen kennt", flehte der Quarterback.

Brophy stimmte zu.

Da die Zeit knapp wurde, rief Meyers schließlich die Nummer des Freshman auf.

LeBrons Adrenalinspiegel schnellte hoch, er schnappte sich den Kinnriemen und trabte aufs Spielfeld. Er fing den ersten Pass, der ihm zugeworfen wurde, übersprang den Verteidiger und veranlasste Brophy zu schreien: „Der Junge kann ihn nicht decken!" Der Quarterback ging immer wieder zu LeBron. Nochmals. Und noch mal. Im letzten Viertel fing LeBron neun Pässe über mehr als hundert Yards und erzielte zwei Touchdowns. Die Spieler an der Seitenlinie von St. V. brüllten. Die Fans schrien. LeBrons Heldentaten hatten das Momentum völlig verändert. Aber St. V. lief die Zeit davon, und sie verloren 15 : 14.

Niedergeschlagen ging das Team in den Umkleideraum. Dieses Spiel hätten sie gewinnen müssen. Stattdessen war die Saison vorbei. LeBron sagte nichts. Seine Teamkollegen waren nicht so still. Sie alle waren der Meinung, LeBron hätte die ganze Saison spielen sollen.

***

Anders als der Footballtrainer zögerte Keith Dambrot nicht, LeBron als Freshman in die Schulbasketballmannschaft aufzunehmen, und niemand brauchte ihn zu überreden. Die einzigen Zweifel, die Dambrot hatte, galten ihm selbst. Er war überzeugt davon, dass LeBron einer der Topspieler seiner Generation war, und die Aussicht, ihn zu coachen, schüchterte ihn ein. Es war eine Sache, ihn in Kursen und Camps zu haben. Es war eine ganz andere Sache, ihn auf seiner Liste zu haben, wenn jede andere Schule in der Stadt sich um ihn reißen würde. Es gab noch einen weiteren Aspekt in LeBrons Situation, der Dambrot schwer zu schaffen machte: Er verstand die Umstände, unter denen LeBron aufgewachsen war. Basketball war für LeBron nicht nur ein Spiel, sondern eine Chance, etwas Großes aus seinem Leben zu machen. Vieles hing für LeBron von den nächsten vier Jahren ab. Und Dambrot konnte nicht aufhören, darüber nachzudenken, dass er noch nie einen Spieler mit so viel Potenzial trainiert hatte. Was wäre, wenn er ihn nicht richtig trainierte? Was wäre, wenn er nicht alles in seiner Macht Stehende tun würde, um LeBron zu helfen, sein Talent optimal zu entfalten?

Als LeBron am ersten Tag des Basketballtrainings auftauchte, war seine Einstellung eine ganz andere als am ersten Tag des Footballtrainings. Er wusste, wie gut er im Basketball war. Er wusste, dass er sofort mithalten konnte, obwohl er ein Freshman war. Und er kannte Dambrot. Oberstufen-Basketball, dachte LeBron, würde ein Kinderspiel werden.

Dann ließ Dambrot seine Spieler die ersten Übungen durchführen.

„Das war verdammt schlecht!", bellte er LeBron an.

LeBron war fassungslos. Er hatte Dambrot noch nie so reden hören. Und Coach Dru hatte LeBron nie so angeschrien. Niemand hatte das je getan.

Dambrot hatte gerade erst angefangen.

„Was zur Hölle ist das?" Dambrot brüllte LeBron jedes Mal an, wenn er etwas tat, das nicht den Standards des Trainers entsprach.

LeBron hatte nie daran gedacht, einen Trainer zu verprügeln. Aber der Drang nahm zu. Ich werde diesem Typen gleich etwas antun, sagte er sich.

„Du machst verdammten Mist", schrie Dambrot ihn wegen etwas anderem an.

LeBron war das Ziel von mehr großvolumigen Schimpfwortbomben als jeder andere auf dem Spielfeld. In der Zwischenzeit nannte Dambrot Sian einen Feigling und war so hart zu Little Dru, dass der mit ihm kämpfen wollte. Sogar Willie, der nie Emotionen zeigte, starrte Dambrot mit Tod verheißendem Blick an.

Das Training fühlte sich an wie zwei Stunden Bootcamp. Danach kam es in der Umkleide fast zur Meuterei. LeBron fragte sich, was zur Hölle in den sanftmütigen Mann vom Jewish Community Center gefahren war. Er kam zu dem Schluss, dass Coach Dambrot ein verrücktes Arschloch war. Die anderen Freshmen stimmten zu. Es fühlte sich an, als hätten sie einen großen Fehler gemacht. Sie hätten nach Buchtel gehen sollen.

Vor LeBrons Ankunft hatte es Maverick genossen, der beste Spieler und Teamkapitän zu sein. Ihm gefiel die Aufmerksamkeit, besonders von Dambrot. Es fand nichts dabei, dass Dambrot LeBron und die anderen Freshmen ein wenig heruntermachte. Sie waren ein übermütiger Haufen. Maverick erkannte aber auch, dass LeBron mehr Talent hatte als er selbst und dass es nur eine Frage der Zeit war, bis der Neuling den Kapitän in den Schatten stellen würde. Anstatt eifersüchtig zu werden, hielt Maverick es für seine Pflicht als Senior, LeBron unter seine Fittiche zu nehmen.

Maverick spielte eine entscheidende Rolle dabei, LeBron und seine Freunde zu überzeugen. Er erkannte, dass LeBron an die Art des Trainings von Coach Dru gewöhnt war, der seine Spieler nie anschrie oder Schimpfwörter brüllte. Maverick wusste aber auch, dass Coach Dru nicht über die Coaching-Erfahrung verfügte, die Dambrot besaß. Dambrots Wahnsinn hatte Methode. Wenn diese Jungs als Freshmen in der ersten Mannschaft spielen wollten, mussten sie sich zusammenreißen und die Herausforderung annehmen. Und wenn sie um die Landesmeisterschaft mitspielen wollten, mussten sie härter arbeiten und weniger jammern.

In LeBrons Augen war Maverick glaubwürdig. Er war ein geborener Anführer und hatte bereits ein vollwertiges Basketball-Stipendium für die Western Michigan University erhalten. Die Jungs in der Schule wollten wie er sein. Mädchen wollten mit ihm ausgehen. LeBron wollte unbedingt an seiner Seite spielen, auch wenn das bedeutete, Dambrots Tiraden zu ertragen.

Mavericks Reife ermöglichte es Dambrot, LeBron noch stärker zu fordern. „Ich bin ihm ständig auf den Fersen gewesen", erklärte Dambrot später. „Wahrscheinlich hat es ihm nicht gefallen. Aber ich hatte nie das Gefühl, dass er es nicht wollte. Ich hatte immer das Gefühl, dass er wusste, was ich vorhatte."

***

St. V. eröffnete die Basketballsaison Anfang Dezember mit einem Auswärtsspiel gegen Cuyahoga Falls. LeBron war der einzige Freshman in der Startaufstellung. Maverick war der einzige Senior. Sie erzielten jeweils 15 Punkte und führten das Team zu einem klaren 76:40-Sieg. Die anderen drei Freshmen kamen von der Bank und spielten wertvolle

Minuten, insbesondere Little Dru. Es war eine Vorschau auf die Dinge, die da kommen würden. Auch im folgenden Monat gewann St. V. LeBron und Maverick erzielten weiter Körbe. Und die Freshmen wurden mit jedem Spiel besser.

Als das Team bei 10:0 stand, erzielte LeBron im Durchschnitt mehr Punkte pro Spiel als Maverick, und die Lokaljournalisten, die über die Mannschaft berichteten, sprachen zunehmend davon, dass LeBron das Team zu Siegen „führe". Maverick spielte außergewöhnlich gut. Aber was LeBron auf dem Platz anstellte, elektrisierte die Menge. No-look-Pässe. Dunks. Shot Blocks. Maverick war der Captain. Aber LeBron war schnell zum Star geworden.

Coach Dambrot war sich bewusst, wie sich das auf Maverick auswirken könnte. Schließlich hatte er vier Jahre lang hart gearbeitet, um der beste Spieler und der Anführer des Teams zu werden. Als Senior hätte er eigentlich glänzen müssen, aber er wurde von einem Freshman in den Schatten gestellt. Dambrot erkannte, dass LeBron Tag für Tag der talentierteste Spieler auf dem Parkett war. Aber selbst LeBron sah Maverick als Anführer an. Um seinen Teamkapitän zu stützen, nahm Dambrot Maverick für ein aufmunterndes Gespräch zur Seite. Nachdem er ihn daran erinnert hatte, dass das ultimative Ziel darin bestand, eine Meisterschaft zu gewinnen, gab er ihm eine einfache Weisheit mit: „Eine Flut hebt alle Schiffe."

Carter sagte nicht viel, sodass Dambrot sich anschließend fragte, ob seine Botschaft angekommen war.

***

Wenn LeBron nicht im Unterricht oder beim Training war, hielt er sich normalerweise in der Bibliothek auf. Hauptsächlich ging er dorthin, um Barbara Wood, die Bibliothekarin der Schule, zu besuchen. Wood war seit Langem mit St. V. verbunden. Sie hatte 1965 ihren Abschluss an der Schule gemacht, so wie nach ihr auch sechs ihrer Kinder. Mrs Wood hatte in der Schulbuchhandlung gearbeitet, den Booster Club übernommen, die Pep Rallys organisiert, Seniorenabende veranstaltet und war wie eine Mutter für viele der Schulsportler, die die Bibliothek besuchten. Aber an LeBron hatte sie ein besonderes Interesse. Sie hielt ihn für ungewöhnlich reif und erfrischend bescheiden für einen Sportler mit so viel Talent. Sie unterhielten sich oft, und sie ließ ihm Grammatikfehler nie durchgehen. „So etwas wie Fiddy Cent gibt es nicht", sagte sie lächelnd. „Es heißt fifty cents, mit einem s."

LeBron verehrte Wood. Er ging in die Bibliothek, nur um auf ihrem Schreibtisch sitzen und mit ihr plaudern zu können. Manchmal gingen sie zusammen an den Computer und gaben seinen Namen in die neue Online-Suchmaschine namens Google ein, um zu sehen, wie viele Artikel sie finden konnten, in denen sein Name erwähnt wurde. Im Laufe des Schuljahres, insbesondere gegen Ende der Basketballsaison, nahmen die Erwähnungen LeBrons bei Google allmählich zu.

LeBron mochte auch Woods Tochter Mia. Er war sich bewusst, dass etliche Mädchen in St. V. ein Auge auf ihn geworfen hatten, und verstand sich gut mit Mia. Sie waren gleich alt, und sie war die wohl beste Sportlerin in der Eingangsstufe. Sie spielte sowohl in der Football- als auch in der Basketballmannschaft. Das Beste daran war, dass ihr Interesse an LeBron nicht in seiner aufkeimenden Popularität begründet war. Ihr gefiel, dass er sie mit Respekt behandelte.

Diese Erfahrungen bestätigten, was Maverick LeBron von Anfang an gesagt hatte – dass nichts verbindender sei als Sport.

***

Mit einer Bilanz von 19 : 0 Punkten schaffte es St. V. Ende Februar 2000 zum ersten Mal in der Geschichte der Schule in die *USA Today* National Polls und belegte dort Platz 23. Einige Tage später füllten über fünftausend Fans die James A. Rhodes Arena, um das reguläre Staffelfinale zwischen St. V. und dem Erzrivalen Archbishop Hoban zu verfolgen. Zu Beginn des Spieles brachte LeBron die Menge zum Toben und versetzte seine Gegner in Staunen, als er in der Luft zu schweben schien, während er zum Korb flog und einen Fastbreak-Dunk erzielte. Er lag mit 27 Punkten vorn, und sein Team dominierte. Es gewann 90 : 58 und war damit das erste Team in der Geschichte der Schule, das ungeschlagen blieb. Danach sagte Dambrot zu Reportern: „Er ist einer der besten Freshmen, die man je gesehen hat."

LeBron wusste, dass sich die Reporter um ihn scharen würden. Entschlossen, die Aufmerksamkeit auf Maverick zu lenken, spielte er seine Leistung herunter und wies darauf hin, dass Carter der eigentliche Anführer des Teams war.

„Das ist ein großartiges Gefühl, weil niemand wirklich wusste, was man von uns erwarten konnte", teilte Carter den Presseleuten mit. „Wir haben Jungs, die das ganze Jahr über hart gearbeitet haben, und das ist unsere Belohnung."

Ein Reporter befragte Carter zu LeBrons 27-Punkte-Performance.

„Mir ist egal, ob ich in einem Spiel 2 oder 27 Punkte erziele", sagte Carter. „Ich möchte gewinnen. Ich möchte, dass das Team gewinnt."

Dambrots Botschaft vom Saisonanfang war eindeutig angekommen. Carter war voll dabei. Durch den Sieg war jede Möglichkeit, dass Eifersucht einen Keil zwischen ihn und LeBron treiben könnte, zunichtegemacht worden.

***

Es war der Vorabend des Landesmeisterschaftsspiels, und für St. V. stand es 26:0. Dieser schreckliche erste Tag des Basketballtrainings fühlte sich vertraut an. LeBron strahlte, als Coach Dambrot ihn zur Seite nahm und ihm insgeheim mitteilte, dass er der beste Spieler im Bundesstaat Ohio sei. LeBron ärgerte sich nicht mehr über Dambrots Schreien und Fluchen – er begrüßte es. Dambrots Trainerstil hatte ihn zu einem klügeren, härteren Spieler gemacht. Dambrot, so erkannte er, war der talentierteste Trainer, mit dem er je zu tun gehabt hatte. Er hatte meisterhafte Arbeit geleistet und vier Freshmen mit einem Team unter der Leitung von Maverick verschmolzen.

Als *The Plain Dealer* Maverick Carter zum Basketballspieler des Jahres im Bundesstaat Ohio ernannte, gratulierte ihm LeBron als Erster. Es war, als würde sein älterer Bruder eine wohlverdiente Ehrung erhalten. Das Einzige, was noch fehlte, um eine perfekte Saison abzurunden, war ein weiterer Sieg.

13.000 Fans sahen bei dem Spiel der Landesmeisterschaft auf dem Campus des Bundesstaates Ohio zwischen St. V. und Jamestown

Greenview zu. LeBron erzielte die ersten acht Punkte, darunter einen Dunk und einen Dreier aus der Distanz. Am Ende hatte er mit zehn von zwölf Würfen gepunktet und führte das Team mit 25 Punkten und neun Rebounds an. Aber Little Dru kam von der Bank und stahl allen die Show. Der 1,60 Meter kleine, 95 Pfund leichte Freshman versenkte sieben aufeinanderfolgende Dreipunktewürfe. Während die Menge tobte, als Little Drus siebter Dreipunktewurf das Netz passierte, umarmte ihn LeBron, hob ihn hoch und trug ihn bei einer Auszeit zur Bank. Die beiden hatten seit ihrem elften Lebensjahr gemeinsam mit Sian und Willie in mehr als dreihundert Basketballspielen zusammen gespielt. Fast ein Jahr zuvor hatten sie die schwierige und unpopuläre Entscheidung getroffen, nach St. V. zu kommen. Kurz vor dem Gewinn der Landesmeisterschaft fühlte es sich an, als wären sie in allem bestätigt worden.

Wenige Augenblicke darauf stand LeBron bei Carter. Die Spielzeit war nahezu abgelaufen, und Carter hatte nur sechs Punkte erzielt. Aber er hatte fast jede Minute des Spieles gespielt und durch seine Führung den Ton angegeben. Strahlend umarmte ihn LeBron. „Egal wie viele Punkte du erzielst", sagte LeBron zu ihm, „oder was du tust, ich werde dich immer lieben."

„Ich liebe dich auch", sagte Maverick.

Sie hatten 27:0 gesiegt. Sie waren Landesmeister. Und sie waren beste Freunde. Sie fühlten sich wie auf dem Gipfel der Welt.

6

DIE KRUMMSTE STRASSE AMERIKAS

Im April 2000 kam Chris Dennis mit einer VHS-Kassette, die er bewachte wie ein seltenes Juwel, beim NCAA Final Four in Indianapolis an. Dennis stammte aus Oakland, Kalifornien, und lebte seit 1998 in Akron, als er das Jugendbasketballspiel seines jüngeren Bruders besuchte. Aber Dennis konzentrierte seine Aufmerksamkeit schließlich auf einen anderen Jungen, der größer und viel weiter entwickelt war als sein kleiner Bruder. Dennis erkundigte sich und erfuhr, dass der Junge LeBron James hieß. Zu dieser Zeit unterhielt Dennis enge Beziehungen zu Calvin Andrews, dem Mitbegründer der Oakland Soldiers, einem der besten AAU-Basketballteams des Landes. Nachdem er James spielen gesehen hatte, rief Dennis Andrews in Oakland an. „Ich habe einen Jungen gesehen, der Jason Kidd übertreffen wird", sagte er.

Andrews war nicht in der Stimmung für Übertreibungen. Seiner Meinung nach war es kein 13-Jähriger wert, mit einem der talentiertesten Point Guards der NBA verglichen zu werden.

Unbeirrt schaute sich Dennis so oft wie möglich Spiele mit LeBron an. Er freundete sich auch mit Gloria und Eddie Jackson an. Und er verfolgte LeBrons Fortschritte in dessen erster Saison in St. V. genau. Während des Highschool-Basketballturniers des Bundesstaates Ohio filmte Dennis eines von LeBrons Spielen. Er nahm das Video mit nach Indianapolis und hatte nur ein Ziel vor Augen: es dem einflussreichsten Mann im Basketball-Sneaker-Universum zu zeigen.

***

Der 61-jährige John Paul Vincent Vaccaro zog es vor, Sonny genannt zu werden. So gut wie jeder in der Basketballbranche betrachtete Vaccaro als den Paten des Turnschuhgeschäftes. In den Sechzigerjahren hatte Vaccaro ein nationales All-Star-Turnier für Highschool-Basketballspieler gegründet. In den folgenden zwanzig Jahren machte er sich bei den besten College-Trainern und Elite-Highschool-Spielern im ganzen Land einen Namen. Schließlich ging er zu Nike, und 1984 schloss Vaccaro mit dem 21-jährigen Michael Jordan den höchstdotierten Sportler-Werbevertrag der Geschichte ab. Damals dominierten Converse und Adidas das Geschäft mit Turnschuhen. Nikes Entscheidung, dem unerfahrenen Jordan in seinem ersten Jahr 250.000 Dollar zu zahlen, wurde in der Branche als leichtsinnig angesehen. Aber in Jordans erstem Jahr in der NBA verkaufte Nike seine charakteristischen Air Jordan Sneakers für mehr als 126 Millionen US-Dollar. Plötzlich zog Nike an seinen Konkurrenten vorbei, und Vaccaro erwies sich als Visionär.

Im selben Jahr, in dem er Jordan unter Vertrag nahm, überzeugte er Nike auch, ein jährliches Basketballcamp für Elite-Highschool-Spieler zu sponsern. Vaccaro kreierte das Konzept und den Namen ABCD Basketball Camp. Die Initialen standen für Academic Betterment and Career Development. In einem geschickten Schachzug behielt Vaccaro die Rechte an dem Namen, während Nike das Camp finanzierte. Zu dieser Zeit gab es viele Elitecamps, aber alle verlangten eine Eintrittsgebühr. Vaccaro schaffte die Gebühr ab. Stattdessen lud er die besten College-Trainer in die Camps ein und stattete sie mit Nike-Ausrüstung aus. Darüber hinaus ging jeder Elite-Highschool-Spieler, der das Camp besuchte, mit Nike-Schuhen und -Kleidung im Wert von eintausend Dollar nach Hause. Es dauerte nicht lange, bis Vaccaros Sommercamps zum wichtigsten Aushängeschild für Highschool-Basketballspieler im ganzen Land wurden. Nike wurde ein fester Bestandteil der College-Basketballszene, indem das Unternehmen Sneaker-Deals mit Trainern unterzeichnete und Colleges und Universitäten mit Bekleidungsverträgen köderte. Die ganze Zeit über hatte Vaccaro so die nötigen Informationen, um Werbeverträge mit zukünftigen NBA-Stars abzuschließen, die das College verließen.

Durch seine Verbindung mit Jordan und seine Kontrolle über die Camps wurde Vaccaro zum Königsmacher der Sneaker-Industrie. Schließlich verließ er Nike und ging mit seinem ABCD Basketball Camp zu Adidas, wo er eine Reihe von Highschool-Sportlern unter Vertrag nahm, darunter Kobe Bryant und Tracy McGrady. Bei Adidas verließ sich Vaccaro auf ein Netzwerk von AAU-Trainern und Scouts, die dabei halfen, Elite-Highschool-Spieler für die Adidas-Familie zu entdecken und zu rekrutieren. Zwei von Vaccaros langjährigen Mitarbeitern auf dem AAU-Circuit waren Calvin Andrews und Mark Olivier aus Oakland.

***

Beim Final Four in Indianapolis gesellte sich Chris Dennis zu Andrews und Olivier in die Adidas-Suite. Irgendwann schob er sein LeBron-Video in einen Videorekorder und drückte auf Play. Andrews und Olivier gefiel, was sie sahen. „Verdammt!", sagte einer von ihnen.

Als Vaccaro die Suite betrat, sah er, wie sich die Männer um einen Fernseher drängten, und fragte, was sie gerade anschauten.

„Sein Name ist LeBron James", sagte Olivier.

Vaccaro sah sie verständnislos an.

„Er ist ein Freshman aus Akron, Ohio", sagte Olivier. „Chris glaubt, er wird besser sein als Jason Kidd."

Vaccaro verdrehte die Augen und ging auf den Fernseher zu, während die Männer ihm Platz machten. Er blinzelte und sah sich eine Minute lang das Video von LeBron an, das Dennis aus der Ferne gedreht hatte. „Er sieht aus wie eine Erdnuss", sagte Vaccaro.

Dennis versicherte Vaccaro, dass LeBron der einzig wahre Deal sei, und schlug vor, James in das Adidas-ABCD-Camp einzuladen.

„Komm schon, Chris", sagte Vaccaro und trat vom Fernseher zurück. „Ich kann ihn nicht ins Camp einladen."

„Warum nicht?"

„Um Himmels willen", schnauzte Vaccaro. „Er ist ein Neuntklässler!"

***

Dennis erkannte, dass es einige Zeit dauern könnte, Vaccaro zu überzeugen. Er wandte sich an Andrews und Olivier und setzte sich dafür ein, James in ihr leistungsstarkes AAU-Team in Oakland aufzunehmen. Sie hatten eine U-17- und eine U-16-Mannschaft, beide mit Jugendlichen besetzt, die als echte NBA-Anwärter galten. Obwohl LeBron erst 15 war, glaubte Dennis, dass er in beiden Teams dominieren könne. Und Dennis hatte bereits mit Coach Dambrot gesprochen, der gleichfalls der Meinung war, dass sich LeBron leicht gegen jedes Highschool-Talent des Landes behaupten konnte. Darüber hinaus dachte Dambrot, es wäre gut für LeBrons Entwicklung, sich den Soldiers anzuschließen.

Fasziniert von der Aussicht, LeBron in sein Team aufzunehmen, erklärte sich Andrews bereit, ihm einen Kaderplatz für das Elite-8-Turnier anzubieten, das später im Sommer stattfinden würde. Aber er sagte, die Soldiers hätten kein Budget, um LeBrons Flüge und seine Unterkunft zu bezahlen.

Olivier meldete sich und sagte, er würde LeBron gern bei sich zu Hause aufnehmen. In der Zwischenzeit einigten sich Dennis und Dambrot darauf, das Flugticket zu organisieren.

Es gab noch ein weiteres Problem: Andrews wusste, dass die Kids in seinem Team es wahrscheinlich nicht allzu freundlich aufnehmen würden, wenn ein Außenseiter einen Kaderplatz bekam.

Alle waren sich einig, dass es an LeBron war, sie für sich zu gewinnen. Aber das wollten sie ihm nicht sagen.

***

LeBron gefiel die Idee, in der Bay Area an einem Turnier teilzunehmen. Aber er wollte nicht allein gehen. Obwohl es keinen Kaderplatz für Little Dru gab, wollte LeBron, dass er mitkam. Ende Juli 2000 landeten die beiden auf dem internationalen Flughafen von San Francisco. Vor dem Terminal trafen sie Olivier und nahmen auf dem Rücksitz seines Autos Platz. Sie waren weit weg von zu Hause, und keiner von ihnen sagte ein Wort, als sie den Flughafen verließen und die Autobahn hinunterrasten.

Olivier bemühte sich, ein Gespräch zu beginnen, sah die beiden schließlich im Rückspiegel an und sagte: „Habt ihr jemals von der krummsten Straße Amerikas gehört?“

Keiner von ihnen wusste, wovon Olivier sprach.

„Wollt ihr sie sehen?“, fragte Olivier.

LeBron zuckte mit den Achseln. Bald darauf blickte er aus dem Fenster auf Herrenhäuser in San Franciscos Stadtteil Russian Hill. Er nahm alles in sich auf, während Olivier den Reiseleiter spielte.

„Das ist Lombard Street“, sagte Olivier.

LeBron hatte noch nie derartige Kurven und Serpentinen gesehen, ganz zu schweigen von den stattlichen viktorianischen Herrenhäusern, die die berühmteste Straße der Stadt säumten.

Nachdem er sie herumgeführt hatte, nahm Olivier sie mit in sein bescheidenes Zuhause. Er stellte sie seinen beiden Kindern und seiner schwangeren Frau vor, die die Jungs nach Berkeley mitnahm, um Pizza zu holen. Langsam fühlten sich die Jungs wie zu Hause. In der Nacht schliefen sie auf Sofas im Wohnzimmer der Oliviers.

Die Familie Olivier war sehr gastfreundlich. Für die Spieler in Oliviers AAU-Team galt das nicht. Das U-17-Team der Soldiers wurde von Chuck Hayes angeführt, der eine Karriere in der NBA anstrebte. Das U-16-Team wurde von Leon Powe geleitet, einem 16-jährigen Schüler im zweiten Jahr an der Oakland Tech Highschool, der 2000 als der beste Spieler der Nation galt.

Die Journalisten der nationalen Medien, die Highschool-Spieler bewerteten, hatten noch nie von LeBron gehört. Akron war in der Highschool-Basketballszene eine rückständige Region. Darüber hinaus war St. V. keine erstklassige Vorbereitungsschule. Daher wurde LeBron nicht zu den besten Zehntklässlern des Jahrganges 2000 gezählt. Gleichwohl stellten ihn die Soldier-Trainer zusammen mit Hayes in der Mannschaft bis 17 Jahre auf. Es kränkte Hayes, dass ein 15-Jähriger, der nicht einmal aus der Bay Area stammte, plötzlich in seinem Team war. Powe war noch aufgebrachter – ein Typ, der jünger war als er, hatte ihn überflügelt und spielte in der älteren Mannschaft.

Im ersten Spiel sorgte LeBron jedoch für Aufsehen. Obwohl er mit den Jungs und ihren Spielzügen nicht vertraut war, verstand er schnell, was sie taten, und schaffte es, sich direkt einzufügen – er machte Steals, passte den Ball zu seinen Teamkollegen und punktete nach Belieben mit einer Vielzahl von Jumpshots, Layups und Dunks.

Hayes war beeindruckt, aber Powe war besorgt. Irgendwann sagte er zu Olivier, er müsse unter vier Augen mit ihm sprechen.

„Was ist los, mein Großer?“ Olivier sagte:

„Dieser Typ ist nicht in meiner Klasse, oder?“ Powe sagte:

„Großer, ich fürchte schon.“

„Das war's mit meiner Nummer eins“, sagte Powe.

***

Die Reise in die Bay Area war im Wesentlichen ein Testlauf, um zu sehen, ob LeBron gut in das System der Soldiers passen würde. Seine Leistungen überzeugten die Trainer, sodass sie ihn unbedingt haben wollten. LeBrons uneigennütziges Spiel überzeugte auch die Spieler. Nicht einmal Powe konnte leugnen, dass LeBron ein idealer Teamkollege war.

Auch LeBron mochte Powe auf Anhieb. Sie hatten die gleiche Arbeitsmoral und einige ähnliche Lebenserfahrungen, und das half ihnen, sich schneller zu verstehen. Als ältestes von sieben Kindern wurde Powe von einer alleinerziehenden Mutter großgezogen. Sein Elternhaus brannte ab, als er sieben Jahre alt war, woraufhin er und seine Familie auf der Straße lebten. Obdachlos zog die Familie in den folgenden sechs Jahren zwanzig Mal um, pendelte von Notunterkünften zu Motels und hauste schließlich in einem verlassenen Auto. Als Powe zehn Jahre alt war, wurde seine Mutter beim Diebstahl von Lebensmitteln erwischt und zu neunzig Tagen Gefängnis verurteilt. Powe und seine Geschwister kamen in eine Pflegefamilie.

Für Powe war der Basketball ein Rettungsanker. Wenn er das Spielfeld betrat, spielte er, als ob die Verantwortung für das Wohlergehen seiner Mutter auf seinen Schultern läge. LeBron verstand das und glaubte, dass er und Powe gut miteinander auskommen würden.

Olivier und Andrews waren begeistert, ebenso wie Chris Dennis. Als sie LeBron in den Flieger zurück nach Akron setzten, war sein Platz im AAU-Team der Soldiers bereits gesichert. Der Plan war, dass

LeBron am Ende seiner zweiten Saison in St. V. zurückkehren und an einer Reihe von nationalen Turnieren an der Westküste teilnehmen würde.

In der Zwischenzeit informierte Dennis Vaccaro und drängte ihn, St. V. zu besuchen, um LeBron spielen zu sehen.

„Ich gehe nicht nach Akron, verdammt noch mal", sagte Vaccaro.

Stattdessen genehmigte Vaccaro einen Schuhvertrag für das St.-V.-Team. In LeBrons zweitem Jahr trug das Team Adidas-Schuhe.

Für Vaccaro war es eine einfache Entscheidung – wenn der Junge aus Akron gut genug war, um die Soldiers zu dominieren, war es auch sinnvoll, ihn und seine Highschool-Teamkollegen eher früher als später in Adidas-Turnschuhe zu stecken. Im Großen und Ganzen kostete es Adidas so gut wie nichts, eine Highschool mit Turnschuhen zu versorgen. Im Gegenzug verschaffte sich Vaccaro einen Insiderzugang zu LeBron.

***

Einmal im Sommer 2000 übernachtete Sian Cotton bei LeBron. Am Morgen, als die beiden Müsli aßen, fiel LeBron auf, dass Sian ihn fragend ansah.

„Du bist letzte Nacht fünf Zentimeter gewachsen!", sagte Sian.

LeBron mochte Sians Sinn für Humor.

Aber Sian alberte nicht bloß herum. Er glaubte wirklich, dass LeBron über Nacht größer geworden war. Tatsächlich hatte LeBron in diesem Sommer einen Wachstumsschub erlebt. Zu Beginn seines zweiten Highschool-Jahres war er 1,98 Meter groß und wog 200 Pfund. Durch seine Körperlänge wurde er als Receiver in der Schul-Footballmannschaft noch attraktiver. Obwohl er sich zu Beginn der Saison einen Finger der linken Hand gebrochen hatte, weigerte sich LeBron auszusetzen, und führte die Footballmannschaft schließlich mit 42 Balleroberungen über 820 Yards und sieben Touchdowns an.

LeBron wurde nicht nur als Wide Receiver in das All-Ohio-Team berufen, sondern stieß auch bei College-Football-Anwerbern auf großes Interesse. Eines Tages stellte ihm sein Footballtrainer zwischen zwei Unterrichtsstunden Urban Meyer vor, einen jungen Wide-Receiver-Trainer beim Footballclub Notre Dame, den eine Rekrutierungsreise nach St. V. geführt hatte.

LeBron schüttelte ihm die Hand und stellte sich vor.

Meyer staunte über James' Körperlänge und die Größe seiner Hand.

„Warum kommst du nicht mal bei Notre Dame vorbei?", fragte er. „Wir würden uns gern mit dir unterhalten."

„Das weiß ich zu schätzen", sagte LeBron.

Nachdem LeBron zu seiner nächsten Unterrichtsstunde gegangen war, warnte sein Footballtrainer Meyer davor, sich Hoffnungen zu machen. „Das ist der nächste Michael Jordan", sagte er zu Meyer, dem nicht bewusst gewesen war, dass er gerade ein Basketball-Wunderkind getroffen hatte.

LeBron meinte es nicht ernst mit seinem Versprechen, bei Notre Dame vorbeizuschauen. Er war auch nicht wirklich an Angeboten von College-Football-Anwerbern interessiert. Auch wenn ihm Football und die damit verbundene Bewunderung gefielen, konzentrierte er sich weiterhin auf Basketball, für den er selbst auch Spieler angeworben hatte.

Kurz vor Beginn seines zweiten Highschool-Jahres hatte LeBron gehört, dass ein Junge namens Romeo Travis, einer der besseren Basketballspieler an einer öffentlichen Schule in Akron, wechseln wollte. LeBron kannte Romeo. Sie waren gleich alt und hatten im selben Wohnprojekt gelebt. Romeo sah tough aus und hatte den Ruf, ständig wütend zu sein. Ein Großteil dieser Wut war darauf zurückzuführen, wie er erzogen worden war, und auf die Erfahrungen in seiner Jugend. Sein Vater war in seinem Leben nicht präsent, und seine Mutter erhielt Sozialhilfe. Romeo war immer gezwungen gewesen, für sich selbst zu sorgen.

Obwohl Romeo den Menschen nicht vertraute und es schwer war, zu ihm durchzudringen, sprach LeBron ihn wegen eines Wechsels nach St. V. an. Eine private katholische Schule mit einer überwiegend weißen Schülerschaft und einer Reihe restriktiver Regeln passte nicht zu Romeos Plänen. Er hatte vor, zu einer der anderen öffentlichen Schulen Akrons zu wechseln. Aber er wusste, dass LeBron der beste Spieler der Stadt war. Und die Tatsache, dass LeBron ihn in seinem

Team haben wollte, hatte großes Gewicht. Also erklärte er sich bereit, nach St. V. zu wechseln.

Schwieriger war es für LeBron, seine Teamkollegen davon zu überzeugen, Romeo willkommen zu heißen. Little Dru, Sian und Willie mochten ihn nicht. Sie waren bei Jugendbasketballspielen oft mit ihm aneinandergeraten. Ihre kollektive Einstellung ihm gegenüber war, dass er ein Arschloch war. LeBron wies sie darauf hin, dass Romeo ein Biest war – mit seinen 1,98 Metern war er ein außergewöhnlicher Athlet, der wie ein Vollstrecker spielte. Da Maverick nicht mehr im Team war, brauchten sie einen Mann mit Präsenz auf dem Platz. Es war nicht schwer, sich vorzustellen, wie einschüchternd St. V. sein würde, wenn Romeo und Sian zusammen unter dem Korb spielten.

Widerwillig freundeten sich die Fab Four mit der Idee an, einen Außenseiter ins Team aufzunehmen.

***

Coach Dambrot wollte unbedingt eine weitere Staatsmeisterschaft gewinnen, und so begrüßte er Romeo gern in seinem Team. Aber er ließ ihm nichts durchgehen. In der ersten Trainingswoche machte Dambrot ihn praktisch nieder.

Romeo war nicht an das Konditionstraining gewöhnt, das in St. V. zum Standard gehörte. Er war auch nicht auf Dambrots direkte Coaching-Methode gefasst. Schnell wurde ihm klar, dass er die Saison trotz seiner Größe und Athletik auf der Bank beginnen würde – Dambrot erwartete, dass er sich seinen Weg in die Startaufstellung erarbeitete. Ihm würde nichts geschenkt werden.

Auf der anderen Seite wurde Little Dru zum Starting Point Guard ernannt. Und die Spannungen zwischen ihm und Romeo waren sofort spürbar. Die beiden gingen im Training wiederholt aufeinander los, stritten und beschimpften sich gegenseitig. Little Dru hielt Romeo für faul. Romeo betrachtete Little Dru als „arroganten Schwachkopf". Einmal, nachdem die beiden Beleidigungen ausgetauscht hatten, schlug Romeo Little Dru ins Gesicht. Sian konnte Romeo nicht ausstehen und war sofort bereit, Little Dru zu verteidigen. Nicht einmal Willie tolerierte Romeos Verhalten. Die Jungs gaben ihm den Spitznamen „Brawl Street Bully".

Der einzige Typ im Team, der nicht mit Romeo herumstritt, war LeBron.

Romeo davon zu überzeugen, nach St. V. zu kommen, war LeBrons erster Versuch, ein Team aufzubauen. Anfangs sorgte die Situation nicht nur für Risse innerhalb des Teams, Romeos Anwesenheit fachte auch die Verbitterung an, die Akrons schwarze Gemeinde gegenüber dem Basketballprogramm von St. V. empfand. Die Spieler waren nicht die Einzigen, bei denen es hitzig zuging. Coach Dambrot wurde noch mehr kritisiert, weil er dem öffentlichen Schulsystem einen weiteren Spieler „gestohlen" hatte. Und auch innerhalb der St.-V.-Gemeinschaft gab es Unmut, weil den Jungs, deren Familien seit Langem mit der Schule verbunden waren, ein weiterer Platz in der Schulbasketballmannschaft genommen worden war.

Wenig hilfreich war, dass Romeo manchmal deutlich machte, wie sehr er St. V. verabscheute. „Zu viele Weiße an dieser Schule", schrie er einmal laut genug, dass einige weiße Schüler es hören konnten. Und er zögerte nicht, Dinge zu sagen wie: „Mit wem zum Teufel sprichst du?", wenn jemand es wagte, ihn etwas zu fragen, worauf er nicht antworten wollte. Er war intelligent genug, um den akademischen Anforderungen der Schule zu genügen, aber er sträubte sich gegen die Kleiderordnung und versäumte oft den Unterricht. Erst als ihm eine akademische Nachprüfung und die Suspendierung von der Basketballmannschaft drohten, steigerte Romeo endlich seine Anwesenheitsquote und verbesserte seine Noten.

Trotz alledem glaubte LeBron, Romeo durchschaut zu haben. Er hielt ihn für einen einsamen Jungen, der nicht wusste, wie man Freunde fand. Aber er war ein verdammt guter Ballspieler, der ihnen zum Sieg verhelfen konnte. Es war nur eine Frage der Zeit, dachte sich LeBron, bis die Feindseligkeit durch gemeinsames Spielen und einige Siege abklingen würde.

St. V. eröffnete die Saison 2000/2001, indem sie zwei starke Teams aus Virginia und Wisconsin ausschalteten. Es war bemerkenswert, wie sehr LeBron, Sian und Little Dru gewachsen und gereift waren. Und mit Romeo als Reservespieler wirkte das Team sogar noch stärker als im Vorjahr. Etwa einen Monat nach Beginn der Saison stand St. V. bei 9:0 und rangierte damit auf Platz drei der nationalen Rangliste. Nach einer Siegesserie von 36 Spielen, die bis zum Beginn ihrer ersten Saison im Vorjahr zurückreichte, traten LeBron und seine Teamkollegen am 13. Januar 2001 gegen die Oak Hill Academy an, die bestplatzierte Jungen-Basketballmannschaft in Amerika. Die Tatsache, dass es Coach Dambrot gelungen war, ein Spiel mit der renommierten Vorbereitungsschule zu vereinbaren, zeigte, wie weit sein Team in so kurzer Zeit gekommen war.

Oak Hill war in Mouth of Wilson, Virginia, und es gab dort weniger als zweihundert Schüler in den Klassen neun bis zwölf. Aber die Schule war praktisch zu einer Basketballschmiede geworden, die Jahr für Jahr erstklassigen Nachwuchs für Elite-College-Programme hervorbrachte. Die beiden Starting Guards, beides Seniorschüler, gingen nach Kentucky und Syracuse. Ein dritter Spieler, DeSagana Diop aus dem Senegal, war 2,13 Meter groß und wog dreihundert Pfund. Unter den College-Anwerbern waren auch mehrere NBA-Scouts, die sich Diop ansahen.

Obwohl das Team von St. V. viel jünger und physisch deutlich unterlegen war, wies es Oak Hill von Anfang an in die Schranken, ging früh in Führung und blieb die meiste Zeit des Spieles vorn. Romeo und Sian kämpften unter dem Korb gegen Diop. Little Dru gelangen einige Dreier. Aber LeBron führte das Team, erzielte 33 Punkte und dominierte die beiden Guards von Oak Hill, die zum College gehörten. Er war so unaufhaltsam, dass ihm die fast sechstausend anwesenden Fans irgendwann stehende Ovationen gaben.

Aber Oak Hill übernahm schließlich im letzten Viertel die Führung. LeBron war dehydriert und hatte so starke Krämpfe in den Beinen, dass ihm das Stehen wehtat. Sekunden vor Schluss, als St. V. nur noch einen Punkt zurücklag, bekam LeBron den Ball und machte einen Sprungwurf aus dem Stand. Der Ball schlug ein, rollte um den Korbrand und sprang beim Ertönen des Buzzers wieder heraus. St. V. verlor 79:78.

Der erschöpfte LeBron fing an zu weinen. Die anderen Jungs ebenfalls. Sogar Romeo ließ seinen Gefühlen freien Lauf, als einer der Assistenztrainer die Arme um ihn legte.

Dambrot hasste es zu verlieren. Aber er war begeistert von dem, was er sah.

„Es soll wehtun", sagte er seinen Spielern in einer emotionalen Ansprache nach dem Spiel. „Verlieren tut immer weh."

LeBron gab sich selbst die Schuld. Zwei Minuten vor Spielende, als St. V. mit nur noch einem Punkt in Führung gelegen hatte, hatte er einige wichtige Freiwürfe vergeben. Er machte sich Vorwürfe, weil er sie nicht verwandelt hatte.

Dambrot machte LeBron klar, dass sie das Spiel nicht wegen dieser vergebenen Freiwürfe verloren hatten. Tatsache war, dass LeBron gerade das beste Spiel seines Lebens gespielt hatte, und das gegen das beste Team der Nation. Dambrot hätte nicht stolzer sein können.

***

Wenige Tage nach der Niederlage von St. V. gegen Oak Hill erzielte Dajuan Wagner von Camden High in New Jersey in einem Spiel, das sein Team 157 : 67 gewann, hundert Punkte. Camden gehörte zu den fünf besten Mannschaften des Landes, und Wagner galt allgemein als der beste Highschool-Basketballer Amerikas. Bereits in der Abschlussklasse hatte er eine Zusage für die University of Memphis unterschrieben, wo er unter Trainer John Calipari spielen würde. In dem Spiel, in dem er hundert Punkte erzielte, warf Wagner mehr als sechzig Mal auf den Korb. Nach dem Spiel wurde er von *Sports Illustrated* zum „Spieler des Jahrhunderts" gekürt. Einen Monat zuvor hatten Wagner und zwei weitere junge Männer jedoch einen Schüler auf dem Flur der Schule zusammengeschlagen. Das Opfer musste medizinisch behandelt und unter anderem über dem Auge genäht werden. Wagner, der wegen einfacher Körperverletzung und Bedrohung eines Schülers schuldig gesprochen wurde, erhielt eine Bewährungsstrafe und wurde als „der nächste Allen Iverson" bezeichnet, womit der hypertalentierte Point Guard gemeint war, der als Bösewicht der NBA galt.

Während Wagner mit seinem Hundert-Punkte-Spiel und seinem Auftreten abseits des Platzes landesweite Aufmerksamkeit erregte, rief Coach Dambrot den lokalen Medien, die über St. V. berichteten, in

Erinnerung, dass LeBron einen ganz anderen Charakter hatte. „LeBron ist LeBron", sagte er der Presse. „Er ist sehr uneigennützig. Er kann 35 Punkte holen, aber das will er nicht."

LeBron war die Vorstellung, in einem Spiel sechzigmal auf den Korb zu werfen, ein Gräuel. Er hätte lieber hundert Assists gespielt, als hundert Punkte zu erzielen. Diese mannschaftsdienliche Einstellung war hauptsächlich eine Folge seiner Persönlichkeit – er war selbstlos und mochte es, anderen zu gefallen, besonders seinen Freunden. Also war es für ihn selbstverständlich, den Ball weiterzuspielen und den Erfolg mit den anderen zu teilen. Seine Spielweise war aber auch ein Nebenprodukt der beharrlichen Arbeit von Jugendtrainern, die die Teamarbeit über die individuelle Leistung stellten. Coach Dambrot erkannte, dass LeBron einen außerordentlich hohen Basketball-IQ hatte. Es überraschte Dambrot, dass der talentierteste Spieler, den er je gesehen hatte, so empfänglich dafür war, trainiert, um nicht zu sagen, gepusht zu werden. Dambrot konnte St. V. vor allem deshalb wie ein College-Team trainieren, weil LeBron seinen Ansatz übernommen hatte und oftmals, besonders in der Anfangsphase der Spiele, auf Korbwürfe verzichtete, um als gutes Vorbild zu demonstrieren, wie wichtig es war, selbstlos mit dem Ball umzugehen.

Außerhalb des Spielfeldes war LeBrons Verhalten von seinem Wunsch bestimmt, seiner Mutter zu gefallen. In schwierigen Momenten erklärte er ihr, eines Tages werde sie sich keine Sorgen mehr machen müssen – er werde ihr ein schönes Zuhause, ein schickes Auto und alles andere kaufen, was ihr das Leben erleichtern werde. Als sie ihm erlaubte, sich tätowieren zu lassen, entschied er sich für „Gloria" auf seinem Arm. So würde er immer daran erinnert, sich auf seine Prioritäten zu konzentrieren. Als er im zweiten Highschool-Jahr war, hatte er beschlossen, niemals Drogen zu nehmen. Außerdem hatte er entschieden, niemals zu stehlen. Und obwohl er seinen Altersgenossen körperlich überlegen war, bevorzugte er die Rolle des Friedensstifters. Da er wusste, dass ihn viele Menschen wegen seiner athletischen Fähigkeiten im Auge hatten, war er entschlossen, niemals etwas zu tun, das ihn aus den falschen Gründen in die Schlagzeilen bringen würde. „Ich habe keinen Ärger gesucht, weil ich keinen Ärger mochte", sagte er einmal über seine Jugendjahre.

***

Das Oak Hill-Spiel war LeBrons Durchbruch. Es war seine bislang beste Leistung, und er war dabei von NBA-Scouts und College-Trainern beobachtet worden. Eigentlich waren sie angereist, um Spieler aus Oak Hill zu begutachten, aber LeBron zog ihre Aufmerksamkeit auf sich. In den darauffolgenden Wochen wurde Coach Dambrot mit Anfragen zu LeBron überschwemmt. Obwohl es nach den NCAA-Regeln verboten war, vor dem Junior-Jahr um Schüler zu werben, schrieben mehr als hundert Trainer Briefe und bekundeten Interesse, ihn für College-Basketball zu rekrutieren. Plötzlich war LeBron auf dem Radar jedes Topprogramms in Amerika.

Das Spiel gegen Oak Hill war auch eine Bestätigung für St. V. Dambrots Mannschaft, die sich stark auf eine Gruppe von Schülern im zweiten Highschool-Jahr stützte, hatte bewiesen, dass sie landesweit mit jedem Team mithalten konnte. Im weiteren Verlauf der Saison blieben sie ungeschlagen und beendeten die reguläre Saison mit 19 : 1. In dieser Zeit wurde St. V. auch dem äußerlichen Anschein nach zu einem Eliteprogramm, was vor allem auf das Interesse von Adidas an LeBron zurückzuführen war. Das Unternehmen rüstete sie zusätzlich mit Jogginganzügen, Sporttaschen und Trainingshemden aus.

Für Chris Dennis war das ein Coup. Er ließ nichts unversucht, um sich bei LeBron und Gloria beliebt zu machen. Die Tatsache, dass er LeBrons Team mit Turnschuhen und Ausrüstung ausgestattet hatte, war ein Pluspunkt für Dennis.

Dambrot konnte nur den Kopf schütteln. Während seiner Zeit als College-Coach hatte er immer Mühe gehabt, einen Schuhvertrag abzuschließen. Plötzlich war St. V. dank LeBron wie ein College-Team ausstaffiert.

***

In seinem zweiten Jahr erzielte LeBron durchschnittlich fünfundzwanzig Punkte, sieben Rebounds, sechs Assists und vier Steals pro Spiel. Anfang März 2001 wurde er als erster Schüler der zweiten

Jahrgangsstufe in das All-USA-First-Team von *USA Today* berufen. Durch diese Auszeichnung wurde er eindeutig zum landesweit besten Schüler seiner Stufe.

Mit Blick auf das bevorstehende Landesturnier achtete Trainer Dambrot darauf, dass LeBron die Anerkennung nicht zu Kopf stieg. „Von wegen bester Zehntklässler des Landes", sagte Dambrot zu ihm. „Du spielst nicht mal in der Defense."

Angeführt von LeBron stürmte St. V. durch die Play-offs. Mehr als 17.000 Zuschauer kamen dann zum Meisterschaftsspiel und stellten damit einen Zuschauerrekord für ein Highschool-Basketballspiel in Ohio auf. Mit einer geschlossenen Mannschaftsleistung holte sich St. V. zum zweiten Mal in Folge die Meisterschaft. Sogar Romeo hatte die selbstlose Haltung der Mannschaft übernommen und wurde zu einem der besten Scorer und Rebounder des Teams, obwohl er nie in der Startmannschaft war. Er beschwerte sich immer wieder, aber in Wirklichkeit erfüllte es ihn mit Genugtuung, eine Landesmeisterschaft zu gewinnen. Und jetzt, da er erlebt hatte, wie es war, den Gipfel zu erreichen, wollte er noch einmal dorthin. Das wollten sie alle. Schließlich hatten sie einen großartigen Trainer, und sie hatten den besten Spieler des Bundesstaats. In seinem zweiten Jahr wurde LeBron als jüngster Spieler aller Zeiten zum Mr Basketball von Ohio ernannt.

Aber LeBron hatte keine Zeit, die Landesmeisterschaft und all die persönlichen Auszeichnungen zu genießen. Sobald seine Highschool-Basketballsaison zu Ende war, flog er nach Los Angeles zu seinem ersten nationalen AAU-Turnier mit den Oakland Soldiers.

***

Beim Layup vor einem Spiel hielt LeBron in der einen Hand eine Eistüte, während er mit der anderen Hand dribbelte. Teamkollege Leon Powe musste lachen. Mit LeBron machte Basketball Spaß. Er konnte nicht nur höher als jeder andere springen, sondern grinste auch immer und stellte Unfug an, der die Stimmung auflockerte und seine Teamkollegen zum Lachen brachte.

LeBron alberte so viel herum, dass seine Trainer bei den Soldiers das Gefühl bekamen, er sei nicht immer so intensiv dabei, wie sie es gern hätten. Manchmal brauchte es einen Anstoß von außen, um ihn dazu zu bringen, alles zu geben. Zu Beginn des Pump-N-Run-Turniers in Los Angeles versuchte ein Gegner, ihn einzuschüchtern, indem er LeBron rammte, als der gerade auf den Korb warf. LeBrons Trainern kam das gelegen, denn es war, als wäre durch das harte Foul bei LeBron ein Schalter umgelegt worden. LeBrons Verhalten änderte sich, und er wurde so dominant, dass seine Trainer fast Mitleid mit der Konkurrenz hatten. Die Soldiers gewannen das Turnier, und Leon Powe beschloss, dass er mit der Rolle als LeBrons Flügelmann völlig zufrieden war.

LeBrons Leistung in L. A. überzeugte alle – die Trainer der Soldiers, Chris Dennis, Coach Dambrot und Coach Dru – davon, dass sie LeBron Sonny Vaccaro vorführen mussten. Zu diesem Zeitpunkt waren sie sich einig, dass LeBron talentiert genug war, um direkt von der Highschool in die NBA zu wechseln. Es war jedoch wichtig, LeBrons Profil weiter zu schärfen. Zu diesem Zweck musste er an dem Adidas ABCD Camp teilnehmen, das später im Sommer in New Jersey stattfinden sollte. Alle Spitzenspieler des Landes würden dort sein. Da LeBron so jung war, war es wichtig, Vaccaros Unterstützung zu bekommen. Wenn Vaccaro hinter LeBron stünde, würde sich dessen Welt verändern.

Da Vaccaro nicht nach Akron fliegen wollte, arbeitete die Gruppe zusammen, um ein privates Casting für LeBron an der Westküste zu organisieren. Es war eine große Sache. Alle packten mit an.

Olivier und Andrews organisierten einen Veranstaltungsort und gewannen einige hochkarätige AAU-Spieler für die Teilnahme an ein paar Testspielen.

Dambrot und Dru kümmerten sich um die Logistik in Akron, sorgten dafür, dass LeBron den Unterricht nicht verpasste, und begleiteten ihn auf der Reise.

Chris Dennis arbeitete mit dem Marketingmitarbeiter von Adidas zusammen, um maßgeschneiderte Schuhe für LeBron zu entwerfen, die er beim Casting tragen konnte.

Und Adidas übernahm die Kosten für die Flüge, Hotels und Mahlzeiten für LeBron, Gloria und Eddie Jackson.

LeBron musste nur noch eine Tasche packen und sich auf einen weiteren Wochenendtrip an die Westküste einstimmen. Und dafür gab es nichts Besseres als eines seiner Lieblingslieder – 2Pacs *California Love.*

Now let me welcome everybody to the wild, wild west
A state that's untouchable like Eliot Ness
The track hits your eardrum like a slug to your chest
Pack a vest for Jimmy in the city of sex

In seinem Haus in Südkalifornien sprühte sich Sonny Vaccaro ein wenig Eau de Cologne auf die Brust und packte seine Reisetasche, während Musik von Bobby Darin aus seinem Soundsystem erklang.

Now on the sidewalk, huh, huh, whoo sunny morning, un huh
Lies a body just oozin' life, eek
And someone's sneakin' 'round the corner
Could that someone be Mack the Knife?

Vaccaro war nicht ganz davon überzeugt, dass LeBron so gut war, wie Chris Dennis und die Jungs ihn darstellten. Aber falls doch, kannte Vaccaro sich mit der Psychologie der Rekrutierung von Kids besser als jeder andere aus. Entscheidend war nicht, den Spieler für sich zu gewinnen, sondern die Mutter auf seine Seite zu bringen. Und Vaccaro verfügte über die ultimative Geheimwaffe in dieser Abteilung: seine Frau Pam. Sie interessierte sich nicht für Rekrutierung, Turnschuhverträge oder Geld. Ihr waren Beziehungen und Menschen wichtig, was sie zu einer idealen Partnerin für Sonny machte.

An einem Freitagabend im Mai 2001 flogen Sonny und Pam von Burbank nach Oakland.

Später an diesem Abend waren LeBron und Gloria in ihrem Zimmer im Oakland Downtown Marriott Hotel, wo sie Besuch von Chris Dennis, Calvin Andrews und Chris Rivers bekamen. Rivers, der für Adidas arbeitete, trug einen Schuhkarton unter dem Arm. Nach dem Austausch von Höflichkeiten nahm er den Deckel ab und holte einen speziell angefertigten, grün-goldenen Turnschuh heraus.

LeBrons Augen weiteten sich.

Rivers warf ihm den Schuh zu.

LeBron fing ihn auf und bemerkte sofort, dass seine Initialen – LBJ – und seine Nummer – 23 – auf der Ferse eingeprägt waren.

„Oh Gott", sagte er und hielt den Schuh wie ein Stück feines Porzellan in der Hand.

Es war das erste Mal, dass Adidas einen personalisierten Schuh für einen Highschool-Spieler kreierte. Nicht einmal Kevin Garnett, Kobe Bryant oder Tracy McGrady – die drei größten Stars, die direkt von der Highschool zur NBA gingen – hatten in der Highschool maßgeschneiderte Sneakers getragen.

Gloria nickte zustimmend.

LeBron konnte nicht aufhören zu lächeln. „Ich möchte morgen beim Spiel diese Schuhe tragen", sagte er.

„Ich gebe dir den anderen Schuh, wenn wir uns alle einig sind, dass du zur Adidas-Familie gehörst", sagte Rivers.

„Oh, ich gehöre zur Familie", sagte LeBron. „Ich gehöre zur Familie."

Rivers warf ihm den anderen Schuh zu.

***

Der Plan war, sich zum Frühstück im Hotel zu treffen. LeBron wartete mit Gloria in der Lobby und fragte sich, wie es sein würde, den legendären Mann zu treffen, der die Schuhverträge für Michael Jordan und Kobe Bryant eingefädelt hatte. Kurz darauf entdeckte er einen Mann in einem schwarzen Rollkragenpullover, der auf ihn zukam, mit einer attraktiven Frau an seiner Seite.

Vaccaro stellte sich vor und reichte ihm die Hand.

LeBron lächelte und schüttelte sie.

Pam umarmte Gloria. Dann umarmte Sonny sie.

Gloria vertraute nicht vielen Menschen. Doch als Sonny und Pam sie in die Arme nahmen, spürte sie, dass der Traum ihres Sohnes in Erfüllung gehen würde. Es war, als wäre ihnen eine Hand gereicht worden, um sie aus dem Graben herauszuziehen, in dem sie und ihr Sohn feststeckten.

Die vier setzten sich an einen Tisch. Während LeBron ausgiebig frühstückte und Sonny Kaffee trank, übernahmen Gloria und Pam den größten Teil des Gespräches. Das Hauptthema der Diskussion war der

Druck, dem LeBron ausgesetzt war. Alle, so Gloria, erwarteten von ihm, dass er sich wie ein Dreißigjähriger verhielt.

Sonny war nicht überrascht.

„Aber er ist noch ein Kind", sagte Gloria.

„Mit 15 kann er sich nur wie ein 15-Jähriger verhalten", sagte Pam.

LeBron fühlte sich in Sonnys Gegenwart sofort wohl. In ein paar Stunden würde er in zwei Testspielen auftreten, während Sonny zuschaute. LeBron war von Sonnys Nähe nicht eingeschüchtert, sondern bestärkt. Einmal nannte er Vaccaro „Onkel Sonny".

Vaccaro lächelte. Ich mag diesen Jungen, dachte er.

Als sie aufstanden, um zu gehen, umarmten sich Pam und Gloria erneut.

***

LeBron trug Adidas-Shorts und ein Adidas-Trikot und schnürte seine maßgefertigten Turnschuhe. Er und neun andere Spieler wärmten sich in der Sporthalle auf, während die Adidas-Vertreter, seine AAU-Trainer und die Trainer seiner Highschool zusahen. In der Sporthalle herrschte ein reges Treiben, bis Vaccaro hereinkam. Dann wurde es so still, dass das Geräusch von Vaccaros harten Schuhsohlen auf dem Holzboden widerhallte, als er zur untersten Reihe der ausziehbaren Tribünen ging. Pam winkte und lächelte Gloria zu, die ein paar Reihen hinter ihnen saß.

Dambrot war nervöser als LeBron. Ihm wurde klar, wie selten ein Teenager die Gelegenheit hatte, vor Vaccaro aufzutreten. Nicht einmal Kobe Bryant war es vergönnt gewesen, vor den Augen des Sneaker-Managers ein Spiel zu bestreiten, als er noch zur Highschool gegangen war. Um diese Chance zu nutzen, musste LeBron etwas tun, das er nicht gewohnt war: egoistisch spielen. Dambrot wollte, dass LeBron ausnahmsweise seine Scorer-Qualitäten unter Beweis stellte.

LeBron begann das erste Spiel so, wie er es normalerweise tat: Er bezog seine Mitspieler ein und versuchte, seine Passfähigkeiten unter Beweis zu stellen. Alle schienen nervös zu sein. Sobald das erste Spiel zu Ende war, forderte Dambrot LeBron mit einer Handbewegung auf, das Spielfeld zu verlassen.

LeBron folgte ihm in einen Korridor.

„LeBron, hör zu, ich werde dir nicht sagen, was du tun sollst", sagte er. „Aber das ist ein ziemlich mächtiger Typ, der dir zuschaut, während du da draußen nur so rummachst. Du musst spielen."

„Coach, meine Shorts stören mich", sagte er und zerrte am Kordelzug, in dem sich ein Knoten befand, der ihn daran hinderte, den Bund enger zu ziehen. Infolgedessen rutschten seine Shorts immer wieder unter seine Taille.

Dambrot wollte das nicht hören. „Du solltest besser aufhören, mit deinen Shorts zu spielen, und anfangen, härter zu spielen", sagte er. „Es hängt viel Geld davon ab, was er von dir hält."

Nachdem er den Knoten festgezurrt hatte, joggte LeBron zurück in die Turnhalle. Gleich zu Beginn des zweiten Spieles gelang ihm ein Sprungwurf. Kurz darauf, als er voraussah, wohin ein gegnerischer Spieler den Ball passen würde, sprang LeBron in die Passspur, eroberte den Ball, dribbelte ein paarmal, flog zum Korb hoch und warf einen donnernden Dunk, der das Brett erschütterte. Bei einem weiteren Ballbesitz dribbelte er über das gesamte Spielfeld, bevor er einen No-Look-Pass zu einem Mitspieler spielte, der einen einfachen Korb erzielte. Dem ließ er einen weiteren Dunk folgen.

Einen Moment lang dachte Vaccaro, LeBron würde mit dem Kopf gegen den Rand schlagen. Ungefähr zehn Minuten nach Beginn des zweiten Spieles stand er auf und ging hinaus.

„Sonny?", sagte Pam.

Ohne sich umzudrehen, ging Vaccaro weiter und verließ die Sporthalle.

Das Spiel wurde kurzzeitig unterbrochen. Niemand wusste, was vor sich ging.

Pam sah Gloria an, winkte zum Abschied und verließ die Sporthalle.

Wenige Minuten später rief Vaccaro ein Taxi.

„Wo soll es hingehen?", fragte der Fahrer.

„Zum Flughafen."

Pam ahnte, dass etwas Ungewöhnliches vor sich ging. Sie saß neben ihm auf dem Rücksitz und beobachtete, wie er aus dem Fenster blickte. „Sonny?", sagte sie.

Seit der Ära von Michael Jordan waren nur drei Spieler direkt von der Highschool in die NBA gewechselt und sofort zu Stars aufgestiegen – Kevin Garnet, Kobe Bryant und Tracy McGrady. Vaccaro war überzeugt, dass LeBron talentierter war als alle drei.

„Ich kann es dir nicht erklären", sagte er. „Pam, er ist unglaublich begabt. Er macht einfach Dinge, die man nicht lernen kann."

Vaccaro wusste, dass die Schuhkonzerne um LeBron wetteifern würden. Es würde eine obszöne Menge an Geld ausgegeben werden. Und Nike wäre Vaccaros Hauptkonkurrent. Aber wenn Nike anfangen würde, LeBron ernsthaft nachzustellen, wollte Vaccaro in der Poleposition sein.

An diesem Abend rief Vaccaro seine Kollegen an. LeBron, so erzählte er ihnen, sei der beste Highschool-Spieler, den er je gesehen habe. Er war sogar so talentiert, dass Vaccaro glaubte, LeBron könne nach seinem ersten Highschool-Jahr in der NBA spielen. Es stehe außer Frage, dass LeBron im Juli im Adidas ABCD Camp spielen solle, sagte er. Es war an der Zeit, dass alle sahen, wie gut dieser Junge sein konnte.

Es gab noch eine weitere Sache. Vaccaro wollte St. V. zu einer vollwertigen Adidas-Schule machen. Neben Turnschuhen und Ausrüstung sollte das Highschool-Team von LeBron Trikots tragen, die von Adidas maßgeschneidert worden waren. In LeBrons Junior-Jahr sollte St. V. die bestgekleidete Highschool-Mannschaft Amerikas sein.

Chris Dennis war überglücklich.

Zufrieden beendete Vaccaro das Telefonat, legte seine Lieblingsplatte von Bobby Darin auf und goss sich einen Drink ein.

7

DER HERANWACHSENDE

In seinem ersten Jahr an der Western Michigan University musste Maverick Carter einsehen, dass er nie in der NBA spielen würde. In diesem Jahr stand er in 7 der 26 Spiele seiner Mannschaft in der Startelf. Nicht schlecht für einen Studienanfänger. Aber als Western Michigan gegen Indiana, Texas Tech und Michigan spielte, trat Carter gegen Typen mit NBA-tauglichen Körpern an, die groß, stark und athletisch waren. Egal wie hart Carter arbeitete, er wusste, dass er nie so groß oder so gut wie diese Jungs sein würde. Da er seine Zukunft pragmatisch angehen wollte, brach er das Studium nach dem Frühjahrssemester ab und zog zurück nach Akron, wo er sich an der University of Akron einschreiben und auf sein Studium konzentrieren wollte.

LeBron war ein weiterer Grund für ihn, nach Akron zurückzukehren. Er machte sich zwar keine Illusionen über seine eigene Zukunft im Profibasketball, war sich aber sicher, dass LeBron auf dem Weg zu den ganz Großen war. Er war bereits besser als jeder aus den Teams von Indiana oder Michigan, gegen die Carter gespielt hatte. Und da Schuhausrüster und Anwerber seinen Freund bereits unter Beobachtung hatten, wollte Carter in seiner Nähe sein, um ihm bei der Bewältigung seiner verbleibenden zwei Jahre an der Highschool zu helfen. Mit als Erstes nach seiner Rückkehr bot er LeBron an, sein AAU-Team, die Northeast Ohio Shooting Stars, zu trainieren. LeBron war von der Idee begeistert. Die Jungs auch. Sie alle schauten zu Maverick auf, als Lehrer wie auch als Vorbild abseits des Spielfeldes.

Für LeBron fiel die gute Nachricht von Mavericks Rückkehr mit einer unerwarteten schlechten Nachricht zusammen: Coach Dambrot trat als Cheftrainer von St. V. zurück, um eine Stelle als Assistenztrainer an der University of Akron anzutreten. LeBron erfuhr es von einem Reporter, genauso wie Little Dru und Sian. Für sie war es wie ein Schlag ins Gesicht. Sie hatten eine Menge Kritik einstecken müssen, weil sie nach St. V. gegangen waren, um für ihn zu spielen. Sie hatten sich voll und ganz auf seine Art des Coachings eingelassen. In zwei Spielzeiten hatten sie zusammen 53 : 1 Punkte erzielt und zwei Landesmeisterschaften gewonnen. Als Juniors waren sie auf dem besten Weg, die Topmannschaft des Landes zu werden. Und dieser Typ ließ sie sitzen?

Für Little Dru war Dambrots Abschied besonders schmerzhaft. Dambrot hatte ihm gesagt, dass er vier Jahre in St. V. bleiben würde. Auf dieser Grundlage hatte Little Dru LeBron, Sian und Willie überredet, dorthin zu gehen. So wie Little Dru es sah, hatte Dambrot ihn und seine Freunde angelogen.

Sian stimmte zu. „Er hat uns benutzt", sagte er. „Er hat uns benutzt, um wieder aufs College zu kommen."

Für Romeo war Dambrot der einzige Trainer, dem er vertraut und der ihm geholfen hatte, sein volles Potenzial auszuschöpfen. Mit seinem Weggang hatte ein weiterer Erwachsener sein Wort gebrochen und war verschwunden.

LeBron fühlte sich verhöhnt und betrogen. Er hatte Dambrot sein Vertrauen geschenkt. So wie alle Jungs in ihrem Team. Sie waren ihm gegenüber loyal. Die Erkenntnis, dass Loyalität so einfach über Bord geworfen werden kann, machte LeBron so wütend, dass er Dambrot nie wiedersehen oder mit ihm sprechen wollte. Als Dambrot ihm schließlich die Hand reichte, zeigte LeBron seine Verärgerung, indem er ihn mit „Mr Dambrot" ansprach.

Es traf Dambrot wie eine Ohrfeige. Die größte Ehre in seiner Basketballkarriere war es gewesen, vom besten Spieler, den er je trainiert hatte, „Coach" genannt zu werden. Aber diese Zeiten waren vorbei.

LeBron und seine Freunde fühlten sich so im Stich gelassen, dass sie bereit waren, auf eine andere Schule zu wechseln. Little Dru schlug Buchtel vor. Niemand erhob Einwände.

Trainer Dru war ebenso überrascht, als Dambrot ihn zu Hause anrief und ihm mitteilte, dass er gehen würde. Ungläubig hörte Dru zu, als Dambrot sagte, es sei eine der schwierigsten Entscheidungen, die er je getroffen habe. Die Jungs, so gab er zu, hätten seine Karriere wiederbelebt. Aber er erklärte, dass es schon lange sein Ziel und sein Traum gewesen sei, als Trainer an ein College zurückzukehren. Und bei all den Agenten und Schuhunternehmen, die um LeBron herumschwirrten, befürchtete er, dass es zu einem Skandal kommen könnte. Es war einfach zu viel Geld auf LeBron ausgesetzt. Und da Dambrot bereits einen großen Skandal hinter sich hatte, konnte er nicht riskieren, mit einem zweiten in Verbindung gebracht zu werden. „Ich muss aus diesem Ding raus", sagte er zu Dru.

Dru konnte nicht umhin, das Offensichtliche zu fragen – wer würde in Dambrots Fußstapfen treten?

„Ich möchte, dass du das übernimmst", sagte Dambrot.

Dru war nicht interessiert. Es hing viel zu viel von der kommenden Saison ab – für LeBron, für die anderen Jungs und für die Schule. Der Druck wäre enorm. „Nein", sagte er zu Dambrot. „Ich will die Sache nicht vermasseln."

Aber Dambrot war der festen Überzeugung, dass Dru die ideale Person für diese Aufgabe war.

„Das sind deine Jungs", sagte Dambrot zu Dru. „Du hast sie zu mir gebracht. Sie werden sich für dich ins Zeug legen."

Dru schätzte Dambrots Worte. Aber er konnte die Vorahnung nicht ignorieren, die er angesichts der Größe der Aufgabe verspürte, eine Mannschaft von nationalem Rang mit dem besten Spieler des Landes zu übernehmen. Außerdem konnte er sich nicht vorstellen, dass St. V. ihm die Stelle anbieten würde, selbst wenn er interessiert wäre.

Dambrot erklärte, wegen der Schule brauche er sich keine Sorgen zu machen. „Ich werde beim Kuratorium für dich eintreten", sagte er.

An diesem Abend sprach Dru mit seiner Frau über die Situation und sagte ihr, dass er trotz Dambrots Unterstützung das Angebot ablehnen würde.

„Dru, wie kannst du Nein sagen?", entgegnete sie. „Mit diesem Angebot ehrt Gott all die Jahre, die du mit diesen Jungs verbracht hast. All die Male, die du den Highway rauf- und runtergefahren bist."

Er konnte ihr kaum widersprechen – niemand hatte mehr Zeit investiert oder mehr Opfer für diese Jungs gebracht, und das schon seit der Grundschule. Und er hatte noch nie einen Cent für die Tausende von Stunden erhalten, die er damit verbracht hatte, die Shooting Stars zu Turnieren im ganzen Land zu fahren. Auch für seine zweijährige Tätigkeit als Assistenztrainer unter Dambrot hatte er keine Vergütung erhalten. Er hatte das alles ehrenamtlich gemacht.

Seine Frau bekräftigte ihre Ansicht: Jetzt bist du mal dran!

Mit ihrer Unterstützung beschloss Dru, sich um den Job zu bewerben. Nachdem Dambrot vor dem Kuratorium von St. V. zugestimmt hatte, bot ihm die Schule den Posten des Cheftrainers an.

Als LeBron erfuhr, dass Coach Dru die Leitung von St. V. übernehmen würde, änderte er sofort seine Meinung, was den Wechsel auf eine andere Schule anging. So wie alle anderen Jungs auch. Sie waren in ihren zwei Jahren an St. V. sehr gereift und erkannten, dass sie Teil von etwas Größerem als Basketball sein würden. „Nachdem Coach Dru zum ersten afroamerikanischen Cheftrainer in der Geschichte von St. V. gewählt worden war, konnte keiner von uns irgendwo anders hingehen", erklärte LeBron.

***

LeBrons Sommerprogramm war vollgepackt mit Turnieren im ganzen Land. Eine seiner ersten Verpflichtungen war ein AAU-Turnier in Chicago. LeBrons Team erreichte das Finale, verlor aber letztendlich. Während des Turniers sprach ein Mann Maverick an und stellte sich als Greg Ryan vor. Er sagte, er arbeite mit Michael Jordans Trainer in einem Laden namens Hoops hier in der Stadt. Es handelte sich um Michael Jordans privates Fitnessstudio, und in der Nebensaison trainierten dort viele Profis. Ryan bot Maverick und LeBron an, ihnen die Örtlichkeiten zu zeigen.

LeBron war begeistert. Zwischen den Spielen sah sich LeBron mit Maverick Hoops an. Kaum waren sie drin, fühlten sie sich wie im Basketball-Himmel. Es gab zwei Spielfelder und einen kleinen Kraftraum mit den technisch fortschrittlichsten Geräten. Dies war der Ort, an dem Michael Jordan trainierte.

Ryan stellte ihnen Tim Grover vor, Jordans Trainer. Obwohl Jordan im Ruhestand war, trainierte er immer noch mit Grover.

LeBron hatte bisher kaum mit Gewichten trainiert.

Grover nutzte die Gelegenheit, um zu erklären, warum das Gewichtheben so wichtig sei. Er sprach mit LeBron auch über Technik.

LeBron war beeindruckt. Jordan war sein Idol. Seine Poster hingen an LeBrons Schlafzimmerwänden. Er trug Jordans Nummer bei St. V. Es war kaum zu glauben, dass er mit Jordans Trainer darüber sprach, wie er seinen Körper stärken könnte.

Am Ende des Besuches lud Ryan LeBron und Maverick ein wiederzukommen. Später im Sommer würden ein paar NBA-Spieler dort sein, um zu trainieren und Pick-up-Spiele zu spielen. Das wäre für LeBron eine gute Gelegenheit, etwa eine Woche bleiben. Er und Maverick könnten auch gern bei ihm wohnen, solang sie in der Stadt waren, erklärte ihnen Ryan.

LeBron und Maverick konnte nicht fassen, dass sie dieses Angebot bekamen. Nach dem AAU-Turnier erzählten sie ihren Müttern von Greg Ryan und dessen Einladung. Und sie baten um die Erlaubnis, nach Chicago zurückkehren und ein paar Tage bei ihm bleiben zu dürfen. Außer dem Benzin für die Hin- und Rückfahrt würden sie nichts bezahlen müssen. Und LeBron würde mit einigen Profis trainieren. Letztendlich stimmten Gloria und Mavericks Mutter zu. Ein Termin wurde für später im August festgelegt.

Doch zunächst musste LeBron nach Colorado zum USA Basketball Youth Development Festival reisen. 24 der besten Highschool-Spieler des Landes waren eingeladen worden. Als LeBron ankam, lernte er seinen Zimmergenossen Carmelo Anthony kennen, einen 2,01 Meter großen Forward aus Baltimore, der den Spitznamen „Melo" trug. Er hatte eine katholische Highschool in einem Vorort von Baltimore besucht, aber für sein Abschlussjahr war er nach Oak Hill und dann mit einem Basketball-Stipendium an die Syracuse University gegangen.

LeBron und Carmelo verstanden sich auf Anhieb. Auf dem Platz waren sie die dominantesten Spieler. Beide erzielten im Durchschnitt 24 Punkte pro Spiel, und beide trafen zu 66 Prozent mit Distanzwürfen. Das Team von LeBron gewann Gold und das Team von Carmelo Silber. Aber vor allem in der Zeit, die sie zu zweit verbrachten und in der sie sich unterhielten, lernten sie einander kennen und bauten eine Bindung zueinander auf. Es stellte sich heraus, dass Carmelo genauso für seine Mutter empfand – er bezeichnete sie als „die beste Mutter … ohne Frage“ – wie LeBron für Gloria.

LeBron erfuhr, dass Anthony zwei Jahre alt gewesen war, als sein Vater an Krebs starb. Das Einzige, was ihm sein Vater hinterließ, war eine Goldkette mit einem Jesus-Emblem, die Anthony bei jeder Gelegenheit trug – bis sein bester Freund sie ihm stahl. Als Junge hatte Anthony in Brooklyn gelebt. Zu seinen schönsten Kindheitserinnerungen zählten lange Zugfahrten mit seiner Mutter von ihrer Wohnung in Red Hook nach Manhattan, wo sie das American Museum of Natural History besuchten, um naturwissenschaftliche Ausstellungen anzusehen, oder das Metropolitan Museum of Art, wo sie Gemälde betrachteten. Das war, bevor sie nach Baltimore zogen und ihm klar wurde, dass er ein Profibasketballspieler werden würde. In seinem Junior-Jahr an der Highschool war er der Spieler des Jahres in der Stadt Baltimore und galt allgemein als zweitbester Highschool-Spieler des Landes. In diesem Sommer begann er jedoch zu verstehen, dass Basketball nicht nur ein Spiel, sondern ein Geschäft war. Als er LeBron kennenlernte, hatte Anthony nicht den Wunsch, auf die Oak Hill Academy zu gehen. Er wollte seine Highschool-Karriere in Baltimore beenden. Aber die Trainer von Syracuse waren entschieden der Meinung, dass es für ihren hochkarätigen Rekruten zu gefährlich sei, in Baltimore zu bleiben – dort hatte es in diesem Jahr 256 Morde gegeben –, und bestanden darauf, dass er die Vorbereitungsschule in Virginia abschloss.

In LeBron glaubte Anthony einen Bruder gefunden zu haben. Obwohl LeBron ihn in der Meisterschaft besiegt hatte und alle von ihm als dem nächsten Jordan sprachen, war Anthony nicht im Geringsten neidisch. Jahre später dachte er über diese erste Begegnung mit LeBron nach. „Er freute sich darauf, mich spielen zu sehen, so wie ich mich darauf freute, mehr über ihn zu erfahren und zu sehen, was er draufhatte“, sagte Anthony. „Wir hatten eine tolle Zeit, als wir zusammen spielten; ich hatte das Gefühl, LeBron schon mein ganzes Leben zu kennen.“

LeBron empfand Anthony gegenüber ähnlich. Als er nach Akron zurückkehrte, erzählte er all seinen Freunden, dass er diesen Melo getroffen hatte, den besten Basketballspieler, den er auf dem Festival gesehen habe. Insgeheim hoffte er, dass er und Anthony eines Tages Teamkollegen sein könnten.

Der einzige Spieler des Landes, der von den meisten Rekrutierungsdiensten vor Anthony eingestuft wurde, war Lenny Cooke, ein 18-Jähriger aus New York City. Cooke, eine Legende auf dem Spielfeld, sollte direkt von der Highschool in die NBA aufsteigen und dort ganz oben landen. Das wichtigste Datum in LeBrons Sommerprogramm 2001 war das Adidas ABCD Camp von Sonny Vaccaro in New Jersey. Und Lenny Cooke würde dabei sein. Trainer aller wichtigen College-Basketballprogramme würden vor Ort sein, ebenso wie zahlreiche NBA-Scouts. *Sports Illustrated* und eine Reihe nationaler Medien, die sich mit Basketball befassten, würden ebenfalls vertreten sein. Alle erwarteten ein Kräftemessen zwischen Cooke – dem amtierenden Most Valuable Player (MVP) des letztjährigen ABCD Camps – und dem Newcomer aus Akron, den der Gründer des Camps als den besten Basketballer, den er je gesehen habe, anpries.

„An diesem Punkt seines Lebens ist [LeBron] der reifste Spieler auf dem Platz, und der begabteste“, erklärte Vaccaro der *New York Times* im Vorfeld des Turniers. „Er hat die Chance, wenn alles vorbei ist, einer der größten Spieler zu werden, die jemals Basketball gespielt haben.“

LeBron wusste nicht, was Vaccaro über ihn sagte. Er wusste auch nicht viel über Cooke, außer der Tatsache, dass er offenbar ein großer Star und im Vorjahr der MVP gewesen war. Kurz vor seiner Abreise nach New Jersey begann LeBron, ein Tagebuch zu führen. In seinem ersten Eintrag beschrieb er seine Einstellung zum ABCD Camp:

Ich werde versuchen, MVP der ganzen Veranstaltung zu werden. Ich habe nicht das Gefühl, dass ich mich beweisen muss, aber wenn die Leute irgendwelche Zweifel an mir haben, müssen sie nur kommen und mir beim Spielen zusehen.

***

Am Abend vor Beginn des Camps an der Fairleigh Dickinson University in Teaneck, New Jersey, sprach Kobe Bryant in einer der Sporthallen zu den 220 anwesenden Highschool-Spielern. „Das Wichtigste, was ich euch sagen möchte, ist: Setzt nicht alles auf eine Karte", sagte Bryant. Er ermutigte die Kids, aufs College zu gehen. Es sei wichtig, sagte er, etwas zu haben, auf das man zurückgreifen könne.

LeBron hörte aufmerksam zu. Und er schwieg, als Kobe die Anwesenden aufforderte, Fragen zu stellen. Doch Lenny Cooke machte sofort auf sich aufmerksam, indem er Kobe öffentlich herausforderte. „Wann wirst du gegen mich spielen?", fragte Cooke Kobe.

Cookes Draufgängertum erregte allgemeine Aufmerksamkeit.

Kobe gluckste. „Wenn du in die Liga kommst, werde ich dich auf verschiedene Arten schlagen", sagte er zu Cooke.

Cooke war groß, laut und eingebildet. Er sprach offen darüber, dass er kein Interesse hatte, ein College zu besuchen. Er wurde sogar von einem Kamerateam begleitet, das einen Dokumentarfilm über seinen Weg zum NBA-Star drehen sollte.

Doch so sehr Cooke auch versuchte, sich ins Rampenlicht zu stellen, die nationalen Medien, die über das Turnier berichteten, konzentrierten sich auf LeBron und die spannende Frage, ob er nach seinem Junior-Jahr an der Highschool versuchen würde, in die NBA einzusteigen. Vaccaro hatte Basketball-Journalisten erzählt, dass LeBron unfassbar gut sei. Einer der Journalisten, mit denen Vaccaro gesprochen hatte, war der *New York Times*-Kolumnist Ira Berkow, einer der einflussreichsten Sportjournalisten Amerikas.

Zu Beginn des Turniers sprach Berkow mit Gloria über die Hoffnungen, die sie für ihren Sohn hegte.

„Was ich mir für LeBron wünsche, ist, dass er glücklich wird", sagte Gloria. „Er liebt Basketball. Doch ich würde wollen, dass er zumindest seinen Highschool-Abschluss macht. Aber wir werden eine Entscheidung treffen, wenn die Zeit gekommen ist. Er ist ein besonnener Junge. Er hat mir noch nie Probleme bereitet. Er ist höflich und respektvoll."

Berkow sprach auch mit LeBron und fragte ihn nach seinen Plänen.

„Das College ist wichtig", sagte LeBron. „Man kann nicht sein ganzes Leben lang Basketball spielen. Man sollte sich auch auf etwas anderes vorbereiten."

Es war das erste Mal, dass LeBron und Gloria mit jemandem von den nationalen Medien zu tun hatten, insbesondere mit jemandem von Berkows Format. Er hatte gerade einen Pulitzerpreis für seine bahnbrechende Story „The Minority Quarterback" gewonnen, die Teil einer Serie der *New York Times* mit dem Titel „How Race Is Lived in America" war. Berkow war sich der Versuchungen und Tretminen bewusst, die LeBron erwarteten, und wies ihn darauf hin, dass die Washington Wizards einen Monat zuvor Geschichte geschrieben hatten, indem sie Kwame Brown zum ersten Highschool-Spieler machten, der beim NBA-Draft als Nummer eins ausgewählt worden war. Und Brown hatte gerade einen Dreijahresvertrag über zwölf Millionen Dollar unterzeichnet.

„Das ist eine Menge Geld", sagte LeBron zu Berkow. „Aber wir haben so lange gekämpft. Ein paar Jahre mehr werden keinen großen Unterschied machen."

Das Wort „wir" in LeBrons Antwort stach wie ein Leuchtfeuer bei einem Turnier hervor, bei dem so viele Spieler darauf konditioniert waren, alles durch das Prisma „ich" zu sehen. Nachdem er mit LeBron und Gloria gesprochen hatte, veröffentlichte Berkow eine Kolumne mit dem Titel „Hitting the Lottery as a Junior?". Darin schrieb Berkow, dass eine Person unter den 220 besten Highschool-Spielern der Welt, die am Adidas ABCD Camp teilgenommen hatten, herausragte:

> *Er ist 16 Jahre alt und besucht die St. Vincent-St. Mary Highschool in Akron, Ohio, die er im Herbst abschließen wird. Viele der versammelten Kenner glaubten, dass der Junge, LeBron James, ein zwei Meter großer, 210 Pfund schwerer Point Guard, Shooting Guard und Small Forward – manchmal spielt er, als ob er alle drei in einem wäre, eine Art Schweizer Taschenmesser – in der ersten Runde des letzten NBA-Drafts ausgewählt worden wäre, möglicherweise durch Auslosung.*

Mit dieser Kolumne wurde LeBron zum ersten Mal in einer viel gelesenen nationalen Publikation porträtiert, und Gloria hätte sich keine klarere und stilvollere Einführung ihres Sohnes in die Sportwelt wünschen können. Berkow beschrieb ihn als Jungen mit „struppigen Haaren und ausgebeulten Hosen" und zitierte auch Basketball-Schwergewichte, darunter einen, der LeBron als „außerirdischen Athleten" bezeichnete, der bereits ein besseres Gefühl für das Spiel habe als die NBA-Superstars Vince Carter und Tracy McGrady.

Wenige Stunden nach der Veröffentlichung von Berkows Kolumne sollte LeBrons Team im Spitzenspiel des Turniers gegen das Team von Lenny Cooke antreten. Mit Klemmbrettern und Stiften bewaffnet nahmen Hunderte von Trainern und Scouts, darunter Louisville-Cheftrainer Rick Pitino und Milwaukee-Bucks-Geschäftsführer Ernie Grunfeld, ihre Plätze nahe des Spielfeldes ein. Die Journalisten saßen mit Notizblöcken am Spielfeldrand. Die besten Highschool-Spieler von den umliegenden Plätzen schauten sich das Geschehen an. Und Vaccaro lief um die Sporthalle herum, als wäre er ein Orakel, dessen Gemeinde Zeuge dessen werden sollte, was er vorhergesagt hatte.

Während der Aufwärmübungen vor dem Spiel machte eine lautstarke Gruppe von Cookes Freunden aus New York auf sich aufmerksam. Während des gesamten Turniers hatte LeBron zu hören bekommen, dass er Cooke niemals würde stoppen können. An der Layup Line drehte sich LeBron zu seinem Teamkollegen Leon Powe um und sagte leise: „Wir werden sehen. Warte, bis das Spiel beginnt."

Cookes Team bekam den ersten Tip, und der Ball ging direkt zu Cooke.

LeBron kauerte sich in Verteidigungshaltung hin.

Nach Juking und Jab-Stepping schaute Cooke kein einziges Mal zu seinen Mitspielern und dribbelte den Ball 29-mal, bevor er hochzog und einen Jumper über LeBron hinweg einlochte. Seine Anhänger brachen in Begeisterungsstürme aus.

Beim nächsten Ballbesitz übernahm Cooke wieder den Ball. LeBron bewachte ihn erneut. Und wieder dribbelte Cooke den Ball 16-mal, ohne seine Mitspieler anzusehen, bevor er einen weiteren Jumper versenkte. Nach seinem zweiten Korb rannte Cooke zurück auf den Platz und schrie in die Menge, um seine Freunde anzufeuern, die sich über LeBron lustig machten.

Auf der anderen Seite sprang LeBron an der Spitze des Drei-Sekunden-Raums hoch und warf eine Dreipunktebombe, die glatt ins Netz ging. Dann holte er sich erneut den Ball und warf einen weiteren

Dreier aus der Ecke, der ebenfalls im Netz landete. Beim zweiten Treffer ertönte ein kollektives „Wow" aus der Menge. Als Nächstes dunkte er bei einem Fastbreak. Dann schnappte er sich einen Offensive Rebound, den er mit einem Reverse Dunk versenkte, indem er den Ball mit beiden Händen über den Rand drückte. Im Handumdrehen erzielte er zehn Punkte. In der Defensive setzte er Cooke unter Druck und deckte eine eklatante Schwäche des Spitzenspielers auf – seine Unfähigkeit, offensive Bälle für sich oder seine Mitspieler zu kreieren, wenn er von einem Spieler gleicher Größe und Stärke eng bewacht wurde. Auf der anderen Seite des Spielfeldes offenbarte LeBrons offensive Dominanz eine noch fatalere Schwäche von Cooke – er konnte einen Spieler, der ihm in puncto Schnelligkeit und Ballhandling überlegen war, einfach nicht in Schach halten.

An LeBrons Seite erzielte Powe mehr als zwanzig Punkte und schaltete den zweitbesten Scorer von Cookes Team aus. Aber er war voller Ehrfurcht, als LeBron Cooke unerbittlich angriff, aggressiv spielte, nach Belieben punktete und seine Mitspieler mit No-Look-Pässen fütterte, die College-Coaches und NBA-Scouts zum Staunen brachten. LeBron führte das Ranking der Scorer mit 24 Punkten an und ließ Cooke während des gesamten Spieles nicht mehr als 9 Punkte erzielen.

Sechs Sekunden vor Schluss lag LeBrons Team mit 83:82 zurück, und jeder in der Halle wusste, dass der Ball bei einem Inbound-Pass an ihn gehen würde. Cooke war erschöpft. Und nachdem er das ganze Spiel über von LeBron unter Druck gesetzt worden war, wollte er ihn nicht mehr Mann gegen Mann abwehren. Aber auch Cookes Teamkollegen wollten LeBron nicht bewachen und überließen Cooke die Aufgabe.

LeBron zog an Cooke vorbei und dribbelte über die gesamte Länge des Spielfeldes. Dann, mit Cooke auf den Fersen, hob LeBron jenseits der Dreipunktelinie ab, zog die Knie an und stieß die Füße zurück. In der Luft hängend, während Cooke an ihm vorbeirannte, feuerte LeBron einen Zehn-Meter-Wurf ab. Der Ball zischte durch die Luft und peitschte kurz vor dem Schlusston durchs Netz, ohne den Rand zu berühren. Die ganze Halle war in Aufruhr. LeBrons Team hatte 85:83 gewonnen.

Cooke fiel die Kinnlade herunter. „Wie hat er das gemacht?"

Es war ein majestätischer Wurf. Vaccaro, der vom Spielfeldrand aus zusah, stand wie erstarrt und staunte über den Wurf, den er gerade gesehen hatte. „Es war, als hätte die Hand Gottes den Ball berührt", sagte er später.

Alle College-Anwerber und Profiscouts hatten es gesehen: Unter Druck war LeBron James am besten. Schon mit 16 Jahren schien er dem Druck gewachsen zu sein. Es stand außer Frage, dass er der beste Highschool-Spieler Amerikas war. LeBron hatte Lenny Cooke nicht nur besiegt, er hatte ihn vernichtet.

***

Nach dem Spiel sah LeBron Cooke bei einigen seiner Freunde stehen. LeBron ging auf sie zu, und als Cooke ihn bemerkte, machte er ein paar Schritte zur Seite. LeBron gratulierte ihm zu einem guten Spiel. Dann reichte ihm LeBron die Hand. Er wollte Cooke zu verstehen geben, dass er ihn und sein Spiel respektierte.

Cooke schüttelte ihm die Hand.

Dann ging LeBron weg.

Cooke ging zurück zu seinen Freunden. „Der Junge da drüben", sagte er, „der meint es ernst!"

„LeBron James?" fragte einer seiner Freunde.

„LeBron James", sagte Cooke. „Dieser Nigga ist echt."

An diesem einen Wochenende in Jersey wurde LeBron James zum besten Highschool-Basketballspieler Amerikas, und Lenny Cooke fiel in sich zusammen. Er hat es nie in die NBA geschafft.

8

EINE ANDERE ETAGE

Coach Dru war von seinen Vorahnungen überwältigt. Zuerst wurde LeBron rekrutiert, um in der besten AAU-Mannschaft an der Westküste zu spielen. Dann kümmerte sich Sonny Vaccaro persönlich um ihn, und St. V. erhielt alle möglichen kostenlosen Schuhe und Ausrüstungen. Plötzlich luden Michael Jordans Leute LeBron zum Training ein. Dann wurde LeBron in der *New York Times* porträtiert, entthronte den besten Highschool-Spieler des Landes und gewann den MVP-Preis im renommiertesten Sommercamp des Landes. Es verblüffte Dru, dass ein 16-jähriger Junge, dem noch kein Barthaar wuchs und der noch keinen Führerschein hatte, sein Handy zücken konnte, um mit Vaccaro zu telefonieren oder einen Termin für das Training in Michael Jordans privater Trainingshalle zu vereinbaren. Dru war es nicht gewohnt, in diesen Kreisen zu verkehren. Aber er wusste genug, um zu sehen, dass LeBron bereits ein äußerst wertvolles Gut war und immer mehr Leute sich Zugang zu ihm verschaffen würden.

Als Dambrot noch sein Trainer war, hatte er LeBron immer wieder davon abgeraten, Geld von irgendjemandem anzunehmen, solang er die Highschool besuchte. Dambrot warnte LeBron vor allem vor Unternehmensvertretern, die sich an ihn heranmachen wollten.

Dru sah es als seine Pflicht an, dort weiterzumachen, wo Dambrot aufgehört hatte. Um den angehenden Superstar zu beschützen, mit dessen Training er in einer tristen Sporthalle der Heilsarmee in Akron begonnen hatte, wies Coach Dru ihn erneut darauf hin, dass er sich von jedem fernhalten sollte, der ihm Geld anbot.

LeBron wusste den Rat zu schätzen. Aber er versicherte Dru, dass er sich keine Sorgen zu machen brauchte. Er hatte noch nie einen Cent von irgendjemandem genommen, und er hatte auch nicht vor, seine Einstellung zu ändern.

Nicht nur LeBrons Trainer hatten entschiedene Ansichten zu dem Rummel um LeBron und dem damit verbundenen Geld. Das galt auch für Eddie Jackson. Doch Jackson betrachtete die Situation aus einem anderen Blickwinkel. Zu diesem Zeitpunkt hatten er und Gloria bereits eine enge Beziehung, und er wusste, dass LeBron ihn als Vaterfigur betrachtete und ihn sogar allmählich als seinen Vater bezeichnete. Es war das ultimative Kompliment, und Jackson trug es wie ein Ehrenabzeichen. Aber es war eine schwere Bürde für ihn, der keine Erfahrung mit der Art von Chancen hatte, die sich LeBron boten. Auch hatte Jackson noch nie mit Umsatzgiganten oder der Last der Berühmtheit zu tun gehabt.

Dennoch wünschte Gloria seine Unterstützung, und Jackson wollte eine aktive Rolle spielen – wie sie ein Vater spielen würde –, indem er zum Beispiel die Kosten für LeBrons Reisen zu Camps und Turnieren übernahm. Er wollte auch an den anstehenden Gesprächen mit Adidas und Nike teilnehmen. Aber Jackson war knapp bei Kasse. Und um die Rolle spielen zu können, die er sich für sich selbst vorgestellt hatte, benötigte er Geld. Vor diesem Hintergrund besuchte Jackson wenige Tage vor LeBrons Teilnahme am Adidas ABCD Camp einen alten Freund.

Joseph Berish war einst Tänzer bei den Chippendales gewesen, einer für Männerstriptease bekannten Tanztruppe. Er hatte Jackson Anfang der Neunzigerjahre im YMCA in Akron kennengelernt, wo sie zusammen Basketball gespielt hatten. Kurz nachdem sie Freunde geworden waren, stellte Jackson ihn Gloria und LeBron vor, etwa zu der Zeit, als LeBron in die Mittelschule kam. In den darauffolgenden Jahren hatte Berish Gloria mehrfach in ihrer Wohnung besucht und betrachtete sie als eine Freundin.

Als Jackson Anfang Juli 2001 mit Berish sprach, fragte er, ob Berish oder jemand, den er kannte, ihn und Gloria finanziell unterstützen könnte, solang sie LeBrons Basketballkarriere förderten. Um ihnen zu helfen, machte Berish Jackson mit Thomas Marsh bekannt, einem engen Freund, der als Promoter für die Chippendales-Tänzer gearbeitet hatte. Marsh, der in der Gegend von Akron lebte und eine in Ohio ansässige Unterhaltungsfirma namens Magic Arts & Entertainment Inc. gegründet hatte, war auch der langjährige Produzent des Magiers David Copperfield. Jackson war beeindruckt.

Marsh hatte noch nie von LeBron gehört. Aber Berish und Jackson informierten ihn. Dann sprach sich Jackson für ein Hunderttausend-Dollar-Darlehen aus.

Es dauerte nicht lange, bis Marsh erkannte, dass LeBrons NBA-Aussichten reell waren. Also erklärte er sich bereit, Jackson das Geld zu leihen. Doch anstatt es ihm in einer Summe zu auszuzahlen, schlug Marsh vor, Jackson einen ersten Vorschuss in Höhe von 25.000 Dollar zu geben, gefolgt von einer zweiten Rate in gleicher Höhe später im Herbst. Die verbleibenden fünfzigtausend Dollar sollten in monatlichen Raten von 2.500 Dollar an Jackson gezahlt werden, wobei die letzte Rate im Juni 2003 fällig werden sollte, genau dann, wenn LeBron seinen Highschool-Abschluss machen würde. Marsh schlug einen Zinssatz von zehn Prozent für das Darlehen vor.

Jackson versprach seinerseits, Marsh in LeBrons zukünftige Werbeverträge einzubeziehen. Und er willigte ein, dass Marsh einen Dokumentarfilm über LeBron produzierte.

Jackson unterzeichnete einen Schuldschein und erhielt Ende Juli 25.000 Dollar. Zur gleichen Zeit geriet Jackson in einer Bar in Akron in einen Streit mit jemandem. Er wurde schließlich wegen ordnungswidrigen Verhaltens angeklagt und plädierte auf unschuldig. Aber er ließ sich von diesem Rückschlag nicht unterkriegen.

Jackson und Marsh waren gemeinsam im Geschäft.

***

Lynn Merritt war Senior Director von Nike Basketball, eine Position, in der er für die Werbeverträge des Unternehmens mit Basketballspielern in der ganzen Welt verantwortlich war. Nike hatte etwa 75 Profibasketballspieler unter Vertrag, um für seine Produkte zu werben. Von Merritt als leitendem Angestellten der größten Nike-Sparte wurde unter anderem erwartet, dass er stets auf der Suche nach den Talenten von morgen war. Und von Merritts Standpunkt aus stach am Horizont niemand mehr hervor als LeBron. In der Geschichte von Nike verkauften sich keine Artikel so gut wie die von Michael Jordan. LeBron James, so schien es Merritt, könnte der größte Verkaufsgarant der nächsten Generation werden.

Merritt hatte begonnen, LeBrons Werdegang zu verfolgen, kurz nachdem Sonny Vaccaro auf den Plan getreten war. Ihm war bewusst, dass Vaccaro und Adidas bei Nikes Bemühungen, LeBron für sich zu gewinnen, eine ernst zu nehmende Konkurrenz darstellen würden. Aber Merritt ging methodisch vor. Er hatte seine Hausaufgaben gemacht. Er reiste nach Akron. Er war nie aufdringlich. Und er lernte die Menschen in LeBrons Umfeld kennen und zeigte ehrliches Interesse an ihnen. Besondere Aufmerksamkeit legte er für Maverick Carter an den Tag.

Maverick lernte Merritt etwa zu der Zeit kennen, als ihm klar wurde, dass er nicht in der NBA spielen würde. Für Maverick war Nike im Hinblick auf Status und Design schon immer der Heilige Gral der Schuhbranche gewesen. Schon als Kind hatte er davon geträumt, Air Jordans zu besitzen. Als Teenager fühlte er sich stark, wenn er mit einem Paar Nikes den Platz betrat. Aber er hatte nie über die Menschen nachgedacht, die bei Nike arbeiteten, bis er Merritt begegnete. Sofort gewann Mavericks Neugierde die Oberhand. Er löcherte Merritt mit Fragen über das Unternehmen: „Wie entscheidet Nike, wer für ihre Schuhe werben soll? Wie werden die Werbespots gemacht? Wer entwirft die Schuhe? Wie werden sie entworfen?"

Merritt war beeindruckt von Mavericks Fragen. Sie bewiesen echtes Interesse am Lernen. Und er stellte fest, dass Maverick ein hervorragender Zuhörer war. Er saugte Informationen auf wie ein Schwamm. Nach einigen Treffen bot Merritt ihm ein Praktikum an.

Maverick war fassungslos. Der Gedanke, ein Praktikum bei jemandem von Merritts Format zu machen, war einschüchternd. Aber die Möglichkeit, mit Nike zusammenzuarbeiten, war wie ein in Erfüllung gegangener Traum, ein Nebeneffekt seiner Freundschaft mit LeBron. Anstatt Selbstzweifel aufkommen zu lassen, ergriff Maverick die Chance.

Im Herbst 2001 begann er sein Praktikum bei Nike. Und Lynn Merritt würde sein Mentor sein.

***

Im Laufe des Sommers wurde bekannt, dass Michael Jordan im Alter von 38 Jahren möglicherweise zum zweiten Mal aus dem Ruhestand zurückkehren würde. Während die Gerüchteküche brodelte, fuhren LeBron und Maverick erneut nach Chicago, um eine Woche lang mit Greg Ryan im Hoops zu trainieren. Bei ihrer Ankunft trafen sie auf mehr als ein Dutzend NBA-Spitzenspieler – Fernee „Penny" Hardaway, Ron Artest, Paul Pierce, Jerry Stackhouse, Antoine Walker, Marcus Fizer, Tim Hardaway, Michael Finley, Juwan Howard, Charles Oakley und andere. Es war eine Ansammlung von einigen der größten und härtesten Vollstrecker der Liga, zusammen mit einigen der talentiertesten Offensivspieler. Jeden Tag trainierten sie eine Stunde lang mit einem Trainerteam und absolvierten dann ein paar Spiele.

Michael Jordan war nicht da. Aber sein persönlicher Trainer, Tim Grover, leitete den Laden. Und für LeBron war es eine Gelegenheit, sich in Jordans Allerheiligstem aufzuhalten und einigen der besten Spieler der Welt beim Training zuzusehen. Es war sofort klar, dass es in dieser Welt keine Jugendlichen gab. Diese Kerle waren Männer. Sie waren schweißgebadet und hatten muskulöse Körper. Sie spielten nicht – sie rannten und schlugen zu und redeten Blödsinn in ihrem eigenen, einzigartigen Jargon. Nach heftigen Dunks gab es jede Menge „Motherfucker" zu hören.

Die NBA-Spieler schenkten LeBron nicht viel Aufmerksamkeit. Aber im Laufe der Woche sorgte Grover dafür, dass LeBron an einem der Pick-up-Spiele teilnehmen konnte. LeBron schnürte seine Turnschuhe. Wie ein Eindringling betrat er das Spielfeld und stellte sofort fest, dass es sich von allen anderen Spielfeldern unterschied, auf denen er bisher gewesen war. Die Abmessungen waren die gleichen. Aber die Spieler waren so viel größer, dass die Spielfeldspuren zum Korb schwieriger zu sehen waren. Die Arme von allen Spielern waren so viel länger, dass die Überholspuren erheblich schmaler waren. Es war, als ob der Platz geschrumpft wäre.

LeBron musste Jerry Stackhouse bewachen, der ihn immer wieder in die Defensive drängte und damit bewies, dass LeBron noch nicht imstande war, auf diesem Niveau zu verteidigen. Und Antoine Walker redete die ganze Zeit Mist und gab LeBron einen Vorgeschmack darauf, was ihn in der NBA erwartete.

Doch LeBron bewahrte die Fassung. In der Defensive hatte er zwar Mühe, die Spieler zu bewachen, doch in der Offensive konnte er mithalten, indem er eine Reihe beeindruckender Pässe spielte und einige Würfe abfeuerte. Es war ein enormer Schub für das Selbstvertrauen, wenn man einen Pass von einer NBA-Größe bekam und den Ball im Korb versenkte.

Maverick platzte fast vor Stolz, als er zusah, wie LeBron die Welt betrat, in der er bald ständig leben würde. Er war mit Millionären unterwegs, die schicke Autos fuhren, mit schönen Frauen verheiratet waren und Familien gegründet hatten. Sie waren Profis. Und LeBron mit ihnen spielen zu sehen, machte es einfacher, sich LeBrons Zukunft vorzustellen.

Am Ende eines jeden Tages, nachdem alle Spieler gegangen waren, blieben LeBron und Maverick noch in der Halle, um Ryan und Grover beim Aufräumen zu helfen. Eines Nachmittags, gegen Ende der Woche, gingen sie gerade zur Tür hinaus, als LeBron und Maverick einen roten Ferrari die Straße entlang kommen sahen. Als der Wagen zum Stehen kam, erkannten sie, wer am Steuer saß: Michael Jordan.

„Heilige Scheiße“, sagte Maverick.

LeBron stand wie versteinert da und starrte Jordan an, der ausstieg und auf sie zuging. LeBron hatte sein Idol noch nie aus der Nähe gesehen. Es sah aus, als ob er schwebte.

Jordan hatte viel um die Ohren, als er sich der Sporthalle näherte. Nachdem er drei Jahre lang nicht mehr gespielt hatte, bereitete er sich auf seine Rückkehr vor. Ihm war klar, dass er in seinem Alter wahrscheinlich nicht mehr imstande sein würde, auf dem Niveau zu spielen, das die Leute gewöhnt gewesen waren, als er sich vom Spiel zurückgezogen hatte. Im Laufe seiner Karriere hatte er gelernt, dass es unmöglich war, den Erwartungen anderer Menschen gerecht zu werden; er konnte nur seine eigenen Erwartungen definieren und sie zu erfüllen versuchen. Eine weitere Lektion, die er gelernt hatte, war die Macht des Schweigens. Er hatte immer noch niemandem von seinen Comeback-Plänen erzählt. Er hatte das alles sehr gut für sich behalten.

Jordan sah LeBron an, sagte Hallo und lud ihn und Maverick ein, wieder mit hineinzugehen.

LeBron und Maverick folgten ihm in den Kraftraum. Grover und Ryan schlossen sich ihnen an. Sonst war niemand da.

Jordan lächelte LeBron an, den Jungen, von dem alle sagten, er würde sein Erbe antreten.

LeBron begegnete seinem Blick.

Umgeben von Hanteln und Maschinen sprach Jordan ganz allgemein über die NBA und darüber, was es bedeutete, ein Profi zu sein.

LeBron hörte zu und nickte. Die Erfahrung war zu surreal, um sie zu verarbeiten.

Das Gespräch dauerte etwa eine Viertelstunde. Und Jordan erteilte keine Ratschläge. Aber er gab LeBron etwas Wertvolleres als Worte – seine Handynummer.

Maverick war fassungslos.

LeBron wusste nicht, was er sagen sollte. Er trug Jordans Schuhe an seinen Füßen. Und jetzt hatte er Jordans Nummer in der Tasche. Mit 16 Jahren gehörte LeBron zu den wenigen Menschen auf der Welt, die direkten Zugang zu Jordan hatten.

***

Es war schon spät, als LeBron und Maverick Chicago verließen und sich auf die über fünfstündige Fahrt zurück nach Akron machten. Am nächsten Morgen musste LeBron zum ersten Schultag in St. V. sein. Es würde nicht viel Zeit zum Schlafen bleiben. Maverick saß am Steuer, LeBron als DJ auf dem Beifahrersitz, und aus der Stereoanlage dröhnte Musik, als sie auf der I-90 an South Bend vorbeifuhren und Ohio erreichten. Zwischen den Songs redeten sie immer wieder darüber, wie unglaublich es war, dass sie Jordan getroffen hatten.

„Es war, als würde man Gott sprechen hören", sagte Maverick.

LeBron hatte einen Höhenflug. Es fühlte sich an, als hätte er in den letzten Monaten ein ganzes Leben gelebt. LeBron wollte nicht, dass der Sommer zu Ende ging. Er wollte einfach weiterfliegen.

In seinem Tagebuch fasste er seine Erfahrungen in Chicago kurz zusammen:

Ich konnte zwar nicht mit Mike spielen, aber ich bin mit vielen anderen NBA-Spielern zusammengetroffen und habe ein bisschen mit Jordan gesprochen. Er hat mir keine Ratschläge gegeben, er sagte nur, ich solle einen klaren Kopf behalten. Wir gingen alle zum Abendessen in sein Restaurant – Steak und Kartoffelpüree waren sehr gut.

Der Duft von Pams italienischer Chicken Pasta erfüllte das Haus der Vaccaros in Calabasas. Es war Samstag, der 25. August 2001. Sonny saß im Wohnzimmer und stöberte in seiner riesigen Plattensammlung, auf der Suche nach der passenden Untermalung für diesen Anlass. Gloria und Eddie Jackson waren aus Akron eingeflogen und wollten zum Mittagessen kommen. Die Reise war Eddies Idee, und Sonny war entschlossen, LeBrons Familie zu behandeln wie seine eigene Familie – indem er sein Haus für sie öffnete, sie mit hausgemachtem italienischen Essen bewirtete und gute Musik auswählte. Er entschied sich für Ray Charles, um für Stimmung zu sorgen.

Als Gloria und Eddie eintrafen, führte Sonny sie durchs Haus. Er zeigte ihnen seine Original-Elvis-Presley-Musikbox, den Whirlpool im Freien, den Swimmingpool und die üppigen roten Tomaten in seinem Gemüsegarten. Es gab sogar eine Schaukel im Garten, die auszuprobieren Sonny die beiden einlud. Es war die reinste Idylle, und jazzige Songs wie *Them That Got* von Ray Charles schallten aus der hochmodernen Soundanlage in den Hof:

I see folk with long cars and fine clothes
That's why they're called the smarter set
Because they manage to get
When only them that's got supposed to get
And I ain't got nothin' yet

Gloria merkte an, dass sie noch nie ein so schönes Haus gesehen habe.

Auch Jackson hatte noch nie ein Haus mit Swimmingpool und Whirlpool betreten.

Sie verbrachten den ganzen Nachmittag mit den Vaccaros. Nach dem Mittagessen unterhielten sich Sonny und Eddie im Garten. Gloria half Pam beim Abwasch. Sie sprachen unter anderem über LeBrons Wunsch, weiterhin Highschool-Football zu spielen. Gloria hatte bereits

Nein gesagt. Sie hatte es ihm erlaubt, als er im ersten und zweiten Schuljahr war, aber angesichts der Entwicklung seiner Basketballkarriere hielt sie es für an der Zeit, ein Machtwort zu sprechen.

LeBron hatte die Entscheidung seiner Mutter akzeptiert. Aber am Abend, bevor Gloria und Eddie bei den Vaccaros auftauchten, hatte LeBron das erste Footballspiel der Saison von St. V. besucht. Er hatte zugesehen, wie Sian, Willie und Romeo das Team zum Sieg führten. Er hasste es, bloß Zuschauer zu sein.

Gloria wusste, wie sich LeBron fühlte. Sie wollte wissen, wie Pam dazu stand. „Erlaube ihm nicht, Football zu spielen", sagte Pam.

Gloria erzählte, wie sehr sie LeBron liebe und wie sehr es ihr widerstrebe, ihn zu enttäuschen. Sie wolle nur das Beste für ihn, betonte sie. Manchmal, so gab sie zu, sei es schwer zu wissen, was zu tun sei.

Pam sagte ihr, wenn sie ihn Football spielen lassen würde, müsse sie auf jeden Fall eine Versicherung für ihn abschließen.

***

Nachdem sie den Tag mit den Vaccaros verbracht hatten, flogen Eddie und Gloria nach Oregon, um Phil Knight, den Chairman von Nike, und Lynn Merritt zu treffen. Während ihres Aufenthaltes am Hauptsitz des Unternehmens in Beaverton besichtigten sie auch den Nike-Campus. Es gab eine Menge zu verarbeiten. Aber je mehr Zeit sie mit Merritt verbrachten, desto mehr waren sie von seiner Professionalität und seiner Vision von LeBrons Rolle bei Nike beeindruckt. Sie waren davon überzeugt, dass LeBron in einer großartigen Position war.

Als Eddie und Gloria wieder in Akron waren, sprach LeBron mit seiner Mutter über Football. Während Gloria im Westen unterwegs gewesen war, war die R&B-Sängerin Aaliyah bei einem Flugzeugabsturz ums Leben gekommen, kurz nachdem der Flieger von einer Insel auf den Bahamas gestartet war. Sie wurde nur 22 Jahre alt. LeBron sagte seiner Mutter, dass die Nachricht vom Tod des Popstars sein Denken beeinflusst habe. „Das Leben ist kurz" mochte ein Klischee sein, aber es traf zu.

„Niemand kann wissen, ob er den morgigen Tag erlebt", sagte Gloria.

LeBron stimmte zu, und genau deshalb wollte er sich die Gelegenheit nicht entgehen lassen, etwas zu tun, das ihm große Freude bereitete und seine Highschool-Erfahrung abrundete: mit seinen Freunden Football spielen.

Gloria wandte sich an Eddie. Es war an der Zeit, diese Versicherungspolice abzuschließen.

Eddie fand einen Makler in North Carolina, der Top-NBA-Kandidaten mit Basketball-Stipendien an der Duke University versichert hatte. Der Makler hatte noch nie davon gehört, einen Schüler zu versichern. Aber er arbeitete mit Eddie zusammen, um eine Multi-Millionen-Dollar-Police für LeBron abzuschließen.

***

Jay Brophy war begeistert, als LeBron ihm mitteilte, dass er rechtzeitig zum zweiten Spiel der Saison zum Team stoßen würde. Brophy erhielt sogar einen Anruf von Gloria, die zu ihm sagte: „Jay, pass auf mein Baby auf." Um das Verletzungsrisiko für LeBron zu minimieren, ließ Brophy das Team wissen, dass sie ihn beim Training nicht anrempeln durften. Brophy machte LeBron auch klar, dass er ihn nicht im Mittelfeld spielen lassen wollte, wo es häufiger zu heftigen Zusammenstößen kam.

LeBron spielte gern für ihn und war froh, als Brophy im Sommer zum neuen Football-Cheftrainer ernannt wurde. Zu Beginn der Saison 2001 hatte Brophy beschlossen, mit zwei Quarterbacks zu arbeiten und sie abwechselnd einzusetzen. Einer von ihnen war Willie McGee. Sobald LeBron wieder im Team war, erklärte Brophy den beiden Quarterbacks, dass es einen neuen Spielzug im Playbook gab: Im Zweifelsfall wirfst du den Fade zu LeBron.

Willie kannte diesen Spielzug gut. Er und LeBron hatten seit der Pop-Warner-Zeit zusammen Football gespielt. Und in der Saison 2001 hatten sie sich bei vielen Passspielzügen zusammengetan. Auch der andere Quarterback kam gut mit LeBron klar.

Zu Beginn der Saison fuhr das Team ins ländliche Ohio, etwa eine Stunde entfernt in der Nähe von Amish Country, um dort gegen eine Schulmannschaft zu spielen. An diesem Abend legte LeBron eine

Show hin, mit sechs Receptions über fast 150 Yards. Vor allem ein Spielzug begeisterte die Menge. Der Quarterback von St. V. warf einen Fehlpass, der ins Aus ging. Coach Brophy hob die Arme, um den Ball zu fangen, als LeBron plötzlich in die Luft sprang, den Ball mit einer Hand fing und mit beiden Füßen wieder innerhalb der Markierung landete. Es war die Art von Ballartistik, die Brophy von dem NFL-Star Randy Moss gewohnt war.

Nach dem Spiel umringten die Amish People den Mannschaftsbus von St. V. Es waren so viele, dass der Busfahrer nicht losfahren konnte. Nachdem er begriffen hatte, warum all diese Leute sie nicht abfahren lassen wollten, ging Coach Brophy in den hinteren Teil des Busses. „LJ", sagte er, „könntest du ein paar Autogramme geben, damit wir hier wegkommen?"

LeBron hatte noch nie mit Amischen zu tun gehabt. So wenig wie Romeo, Sian oder Willie. Unter den Blicken seiner Teamkollegen stand LeBron auf und verließ den Bus.

Die Menge scharte sich sofort um ihn.

LeBron, der alle überragte, signierte alles, was man ihm vor die Nase hielt – Spielpläne, Kleidung, Papierfetzen, bloße Hände.

Romeo war beeindruckt von dem, was er sah: Die Leute, die in dem Ruf standen, abgeschottet zu leben, hatten LeBron akzeptiert, und damit auch das gesamte St.-V.-Team. „Sie haben uns gezeigt, dass sie uns mochten", sagte Romeo, als er Jahre später an diesen Moment zurückdachte. „Das bewies, dass [LeBron] damals als Sportler Grenzen transzendiert hat, die man normalerweise nicht überschreiten kann, egal wer man ist."

Freudestrahlend stieg LeBron wieder in den Bus, um mit seinen schweißgebadeten Teamkollegen eine jener Rückfahrten anzutreten, von denen er sich wünschte, sie würden niemals enden.

***

Obwohl er Woche für Woche in zwei Teams eingesetzt wurde, konnte LeBron in den neun Spielen der regulären Saison 13 Touchdowns und mehr als 1.200 Receiving Yards verbuchen. Das zweite Jahr in Folge wurde er mit der All-Ohio-Auszeichnung im Football geehrt, und die

College-Anwerber drängten sich, um eine Audienz bei ihm zu erhalten. Coach Brophy war von Ohio State, Alabama, Miami, Florida State, Notre Dame, USC, South Carolina und einer ganzen Reihe weiterer Schulen angerufen worden. Brophy war immer davon ausgegangen, dass LeBron auf dem College nicht Football spielen würde. Aber das Interesse an LeBron als Footballspieler war anders als alles, was Brophy je erlebt hatte. Er sagte sich, dass er zumindest erklären sollte, LeBron sei seines Wissens nicht an einem Football-Stipendium interessiert. So könnte Brophy diese Anwerber von ihrem Elend erlösen.

Eines Nachmittags spürte er LeBron in der Bibliothek auf, wo dieser Mrs Wood besuchte.

Brophy fragte LeBron, ob er Interesse daran habe, College-Football zu spielen. Er habe eine Menge Anrufe von Personalvermittlern erhalten.

„Coach, ich bin mir zu 99 Prozent sicher, dass ich in die NBA gehen werde. Aber ich würde es nicht ausschließen."

Nicht ausschließen? Brophy war überrascht, das zu hören.

Im nächsten Moment legte LeBron seine ernste Miene ab und begann zu lachen. „Nein, Coach", sagte er. „Das war ein Scherz. Ich werde Basketball spielen."

Brophy lächelte. Wenn die Footballsaison zu Ende war, würde er LeBron vermissen, der so viel weiser war, als es seinem jugendlichen Alter entsprach. Niemand sonst im Team war imstande, mit ihm ein tiefer gehendes Gespräch über NFL-Spieler aus den Siebziger- und Achtzigerjahren zu führen. Hätte St. V. einen Kurs in NFL-Geschichte angeboten, LeBron hätte die Bestnote bekommen. Einmal schwärmte er von Walter Payton, dem berühmten Running Back der Chicago Bears. Schließlich fragte Brophy ihn, woher er so viel über einen Mann wisse, der seinen Rücktritt erklärt hatte, als LeBron erst drei Jahre alt war.

„Coach, ich schaue ESPN Classics", sagte er und lächelte.

***

Die Basketballsaison hatte noch nicht begonnen, und Coach Dru war bereits mit den Verwaltungsaufgaben überfordert, die zu seinem neuen Job gehörten. Zunächst einmal war die Nachfrage nach Eintrittskarten für LeBron und seine Mannschaftskollegen so groß geworden, dass die Schule beschlossen hatte, ihre zehn Heimspiele der Saison 2001/2002 in die James A. Rhodes Arena der University of Akron zu verlegen, die 5.200 Zuschauer fasste. St. V. bot sogar Dauerkartenpakete für 120 Dollar an. Mehr als 1.700 waren verkauft worden. Mittlerweile wurden Karten für einige der Auswärtsspiele von St. V. über Ticketmaster verkauft.

Außerdem hatte Coach Dru einen Spielplan geerbt, den Coach Dambrot zusammengestellt hatte, um St. V. als nationales Powerhouse zu etablieren. Dru und seine Spieler sollten gegen Spitzenteams aus Pennsylvania, Missouri, New York und Virginia antreten und an einer Reihe nationaler Turniere teilnehmen, was Tausende von Flugmeilen bedeutete. Es galt, Hotels zu buchen, Busse zu reservieren und Unterrichtszeiten zu vereinbaren, damit die Jungs so wenig Schulstoff wie möglich verpassten.

Am meisten fürchtete sich Dru vor seiner ersten Saison als Cheftrainer jedoch vor den an ihn gerichteten Erwartungen. Unter Dambrot hatte die Mannschaft in zwei Spielzeiten 53:1 Punkte erzielt. Und jetzt, da LeBron weithin als der beste Highschool-Spieler des Landes galt, konnte sich Dru keinen Fehler erlauben. Wenn sein Team nicht die nationale Meisterschaft gewann, war er so gut wie tot. Erschwerend kam hinzu, dass zwei der ersten drei Spiele auf dem Spielplan von St. V. gegen Mannschaften ausgetragen wurden, die in der nationalen Umfrage von *USA Today* unter den Top Ten rangierten. Doch Dru hatte keine Ahnung, ob LeBron, Sian, Romeo und Willie zu Beginn der Saison zur Verfügung stehen würden. Aufgrund des Erfolges der Footballmannschaft – St. V. hatte sich für die Play-offs qualifiziert – durften die vier erst nach Abschluss der Footballsaison mit der Basketballmannschaft trainieren oder gar an Spielen teilnehmen.

LeBron wusste, dass Coach Dru nicht davon begeistert war, dass er auch Football spielte. Nachdem er seine Footballmannschaft in der ersten Runde der Play-offs zum Sieg geführt hatte, überbrachte LeBron Neuigkeiten, die Dru noch mehr Sorgen bereiteten. LeBron schrieb über diese Situation in seinem Tagebuch:

Ich habe mir im ersten Play-off-Spiel den linken Zeigefinger gebrochen – mein erster Knochenbruch. Viele Leute würden in

Panik geraten. Aber ich nicht. Ich habe es irgendwie geheim gehalten. Ich habe es erst eine Woche vor Beginn der Basketballsaison an die Öffentlichkeit gelangen lassen. Ich hatte nur einen kleinen Gips drauf, um zu verhindern, dass es noch mal Probleme gibt, aber jetzt ist es in Ordnung. Für mein Basketballspiel ist das kein Problem, weil es um meine linke Hand geht, mit der ich nicht werfe, und Coach Dru wusste sowieso, dass ich ein bisschen Zeit für die Heilung hatte.

Von seiner Wohnung im obersten Stockwerk von Spring Hill aus konnte LeBron das Football-Stadion von St. V. sehen. Er spielte gern dort. Er mochte Football. Es war ein Spiel, das wie für ihn geschaffen war. Aber Basketball war für ihn so viel mehr als nur ein Spiel. Das Erste und Letzte, was er jeden Morgen beim Aufwachen und jeden Abend vor dem Einschlafen sah, waren Bilder von Michael Jordan, der ihn von den Wänden seines Schlafzimmers aus anschaute. Für LeBron war Jordan der ultimative Sportler. Während der Footballsaison hörte LeBron die Nachricht auf ESPN: „Die Spekulationen sind beendet. Gerüchte haben sich bestätigt. Der beste Spieler aller Zeiten ist zurück. Und er trägt ein Wizards-Trikot.“ Die Tatsache, dass LeBron einen Monat zuvor mit Jordan zusammen gewesen war, als dieser seine Rückkehr plante, verband LeBron in einzigartiger Weise mit Jordan und nährte seinen Wunsch, wie er zu werden, sodass eines Tages auch Bilder von ihm selbst an den Schlafzimmerwänden der Kids hängen würden. Football war für ihn Spaß. Basketball war sein Leben.

Wenige Tage vor dem Football-Halbfinale in Ohio gesellte sich LeBron zu Sian, Romeo, Willie und dem Rest seiner Teamkollegen auf dem Trainingsfeld. In Jogginganzügen, Stollenschuhen und Helmen machten sie einen Rundgang und gingen die Spielzüge durch.

Während LeBron mit der Footballmannschaft auf dem Platz trainierte, war die Basketballmannschaft von St. V. in der Sporthalle. Bis zum ersten Spiel der Saison war es weniger als eine Woche, und Coach Dru hatte ein informelles Trainingsspiel angesetzt. Doch da vier der besten Spieler der Mannschaft nicht zur Verfügung standen, war die Stimmung in der Halle gedrückt.

Dann stürmte LeBron in die Halle, mit Romeo im Schlepptau, riss sich die Jogginghose vom Leib, zog sein Sweatshirt aus und betrat den Platz, wobei er einem der Jungs, der Little Dru bewachte, ein Zeichen gab, das Spielfeld zu verlassen. Unmittelbar nach dem Footballtraining hatte LeBron seine Stollenschuhe und seinen Helm abgelegt und war zur Sporthalle gelaufen.

Little Dru zog LeBron auf, indem er ihn fragte, ob er mithalten könne.

LeBron sprang ab, erwischte den Ball, raste über den Platz, holte aus und rammte den Ball mit einem krachenden Dunk ins Netz. Alle fingen an zu johlen und zu brüllen. Im Handumdrehen war die Sporthalle voller Energie.

„Ja, ich kann mithalten, Mistkerl", sagte LeBron zu Little Dru und ging ihm an die Gurgel.

Little Dru nahm den Ball und ging direkt auf LeBron los.

Romeo kam ins Spiel und fing an, Gegenspieler aggressiv abzudrängen.

Die Jungs kämpften um Rebounds, jagten den Bällen nach und blockten sich gegenseitig. Das war genau die Art von Energie, die sich Coach Dru und sein Stab von der Mannschaft gewünscht hatten.

Schließlich legten alle eine Pause ein, und einer der Spieler sprach LeBron auf eine vorangegangene Sequenz an, in der ein Spielzug nicht funktioniert hatte.

LeBron wusste genau, welchen Spielzug er meinte.

„Warum hat das nicht funktioniert?", fragte sein Teamkollege.

„Na ja, du bist zu früh gestartet", sagte LeBron und ging in den Lehrmodus über.

Während die Trainer zusahen, versammelten sich die Spieler um LeBron, der allen erläuterte, was sich kurz zuvor ereignet hatte. Dann erklärte er seinem Teamkollegen, was dieser falsch gemacht hatte. „Du warst auf einem Low Post", sagte LeBron. „Aber du hättest auf einem High Post sein müssen."

Der Spieler nickte, und die Jungs gaben sich die Faust.

Coach Dru konnte das Ende der Footballsaison kaum erwarten.

***

Im Herbst bekam Eddie Jackson seine zweite Rate à 25.000 Dollar von Joseph Marsh. Marsh freute sich schon auf den Dokumentarfilm über LeBron. Und da Marsh das Geld aufgebracht hatte, ging er davon aus, dass er über die Rechte an dem Film verfügen würde. Außerdem wollte er fünfzig Prozent des Erlöses behalten. Für Jackson war das alles Neuland. Aber da Marsh das Kapital besaß, hatte er auch das Sagen.

Auf Marshs Drängen hin stimmte Jackson einem Treffen mit Lionel Martin zu, einem in New York ansässigen Filmemacher, der bei Dutzenden von Musikvideos für 2Pac, Snoop Dogg, Whitney Houston und einer Reihe weiterer Künstler Regie geführt hatte. Marsh war der Meinung, dass Martin gut geeignet wäre, einen Film über LeBron zu drehen.

Während Jackson und Martin Pläne schmiedeten, war LeBron vollauf damit beschäftigt, die täglichen Aufgaben zu bewältigen, die für einen 16-Jährigen auf der Agenda standen. Zum Beispiel musste er Klassenarbeiten schreiben, seine Noten halten und Autofahren lernen. Die Zeugnisse waren gerade ausgeteilt worden, und seine Noten waren gut, vor allem in Erdkunde, seinem Lieblingsfach. Und gerade als die Footballsaison zu Ende ging, bestand er die Fahrprüfung und bekam seinen Führerschein.

Als Belohnung kaufte Jackson von dem Geld, das er sich von Marsh geliehen hatte, einen gebrauchten Ford Explorer für LeBron. Am Thanksgiving-Abend fuhr LeBron ins Kino, wo er sich *Black Knight* mit Martin Lawrence ansehen wollte. Auf dem Weg zu seinem Platz hörte er jemanden mit gedämpfter Stimme sagen: „Da ist LeBron James."

Durch ein eigenes Auto, mit dem er sich selbstständig fortbewegen konnte, unabhängig zu sein, war eine neue Erfahrung für ihn, ebenso wie die Tatsache, dass er an einem öffentlichen Ort erkannt und über ihn getuschelt wurde. Beides fühlte sich gut an, vor allem, erkannt zu werden. Umso mehr brannte er darauf, in die Basketballsaison einzusteigen.

Zwei Tage später, am 24. November 2001, verlor St. V. gegen Licking Valley in den State Football Play-offs. Danach gab LeBron seinen Helm ab und hängte seine Stollenschuhe an den Nagel. Er würde nie wieder organisierten Football spielen.

***

In der Basketball-Vorschau 2001/2002 des *Akron Beacon Journal* war zu lesen:

> *Man erwartet fast schon, dass man eines Morgens aufwacht und einen LeBron James' Ebenbild von der Wand eines Bürogebäudes in der Innenstadt ansieht. Heute in Akron. Morgen am Times Square.*

Die Erwartungen waren enorm hoch. Aber auch der Groll, der sich gegen LeBron und seine Mannschaftskameraden richtete, war groß. St. V. war zu der Mannschaft geworden, die von allen Seiten Hassliebe auf sich zog. Sie hatten den besten Spieler des Landes. Sie waren das bestgekleidete Team mit ihren Adidas-Turnschuhen, Adidas-Trikots und personalisierten Adidas-Stirnbändern. Sie waren die Lieblinge der Medien. Sie hatten zwei Landesmeisterschaften in Folge gewonnen, und es wurde erwartet, dass sie ungeschlagen bleiben und eine dritte Meisterschaft gewinnen würden. Im Sport hat die Mannschaft, die an der Spitze steht, immer eine Zielscheibe auf dem Rücken.

LeBrons Einstellung war: Wenn die Leute uns zu arroganten Siegern machen wollen, dann sollen sie das tun. Wenn die Leute denken, dass wir zu eingebildet sind, sollen sie doch.

In der Umkleidekabine stimmten sich die Spieler von St. V. vor den Spielen mit dem neuen Album *The Blueprint* von Jay-Z ein. Songs wie *Takeover* spiegelten die Einstellung der Spieler von St. V. gegenüber der Konkurrenz wider.

> *We bring knife to fistfight, kill your drama*
> *Uh, we kill you motherfuckin' ants with a sledgehammer*

Die Spieler von St. V. genossen den Moment, wenn sie die Sporthalle betraten und den Blicken der gegnerischen Mannschaft begegneten. Augenblicklich zeigte sich, ob die Gegner eingeschüchtert waren oder den Kampf aufnehmen würden. Diejenigen, die Ehrfurcht hatten, scheuten sich, Blickkontakt aufzunehmen. Diejenigen, die eine

Botschaft senden wollten, starrten zurück. „Diese Posen spielten keine Rolle", erklärte LeBron. „Denn wir wussten schon beim Tip-off, was passieren würde."

Zum Saisonauftakt besiegte St. V. eine Highschool-Mannschaft aus den Suburbs von Cleveland mit 41 Punkten Vorsprung. Dann bestritt St. V. zwei Spiele gegen Mannschaften aus den *USA Today* Top Ten. Den Anfang machte die Germantown Academy, eine Privatschule von außerhalb Philadelphias mit einem 1,98 Meter großen Senior-Schüler, der zur University of Florida gewechselt war, einem zwei Meter großen Senior-Schüler, inzwischen an der Duke University, und einem Senior-Schüler von 2,11 Meter Körperlänge, der an der Vanderbilt University studierte. Trotz des erheblichen Größennachteils schaffte LeBron 38 Punkte und 16 Rebounds, während Romeo und Sian, der auf 285 Pfund zugelegt hatte, jeden unter dem Korb ausschalteten. St. V. gewann 70:64.

Auch das siebtplatzierte Vashon High aus St. Louis war kein Gegner für sie. LeBron erzielte 26 Punkte, St. V. erdrückte das gegnerische Team mit seiner Defense und gewann 49:41.

Nachdem sie Germantown und Vashon geschlagen hatten, schrieb LeBron in sein Tagebuch:

Jetzt fragen sich die Leute, ob wir das beste Team des Landes sind. Das kann ich nicht sagen, aber ich denke, wir sind auf dem richtigen Weg. Wir haben keine vier All-Americans – wir haben nur einen, und zwar mich –, aber wir haben großartige Rollenspieler, und wir spielen defensiv. Und wenn es Zeit zum Angriff ist, sind wir definitiv dabei.

Aber Coach Dru gefiel die Entwicklung nicht. Mit jedem Sieg wurden seine Spieler arroganter und respektloser. Während einer Partie ignorierten sie manchmal seine Anweisungen. Beim Training stritten sie mit ihm und zankten sich untereinander. Manchmal war es mühsam, die Jungs dazu zu bringen, sich zu konzentrieren und ihr Bestes zu geben. Einmal war Dru so genervt davon, wie das Training ablief, dass er den Spielern befahl zu rennen. Aber sie weigerten sich. Verärgert beendete Dru das Training. Und mehr als einmal musste er Spieler zurechtweisen, weil sie gegen seine Regel verstoßen hatten, nicht zu fluchen. Nachdem Romeo beim Training eine Reihe von Obszönitäten von sich gegeben hatte, ließ Dru ihn hundert Liegestütze machen.

Sogar die Musik, die die Spieler zum Aufwärmen auswählten, war zu einem Problem geworden. Coach Cotton, der von den kleinlichen Streitereien und der mangelnden Disziplin ohnehin schon genervt war, machte klar, dass er die vielen F-Wörter und Anspielungen auf „Schlampen" und „Huren" nicht guthieß. Wäre er nicht so loyal zu Sian gewesen, hätte er das Team schon längst verlassen.

Die Uneinigkeit in der Mannschaft war zum Teil auf Drus Trainerstil zurückzuführen. Auch wenn sie es nicht zugeben wollten, vermissten LeBron und seine Mannschaftskameraden Dambrot. Sie waren immer noch sauer auf ihn, weil er sie verlassen hatte, und sie sehnten sich nach seiner konfrontativen, direkten Art zu coachen. Sie vermissten sein Geschrei und sogar seine obszönen Ausbrüche. Unter dem Strich hatte Dambrot ihnen das Gefühl gegeben, für einen College-Trainer zu spielen, der wusste, wie man siegte. Bei Dru fühlte es sich an, als würden sie für eine Vaterfigur spielen. Das war gut gewesen, als sie noch kleiner waren. Aber sie waren jetzt älter und hatten Erfahrung mit dem Gewinnen gesammelt. Sie fühlten sich unbesiegbar. Drus wiederholte Warnungen, dass sie Gefahr liefen, von einem unterlegenen Team überrannt zu werden, stießen daher auf taube Ohren.

St. V. führte mit 7:0, als sie im Meisterschaftsspiel eines Ferienturniers in Delaware auf die Amityville High aus Long Island trafen. Das Spiel fand an LeBrons 17. Geburtstag statt, und Amityville, der amtierende Staatsmeister aus New York, wollte ihm die Party verderben. Als St. V. fünf Sekunden vor Schluss mit drei Punkten zurücklag, erzielte LeBron einen Dreier und wurde gefoult. Nachdem LeBron sein Team mit einem Freiwurf in Führung gebracht hatte, nahm Coach Dru eine Auszeit.

Im Huddle sagte er seinen Jungs, dass sie beim Inbound-Pass Druck ausüben sollten. Aber die Mannschaft hatte eigene Vorstellungen und machte deutlich, dass sie das Spiel anders verteidigen würde.

Beim Inbound-Pass bekam der schnelle Point Guard von Amityville freie Bahn. LeBron foulte ihn. Der Point Guard verwandelte beide Freiwürfe. Und St. V. verlor mit einem Punkt Differenz.

Frustriert konnte Coach Dru nur hoffen, dass durch die Niederlage etwas Luft aus den Egos seiner Spieler abgelassen wurde.

Aber das war Wunschdenken.

9

STEIG INS AUTO

Adidas hatte beim Rennen um LeBron die Nase vorn. Aber Nike spielte auf Zeit. Und Michael Jordan war das Ass im Ärmel von Nike. Am 31. Januar 2002 waren Jordan und die Washington Wizards in Cleveland, um gegen die Cavaliers zu spielen. Eddie Jackson hatte den Cheftrainer der Cavaliers, John Lucas, angerufen und ihn gebeten, für LeBron und einige seiner Freunde Karten zur Verfügung zu stellen. Auch ein Treffen zwischen LeBron und Jordan nach dem Spiel wurde vereinbart.

An diesem Nachmittag hatte LeBron Basketballtraining. Er bemerkte ein unbekanntes Gesicht in der Sporthalle. Anschließend, in der Umkleidekabine, kam ein Mitglied der Sportabteilung von St. V. auf ihn zu und stellte ihm den 27-jährigen Grant Wahl vor, einen Redakteur von *Sports Illustrated.*

Wahl sollte für das Magazin über Football und College-Baseball berichten und hatte kurz nach dem Adidas ABCD Camp im vergangenen Sommer zum ersten Mal von LeBron gehört. Einer von Wahls Kollegen bei der Zeitschrift hatte LeBrons Leistung gegen Lenny Cooke in einer Kolumne erwähnt. Neugierig geworden, stöberte Wahl ein wenig herum. Zahlreiche NBA-Scouts sagten ihm, dass LeBron schon als Highschool-Junior gut genug sei, um die Nummer eins beim Draft zu werden. Je mehr Wahl hörte, desto begieriger wurde er, den Jungen aus Akron zu porträtieren, den Basketball-Insider als Jordans Nachfolger bezeichneten. Sobald ihm sein Redakteur erlaubt hatte, LeBron wegen eines Porträts anzusprechen, stieg Wahl in ein Flugzeug und flog nach Ohio. Es war sehr kurzfristig, und alles hing davon ab, ob Wahl LeBron überzeugen konnte, ihm Zugang zu gewähren.

Jetzt, flankiert von seinen Freunden in der Umkleidekabine, sah LeBron Wahl skeptisch an, einen völlig Fremden, der aus heiterem Himmel aufgetaucht war, und dachte: Wer ist dieser Typ? Was will er?

Wahl spürte, dass er hier nicht dazugehörte, und ihm war klar, dass eine betriebsame Umkleidekabine nicht die ideale Umgebung war, um einander kennenzulernen. Da er LeBrons Zögern bemerkte, fragte ihn Wahl, ob sie sich kurz unter vier Augen unterhalten könnten.

LeBron ging mit ihm in eine ruhige Ecke.

Zunächst entschuldigte sich Wahl dafür, dass er ohne Vorwarnung erschienen war. Dann skizzierte er seinen Plan – einen Artikel zu schreiben, damit die Leser von Sports *Illustrated* mehr über LeBron und sein Leben erfuhren. „Ich denke, das wird eine wirklich coole Geschichte", sagte Wahl.

LeBron hörte zu, als Wahl ihm erklärte, dass sie einige Zeit miteinander verbringen mussten, damit er die Story schreiben konnte. Und Wahl hatte eine kreative Idee, wie sie das bewerkstelligen könnten.

„Ich habe gehört, dass du heute Abend zum Spiel nach Cleveland fährst", sagte Wahl. „Ich habe einen Wagen gemietet. Ich würde dich gern dorthin mitnehmen."

LeBron zögerte. Er hatte nicht damit gerechnet, dass Wahl ihm anbieten würde, ihn und seine Freunde nach Cleveland zu fahren. Es war eine ungewöhnliche Bitte. Und LeBron war sich nicht sicher, ob er Wahl dabeihaben wollte. Er kannte den Kerl nicht einmal.

„Ich würde mich sehr über diese Chance freuen", sagte Wahl.

Chance? LeBron stand in den Katakomben seiner Highschool und überlegte, ob er mit einem völlig Fremden mitfahren sollte. Mit seinen gerade einmal 17 Jahren konnte er nicht ahnen, wie sehr Wahls Vorschlag sein Leben verändern sollte. Ohne seine Mutter, seinen Trainer oder einen anderen Erwachsenen zu konsultieren, brauchte LeBron weniger als eine Minute, um Wahl einzuschätzen. Die Chance, in der einflussreichsten Sportzeitschrift Amerikas zu erscheinen, überwog seine Vorbehalte. Er beschloss, in Wahls Auto einzusteigen.

***

Später am Abend verließ LeBron seine Wohnung mit Adidas-Mütze und schwarzem Mantel und trug eine Mappe voller CDs bei sich. Er setzte sich auf den Beifahrersitz von Wahls Mietwagen, während Maverick und Frankie Walker Jr. auf dem Rücksitz Platz nahmen. Es war sieben Jahre her, dass LeBron in Frankies Schlafzimmer übernachtet hatte, aber sie standen sich immer noch nahe, und wenn LeBron etwas Spaßiges unternahm, versuchte er immer, seinen alten Freund einzubeziehen. Wenn Wahl einen Einblick in sein Leben haben wollte, so dachte sich LeBron, konnte er genauso gut seine Freunde und die Musik kennenlernen, die den Soundtrack ihres Alltags bildete. LeBron nahm Jay-Zs *Blueprint* aus der Mappe, legte die CD in das Soundsystem des Autos ein und drehte die Lautstärke auf.

Sowie Wahl losgefahren war, wurde ihm klar, was es bedeutete, einen jugendlichen Beifahrer zu haben, der bald mehrere zehn Millionen Dollar wert sein würde. Die Musik dröhnte, und Wahl navigierte auf Straßen, die er noch nie befahren hatte. Besorgt sagte er sich: Pass nur auf, dass der Typ heil zurückkommt.

Auf dem Weg aus der Stadt hielten sie an einem Schnellimbiss. Während er in der Schlange vor dem Drive-in wartete, sah Wahl LeBron an. Es könnte eine Coverstory werden, sagte er zu ihm.

LeBrons Augen weiteten sich.

Doch Wahl hatte ein Problem: Er hatte keine Ahnung, wie er in die Sporthalle kommen sollte. Er hatte weder einen Presseausweis noch ein Ticket.

In der Gund Arena angekommen, führte Maverick die Gruppe zu einem speziellen Bereich, wo er, LeBron und Frankie ihre Lichtbildausweise vorlegten, um Sitzplätze im Parkett zu erhalten. Dann sagten Maverick und LeBron dem Sicherheitspersonal, wobei sie zu Wahl schauten: „Er gehört zu uns."

Und schon war Wahl mit ihnen drin.

Während er LeBron folgte, beobachtete Wahl, wie LeBron sich auf den Weg zu den für ihn reservierten Sitzplätzen machte, Autogramme gab und für Fotos posierte.

Das Spiel endete auf dramatische Weise, als Jordan zeitgleich mit dem Buzzer den Siegtreffer erzielte. Wenige Augenblicke später begrüßte ein gut gekleideter, geheimnisvoll aussehender Mann LeBron und Maverick namentlich und lud sie ein, ihm in den Tunnel zu folgen, der zur Umkleidekabine der Wizards führte.

LeBron und Maverick unterhielten sich mit dem Mann, als wäre er ein alter Freund der Familie. Als der Mann wegging, fragte Wahl: „Wer war der Typ?“

„Onkel Wes“, sagte LeBron.

Wahl war William Wesley, der von vielen als der einflussreichste Machthaber hinter den Kulissen der NBA angesehen wurde, noch nie zuvor begegnet. Ein Journalist der *Chicago Sun-Times*, der eng mit Jordan und Nike zusammenarbeitete, beschrieb Wesley folgendermaßen: „Ich dachte, er arbeite für den Secret Service, das FBI oder die CIA. Dann dachte ich, er sei ein Zuhälter, der Frauen für die Spieler herbeischafft, oder ein Kredithai oder ein Leibwächter oder ein Vizekommissar der Liga.“

Aber für LeBron war Wesley nur Onkel Wes, ein neues Mitglied seiner wachsenden Familie. Wesley hatte sich mit Eddie Jackson angefreundet. Er hatte unauffällig ein paar von LeBrons Spielen in St. V. besucht. Und er hatte LeBron im Sommer zuvor sogar Jay-Z vorgestellt. Allerdings gab LeBron gegenüber Wahl nichts davon preis.

Schließlich tauchte Wesley zusammen mit Jordan auf, der in einem perfekt geschnittenen blauen Anzug auf LeBron zuging.

LeBron lächelte und schüttelte ihm die Hand.

Jordan bemerkte, dass Gloria nicht in der Nähe war. „Wo ist deine Mama?“, sagte er.

„Sie ist in New Orleans“, sagte LeBron.

Wahl wunderte sich über diese Szene. Sie erinnerte ihn an das berühmte Foto des 16-jährigen Bill Clinton, der 1963 sein Idol, Präsident Kennedy, im Rosengarten des Weißen Hauses traf.

Nachdem er ein paar Minuten lang mit LeBron über Basketball gesprochen hatte, musste Jordan davonjetten.

„Einmal dribbeln, stoppen und hochziehen“, sagte Jordan. „Das möchte ich sehen.“

LeBron nickte.

Und Jordan war weg.

„Das ist mein Mann“, sagte LeBron.

Wahl sah seine Story buchstäblich schon vor sich.

Auf der Rückfahrt nach Akron löcherte LeBron Wahl mit Fragen: „Wie ist es, Autor zu sein? Haben Sie Familie?"

Wahl war von LeBron beeindruckt. Er war weder prätentiös noch eine Diva. Und er behandelte seine Freunde wie Brüder.

Als sie wieder in Akron ankamen, war es kurz vor elf Uhr abends an einem Schultag. Aber LeBron sagte, er sei hungrig, und schlug vor, gemeinsam zu Applebee's Grill + Bar zu gehen.

Wahl war dabei.

***

LeBron hatte erkannt, dass Profibasketballer zu sein viel mehr bedeutete, als nur zu spielen und zu trainieren – es war ein Vollzeit-Engagement, das eine Menge zusätzlicher Aufgaben mit sich brachte, die viele Sportler als lästig empfanden, wie zum Beispiel den Umgang mit den Medien. Seit seinem Eintritt in die Highschool hatte sich LeBron daran gewöhnt, mit Sportjournalisten des *Akron Beacon Journal* und des *Plain Dealer* zusammenzuarbeiten. Sie berichteten über alle seine Football- und Basketballspiele und trugen mit ihren Artikeln wesentlich dazu bei, ihn in ganz Ohio bekannt zu machen. LeBron mochte diese Jungs, und er hatte gelernt, wie man am besten mit ihnen sprach. Aber jetzt, da er mit *Sports Illustrated* zusammenarbeitete, sollte er eine noch wertvollere Lektion lernen – dass ein Bild viel mehr bewirken konnte als Worte, wenn es darum ging, das eigene Image zu prägen.

Kurz vor acht Uhr morgens fuhr LeBron auf den Parkplatz von St. V. Es war Superbowl-Sonntag, und die Highschool war menschenleer. LeBron freute sich darauf, später das Spiel der stark favorisierten St. Louis Rams gegen die New England Patriots zu sehen. Die Patriots waren der Underdog und hatten einen wenig bekannten Quarterback namens Tom Brady, der an seinem ersten Superbowl teilnehmen würde. Doch zuvor musste sich LeBron auf sein erstes Fotoshooting mit einem nationalen Magazin konzentrieren. Er betrat das dunkle Gebäude, und der 25-jährige Michael LeBrecht, ein junger Fotograf, der normalerweise als Ausstattungsassistent arbeitete, holte seine Kamera hervor.

LeBrecht hatte noch nie ein Shooting für das Cover der Zeitschrift gemacht. Aber er hatte LeBron im Sommer zuvor beim Adidas ABCD Camp kennengelernt. LeBrechts beste Eigenschaft war seine Fähigkeit, sich in junge Menschen hineinzuversetzen und sie zu beruhigen – er beeindruckte Gloria besonders durch die Art, wie er sie und ihren Sohn behandelte. Er hatte auch ein gutes Auge für Porträtaufnahmen.

LeBron posierte für LeBrecht vor verschiedenen Kulissen – an einem Schreibtisch, an seinem Spind und in der Sporthalle beim Dribbeln und Dunken. LeBrechts Assistent besprühte sogar LeBrons Gesicht mit Wasserdampf, damit es aussah, als würde er schwitzen. Das Shooting dauerte Stunden.

Coach Dru war zeitweise dabei. Er hatte noch nie etwas so Ausgeklügeltes gesehen. Das ist verrückt, dachte er.

Aber das Ziel war es, ein Bild zu finden – ein Foto für das Cover –, das die Welt mit LeBron James bekannt machen würde. Schließlich ließ LeBrecht LeBron einen Basketball in die Hand nehmen, der zur Verstärkung des Effektes mit Goldfarbe besprüht worden war.

In seinem St.-V.-Trikot und mit einem grünen Stirnband ausstaffiert, hielt LeBron den Ball in der rechten Hand und hatte den Arm hinter den Kopf zurückgezogen, als würde er sich auf einen hollywoodreifen Dunk vorbereiten. Er streckte den linken Arm nach vorn und spreizte die Finger, als ob er den Verkehr aufhalten wollte. Und er riss die Augen auf und öffnete den Mund, als wollte er sagen: Pass auf! Jetzt komme ich. LeBron war verspielt und charismatisch und brauchte keine Anweisungen.

Mit LeBron vor einem schwarzen Hintergrund, den nur zwei kleine Lichter beleuchteten, hatte LeBrecht sein Coverfoto im Kasten – klick!

***

Als LeBron zu Beginn des Schuljahres den Basketballspielplan sah, war er angenehm überrascht, dass seine Mannschaft zum zweiten Mal in Folge gegen Oak Hill spielen würde. Es bedeutete, dass er auf seinen neuen Freund Carmelo Anthony treffen würde. Es war das Spiel, auf das er sich am meisten freute.

Oak Hill hatte eine Bilanz von 24:1 und war die Nummer vier im Land.

St. V. stand bei 15:1 und damit auf Platz fünf.

Die beiden Teams waren im selben Hotel in Langhorne, Pennsylvania, untergebracht. Am Abend vor dem Spiel traf sich LeBron mit Carmelo in der Lobby. Sie setzten das Gespräch genau dort fort, wo es im Sommer zuvor aufgehört hatte, als sie zusammen in Colorado gewohnt hatten. Zu diesem Zeitpunkt war Carmelo auf der Suche nach einem Freund, der wie ein Bruder für ihn sein konnte. LeBron empfand, dass die Freundschaft, die sich zwischen ihnen entwickelte, lange halten könnte. Es war schon spät, und sie waren schon mehr als zwei Stunden allein, als der Coach von Oak Hill auftauchte.

„Ich weiß, dass ihr alle Freunde seid", sagte er. „Aber ihr habt morgen ein Spiel zu absolvieren."

Am nächsten Tag herrschte beim Primetime Shootout in der Sovereign Bank Arena in Trenton, New Jersey, eine Atmosphäre wie sonst nie bei Highschool-Basketballspielen. Mehr als elftausend Zuschauer und zahlreiche Basketball-Journalisten waren gekommen, um zu sehen, wie die beiden besten Highschool-Spieler des Landes gegeneinander antraten.

Im Sommer zuvor, als LeBron und Carmelo am Adidas ABCD Camp teilgenommen hatten, hatte LeBron einen persönlichen Hinweis vom NBA-All-Star Tracy McGrady erhalten: „Wenn du auf den Platz gehst, hast du keine Freunde. Egal, gegen wen du spielst, du musst sie vernichten." Gegen Lenny Cooke hatte LeBron diesen Ansatz gewählt. Dieselbe Einstellung hatte er in jedem Spiel gezeigt, das St. V. in seinem Junior-Jahr bisher bestritten hatte. Aber Carmelo war sein Freund, und das blieb er für LeBron auch auf dem Spielfeld. Gleich zu Beginn des Spieles zwischen St. V. und Oak Hill zeigten die beiden Spieler mit dem höchsten Basketball-IQ eine Meisterleistung, die alle anderen in den Bann zog. Im Duell, als wären sie allein auf einer privaten Bühne, erzielte LeBron 36 und Carmelo 34 Punkte. LeBron wurde zum MVP des Spieles gewählt, und Carmelo führte sein Team mit 72:66 zum Sieg. Es galt als eines der besten Highschool-Basketballspiele aller Zeiten.

St. V.s Bilanz verschlechterte sich auf 15:2. Aber LeBron und seine Teamkollegen betrachteten es sachlich: An einem Abend, an dem alle im Team außer LeBron schlecht geworfen hatten, waren sie mit nur sechs Punkten Rückstand von einer Mannschaft besiegt worden, zu der sechs Spieler mit Basketball-Stipendien für Division-I-Colleges gehörten.

***

Es kam äußerst selten vor, dass *Sports Illustrated* einen Highschool-Sportler aufs Cover setzte. In der 42-jährigen Geschichte der Zeitschrift war das nur sechsmal der Fall gewesen. Aus redaktioneller Sicht gab es gute Gründe, keine Teenager auf dem Cover eines Magazins abzubilden, das von Millionen Erwachsenen gelesen wurde. Dazu gehörte allen voran die Erkenntnis, dass überwältigende, kaum erfüllbare Erwartungen geweckt wurden, wenn ein Minderjähriger auf dem Titel einer der meistgelesenen Zeitschriften der Welt erschien. Zum ersten Mal hatte das Magazin dieses Experiment 1966 mit Rick Mount gewagt, einem Highschool-Senior aus Lebanon, Indiana, der auf einer Farm mit roten Scheunen und weißen Lattenzäunen posierte. Die Schlagzeile lautete: „Der strahlendste Star im Highschool-Basketball". Mount hatte schließlich für Purdue gespielt und eine kurze, unauffällige Profikarriere hingelegt. Zum bislang letzten Mal hatte die Zeitschrift 1989 einen Highschool-Schüler präsentiert. Jon Peters, ein 18-jähriger Pitcher aus Brenham, Texas, mit einer Highschool-Bilanz von 51:0, war unter der Titelzeile WUNDERKIND abgebildet. Peters schaffte es nie in die großen Ligen. Nachdem er ein Stipendium für die Texas A&M angenommen hatte, musste er sich vier Armoperationen unterziehen, die seine Baseballkarriere beendeten, bevor er 21 war.

Es war über zwanzig Jahre her, dass die Zeitschrift das letzte Mal einen Highschool-Spieler auf dem Titelblatt hatte. Und keiner von ihnen war ein Highschool-Junior gewesen. Abgesehen von der 14-jährigen Turnerin Kristie Phillips, die von der Zeitschrift als „The New Mary Lou" bezeichnet wurde – Phillips konnte sich später nicht für das US-Team qualifizieren und ging mit einem Cheerleader-Stipendium an die Louisiana State University –, würde LeBron der jüngste Kandidat für die Titelseite des Magazins sein.

Für die Redakteure war es eine wichtige Entscheidung. Aber der scheidende Chefredakteur der Zeitschrift, Bill Colson, fand die Idee gut. Es war riskant und nervenaufreibend. Und LeBrons Charisma sollte für Furore sorgen. Als Schlagzeile hatte sich Colson ausgedacht: „DER AUSERWÄHLTE: Der Highschool-Junior LeBron James wäre schon jetzt ein Pick für die NBA-Lotterie."

Auf der einen Seite war Grant Wahl begeistert. Aber er konnte seine Vorbehalte nicht ignorieren. Mann, dachte Wahl bei sich. Ich hoffe, wir ruinieren nicht das Leben dieses Jungen.

***

Am 13. Februar, als sein Gesicht an Zeitungsständen von New York City bis Los Angeles und in Briefkästen von Key West bis Spokane auftauchte, war LeBron in der Schule. Andere Medien, von ESPN bis hin zu Sport-Talk-Radiosendern im ganzen Land, berichteten über das Cover. Die *Today Show* und das *Teen People Magazine* riefen an. Und in Ohio gab Grant Wahl eine Reihe von Interviews in lokalen Radiosendungen. LeBron saß gerade in einem Klassenzimmer, als er die Zeitschrift aufschlug und las:

> *Der Highschool-Schüler LeBron James aus Ohio ist so gut, dass er bereits als Erbe von Air Jordan gehandelt wird.*

Das war ein großes Lob. Und da die Werbemaschine der *Sports Illustrated* auf Hochtouren lief, war LeBron das Gesprächsthema der Sportwelt.

In St. V. waren die Auswirkungen unmittelbar zu spüren. Wenn LeBron durch die Gänge ging, sahen ihn seine Mitschüler mit neu entdeckter Ehrfurcht an. Die Sportabteilung wurde mit Anrufen von Reportern aus dem ganzen Land überschwemmt, die ihn interviewen wollten. Fans tauchten an der Schule auf und stürmten ins Basketballtraining, um einen Blick auf LeBron zu werfen. Das Magazin mochte ihn „The Chosen One" genannt haben, aber in St. V. war er „The

King". LeBron hatte sogar begonnen, sich selbst als King James zu bezeichnen.

„Vielleicht war ich zu naiv, um zu verstehen, was es wirklich bedeutete, auf dem Titelblatt der *Sports Illustrated* zu sein", sagte LeBron Jahre später über diese Erfahrung. „Ich war arrogant und nannte mich King James. Ich war von Stolz geschwellt. Im Nachhinein betrachtet hätte ich schweigen sollen, aber ich war eben auch ein Teenager. Und alle Reporter der Welt schienen sich gleichzeitig auf mich zu stürzen."

Die ganze Lobhudelei setzte LeBron und seinen Teamkollegen schwer zu. Vier Tage nach Erscheinen des Magazins stand St. V. der Mannschaft von George Junior Republic gegenüber, einem Erziehungsheim für benachteiligte Jugendliche in Pennsylvania. Das Spiel fand an der Youngstown State University statt. Die Arena war mit mehr als 6.700 Zuschauern bis auf den letzten Platz gefüllt. Der gegnerische Trainer gab seinen Spielern zwei einfache Anweisungen: LeBron beim Umschalten zum Angriff zu foulen und ihn nicht an den Korbrand kommen zu lassen.

Seine Spieler verschwendeten keine Zeit bei der Umsetzung des Spielplans. Als LeBron zum Korb zog, wurde er absichtlich so hart getroffen, dass er zu Boden ging. Dann wurde LeBron ein zweites Mal niedergeschlagen. Das zweite Foul war so ungeheuerlich, dass LeBron leicht hätte verletzt werden können. Gloria stürmte wütend auf den Platz und musste zurückgehalten werden.

Danach begnügte sich LeBron mit Sprungwürfen. St. V. verlor in der Verlängerung gegen ein schwächeres Team 58:57. Nach der Niederlage gegen Oak Hill war es das erste Mal, dass LeBron und seine Mannschaftskameraden in der Highschool zwei Spiele in Folge verloren. Die Stimmung in der Umkleidekabine war danach so schlecht, dass Coach Dru den zahlreichen Reportern mitteilte, keiner seiner Spieler stehe für einen Kommentar zur Verfügung. Aber als LeBron auftauchte, wurde er von einer Menge von etwa hundert Leuten umringt, die Exemplare von *Sports Illustrated* in der Hand hatten und Autogramme wollten. Ein Mann vor der Arena hatte sie vor dem Spiel für fünf Dollar pro Stück verkauft.

Am nächsten Tag stürmte eine kleine Schar von Autogrammjägern in die Turnhalle von St. V., worauf das Training unterbrochen werden musste. Es war offensichtlich, dass die Schule etwas unternehmen musste, um LeBron und seine Teamkollegen zu schützen. Beim nächsten Auswärtsspiel wurde der Mannschaftsbus von einer Polizeieskorte zum Stadion begleitet. Als LeBron und seine Mannschaftskameraden aus dem Bus stiegen, warteten die Fans in langen Reihen, um sie zu begrüßen. Einige von ihnen harrten schon seit Stunden aus. „Wir lieben dich, LeBron!", riefen sie. Viele der Zuschauer waren Mädchen, die kreischten und um LeBrons Aufmerksamkeit buhlten.

LeBrons Teamkollegen ließen sich von der Euphorie mitreißen.

„Es war fast so, als würde man in der NBA spielen", erklärte Sian Cotton. „Mädchen in unseren Hotels. Leute, die versuchten, in unsere Zimmer zu kommen."

Bei den Spielen von St. V. tauchten auch immer mehr Prominente auf. Ein paar Wochen nach Veröffentlichung des Artikels in *Sports Illustrated*, als die Lakers in Cleveland gegen die Cavaliers spielten, erschien Shaquille O'Neal, um LeBron spielen zu sehen. Sein Auftritt verursachte so viel Aufruhr, dass das Spiel unterbrochen werden musste. Sian Cotton, der Shaq vergötterte, war beeindruckt. Die Fans bewegten sich wie ein Ameisenhaufen auf ihn zu, in der Hoffnung, ihm die Hand schütteln zu können. Ein paar Tage später schickte ESPN ein Produktionsteam nach St. V. Sie verwandelten die Umkleidekabine in ein provisorisches Set für Interviews, die der Sender mit LeBron, seinen Teamkollegen und Coach Dru für ein spezielles Segment drehen wollte, das Ende Februar in *SportsCenter* ausgestrahlt werden sollte.

In der Zwischenzeit eskalierte der Groll gegen das Team immer mehr. Bei einem ausverkauften Spiel gegen den Stadtrivalen Archbishop Hoban in der Rhodes Arena trugen alle gegnerischen Spieler beim Aufwärmen T-Shirts mit dem Aufdruck THE CHOSEN ONE. Dadurch angestachelt bestraften LeBron und seine Teamkollegen Hoban frühzeitig und spielten einen großen Vorsprung heraus. Dann schickte der Trainer von Hoban einen Reservespieler aufs Feld, der wie ein Linebacker gebaut war. Er nahm LeBron schnell in die Mangel und traktierte ihn mit einigen harten Fouls. Eddie Jackson, der am Spielfeldrand neben der Bank von St. V. saß, gefiel das nicht. Er stand auf und ging zur Hoban-Bank, wo er seinem Ärger Luft machte. Als die Sicherheitskräfte eingriffen, wurde Eddie noch hitziger. Die

Polizei eskortierte ihn schließlich aus dem Gebäude. St. V. gewann mit 39 Punkten Vorsprung.

Obwohl seine Mannschaft gesiegt hatte, war Coach Dru von alldem überwältigt. Als er Trainer der Mannschaft geworden war, hatte er nie im Sinn gehabt, für Interviews mit *Sports Illustrated* und ESPN zur Verfügung zu stehen. Er hatte nie damit gerechnet, dass seine Spieler wie Prominente behandelt werden würden – für Fotoshootings angesprayt, im Fernsehen wie Berühmtheiten kommentiert und von Autogrammjägern, Kameraleuten und Mädchen verfolgt. Er war auch nicht auf ein Ausmaß an Kritik und Unmut vorbereitet, das alles, was Coach Dambrot in den vergangenen zwei Jahren erlebt hatte, weit überstieg. Dru hatte viele Bücher über Coaching gelesen, aber es gab keine Anleitung, wie er mit der zirkusartigen Atmosphäre umgehen sollte.

Zusätzlich zu der ganzen Medienberichterstattung bemerkte Dru, dass die Dinge in der Praxis ins Stocken gerieten. Obwohl sich die Mannschaft von den zwei Niederlagen erholt hatte und andere Teams mit großem Vorsprung schlug, hatte sie ihr Gespür für das Notwendige verloren. In der Praxis stellten sie Drus Anweisungen schnell infrage, als ob sie es besser wüssten als er. Und abseits des Platzes feierten die Jungs.

Obwohl er selbst mittendrin war, erkannte LeBron, was vor sich ging. „Die Titelseite der *Sports Illustrated* hatte uns alle zu Rockstars gemacht", sagte er Jahre später, „was unser Gefühl der Unbesiegbarkeit noch verstärkte."

Ein Vorfall gegen Ende der Saison machte deutlich, wie schwierig die Situation für Coach Dru geworden war. Nachdem Romeo im Training mehrmals das F-Wort benutzt hatte, befahl ihm Dru, Liegestütze zu machen.

Romeo gab seine Lieblingsantwort: „Fick dich."

Da er nicht mehr weiterwusste, schloss Dru ihn vom Training aus.

***

Nach seinem ersten Highschool-Jahr wusste Patrick Vassel, dass seine Basketballzeit in St. V. vorbei war. Die Mannschaft war einfach zu talentiert und die Konkurrenz zu groß. Stattdessen konzentrierte sich Vassel auf seine Leistungskurse, den Theaterclub der Schule und sein aufkeimendes Interesse an der Schülerverwaltung. Aber Vassel sah LeBron weiterhin regelmäßig in der Schule. Ihre Spinde auf dem Flur standen nebeneinander.

Vassel war sehr angespannt und machte sich unaufhörlich Gedanken über seine Noten, über die Belastung durch die Wahl der Hochschule und darüber, was er mit seinem restlichen Leben anfangen sollte. Es gab eine Menge zum Nachdenken. Wenn er LeBron ansah, erblickte er Selbstsicherheit und Selbstvertrauen, einen Kerl, der sich auf etwas konzentrierte und genau wusste, wohin er im Leben gehen wollte. Eines Tages waren die beiden gerade an ihren Spinden, als LeBron einen Zettel fallen ließ. Vassel schaute nach unten und erkannte sofort, dass es sich um einen Pre-ACT-Bericht handelte. Es war ein wichtiges Dokument für Schüler, die sich auf die Aufnahmeprüfungen für das College vorbereiteten.

Vassel hob das Papier auf und reichte es ihm.

Ohne ihn anzusehen, steckte LeBron das Blatt in seinen Spind und schloss die Tür.

Vassel beneidete ihn um seine Einstellung dazu.

„Hier stand ich mit meinen AP-Kursen und meiner weißen Midwest-Angst vor allem auf der Welt und sorgte mich, ob mein Spind auch wirklich abgeschlossen war", erklärte Vassel. „Er war das genaue Gegenteil von mir. Seine Einstellung zu dem ACT-Bericht war: ‚Das ist kein wichtiges Stück Papier. Darüber mache ich mir keine Sorgen.' Und das konnte ich nicht begreifen. Er hatte ein Gespür dafür, wann etwas wirklich wichtig war und wann nicht."

Aber auch LeBrons Leben war nicht frei von Stress. Er verstand es einfach immer besser, die komplexeren Aspekte seines Lebens abzuschotten. Manchmal schien alles, was er anfasste, ein zweischneidiges Schwert zu sein. Er liebte es zum Beispiel, sich auf dem Cover von *Sports Illustrated* zu sehen. Er war so stolz darauf, dass er die Zeitschrift stapelweise in seinem Schlafzimmer aufbewahrte. Aber mit Michael Jordan verglichen zu werden? Das fühlte sich eher wie ein Fluch als wie ein Kompliment an. Das Schlimmste war, dass es sonst niemanden gab, der nachempfinden konnte, was er durchmachte. Niemand sonst wurde als Reinkarnation des größten Basketballspielers aller Zeiten dargestellt.

Der Druck, den er spürte, war immens. Er probierte sogar mehr als einmal mit seinen Freunden Marihuana, aber es missfiel ihm, wie er sich damit fühlte, vor allem auf dem Spielfeld. Also gab er das ziemlich schnell wieder auf. So sehr er Basketball auch liebte, die Last des Gefühls, immer auf der Bühne zu stehen – selbst wenn er nur ein Klassenzimmer betrat –, forderte ihren Tribut.

Eine seiner kleinen Fluchten bestand darin, die Auftritte anderer Menschen zu beobachten, vor allem in Filmen und Fernsehsendungen. Er mochte auch Live-Theater. In seinem zweiten Jahr an der Highschool interessierte er sich für die Theaterstücke und Musicals in St. V. Da das Basketballturnier kurz bevorstand, besuchte LeBron die Schulaufführung von *Annie*.

Vassell war an der Produktion beteiligt und freute sich, LeBron im Publikum zu sehen.

Für LeBron war es das erste Mal, dass er eine Live-Aufführung des Musicals über das Waisenmädchen sah, das von dem Milliardär Oliver Warbucks aufgenommen wird. Es war eine schöne Flucht aus dem Wirbelwind, der sein Leben geworden war.

Wenn LeBron jubelte, verspürte Vassel ein Gefühl von Stolz und Zielstrebigkeit.

***

Mehr als zwanzigtausend Fans füllten die ausverkaufte Gund Arena in Cleveland bei der Halbfinalrunde des Staatsturniers. Es war die höchste Zuschauerzahl aller Zeiten bei einem Highschool-Spiel in Ohio. Das Stadion der Cavaliers war in diesem Jahr nur einmal ausverkauft gewesen, als sie gegen Jordan und die Wizards gespielt hatten. LeBron war ein noch stärkerer Publikumsmagnet als Jordan. Er hatte die *Parade*-Trophäe „Spieler des Jahres" bekommen und war damit der erste Junior, der als nationaler Topspieler ausgezeichnet worden war. Außerdem sollte er von Associated Press zum zweiten Mal in Folge den „Mr Ohio Basketball Award" erhalten. Aber es war die Nachwirkung seines Coverfotos auf *Sports Illustrated*, die dazu führte, dass die Fans ihn und seine Teamkollegen eher wie eine Rap-Band als wie ein Highschool-Basketballteam behandelten. Die Fans hatten am Straßenrand gezeltet, bis der Ticketverkauf losging, und illegale Straßenhändler verkauften kurz vor dem Anpfiff Tickets für bis zu zweihundert Dollar.

St. V. gewann mit vierzig Punkten Vorsprung. In den folgenden Runden kamen immer mehr Zuschauer, und St. V. gewann immer wieder. Alle erwarteten, dass sie den dritten Titel in Folge holen würden.

Coach Dru warnte sein Team vor übermäßigem Selbstvertrauen.

Doch LeBron und seine Teamkollegen wiesen seine Bedenken zurück. St. V. war seit den zwei Niederlagen Mitte Februar ungeschlagen geblieben. Sie hatten die Gegner vom Platz gefegt. Und im Meisterschaftsspiel sollten sie auf Roger Bacon treffen, eine katholische Schule, die St. V. bereits zuvor in der Saison geschlagen hatte. LeBrons Einstellung war: Wir sind St. Vincent-St. Mary. Niemand kann sich mit uns anlegen. Sie sind ein überwiegend weißes Team mit ein paar schwarzen Jungs. Wie könnten sie uns besiegen?

In der Nacht vor dem Spiel blieben die Spieler und Cheerleader im Hotel bis weit nach Mitternacht auf. Trainer Dru explodierte, schimpfte mit allen, schickte die Cheerleader auf ihre Zimmer und kritisierte die Einstellung seiner Spieler. Aber nachdem er sich wieder ins Bett gelegt hatte, machten die Spieler bis zum Morgengrauen weiter. Einige von ihnen schmuggelten Mädchen in ihre Zimmer.

Das Spiel verlief nicht wie erwartet. Das Team von Roger Bacon ließ sich nicht einschüchtern und führte zur Halbzeit mit einem Punkt. Sie gingen mit einem Vorsprung von fünf Punkten in das letzte Viertel. Gegen Ende des vierten Viertels wurde Romeo gefoult. Als Roger Bacon 17 Sekunden vor Schluss mit drei Punkten in Führung lag, scheiterte St. V. bei einem Dreipunkteversuch und foulte dann den Rebounder. Aus Frust schleuderte Little Dru den Basketball gegen den Korbrand, was als technisches Foul gewertet wurde.

„Was machst du da?“, schrie LeBron und schüttelte ihn. „Es ist noch Zeit übrig.“

Durch das technische Foul erhielt Roger Bacon zwei Würfe und den Ball, sodass St. V. nicht mehr gewinnen konnte. Der gedemütigte Dru hatte Tränen in den Augen. Sian schlang seine mächtigen Arme um ihn. Willie fing an zu weinen. Auch Romeo hatte Tränen in den Augen, er war so wütend, dass er auf jemanden losgehen wollte.

LeBron war so ziemlich der Einzige, der nicht weinte. Er und seine Mannschaftskameraden konnten nur sich selbst die Schuld geben. Sie waren die bessere Mannschaft. Aber ihre Egos waren zu aufgebläht. Zeitweise hatten sie wie Trottel agiert. Und sie hatten den Trainer und seine Warnungen einmal zu oft ignoriert.

LeBron ging auf die Roger-Bacon-Spieler zu und schüttelte jedem von ihnen die Hand.

Es war eine lange, anstrengende Saison gewesen. Und das Ende hinterließ einen bitteren Geschmack in seinem Mund.

10

NETZWERKEN

LeBron und Maverick verbrachten immer mehr Zeit zusammen. Sie sprachen täglich miteinander. Und wenn LeBron mal wegmusste, rief er Maverick an, der den Campus der University of Akron dann kurzerhand verließ, um seinen Freund abzuholen. Nach der Titelgeschichte von *Sports Illustrated* diskutierten sie über den Ansturm von Leuten, die sich Zugang zu LeBron verschaffen wollten. Im Frühjahr 2002 begannen LeBron und Maverick, den Begriff „innerer Kreis" zu verwenden, und waren sich einig, dass LeBron einen solchen bilden sollte. Für Maverick war LeBron wie Gold – je öfter es berührt wird, desto mehr verliert es seinen Glanz. Maverick wollte die Zahl der Personen begrenzen, die Zugang zu seinem Freund hatten.

LeBron stimmte zu, dass es an der Zeit war, den Kreis um ihn herum auf enge Freunde und Familie zu beschränken. Wenn man nicht vom ersten Tag an dabei war, wird man nie dazugehören, meinte er. Und er vertraute Maverick als dem perfekten Beschützer seines engsten Umfelds.

Ende März 2002 beschlossen die beiden, zum Final Four in Atlanta zu fahren. Die Highschool-Saison war anstrengend gewesen, und sie freuten sich auf den Urlaub. Sie flogen nicht von Cleveland, sondern vom Flughafen Akron-Canton aus und warteten dort gerade auf einen Regionalflieger, als LeBron einen kleinen, drahtigen jungen Schwarzen entdeckte, der ein Trikot der Houston Oilers Footballmannschaft mit der Nummer 1 und dem Namen MOON auf dem Rücken trug. Die Ziffern und Buchstaben waren weiß mit der klassischen roten Umrandung.

LeBron und Maverick gingen auf den Mann zu.

„Ich mag dein Trikot“, sagte LeBron.

Der Mann sagte, es sei vintage.

„Wo hast du es her?“, fragte LeBron.

Der Mann antwortete, er verkaufe solche Trikots.

LeBron entgegnete, er sammle sie.

Wenige Minuten später war es Zeit, an Bord zu gehen.

Nach der Landung in Atlanta trafen LeBron und Maverick den Mann bei der Gepäckausgabe wieder.

„Yo“, sagte er zu LeBron, „wenn ihr schon hier seid, solltet ihr zu Distant Replays gehen.“

LeBron hatte noch nie von Distant Replays gehört.

Der Mann sagte ihm, dass es sich um ein Geschäft handele, das Vintage-Sporttrikots verkaufe. Er reichte LeBron eine Visitenkarte mit der Adresse des Geschäftes. Auf die Rückseite hatte er seine Handynummer und seinen Namen geschrieben: RICH PAUL.

„Nenn dort einfach meinen Namen“, sagte Paul. „Sie werden dir einen Rabatt geben.“

***

Maverick hatte begonnen, jeden Außenstehenden, der sich LeBron näherte, mit Skepsis zu betrachten – ein Typ in einem Warren-Moon-Trikot überreicht seine Karte bei der Gepäckausgabe?

LeBron wollte sich Distant Replays ansehen, und so suchten er und Maverick an diesem Wochenende den Laden auf. Nachdem er sich ein Vintage-Trikot der Los Angeles Lakers ausgesucht hatte, ging LeBron zur Kasse und erzählte dem Verkäufer, dass Rich Paul ein Freund sei.

Der Angestellte holte den Besitzer, der LeBron und Maverick skeptisch ansah. Überzeugt, dass sie ihn verarschen wollten, rief der Besitzer Paul an. „Hey, hier sind ein paar Kids bei mir“, sagte er zu ihm. „Sie haben deinen Namen genannt.“

Paul bestätigte, dass er sie kannte und an den Laden verwiesen hatte.

Zufrieden legte der Besitzer auf und räumte LeBron den Rich-Paul-Rabatt ein.

Maverick notierte sich in Gedanken, dass Paul einen gewissen Einfluss hatte.

Nachdem LeBron einige Tage später nach Akron zurückgekehrt war, rief er Paul an, sagte ihm, wie sehr ihm das Magic-Johnson-Trikot gefalle, und dankte ihm für den Tipp.

Paul war froh, dass es geklappt hatte.

LeBron lud ihn ein, nach Akron zu kommen und dort abzuhängen.

Paul beschloss, ein paar Trikots mitzubringen.

***

Nach der Niederlage im Landesmeisterschaftsspiel musste Coach Dru lange in sich gehen. Er wusste, was die Leute über ihn sagten – dass er der Aufgabe, eine Mannschaft mit dem besten Spieler des Landes zu trainieren, nicht gewachsen sei. Ein lokaler Kolumnist schrieb: „Der größte Unterschied zwischen dem diesjährigen St.-V.-Team und dem der letzten beiden Jahre ist der Cheftrainer – Dru Joyce."

Keine Rede davon, dass St. V. mit 23:4 Siegen einige der besten Mannschaften des Landes bezwungen hatte, bis ins Finale um die Landesmeisterschaft gelangt war und die Saison mit einem Top-20-Platz in der Rangliste von *USA Today* beendet hatte. Wer behauptete, Dru habe als Trainer unterdurchschnittliche Arbeit geleistet, verkannte, welch enorme Bürde er auf sich genommen hatte. Der Spielplan, den er von Dambrot geerbt hatte, war von viel härterer Konkurrenz geprägt als das Teampensum der vorangegangenen Jahre. LeBrons beispiellose nationale Medienpräsenz sorgte für Ablenkungen, mit denen Dambrot nie konfrontiert gewesen war. Und Drus Spieler waren nicht mehr die gleichen formbaren Jungs, die Dambrot trainiert hatte – sie hatten sich zu jungen Männern mit aufgeblähten Egos und dem Gefühl, unbesiegbar zu sein, entwickelt. Es wird nie wieder so sein wie damals, als sie noch Anfänger waren, sagte sich Dru in nostalgischer Erinnerung einfacherer Zeiten.

Im Rückblick auf die Saison warf er sich vor, dass er sich zu sehr auf Siege und Niederlagen konzentriert hatte statt auf die Entwicklung der Jungs. Meine Aufgabe, sagte er sich, ist es, ihnen dabei zu helfen,

Männer zu werden. Er hatte den Eindruck, diesen Bereich vernachlässigt zu haben.

Little Dru war bewusst, dass es nicht einfach gewesen war, ihn und seine Mannschaftskameraden als Juniors zu coachen. Ihm war bekannt, wie die Leute über seinen Vater sprachen. Er hatte auch gelesen, was einige der Reporter über ihn sagten.

„Dad, mach dir keine Sorgen", sagte er zu ihm. „Wir werden es ihnen in der nächsten Saison zeigen."

Coach Drus Frau stimmte ihrem Sohn zu. „Lasst uns den Leuten zeigen, wer ihr wirklich seid", sagte sie.

Durch die Unterstützung seiner Familie ermutigt, beschloss Dru, sich auf die vor ihm liegende Aufgabe zu stürzen, und schwor sich, dass ihre Zeit als Seniors für die Jungs, die er seit der Grundschule betreute, eine lebensbejahende Erfahrung sein würde. Dru versuchte nicht, einen weniger strengen Spielplan zu entwickeln, der einen leichteren Weg zur Meisterschaft versprach, sondern entschied sich für das Gegenteil. Er machte sich daran, den anspruchsvollsten Spielplan in der Geschichte des Teams zusammenzustellen. Dadurch bekam die Kerngruppe von Spielern, die er so lange begleitet hatte, die Chance, das seit ihren Anfängen als AAU-Spieler angestrebte Ziel zu erreichen: die nationale Meisterschaft.

Er machte sich an die Arbeit, für die Saison 2002/2003 Spiele gegen eine Reihe von nationalen Spitzenmannschaften zu organisieren, darunter einige der besten 25 Teams der Nation: Oak Hill Academy in Virginia, Percy Julian in Chicago, Mater Dei in Santa Ana, Kalifornien, Redford High in Detroit und Richard Reynolds High in Salem, North Carolina.

Niemand würde sagen können, Coach Dru und St. V. hätten es sich leicht gemacht.

***

Auf Einladung von LeBron reiste Rich Paul mehrfach nach Akron. LeBrons Freunde mochten ihn von Anfang an nicht. Für sie war Paul ein Außenseiter, ein Typ, der LeBron benutzte, um in Akron Nostalgie-Trikots zu verkaufen.

Aber LeBron sah in Paul etwas anderes – einen Selfmademan. Obwohl er erst 21 war und das College abgebrochen hatte, betrieb Paul aus dem Kofferraum seines Autos heraus ein lukratives Geschäft. Er bezog Vintage-Trikots für 160 Dollar pro Stück von seinem Großhändler in Atlanta und verkaufte sie dann in Cleveland für 300 Dollar pro Stück. In einer normalen Woche verkaufte er Hemden im Wert von 10.000 bis 15.000 Dollar und war damit auf dem besten Weg, in diesem Jahr eine halbe Million Dollar zu verdienen. Das Geschäft lief so gut, dass er einen Laden in einem der Einkaufszentren von Cleveland eröffnen wollte. Es machte ihm nichts aus, dass er kein Wirtschaftsstudium abgeschlossen hatte. Mit 16 besaß er schon zwei Autos. Und mit 19 Jahren hatte er sein erstes Haus gekauft. Mit 21 seinen eigenen Laden zu eröffnen, war für ihn keine große Sache.

LeBron hatte noch nie jemanden wie Paul getroffen. Je mehr er über ihn erfuhr, desto mehr Zeit wollte er mit ihm verbringen. Und LeBron war schon immer der Meinung, dass man nicht zu viele Freunde haben kann. Er hatte seinen „inneren Kreis", Leute, von denen er sich leiten ließ – Eddie, Coach Dru, Maverick. Er hatte seine „besten Freunde" – Little Dru, Sian und Willie. Aber LeBron hatte es sich auch zur Gewohnheit gemacht, neue Freunde um sich zu scharen, so wie ein Weltreisender in seinem Reisepass Briefmarken sammelt – Leon Powe, sein AAU-Teamkollege in Oakland; Barb Wood, die Bibliothekarin von St. V.; Carmelo Anthony, sein Zimmergenosse im Sommercamp in Colorado. LeBron hatte auch ein Händchen dafür, mit Außenseitern auszukommen. Niemand sonst hätte Romeo Travis überreden können, zu St. V. zu wechseln, oder das Team überzeugen können, ihn aufzunehmen.

LeBron war sich nicht im Klaren darüber, wo Paul letztendlich einzuordnen war, aber er ließ sich nicht dadurch beirren, dass seine Freunde Paul ablehnten. Wenn sich eine Gelegenheit für ein Treffen ergab, ließ er es Paul wissen. Und obwohl LeBron in der Regel kurzfristig anrief, reagierte Paul immer auf die gleiche Weise: „Ich bin schon unterwegs."

Als LeBron Paul im Juni 2002 einlud, zu seinem AAU-Turnier in Chicago zu kommen, ließ Paul alles stehen und liegen und ging hin. Aber die Dinge liefen nicht so, wie sie es sich vorgestellt hatten. In einem Spiel, in dem LeBrons Team weit vorn lag, sprang LeBron zu einem Dunk hoch. In der Luft wurde er von einem gegnerischen Spieler unterlaufen. Seine Füße wurden weggerissen, LeBron landete so hart auf dem Handgelenk, dass es brach.

Der Schiedsrichter verwies den gegnerischen Spieler wegen des so flagranten Fouls sofort des Feldes.

LeBron krümmte sich vor Schmerzen auf dem Boden und schrie: „Warum ich? Warum ich?"

Gloria hatte die Nase voll. Die unangenehme Realität war, dass der ganze Hype um LeBron ihn zur Zielscheibe gemacht hatte. Und das ganze Gerede darüber, dass er mit Jordan abhing und von Sportartikelherstellern umworben wurde, hatte die Situation noch verschlimmert und noch mehr Neid und Missgunst erzeugt. Aber Gloria hatte nur das Wesentliche im Blick – die Rivalen spielten mit der Zukunft ihres Sohnes, und das musste aufhören.

LeBron wurde mit dem Krankenwagen in ein örtliches Krankenhaus gebracht. Michael Jordans persönlicher Orthopäde behandelte ihn. Nachdem sein linkes Handgelenk wieder eingerenkt und seine Hand eingegipst worden war, erfuhr LeBron, dass er etwa acht Wochen lang ausfallen würde.

***

Während des restlichen Sommers, als LeBron nicht an AAU-Spielen oder Turnieren teilnehmen konnte, verbrachte er noch mehr Zeit mit Paul. Dass er durch seine Verletzung Zeit hatte, Paul näher kennenzulernen, war ein Silberstreif am Horizont.

Rich Paul hatte der Vorfall in Chicago gezeigt, wie halsbrecherisch die Welt war, die LeBron betreten hatte. Aber es war harmlos im Vergleich zu dem Ort, aus dem Paul stammte.

Paul wurde 1981 in Cleveland geboren und lebte in einer Wohnung an der Ecke 12th und Edmonton in dem düsteren Stadtteil Glenville auf. Aber in Wirklichkeit wuchs er in der Bodega seines Vaters auf, genannt R&J Confectionary, die sich direkt unter der Wohnung befand. Rich Paul Sr. verkaufte die Dinge, nach denen sich die Menschen sehnten – Bier, Zigaretten, Lotterielose und Snacks. Er hatte sogar frische Donuts im Angebot. Die Bodega war der Dreh- und Angelpunkt des Viertels und zog alle Arten von Menschen an – Drogendealer und Süchtige, Prostituierte und Freier, Würfelspieler und Buchhalter. Sogar einige Diebe und Mörder. Nicht ohne Grund hatte Rich Paul Sr. immer eine Waffe dabei. Aber keiner seiner Kunden legte sich mit seinem Kind an. Vielmehr halfen sie, ihn großzuziehen. Sie passten sogar auf ihn auf. Für sie war er „Lil Rich", der Junge, der für seinen Vater arbeitete, der Junge hinter dem Tresen, der gern in dem Luxus-Lifestyle-Magazin *Robb Report* blätterte, der Junge, der sich merkte, welche Zigarettenmarke sie rauchten und welche Kartenspiele sie gern spielten.

Rich Paul Sr. zeigte seinem Sohn nicht nur, wie man arbeitete und mit allen möglichen Leuten auskam, er brachte dem achtjährigen Lil Rich auch bei, wie man würfelte und Karten spielte. Sein Vater hatte ihm gesagt, dass er damit später einmal Geld verdienen könnte, falls er in eine Notlage geriete. Lil Rich war schon in jungen Jahren sehr gut im Würfeln. Er gewann mal hier, mal dort hundert Dollar. Er gewöhnte sich daran, Bargeld in der Tasche zu haben. Eines Tages, als er 13 Jahre alt war, wurde er während eines Würfelspiels mit vorgehaltener Waffe ausgeraubt. Er bewahrte die Ruhe und erinnerte sich daran, was ihm beigebracht worden war: Behalte den Mann mit der Waffe im Auge. Ein Mörder, so hatte er gelernt, kann dir in die Augen sehen und abdrücken. Aber wenn der Bewaffnete Schwierigkeiten hat, dir in die Augen zu schauen, hat er wahrscheinlich nicht den Mumm zu schießen. Der Typ, der das Würfelspiel mit einer Pistole unterbrach, wollte Rich nicht in die Augen sehen. Also tat Rich, was man ihm gesagt hatte: Lass das Geld sausen und zieh dich zurück.

LeBron hörte Rich gern zu. Er war auch angenehm überrascht, als er feststellte, dass sie auf ähnliche Highschools gegangen waren. Rich Paul Sr. tat, was nötig war, um seine Familie zu unterstützen. Aber er wollte, dass es seinem Sohn einmal besser ging. Er wollte, dass er eine formelle Ausbildung erhielt. Also zahlte er das hohe Schulgeld und schickte Rich auf die Benedictine High am anderen Ende der Stadt, eine katholische Schule mit überwiegend weißen Schülern, hohen Bildungsstandards und strenger Kleiderordnung. Paul gefiel es dort nicht. Er fühlte sich fehl am Platz. Und in seinem ersten Jahr versuchte er, absichtlich durchzufallen. Eines Nachmittags holte ihn sein Vater nach der Schule ab und fragte ihn auf der Heimfahrt, ob er wisse, wie Marvin Gaye gestorben sei.

„Überdosis", sagte Rich.

„Nein", sagte Paul Sr. „Sein Vater hat ihn umgebracht, und das wird auch mit dir passieren, wenn du mich weiter so respektlos behandelst."

Es war das erste Mal, dass sein Vater so mit Paul redete.

„Reiß dich zusammen und verbessere deine Noten", sagte sein Vater zu ihm. „Oder ich puste dir das Licht aus."

Rich schloss sein Studium mit einem Notendurchschnitt von 1,5 ab. Nicht lange danach, im Jahr 2000, starb sein Vater an Krebs. Für Rich war sein Vater ein Held, und sein Verlust hinterließ eine große Lücke, die seine Mutter nicht zu füllen vermochte. Rich stand ihr nicht annähernd so nahe, aber das lag nicht an ihm. Als er jung war, war sie cracksüchtig geworden, und sie blieb es während des größten Teiles seiner Kindheit. Infolge ihrer Sucht hatten Rich und der Rest seiner Familie zeitweise kein Geld für Lebensmittel. Rich machte sich Sorgen um seine Mutter. Es ging so weit, dass er sich keine Fernsehsendungen oder Filme ansah, in denen es um sexuelle Übergriffe ging, weil dieses Thema in ihm Ängste auslöste, was seiner Mutter passieren könnte, wenn sie auf der Straße war.

LeBron konnte nicht fassen, wie viel sie gemeinsam hatten. „Downtown, der Tod des Vaters, die Tatsache, dass die Mutter nicht die ganze Zeit da war – damit konnte ich mich sofort identifizieren", erzählte er.

LeBron bewunderte auch die Arbeitsmoral von Rich. Rich bezeichnete sich selbst als Netzwerker. In manchen Kreisen hat dieser Begriff einen negativen Beigeschmack. Aber LeBron kannte die Art Strippenzieher, die Rich meinte – jemanden, der schon früh gelernt hatte, wie man alle anderen ausstach und für sich selbst sorgte. Paul hatte diese Eigenschaften von seinem Vater geerbt. Auch LeBron schien mit dem Netzwerker-Gen geboren worden zu sein. Er war ein Träumer, seit er als kleiner Junge nachts allein gelassen worden war. Seit Big Frankie ihm das erste Mal einen Basketball in die Hand gedrückt hatte, war er ein harter Arbeiter. Seit Coach Dru ihn ermutigt hatte, den Ball weiterzuspielen, war er großzügig. Und er hatte keine Angst vor Risiken – er besuchte eine überwiegend weiße Schule, hatte für einen Trainer mit umstrittener Vergangenheit gespielt und hatte sich einem Journalisten von *Sports Illustrated* geöffnet.

Im Sommer 2002 hatte LeBron jemanden gefunden, der ihm das Gefühl gab, dass er nicht allein war. Jahre später blickte LeBron so auf diese Zeit zurück:

Die Gespräche, die wir führten, gingen weit über Basketball hinaus. Es war einfach das Leben. Wir sprachen über alles, von Mode über die Netzwerker-Mentalität bis hin zur Familie und darüber, wie wir mit Musik aufgewachsen sind … Es war viel mehr als „Hey, Mann, es war toll zu sehen, was du heute im Spiel gemacht hast". Dieser Mist wird schnell langweilig und schal. Dieser Typ hat mir Sachen beigebracht, die ich zu wissen glaubte, aber er hatte mehr Jahre auf dem Buckel als ich.

Das brachte LeBron auf den Gedanken, dass er in seinem inneren Kreis vielleicht Platz für eine weitere Person schaffen sollte: Rich Paul.

***

Burke Magnus war bei ESPN für das Programm des College-Basketballs der Männer zuständig. Der 36-jährige Manager plante alle Spiele der Männer, die der Sender zeigte, und verwaltete die mit diesen Übertragungen verbundenen Rechte. Im Jahr 2002 übertrug ESPN keine Highschool-Basketballspiele. Im Laufe der Jahre war immer wieder vorgeschlagen worden, Highschool-Sport im Fernsehen zu übertragen, aber es wurde jedes Mal abgelehnt, vor allem, weil es ausbeuterisch wirkte, Highschool-Spiele auszustrahlen, um damit Geld zu verdienen.

Magnus war der Ansicht, dass es an der Zeit war, die Situation anders zu beurteilen. Der Wendepunkt war für ihn gekommen, als LeBron auf dem Cover von *Sports Illustrated* erschien. Er war der Meinung, dass dieses Ereignis ein gewagtes Experiment rechtfertigen würde: die Übertragung eines regulären Highschool-Basketballspiels zur Hauptsendezeit. Wir sind im Live-Sportgeschäft tätig, argumentierte er. LeBron ist in aller Munde. Er ist der Richtige. Wir sollten eine seiner Partien live übertragen.

Nicht jeder bei ESPN war damit einverstanden. Als Magnus' Idee zum ersten Mal in einer Programmplanungssitzung zur Sprache kam, wurden Gegenstimmen laut. „Ich bin mir nicht sicher, warum wir das tun sollten", sagte ein Kollege. „Wir drängen diesen Jungen ins Rampenlicht."

Ihn ins Rampenlicht drängen? Magnus sah das anders. „Ich dachte: ‚Wirklich?'", erinnerte sich Magnus an seine damaligen Überlegungen. „‚Der Typ war auf dem Cover von *Sports Illustrated*. Habt ihr das nicht bemerkt?'"

Gleichwohl rief der finanzielle Aspekt einige Leute bei ESPN auf den Plan: „Sollten wir das tun?"

Bei all der Aufregung konnten einige von Magnus' Kollegen nicht umhin, sich zu fragen, ob LeBron die ganze Unruhe wert sei. Mehr als einer von ihnen überlegte: Ist der Typ wirklich so gut?

Magnus ließ sich nicht entmutigen und machte weiter. Er konnte sich nicht dafür verbürgen, dass LeBron ein NBA-Anwärter war. Magnus hatte ihn noch nie live spielen sehen. Außerdem kannte sich Magnus mit der Spielstatistik nicht aus. Aber da gab es etwas, das ihn beeindruckte: Anstatt auf eine der Eliteschulen wie die Oak Hill Academy zu gehen, die wie Talentschmieden funktionieren und erstklassige Highschool-Spieler hervorbringen, hatte sich LeBron entschieden, in seiner Heimatstadt zu bleiben und mit einigen seiner Kindheitsfreunde an einer wenig bekannten, lokalen katholischen Schule zu spielen. Er verkauft sich nicht um seiner Karriere willen, dachte Magnus. Er spielt mit seinen Kumpels an der Schule in seiner Heimatstadt.

Da er selbst eine katholische Highschool in Jersey besucht hatte, gefiel Magnus LeBrons Einstellung sehr. Und mit der Unterstützung seiner Chefs bekam er grünes Licht für die Übertragung eines Spieles von LeBron in der Saison 2002/2003. Nachdem er sich den Spielplan von St. V. angesehen hatte, war es einfach, die attraktivste Partie auszuwählen – St. V. gegen Oak Hill.

Die Auswahl des Spieles war leicht. Herauszufinden, wie man es auf den Sender bringen konnte, war eine ganz andere Sache. Niemand bei ESPN wusste, wo er anfangen sollte. An wen müssen wir uns wenden, fragte sich Magnus, um die Rechte für die Übertragung eines Highschool-Spiels zu bekommen?

***

Eddie Jackson hatte ein Hühnchen mit Grant Wahl zu rupfen. Es gefiel ihm nicht, wie Wahl ihn in seiner Titelgeschichte über LeBron charakterisiert hatte. In einem Telefongespräch äußerte sich Jackson gegenüber Wahl zu zwei Passagen. Die erste bezog sich auf etwas, das LeBron während des Interviews mit Wahl über seine Kindheit gesagt hatte. „Ich sah Drogen, Waffen, Morde; es war verrückt", sagte LeBron. „Aber meine Mutter hat mir Essen in den Mund gesteckt und mir Kleidung gegeben." Dieses Zitat fand sich in einem Abschnitt der Titelgeschichte, in dem die Herausforderungen in LeBrons „unstetem häuslichen Leben" geschildert wurden. Vor diesem Hintergrund schrieb Wahl:

> *Es half auch nicht, dass Jackson, der seit LeBrons zweitem Lebensjahr mit Gloria liiert war, drei Jahre im Gefängnis verbrachte, nachdem er sich 1991 wegen gewerbsmäßigen Kokainhandels schuldig bekannt hatte.*

Jackson sah nicht ein, was Ereignisse aus seiner Vergangenheit in einer Geschichte über LeBron zu suchen hatten. Warum etwas ausgraben, das über zehn Jahre zurücklag?

Die andere Passage, die Jackson verärgert hatte, folgte auf einen Absatz, in dem sein und Glorias Treffen mit dem Vorsitzenden von Nike, Phil Knight, erwähnt wurde. Dort hieß es:

Jackson weiß, dass LeBron die Richtung bestimmt, aber er weiß auch aus erster Hand, dass der Weg vom Gefängnis zum Büro des Vorstandsvorsitzenden eines multinationalen Unternehmens kürzer ist, als man denkt. Nicht lange vor seinem Treffen mit Knight bekannte sich Jackson zu einer Anklage wegen ordnungswidrigen Verhaltens und erhielt eine 30-tägige Bewährungsstrafe für seine Rolle bei einer Auseinandersetzung, die sich im Juli zuvor in einer Bar in Akron ereignet hatte.

Auch Gloria missfielen die Anspielungen auf Jackson. Sie war der Ansicht, dass die Story auf LeBron konzentriert sein sollte. Warum also erwähnen, dass Eddie in einer Bar in einen Streit geraten war? Das erweckte assoziativ den Eindruck von Schuld. Außerdem, hatte nicht jeder einen Freund oder ein Familienmitglied mit Vorstrafen oder einem Alkoholproblem?

LeBron wusste, wie Gloria und Eddie sich fühlten, und das beeinflusste auch seine eigenen Empfindungen. Ihm gefiel das Cover und was es für ihn bewirkte – er ließ sich „Chosen 1“ auf den Rücken tätowieren –, aber die Passagen im Innenteil des Magazins, die den Mann erniedrigten, den er als seinen Ersatzvater betrachtete, mochte er nicht.

Eines war klar: Jetzt, da LeBron im Rampenlicht stand, würde jeder in seinem Umfeld den Druck zu spüren bekommen. Mitte des Sommers wurde das noch deutlicher, als die Bundesbehörden Jackson des Hypothekenbetrugs beschuldigten. Er wurde wegen Bestechung, Manipulation von Dokumenten, Urkundenfälschung und Geldwäsche angeklagt. Jackson war keine Person des öffentlichen Lebens, und ohne seine Verbindung zu LeBron wäre sein Fall von den lokalen Medien sicherlich ignoriert worden. Es dauerte nicht lange, bis sich die nationalen Medien auf Jacksons neueste juristische Probleme konzentrierten.

Da er befürchtete, bald ins Gefängnis zu müssen, sagte Jackson zu LeBron, dass er sein in Kürze leer stehendes Haus in der 573 Morley Avenue in Akron nutzen könne. LeBron kannte den Backsteinbau gut – das rund 140 Quadratmeter große Einfamilienhaus lag weniger als einen Block von der Buchtel High entfernt.

Jackson war in Schwierigkeiten, und er konnte nur wenig tun, um sein Schicksal zum Besseren zu wenden. Doch als sein bester Freund Randy Mims zu ihm kam und sagte, dass er vorübergehend eine Bleibe brauche, zögerte Jackson nicht. Er sagte, Mims könne gern in sein Haus in der Morley Avenue einziehen. Aber es gebe einen Haken: LeBron wohnte gelegentlich dort, und für solche Fälle hatte ihm Jackson das Hauptschlafzimmer versprochen. Mims würde das Gästezimmer nehmen müssen.

LeBron war begeistert, als er erfuhr, dass ihm und Mims Jacksons Haus zur Verfügung stehen würde. LeBron kannte Mims, seit er vier oder fünf Jahre alt war. Mims war zehn Jahre älter als LeBron, aber im weiteren Sinn gehörte er zur Familie. Mims war groß und stämmig, bescheiden und zuverlässig. Er arbeitete für Cingular Wireless. Und kurz nachdem Mims in Jacksons Haus eingezogen war, bemerkte LeBron, dass Mims immer Hemd und Krawatte trug und dass er sich nie freinahm. Er sah sehr geschäftsmäßig aus und verhielt sich auch so.

Auch Maverick mochte Mims. Maverick hatte als Kind in der gleichen Straße wie Mims' Großmutter gewohnt. Maverick kannte nur wenige Menschen, die so zuverlässig und vertrauenswürdig waren wie Mims.

Je mehr LeBron Mims beobachtete, desto mehr kam er ins Grübeln. „Mann, wenn ich jemals in die NBA komme", sagte er eines Tages, „möchte ich, dass du für mich arbeitest."

Mims fühlte sich geschmeichelt. Aber er konnte sich nicht vorstellen, wie ein Job bei LeBron aussehen könnte. Schließlich arbeitete er für einen Mobilfunkanbieter.

LeBron war das egal. Er suchte Menschen, denen er vertrauen konnte. Sie konnten später noch überlegen, welche Aufgabe Mims übernehmen würde.

Maverick sah es genauso.

***

Im Sommer 2002 beschloss Kobe Bryant, Adidas zu verlassen. Mit seinem Weggang wurde der 23-jährige All-Star Tracy McGrady zum wichtigsten Athleten des Schuhunternehmens. Für Vaccaro wurde der Druck, LeBron zu gewinnen, immer größer. Er zählte auf die Hilfe eines seiner ehemaligen Lehrlinge.

David Bond hatte das Turnschuhgeschäft unter Vaccaro bei Nike erlernt, wo er sich schließlich hochgearbeitet hatte und Leiter des Basketball-Geschäftsbereiches wurde. Während seiner Zeit bei Nike hatte Bond genau verfolgt, wer die besten Spieler in den großen Basketballcamps waren, und er stand in enger Verbindung mit den besten AAU-Trainern, die alle Kontakt zu Spitzenspielern hatten. Das gehörte alles zu der „Who's next?"-Mentalität, die in der Nike-Kultur verankert war.

Aber nicht lange nachdem Vaccaro Nike verlassen hatte, ging auch Bond. Wegen einer Wettbewerbsverbotsklausel in seinem Vertrag war er ein Jahr lang nicht im Geschäft. In diesem Jahr seiner Abwesenheit wurde LeBron auf der nationalen Bühne bekannt. Im Herbst 2002 wechselte Bond zu Adidas und übernahm dort eine Führungsposition. An seinem ersten Tag in der neuen Firma entdeckte er Stapel von Schuhen, die Tracy McGradys Markenzeichen zu sein schienen – T-Mac 2. Aber alle Schuhe waren grün und goldfarben, was für ihn keinen Sinn ergab – McGrady spielte für die Orlando Magic, deren Teamfarben Blau und Weiß waren. Was soll das?, fragte sich Bond und untersuchte die Schuhe.

Ein Kollege erklärte ihm, dass diese Schuhe für LeBron James und sein Highschool-Team bestimmt waren.

„Wirklich?", sagte Bond. „Wir machen Signature-Schuhe für einen Highschool-Jungen?"

Vaccaro war froh, Bond an Bord zu haben. Aber er erkannte, dass Bond auf den neuesten Stand gebracht werden musste. Bei Nike mussten vor allem das äußere Erscheinungsbild und die Sympathiewerte von Basketballspielern stimmen, die für Schuhverträge infrage kamen. Jordan war der Prototyp – fast zwei Meter groß, supersportlich und mit so viel Fingerspitzengefühl ausgestattet, dass selbst seine Layups und Fingerrolls majestätisch aussahen. Außerdem hatte er ein perfektes Lächeln und sah so gut aus, dass er genauso hätte Model werden können. Ebenso wichtig war, dass er sich aus der Politik heraushielt und sich nicht zu sozialen Themen äußerte und damit womöglich die Hälfte der Amerikaner vor den Kopf stieß.

Bond fragte sich, ob auch LeBron diese Qualitäten besaß.

„Vergiss das", sagte Vaccaro zu Bond. „LeBron wird so gut sein, so dominant, dass es keine Rolle spielen wird. Er wird hundertmal auf dem Cover von *Sports Illustrated* zu sehen sein. Er wird an vier Abenden in der Woche die Topstory in *SportsCenter* sein."

Bond wollte sich nicht mit dem Mann streiten, den er für den Nostradamus des Basketballs hielt. Er wollte nur wissen, ob Vaccaro, der Jordan für seinen ersten Nike-Vertrag gewonnen hatte, der Meinung war, dass LeBron ein ähnliches Charisma wie Michael hatte. „Weil er mehr kosten wird als Michael", sagte Bond.

„Hey, David, du musst mir vertrauen. Wir müssen aufs Ganze gehen. Wenn wir LeBron verpflichten, wird das den Kurs der Branche verändern."

„Ich bin auf deiner Seite", sagte Bond. „Ich verstehe schon."

Vaccaro sagte sich, dass Bond LeBron kennenlernen musste, um es wirklich zu verstehen. Er erklärte Bond, dass sie nach Akron fahren würden. Da Bond die Entwicklung des Signature-Schuhs beaufsichtigen sollte, den LeBron als Profi tragen würde, sollte er sich mit dem Nachwuchstalent vertraut machen.

***

Im September, als gerade LeBrons letztes Schuljahr begonnen hatte, fuhren Vaccaro und Bond in einem Mietwagen, den sie am Flughafen abgeholt hatten, in die Stadt. Vaccaro hielt bei einem Lokal in Akron an und bestellte zwölf große Pizzen zum Mitnehmen. Bond verstand nicht, warum Vaccaro so viele Pizzen kaufte. Wie viel kann dieser Junge essen?

Als sie das Spring-Hill-Wohnprojekt erreichten und aus dem Auto stiegen, waren eine Menge Menschen auf der Straße, die in das Gebäude hineinströmten oder es verließen. Bond stellte fest, dass er und Vaccaro die einzigen Weißen in Sichtweite waren. Und sie zogen eine Menge seltsamer Blicke auf sich, als sie jeder einen Stapel Pizzakartons nahmen und über den Parkplatz auf das Gebäude zugingen, in dem LeBron lebte. Bond fühlte sich unbehaglich, als er Vaccaro sechs Stockwerke hinauf folgte, vorbei an Müttern und Kindern. Er war 35, Vater von drei Kindern, und lebte in einem modernen Haus in einem Vorort von Portland. Er war noch nie in einem Wohnprojekt gewesen. Er war noch nie in der Wohnung eines schwarzen Teenagers gewesen.

Die Tür zu LeBrons Wohnung stand offen, und es sah aus, als wäre die halbe Nachbarschaft darin versammelt.

Vaccaro verhielt sich, als wäre er mit dem Ort bestens vertraut, und trat auf wie der Weihnachtsmann, der Geschenke bringt.

Gloria umarmte ihn, nahm eine Pizza und lud ihre Nachbarn zum Essen ein.

Sobald Vaccaro die restlichen Kartons abgestellt hatte, griffen die Leute zu. Bond verstand schlagartig, warum Vaccaro so viel Essen gekauft hatte: Sie versorgten das ganze Haus.

LeBron saß in Sporthose, auf dem Kopf eine umgedrehte Baseballkappe, vor einem Fünfzig-Zoll-Fernseher auf der Couch. Während *SportsCenter* über den Bildschirm flimmerte, signierte er Kopien von *Sports Illustrated* für Nachbarn und Freunde. Aufgestapelte Schuhkartons von Reebok, Nike und Adidas säumten die Wände des beengten Raumes.

„Onkel Sonny", sagte LeBron aufblickend, einen Stift in der Hand, und grinste.

„Hey, LeBron", sagte Vaccaro.

LeBron stand auf und umarmte ihn.

„Das ist David", sagte Vaccaro über den Lärm hinweg. „Er ist neu."

LeBron sah Bond an und nickte.

„Er ist der Typ, der das Produkt herstellen wird", fuhr Vaccaro fort. „Er will dich einfach nur kennenlernen."

LeBron streckte seine Hand aus und sagte Hallo.

Bond war nervös und von LeBrons Körpergröße überwältigt. Er hatte bei Nike-Turnieren schon viele große, schlaksige Highschool-Spieler gesehen. Aber er hatte noch keinen gesehen, der so gebaut war wie LeBron. Mein Gott, dachte er. Dieser Typ ist wie Paul Bunyan.

Während Vaccaro mit Maverick und einigen von LeBrons Freunden plauderte, unterhielt sich Bond mit LeBron und fragte ihn, was für einen Signature-Schuh er sich wünsche.

Schließlich komplimentierte Gloria alle hinaus, und Bond machte sich an die Arbeit, indem er ein kleines Stativ auf dem Tisch aufstellte und eine Videokamera daraufsetzte. Er blickte durch den Sucher und konzentrierte sich auf LeBrons Gesicht.

Entspannt und auf einem Stück Pizza kauend, sah LeBron in die Kamera.

Das Ziel, so erklärte Bond, sei es, ein Informationsgespräch zu führen, das dem Entwicklungsteam bei Adidas helfen würde. Er würde eine Reihe von Fragen stellen, um LeBron kennenzulernen. Er begann mit einer abgedroschenen Frage, die als Eisbrecher gedacht war: „Auf welcher Position siehst du dich in der NBA spielen?"

LeBron nannte die fünf Stammspieler der Atlanta Hawks und sagte: „In diesem Team wäre ich eine Drei." Dann benannte er die fünf Spieler bei den Boston Celtics. „Da, glaube ich, bin ich eine Zwei oder Drei."

Er durchlief die Starting Five der Chicago Bulls, der Cleveland Cavaliers und schließlich der Dallas Mavericks.

Vaccaro beobachtete das Geschehen und nickte leicht.

Bond war fassungslos.

In den folgenden Minuten arbeitete sich LeBron durch die Aufstellungen aller 29 Teams und schlug jeweils die Position vor, die am besten zu ihm passen würde. Nachdem er die fünf Stammspieler eines der schlechtesten Teams der Liga aufgezählt hatte, scherzte er: „Oh, in diesem Team kann ich auf jeder Position spielen."

Die Leute kicherten, und Bond staunte. Dieser Typ, sagte er sich, hat die gesamte NBA auswendig gelernt. In alphabetischer Reihenfolge!

Am Ende des Interviews umarmte LeBron Bond mit Handschlag und klopfte ihm zweimal auf den Rücken.

Bond versuchte, um LeBron herumzureichen, um ihm gleichfalls auf den Rücken zu klopfen. Meine Güte, der hat ja einen mächtigen Rücken, dachte er.

Im Auto sah Bond Vaccaro an und sagte: „Du hast recht. Er ist etwas Besonderes."

Zurück in der Adidas-Zentrale sahen sich Bond und sein Team das Interview mit LeBron an. Einer der Mitarbeiter trug die Startaufstellungen aller 29 Teams zusammen und glich sie mit den 145 Spielern ab, die LeBron genannt hatte.

„Mein Gott", sagte eines der Teammitglieder. „Er ist wie Rain Man."

„Er hat einen außergewöhnlichen Verstand", sagte Bond. „Er speichert Informationen anders ab."

Er begann zu verstehen, was Vaccaro gesagt hatte: Wir müssen alles bezahlen, was nötig ist, um zu gewinnen. Wir müssen LeBron zu Adidas holen.

11

PRIMETIME

Gloria James war dafür bekannt, den Dingen auf den Grund zu gehen, besonders wenn es ihren Sohn betraf. Im Jahr 2002 fiel ihr erstmals auf, wie die Mädchen LeBron ansahen – wie eine Eintrittskarte zum Reichtum. Und nicht nur Mädchen. Auch Frauen in ihren Zwanzigern. Es gab sogar einige Dreißigjährige, die mit ihm ausgehen wollten. „Es gibt eine Menge Frauen", sagte Gloria zu Beginn von LeBrons Abschlussjahr zu einem Reporter, „die ihm gern ein Baby schenken würden."

LeBron war nicht beunruhigt.

Aber Gloria erinnerte ihn daran, dass es Menschen gab, die versuchen würden, ihn auszunutzen. Er war bereits berühmt. Bald würde er auch reich sein. Die Kombination aus Ruhm und Reichtum war ein gefährlicher Magnet, insbesondere für clevere Mädchen, die wussten, wie man mit einem Lächeln Türen öffnet. In LeBrons Alter, so Gloria, könnte es sein Leben ruinieren, wenn er eine Frau schwängern würde.

LeBron sah die ganze Aufmerksamkeit von Mädchen nicht als Risiko an. Im Gegenteil, es gefiel ihm. Schon in der achten Klasse hatte er sich ausgemalt, wie es wohl wäre, in der Highschool eine Landesmeisterschaft zu gewinnen. Das Beste daran, so hatte er damals gedacht, wäre die Gelegenheit, die hübschesten Mädchen der Buchtel Highschool kennenzulernen, auf die er gehen wollte. Aber er war in St. V. gelandet, wo seine Erfahrungen seine kühnsten Träume bei Weitem übertrafen. Zu der Zeit, als er auf dem Cover von *Sports Illustrated* erschien, sprachen LeBron überall die hübschesten Mädchen an, von ländlichen Städten in Ohio über die Vororte von Cleveland bis hin zu weit entfernten Städten wie Chicago, Los Angeles und Las Vegas. Sogar LeBrons Mannschaftskameraden sonnten sich im Glanz seines Ruhmes und freuten sich über ihre neu gewonnene Popularität bei den Mädchen.

Aber da nur noch ein Highschool-Jahr vor ihm lag, bevor ihr Sohn am NBA-Draft teilnehmen würde, hielt Gloria die kommenden Monate für gefahrvoll. „Schütze dich einfach", sagte sie zu LeBron. „Sei schlau."

Es gefiel LeBron zwar, wie ihn die Frauen ansahen, wenn er in andere Städte reiste oder weit entfernte Basketballarenen betrat, aber das Mädchen, für das allein er Augen hatte, lebte in der Nähe in Akron. Zu Beginn seines letzten Schuljahres hatte er sie bei einem Footballspiel gesehen. Sie war Cheerleaderin an der Buchtel High und mit Abstand das schönste Mädchen der Schule. Die Ironie war LeBron nicht entgangen – wäre er wie ursprünglich geplant nach Buchtel gegangen, hätte sie ihm zugejubelt, und sein damaliger Traum wäre wie geplant in Erfüllung gegangen. Aber er hoffte, dass es noch nicht zu spät war, um ein Date mit dem hübschesten Mädchen von Buchtel zu bekommen.

LeBron hatte einen Freund, der den Namen der Cheerleaderin kannte – Savannah Brinson. Sie war eine 16-jährige Juniorschülerin.

LeBron wollte sie unbedingt kennenlernen und bat seinen Freund, Brinsons Telefonnummer herauszufinden.

Doch Brinson ließ ihn abblitzen. „Nein", sagte sie zu LeBrons Freund. „Ich will seine Nummer."

Brinsons Antwort machte LeBron noch mehr Lust, sie zu treffen. Er ließ ihr seine Nummer geben.

Aber es vergingen Wochen, und Brinson rief nicht an.

Ihr Schweigen verriet LeBron einiges. Sie schien nicht in ihn verliebt zu sein. Es war nicht einmal klar, ob sie viel über ihn wusste oder darüber, dass er auf dem Weg in die NBA war. Mit anderen Worten: Savannah Brinson verhielt sich nicht wie die Art von Mädchen, wegen denen sich Gloria Sorgen machte.

LeBron blieb zuversichtlich.

***

Nach einigen Recherchen fanden Burke Magnus und ESPN heraus, dass kein Fernsehsender Spiele von LeBron ohne die Erlaubnis von St. V. übertragen durfte. LeBron war ein so starker Magnet, dass St. V. bereits eine Gewinnbeteiligungsvereinbarung mit Time Warner Cable getroffen hatte, um Abonnenten im Nordosten Ohios zehn Spiele auf der Basis von Pay-per-View zu 8,50 Dollar pro Spiel anzubieten. Magnus interessierte sich jedoch nur für die Begegnung von St. V. und Oak Hill am 12. Dezember, die die beiden Schulen an einem neutralen Ort in Cleveland austragen würden.

Mithilfe eines Promoters, der sich in der Welt des Highschool-Sports auskannte, trafen ESPN und St. V. eine Vereinbarung, die es dem Sender ermöglichte, das Spiel gegen Oak Hill zur besten Sendezeit zu übertragen. Die Schule verlangte von ESPN keine Lizenzgebühr, aber der Promoter, der bei der Vermittlung des Arrangements geholfen hatte, bekam fünfzehntausend Dollar.

Magnus beauftragte die Toptalente des Senders mit der Moderation des Spieles – Dick Vitale und Bill Walton sowie den Experten Jay Bilas. Außerdem stellte Magnus eine halbstündige Sendung über LeBron zusammen, die direkt im Anschluss an die Sendung ausgestrahlt werden sollte. In der Zwischenzeit plante ESPN, das Spiel auf all seinen Plattformen zu bewerben, wozu auch häufige Erwähnungen in *SportsCenter* zählten.

Da von der Sendung so viel abhing, wurde *ESPN The Magazine* mit der Cross-Promotion für das Spiel beauftragt. Die Zeitschrift hatte vor, LeBron auf das Cover der Dezemberausgabe zu setzen, die pünktlich zum Spiel in Oak Hill herauskommen sollte. Der Auftrag, die Story zu schreiben, fiel Tom Friend zu, der während der Vorsaison nach Akron reiste, um Zeit mit LeBron und dem Team zu verbringen. Zur gleichen Zeit schickte die *New York Times* ihren Profibasketball-Reporter Mike Wise nach Akron, um über LeBron zu berichten. Es galt als ausgemacht, dass LeBron beim nächsten NBA-Draft die Nummer eins sein würde. Und da ESPN den außergewöhnlichen Schritt unternahm, eines von LeBrons Highschool-Spielen zu zeigen, wollte die *Times* der ESPN-Übertragung zuvorkommen.

LeBron war begeistert, dass eines seiner Spiele auf ESPN zu sehen sein würde. Zum ersten Mal hätte er die Gelegenheit, vor einem nationalen Publikum aufzutreten. Es gefiel ihm auch, dass das Spiel in *SportsCenter* angepriesen wurde. Er war jedoch zurückhaltend, was Gespräche mit Tom Friend und Mike Wise anging, die beide um ein Interview gebeten hatten. LeBron fragte Maverick um Rat, der seine Vorbehalte teilte.

Widerstrebend willigte LeBron ein, mit beiden Journalisten zu sprechen, aber er hütete sich, etwas zu offenbaren. Maverick sprach mehr mit Mike Wise als LeBron selbst. Und LeBron machte schließlich komplett dicht, nachdem Tom Friend eine Frage gestellt hatte, die ungefähr so lautete: „Was weißt du über deinen Vater?" LeBron wollte keinem Fremden mit Stift und Notizblock etwas anvertrauen, das so heikel war, dass er nicht einmal mit seiner eigenen Mutter darüber redete. „Ich halte das weit, weit von mir weg", sagte LeBron zu Friend.

Auch Gloria und Eddie sprachen mit den beiden Journalisten. Als die Identität von LeBrons Vater thematisiert wurde, sagte Gloria zu Mike Wise: „Eddie ist sein Vater. Das war schon immer so. Er ein großartiger Vater und für mich ein großartiger Freund. LeBron liebt ihn und vertraut ihm." Wise gab sich damit zufrieden.

Tom Friend war eher wie eine Bulldogge. Er recherchierte den Hintergrund eines angeblichen Sexualpartners von Gloria und forschte in den Gerichtsakten von Akron, ob Gloria in der Vergangenheit mit den Strafverfolgungsbehörden in Berührung gekommen war. Schließlich rief er Gloria an und konfrontierte sie mit seinen Erkenntnissen. Friend untersuchte auch Eddies kriminelle Vergangenheit und hinterfragte dessen Motive in Bezug auf LeBron.

LeBron gefiel die Richtung nicht, in die sich die Story zu entwickeln schien. Die Basketballsaison hatte noch nicht einmal begonnen, und schon fühlte es sich an, als stünde seine Familie vor Gericht.

***

Die Schulleitung legte sich für LeBrons letztes Jahr an St. V. mächtig ins Zeug. In der Umkleidekabine wurde ein nagelneuer goldfarbener Teppich mit dicker Polsterung und dem eingeprägten Schriftzug „Fighting Irish" verlegt. Der Raum wurde auch mit neuen Spinden ausgestattet, die dunkelgrün und glänzend lackiert waren. Die Mannschaft trug ihre

Heimspiele an der University of Akron aus, aber die Spieler besaßen erstklassige Trainingskleidung.

Obwohl LeBron nie gern allein war, ging er eines Nachmittags ohne Begleitung in die Umkleide, um zu sehen, was bei der Renovierung herausgekommen war. Der Duft von neuem Teppich und frischer Farbe empfing ihn. Und er entdeckte einen Mann, der das Maskottchen der Schule – einen Kobold – an die Wand malte. Stumm bewunderte LeBron, wie gut das Bild zur Geltung kam.

Nach einer Weile spürte Joe Phillips, ein wenig bekannter lokaler Künstler, der St. V. besucht hatte, dass er nicht allein im Raum war. Als er über die Schulter blickte, sah er zu seinem Erstaunen LeBron, der seine Arbeit lobte und erwähnte, wie gern er selbst zeichnete. Phillips empfand es als surreal, sich mit der berühmtesten Person in Akron über Kunst zu unterhalten.

Für LeBron war die Umgestaltung der Umkleide eine Metapher für das, was das Team brauchte – einen neuen Ansatz. Er schämte sich für die vergangene Saison und die Art und Weise, wie sie verlaufen war, insbesondere für ihr Ende. St. V. hätte niemals im Landesmeisterschaftsfinale verlieren dürfen. Er hatte mit seinen Mannschaftskameraden gesprochen, und sie waren sich alle einig, was sie tun mussten, um den Traum vom Gewinn der nationalen Meisterschaft zu verwirklichen – sich anstrengen und die Dinge auf die Art von Coach Dru angehen.

Coach Dru vergeudete keine Zeit und testete die Entschlossenheit seines Senior-Teams. Wenige Tage vor dem Saisonauftakt rief er sie in sein Büro. Als die Tür geschlossen war, befragte er sie unverblümt zu dem Gerücht, das ihm zu Ohren gekommen war – dass sie in ein Hotel in Akron gingen, Mädchen mitbrachten, Alkohol tranken und Gras rauchten.

LeBron, Willie, Little Dru und Sian gaben zu, Gras geraucht zu haben. Romeo gestand, getrunken zu haben.

„Stellt euch die Schlagzeilen vor", sagte Dru. „St. V.s Starting Five in Hotel verhaftet. Geht es um den Besitz von Marihuana?"

Die Jungs ließen die Köpfe hängen. Sie wussten, dass Dru recht hatte.

„Seid schlauer", sagte er.

Die Spieler stimmten ihm zu.

Coach Dru war noch nicht fertig. Er hatte auch genug von all den Flüchen und der Rapmusik vor dem Spiel. Also führte er eine neue Regel ein – keine Musik mehr in der Umkleidekabine vor der Partie. Diese Zeiten waren vorbei.

Die schwerwiegendste Nachricht, die Coach Dru seinen Spielern übermittelte, war jedoch die Entscheidung über die Startformation für die Saison 2002/2003:

Dru Joyce
LeBron James
Sian Cotton
Romeo Travis
Corey Jones

Corey Jones war der einzige Junior in der Aufstellung. Er war außerdem ein Neuzugang und beschrieb sich selbst gern als 1,85 Meter großen weißen Jungen mit einem guten Sprungwurf. Sein Sprungwurf war mehr als ordentlich, er war einer der besten Scorer unter den Highschool-Spielern in Ohio, insbesondere aus der Dreipunktedistanz. Aber Jones war nicht mit LeBron und seinen Freunden aufgewachsen. Er hatte noch nie ein Spiel von St. V. gesehen, bis er ein Jahr zuvor als Zehntklässler an die Schule wechselte und in die Mannschaft aufgenommen wurde. LeBron und die anderen hatten Jones willkommen geheißen, weil der Junge spielen konnte. Aber dass er Willies Platz in der Startaufstellung einnahm, war eine große Sache.

LeBron war besorgt, wie Willie die Nachricht aufnehmen würde. Im Jahr zuvor hatte Willie kämpfen müssen, um auf dem Platz mitzuhalten. Und der Druck, in der St.-V.-Mannschaft zu spielen, hatte ihm zugesetzt. Nach einem Spiel fand LeBron ihn weinend im Mannschaftsbus. Willie versuchte, sich zusammenzureißen, bevor die Jungs ihn so sahen. Aber LeBron spürte, dass sein Freund angeschlagen war. „Bist du in Ordnung?“, fragte er.

Willie sagte nicht viel. Aber LeBron fand heraus, was vor sich ging. Sian bekam Angebote von Football-Anwerbern. Little Dru und Romeo erhielten Briefe von Basketball-Anwerbern. Und alle wussten, wohin LeBron gehen würde. Willie war der Einzige, den niemand anwerben wollte. Diese Erkenntnis verstärkte noch den Druck, der damit einherging, in der am schärfsten beobachteten Highschool-Basketballmannschaft Amerikas zu spielen.

Das Einzige, was Willie auf die Beine half, war seine Entscheidung, für das Amt des Präsidenten der Schülervertretung zu kandidieren. Er war ein Außenseiter, aber er wollte den Leuten zeigen, dass er mehr als nur ein Sportler war. Seine Mannschaftskameraden scharten sich um ihn, und letztlich gewann Willie und war damit der erste Afroamerikaner an der St. V., der seit den Siebzigerjahren zum Vorsitzenden einer Klasse gewählt worden war.

Willie sagte nicht viel, als er erfuhr, dass er in seinem Abschlussjahr nicht mehr zur Startmannschaft gehören würde. Aber LeBron und seine Mannschaftskameraden konnten nicht umhin, sich Sorgen um ihn zu machen.

Ein Meeting nur für die Spieler wurde einberufen, und Willie leitete die Sitzung. Er erinnerte LeBron, Sian und Little Dru daran, dass sie seit ihrer Kindheit befreundet waren. Und jetzt würden sie zum letzten Mal zusammen spielen. Es war ihre letzte Chance zu erreichen, was sie seit Beginn ihrer gemeinsamen AAU-Aktivitäten angestrebt hatten – die nationale Meisterschaft.

„Das ist unser letztes gemeinsames Jahr", sagte Willie. „Wenn irgendjemand etwas über Coach Dru sagt, gehe ich auf ihn los. Ich werde es nicht zulassen."

Seine Einstellung, dass das Team immer zuerst kam, begeisterte alle.

„Als Willie nicht aufgestellt wurde", sagte Romeo, „hätte er heulen und meckern können. Aber das hat er nicht getan. Als ich das sah, wurde mir klar, dass es um etwas Größeres als Einzelpersonen ging. Es war größer als wir alle."

Romeo war so beeindruckt, dass er das Wort ergriff. „Heute ist einer der größten und wichtigsten Momente in unserem Leben", sagte er zu seinen Teamkollegen. „Wenn ein Kettenglied bricht, fällt alles auseinander. Ohne Kette kann man nicht Fahrrad fahren. Wisst ihr, was ich meine? Nennen wir es das ‚Wir'. Eine Einheit!"

LeBron hatte Romeo noch nie so reden hören. Die anderen Jungs auch nicht. Sein Statement belegte den Einfluss von Willie. Als LeBron sich im Raum umschaute, sah er, dass alle gerührt waren.

Sian empfand zum ersten Mal Zuneigung zu Romeo. Das ging allen so.

„Lasst uns einfach weitermachen, unseren Job erledigen und die nationale Meisterschaft gewinnen", sagte LeBron.

Nach dem Spielertreffen kamen LeBron und Little Dru sowie Sian und Willie zusammen und beschlossen, aus den Fab Four die Fab Five zu machen. Romeo gehörte jetzt zum Club.

Ein paar Tage danach traf St. V. auf George Junior Republic, die Mannschaft, die sie im Jahr zuvor mit absichtlichen Fouls gegen LeBron aus dem Konzept gebracht hatte. Coach Dru erklärte seinem Team, dass der gegnerische Trainer vorhabe, die gleiche schmutzige Taktik erneut anzuwenden.

St. V. begann das Spiel mit einem Full-Court-Pressing und ließ nicht locker. Selbst als sie anfingen, das Spiel an sich zu reißen, pressten sie weiter, pressten und pressten. Bis zur letzten Sekunde. Das Endergebnis war 101 : 40. Diesmal war der gegnerische Trainer an der Reihe, sich über die Taktik zu beschweren.

Aber Coach Dru war das egal. Sein Team lag mit 1 : 0 vorn. Die Zeit der Abrechnung hatte begonnen.

***

Am 11. Dezember 2002 war LeBron auf der Titelseite von *USA Today* und auf dem Cover von *ESPN The Magazine* zu sehen. Am selben Tag erschien Eddie Jackson in einem Gerichtssaal in Cleveland, wo er zugab, Hypothekenbetrug begangen und einen gestohlenen Scheck im Wert von 164.000 Dollar verwendet zu haben, um ein persönliches Verwaltungskonto bei Salomon Smith Barney Inc. zu eröffnen. „Es scheint, dass Eddie immer dann, wenn er wieder anfängt zu trinken, schlechte Entscheidungen trifft", sagte sein Verteidiger vor Gericht.

Der Richter verurteilte Jackson zu einer dreijährigen Haftstrafe in einem Bundesgefängnis, beginnend im Januar. Bis dahin wurde Jackson Hausarrest in Akron auferlegt.

Während Jackson vor Gericht saß, war LeBron in der Schule. Im Englischunterricht studierte er Macbeth. Die Geschichte des machthungrigen schottischen Than, der den Thron durch Mord an seinem König an sich reißt, war für LeBron neu. Wie so viele Teenager fand er Shakespeares Worte schwer zu interpretieren. Selbst als Macbeth einen Sklaven ausweidete und enthauptete, ließ sich die Gewaltdarstellung leicht übertünchen:

Bis er vom Nabel auf zum Kinn ihn schlitzte
Und seinen Kopf gepflanzt auf unsre Zinnen

LeBrons Lehrer Shawn-Paul Allison half dabei, Macbeth zum Leben zu erwecken, insbesondere die mahnenden Worte zu Ehrgeiz, Macht und Verrat. Aber als schwarzer Teenager aus Akron fühlte sich LeBron von nichts so sehr angesprochen wie von den Texten der Rapper. Als LeBron neun Jahre alt war, veröffentlichte der Rapper Christopher Wallace das bahnbrechende Album *Ready to Die*. Drei Jahre später wurde Wallace, der sich Biggie Smalls nannte, im Alter von 24 bei einer Schießerei in Los Angeles getötet. Kurz darauf begann LeBron, den Worten in Wallaces Song *Things Done Changed* mehr Aufmerksamkeit zu schenken.

If I wasn't in the rap game
I'd probably have a ki, knee-deep in the crack game
Because the streets is a short stop
Either you're slingin' crack rock or you got a wicked jump shot
Shit, it's hard being young from the slums
Eatin' five cent gums, not knowing where your meal's coming from

Einige Verse von Wallace sprachen LeBron auf eine Art und Weise an, die ihm glaubwürdiger schien als alles, was Shakespeare geschrieben hatte. Für LeBron war Biggie ein Dichter. An schwierigen Tagen, wie zum Beispiel, als er erfuhr, dass Eddie Jackson ins Gefängnis musste, saß LeBron allein in seinem Zimmer, hörte Biggie Smalls und wusste genau, was dieser meinte – dass er, wenn er kein Rapper geworden wäre, entweder mit Drogen gedealt hätte oder Basketballspieler geworden wäre. LeBron brauchte keinen Lehrer, um das in die richtige Perspektive zu rücken. Er wusste, dass Basketball für ihn eine Zuflucht vor der Straße gewesen war.

Da ihm bewusst war, dass er in wenigen Monaten ein Basketballprofi sein würde, hatte LeBron Mühe, sich in der Schule zu konzentrieren. Er machte die College-Prüfung einfach so. Obwohl sein Notendurchschnitt von 1,8 für die NBA-Teams keine Rolle spielen würde, versuchte er dennoch, seine Noten zu halten. Aus schlechtem Gewissen machte er nebenher Hausaufgaben, auch wenn er mit dem Team unterwegs war. Er nahm sogar das Angebot seines Englischlehrers an, sich zusätzliche Punkte zu verdienen, indem er ein Bild von Macbeth skizzierte.

LeBron zeichnete gern, seit Gloria ihm als kleinem Jungen seinen ersten Skizzenblock geschenkt hatte. Ursprünglich dienten seine Stifte und sein Block ihm als Fluchtvehikel. Dieses Mal war es nicht viel anders. Einen König zu zeichnen, der paranoid wurde und niemandem mehr vertraute, fühlte sich weniger wie eine Schulaufgabe als vielmehr wie Stressabbau an.

Als LeBron seine Arbeit abgab, war seine Englischlehrerin von der Skizze so beeindruckt, dass sie sie an der Wand ihres Klassenzimmers anbrachte. Das Bild blieb dort einige Jahre hängen, bis LeBron als King James weithin bekannt und den Jugendlichen in der ganzen Welt vertrauter war als Macbeth, woraufhin seine Lehrerin die Zeichnung abnahm und in einen Banktresor legte.

***

Am Tag nach der Verurteilung von Eddie Jackson zu einer Gefängnisstrafe reisten LeBron und seine Teamkollegen nach Cleveland, um gegen die Oak Hill Academy anzutreten. Vor der Arena strömten die Fans in Wintermänteln ausgelassen durch die Drehkreuze, während die Mitarbeiter der Veranstaltung die Tickets einsammelten. Ein Mitglied des ESPN-Übertragungsteams schilderte den Zuschauern im ganzen Land die Lage: „Ein Highschool-Spiel in Cleveland hat heute Abend zehntausend Zuschauer angelockt. Aber es ist nicht irgendein Highschool-Spiel. Das Phänomen LeBron James tritt gegen die Nummer eins des Landes an – Oak Hill. Die LeBron-Manie wird heute Abend landesweit verbreitet."

Als LeBron beim Aufwärmen mit seinen Teamkollegen an der Layup-Linie stand, schaute er über die Schulter zurück und sah Dick Vitale und Bill Walton in der Nähe des Spielfeldes, die Mikrofone in der Hand hielten und in eine Kamera schauten. Er wusste, dass sie über ihn sprachen. Und er erkannte die Bedeutung des Augenblickes. Als einer seiner Teamkollegen beim Aufwärmen nicht ausreichend konzentriert war, flüsterte LeBron ihm ins Ohr: „Pass auf", und nickte in Vitales Richtung.

Als Vitale seinen Fernsehbeitrag vor dem Spiel beendet hatte, ging LeBron auf ihn zu, umarmte ihn und dankte ihm für sein Kommen.

Vitale spürte LeBrons überwältigende körperliche Präsenz – die mächtigen breiten Schultern, die kräftige Brust und den steinharten Bizeps. Aber seine Reife hinterließ bei ihm einen noch nachhaltigeren Eindruck. Der Teenager hat mir für mein Kommen gedankt, dachte er.

Für Vitale war klar, dass LeBron ein Mann in einem Team von Jungs war. Er war nicht nur ein überlegener Spieler. Er schien die Macht des Fernsehens und die Bedeutung von Auftritten vor einem nationalen Publikum zu schätzen. Und er wusste die einflussreiche Rolle zu würdigen, die Leute wie Vitale in diesem Spiel spielten.

Das Spiel gegen Oak Hill ging nicht knapp aus. Nach zwei Niederlagen gegen sie veranstalteten LeBron und seine Teamkollegen ein wahres Feuerwerk. Gleich zu Beginn verblüffte LeBron die Zuschauer mit einem No-Look-Pass bei einem Fastbreak.

„Meinst du das ernst?", sagte Vitale live. „Meinst du das wirklich ernst?" Wie viele College- oder NBA-Kerle können so einen Pass übergangslos spielen?"

Während die Kameras von überall her auf ihn gerichtet waren, strahlte LeBron vor Freude. Es gab kein finsteres Gesicht. Keine Schimpfwörter. Kein Getue. Er fühlte sich im Rampenlicht zu Hause und tat, was für ihn selbstverständlich war – er gab alles vor einem Riesenpublikum. Bei seinem ersten Auftritt in der Primetime kam er auf 31 Punkte,

13 Rebounds und 6 Assists. St. V. hatte die beste Mannschaft des Landes mit 65:45 geschlagen.

„Er ist die Wahrheit, die ganze Wahrheit und nichts als die Wahrheit", sagte Vitale in der Sendung.

Burke Magnus schaute gebannt zu. Er hielt sich nicht für einen Basketballexperten. Er war gewiss kein Kenner der Feinheiten des Spieles. Aber er war unheimlich gut darin, über den Tellerrand hinauszublicken. Und nachdem er LeBron persönlich gesehen hatte, stand es für ihn außer Zweifel, dass er einen zukünftigen Fernsehstar vor sich hatte. LeBron war nicht nur ein großer Spieler, sondern auch ein großartiger Performer. Er hatte Charisma. Er war das seltene Talent, für dessen Anblick Menschen aus allen Bevölkerungsschichten bereit waren zu bezahlen. Und die Einschaltquoten bestätigten das. Das Spiel zwischen St. V. und Oak Hill war das meistgesehene Spiel auf ESPN2 seit zwei Jahren und das am drittbesten platzierte Basketballspiel in der Geschichte des Senders.

Nach dem Spiel wurde ESPN jedoch erneut kritisiert, weil sie ein Highschool-Spiel übertragen hatten. Billy Packer, der langjährige College-Basketball-Kommentator von CBS, erklärte, Vitale und Walton hätten sich weigern sollen, bei dem Spiel mitzumachen. Charles Barkley von TNT sagte: „Sie geben dem Jungen kein Geld ... Ich finde es einfach nicht richtig, dass wir damit anfangen, Highschool-Kids auszubeuten." Und die Sportkolumnistin von *Baltimore Sun*, Laura Vecsey, meinte: „Welchen plausiblen Grund könnte es geben, einem 17-jährigen Seniorschüler im nationalen Fernsehen bei einer Partie Highschool-Basketball zuzusehen?"

Die Entscheidung von ESPN, LeBrons Spiel zu übertragen, wurde sogar auf den Kanälen von ESPN diskutiert. Mit seiner Frau an seiner Seite saß Magnus in seinem Haus in Connecticut und sah zu, wie die Talkmaster beklagten, dass der Sender die Jugend Amerikas ausbeute.

„Sie reden über dich", sagte seine Frau.

Sie sprach in scherzhaftem Ton. Aber Magnus wusste, dass der Kommentar einen wahren Kern hatte. Dennoch bemühte er sich bereits, die Rechte für ein weiteres Spiel von LeBron zu sichern – die bevorstehende Partie gegen das viertplatzierte Team von Mater Dei, die für Anfang Januar in Los Angeles geplant war.

In so kurzer Zeit hatte LeBrons Spiel gegen Oak Hill bewirkt, dass ESPN ihn so oft wie möglich im Fernsehen zeigen wollte. Langfristig führte das LeBron-Experiment dazu, dass ESPN mit ESPNU einen neuen Sender ins Leben rief, der im Laufe der Jahre immer mehr Highschool-Spiele zeigte, und die Debatte über die Ausbeutung von Jugendlichen ebbte ab.

***

Alle in St. V. waren begeistert von dem Auftritt des Basketballteams bei ESPN. In der Bibliothek drängten sich LeBron und 15 seiner Klassenkameraden um einen Fernseher, den die Bibliothekarin Barb Wood an einen Videorekorder angeschlossen hatte. Irgendwann erhob sich LeBron von seinem Sitz und spulte das Band bis zu seinem Lieblingsspielzug vor. „Passt auf", sagte er und drückte die Play-Taste. Auf dem Bildschirm erschien, wie er einen No-Look-Pass zu einem Teamkollegen spielte, der einen Layup erzielte.

Die Erfahrung, sich selbst im Fernsehen zu sehen, war berauschend.

Insgeheim war LeBron jedoch von der ESPN-Titelgeschichte über ihn verletzt, die zeitgleich mit dem Spiel veröffentlicht worden war. Es war schlimm genug, im ersten Absatz als „Narzisst" bezeichnet zu werden. Aber was LeBron wirklich verärgerte, war die Art und Weise, wie die Zeitschrift seine Familie charakterisierte. Gloria wurde als „reizbare, kleine Frau" beschrieben, die „mit 16 schwanger wurde". In dem Artikel wurde die Theorie aufgestellt, dass LeBrons biologischer Vater ein Gelegenheitsliebhaber Glorias sei, ein Mann, der wegen Brandstiftung und Diebstahles verurteilt worden und „im staatlichen und regionalen Strafvollzug bekannt" sei.

Die unbewiesene Andeutung, dass ein gelegentlicher Sexpartner von Gloria LeBrons Vater sei, war schwer zu ertragen und besonders für Gloria erniedrigend. Niemand würde wollen, dass über seine Mutter so grob gesprochen wurde, schon gar nicht in einem nationalen Magazin für Sport und Unterhaltung.

Die Story ging so weiter:

Glo ist schon immer spät ins Bett gegangen und spät aufgestanden – „ich mag den Morgen nicht" –, und sie hat auch schon einigen Ärger gehabt, denn sie hat insgesamt sieben Tage im Bezirksgefängnis gesessen. Laut den Gerichtsakten von Akron wurde sie im Laufe der Jahre wegen Ruhestörung durch zu laute Musik, Hausfriedensbruches, Missachtung des Gerichtes und ungebührlichen Verhaltens vorgeladen. Sie spielt das herunter – „es waren keine Drogen im Spiel" –, aber für ihren Sohn war das nie eine Bagatelle. Aus Scham hörte er auf, die Grundschule zu besuchen … „In der vierten Klasse habe ich 82 Schultage verpasst", sagt LeBron. „Von 160."

Nichts schmerzte ihn mehr, als wenn etwas, das er einem Reporter gesagt hatte, zu der Unterstellung benutzt wurde, dass er sich für seine Mutter schäme. LeBron wünschte, er hätte nie mit Tom Friend gesprochen.

Auch Gloria und Eddie waren wütend. In der Story wurde Eddie immer wieder als „Ex-Knacki" aus Glorias Vergangenheit bezeichnet, der genau dann wieder aufgetaucht sei, als LeBron sich in der achten Klasse als Basketballtalent herausstellte – gerade rechtzeitig, um aus LeBrons Erfolg Kapital zu schlagen. In diesem Narrativ wurden Gloria und Eddie gegen die Familie Walker und andere in der Gemeinde ausgespielt, was den Eindruck erweckte, dass LeBrons Leben noch chaotischer geworden sei, als Eddie wieder ins Spiel kam. In der Story hieß es:

Das war die Welt, in der LeBron sich irgendwie zurechtfinden musste, und er begann, Eddie mehr zu vertrauen als Leuten wie den Walkers. Er bat Eddie, Gloria als ihr Finanzberater zu unterstützen, und nannte Eddie fortan Dad. Es war das erste einer Reihe von Ereignissen, die LeBrons Leben zu dem machten, was es heute ist: ein Zirkus.

Für LeBron ergab es keinen Sinn, dass ESPN ihn im Fernsehen hochjubelte, während sie in ihrem Printmagazin über ihn und seine Familie herfielen. Er würde Journalisten nie wieder mit dem gleichen Blick betrachten.

Savannah Brinson gab sich nicht reserviert. Sie hatte einfach vergessen, dass ein Typ von St. V. ihr LeBrons Telefonnummer gegeben hatte. Ein paar Wochen nach Beginn der Basketballsaison stieß sie auf die Nummer und beschloss, ihn anzurufen.

Als er ihre Stimme hörte, war LeBron begeistert, blieb aber cool und lud sie zu einem seiner Spiele ein.

Brinson hatte LeBron noch nie Basketball spielen sehen. In Unkenntnis seiner sportlichen Talente und seines Status in der Basketballwelt nahm sie seine Einladung an. Nachdem sie die Arena betreten hatte, dauerte es nur wenige Minuten, bis sie merkte, dass Tausende von Menschen gekommen waren, um den Jungen, dessen Telefonnummer sie in der Tasche hatte, zu sehen. Wow, dachte sie. Dieser Typ ist ziemlich beliebt. Die Situation war überwältigend und erheiternd zugleich.

Danach lud LeBron sie ein, mit ihm und seinen Freunden zu Applebee's zu gehen. Die Jungs gaben ihr sofort das Gefühl, willkommen zu sein. Und am Ende des Abends bat LeBron sie um ein Date. Er wollte sie kennenlernen.

Savannah Brinson wurde am 27. August 1986 als jüngste Tochter von Jennifer und JK Brinson Jr. geboren. Ihre Mutter war Krankenschwester. Ihr Vater war Hausmeister bei Bridgestone und arbeitete 19 Jahre lang bei BF Goodrich, bevor er eine Stelle bei Akron Paint & Varnish Engineered Coatings annahm. Ihre Eltern stammten aus der Arbeiterklasse und waren in der Stadt dafür bekannt, dass sie Leute aufnahmen, die vom Glück verlassen waren oder schwere Zeiten durchmachten. Sie waren damit einverstanden, dass Savannah mit LeBron ausging.

Als er Savannah abholte, um mit ihr ins Outback Steakhouse zu gehen, trug sie einen schwarz-rosa Zweiteiler. LeBron konnte nicht fassen, wie gut sie aussah. Er war zu aufgeregt, um sich später daran zu erinnern, worüber sie beim Abendessen gesprochen hatten. Aber ihr Bild hatte sich in sein Gedächtnis eingebrannt.

Entschlossen, Savannahs Vater zu beeindrucken, sorgte LeBron dafür, dass sie pünktlich nach Hause kam.

Das gefiel Savannahs Eltern.

LeBron wollte ihnen nur zeigen, dass er ihre Regeln respektierte.

Nachdem er Savannah abgesetzt hatte, entdeckte LeBron, dass sie ihr Doggy Bag in seinem Fahrzeug vergessen hatte.

Savannah war überrascht, als er kurz darauf wieder vor ihrer Tür stand.

Er lächelte und gab ihr ihr den Behälter mit den Überbleibseln ihres Dinners.

Es war nur eine kleine Geste. Aber es beeindruckte sie viel mehr als alles, was er vor ihren Augen auf dem Basketballplatz gemacht hatte. Ein Junge, der so sensibel war, an die kleinen Dinge in einer Beziehung zu denken, war eine Seltenheit. Sie konnte es kaum erwarten, ihn wiederzusehen.

Überglücklich fuhr LeBron davon. Da alles so schnell ging, fiel es ihm schwer, nicht das Gaspedal durchzudrücken.

12

TRADING PLACES

Es schneite, und ein einzelnes Stück Papier mit der Aufschrift AUSVERKAUFT klebte am Fenster der Abendkasse vor dem Palestra in Philadelphia. Es war Weihnachtszeit, und LeBron war in seinem nahe gelegenen Hotelzimmer und arbeitete an einer Hausaufgabe. Aber er war abgelenkt. Die ESPN-Story hatte seine Mutter und Eddie sehr verärgert und auch in Akron für viel Wirbel gesorgt. Einige Menschen, unter anderem die Familie Walker, bedauerten, mit Redakteuren der Zeitschrift gesprochen zu haben. Für LeBron wurde es immer schwieriger, jemandem von den Printmedien zu vertrauen. Die Fernsehleute – die Dick-Vitale-Typen – waren anders. Sie waren eher wie Entertainer. Bill Walton und Jay Bilas hatten selbst Basketball gespielt, und nun wurden sie dafür bezahlt, Spiele während der Sendung zu analysieren. Er mochte diese Typen. Aber es schien, als ob die Printjournalisten ein anderes Spiel spielten – Ertappt!

Eine Ausnahme war David Lee Morgan vom *Akron Beacon Journal.* Seine Berichterstattung über LeBron und das Team hatte keine Schieflage. Und Morgans Artikel spiegelten die Tatsache wider, dass LeBron immer noch ein Teenager mit einem Talent war, auf das sich die Leute jedes Mal freuten, wenn er das Spielfeld betrat.

LeBron wünschte sich, es gäbe mehr Schreiber wie Morgan. Er suchte eine Ansichtskarte heraus und schrieb:

Sehr geehrter Herr Morgan,
danke für Ihre Unterstützung.
LeBron

Dann warf er die Karte beim Briefeinwurf an der Hotelrezeption in Philadelphia ein. Es kann nicht schaden, einen Journalisten wie ihn auf meiner Seite zu haben, dachte LeBron.

Kurze Zeit später traten LeBron und seine Mannschaftskameraden vor neuntausend Fans gegen die Strawberry Mansion High School an. Sogar der All-Star-Guard der 76ers, Allen Iverson, kam vorbei, um einen Blick auf LeBron zu werfen. Die lautstarke Menge in Philadelphia unterstützte ihr Heimteam und versuchte, LeBron früh aus dem Konzept zu bringen. Aber er zehrte von der energiegeladenen Atmosphäre, wehrte gegnerische Würfe ab, spielte Pässe, bei denen die Leute ungläubig den Kopf schüttelten, und warf einen Dunk, der alle von ihren Sitzen aufspringen ließ. St. V. riss das Spiel an sich und führte fünf Minuten vor Schluss mit 74:34. Trotzdem verließ niemand vorzeitig das Stadion. In der Stadt, in der Wilt Chamberlain einen Highschool-Punkterekord aufgestellt hatte, wurde LeBron von den Basketballfans mit einer Ovation bedacht, die eines Königs würdig war.

***

Gloria war fest entschlossen, zu LeBrons 18. Geburtstag etwas Großes auf die Beine zu stellen. Und es sollte eine Überraschung sein. Sie hatte mit dem Celtics-Star Antoine Walker gesprochen, der sie und LeBron beraten hatte. Walker gehörte zu der Handvoll NBA-Spieler, die Luxusfahrzeuge von einem Autohaus in Los Angeles gekauft hatten, zu dessen Kunden auch Denzel Washington, Jennifer Lopez, Ice Cube, Queen Latifah und Justin Timberlake zählten. In direkter Zusammenarbeit mit dem Besitzer des Autohauses bestellte Gloria einen zinnfarbenen Hummer H2 und ließ ihn mit Fernsehbildschirmen, einer PlayStation 2, einem DVD-Player, Lautsprechern, Ledersitzen und individuellen King-James-Logos ausstatten. Das Autohaus ließ das Fahrzeug auf einem Lastwagen von L. A. nach Akron transportieren. Gloria hatte den Hummer auf ihren Namen zugelassen.

Der Basispreis des Hummer betrug fünfzigtausend Dollar. Mit all dem zusätzlichen Schnickschnack, der Liefergebühr, Steuern und Versicherung belief sich der Gesamtpreis auf fast achtzigtausend Dollar. Um den Kauf zu finanzieren, wandte sich Gloria an die U. S. Bank in

Columbus, Ohio. Sie hatte kein Einkommen und konnte keine Sicherheiten bieten. Aber jede glaubwürdige Nachrichtenquelle im Land, von der *New York Times* und dem *Wall Street Journal* bis hin zu *Sports Illustrated* und ESPN, hatte NBA-Quellen zitiert, die sagten, dass LeBron James die Nummer eins beim kommenden NBA-Draft sein würde. Gemäß Tarifvertrag der NBA erhielt der Top-Pick des Draft automatisch einen Dreijahresvertrag im Wert von 13 Millionen Dollar. Die einzige Unbekannte war, wie viel LeBron für seinen Schuhvertrag bekommen würde, aber es bestand kein Zweifel daran, dass der Betrag sein NBA-Gehalt übersteigen würde.

Für die Bank stand fest, dass LeBron und seine Mutter den Autokredit innerhalb weniger Monate problemlos zurückzahlen konnten. Glorias Kreditantrag wurde genehmigt, und sie unterzeichnete einen Schuldschein.

LeBron war verblüfft, als das aufgemotzte Militärfahrzeug kurz vor seinem Geburtstag eintraf. Auf dem Schülerparkplatz von St. V. standen ein paar schicke Autos, aber niemand fuhr etwas so Verwegenes wie einen Hummer. Seine Freunde durch die Stadt zu fahren, sollte ein Abenteuer werden. Mit Savannah auf dem Beifahrersitz wäre es noch besser.

***

Frederick R. Nance war der wohl renommierteste Anwalt in Cleveland. Er war auch einer der raffiniertesten Prozessanwälte und Verhandlungsführer der Stadt. Der Seniorpartner der internationalen Anwaltskanzlei Squire Patton Boggs war in den Sechzigerjahren dazu inspiriert worden, den Anwaltsberuf zu ergreifen, als er Fahrzeuge mit Maschinengewehren durch die Straßen von Cleveland rollen sah, während die Menschen randalierten. Überzeugt davon, dass es einen besseren Weg geben musste, um gesellschaftliche Veränderungen herbeizuführen, studierte Nance Jura an der Universität von Michigan. Dann kehrte er zurück, arbeitete sich in einer der angesehensten Kanzleien der Stadt hoch und war schließlich an vorderster Front an Entwicklungsinitiativen beteiligt, die zur Wiederbelebung der Wirtschaft von Cleveland beitrugen. Art Modell, der Besitzer des Footballclubs Cleveland Browns, versetzte der Stadt 1995 einen schweren

Schlag, indem er sein Franchise-Unternehmen nach Baltimore verlegte. Niemand war besser geeignet als Nance, dafür zu kämpfen, dass der Name und die Farben der Browns für die Stadt erhalten blieben. In einem erbitterten Rechtsstreit handelte Nance eine komplexe Vereinbarung zwischen der Stadt Cleveland, der Stadt Baltimore, Art Modell und der NFL aus. Am Ende bekam Cleveland eine neue Footballmannschaft und ein brandneues Stadion, das 1999 eröffnet wurde.

Die NFL war von Nance so beeindruckt, dass zahlreiche Clubeigentümer Nance als Kandidaten für das Amt des nächsten Commissioners vorschlugen, als Paul Tagliabue, der bisherige Amtsinhaber, seinen Rücktritt ankündigte. Wäre er gewählt worden, so wäre Nance der erste Afroamerikaner in diesem Amt gewesen. Aber Nance verlor gegen Roger Goodell.

Ende Dezember 2002 erhielt Nance eine ungewöhnliche Anfrage: Er sollte sich mit einem Schüler der Highschool treffen, der einen Anwalt brauchte. Dieser Junge war LeBron. Die Bitte, ihn zu treffen, kam von Gloria. Ein langjähriger Freund von Eddie Jackson hatte der Familie empfohlen, Nance zu beauftragen.

Nance war mit LeBron nicht vertraut. Und er nahm normalerweise keine jugendlichen Klienten an. Außerdem wurde schnell klar, dass LeBron in keinerlei Schwierigkeiten steckte und es um keine spezifische rechtliche Angelegenheit ging. Gloria erläuterte, dass LeBron bald 18 sein werde und dass er ein Team zusammenstelle, um sich auf die Unterzeichnung eines Schuhvertrags und die Teilnahme am NBA-Draft vorzubereiten. Ihr Sohn würde einen guten Anwalt brauchen, der Erfahrung im Umgang mit komplexen Geschäftsabschlüssen hatte. Und Gloria und Eddie hatten gehört, dass Fred Nance die erste Adresse in Cleveland sei.

Neugierig geworden, reiste Nance am 28. Dezember zur Ohio State University in Columbus, wo er mit Gloria zusammen im Stadion saß und LeBron zum ersten Mal spielen sah. Unter den Anfeuerungsrufen von 18.000 Fans erzielte LeBron 27 Punkte und führte St. V. in der Verlängerung zum Sieg.

Nach dem Spiel erklärte sich Nance bereit, LeBron zu vertreten.

***

Ein neun Meter langer, weißer Cadillac Escalade mit mattierten Scheiben erwartete LeBron und seine Teamkollegen, als sie am Nachmittag des 2. Januar 2003 den internationalen Flughafen von Los Angeles verließen. Ein Chauffeur im Anzug öffnete ihnen die Türen. Ausstaffiert mit einer Reebok-Jacke, einem Adidas-Rucksack und Nike-Turnschuhen stieg LeBron ein und sah sich um – es gab zwei Minibars, eine Stereoanlage mit acht Lautsprechern, einen Satellitenfernseher und Plüschledersitze. Es gab sogar ein Schiebedach. Überwältigt und lärmend kletterten Gloria und das Team hinter ihm in den Wagen.

Als Eddie Murphy in *Trading Places* zum ersten Mal in eine Limousine einstieg, spielte er Billy Ray Valentine, einen fiktiven armen Mann von der Straße, der den Platz mit einem reichen Börsenmakler tauscht. Für LeBron war das kein Film. Es war das echte Leben. Obwohl er und seine Mutter immer noch in einer beengten Wohnung in einem staatlichen Wohnprojekt lebten, musste er nicht mehr von der Zukunft träumen. Dank des Promoters, der St. V. davon überzeugt hatte, beim Dream-Classic-Turnier mitzuspielen, verfügte LeBron über ein Vehikel, das ihn von einem Leben ins andere brachte. Und es war groß genug, um seine Mutter und all seine Freunde zu beherbergen.

Nach einem Zwischenstopp zum Abendessen bei P. F. Chang's in Santa Monica steckte LeBron seinen Kopf durch das Schiebedach. Er richtete eine tragbare Videokamera auf den Ozean und schaute durch den Sucher auf den Sonnenuntergang. Als verängstigter, einsamer Junge hätte er sich früher nicht einmal vorstellen können, dass es auf der Welt Orte wie diesen gab. LeBron reichte die Kamera einem seiner Teamkollegen und riss sich das Hemd vom Leib. Die Pazifikluft wärmte seine Brust, und er rappte, während die Musik von Jay-Z so laut pulsierte, dass die Fensterscheiben bebten. Seine Mannschaftskameraden feuerten ihn an.

Glorias Herz schlug höher vor Glück. Das war ihr Junge.

***

Mit gedämpfter Lautstärke lief die Übertragung der College-Football-Meisterschaft zwischen Ohio State und Miami auf dem Fernseher.

Aber Sonny Vaccaro achtete nicht darauf. Es war der Abend vor dem Dream-Classic-Turnier. In seiner Hotelsuite neben dem UCLA-Campus ging er auf und ab und wartete darauf, dass LeBron und Gloria an die Tür klopften. Zwei Jahre lang war Adidas im Rennen um LeBron in der Poleposition gewesen. Aber Nike hatte aufgeholt, hauptsächlich durch den Einfluss von Michael Jordan und Lynn Merritts Vernetzung. Auch Reebok war auf der Jagd nach LeBron. Aber Vaccaro beschäftigte sich nur mit Nike. Verdammt, Merritt war seit fast zwei Jahren Maverick Carters Mentor, und einige der Nike-Mitarbeiter, die unter Merritt arbeiteten, waren seit dem Beginn von LeBrons letztem Schuljahr ständig in Akron präsent gewesen. „Die Nike-Vertreter leben schon so lange in Akron", scherzte Vaccaro gegenüber einem Kollegen, „dass sie in Ohio Steuern zahlen müssen."

Adidas arbeitete immer noch auf Hochtouren. Die Suite neben Vaccaros war mit glänzenden neuen Adidas-Trainingsanzügen, -Turnschuhen und -Handtüchern mit der Aufschrift „St. Mary-St. Vincent" vollgestapelt. Es gab personalisierte T-Shirts mit dem Namen jedes Spielers auf dem Rücken. An einem Gestell hingen nagelneue weiße Trikots, die speziell für das Spiel gegen Mater Dei angefertigt worden waren, mit den aufgenähten Namen der Spieler auf dem Rücken. Wenn St. V. das Spielfeld betrat, würden LeBron und seine Teamkollegen ebenso gut gekleidet sein wie die Los Angeles Lakers.

Letztendlich würden aber weder die auffälligen Trikots noch die coolen Werbeartikel Adidas zum Sieg verhelfen. Um die Anziehungskraft von Air Jordan zu übertreffen, blieb Vaccaro nur noch eine Option – er musste alles auf eine Karte setzen. Brancheninsider wussten, dass Nike bereit war, mehr als 25 Millionen auszugeben, um LeBron unter Vertrag zu nehmen. Das wäre der höchste Betrag, den ein Schuhhersteller jemals für die Dienste eines Basketballspielers geboten hatte. Nicht einmal Michael Jordan hatte für seinen Nike-Vertrag auch nur annähernd so viel Geld erhalten, was das *Wall Street Journal* zu der Einschätzung veranlasste, dass „jemand sein letztes Hemd für diesen Jungen verlieren wird".

Doch Vaccaro war anderer Meinung – und bereit, noch viel weiter zu gehen. Er hatte mit David Bond und den leitenden Angestellten von Adidas besprochen, was erforderlich war, um den Sieg davonzutragen.

Kurz nachdem Ohio State gegen Miami gewonnen hatte, klopfte es an der Tür.

***

LeBron hatte einen anstrengenden Tag hinter sich – eine Trainingseinheit mit dem Team, eine Pressekonferenz, ein Mittagessen in Beverly Hills. Und er hatte sich gerade drei Stunden lang das Footballspiel angesehen. Es war spät. Aber die Nacht fühlte sich noch jung an, als er seiner Mutter in Schlabberjeans und T-Shirt in Sonnys Suite folgte.

Gloria war ein wenig nervös. Dies war ein Geschäftstreffen, und normalerweise würde sie sich auf Eddie Jackson stützen. Aber Eddie war zu Hause in Ohio.

Sonny und Pam führten sie an David Bond vorbei in einen privaten Raum und schlossen die Tür. LeBron setzte sich aufs Bett und lehnte sich mit dem Rücken gegen das Kopfteil. Gloria saß neben ihm.

Nach einigem Hin und Her über die offiziellen Angebote, die sie bald von Adidas, Nike und Reebok erhalten würden, kam Sonny zur Sache.

„LeBron, was glaubst du, wohin die Reise geht?"

„Vielleicht in Richtung fünf Millionen Dollar pro Jahr?"

„Das glaubst du?", fragte Sonny.

LeBron nickte.

Sonny lächelte. „LeBron, du wirst die Bank sprengen."

LeBrons Augen weiteten sich.

„Du wirst viel mehr als das bekommen", fuhr Sonny fort.

Gloria sah LeBron an.

„Du bist hundert Millionen Dollar wert", sagte Sonny.

Hundert Millionen? LeBron und Gloria waren sprachlos.

„Dahin sollte deine Reise gehen", sagte Sonny.

LeBron und Gloria sprangen gleichzeitig vom Bett auf und schlangen die Arme um Sonny und Pam.

David Bond lauschte vor der Tür und hörte, wie gefeiert wurde – heilige Scheiße!, dachte er. Sonny hat es geschafft.

Wenige Augenblicke später öffnete sich die Tür, und Gloria kam mit zitternden Händen heraus.

„Ein guter Zeitpunkt für einen Drink“, sagte sie.
Bond stimmte zu und führte sie zur Minibar.

***

Ohne Shirt saß LeBron auf einem Stuhl in der UCLA-Umkleidekabine und zog sich für das Spiel um. Ein paar Meter entfernt hielt Maverick Carter einen Stab, an dem ein Bild von LeBrons lächelndem Gesicht befestigt war. Maverick versteckte sein Gesicht scherzhaft hinter dem von LeBron und fühlte sich gut. LeBron war ganz oben angekommen, St. V. stand bei 7:0 und belegte landesweit den neunten Platz, und sie waren in L. A., wo sie gegen den viertplatzierten Club Mater Dei antreten würden.

Aber LeBron war angespannt. Er spürte einen zusätzlichen Ansporn, diese Jungs zu schlagen. Die Kernspieler von Mater Dei waren noch dieselben, die ihn, Sian, Little Dru und Willie in der achten Klasse im nationalen AAU-Meisterschaftsspiel besiegt hatten. Das waren die Jungs, die auf sie herabgesehen hatten, weil sie aus Akron kamen.

LeBron wollte eine Rechnung begleichen. Aber St. V. musste ohne Sian auskommen, der als einer von landesweit nur 78 Highschool-Footballspielern an diesem Wochenende zum Highschool All American Bowl eingeladen war. Ein Football-Stipendium war Sians Eintrittskarte ins College. Er durfte das Bowl-Spiel also nicht verpassen, was bedeutete, dass sie ohne ihn antreten mussten.

„Jungs“, sagte Trainer Dru zum Team, „heute Abend wird nicht gezaubert.“

Nicht gezaubert? LeBron grinste. Er hatte noch ein Ass im Ärmel.

Vitale und Walton moderierten auch dieses Spiel für ESPN2. Die Partie hatte kaum begonnen, als Romeo einen Wurf des besten Spielers von Mater Dei blockierte. Der Ball landete an der Foullinie von Mater Dei in den Händen von LeBron. Als er sich umdrehte und das Spielfeld hinunterlief, sah LeBron aus dem Augenwinkel Romeo, der ihm folgte. Beim Dribbling durch das Mittelfeld musste sich LeBron nur eines Verteidigers erwehren. Er stürmte in die Gasse und beschleunigte in Richtung Korb, als der Verteidiger vor ihm wegrutschte. LeBron ließ den Ball zwischen seinen Beinen zurückprallen. Als LeBrons Schwung ihn über die Bande und ins Aus trug, fing Romeo den Ball kurz vor der Foullinie auf. Ohne zu dribbeln, sprang Romeo hoch und warf einen zweihändigen Dunk. Die Menge brach in Jubel aus. „Diese Stadt hat phänomenale Passspiele gesehen, von Walt Hazard über Greg Lee bis hin zu Magic Johnson", sagte Ansager Bill Walton, „und jetzt von LeBron James, der genau auf den Punkt passt."

Nike-CEO Phil Knight saß auf dem Platz neben Lynn Merritt und staunte. Ein Trainer kann einem Spieler beibringen, wie man einen Pass spielt, aber man kann einem Spieler nicht das Sehen beibringen. Als er diesen perfekten Bounce-Pass zu einem hinterherlaufenden Teamkollegen spielte, ohne über die Schulter zu schauen, schien LeBron Augen im Hinterkopf zu haben. Es war eine seltene Darbietung von Basketballkunst, wie sie die Fans in Los Angeles während der Showtime-Jahre der Lakers von Magic gewohnt waren.

Von seinem Platz am Spielfeldrand aus beobachtete Sonny Vaccaro, wie Knight LeBron ansah – als wäre der eine Actionfigur von einem anderen Planeten, ausgestattet mit der transzendenten Fähigkeit, seine Teamkollegen in Stars zu verwandeln.

St. V. gewann erneut und schaltete zum dritten Mal innerhalb von drei Wochen ein Top-Ten-Team aus.

Nach dem Spiel ging Vaccaro auf Knight zu und flüsterte ihm ins Ohr: „Mach dich auf einen Kampf gefasst."

Knight lächelte.

Vaccaro nicht.

13

HÖHERE BILDUNG

Rich Paul war ein junger Kerl. Aber seine Sichtweise war die eines reifen Mannes. „Man wird unter Umständen in die Welt geboren, die man nicht kontrollieren kann und die man vielleicht nicht gewählt hätte", sagte Paul einmal. „Aber wie diese Umstände waren und wie man damit umgeht, bestimmt darüber, wie man sich als Erwachsener in der Welt bewegt."

Maverick Carter konnte nicht umhin, von LeBrons neuem Freund beeindruckt zu sein. Obwohl er das College abgebrochen hatte, schien Paul klüger zu sein als die meisten Erwachsenen, denen Maverick begegnet war. Und innerhalb eines Jahres, nachdem er Rich kennengelernt hatte, war Maverick kurz davor, selbst das College abzubrechen, um LeBron in Vollzeit zu helfen, seine NBA-Karriere voranzutreiben. Während dieser Zeit hatte Maverick begonnen, sich mit Rich verwandt zu fühlen. Ähnliche Lebenserfahrungen und eine gemeinsame Zukunftsperspektive verbanden sie. Beide waren voller Ehrgeiz und entschlossen, die Mauern einzureißen, die die Möglichkeiten ihrer Väter begrenzt hatten. Und beide waren unerbittlich gewillt, alles Erforderliche zu tun, um LeBron zu schützen und seine Interessen zu wahren.

Eines der ersten Male, bei denen sich Maverick und Rich zusammentaten, um LeBron zu unterstützen, war nach LeBrons erfolgreicher L. A.-Reise. Am Tag nach ihrer Rückkehr verabschiedeten sich LeBron und Gloria in Akron von Eddie Jackson, der in ein Gefängnis in Pennsylvania, neunzig Meilen östlich von Pittsburgh, gebracht wurde. In den folgenden drei Jahren würde Eddie Häftling Nr. 38980-060 sein.

Eddie versprach zu schreiben.

Gloria war außer sich. Während ihr Sohn aufstieg, ging ihr bester Freund weg.

LeBron hatte Mühe, das Geschehen zu begreifen. Es gab keine Gebrauchsanweisung für die Bewältigung des Traumas, einen Elternteil ins Gefängnis gehen zu sehen.

Sowohl Maverick als auch Rich wussten, dass LeBron Eddie als seinen Vater betrachtete. Und auch wenn sie Verlust und Verwirrung nicht mit einem Fingerschnipsen verschwinden lassen konnten, vermochten sie doch beide nachzuempfinden, wie es war, wenn geliebte Menschen in die Fänge des Strafjustizsystems gerieten. Mavericks Vater hatte im Gefängnis gesessen, daher kannte Maverick aus erster Hand die Emotionen, die dadurch ausgelöst wurden, dass ein Elternteil hinter Gittern saß. Und Rich war in einem Viertel aufgewachsen, in dem Polizisten gewohnheitsmäßig schwarze junge Männer misshandelten. Eines Tages hatten zwei Beamte den Laden von Rich Paul Sr. betreten und sich Richs Bruder geschnappt. Nach einem Wortwechsel schlug einer der Beamten Richs Bruder mit seiner Waffe ins Gesicht. Rich Paul Sr. sprang mit Pistolen in beiden Händen hinter dem Tresen hervor und stellte die Polizisten zur Rede: „Das läuft hier nicht wie mit Rodney King." Die Polizei zog sich schließlich zurück.

Nun, da LeBron einen geliebten Menschen im Fadenkreuz der Justiz sah, übermittelten Maverick und Rich ihm eine gemeinsame Botschaft: Wir sind bei dir.

***

Am selben Tag, an dem Eddie Jackson ins Gefängnis kam, veröffentlichte *USA Today* seine neue Rangliste. Nach dem Sieg über Mater Dei hatte sich St. V. auf den ersten Platz vorgearbeitet. Die Nachricht, dass St. V. das beste Team des Landes war, verbreitete sich in der Schule und wurde zum Anlass einer Feier. Nach einer Durchsage des Schulleiters über die Lautsprecheranlage endete der Schultag mit einer provisorischen Versammlung. Die Schüler bemalten ihre Gesichter grün und gelb. Die Marschkapelle, angeführt von den Posaunenbläsern, schmetterte den

Fight-Song der Schule. Und die Basketballspieler wurden wie Eroberer gefeiert, die jeden Feind besiegt und St. V. auf der Basketball-Landkarte eingetragen hatten.

Für Sian, Little Dru, Willie, Romeo und die restlichen Spieler war es einer der besten Tage ihres Lebens.

LeBron genoss den Moment einer noch nie da gewesenen schulischen Eintracht. Aber insgeheim war er verletzt. Als der Jubel aufhörte, ging er zu Coach Dru.

Dru wusste genau, was in LeBron vorging, und suchte nach einer Möglichkeit, ihn aufzumuntern. „Du solltest den Rest der Saison deinem Vater widmen", sagte er zu LeBron.

Daran hatte LeBron nicht gedacht.

„Das wäre eine Botschaft", fuhr Dru fort, „an die Leute, die deinem Vater etwas Böses wollen."

An diesem Abend spielte St. V. gegen Villa Angela-St. Joseph in Cleveland. Mit Coach Drus Worten im Kopf erzielte LeBron vierzig Punkte und versenkte den Ball sieben Mal, darunter ein Dunk, der wahrscheinlich der beeindruckendste seiner Highschool-Karriere war. Gegen Ende des dritten Viertels nahm LeBron den Ball zwischen die Beine, während er hochsprang, und schmetterte ihn dann mit beiden Händen durch den Ring, was das Publikum zu stehenden Ovationen veranlasste. Danach schrieb David Lee Morgan im *Akron Beacon Journal:* „Die Show, die LeBron James abgezogen hat, war … tja … also … unbeschreiblich."

Basketball war lange Zeit LeBrons fliegender Teppich gewesen, der ihm ermöglichte, vor allem, was um ihn herum geschah, in einen Zustand der Glückseligkeit zu entfliehen. Das Beste daran war es, die ehrfürchtigen Blicke der Zuschauer zu sehen. Aber auch das war nichts im Vergleich zu dem Adrenalinschub, den der Applaus auslöste. Wertschätzung zu erfahren wird niemals langweilig.

Aber die Freude an LeBrons Vierzig-Punkte-Meisterwerk war nur von kurzer Dauer. Einige Tage später kontaktierte die Ohio High School Athletic Association (OHSAA) St. V. und zog wegen LeBrons Hummer Erkundigungen ein. In dem Wissen, dass Gloria James in einem staatlichen Wohnprojekt lebte, forderte der OHSAA-Beauftragte Clair Muscaro von der Schule Unterlagen darüber an, wer das Fahrzeug gekauft hatte und wie es finanziert worden war. Nach den Statuten des Verbandes verlor ein Schulsportler seinen Amateurstatus, wenn er „aus seinem sportlichen Ruhm Kapital schlägt, indem er Geld oder geldwerte Geschenke annimmt". Muscaro betonte, er sei es den anderen Schulen schuldig, die Angelegenheit zu untersuchen. „Wenn er gegen die Regeln verstoßen hat", sagte Muscaro zu Associated Press, „müsste er seine Amateurstatus ab dem Zeitpunkt aufgeben, an dem ihm das Auto geliefert wurde."

Am Nachmittag berichtete *SportsCenter* auf ESPN, dass LeBrons Hummer Gegenstand einer Untersuchung sei. Die Geschichte verbreitete sich schnell über die Sportseiten hinaus. In Afghanistan waren US-Truppen stationiert, und die Bush-Regierung bereitete den Einmarsch in den Irak vor, um Saddam Hussein zu stürzen. Doch die *New York Times* titelte am 14. Januar 2003: „LeBron James' SUV löst Ermittlungen aus". Am selben Tag berichtete CNN in der Sendung *Wolf Blitzer Reports* über LeBrons Hummer-Situation, als ob es sich um eine Angelegenheit von nationalem Interesse handelte.

Gloria war wütend. Aus ihrer Sicht hatten alle aus ihrem Sohn Kapital geschlagen – Turnierveranstalter, ESPN, *Sports Illustrated*, Kabelfernsehsender, die Medien und sogar St. V. Dennoch wurde damit gedroht, ihrem Sohn die Förderungswürdigkeit abzuerkennen, weil sie etwas Besonderes für ihn getan hatte? Nun, das ist verrückt, dachte sie.

Verärgert und beschämt rief Gloria den Anwalt Fred Nance an, der sich bereit erklärte, die Angelegenheit zu übernehmen.

Auch LeBron war wütend. Die *New York Times* hatte darauf hingewiesen, dass Gloria in einer Sozialwohnung lebte. „Auf die Frage, wie sie einen solchen Kredit aufnehmen könne", so die *Times*, „sagte eine Person, die mit der Situation der Familie vertraut ist und anonym bleiben will: ‚LeBron James ist Sicherheit genug.'" LeBron kam es so vor, als würde die Presse alles tun, um seine Mutter bloßzustellen. Aber er ging mit Beleidigungen und Widrigkeiten anders um als seine Mutter. Während Gloria ihre Meinung sagte, hielt LeBron seine Emotionen unter Verschluss, bis er das Spielfeld betrat.

Beim nächsten Heimspiel von St. V. an der University of Akron tauchte LeBron mit einem ferngesteuerten Hummer auf. Beim Aufwärmen vor dem Spiel brachte er das Spielzeug mit und steuerte es mit hoher Geschwindigkeit über den Platz. Seine Teamkollegen lachten, und Reporter beobachteten die Szene. Es war eine spielerische Art, der OHSAA und allen anderen, die Fragen über seine Mutter stellten, den Mittelfinger zu zeigen.

Dann ging die Partie los, und LeBron erzielte fünfzig Punkte gegen das gegnerische Team, dessen Fans T-Shirts mit der Aufschrift ICH WÜNSCHTE, MEINE MAMI WÜRDE MIR EINEN HUMMER KAUFEN trugen. An diesem Abend stellte LeBron einen Rekord auf, indem er elf Dreier versenkte. Als Coach Dru ihn eine Minute vor Schluss aus dem Spiel nahm, hatte St. V. mehr als dreißig Punkte Vorsprung, und LeBron wurde von den Zuschauern in seiner Heimatstadt mit lang anhaltendem Applaus bedacht. Währenddessen ging Gloria, die ein Trikot mit der Aufschrift LEBRONS MUTTER anhatte, zum Besucherbereich der Tribüne und fächelte sich mit einem Bild von LeBrons Gesicht Luft zu. St. V. verbesserte sich auf 11 : 0.

Der Reporter des *Akron Beacon Journal*, David Lee Morgan, versuchte, die Situation aus der Sicht von LeBron und Gloria zu betrachten. Nach dem Spiel befragte er Coach Dru, der sagte: „Ich glaube wirklich, dass das eine Klassenfrage ist. Weil LeBron einen bestimmten Status im Leben hat, soll er das nicht haben dürfen. Unser Land ist dabei, in den Krieg zu ziehen, viele junge Männer dorthin zu schicken, wo sie ihr Leben verlieren werden, und wir konzentrieren uns auf sein Geburtstagsgeschenk."

***

Fred Nance überprüfte die OHSAA-Satzung, in der Geschenke geregelt wurden, und kam zu dem Schluss, dass die Untersuchung von Muscaro viel Lärm um nichts war. Nirgendwo stand, es sei verboten, dass ein Elternteil seinem Kind etwas schenkte. Die Tatsache, dass das Geschenk Glorias finanzielle Möglichkeiten überstieg, war irrelevant. Die einzige Frage war, ob Gloria das Fahrzeug tatsächlich gekauft hatte. Und der Vizepräsident der U. S. Bank in Columbus gab die Antwort durch ein Fax an die OHSAA, in dem bestätigt wurde, dass sie Gloria die Summe geliehen hatten, die für den Kauf des Fahrzeugs verwendet worden war.

Auch nachdem die OHSAA die Unterlagen von der Bank erhalten hatte, weigerte sich Muscaro, die Akte zu schließen. „Ich kann nur sagen, dass die Ermittlungen noch nicht abgeschlossen sind", erklärte er gegenüber der Presse.

Nance sagte zu Gloria und LeBron, sie sollten sich keine Sorgen machen – sie hätten nichts falsch gemacht. Wenn der Theaterdonner verhallt wäre, würde die Angelegenheit zu ihren Gunsten entschieden werden.

Für LeBron und Gloria war es eine neue Erfahrung, einen mächtigen Anwalt an ihrer Seite zu haben. Aber LeBron war es auch nicht gewohnt, einen Anwalt zu brauchen. Er war noch nie in Schwierigkeiten gewesen. Gegen ihn war nicht einmal ermittelt worden. Im Nachhinein erkannte er zwar, dass es von seiner Mutter klüger gewesen wäre, ihm den Hummer ein paar Monate später zu schenken, aber ihm wurde auch klar, dass er dann so viel Geld haben würde, dass seine Mutter keine Gelegenheit mehr gehabt hätte, ihn mit einem Luxusfahrzeug zu überraschen. Es ärgerte ihn, dass der Versuch seiner Mutter, ihre Liebe zu ihm auszudrücken, benutzt wurde, seinen Amateurstatus infrage zu stellen. Besonders ärgerlich war jedoch, dass Journalisten die Situation aufbauschten.

„Während die nationalen Medien übereinander herfielen wie aufgeregte Zuschauer bei einem Autounfall", schrieb LeBron ein paar Jahre später, „untersuchte die ebenso gefräßige Ohio High School Athletic Association den Kredit, den meine Mutter aufgenommen hatte, mit der Intensität, mit der das Finanzamt die Steuererklärung eines Mafioso durchleuchtet."

Aber es waren nicht nur die nationalen Medien, die sich auf Gloria stürzten. Sogar einige Redakteure der Heimatzeitung mischten mit. In einem Artikel mit dem Titel „James' Probleme begannen mit einer fehlgeleiteten Mutter" schrieb ein Kolumnist des *Akron Beacon Journal*:

Wie ein guter Sohn sieht LeBron James seine Mutter mit liebevollen Augen und spricht nur in den höchsten Tönen von ihr. Was er nicht sah, waren die Dollarzeichen in ihren Augen. Da sie nie Geld besessen hatte, trübte die Aussicht auf Millionen und Abermillionen von Dollar Gloria James' Urteilsvermögen.

LeBron fühlte sich durch die Hummer-Ermittlungen nie bedroht. Er wusste, dass er nichts falsch gemacht hatte. Aber diese Erfahrung und die Art und Weise, wie die Medien darüber berichteten, machten LeBron und Gloria deutlich, dass Journalisten einem entrissen, was sie haben wollten, ohne etwas zurückzugeben.

***

Auch wenn Eddie Jackson im Gefängnis saß, hatte er draußen noch viele Freunde, mit denen er durch Briefe und gelegentliche Anrufe in Kontakt zu bleiben versuchte. Einer von Jacksons Freunden war Joseph Hathorn, der bei Next Urban Gear arbeitete, einem Einzelhandelsgeschäft in Cleveland, das Vintage-Trikots verkaufte. Hathorn war auch Treuhänder von Project: LEARN, einer gemeinnützigen Organisation, die sich für die Alphabetisierung von Erwachsenen engagierte. Während der Hummer-Ermittlungen wandte sich Hathorn an LeBron und sagte, er habe gehört, dass LeBron in die Ehrenliste seiner Schule aufgenommen worden sei. Er gratulierte LeBron und lud ihn und seine Freunde ein, den Laden zu besuchen.

Einige Tage später fuhr LeBron mit einer Gruppe von Freunden im Hummer nach Cleveland. Während sie in dem Laden waren, erwähnte Hathorn, dass viele Profisportler und Prominente dort eingekauft hätten. Er zeigte auf die signierten Fotos an der Wand.

Auf Hathorns Vorschlag hin signierte LeBron ein Bild von sich, das an der Wand angebracht werden sollte.

Während sich LeBron im Laden umschaute, schnappte sich Hathorn ein paar Trikots und entfernte die Preisschilder.

LeBron wollte gerade gehen, als Hathorn ihm eine Tasche reichte. „Da drin ist etwas für dich“, sagte er.

LeBron schaute hinein und entdeckte zwei Vintage-Trikots – die von Gale Sayers und Wes Unseld. Er sah Hathorn an. „Das müssen Sie nicht tun“, sagte LeBron.

Hathorn antwortete, er sei stolz auf LeBron, da er es auf die Ehrenliste geschafft habe. Die Hemden seien sein Geschenk.

„Danke“, sagte LeBron. „Ich bin froh, dass jemand anerkennt, dass ich ein guter Schüler bin.“

LeBron war zu höflich, um Hathorn zu sagen, dass er bereits ein Vintage-Trikot von Wes Unseld besaß.

***

Am 27. Januar 2003 wurde LeBron von Clair Muscaro, dem Beauftragten der OHSAA, endgültig von dem Vorwurf freigesprochen, gegen die Regeln verstoßen zu haben, als er von seiner Mutter zum Geburtstag einen Hummer bekam. Drei Tage später las Muscaro einen Artikel in der Zeitung *The Plain Dealer*, in dem LeBrons kürzlicher Besuch bei Next Urban Gear erwähnt wurde. Ein Angestellter des Geschäftes hatte angegeben, dass LeBron ein Foto von ihm für die Wand des Ladens signiert und im Austausch dafür zwei Vintage-Trikots erhalten hatte.

Muscaro konnte sich nicht zurückhalten. Er rief in dem Geschäft an und sprach mit dem Angestellten, der in dem Artikel zitiert worden war. Der Mitarbeiter sagte, er sei nicht derjenige, der LeBron die Trikots gegeben habe. Er bestätigte jedoch, dass die beiden Trikots einen Wert von 845 Dollar hatten. Er fügte hinzu, er könne nicht mit Sicherheit sagen, was zwischen LeBron und dem Mitarbeiter, der ihm die Hemden gegeben hatte, abgelaufen sei. Muscaro sprach auch mit dem Miteigentümer des Ladens, der ihn darauf hinwies, dass einige Aspekte des Zeitungsberichtes über LeBrons Besuch in dem Laden möglicherweise nicht korrekt seien. Der Miteigentümer bot an, mit seinen Angestellten zu sprechen und den Vorfällen auf den Grund zu gehen, aber er werde den Rest des Tages brauchen, um alle zu erreichen.

Muscaro rief bei St. V. an und bat um ein Gespräch mit LeBron.

LeBron war im Unterricht, als Muscaro anrief. Als er erfuhr, dass Muscaro mit ihm über Vintage-Trikots und einen Zeitungsartikel sprechen wollte, wollte LeBron seinen Ohren nicht trauen. In der Hoffnung, eine weitere Kontroverse zu vermeiden, verließ er die Schule, fuhr nach Hause, holte die beiden Trikots und fuhr nach Cleveland, um sie zurückzugeben.

Gloria teilte der Schule unterdessen mit, dass LeBron nicht mit Muscaro sprechen werde. Fred Nance werde sich um die Angelegenheit kümmern, und jede Kontaktaufnahme der OHSAA solle über ihn laufen.

St. V. gab diese Informationen an Muscaro weiter, als dieser einen zweiten Versuch unternahm, LeBron in der Schule zu erreichen.

Obwohl Muscaro gerade mit Nance über die Hummer-Ermittlung verhandelt hatte, machte er keinen Versuch, durch Nance zu erfahren, wie LeBron die Angelegenheit sah. Stattdessen rief er kurz nach drei Uhr nachmittags in der Kanzlei von Nance an und informierte ihn, dass er seine Entscheidung getroffen habe. Wenige Minuten später gab Muscaro eine offizielle Erklärung ab, in der er mitteilte, dass LeBron James für den Rest der Saison gesperrt werde. „Ein Gespräch mit dem Personal des Ladens hat mir bestätigt, dass der Händler die Kleidung am 25. Januar direkt und kostenlos an LeBron übergeben hat", sagte Muscaro. „Dementsprechend liegt hier ein direkter Verstoß gegen die OHSAA-Bestimmungen zum Amateurstatus vor, da LeBron durch den Erhalt dieser Geschenke aus seinem sportlichen Ruhm Kapital geschlagen hat."

Es war das erste Mal in 14 Jahren, dass sich die OHSAA auf die Regel des Verbots von Geschenken berief, um einen Schulsportler für nicht teilnahmeberechtigt zu erklären.

LeBron hatte gerade den Laden verlassen und war auf dem Weg zurück nach Akron, als ihn Nance auf dem Handy anrief. Sprachlos hörte LeBron zu, als Nance die Nachricht überbrachte.

LeBron hatte Mühe, das Gehörte zu verarbeiten – seine Highschool-Karriere war vorbei.

Für Nance war klar, dass Muscaro voreilig gehandelt hatte. Nachdem Muscaro fast drei Wochen mit der Hummer-Ermittlung verbracht hatte, die nur Tage hätte dauern dürfen, warf er LeBron nun 24 Stunden nach Lektüre eines kurzen Zeitungsartikels über zwei Vintage-Trikots seine Entscheidung an den Kopf. Doch bevor Nance einen Plan für das weitere Vorgehen ausarbeiten konnte, musste er tun, was Muscaro versäumt hatte – sämtliche Fakten sammeln.

***

Das Team von St. V. sollte an diesem Nachmittag um siebzehn Uhr dreißig trainieren. Zu diesem Zeitpunkt hatte Muscaros Entscheidung, LeBron zu verbannen, bereits im ganzen Land Echos hervorgerufen.

Sie wurde in Sportradio-Talkshows von New York bis Los Angeles diskutiert. Und sie war der Aufmacher im *SportsCenter* von ESPN. Als LeBron auf den Parkplatz der Schule fuhr, sah er auf der anderen Straßenseite eine Reihe von Übertragungswagen und vor der Sporthalle eine Menge von Reportern und anderen Leuten. Ein Mann in einem Trenchcoat, über den Kopf einen Karton mit Löchern für die Augen gestülpt, hielt ein handgefertigtes Schild mit der Aufschrift OHSAA NERVT hoch.

LeBron wischte sich die Tränen aus den Augen, stieg aus seinem Hummer und stürzte sich ins Getümmel. Eine kleine Schar von Fotografen und Kameraleuten rannte auf ihn zu. LeBron wich ihnen aus und schlich durch einen Hintereingang in die Schule.

Die Mannschaft war in der Umkleidekabine.

LeBron trat ein, als Coach Dru seinen Spielern gerade erzählte, was passiert war. Die OHSAA hatte erklärt, dass LeBron nicht nur für den Rest der Saison gesperrt war, sondern auch der jüngste Sieg von St. V. gegen Buchtel als Niederlage gewertet werde, weil das Spiel am Tag nach der Übergabe der Trikots an LeBron stattgefunden habe. Infolgedessen hatte die Behörde die Bilanz von St. V. von 14:0 auf 13:1 abgeändert.

Die Jungs waren verwirrt. Kein Team konnte sie schlagen, aber irgendein Kerl konnte ihnen einfach die Saison wegnehmen, in der sie kein einziges Mal besiegt worden waren?

LeBron vergrub sein Gesicht in den Händen.

Dru hatte das Gefühl, dass seine Mannschaft von allen Seiten angegriffen wurde. Er sagte seinen Jungs, dass sie sich jetzt auf das Team konzentrieren müssten. Sie mussten sich zusammenraufen und lernen, ohne LeBron zu spielen. Er gab ihnen auch einige Ratschläge, wie sie mit dem Andrang der Reporter umgehen sollten, die nach dem Training auf sie warten würden. „Niemand spricht mit wem auch immer“, sagte er.

***

In jener Nacht war LeBron am Boden zerstört. Er betrachtete Muscaro als eine Ein-Mann-Truppe, die seine triumphale Abschlusssaison ruiniert und seinen Traum von einer nationalen Meisterschaft mit seinen Jugendfreunden zunichtegemacht hatte. Aber LeBron sah auch in den Spiegel und fühlte sich schuldig, weil er seine Mannschaftskameraden im Stich gelassen hatte. Er war wütend auf sich selbst und wünschte sich, er hätte diese verdammten Trikots nie mitgenommen. Er hätte es besser wissen müssen.

Das abrupte Ende von LeBrons Basketballsaison war ein unvorstellbares Ergebnis, das weder Maverick noch Rich umkehren konnten. Eddie hätte vielleicht ein paar weise Worte gefunden, aber er war hinter Gittern. Und Gloria war außer sich. Das Schlimmste daran war, dass sich die Schulleitung mit der Entscheidung der OHSAA offenbar zufriedengab. Binnen eines Tages, so schien es, war die Hölle losgebrochen.

Fred Nance hatte eine andere Sichtweise, geprägt durch jahrelange Erfahrung im Umgang mit großen Konflikten und großen Egos. Er erinnerte sich an den Morgen, nachdem die Cleveland Browns mitten in der Nacht 18 Lastwagen beladen und die Stadt in Richtung Baltimore verlassen hatten, wo sie verschlossene Büros, ein leeres Stadion und eine am Boden zerstörte Fangemeinde zurückließen. In diesem Fall hatte ein Mann – der Eigentümer der Browns, Art Modell – tatsächlich die Psyche und die Wirtschaft der Stadt verwüstet. Aufs Ganze gesehen war LeBrons Fall nicht annähernd so folgenreich. Doch Nance erkannte, dass LeBron etwas Außergewöhnliches durchmachte, zumal er noch ein Highschool-Schüler war. Und die nationalen Medien berichteten über die Situation wie über ein Sportereignis.

Wenn man LeBrons Verbannung aus juristischer Sicht betrachtete, war sein Mandant nach Nances Meinung auf jeden Fall geschädigt worden – es hatte ein übereiltes Urteil gegeben, das zu einer übermäßigen Strafe geführt hatte. In Nances Welt lautete der juristische Begriff für Muscaros Entscheidung „willkürlich und ungenügend". Die Abhilfe war nicht allzu kompliziert. Aber als Erstes musste LeBron etwas tun, das nicht leichtfällt, wenn man sich im Recht fühlt – er musste sich reuig zeigen.

Bevor er an diesem Abend zu Bett ging, schickte LeBron einen Brief an Muscaro:

> *Zunächst möchte ich mich für diese und alle anderen Kontroversen entschuldigen, in die ich in letzter Zeit verwickelt war. Wie Sie sich vorstellen können, hat es ebenso viele Nachteile wie Vorteile, wenn man so etwas wie eine Berühmtheit geworden ist, und ich war gezwungen, deshalb einige sehr wichtige Anpassungen in meinem persönlichen Lebensstil vorzunehmen.*

Mit diesem Brief übernahm LeBron die Verantwortung für sein Handeln und räumte ein, dass er das Geschäft besucht und zwei Trikots angenommen hatte. Er gab jedoch an, dass er sich ihres Wertes nicht bewusst gewesen sei, und erklärte, er habe sie zurückgegeben, sobald er erkannt habe, dass er möglicherweise gegen eine Vorschrift verstoßen habe. Er schloss seinen Brief mit einem Satz, der von Herzen kam:

> *Commissioner Muscaro, ich habe lange und hart an der Verwirklichung zweier Träume gearbeitet: ein guter Schüler und ein außergewöhnlicher Sportler zu sein. Basketball ist mein Leben. Mein letztes Schuljahr ist sehr, sehr wichtig für mich, und ich möchte es mit Ehre und Auszeichnung abschließen.*

Nance war beeindruckt. Er kannte nicht viele Erwachsene, die bereit gewesen wären, einen so demütigen Brief zu schreiben.

LeBron hoffte, dass es etwas bewirken würde.

Das war nicht der Fall. Die OHSAA nutzte den Satz in dem Brief, in dem LeBron den Erhalt der Trikots bestätigte, als Eingeständnis, dass er von seinen sportlichen Leistungen profitiert hatte. Mit anderen Worten: Die OHSAA behandelte das Schreiben wie ein Schuldeingeständnis. Muscaro rührte sich nicht.

LeBron kam zu dem Schluss, dass der Brief nichts gebracht hatte.

Nance konzentrierte sich jedoch darauf, wie ein Richter LeBrons Brief und, was noch wichtiger war, Muscaros Reaktion darauf bewerten würde. Die Kombination aus einer so harten Strafe und einer leichtfertigen Reaktion auf die schriftliche Entschuldigung eines Teenagers hatte den Boden für eine juristische Auseinandersetzung bereitet.

Nance bereitete einen Antrag auf eine einstweilige Verfügung und ein vorläufiges Verbot vor, um die OHSAA daran zu hindern, LeBron die Teilnahmeberechtigung zu entziehen.

***

Die Bibliothekarin von St. V., Barb Wood, gehörte nicht zu den Personen, die die Aufmerksamkeit der Medien suchten. Und sie hielt sich von Kontroversen fern. Doch als sie erfuhr, dass die OHSAA LeBron gesperrt hatte, konnte sie nicht länger schweigen. „Die Leute lechzten danach, ihn scheitern zu sehen", sagte sie zu David Lee Morgan vom *Akron Beacon Journal*. „Sie konnten es kaum erwarten, ihn zu Fall zu bringen. Es ist einfach traurig, denn ich sehe ihn jeden Tag zur Schule kommen, und ich weiß, wie hart er jeden Tag im Unterricht arbeitet. Als ich erfuhr, was da vorging, wurde mir richtig schlecht."

Patrick Vassel ging es genauso. Er hatte LeBron seit der Mittelschule beobachtet, als sie zusammen in Coach Dambrots Sommer-Basketballcamp waren. Mit jedem Jahr war es für Vassel schwieriger geworden, die Dimensionen der Vorgänge im Umkreis seines Schulkameraden zu begreifen. Nach Vassels Meinung hatte LeBron St. V. zu neuen Höhen geführt und der Schule eine Identität verliehen. LeBrons individueller Erfolg hatte vielen anderen Leuten an der Schule die Möglichkeit verschafft, mit ihren Fähigkeiten zu glänzen. Vassel war einer von ihnen. Als führendes Mitglied der Schülerverwaltung wurde er häufig aufgefordert, mit Vertretern der nationalen Medien zu interagieren, die an die Schule kamen, um über LeBron zu schreiben. Als ein Journalist der *New York Times* zu Beginn des Schuljahres Akron besuchte, war Vassel sein Begleiter gewesen. Vassel wurde sogar in der *Times* interviewt und zitiert, eine Erfahrung, die er als surreal empfand.

Für Vassel war die Gelegenheit, Journalisten von einigen der angesehensten Medien des Landes zu treffen, lehrreicher als alles, was er aus einem Schulbuch lernen könnte. Am 2. Februar ging Vassel in die Rhodes Arena, um das Basketballteam anzufeuern. Die Halle war voll, und LeBron trug Straßenkleidung. Und viele Reporter waren vor Ort, um den Ausgang des ersten Spieles von St. V. ohne seinen Starspieler zu dokumentieren. Kurz nach Beginn des Spieles tippte ein Schulverwalter Vassel auf die Schulter.

„Willst du dich in der Halbzeit zu Deion Sanders setzen?", fragte er.

Vassel war sprachlos. In den Neunzigerjahren hatte Sanders gleichzeitig Profibaseball und Profifootball gespielt, was ihm die Spitznamen „Prime Time" und „Neon Deion" einbrachte. Vassel hatte es geliebt, ihm beim Spielen zuzusehen.

Der Verwalter erklärte, dass Sanders im Auftrag von CBS News unterwegs sei. Er war in der Stadt, um LeBron für einen Beitrag in *The Early Show* zu interviewen. Die Schule suchte nach einem Schüler, der während des Spieles etwas Zeit mit Sanders verbringen konnte.

„Sicher", sagte Vassel.

***

LeBron war nicht für die Rolle des Zuschauers geschaffen. Er trug einen cremefarbenen Anzug zu einem schwarzen Hemd und saß mit den Reservespielern auf der Bank, um seine Mannschaftskameraden in dem hart umkämpften Spiel gegen die Canton McKinley Bulldogs anzufeuern. Über weite Strecken des Spieles sah es so aus, als würde St. V. verlieren. Doch am Ende gewannen sie mit einem Punkt Vorsprung.

Danach ging LeBron mit Deion und einem Kamerateam von CBS los. Als Junge hatte LeBron Sanders gern zugeschaut. Er war einer seiner Lieblingsspieler. Jetzt wurde er von ihm interviewt.

Sanders war nicht wie die Journalisten, mit denen LeBron bislang gesprochen hatte. Im Jahr 1989, als Sanders 22 Jahre alt war, schlug er im Trikot der Yankees einen Homerun und erzielte in derselben Woche einen Touchdown im Trikot der Falcons. Als ehemaliger Sportler, der während seiner Karriere im Rampenlicht gestanden hatte, betrachtete Sanders die Dinge aus einem ganz anderen Blickwinkel als andere Journalisten. Anstatt bohrende Fragen zu stellen, ging er auf das ein, was LeBron erlebt hatte, und ließ ihn über das sprechen, was er zum Ausdruck bringen wollte.

Beruhigt sagte LeBron zu Sanders: „Wenn ich gewusst hätte, dass ich gegen etwas verstoße, hätte ich es nie getan. Ich hätte meine Förderungswürdigkeit niemals gefährdet. Ich hätte mein Team niemals in

Gefahr gebracht. Ich und ein paar meiner Freunde sind da reingegangen, und der Typ hat gesagt: ‚Weißt du, ich gebe dir ein paar Trikots als Belohnung dafür, dass du auf der Ehrenliste stehst' – und das war's auch schon."

Sanders konnte das nachvollziehen.

***

LeBrons Gespräch mit Sanders wurde am selben Tag auf CBS ausgestrahlt, an dem eine neue Schlagzeile auf ESPN.com erschien: „Bitte nicht um LeBron James weinen." Tom Friend von *ESPN The Magazine* war zurück, dieses Mal mit einem Meinungsartikel, in dem er sich keine Zurückhaltung auferlegte:

> *LeBron James sollte abwarten und die Sache mit der Klage vergessen. Er ist jetzt Profi, war letzten Monat Profi und hat keinen einzigen Amateurknochen mehr in seinem Körper. Er kann den Bundesstaat Ohio verklagen oder die Trikots von Wes Unseld und Gale Sayers zurücknehmen, aber erzählen Sie mir nicht, er sei ein Opfer. Erzählen Sie mir nicht, dass er nicht die Hand aufgehalten hätte. Das ist längst ausgemacht.*

> *Er kann Ohio vor Gericht bringen, aber wenn er das tut, sollte Ohio ihn fragen, woher er die beiden Mobiltelefone hat, die er am Gürtel trägt, oder den Pager in seiner Tasche oder die Tickets für Flüge nach Chicago … Da ist mehr, als man auf den ersten Blick sieht, mehr Beute, als wir derzeit wissen.*

LeBron und Gloria waren nach der Titelgeschichte von Friend einen Monat zuvor verletzt gewesen. Der Kommentar war wie ein Versuch, Salz in die Wunde zu streuen. „Dass er keine starken Eltern hat, die ihm erklären, wann er Nein sagen soll", schrieb Friend, „heißt noch nicht, dass er korrupt ist. Es bedeutet nur, dass er ist, was er ist."

Zeilen wie diese verstärkten LeBrons Misstrauen gegenüber Printjournalisten und bewirkten, dass *ESPN The Magazine* auf seiner schwarzen Liste landete.

***

Richter James R. Williams war der erste afroamerikanische Richter am Summit County Common Pleas Court. Zu Beginn seiner Laufbahn war er von US-Präsident Jimmy Carter zum Anwalt für den Northern District von Ohio ernannt worden. Er hatte eine hervorragende Bilanz als Bürgerrechtler. Ihm oblag es, LeBrons Antrag auf Wiederherstellung seiner Förderfähigkeit zu prüfen.

Die Reporter drängten sich im Gerichtssaal, als Fred Nance seine Argumente vortrug:

Muscaro hatte es versäumt, LeBron darüber zu informieren, dass eine Untersuchung im Gange war.

Muscaro hatte es versäumt, LeBron von den gegen ihn erhobenen Vorwürfen in Kenntnis zu setzen.

Muscaro hatte es versäumt, James anzuhören.

Muscaro hatte es versäumt, mit Joseph Hathorn zu sprechen, der LeBron die Trikots gegeben hatte, und sich stattdessen auf das Wort eines Ladenangestellten verlassen, der an der Transaktion nicht beteiligt war.

Nance legte eidesstattliche Versicherungen von Angestellten des Bekleidungsgeschäftes in Cleveland vor, darunter eine von Joseph Hathorn, dessen Aussage über die Geschehnisse umfangreicher war als die von der OHSAA vorgebrachten Mutmaßungen.

Insgesamt, so argumentierte Nance, habe LeBron ein Geschenk von einem Freund der Familie erhalten, der LeBron für seine schulischen Leistungen Anerkennung zollen wollte. „Die Umstände des öffentlichen Druckes, den Muscaro gespürt haben muss, weil er keine Verstöße beim Hummer-Kauf feststellen konnte, müssen sich auf die unbestreitbare Eile des Urteils in diesem Fall ausgewirkt haben", sagte Nance. „Die beiden Ereignisse, die nur vier Tage auseinanderliegen, haben sich offensichtlich auf Muscaros Urteilsvermögen ausgewirkt."

Ein Anwalt der OHSAA argumentierte, dass Muscaro nach den Regeln nicht anders hätte entscheiden können. Außerdem führte er an, dass LeBron durch die Entscheidung von Muscaro kein „irreparabler Schaden" entstanden sei, was die Standardvoraussetzung dafür war, LeBrons Antrag auf eine einstweilige Verfügung stattzugeben. „Seine

Aussichten in der NBA sind bekannt und werden durch den Verlust seines Amateurstatus nicht beeinträchtigt", befand der Anwalt der OHSAA.

24 Stunden später fällte Richter Williams sein Urteil: „LeBron James' Spielberechtigung ist mit dem heutigen Tag, dem 5. Februar 2003, wiederhergestellt, und er kann beginnen, mit der Mannschaft zu trainieren."

Nance war wie ein Samthammer, der auf eine Mücke niedergeht. Für LeBron war diese Erfahrung eine Lehrstunde im Umgang mit Widrigkeiten. Es war auch ein Vorgeschmack darauf, wie seine sportliche Überlegenheit und der damit verbundene außerordentliche Reichtum ihm Zugang zu den Hebeln der Macht verschaffen würden und wie man diese Hebel nutzen konnte, um die Räder der Justiz schneller in Bewegung zu setzen und ein günstigeres Ergebnis zu erzielen. Mit Blick auf seine bevorstehenden Schuhvertragsverhandlungen und seine NBA-Karriere war LeBron dankbar für Eddie Jacksons Rolle bei der Aufnahme von Nance in die Familie. LeBron sah Nance als eine Art Torhüter an.

Auch Maverick bewunderte Nance. Er wusste es zu schätzen, dass Nance dazu beigetragen hatte, LeBron rechtzeitig vor dem mit Spannung erwarteten Turnierspiel von St. V. gegen die Westchester High, ein Team aus Los Angeles, das landesweit an siebter Stelle stand, zurück auf den Platz zu bringen. Westchester wurde von Trevor Ariza angeführt, einem Star-Rekruten, der mit einem Basketball-Stipendium zur UCLA gehen sollte. Maverick erkannte, dass Westchester die einzige Mannschaft auf dem Spielplan war, die eine echte Chance hatte, St. V. zu schlagen.

LeBron war schon bereit loszulegen. Aber vor dem Spiel erzählte ihm Maverick, dass Trevor Arizas Mutter über LeBron gelästert habe. Laut Maverick hatte sie während LeBrons Sperre einem Zeitungsreporter in Los Angeles gesagt: „Dieser Typ LeBron ist suspendiert. Gut so. Jetzt kann sich mein Sohn endlich präsentieren. Er ist der beste Spieler des Landes. Er war die ganze Zeit besser als LeBron." Es war unklar, woher Maverick seine Informationen bekommen hatte. Aber das spielte keine Rolle. Dass er sie an LeBron weitergegeben hatte, rief die beabsichtigte Wirkung hervor.

Die Auslöser der Kameras klickten, als LeBron die ausverkaufte Sovereign Bank Arena in Trenton, New Jersey, zum Aufwärmen betrat. Busladungen von Fans aus Akron – pensionierte Autoarbeiter, Mechaniker, Hausmeister und Arbeiter, die tief in die Tasche gegriffen hatten, um die siebzig Dollar für Hin- und Rückfahrt aufzubringen – lärmten, und mehr als hundert Journalisten drängelten sich um LeBron herum. Während Schwarzhändler auf der Straße 2.500 Dollar pro Ticket verlangten, stimmte sich LeBron mit dem Text von Eminems neuem Hit *Lose Yourself* ein.

This world is mine for the taking
Make me king, as we move toward a New World Order
A normal life is borin', but super stardom's close to post mortem
It only grows harder, only grows hotter

„Heute ist der Abend der Abende", sagte LeBron zu seinen Teamkollegen.

Er betrat das Spielfeld, und ein Fan rief: „Zeig mir was, LeBron!"

Im ersten Viertel lochte LeBron Jumpers ein, punktete mit Layups, erzielte gleich drei Dunks innerhalb von einer Minute und schaffte einen Dreier aus elf Metern Entfernung. Zur Halbzeit hatte er 31 Punkte.

Coach Dru beschloss, sich einfach zurückzulehnen und ihn machen zu lassen.

In der explosivsten Offensivleistung seiner Highschool-Karriere erzielte LeBron 52 Punkte und übertraf damit im Alleingang Westchester, das 43 Punkte hatte, als LeBron schließlich zweieinhalb Minuten vor Schluss ausgewechselt wurde. Erschöpft machte er sich auf den Weg zur Bank, während die Menge jubelte.

Big Frankie Walker gehörte zu den Zuschauern, die aus Akron angereist waren. Von Stolz überwältigt rief er dem Jungen zu, der in der fünften Klasse bei ihm gewohnt hatte: „So spielt man Basketball!"

Danach stürzten sich die Journalisten auf LeBron.

„Also sag uns, LeBron, habt du und deine Teamkollegen heute Abend Druck verspürt?", fragte ein Reporter. „Keinerlei Druck. Viele Leute haben gefragt, ob wir gut genug sind, um die Nummer eins im

Land zu sein, und ich denke, wir haben heute Abend bewiesen, dass wir es sind", sagte LeBron.

„Ich habe von Kontroversen gesprochen", sagte der Reporter. „Hast du wegen der ganzen Berichterstattung Druck verspürt?"

„Nein."

„Du hast dich über die Medien beschwert", sagte ein anderer Journalist. „Findest du es richtig, sich zu beschweren? Schließlich haben die Medien dich berühmt gemacht."

„Ich habe mich nie über die Medien beschwert. Niemals. Ich habe hart gearbeitet. Mich immer reingehängt. Wie auch immer, ihr habt mich nicht berühmt gemacht. Ich habe mich selbst berühmt gemacht."

St. V. absolvierte auch den Rest des Programmes erfolgreich. Das Landesmeisterschaftsspiel gegen Kettering Bishop glich eher einer Krönung als einem Wettkampf. LeBron lieferte erneut eine dominante Leistung ab und führte das Ranking der Scorer an. In der letzten Sekunde der Spielzeit warf Little Dru den Ball in die Luft, und Coach Dru brach in Tränen aus. Die Spieler rempelten sich gegenseitig an. Sie waren die unangefochtene Nummer eins der Rangliste von *USA Today*. Sie waren nationale Champions.

Als er Little Dru und Willie und Sian und Romeo ansah, kamen in LeBron Erinnerungen hoch – an das Aufwachsen ohne Vater, die Angst, dass seine Mutter nie mehr nach Hause kommen und er am Ende ganz allein dastehen würde, an die Walkers, Coach Dru, die Bruderschaft der Fab Five. Er musste daran denken, wie wichtig es für sie gewesen war zusammenzuhalten, als die schwarze Gemeinde von Akron sie des Verrats beschuldigt hatte, weil sie eine überwiegend weiße Privatschule einer überwiegend schwarzen öffentlichen Schule vorgezogen hatten.

Nachdem er das Netz abgeschnitten hatte, wurde LeBron zum MVP des Meisterschaftsspiels ernannt.

„Ich freue mich, dass ich zum MVP ernannt wurde", sagte LeBron, als er die Auszeichnung entgegennahm. „Aber es gibt jemanden, der viel besser gespielt hat als ich, also gebe ich Corey den Preis, weil er ihn verdient hat."

Corey Jones war der zweitbeste Scorer und hatte ein fehlerfreies Spiel abgeliefert. Überwältigt ging er auf LeBron zu.

Im letzten Akt seiner Highschool-Karriere übergab der Mannschaftsführer die Trophäe an einen Rollenspieler.

Die Fab Five umarmten den kleinen weißen Jungen mit dem genialen Sprungwurf stürmisch.

Am nächsten Tag lautete die Schlagzeile im *Akron Beacon Journal*: „LeGone With The Win".

14

IM ZIMMER

Es war ein Montagmorgen Ende März. Normalerweise wäre LeBron in der Schule gewesen, in Schuluniform und mit einem Rucksack voll Büchern auf den Schultern. Stattdessen befand er sich im Umkleideraum eines Freizeitzentrums in einem Vorort von Cleveland und zog sein Arbeitsoutfit an. Einen Tag vor dem McDonald's High School All-American Game betrat er das Spielfeld für eine Trainingseinheit.

Scouts von allen 29 NBA-Teams waren beim Training anwesend. Da noch keiner der anderen All-Americans die Halle betreten hatte, waren sämtliche Augen auf LeBron im roten McDonald's-Trikot gerichtet. Er war zwei Meter groß und wog 240 Pfund. Seine Schultern, Brust und Oberschenkel waren mit Muskeln bepackt. An seiner durchtrainierten Figur schien kein Gramm Körperfett zu sein. Es war schwer, nicht über seine übernatürliche Athletik zu staunen. Bei einem himmlischen vertikalen Sprung von 44 Zentimetern war der Kopf von LeBron, als er dunkte, über dem Korbrand. Mit 18 Jahren konnte er bereits höher springen als jeder andere Spieler in der NBA.

Als die anderen Highschool-All-Americans auf das Spielfeld strömten, war der Kontrast zwischen LeBron und ihnen gewaltig. Sie alle waren angehende Profis, groß und erfahren. Aber LeBron war körperlich weitaus imposanter, ein Mann unter Jungen. Die Scouts waren auch auf die subtileren Unterschiede eingestellt und bemerkten, dass LeBron die Angewohnheit hatte, beim Training als Erster auf dem Platz zu sein und als Letzter zu gehen. Die seltene Kombination aus überragendem Können und unbeugsamer Tatkraft war ein unbezahlbares Gut im Profisport.

Für Scouts war es wohl am schwierigsten herauszufinden, was im Kopf eines Spielers vor sich ging. Während einige der McDonald's All-Americans noch überlegten, für welches College sie im Herbst spielen wollten, hatte LeBron viel wichtigere Dinge im Kopf. So lange schon sah er es als seine Aufgabe an, seiner Mutter ein komfortables Zuhause, ein Auto und lebenslange finanzielle Sicherheit zu bieten. Es war an der Zeit, der NBA schriftlich mitzuteilen, dass er an dem Draft teilnehmen würde, bei dem er die Nummer eins der Gesamtauswahl sein würde. Außerdem musste er sich zwischen drei Schuhunternehmen entscheiden, die um seine Dienste buhlten – eine Entscheidung, die sich viel stärker auf sein Nettovermögen auswirken würde als die Frage, welchem NBA-Club er sich letztendlich anschließen würde. Doch bevor er sich mit der NBA oder den Unternehmen auseinandersetzen konnte, die bereits Schlange standen, um ihm lukrative Werbeverträge anzubieten, musste LeBron einen Sportagenten wählen, der ihm bei seinen nächsten Schritten half. Für einen Highschool-Schüler der Abschlussklasse war das eine Menge, worüber er nachdenken musste.

Doch am nächsten Tag, als LeBron im All-Star-Game spielte, war von diesen Ablenkungen nichts zu spüren. Vor einer Rekordkulisse von fast zwanzigtausend Zuschauern, zu denen auch Jay-Z gehörte – der Mann, dessen Musik der Soundtrack von LeBrons Leben war, saß nun am Spielfeldrand, um ihn spielen zu sehen –, bewies LeBron einen laserartigen Fokus, präsentierte sein Können und wurde zum MVP gekürt. In einer auf ESPN ausgestrahlten Zeremonie nach dem Spiel gratulierte der legendäre UCLA-Basketballtrainer John Wooden LeBron und überreichte ihm die Trophäe. Zu seiner Leistung befragt, sagte LeBron: „Zuerst möchte ich meinem Vater ein Lob aussprechen."

Eddie Jackson war zu diesem Zeitpunkt bereits seit drei Monaten inhaftiert. Aber in LeBrons Gedanken blieb er gegenwärtig. Sie hielten telefonisch Kontakt, und Eddie schrieb Briefe an LeBron und Gloria.

Eddie wollte unbedingt auf dem Laufenden gehalten werden und fühlte sich ausgegrenzt, während LeBron vor einigen der wichtigsten Entscheidungen seines Lebens stand. Eddie versuchte, sich nach wie vor einzubringen, und rief weiterhin die Vertreter von Nike, Reebok und Adidas an. Er äußerte sich auch dazu, wen LeBron seiner Meinung nach als Agenten wählen sollte.

Die meisten NBA-Insider gingen davon aus, dass LeBron bei einem Mann wie Arn Tellem unterschreiben würde, der allgemein als einer der mächtigsten Agenten der Liga galt. Tellem vertrat mehr als 15 Prozent der Spieler der Liga, darunter viele der größten Stars. Er stand auch Sonny Vaccaro nahe, der glaubte, Tellem würde gut zu LeBron passen. Ein weiterer Topkandidat war Leon Rose, der mit dem NBA-Powerbroker William Wesley eng befreundet war. LeBron hörte auf Vaccaro wie auch auf Wesley, doch keiner von ihnen hatte jemals versucht, seine Meinung zu den Agenten zu beeinflussen.

Letztendlich schlug LeBron eine andere Richtung ein. Im Frühjahr entschied er sich im Stillen für den 42-jährigen Aaron Goodwin als seinen Agenten. Oberflächlich betrachtet war LeBrons Wahl unkonventionell. Goodwin vertrat eine relativ kleine Anzahl von Klienten und hatte noch nie eine Nummer eins in der Draft-Gesamtauswahl vertreten. Seine Erfahrung beim Aushandeln erstklassiger Werbeverträge war begrenzt. Im Vergleich zu einigen der etablierten Agenten war Goodwin noch ein Newcomer. Gleichwohl war er der Konkurrenz bei der Jagd auf LeBron immer zwei Schritte voraus gewesen. Im Jahr 2001 hatte er LeBron bei einem AAU-Spiel in Oakland beobachtet. Zu dieser Zeit lernte er Eddie Jackson kennen, und die beiden begannen, sich über die Möglichkeit einer Vertretung zu unterhalten. Es war ein Gespräch, das sich über 18 Monate erstreckte.

„Ich habe um LeBron James mehr als ein Jahr lang geworben, ohne dass die Leute es mitbekamen“, sagte Goodwin 2003 in einem seiner seltenen Interviews. „Es gab Leute, die nach mir suchten. Die Reporter forschten nach mir, aber sie hatten keine Ahnung, wie ich aussah. So mag ich das. Mir gefällt, was ich aufgebaut habe.“

Zu Beginn von LeBrons Abschlussjahr wohnte Goodwin praktisch in Akron, wo er auch eine Beziehung zu Gloria aufgebaut und ihr Vertrauen gewonnen hatte. Sobald Eddie und Gloria ihn akzeptiert hatten, sorgte Goodwin auch dafür, dass etliche seiner NBA-Kunden sich mit LeBron anfreundeten. Schließlich überprüfte Fred Nance Goodwin und war beeindruckt von dessen Fähigkeit, LeBron zu vertreten.

„Ich danke Gloria und Eddie dafür, dass sie mir diese einmalige Chance gegeben haben“, sagte Goodwin, nachdem er sich offiziell LeBrons Team angeschlossen hatte.

***

Goodwin begab sich in eine noch nie da gewesene Situation: Noch bevor er sein erstes NBA-Spiel bestritt, war LeBron im Begriff, einer der reichsten Sportler der Welt zu werden. Agenten erhalten für jeden abgeschlossenen Werbevertrag eine Provision. Da die Verhandlungen mit Nike, Reebok und Adidas auf Neuland zusteuerten, bat Goodwin den Anwalt Fred Schreyer, ihm bei der Einordnung der Angebote zu helfen. Es war ein kluger Schachzug von Goodwin.

Schreyer war Chefsyndikus und Finanzchef der Professional Bowlers Association (PBA). Doch bevor er zur PBA ging, war Schreyer leitender Angestellter bei Nike gewesen, wo er für die größten Schuhverträge des Unternehmens mit Sportlern zuständig war. Niemand war im Umgang mit Nike versierter als er. Und bei der Prüfung der Konkurrenzangebote von Adidas und Reebok würde Schreyer von unschätzbarem Wert sein.

Während Goodwin sich auf eine Reihe von Gesprächen mit den Schuhunternehmen vorbereitete, geriet er in eine heikle Situation, in die LeBron verwickelt zu werden drohte. Als Eddie Jackson ins Gefängnis ging, ließ er eine Menge unerledigter Angelegenheiten mit Thomas Marsh und Magic Arts & Entertainment zurück. Fast zwei Jahre zuvor hatte Eddie Marsh um ein Darlehen gebeten, um seine und Glorias Reisekosten zu decken, die sich im Auftrag von LeBron mit Führungskräften der Schuhunternehmen treffen wollten. In der Zwischenzeit war LeBrons Ruhm sprunghaft gewachsen. Infolgedessen waren die Rechte an einem Film, der auf LeBrons Leben basierte, erheblich wertvoller geworden. Und die Möglichkeit, den Film zu produzieren, war für Marsh weit wertvoller als die Zinsen für die hunderttausend Dollar, die er Jackson geliehen hatte.

Seit Eddie im Gefängnis war, wandte sich Marsh ausschließlich an Gloria. Um den Dokumentarfilm zu realisieren, erstellte er einen Geschäfts- und Marketingplan für das Filmprojekt, das den Arbeitstitel *King James: Die Geschichte von LeBron James* trug. Mit den zunächst von Marsh empfohlenen Regisseuren hatte es nicht geklappt. Nachdem er sich mit Gloria beraten hatte, schickte Marsh den Plan an den Filmemacher Spike Lee und informierte ihn darüber, dass seine Firma Magic Arts & Entertainment LeBron in Bezug auf einen geplanten Dokumentarfilm vertrat. „LeBrons Mutter Gloria James hat ihr Interesse daran bekundet, dass Sie bei diesem Dokumentarfilm eine wichtige Rolle spielen, vielleicht als Regisseur oder Produzent", schrieb Marsh im April 2003 an Lee.

Einen Monat später informierte er Gloria in einem Brief:

> *Auf Ihren Wunsch hin haben wir uns an Spike Lee mit der Anfrage gewandt, bei dem Dokumentarfilm über Ihren Sohn LeBron Regie zu führen. Leider wurde uns mitgeteilt, dass Spike Lee derzeit nicht für die Regie des Projektes verfügbar ist. Sie hatten erwähnt, dass Sie direkt mit Spike gesprochen haben ... Möchten Sie versuchen, ihn telefonisch zu erreichen, um ihn zu einer Beteiligung zu überreden?*
>
> *Falls Spike Lee nicht verfügbar ist, gibt es eine Shortlist weiterer Personen, die Sie und LeBron als Regisseur für uns gewinnen möchten? Anderenfalls kennen wir ein paar Leute, die wir für sehr talentiert halten und die sofort für das Projekt zur Verfügung stünden.*

Während er versuchte, noch vor dem Sommer einen Regisseur für das Projekt zu finden, leistete Marsh zwei Zahlungen an Gloria, eine im April und eine im Mai. Diese Zahlungen beliefen sich auf insgesamt fünftausend Dollar, womit Marshs ursprüngliche Darlehensverpflichtung gegenüber Eddie Jackson erfüllt war. Marshs Auffassung nach untermauerte dies seinen Besitzanspruch an den Exklusivrechten für die Produktion eines Filmes über LeBron.

Goodwin spürte, dass ein Konflikt bevorstand. Aber er konzentrierte sich auf das eigentliche Thema – die Sicherung von LeBrons erstem Werbedeal.

LeBron wusste, dass Eddie mit Marsh zu tun hatte. Ihm war auch bewusst, dass Gloria mit Marsh in Kontakt stand. Aber LeBron hatte schon genug um die Ohren. Er war mehr daran interessiert, seine knapp bemessene Zeit mit Savannah Brinson zu verbringen als bei einem Filmdreh.

LeBron und Savannah waren erst seit etwa sechs Monaten zusammen, aber das war lange genug für ihn, um eine ihrer attraktivsten Eigenschaften zu erkennen – sie war ungewöhnlich besonnen, besonders für ihr Alter. LeBron hatte genügend Drama-Queens erlebt. Savannah war das genaue Gegenteil davon. Für ihn war die Zeit, die sie zusammen verbrachten, wie eine Zuflucht. In ihrer Nähe brauchte er sich nicht in Acht zu nehmen, sondern durfte sich wie ein Teenager verhalten. Ihr konnte er sich anvertrauen.

Für Savannah waren die Treffen mit LeBron in gewisser Weise surreal, nicht zuletzt wegen der ständigen Präsenz von Fotografen, Kameraleuten und Autogrammjägern. In einem Achtzigtausend-Dollar-Luxusfahrzeug zu einem Date zu fahren, war ein Trip der besonderen Art. Ebenso wie die Erfahrung, ihren Freund auf Magazincovern und Fernsehbildschirmen zu sehen. Und LeBron war der einzige Junge, den sie je kennengelernt hatte, der einen eigenen hochkarätigen Anwalt beschäftigte.

Doch nichts von alledem reizte Savannah an LeBron. Sie fühlte sich von seinem Selbstvertrauen und seiner Zielstrebigkeit angezogen. Es war beruhigend, mit einem Teenager zusammen zu sein, der so zielorientiert war. Sein Leben war bereits vorgezeichnet. Und obwohl viele andere Mädchen um LeBrons Aufmerksamkeit buhlten, war sein Herz an diejenige vergeben, die ihm ursprünglich eine Abfuhr erteilt hatte, als sie ihm ihre Nummer nicht geben wollte. LeBron hätte ihr das niemals durchgehen lassen.

Aber er hatte viele Gründe, ihre Beziehung unter Verschluss zu halten. Er lebte wie unter einem Vergrößerungsglas. Jeder, der ihm nahestand, war für die Medien angreifbar, und er wollte Savannah auf keinen Fall der gleichen strengen Prüfung aussetzen, der sich schon seine Mutter hatte unterziehen müssen. Es war am besten, wenn die Medien nicht einmal wussten, dass er eine Freundin hatte. Um ihrer selbst willen sollte Savannah anonym bleiben.

Für zwei Teenager war die ganze Situation beängstigend. LeBron war im Begriff, auf die Überholspur zu wechseln. Savannah hatte noch ein weiteres Highschool-Jahr in Akron vor sich. Wie sollte das alles ablaufen? Was würde mit ihnen geschehen? Würde ihre Beziehung halten?

LeBron hatte ein einfaches Mantra: Mach dir keine Sorgen.

***

Ende April stand LeBron auf einem Podium in der St.-V.-Sporthalle und erklärte, dass er auf das College verzichten und sich für den NBA-Draft bewerben würde. Er blickte auf seine Freunde, Mitschüler und mehr als fünfzig Journalisten aus dem ganzen Land, hielt inne und erinnerte sich an die Zeit in der Mittelschule, als sein Lehrer ihm aufgetragen hatte, drei Berufe aufzulisten, die ihn interessierten, und er dreimal „NBA Player" auf die Karteikarte geschrieben hatte. „Es war ein lang gehegter Traum", sagte LeBron. „Und ich freue mich, dass er endlich wahr wird."

Einige Tage später betrat LeBron den Sitzungssaal der Reebok-Zentrale in der Nähe von Boston. In Begleitung seines Agenten und seines Anwaltes saß LeBron neben seiner Mutter an dem längsten Tisch, den er je gesehen hatte. Auch Maverick nahm dort Platz.

Paul Fireman, der CEO von Reebok, begrüßte alle und machte LeBron von Anfang an klar, dass sein Unternehmen bereit sei, ihn als den wichtigsten Sportler in der Geschichte von Reebok zu behandeln. Es war eine nicht ganz so subtile Art, Reebok von Nike abzuheben, wo LeBron einer von vielen Superstar-Sportlern sein würde.

Todd Krinsky, ein leitender Angestellter der Bekleidungs- und Schuhabteilung, erläuterte die neue Initiative des Unternehmens, Musik und Sport zu verbinden, um hippere, jüngere Verbraucher anzusprechen. Reebok hatte gerade einen Vertrag mit Jay-Z abgeschlossen, der beinhaltete, dass der Rapper seinen eigenen Signature-Sneaker, den S. Carter, bekommen würde. Reebok strebte auch einen Vertrag mit Pharrell Williams an. Und Reebok stufte LeBron in dieselbe Kategorie wie diese Entertainer ein. LeBron war ein Sportler der nächsten Generation mit einer enormen Crossover-Attraktivität.

Nach der Präsentation legte Reebok sein Angebot auf den Tisch – hundert Millionen Dollar.

Im Raum wurde es still.

LeBron war verblüfft. Sonny Vaccaro hatte ihm gesagt, er sei hundert Millionen wert. Aber diese Zahl hatte sich immer eher magisch als real angefühlt.

Glorias Augen wurden feucht.

Aaron Goodwin versuchte, die Fassung zu bewahren. Er hatte nicht mit einem neunstelligen Angebot von Reebok gerechnet.

Ebenso wenig wie Fred Schreyer, der sich daran erinnerte, wie Tiger Woods 1996 Profi geworden war, und Nike mit ihm einen fünfjährigen Werbevertrag im Wert von vierzig Millionen Dollar abgeschlossen hatte. Es war der lukrativste Schuhvertrag, der je einem Amateursportler angeboten worden war. Das Angebot von Reebok an LeBron stellte den Tiger-Deal in den Schatten.

Paul Fireman zückte einen Stift und griff nach einem Scheck, um den Deal perfekt zu machen.

LeBron hatte keine Ahnung, was Fireman am anderen Ende des Tisches tat.

Fireman unterschrieb rechts unten und schob den Scheck über den Tisch.

Goodwin nahm ihn auf und notierte den Betrag: zehn Millionen Dollar, zahlbar an LeBron James.

Goodwin zeigte LeBron und Gloria den Scheck.

Gloria weinte.

LeBron starrte auf all diese Nullen.

Das Angebot von Fireman an LeBron war simpel: Wenn er jetzt bei Reebok unterschrieb, erhielt er einen Vorschuss in Höhe von zehn Millionen Dollar.

Schwitzend stand Maverick auf und öffnete die obersten Knöpfe seines Hemdes. Heilige Scheiße, dachte er. Dieser Mist ist echt.

Goodwin und Schreyer brauchten einen Moment, um sich mit ihrem Mandanten zu beraten.

Fireman überließ ihnen den Sitzungsraum. Er und Krinsky gingen hinaus, und die Tür schloss sich mit einem Klicken hinter ihnen.

Gloria wurde laut. Was gab es da noch zu besprechen? Das Angebot von Reebok übertraf die Erwartungen aller Beteiligten. LeBron könnte auf der Stelle zum zehnfachen Millionär werden.

LeBron wusste nicht, was er sagen sollte. Er war gerade aus Akron eingeflogen worden. Er lebte in der Sozialsiedlung. Ihre subventionierte Miete betrug etwa 17 Dollar im Monat. Seine Mutter war arbeitslos und musste mit Lebensmittelmarken bezahlen. Der Scheck in seiner Hand bot einen Ausweg aus alldem. Es war die Eintrittskarte in ein neues Leben. Er musste nur Ja sagen.

Gloria war bereit, den Scheck sofort anzunehmen.

Goodwin wollte, dass alle erst einmal durchatmeten. Das Angebot von Reebok war unglaublich. Und Fireman hatte einen mutigen Schritt gewagt, indem er zehn Millionen Dollar auf den Tisch gelegt hatte. Es handelte sich jedoch um ein Präventivangebot, das LeBron von Gesprächen mit Adidas und Nike abhalten sollte. Goodwin erinnerte LeBron daran, dass ihr Plan vorsah, sich mit allen drei Unternehmen zu treffen, bevor er sich entschied.

Schreyer stimmte zu. Obwohl es nervenaufreibend war, hundert Millionen Dollar abzulehnen, hielt er es für klüger abzuwarten und zu sehen, was Adidas und Nike zu bieten hatten.

LeBron hielt den Scheck in der Hand und war hin- und hergerissen.

Fireman und Krinsky kehrten in den Raum zurück und nahmen wieder Platz.

Stoisch schob LeBron den Scheck zurück zu Fireman.

Fireman und sein Team waren enttäuscht. Aber sie kamen nicht umhin, beeindruckt zu sein. Todd Krinsky sah ihm erstaunt hinterher, als LeBron an diesem Abend den Hauptsitz von Reebok verließ. Er ist schon ein Mann, dachte Krinsky. Er weiß, was auf ihn zukommen wird.

***

Am nächsten Morgen, auf dem Weg ins Klassenzimmer, dachte LeBron: Heilige Scheiße! Ich kann nicht glauben, dass ich das auf dem Tisch liegen gelassen habe.

Er hielt sich nicht lange mit dem Gedanken auf. Es war ein Freitag, und LeBrons Klassenkameraden bereiteten sich auf den Abschlussball am Wochenende vor. Aber LeBron hatte andere Pläne. Sobald die Schule aus war, eilte er zu einem Flugplatz, wo ein Privatjet auf ihn wartete. Das Flugzeug war von Sonny Vaccaro gechartert worden, um LeBron für das Pitch-Meeting mit Adidas nach Los Angeles zu bringen. In dem Luxusflugzeug gab es genügend Plätze für LeBrons Freunde und Berater. Alle gingen an Bord.

Sonny bewunderte schon lange, wie LeBron seine Highschool-Kollegen möglichst in alles einbezog, was er unternahm. Auf LeBrons Wunsch hin hatte Sonny ihnen Plätze direkt am Spielfeldrand für das Play-off-Spiel zwischen den Spurs und den Lakers gesichert. Eine

Limousine holte LeBron und seine Freunde am Flughafen ab und brachte sie zum Staples Center. Mit einem Fake-Diamanten an jedem Ohr, einer nach hinten gedrehten Lakers-Kappe und einer Letterman-Jacke mit offenem Reißverschluss über einem weißen T-Shirt betrat LeBron die Arena, als wäre es sein künftiges Zuhause. Hollywood-Mogule, Popstars, Schauspieler und Sportler saßen auf den Plätzen direkt am Spielfeld. Die Laker Girls tanzten. Die Musik pulsierte. Und Kobe Bryant und Shaquille O'Neal versuchten, die Lakers zu ihrer vierten NBA-Meisterschaft in Folge zu führen. Doch die Spurs, angeführt von David Robinson und Tim Duncan, stellten sich ihnen in den Weg. In der Arena herrschte ungeheure Spannung.

In der Mitte des zweiten Viertels wurde Shaq nach seinem zweiten Foul abgepfiffen. Jack Nicholson, schwarz gekleidet und eine Ray-Ban-Sonnenbrille tragend, erhob sich von seinem Platz am Spielfeldrand und schimpfte über die Schiedsrichter. Sein neuer Film *Die Wutprobe* stand an der Spitze der Kinocharts, und Nicholson schrie und fuchtelte herum wie die Figur in seinem Film und heizte die Menge an. Als die Schiedsrichter ihn aufforderten, sich hinzusetzen, wurde Nicholson noch lauter. „Das hier ist die NBA!", bellte er. „Sie können mir nicht vorschreiben, dass ich mich hinsetzen soll!"

Angestachelt durch Nicholsons Sturheit erhoben sich die Fans, feuerten ihn an und buhten die Schiedsrichter aus. Aufgrund der angespannten Atmosphäre besprachen die Verantwortlichen mit dem Sicherheitspersonal, ob der Oscarpreisträger der Arena verwiesen werden sollte, weil er das Spielfeld betreten hatte. Die Sicherheitskräfte rieten jedoch davon ab, um einen Aufstand zu vermeiden. Stattdessen wurde Nicholson verwarnt, er solle besser keinen Fuß mehr auf das Spielfeld setzen.

„Sie können mich hier nicht rausschmeißen", spottete Nicholson. „Sie werden mich hier nicht rausholen. Ich kann hier stehen, wenn ich will. Ich bezahle gutes Geld für mein Ticket."

Nicholsons Wutausbruch begeisterte die Menge, Kobe führte die Lakers bei einem Angriff an, und LeBron nahm alles in sich auf. Es war einer dieser Momente, nach denen sich LeBron sehnte – der beste Spieler der NBA trat vor weltberühmten Entertainern auf einer großen Bühne an, während die Menge tobte. Es war eine Erinnerung an etwas, das LeBron bereits begriffen hatte: Professioneller Sport war in seinem Kern viel mehr als ein Spiel; es war Showbusiness.

Plötzlich trat ein Producer von TNT an LeBron heran. Craig Sager, der Reporter am Spielfeldrand, wollte ihn interviewen.

LeBron stimmte zu. Als er in das weiße Scheinwerferlicht trat und sich der Kamera zuwandte, spürte LeBron, wie sich die Augen der Lakers-Fans auf ihn richteten.

„Bei mir ist der vielleicht am höchsten gerühmte Spieler, der je im Highschool-Basketball mitgewirkt hat", begann Sager. „LeBron James, zunächst einmal herzlichen Glückwunsch zu einer herausragenden Karriere und der nationalen Meisterschaft. Wie schwer war es, mit der ganzen Aufmerksamkeit und der Öffentlichkeit umzugehen?"

„Ich denke, für jeden normalen Menschen wäre das ziemlich schwer", sagte LeBron. „Ich habe in meinem Leben von Anfang an so viele Widrigkeiten erlebt, und deshalb, denke ich, war es für mich relativ leicht. Und auch einige meiner Teamkollegen und Trainer haben mir dabei geholfen."

„Du wirst am Draft teilnehmen. Aber du weißt nicht, für wen du spielen wirst. Für welchen Club würdest du gern antreten?"

„Mann, das ist mein seit Langem angepeiltes Ziel. Ich werde für jeden Club spielen."

Zurück in Akron konnten die Schüler und Lehrer von St. V., die das Spiel verfolgt hatten, nicht fassen, dass LeBron live im Fernsehen in Los Angeles aufgetreten war. Am Nachmittag war er noch in der Schule gewesen. In der Ära nach dem 11. September 2001 war es nicht möglich, mit Linienflügen so schnell von Akron nach Los Angeles zu gelangen. Aber LeBron war bereits an die Art von Hochgeschwindigkeitsreisen gewöhnt, die normalerweise den Titanen der Wirtschaft vorbehalten waren. Er war auch ziemlich geschickt darin geworden, Live-Interviews zu geben.

„Warum bist du heute Abend hier?", fragte Sager LeBron.

Es war eine schwierige Frage, bei der LeBron seine Worte abwägen musste.

„Ich bin hier, um Kobe und Shaq zu sehen", sagte er. „Shaq war vor zwei Jahren bei einem meiner Spiele, und ich bin hier, um zu sehen, wie sie um den Sieg kämpfen."

Alles, was LeBron gesagt hatte, war wahr. Zugleich hatte er es geschickt vermieden, Adidas als Grund für seine Reise nach L. A. und damit auch für seine Anwesenheit bei diesem Spiel zu erwähnen.

Sonny Vaccaro schaute auf seinen Fernseher und nickte. Kluger Junge, dachte er.

Während LeBron auf seinen Platz zurückkehrte, zog Kobe durch und brachte einen akrobatischen Wurf an. Aber die TNT-Kommentatoren Mike Fratello und Marv Albert konzentrierten sich auf LeBron.

„Dieser junge Mann, Marv, mit dem Craig gerade gesprochen hat", sagte Fratello, „ist mit dem Druck, der in diesem Jahr auf ihm lastete, wirklich sehr gut zurechtgekommen."

***

LeBron erwachte bei strahlendem Sonnenschein, warmer Luft und mit Blick aufs Wasser. Sonny hatte ihn und Gloria in einem Strandhotel in Santa Monica untergebracht. LeBron erkannte, dass Sonny sich stets bemüht hatte, Gloria wie eine VIP zu behandeln. Sonny hatte sie auch öffentlich verteidigt, als sie von Journalisten als geldgierig dargestellt worden war.

Die meisten der kritischen Berichte über Gloria waren von Journalisten verfasst worden, die selbst niemals arm gewesen waren. Diese Sportjournalisten waren überwiegend weiße Männer, die keine Ahnung hatten, wie es war, als 16-jähriges schwarzes Mädchen ein Kind allein aufzuziehen. Sonny wusste auch nicht, wie das war. Aber er hatte Gloria gut genug kennengelernt, um eine Seite an ihr zu sehen, die den Medien entging. „Sie hätte verschiedenen Leuten Hunderttausende von Dollar abnehmen können", sagte Sonny im Frühjahr 2003 dem *Akron Beacon Journal*. „Von den Agenten über die Finanzmanager bis hin zu den potenziellen Investoren hätte ihnen jeder gegeben, was immer sie wollten oder brauchten. Aber Gloria hat nichts verlangt oder genommen."

Die beste Chance für Adidas, LeBron für sich zu gewinnen, bestand in der Beziehung, die Sonny zu ihm und Gloria aufgebaut hatte.

Gegen Mittag stiegen LeBron und Gloria in eine Limousine, die sie zu einem prachtvollen Herrenhaus in Malibu brachte. Es gehörte einem der führenden Köpfe der Musikindustrie. Sonny hatte das Haus für das Wochenende gemietet und für diesen Anlass herrichten lassen. Bobby Darins *Beyond the Sea* lief im Hintergrund, als Sonny die Tür öffnete und LeBron und Gloria begrüßte.

„Kommen Sie herein", sagte Sonny. „Schauen Sie, was man hier für einen Blick aufs Meer hat."

LeBron und Gloria gingen über die Marmorböden, vorbei an einem Catering-Buffet und einer endlosen Auswahl an eisgekühlten Getränken, zu einem weitläufigen Raum mit deckenhohen Fenstern, die auf einen Swimmingpool hinauswiesen und einen Panoramablick auf den Pazifik boten. Es war wie ein Blick in die Zukunft.

Die Stimmung bei dem Adidas-Meeting war viel entspannter als bei dem Reebok-Treffen. LeBron saß, flankiert von Gloria und Goodwin, auf einer Couch mit Blick auf das Meer. Ihm gegenüber hatte das Adidas-Team Platz genommen. Zwischen den beiden Sofas befand sich ein langer Couchtisch aus Glas.

Vaccaro erteilte seinem Mitarbeiter David Bond das Wort, und der stellte das Brandingkonzept, den Marketing- und den Produktplan vor. Irgendwann kam das Gespräch auf Geld. Ein Anwalt von Adidas betrat den Raum, in der Hand einen Aktenordner. Er nahm einen Vertrag heraus, damit Goodwin ihn überprüfen konnte. Das Dokument war viel juristischer formuliert als das Angebot von Reebok.

Adidas bot LeBron offenbar hundert Millionen Dollar über einen Zeitraum von sieben Jahren an. Bei näherer Betrachtung des Kleingedruckten stellte sich jedoch heraus, dass ein großer Teil des Geldes in Form von Tantiemen gezahlt würde und davon abhing, dass LeBron eine bestimmte Anzahl von Spielen absolvierte und eine bestimmte Anzahl von Punkten erzielte. Die Höhe des garantierten Honorars lag eher bei siebzig Millionen Dollar, weit weniger als der Betrag, den Sonny angekündigt hatte.

Goodwin sah Sonny an und wies auf die im Angebot enthaltene Bedingung hin. „Das war so nicht besprochen", sagte Goodwin.

Sonny fiel die Kinnlade herunter, als er den Text durchlas. Er stand auf und forderte den Adidas-Anwalt und Bond auf, ihm zu folgen.

„Was zum Teufel hast du da gemacht?", sagte er zu dem Anwalt.

In einem hitzigen Wortwechsel erfuhren Sonny und Bond, dass die Unternehmenszentrale in Deutschland in letzter Minute beschlossen hatte, das Risiko von Adidas zu verringern, indem leistungsbezogene Bestimmungen in den Vertrag aufgenommen worden waren.

Bond konnte nicht glauben, was er hörte. Sie hatten sich im Vorfeld darauf geeinigt, LeBron eine Garantie von hundert Millionen Dollar anzubieten.

Aber der Vorstandsvorsitzende von Adidas war sich nicht so sicher wie Sonny und Bond, dass es klug wäre, einem 18-Jährigen, der noch nie gegen NBA-Konkurrenten gespielt hatte, hundert Millionen Dollar zu geben; daher war das Angebot abgeändert worden.

Es war eine schicksalhafte Entscheidung, die die Geschichte des Unternehmens verändern sollte.

Dem wütenden Sonny war klar, was das bedeutete – Adidas war aus dem Rennen. Das Angebot von Reebok garantierte die vollständige Vertragssumme und war nicht an Bedingungen geknüpft. Adidas hatte mit einem Angebot auf Erfolgsbasis keine Chance.

Peinlich berührt führte Sonny ein Gespräch mit Goodwin.

Allein zurückgelassen, gingen LeBron und Gloria nach draußen, um das Meer zu betrachten. Es fühlte sich an, als hätte sich der Boden unter ihnen verschoben; die Stimmung war von optimistisch zu unbehaglich gekippt.

Nach ein paar Minuten kamen beide Seiten wieder zusammen, und Sonny sagte: „Wir sind hier fertig."

Dann sprachen Sonny und Pam privat mit LeBron und Gloria. Mit einem verzweifelten Gesichtsausdruck entschuldigte sich Sonny für das Adidas-Angebot. „Das war so nicht vorgesehen", sagte er. „Und niemand wird erfahren, dass das passiert ist."

LeBron nickte.

Für Sonny fühlte es sich an, als hätte er drei Jahre damit verbracht, LeBron bei den Startvorbereitungen zu helfen. Die ganze Zeit über hatte Sonny geglaubt, dass er dabei sein würde, wenn die Schuhindustrie grundlegend verändert werden würde. Aber jetzt, da es losgehen würde, wurde Sonny klar, dass er nicht zu dem Team des Jungen gehören würde, an dem er mehr hing als an jedem anderen Sportler, den er jemals angeworben hatte. Es war, als würde er sich von einem Familienmitglied verabschieden, das nicht mehr zurückkommen würde.

Gloria spürte es auch. Pam desgleichen.

Sonny sah LeBron an. „Geh zu deinem nächsten Meeting", sagte er. „Aber sag ihnen nicht, was wir geboten haben. Handele den höchstmöglichen Betrag aus. Tu, was für dich am besten ist."

LeBron umarmte ihn.

„Wir wissen, was du für uns getan hast, Sonny", sagte Gloria. „Das werden wir dir nie vergessen."

Pam schloss Gloria in die Arme. „Ich habe dich lieb", sagte sie.

Auf der Heimfahrt konnte sich Sonny kaum dazu durchringen, „Adidas" auszusprechen.

„Sie haben mich angelogen", meinte er.

Pam nickte.

„Du weißt, was ich tun werde", sagte er.

„Du wirst kündigen, nicht wahr?", sagte sie.

„Ja. Ich bin fertig mit ihnen."

***

Eine Woche darauf schickte Nike einen Privatjet, um LeBron, Gloria und Maverick nach Beaverton, Oregon, zu bringen. Der Unternehmenszentrale von Nike ermangelte es an der Pracht eines Herrenhauses am Meer. Aber LeBron kam der Nike-Campus wie ein Traumland vor. Es gab Gebäude mit überlebensgroßen Bildern der Unsterblichen – Michael Jordan, Tiger Woods, Bo Jackson. LeBron betrat das Mia-Hamm-Gebäude und ging einen langen Gang entlang, der auf beiden Seiten von Vitrinen mit Air Jordans und anderen kultigen Turnschuhen der NBA-Stars gesäumt war. Am Ende des Flures befand sich eine leere beleuchtete Vitrine, sodass LeBron sich seine Schuhe in dem heiligen Flur gut vorstellen konnte.

LeBron betrat Phil Knights Konferenzraum, der mit einer Vielzahl von Artikeln ausgestattet war: Trainingskleidung, Badebekleidung, Bademänteln, Handtüchern, Socken, Unterwäsche, Basketbällen, Sporttaschen und Sonnenbrillen – alle mit LeBrons Namen versehen. Sogar LeBrons Lieblingsfrühstücksflocken, Fruity PEBBLES, waren vorhanden.

Lynn Merritt hatte an alles gedacht. Und auch an der Turnschuhfront war er Reebok und Adidas einen Schritt voraus. Anstatt LeBron Skizzen zu zeigen, wie seine Schuhe aussehen könnten, hatte Merritt

Musterschuhe dabei, die LeBron anprobieren konnte. Der Signature-Schuh von Nike für LeBron hieß Zoom Generation I und war seinem Hummer nachempfunden – der Nike-Streifen sah aus wie die Zierleiste am Radkasten des Hummers, und die Ösen für die Schnürsenkel ähnelten den Türgriffen des Fahrzeugs.

Gloria gefiel das Design.

LeBron schlüpfte in die Schuhe. Sie passten, als wären sie für seine Füße maßgeschneidert worden. Er konnte sich bereits lebhaft vorstellen, wie er sie in der NBA trug.

Goodwin hatte noch nie ein so überzeugendes Verkaufsargument gesehen.

Als es an der Zeit war, über Geld zu reden, erwarteten die Nike-Repräsentanten, dass LeBron und Gloria das Zimmer verlassen würden. Es war nicht üblich, dass der Sportler anwesend war, während die Anzugträger mit dem Agenten über die Bedingungen sprachen.

Aber LeBron bestand darauf, im Raum zu sein. Er wollte, dass auch seine Mutter dabei war. Und Maverick.

Als Nike-CEO Phil Knight erkannte, dass LeBron in jeden Schritt des Prozesses einbezogen werden wollte, bat er ihn mit den Anwälten in einen privaten Raum.

Dort erwartete ihn eine Enttäuschung. Das Angebot von Nike belief sich auf rund siebzig Millionen Dollar, davon fünf Millionen als Antrittsprämie. Aber Knight stellte nicht sofort einen Scheck aus. Würde LeBron das Angebot von Nike annehmen, würde er mit leeren Händen nach Hause gehen. Der Bonus würde … na ja, später fließen.

Goodwin ließ verlauten, dass das Angebot von Nike nicht ausreichen würde.

An diesem Abend aßen LeBron und sein Team im Haus von Lynn Merritt zu Abend. Danach, während LeBron mit Merritts Teenager-Sohn Videospiele spielte, verhandelten Goodwin und Schreyer mit Merritt. Es war klar, dass die beiden Seiten weit auseinander lagen.

Auf dem Rückflug von Beaverton herrschte eine nachdenkliche Stimmung.

***

Maverick Carter hatte zwei Jahre lang ein Praktikum bei Nike absolviert. Er hatte viel von Lynn Merritt gelernt. Aber Maverick hatte keinen Abschluss in Wirtschaft und keine Kenntnisse in Recht oder Finanzen. Er hatte auch keine Erfahrung in der Kunst, Geschäfte abzuschließen. Dennoch war Maverick bei den Verhandlungen mit Reebok, Adidas und Nike dabei gewesen. LeBron hatte darauf bestanden, dass sein Freund einen Platz am Tisch erhielt. Es war eine außergewöhnliche Gelegenheit für Maverick, Einblicke in die Arbeitsweise der CEOs Paul Fireman und Phil Knight zu bekommen. Maverick bekam auch ein besseres Verständnis dafür, wie sehr LeBron unter Druck stand. Als Fireman den Zehn-Millionen-Dollar-Scheck auf den Tisch legte, war Maverick überwältigt gewesen. „Ich kann nicht sagen, dass ich es abgelehnt hätte", gab er später gegenüber LeBron zu. In diesem Moment hatte Maverick es so gesehen: Lass uns den Scheck nehmen und verdammt noch mal von hier verschwinden.

Die Erfahrung, LeBron dabei zuzusehen, wie er einen so entscheidenden Moment in seinem Leben meisterte, hatte Maverick dazu inspiriert, mehr für den Erfolg seines besten Freundes zu tun. Diese Gelegenheit weckte in Maverick auch den Wunsch, eines Tages selbst ein wichtiger Akteur zu sein. Bis dahin war er damit zufrieden, mit dabeizusitzen und zu lernen.

LeBron erkannte, dass Maverick unerfahren war. Aber Maverick war vertrauenswürdig und loyal. LeBron hatte einen Anwalt und einen Agenten, die ihn rechtlich und finanziell berieten. Aber er verließ sich auf Maverick als seinen Vertrauten und teilte ihm Dinge mit, die er nicht mit seinem Anwalt oder seinem Agenten besprach. Als sie aus Oregon zurückkamen, redeten sie über Nike, Reebok und die Zukunft.

LeBron wurde klar, dass er vor einer gewaltigen Entscheidung stand.

Auch Maverick spürte das Gewicht.

LeBrons Herz war bei Nike. Aber in seinem Kopf konnte er Reebok nicht ausschließen. Es wäre eine leichte Entscheidung gewesen, wenn Nike einfach mehr Geld zur Verfügung gestellt hätte. Leider hatte Nike das nicht getan.

Unterdessen verhandelte Goodwin erneut mit Reebok. Und zwei Tage nachdem LeBron aus Oregon zurückgekehrt war, schickte Reebok ein Team von Führungskräften und Anwälten nach Akron, um den

Vertrag zu besiegeln. In einem Hotelzimmer verschanzt, arbeitete die Reebok-Gruppe an einem neuen Vertrag, in dem die endgültige Summe auf 115 Millionen Dollar über sieben Jahre erhöht werden sollte.

In einem benachbarten Zimmer desselben Hotels traf sich LeBron mit Goodwin und Schreyer. Auf LeBrons Bitte hin unternahm Goodwin einen letzten Versuch mit Nike. Goodwin setzte Nike eine Frist bis zum Abend des 21. Mai. An diesem Abend faxte Nike ein neues Angebot – neunzig Millionen Dollar über sieben Jahre. Bei Unterzeichnung würde LeBron zehn Millionen Dollar erhalten.

Nike hatte sein Angebot deutlich verbessert. Aber Reebok auch. Unter dem Strich würde LeBron durch Unterzeichnung bei Reebok 25 Millionen Dollar mehr erhalten.

Spät in der Nacht saß LeBron mit Maverick in einem Restaurant an der Rückseite des Hotels und dachte über seine Situation nach. Mit 18 Jahren hatte er die Chance, einen Traum zu verwirklichen. Er hatte sich schon lange vorgestellt, in der gleichen luftigen Höhe zu schweben wie sein Idol. In LeBrons Kindheit war Michael Jordan ein echter Superheld gewesen. Nike hatte großen Einfluss darauf gehabt, indem sie Jordans ikonisches Logo entworfen und die epischen Werbespots kreiert hatten, die ihn zum strahlendsten Star des Sportes machten.

LeBron sehnte sich danach, so hell zu leuchten wie Jordan. Doch um sein Ziel zu erreichen, musste der Junge, der sein ganzes Leben in Armut verbracht hatte, 25 Millionen Dollar auf dem Tisch liegen lassen. LeBron stocherte in seinen Pommes frites und traf seine Entscheidung. Es war ein wegweisender Moment.

Kurz nach Mitternacht betraten Goodwin und Schreyer das Restaurant und setzten sich zu LeBron an den Tisch. Sie brauchten seine Entscheidung.

„Ich möchte zu Nike gehen“, sagte LeBron.

15

GERADE JETZT VERRÜCKT

Seit 1964, als die Cleveland Browns zwei Jahre vor dem ersten Superbowl die NFL-Meisterschaft gewannen, hatte keine Sportmannschaft aus Cleveland mehr einen Titel geholt. Seitdem hatte die Stadt eine 39-jährige Durststrecke erlebt, zu der einige der verheerendsten Niederlagen in der modernen Sportgeschichte zählen. 1987 standen die Browns kurz vor dem Gewinn der AFC-Meisterschaft und dem Superbowl, als Broncos-Quarterback John Elway sein Team in 15 Spielzügen über 98 Yards vor Ende der regulären Spielzeit zum Unentschieden führte, was in Cleveland als „The Drive" unrühmlich bekannt wurde. Die Browns verloren das Spiel in der Verlängerung, und Cleveland war am Boden zerstört. In einer Partie, die als „The Fumble" in die Football-Annalen einging, wollten die Browns ein Jahr darauf im AFC-Meisterschaftsspiel den entscheidenden Touchdown erzielen, als dem besten Running Back des Teams eine Minute vor Spielende der Ball auf der Torlinie abgenommen wurde. Wieder einmal hatten die Browns eine Chance auf den Superbowl vertan. Dann, 1989, waren die Cleveland Cavaliers eine Sekunde davon entfernt, die Bulls in einer Play-off-Serie mit fünf Spielen auszuschalten, als Michael Jordan „The Shot" traf, einen legendären Buzzer-Beater, der seinem Team mit einem Punkt Vorsprung den Sieg bescherte. Und 1997 kostete „The Blown Save" von Relief Pitcher Jose Mesa die Cleveland Indians die World Series.

LeBron wuchs vierzig Meilen südlich von Cleveland auf und kannte sich in der bewegten Sportgeschichte der Stadt bestens aus. Er wusste auch, dass die Einwohner von Cleveland sich sehnlichst wünschten, dass er das unglückliche Schicksal der Stadt wenden und die Cavaliers zu Basketball-Ruhm führen würde. Diese Träume hingen von der NBA-Lotterie ab, bei der die Teams mit den schlechtesten Ergebnissen die besten Chancen auf den ersten Platz beim NBA-Draft haben. Die Cavaliers hatten die vorangegangene Saison mit 17:65 beendet und damit zusammen mit den Denver Nuggets die schlechteste Bilanz der Liga. Von den 13 Teams, die die Play-offs verpasst hatten und somit für die Lotterie qualifiziert waren, hatten die Cavaliers und die Nuggets jeweils eine 22,5-prozentige Chance, das Recht zur Auswahl LeBrons zu gewinnen.

„Die Cavs-Fans haben Hoffnung", schrieb ein Sportkolumnist am Vorabend der Auslosung. „Falls dieser verhexte Verein endlich genug Glück hat, um in der NBA-Lotterie zu gewinnen – ein Schuss ins Blaue mit 22,5 Prozent Trefferwahrscheinlichkeit –, könnte alles möglich werden. Wie zum Beispiel eine Reise zu den NBA-Finals noch in diesem Leben."

Nur wenige Stunden nach seiner Unterschrift bei Nike gab LeBron eine Party für seine Highschool-Kollegen und -Trainer in einem Hotel in Akron, wo sie sich gemeinsam die Lotterie ansehen wollten. Es war die letzte Gelegenheit, bevor sie ihren Abschluss machen und in die nächste Phase ihres Lebens eintreten würden. Sian hatte ein Football-Stipendium der Ohio State University angenommen. Willie wollte an der Fairmont State University in West Virginia mit einem Football-Stipendium studieren. Romeo und Little Dru waren auf dem Weg zur University of Akron, wo sie Basketball spielen und Coach Keith Dambrot wiedersehen würden. Und Coach Dru, der von *USA Today* zum Trainer des Jahres gekürt worden war, hatte seine Zukunft in St. V. gesichert.

Sie alle drängten sich um einen Fernseher, als ABC-Sportmoderator Mike Tirico die Liveübertragung aus den NBA-Studios in Secaucus, New Jersey, eröffnete. „Heute Morgen hat LeBron James einen neunzig Millionen Dollar schweren Turnschuh-Werbevertrag unterzeichnet", sagte Tirico. „Unnötig zu erwähnen, dass sie viel von ihm erwarten, in jeder Hinsicht."

Auch Gloria war im Hotelzimmer dabei; sie stand neben der Bibliothekarin Barb Wood, die schon immer gewusst hatte, dass LeBron Großes vorhatte. Aber was Wood sah, war kaum zu begreifen.

Im Studio saßen Vertreter der Lotterie-Teams, ein NBA-Offizieller stand auf einem Podium und öffnete methodisch einen Stapel von 13 versiegelten Umschlägen. Lauter Jubel ertönte im Ballsaal des Hotels in Akron, als der NBA-Offizielle den letzten Umschlag öffnete und verkündete: „Die erste Wahl beim NBA-Draft 2003 haben die Cleveland Cavaliers."

Applaus erfüllte auch das NBA-Studio, als sich Mike Tirico an den jubelnden Cavaliers-Clubbesitzer Gordon Gund wandte.

„Mr Gund, herzlichen Glückwunsch", sagte Tirico. „Da LeBron James aus Akron, Ohio, stammt, bin ich mir sicher, dass bei Ihnen viel Aufregung herrscht."

„Wissen Sie", sagte Gund mit ernstem Gesicht, „wir haben noch nicht entschieden, wen wir auswählen werden."

Jeder im Studio flippte aus.

Auch Gund lachte. „Ich freue mich sehr für die Fans in Cleveland", fuhr er fort. „Das ist ein großer Tag für sie und für den gesamten Markt – für Akron, Cleveland und den gesamten Nordosten Ohios. Ein großer Tag für den Sport in Cleveland."

Am nächsten Morgen waren die Telefonleitungen im Front Office der Cavaliers überlastet. Das Team mit den wenigsten Zuschauern in der NBA erlebte einen Ansturm auf die Eintrittskarten. In den folgenden drei Wochen verkauften die Cavaliers Tausende von Dauerkartenpaketen. Noch bevor der Junge aus Akron offiziell ein Cavalier war, setzten die Cleveland-Fans darauf, dass er der Retter der Stadt sein würde.

Die Last der Erwartungen schien von LeBron abzufallen. In seiner Jugend hatte er sich vorgestellt, wie es wäre, ein Superheld zu sein, der über eine Stadt wacht und Bösewichte zur Strecke bringt. Seine Lieblingsactionfigur war Batman. Begierig, eine Rolle wie Bruce Wayne zu spielen, traf LeBron beim NBA-Draft in New York ein. Bei einem von der Liga anberaumten Termin besuchten er und einige der voraussichtlichen Erstrunden-Draft-Picks – unter anderem Carmelo Anthony, Dwyane Wade, Chris Bosh – die New Yorker Börse und trafen sich mit dem Vorsitzenden Richard Grasso. Die Händler riefen „LeBron!" und verlangten nach einem Autogramm, als er mit Grasso über das Börsenparkett ging.

„Was glaubst du, in welcher Runde du ausgewählt wirst, in der ersten oder zweiten?", fragte Grasso lächelnd.

„Wahrscheinlich in der zweiten", witzelte LeBron.

Augenblicke später griff LeBron vom Balkon über dem Börsenparkett nach der Glocke, mit der der Handelstag eingeläutet wurde. Die Tinte auf seinem Highschool-Diplom war kaum getrocknet, und sein Nettovermögen war bereits so hoch wie das des CEO der New Yorker Börse. Als die Glocke läutete und Jubel die Börse erfüllte, schaute LeBron zu den ausgelassenen Händlern hinunter und lächelte sie an.

New York war unleugbar ein großartiger Ort zum Spielen. Es war ein Basketball-Mekka. Und Eddie Jackson hatte immer gewollt, dass LeBron für die Knicks antrat, eine traditionsreiche Mannschaft, die in der berühmtesten Arena der Welt spielte. Aber als LeBron am 26. Juni 2003 den Madison Square Garden betrat, ging er als Clevelands weißer Ritter dorthin, bereit, sein neu gefertigtes Cavaliers-Trikot zu tragen und gegen die Knicks und alle anderen Clubs in der Liga anzutreten. Sein Ziel war es, den Norden Ohios zum Zentrum des Basketball-Universums zu machen.

In einem weißen Anzug, mit weißem Hemd und weißer Seidenkrawatte saß LeBron neben seiner Mutter an einem der Haupttische, kaute an seinen Nägeln und wartete auf die Bekanntgabe des ersten Picks. Als Commissioner David Stern seinen Namen aufrief, erhob sich LeBron, gab Gloria einen Kuss und ging unter tosendem Jubel über die Bühne. Nachdem er Stern die Hand geschüttelt hatte, stand LeBron der ESPN-Mitarbeiterin Michele Tafoya gegenüber.

„Du wirst mit Sicherheit der am meisten unter die Lupe genommene Rookie in der Geschichte der NBA sein", sagte sie.

Die New Yorker Fans im Publikum begannen zu skandieren: "O-VER-RA-TED! O-VER-RA-TED!"

Unbeeindruckt lächelte LeBron, hielt mit einer Hand sein Cavaliers-Trikot hoch und blickte in die Fernsehkamera. „Alles klar, Cavs-Fans daheim", sagte er und klopfte sich mit der Faust auf die Brust.

Cleveland hatte seinen ersten echten Sport-Superstar, seit sich Jim Brown 1966 aus der NFL zurückgezogen hatte, um eine Schauspielkarriere zu verfolgen.

***

Eine Woche nach dem NBA-Draft wurde LeBron von Jay-Z nach New York City eingeladen, um eine Woche mit ihm zu verbringen und am größten Streetballturnier des Landes teilzunehmen – dem Entertainers Basketball Classic, das jeden Sommer im berühmten Rucker Park in Harlem stattfand. Jay-Z, der als Shawn Carter geboren wurde, besaß einen Club namens Team S. Carter, der am Turnier teilnahm. Es wurde erwartet, dass er um die Meisterschaft kämpfen würde, die auf der Straße als „The Chip" bekannt war. LeBron, der in ständigem Kontakt mit Jay-Z stand, seit die beiden im Frühjahr im Rahmen des McDonald's All-Star Game Zeit miteinander verbracht hatten, nahm die Einladung bereitwillig an. Und er nahm Maverick mit.

Jay-Z war schon lange der Meinung, dass Rapkünstler und Basketballspieler wie siamesische Zwillinge waren. Aber die Verbindung zwischen Jay-Z und LeBron war anders. Und es ging um viel mehr als um zwei Berühmtheiten, die gern zusammen waren. Ähnlich wie LeBron war auch Jay-Z in einem Sozialwohnungsprojekt namens Marcy Houses aufgewachsen, das sich im Stadtteil Bedford-Stuyvesant in Brooklyn über sechs Blocks erstreckte. Wie LeBron hatte auch Jay-Z keine Beziehung zu seinem Vater, der ihn und seine Mutter verlassen hatte, als Jay-Z noch ein Junge gewesen war. Und wie LeBron stand Jay-Z seiner Mutter nahe, die zufällig auch Gloria hieß. Er war ihr Beschützer und Versorger geworden.

LeBron hatte in Jay-Z einen Gleichgesinnten gefunden. Aber Jay-Z war 15 Jahre älter als er. LeBron lernte Jay-Z also zu einer Zeit kennen, als der 33-jährige Künstler auf sein Leben als jüngerer Mann zurückblickte. Während LeBron mit ihm abhing, schrieb Jay-Z einen neuen Song mit dem Titel *December 4th* – benannt nach Jay-Zs Geburtstag –, in dem es um die „Dämonen" in seinem Inneren ging, weil er „ein Kind war, das entzweigerissen wurde, als sein Dad verschwand". Die rohen, autobiografischen Verse enthüllten Jay-Zs Seelenzustand als Teenager:

Hard enough to match the pain of my pop not seeing me, so
With that disdain in my membrane
Got on my pimp game
Fuck the world my defense came

LeBron fand heraus, dass Jay-Z schon als kleiner Junge gern gelesen und Reime verfasst hatte. Er hatte Michael Jackson nachgeahmt und war so wortgewandt gewesen, dass die anderen Kinder in der Siedlung ihm den Spitznamen Jazzy gegeben hatten. Doch nachdem sein Vater ihn verlassen hatte, wandte sich Jay-Z dem Drogenhandel zu, bevor er seinen Weg fand und im Alter von 26 Jahren seine erste Platte aufnahm. Die Musik, sagte er zu LeBron, habe ihn gerettet. Aber Jay-Z hatte eine harte Lektion gelernt. „Wenn du den Raum betrittst, bringst du deine ganze Biografie mit", gab er gegenüber einem Journalisten zu. „Wenn ich einen Raum betrete, habe ich sogar heute noch dieses Gefühl: ‚Das ist Jay-Z. Er war der Drogendealer aus den Marcy Projects.'" Er hatte gelernt, das zu verdrängen. Und trotzdem.

LeBron hatte Jay-Z nie so gesehen. Er bewunderte Jay-Zs Kunstfertigkeit und respektierte seine Offenheit.

Eines der Dinge, die Jay-Z an LeBron beeindruckten, war, dass das Aufwachsen ohne Vater bei ihm keine sichtbaren Anzeichen von Verachtung oder dauerhaftem Schmerz hinterlassen hatte. Trotz der Schwierigkeiten, die LeBron und seine Mutter erlebt hatten, hatte auch LeBron in seiner Jugend nie eine „Scheiß-auf-die-Welt-Mentalität" als Abwehrmechanismus angenommen. Vielmehr hatte LeBron in der fünften Klasse seinen Weg gefunden, als eine Vaterfigur ihm einen Basketball in die Hand drückte. Und LeBron war nie von seinem Weg abgekommen. Als LeBron 18 war, enthielt sein Lebenslauf nur einen Punkt: Er war ein außerordentlicher Basketballspieler.

Die Lebenswege von LeBron und Jay-Z kreuzten sich zu einem Zeitpunkt, als der Künstler ebenfalls an einem Scheideweg seiner Karriere stand. Jay-Z, der seit Langem als erfolgreichster Rapper der Welt galt, hatte sein eigenes Plattenlabel – Roc-A-Fella Records – mitbegründet, das ihm einen wesentlich größeren Anteil an den Gewinnen und Tantiemen aus seiner Musik einbrachte, als andere Künstler erhielten. Er produzierte auch aufstrebende Künstler wie Kanye West, dessen erstes Studioalbum in Arbeit war. Zur gleichen Zeit brachte Jay-Z eine Bekleidungskollektion namens Rocawear auf den Markt und versuchte, seine Geschäftsaktivitäten außerhalb der Musikbranche zu erweitern. Außerdem war er mit dem 21-jährigen Popstar Beyoncé liiert, was die beiden zu einem der bekanntesten Paare der

Welt machte. Jay-Z hatte in vielerlei Hinsicht ein komplizierteres Leben als LeBron.

Doch Jay-Z sah voraus, dass LeBrons Leben noch viel komplizierter werden würde. LeBron war schon viel früher berühmt geworden als er. Und Jay-Z begrüßte die Gelegenheit, LeBron unter seine Fittiche zu nehmen.

In ähnlicher Weise nutzte LeBron die Gelegenheit, Jay-Zs Welt als dessen Protegé kennenzulernen. Ein paar Tage nach seiner Ankunft in der Stadt saß LeBron neben Jay-Z im Bus des Teams S. Carter, der von Brooklyn in die Bronx fuhr. Der Regen hatte die Turnierorganisatoren gezwungen, die Spiele für diesen Tag in die kultige Gauchos-Turnhalle zu verlegen. Durch die getönten Scheiben konnte LeBron die Menschenmassen sehen, die draußen warteten, als das Fahrzeug zum Stehen kam. Nachdem die Spieler ausgestiegen waren, drängte sich die Menge nach vorn, als auch LeBron den Bus verließ.

Als würde er einen Preisboxer in den Ring führen, geleitete Jay-Z LeBron in einen immer enger werdenden Trichter aus Fans, Videokameras und Sicherheitsleuten. Bei dieser chaotischen Szene traten die beiden Stars zum ersten Mal gemeinsam in der Öffentlichkeit auf. In der Sporthalle saß LeBron neben Jay-Z auf der Bank und feuerte das Team S. Carter an, während die Fans den Anblick der Nummer eins der NBA-Draft-Auswahl neben dem ikonischen Hip-Hop-Mogul bestaunten.

Während LeBrons Aufenthalt in der Stadt nahm Jay-Z ihn zur großen Eröffnung seines 40/40 Club mit, einer luxuriösen Sportbar in Manhattan. Das gut betuchte Publikum drängte sich im Erdgeschoss, das mit riesigen Plasmafernsehern über der Bar und einer beeindruckenden Sammlung seltener, hinter Glas gesicherter Sport-Erinnerungsstücke ausgestattet war. LeBron blieb oben in der VIP-Lounge, wo eine Handvoll Prominenter Billard spielte und ein paar NBA-Stars auf Plüschmöbeln saßen und Karten spielten, während eine kurvige Hostess im kurzen Rock Cognac und Zigarren servierte. LeBron war dabei, als Jay-Z ein privates Gespräch mit Timothy Zachery Mosley führte, dem einflussreichen Plattenproduzenten, der in der Rap-Branche als Timbaland bekannt ist. Es war weit nach Mitternacht, und Jay-Z beklagte, wie sich die Hip-Hop-Industrie seit dem frühen Tod von Notorious B.I.G. und

Tupac Shakur verändert hatte, die jeweils in den Neunzigerjahren durch Schüsse aus einem Auto heraus ermordet worden waren.

„Es ist nicht mehr so wie früher mit Big und Pac", sagte Jay-Z.

Zigarrenrauch waberte durch die Luft, während LeBron sein Handy checkte. Sogar in dieser VIP-Umgebung war er in seinem eigenen, persönlichen Raum, eingeweiht in ein privates Gespräch zwischen zwei Königen der Hip-Hop-Branche.

Es gab viel zu feiern – Tage zuvor hatte Beyoncé Songs aus ihrem ersten Soloalbum *Dangerously in Love* vorgestellt, darunter die Hitsingle *Crazy in Love*. Das Musikvideo zum Song beginnt mit Jay-Z, der rappt: „Yes, whoo, ow, it's so crazy right now", während eine bombastisch aussehende Beyoncé in roten Stöckelschuhen, engen Jeansshorts und einem weißen Neckholder-Top mitten auf einer Straße stolziert und verführerisch fragt: „You ready?" Dann singt sie: „Uh-oh, uh-oh, uh-oh", während das Video langsamer wird und die Kamera an sie heranzoomt, als sie auf einer Laderampe herumwirbelt. Der Text war von Jay-Z und Beyoncé gemeinsam verfasst worden und stellte den Status ihrer Romanze unverblümt zur Schau.

Jay-Z war von der Entwicklung seiner Beziehung zu Beyoncé und ihrer rasanten Karriere begeistert und bereit, die Richtung seiner eigenen Karriere zu verändern. Im Hip-Hop hatte er bereits den Gipfel des Berges erreicht. In Wirklichkeit war er selbst der Berg. Aber er wusste, dass es da draußen noch andere Berge gab, die er unbedingt besteigen wollte.

„Hip-Hop ist jetzt kitschig", sagte er zu Timbaland und verriet, dass sein nächstes Album sein letztes sein würde.

LeBron würde nie preisgeben, was er gehört hatte. Diskretion, das hatte er bereits herausgefunden, war der Schlüssel, um sich in den Korridoren von Macht und Ruhm zurechtzufinden.

Als LeBron New York verließ und nach Akron zurückkehrte, hatte Jay-Z deutlich gemacht, dass er jetzt zur Familie gehörte.

***

Sobald LeBrons erster Scheck von Nike eintraf, sagte er seiner Mutter, dass sie von ihm alles bekommen werde, was sie brauche. Als Erstes, so sagte er ihr, werde er ihr ein neues Haus kaufen. Und nicht nur irgendein Haus. „Ein Haus mit ein bisschen Rasen“, sagte er lächelnd.

Zum ersten Mal in ihrem Leben musste sich Gloria James keine Sorgen um Geld machen.

LeBron hatte auch Pläne für Maverick Carter, Rich Paul und Randy Mims im Kopf. LeBron traf sich mit jedem von ihnen separat, um die Zukunft zu besprechen.

Zuerst redete er mit Maverick und konzentrierte das Gespräch auf Nike.

„Ich möchte, dass du dort arbeitest“, sagte LeBron zu ihm.

Damit hatte Maverick nicht gerechnet.

Aber der Schritt machte für LeBron in mehrfacher Hinsicht Sinn. Zunächst wollte er einen seiner Leute – jemanden, dem er vertraute – als seine Augen und Ohren bei Nike haben. Und Maverick war die offensichtlich beste Wahl, da er bereits einige Zeit bei Nike gearbeitet, die Grundlagen gelernt und eine solide Beziehung zu Lynn Merritt aufgebaut hatte. Zweitens: LeBron sah für Maverick eine große Zukunft voraus. Und er wollte seinem Freund helfen, wertvolle Berufserfahrung zu sammeln.

„Ich habe schon dafür gesorgt, dass sie dich einstellen“, sagte LeBron.

Maverick hatte das unglaubliche Glück, einen Freund zu haben, der über den nötigen Einfluss bei Nike verfügte. Für Maverick war der Nike-Campus wie ein Spielfeld. Die Aussicht, dort in Vollzeit beschäftigt zu sein, war ein wahr gewordener Traum. Es war auch beängstigend. Ein Praktikum war eine Sache. Aber der Umzug nach Beaverton und die Anstellung bei Nike war etwas ganz anderes. Er würde mit einigen der talentiertesten und erfahrensten Vermarkter und Designer der Branche zusammenarbeiten. Was, wenn er nicht den Anforderungen entsprach?

LeBron war nicht beunruhigt.

Durch LeBrons Rückendeckung ermutigt, erinnerte sich Maverick an etwas, das seine Großmutter immer gesagt hatte: „Wenn du eine Vorahnung hast, dann wette hoch.“ Maverick hatte mehr als nur eine Vorahnung, dass der Einstieg bei Nike die sicherste Wette war, die er je eingehen würde. Er brach sein Studium ab, packte seine Koffer und zog nach Oregon.

LeBrons Gespräch mit Randy Mims war eher eine Fortsetzung der Unterhaltung, die sie ein Jahr zuvor begonnen hatten. Damals hatte LeBron zu Mims gesagt, dass er ihn eines Tages einstellen wolle. Nun, dieser Tag sei jetzt gekommen, sagte LeBron. Er bot Mims an, sein persönlicher Vollzeit-Assistent zu werden. Er wollte, dass Mims ihn überallhin begleitete, sei es nach New York, um einen Werbespot zu drehen, nach Oregon, um sich mit Leuten von Nike zu treffen, oder auf Reisen während der NBA-Saison.

Mims war es eine Ehre, als eine Art Türsteher für LeBron zu fungieren und ihn überall hinzubringen, wo er hinmusste. Er gab seinen Job auf und wurde LeBrons Mitarbeiter.

LeBron erklärte Rich Paul, dass er auch ihn auf seiner Gehaltsliste haben wolle. Aber er wisse noch nicht, in welcher konkreten Rolle Rich Paul für ihn arbeiten solle. Sie würden es zusammen herausfinden, sagte LeBron zu ihm. In der Zwischenzeit bot er Rich ein Jahresgehalt von fünfzigtausend Dollar an und überreichte ihm einen Scheck über die ersten beiden Wochengehälter.

Rich wusste genau, dass LeBron jetzt Multimillionär war. Daher konnte er es sich mühelos leisten, Rich viel mehr als fünfzigtausend Dollar pro Jahr zu zahlen. Verdammt, LeBron hatte so viel Geld, dass er seinen Freunden alles geben konnte, was sie wollten. Stattdessen hatte er Maverick gedrängt umzuziehen und eine Einstiegsposition bei Nike anzunehmen, wo er lange Arbeitszeiten und ein bescheidenes Gehalt haben würde. In ähnlicher Weise erwartete LeBron von Randy, dass er für ein bescheidenes Gehalt rund um die Uhr arbeitete. Und jetzt verlangte er von Rich, der sein eigenes Geschäft führte, für weniger zu arbeiten, als er mit dem Verkauf von Trikots verdiente.

Doch anstatt sich über LeBron zu ärgern, fühlte sich Rich zu ihm hingezogen. Anspruchsdenken war in Richs Augen eine gefährliche Sache. Es führte zu Faulheit und nahm den Anreiz, hart zu arbeiten. Anstatt seinen Freunden eine Spezialbehandlung zukommen zu lassen, bot LeBron ihnen besondere Möglichkeiten. Anderenfalls hätte Rich abgelehnt. Obwohl sein Geschäft mit Vintage-Trikots florierte, sagte er zu.

Maverick war 22. Rich war 21. Randy war 24. Sie waren sich einig, dass LeBron jedem von ihnen eine einmalige Chance geboten hatte, und fühlten sich ihrem 18-jährigen Freund gegenüber noch verbundener. Von nun an nannten sie sich die Four Horsemen.

***

LeBron unterzeichnete einen Dreijahresvertrag über 13 Millionen Dollar mit den Cavaliers. Der Vertrag enthielt eine Option für ein viertes Jahr, die LeBrons Einnahmen auf 19 Millionen erhöhen würde. Er unterschrieb die Papiere gerade noch rechtzeitig, um Mitte Juli mit den Cavaliers an der Reebok Pro Summer League in Boston teilzunehmen. Die Spiele waren Teil der Entwicklungsinitiative der NBA für Rookies und zum Clubwechsel berechtigte Spieler (free agents). Als LeBron beim Aufwärmen vor einem Spiel gegen die Celtics an der Layup Line stand, entdeckte er den Reebok-Manager Todd Krinsky, der am Spielfeldrand saß.

LeBron wusste, dass die Verhandlungen zwischen seinem Agenten und Reebok ungut geendet hatten. Es fielen scharfe Worte, als Aaron Goodwin in das Hotelzimmer von Reebok in Akron ging, um die Nachricht zu überbringen, dass LeBron sich trotz des höheren Angebots von Reebok für Nike entschieden hatte.

Krinsky war immer noch sauer, als er LeBron beim Aufwärmen in einem Paar Nikes sah.

LeBron trat aus der Reihe und ging zu ihm hinüber.

„Hören Sie, Mann, ich will Ihnen nur sagen, dass Ihr Pitch großartig war", sagte LeBron.

Krinsky war entwaffnet.

„Es ist nichts Persönliches", fuhr LeBron fort. „Am Ende bin ich einfach meinem Herzen gefolgt und habe mich für das entschieden, was ich für richtig hielt."

Krinsky war beeindruckt von LeBrons Offenheit und Aufrichtigkeit. Verdammt, das hätte er nicht tun müssen, dachte er, als LeBron zur Layup Line zurückkehrte. Der Junge ist erst 18.

Auch Lynn Merritt war von LeBrons Frühreife beeindruckt. Niemand bei Nike hatte mehr von der Verpflichtung LeBrons erwartet als Merritt. Im Jahr 2003 hatte Nike Werbeverträge mit 75 Basketballspielern über insgesamt 274 Millionen Dollar abgeschlossen. Aus Sicht von Nike war das Engagement für LeBron weitaus umfangreicher als der

Betrag, den Reebok angeboten hatte. Durch die Vergabe eines Neunzig-Millionen-Dollar-Vertrags an LeBron hatte Nike ihn von allen anderen Mitgliedern der Nike-Familie abgehoben. Für Merritt war die überproportionale Investition in LeBron eine gute Entscheidung. In seiner Highschool-Zeit hatte LeBron die Stadien im ganzen Land gefüllt, seine Einschaltquoten waren höher gewesen als bei den meisten College-Spielen und selbst bei vielen Profipartien. Aus der Sicht von Merritt hatte LeBron bewiesen, dass sein Spielstil und seine Persönlichkeit ein Massenpublikum ansprachen. Nicht einmal Michael Jordan war mit so viel Tamtam in die NBA gekommen wie LeBron. „Bei Michael hat man das erst in seinem zweiten Jahr gesehen, aber bei LeBron geht es sofort los", sagte Merritt der *New York Times*. „Er genießt vom Start weg so viel Anerkennung und eine so hohe Sichtbarkeit."

Es war kein Zufall, dass Nike LeBron nur einen Monat nachdem Jordan seinen Rücktritt vom Profibasketball bekannt gegeben hatte, den opulentesten Turnschuhvertrag der Geschichte angeboten hatte. Jordan hatte Nike bekannt gemacht, und über einen Zeitraum von zwei Jahrzehnten war er der größte Umsatzbringer in der Sportschuhindustrie gewesen. Auf der ganzen Welt war die Marke Air Jordan unübertroffen. Aber das Geschäftsmodell von Nike konzentrierte sich auf zwei Worte: vorbei und weiter. Die Jordan-Ära war vorbei. Mit der LeBron-Ära würde es weitergehen.

Es war auch kein Zufall, dass Nike einen Monat nach der Einigung mit LeBron einen Werbevertrag mit Kobe Bryant abgeschlossen hatte. Aus der Sicht von Nike war Kobe die Brücke zwischen der Jordan- und der LeBron-Ära. Als Jordan sich zurückzog, übernahm Kobe den Titel des besten Spielers in der NBA. Mit 24 hatte er bereits drei NBA-Meisterschaften gewonnen, und sein Spielstil war eng an den von Jordan angelehnt. Niemand würde behaupten, dass LeBron 2003 ein besserer Spieler war als Kobe. Aber LeBron war spielerisch eindeutig schon weiter, als es Kobe bei seinem Eintritt in die Liga gewesen war. Und die meisten NBA-Insider waren der Meinung, dass es nur eine Frage der Zeit sei, bis LeBron Kobe als besten Spieler der Liga ablösen würde. Nike hielt LeBron bereits für einen stärkeres Zugpferd als Kobe, weshalb das Unternehmen sich entschloss, Kobe einen vierzig Millionen Dollar schweren Werbevertrag mit vierjähriger Laufzeit anzubieten. LeBron hatte von Nike mehr als doppelt so viel bekommen, und das Unternehmen hatte sich verpflichtet, mit LeBron fast doppelt so lange im Geschäft zu bleiben.

„Bryants Erfolgsbilanz als Werber für Turnschuhe ist lückenhaft", so das *Wall Street Journal*. „Sein letzter Signature-Schuh für Adidas, ein futuristisch anmutender Sneaker, der an ein Iglu erinnert, floppte in den Geschäften. Und die schlechten Verkaufszahlen des Schuhes wurden teilweise der Tatsache zugeschrieben, dass es Mr Bryant in den Augen der urbanen Teenager, der größten Sportschuh-Käufergruppe, an Street Credibility mangele."

LeBron hingegen war der Inbegriff eines urbanen Teenagers. Und er bekannte sich zu seinen städtischen Wurzeln, indem er auf Pressekonferenzen und in Interviews oft über sein Viertel, seine Mutter und die Konflikte sprach, die sie in Akron durchgemacht hatten. Außerdem hatte LeBrons aufkeimende Beziehung zu Jay-Z seine Präsenz als Ausnahmesportler, dessen Stern auch in der Musikwelt aufging, weiter gesteigert. Mitte Juli machte Jay-Z mit seiner „Rock-the-Mic"-Tour in Cleveland Station. LeBron verbrachte einige Zeit mit Jay-Z in dessen Tourbus. Während sie zusammen auf einer Couch abhingen – Jay-Z in einem grünen T-Shirt und mit grüner Baseballmütze, LeBron in einem Vintage-Alex-English-Trikot über einem weißen T-Shirt mit einem goldenen Jesus-Schmuckstück, das an seinem Hals baumelte –, bekamen sie Besuch von Sway, einem Hip-Hop-Korrespondenten von MTV.

„Sieh an, wen haben wir denn hier", sagte Sway. „Das ist die Art von Katzen, die bei Jay herumhängen. Na klar, einfach zufällig im Bus gelandet. Der aktuell heißeste Typ des Landes. LeBron James."

„Yes, Sir", sagte Jay-Z.

„Was führt dich zu dem Konzert?", fragte Sway.

„Komm schon, Mann", sagte LeBron. „Du weißt, was mich hierherführt. Es ist dieser Mann, der hier neben mir sitzt."

Jay-Z lachte und nickte LeBron zu. „Er ist ein Mitglied der erweiterten Familie", sagte er.

„Auf welchen gegnerischen Spieler freust du dich?", fragte Sway. „Auf Kobe Bryant? Oder auf Tracy McGrady?"

„Ich bin bereit, gegen die NBA zu spielen", sagte LeBron zu ihm. „Die Cavs gegen das Team, das an diesem Abend dran ist. Wir versuchen, die Play-offs zu erreichen. Individuelle Vorlieben spielen keine Rolle. Es geht nur um das Team."

„Deshalb liebe ich ihn", sagte Jay-Z.

„Shaq, Kobe, Chris Webber, ein paar NBA-Spieler haben sich an Rap-Aufnahmen versucht", sagte Sway. „Und ich sehe dich hier, wie du mit Jay rumhängst."

LeBron grinste.

„Komm schon, Mann, das ist MTV", sagte Sway. „Besteht die Möglichkeit, dass du ein Album aufnimmst?"

LeBron sah ihn an, als ob er verrückt wäre. „Nein, Mann. Die Möglichkeit besteht nicht. Nicht im Geringsten."

„Niemals?", fragte Sway.

„Ich habe eine Gottesgabe, und das ist Basketball", sagte LeBron. Dann zeigte er auf Jay-Z. „Ich überlasse meinem Mann hier die andere Seite."

Jay-Z lächelte. „Das ist eine echte Familie", sagte er. „Das ist mein Junge."

LeBron hatte noch kein einziges NBA-Spiel bestritten. Dennoch stieg sein Ansehen in der Hip-Hop-Gemeinde rapide an. Es war eine Situation, die Lynn Merritt von Nike mit tiefem Frieden erfüllte. Nike hatte Fokusgruppen und Verbraucherumfragen durchgeführt, die beide ergeben hatten, dass LeBrons Anziehungskraft bei den Verbrauchern über Alter, ethnische Zugehörigkeit und demografische Merkmale hinausging.

Aus der Sicht von Nike war Michael Jordan ein Phänomen, das nur schwer zu kopieren sein würde. Aber Kobe und LeBron waren die beiden strahlendsten Sterne der nächsten Generation.

Die NBA betrachtete Jordans Abgang von der Bühne ähnlich – Kobe und LeBron waren die Gesichter der Liga von morgen.

Die Anforderungen an LeBron – seitens Nike und der NBA – wurden immer höher.

16

DRUCK

Am 18. Juli 2003 beschuldigten die Behörden in Colorado Kobe Bryant des sexuellen Missbrauches einer 19-jährigen Frau, die in einem Hotel in den Rocky Mountains arbeitete, wo Bryant sich aufgehalten hatte. Bryants Anklägerin war in einem örtlichen Krankenhaus behandelt worden und hatte bei der Polizei anschauliche Aussagen gemacht. Der Staatsanwalt, der die Anklage gegen Bryant erhob, umschrieb die rechtliche Definition von sexueller Nötigung in Colorado als „sexuelles Eindringen oder sexuelle Penetration" und „Unterwerfung des Opfers durch die tatsächliche Anwendung von physischem Zwang oder körperlicher Gewalt". Im Falle einer Verurteilung drohte Kobe eine vierjährige bis lebenslange Haftstrafe.

Nur Stunden nach der Anklageerhebung gab Kobe in Los Angeles eine Pressekonferenz. „Ich bin unschuldig", sagte er. „Ich habe sie nicht gezwungen, etwas gegen ihren Willen zu tun. Ich bin unschuldig." Kobes Frau, die kurz zuvor ihr erstes Kind zur Welt gebracht hatte, ergänzte: „Ich weiß, dass mein Mann einen Fehler gemacht hat – den Fehler des Ehebruches. Er und ich werden uns in unserer Ehe damit auseinandersetzen müssen, und das werden wir auch tun. Aber er ist kein Krimineller."

Die Nachricht von den Anschuldigungen löste Schockwellen in der NBA aus. Schlagzeilen, die den Spitzenspieler mit Vergewaltigungsvorwürfen in Verbindung brachten, überschwemmten das Internet und erschienen in Zeitungen auf der ganzen Welt. *Sports Illustrated* brachte sogar ein Fahndungsfoto von Kobe auf die Titelseite mit dem Wort ACCUSED unter seinem Gesicht. Aber dies war viel mehr als nur eine Sportstory.

Commissioner David Stern gab eine Erklärung ab: „Wie bei allen Anschuldigungen strafrechtlicher Natur ist es die Politik der NBA, den Ausgang des Gerichtsverfahrens abzuwarten, bevor sie irgendwelche Maßnahmen ergreift." Das Gericht der öffentlichen Meinung war nicht so geduldig. Und Kobes Werbepartner strichen umgehend ihre Werbekampagnen. Die Coca-Cola Company beispielsweise strahlte ihre Werbespots mit Kobe nicht länger aus. Und nur wenige Wochen später unterzeichneten Coca-Cola und LeBron einen sechsjährigen Werbevertrag über zwölf Millionen Dollar.

Auch das Image der NBA bekam eine Delle.

„Abgesehen von dem unermesslichen Schaden, den Mr Bryants bis dahin makelloser Ruf als Werbeträger erlitten hat", so die *New York Times*, „haben die Vorwürfe das Imageproblem der NBA vergrößert. In den letzten beiden Sommern sind einige der wichtigsten Spieler der Liga, darunter Allen Iverson von den Philadelphia 76ers, mit dem Gesetz in Konflikt geraten."

***

Während Kobes Ruf in Trümmern lag, flog LeBron an die Westküste, um seinen ersten Nike-Werbespot zu drehen. Die Cavaliers sollten die reguläre Saison später im Herbst in der Arco Arena in Sacramento gegen die Kings eröffnen. Für den Werbespot inszenierte Nike ein Spiel zwischen den Cavaliers und den Kings in der Arco Arena mit Spielern beider Teams und Hunderten von Statisten, die als Fans fungierten. Auch die Kings-Kommentatoren wurden in der Werbung eingesetzt.

Nike nannte den Werbespot „Pressure", und er begann damit, dass LeBron bei seinem NBA-Debüt zum ersten Mal den Ball in die Hand nahm. Bewacht von Mike Bibby, dem Point Guard der Kings, hält LeBron inne und schaut sich das Spielfeld an. „Wird er das schaffen?", fragt ein Kommentator einen anderen, während LeBron erstarrt und die Kamera auf sein Gesicht zoomt. Für die nächsten 52 Sekunden – eine Ewigkeit in der Fernsehwerbung – steht LeBron wie versteinert da, während es in der Arena still wird. „Du meinst, dem Druck nicht gewachsen zu sein", flüstert einer der Kommentatoren. „Du bist ein Witz!", schreit ein Fan von der Tribüne. „Komm schon, junger Mann", sagt die Spielerikone George Gervin vom Spielfeldrand aus zu sich selbst. Schließlich lacht LeBron. Der Bildschirm wird schwarz, und das schwungvolle Nike-Icon erscheint.

Der Werbespot und die darin aufgeworfene Frage, ob er mit dem Druck umgehen konnte, waren der Versuch, LeBrons Last auf die leichte Schulter zu nehmen. Aber schon bevor Kobe Probleme mit den Strafverfolgern bekommen hatte, war seitens der NBA von LeBron mehr erwartet worden als von jedem anderen Rookie in der Geschichte der Liga. Im Sommer war LeBrons Trikot zum meistverkauften NBA-Lizenzartikel geworden. Beim Vergleich der Teams verkauften sich in den NBA-Läden nur die Artikel der Los Angeles Lakers besser als die der Cavaliers. Was das Fernsehen betraf, plante die NBA, die Cavaliers in der Saison 2003/2004 in 13 landesweit übertragenen Spielen zu zeigen. In der vorangegangenen Saison war kein einziges Spiel der Cavaliers im nationalen Fernsehen gezeigt worden. Der Radiomoderator Charles Barkley kritisierte die Liga für ihren Umgang mit LeBron. „Ich denke, die NBA hat ihm einen schlechten Dienst erwiesen, als sie ihn so früh ins Rampenlicht gestellt und ständig im Fernsehen vorgeführt hat", sagte Barkley. „Ich denke, er hat eine echte Chance, in drei oder vier Jahren der Platzhirsch zu sein. Aber im Moment hat er noch einen langen Weg vor sich."

Am Ende des Sommers reiste LeBron nach New York, um einen Fernsehspot mit TNT, dem langjährigen Sendepartner der Liga, zu drehen. Die NBA entschied sich für den Filmemacher Spike Lee als Regisseur des Werbespots, in dem LeBron an einem Kinderbett baumelt, während Kinder „Rock-a-Bye-Baby" singen. Für LeBron war es eine Gelegenheit, Zeit mit dem Filmemacher zu verbringen, den er am meisten bewunderte. Neben Filmen wie *He Got Game, Do The Right Thing* und *Mo' Better Blues* hatte Lee auch bahnbrechende Nike-Werbespots mit Michael Jordan kreiert und selbst darin mitgespielt. Für seinen Film *She's Gotta Have It* aus dem Jahr 1986 hatte Lee eine fiktive Person namens Mars Blackmon geschaffen, einen in Brooklyn geborenen Fan der New York Knicks, der Air-Jordan-Turnschuhe mag.

Nicht lange nach der Veröffentlichung des Filmes trat Lee Mars Blackmon in einer Reihe von Nike-Werbespots mit Jordan auf. Die Spike-Lee-Michael-Jordan-Werbespots machten den Satz „It's gotta be da shoes" populär und waren so beliebt, dass sie die Turnschuhindustrie revolutionierten und die Air Jordans zu einer weltweiten Modemarke machten.

Lee vermittelte LeBron die Bedeutung des Momentes, den er gerade erlebte. Lee hatte tief bekümmert verfolgt, wie der Fall der sexuellen Nötigung durch Kobe Bryant die Schlagzeilen beherrschte. Aus Lees Sicht kam LeBron zu einem für afroamerikanische Sportler kritischen Zeitpunkt in die NBA. Zum Teil auch durch Kobes Fall hatte das Image schwarzer Sportler gelitten.

LeBron hörte aufmerksam zu, als Lee betonte, wie wichtig es für ihn sei, auf dem Spielfeld gute Leistungen zu bringen. Genauso wichtig sei es aber, so Lee, dass er auch abseits des Platzes Leistung bringe.

LeBron erkannte, dass Lee es gut mit ihm meinte. Und Lees Worte klangen in ihm nach. LeBron war erschrocken gewesen, als er den Hauptsitz von Nike besuchte und den berüchtigten Werbespot von 1993 sah, in dem Charles Barkley die legendären Worte spricht: „Ich bin kein Vorbild … Eltern sollten Vorbilder sein. Dass ich Basketball spiele, heißt noch lange nicht, dass ich deine Kinder großziehen sollte." LeBron war anderer Meinung. „Das ist lächerlich", sagte LeBron später. „Ich habe kein Problem damit, ein Vorbild zu sein. Ich liebe es. Kids schauen zu mir auf, und ich hoffe, dass ich sie dazu inspiriere, Gutes zu tun."

Lee fand LeBrons Einstellung erfrischend. Jedoch war Lee schon lange in der Welt der Stars unterwegs. Er hatte in seinem Leben schon viel gesehen. Dennoch spürte er, dass er einen jungen Mann vor sich hatte, der wahrscheinlich noch viel mehr sehen und erleben würde als er selbst – möglicherweise mehr als jeder andere schwarze Sportler seiner Generation. Es war so verheißungsvoll. Es war so gefährlich.

Die Fallstricke der Berühmtheit für Männer – Drogen, der Umgang mit den falschen Leuten und vor allem die Beziehungen zu Frauen – waren Versuchungen, die LeBron erkannte und vor denen er sich hütete. In der Highschool hatte er Marihuana probiert, aber nicht gemocht, und er war nie daran interessiert gewesen, härtere Drogen oder irgendetwas anderes zu probieren, das sein Streben nach sportlichen Höchstleistungen beeinträchtigt hätte. LeBron umgab sich mit Freunden wie Mav, Rich und Randy, drei Jungs, die es respektierten und bewunderten, wie entschlossen er sich von Drogen fernhielt und seinen guten Namen schützte. Und wenn es um das andere Geschlecht ging, war LeBron oftmals in der Nähe von vielen glamourösen Frauen. Aber obwohl ihm schöne Frauen genauso auffielen wie anderen Männern, blieb sein Blick auf Savannah gerichtet. Wegen seines vollen Terminkalenders war er nicht so oft mit ihr zusammen, wie er es sich gewünscht hätte, doch sein Herz gehörte seiner 17-jährigen Seelenverwandten aus der Highschool.

LeBron erwähnte nichts von alledem Lee gegenüber. Aber häufig rief er sich ins Bewusstsein: Kids schauen zu mir auf.

Gleichwohl machte Lee nach der Verhaftung von Kobe auch LeBrons Agenten Aaron Goodwin gegenüber seinen Standpunkt deutlich.

„Das darf nicht vermasselt werden“, sagte Lee zu Goodwin.

***

Im Gefängnis fühlte sich Eddie Jackson zunehmend isoliert und entmutigt. LeBrons Karriere nahm gerade Fahrt auf. Glorias finanzielle Situation hatte sich für immer verändert. Aaron Goodwin schloss links und rechts Geschäfte ab. Allen ging es anscheinend gut. Allen außer Jackson. Die Vertreter der Schuhunternehmen ließen den Kontakt zu ihm einschlafen. Die Leute, die versuchten, an LeBron heranzukommen, kümmerten sich nicht mehr um ihn. Er hatte seit über drei Monaten nichts mehr von Gloria gehört. Die einzige Person, die noch hinter ihm her zu sein schien, war Joseph Marsh, der ungeduldig geworden war.

Marsh war der Meinung, dass er seinen Teil der Abmachung eingehalten hatte, indem er Jackson und Gloria hunderttausend Dollar geliehen hatte. Doch mit dem Dokumentarfilm ging es nicht voran. Und seit LeBron Profi geworden war, hatte Marsh Schwierigkeiten, Gloria zu erreichen. Für Marsh war die Sache klar. Er schrieb an Jackson und machte deutlich, dass es für ihn an der Zeit sei, seine Schulden zu begleichen.

Ende Juli schrieb Jackson einen Brief an Marsh, in dem er sich für die Situation entschuldigte und sagte, er habe seit Monaten nicht mehr mit Gloria gesprochen. Er fügte hinzu:

> *Ich habe ihr jedoch geschrieben, sie solle Sie anrufen und die Sache regeln. Ich habe gerade A. G., den Agenten, angerufen, um zu hören, wie schnell er mich besuchen kann, damit ich mich mit ihm besprechen kann. Lassen Sie mich also all das in Angriff nehmen.*
>
> *Mann, es tut mir leid, dass die Dinge nicht schon längst erledigt sind. Hoffentlich wird es aber so kommen, denn ich weiß wirklich zu schätzen, was Sie für mich und meine Familie getan haben.*

Jackson nahm schließlich Verbindung mit Goodwin auf. Und Goodwin kontaktierte Marsh. Doch die Verhandlungen gerieten schnell in eine Sackgasse. Im September forderte Marsh von Jackson die vollständige Rückzahlung des Darlehens mitsamt Zinsen – rund 115.000 Dollar.

Einige Tage später schrieb Jackson einen weiteren Brief an Marsh:

> *Wie ich bereits am Telefon sagte, versuchen wir, die Angelegenheit zu regeln. Ich dachte, es wäre erledigt. Ich habe mit Aaron gesprochen. Er sagte, er wolle nur, dass Sie einen Vertrag unterschreiben, der besagt, dass Sie sich nicht an die Medien wenden werden, auch dann nicht, wenn Sie bezahlt worden sind.*
>
> *Es tut mir leid, dass Sie das durchmachen müssen, denn ich weiß alles, was Sie getan haben, wirklich zu schätzen.*

Im Oktober verklagte Marsh Jackson und Gloria wegen Vertragsbruches und ungerechtfertigter Bereicherung. Kurz darauf verklagte Marsh auch LeBron und behauptete, dieser habe einen mündlichen Vertrag gebrochen, indem er sich weigerte, an der Produktion eines Dokumentarfilmes mitzuwirken oder sich an anderen Geschäftsbeziehungen mit Marsh zu beteiligen. Marsh forderte zehn Millionen Dollar Schadensersatz mit Bezug auf den Dokumentarfilm und fünf Millionen Dollar hinsichtlich der sonstigen Geschäftsbeziehungen.

Am Vorabend des Trainingslagers war LeBron plötzlich ein Angeklagter. Der Rechtsstreit war eine unerwünschte Ablenkung, und

LeBron betraute Fred Nance damit, eine Antwort auf die Beschwerde einzureichen. Darin bestritt LeBron, dass Eddie Jackson von ihm autorisiert gewesen sei. Er bestritt auch, dass Gloria seine Beauftragte gewesen sei oder seine Vollmacht besessen habe.

***

In den Sechziger- und Siebzigerjahren hatte Paul Silas eine glanzvolle NBA-Karriere, in der er sich als einer der besten Verteidiger der Liga etablierte und drei Meisterschaften gewann. Nach seiner aktiven Zeit war Silas mehr als zwanzig Jahre lang als NBA-Trainer tätig. Im Jahr 2003 stellten die Cavaliers Silas als neuen Cheftrainer der Mannschaft ein. Eine seiner Hauptaufgaben war es, LeBron zu betreuen.

Silas war nicht leicht zu verblüffen. Aber er hatte noch nie einen Rookie gesehen, der mit so viel Rummel und Erwartungen in die Liga gekommen war. Auch hatte er noch nie einen Rookie mit so viel Geld getroffen. Als LeBron zum ersten Mal zum Training erschien, beobachtete Silas, wie erfahrene Spieler über ihn sprachen: „Was hat er getan, um diesen ganzen Hype zu rechtfertigen?“, sagten sie.

Silas sagte LeBron, dass alle es auf ihn abgesehen hatten. Und mit „alle“ meinte Silas auch LeBrons Teamkollegen. Schon vor dem Draft hatte Silas den Unmut innerhalb des Teams gespürt. „Wir haben bereits bessere Spieler als ihn auf seiner Position in unserem Team“, sagte der Cavaliers-Forward Carlos Boozer zu jener Zeit.

Aber der Spieler, dem LeBron nach Silas’ Ansicht am gefährlichsten werden würde, war Ricky Davis. Er war der Topscorer des Teams und galt als der beste Spieler im Kader. Und er betrachtete sich selbst als Anführer der Mannschaft. In der Vorsaison sprach Davis mit Jack McCallum von *Sports Illustrated*, der an einer Reportage für die NBA-Vorschauausgabe des Magazins arbeitete. „LeBron wird mir helfen“, sagte Davis zu McCallum. „Zwei große Sportler wie er und ich können das alles zusammen hinbekommen.“

Davis war es gewohnt, der wichtigste Spieler im Kader der Cavaliers zu sein. Aber als die NBA-Vorschauausgabe erschien, war LeBron auf dem Cover abgebildet, darüber die Schlagzeile: „Die Wichtigkeit, LeBron zu sein“. Es war eine nicht ganz so subtile Botschaft an Davis und alle anderen, dass LeBron nicht nur der wichtigste Spieler bei den Cavaliers war. Er war der wichtigste Spieler in der NBA.

Silas verbrachte während des Trainingslagers viel Zeit mit LeBron und bereitete ihn auf die Art und Weise vor, wie seine Gegner auf ihn losgehen würden. „Du kannst kein Punk sein", sagte Silas zu LeBron. „Wenn sie auf dich losgehen, musst du direkt dagegenhalten."

LeBron wusste, dass er ins Visier genommen worden war. Aber er sagte sich: Das ist das Leben, das ich gewählt habe.

***

Normalerweise stellten die Sacramento Kings für ein reguläres Saisonspiel ein paar Dutzend Presseausweise aus. Aber beim Saisonauftakt gegen die Cavaliers am 29. Oktober 2003 waren es 350 Presseausweise. Das Medieninteresse an LeBrons erstem Spiel war größer als bei einem durchschnittlichen NBA-Play-off-Spiel.

Zuvor an diesem Tag rief LeBron seine St.-V.-Mannschaftskameraden zu Hause an. Einige von ihnen hatte sich in Akron versammelt, um das Spiel gemeinsam anzusehen. Obwohl er jetzt in der Liga spielte, blieb LeBron in engem Kontakt mit seinen besten Freunden. Sie standen ihm näher als das ganze Cavaliers-Team. Er sagte ihnen, dass er bereit sei.

Das Publikum in der ausverkauften Arco Arena buhte, als LeBron vorgestellt wurde.

LeBron versuchte, den Lärm auszublenden. Bleib ruhig, sagte er sich. Konzentriere dich auf den Platz. Ich muss in jeder Minute alles geben.

Kurz vor dem Tip-Off strahlte Nike den LeBron-Werbespot aus. Nach etwas mehr als einer Minute Spielzeit brachte LeBron den Ball zum ersten Mal aufs Parkett. Aber anders als im Werbespot erstarrte er nicht. Er beschleunigte. „Das ist der beste Teil seines Spieles", sagte der Kommentator, als LeBron durch ein Rudel Kings-Spieler hindurchlief und einen No-Look-Alley-Oop-Pass von der Spitze des Kreises zu dem heranstürmenden Ricky Davis warf, der abhob, den Ball abfing und zur Begeisterung der Zuschauer dunkte. „Und da ist sein erster Assist, und er ist wunderschön", sagte der Kommentator.

Etwas mehr als eine Minute später erzielte LeBron seine ersten zwei Punkte als Profi, indem er einen Sprungwurf aus fast fünf Meter Entfernung versenkte. Augenblicke später erzielte er einen weiteren Jumper.

„Das ist unser Junge", sagten seine Mannschaftskameraden in Akron voller Stolz.

Bei Clevelands nächstem Ballbesitz wurde LeBron von Brad Miller bewacht, dem 2,10 Meter großen Center der Kings. LeBron war zuversichtlich, Miller im Zweikampf schlagen zu können, und dribbelte zur Grundlinie, in die Ecke nahe der Bank der Cavaliers. Als Miller auf ihn zukam, richtete sich LeBron auf und entfernte sich von Miller und dem Korb. Sein Schwung trieb ihn nach hinten, in Richtung Seitenlinie, und LeBron stieß sein rechtes Bein vor und warf den Ball im letztmöglichen Moment knapp über die Spitze von Millers ausgestreckter Hand. „Oh, viel zu hoch, über einen Zwei-Meter-zehn-Mann hinweg", sagte der Ansager, als der Ball nach oben flog.

Für das ungeschulte Auge sah LeBrons Wurf unüberlegt aus, wie ein Anfängerfehler, eine Art Zirkuswurf, den Kinder auf einem Spielplatz ausprobieren mochten. Aber LeBron hatte nicht auf dem Spielplatz gelernt, wie man Basketball spielt. Obwohl er in einer städtischen Umgebung aufgewachsen war, hatte er nur wenig Zeit mit Pick-up-Spielen auf Asphalt verbracht. Stattdessen hatte er Tausende von Stunden in Sporthallen verbracht und auf Hartholzböden trainiert. Den meisten Leuten war nicht bewusst, dass hinter den Kulissen die Trainer eine entscheidende Rolle in LeBrons Leben spielten. Coach Dru und Frankie Walker sowie Lee Cotton und Keith Dambrot waren nicht nur der Familie, dem Glauben und ihrem Beruf verpflichtet, sie waren auch Basketball-Puristen. Sie predigten den Vorrang des Passspiels vor dem Korbwurf und von Teamwork vor Egotrips. Aber am Ende erkannten sie alle, dass LeBron ein Wunderkind war, das mit dem Ball Dinge anstellen konnte, die man nicht lernen konnte. Er hatte Instinkte und körperliche Fähigkeiten, die alles übertrafen, was sie je gesehen hatten. Die größte Tat von Dru und den anderen Trainern bestand darin, LeBron und seine Freunde von der Straße zu holen und in die Sporthalle zu bringen, wo LeBron einen Platz fand, um zu üben, zu üben, zu üben … Dank seiner Brillanz sah das extrem Schwierige einfach aus.

Während LeBron im Aus landete und über die Beine seiner auf der Bank sitzenden Cavaliers-Teamkollegen stolperte, ging sein perfekt gezirkelter Wurf ins Netz. „Und er hat ihn versenkt!", sagte der Kommentator erstaunt.

In Akron waren LeBrons Teamkollegen stolz, aber nicht überrascht.

„Diesen Wurf hat er im Training immer gegen Willie eingesetzt", sagte einer von ihnen.

Die anderen lachten. Sie alle erinnerten sich daran, wie LeBron immer wieder den Fadeaway-Jumper über Willie McGee hinweg geübt hatte. Was LeBron mit den Kings anstellte, war keine Zirkusnummer. Es war das Ergebnis unermüdlicher Arbeit.

LeBron fühlte sich unaufhaltsam, fing einen Fehlpass unter dem Kings-Korb ab, lief über die gesamte Spielfläche und spielte einen No-Look-Pass zu Teamkollege Carlos Boozer, der einen Dunk erzielte. Beim nächsten Ballbesitz der Kings fing LeBron einen Pass in der Mitte des Spielfeldes ab, raste auf den Korb der Cavaliers zu und floh von der Foullinie. Er blockte mit einer Hand, den Kopf auf Höhe des Korbrandes. Beim nächsten Ballbesitz der Kings eroberte LeBron erneut den Ball und rannte ganz allein den Platz hinunter. Doch anstatt den Ball zu dunken, stoppte er, wartete auf seinen Teamkollegen Ricky Davis und warf ihm den Ball mit einem auffälligen Reverse Dunk zu.

Trainer Silas gefiel, was er sah. Am Ende verloren die Cavaliers das Spiel. Aber LeBron führte das Scorer-Ranking mit 25 Punkten an und konnte neun Assists, sechs Rebounds und vier Steals verbuchen.

Jim Gray von ESPN interviewte LeBron, als er das Spielfeld verließ.

„Haben Sie Ihre Erwartungen, was Ihr eigenes Spiel angeht, übertroffen?", fragte Gray.

„Bei einer Niederlage denke ich darüber nicht nach. Ich dachte, wir hätten heute Abend wirklich die Chance, den Sieg zu holen, aber es lief einfach nicht nach unseren Vorstellungen."

In einem eleganten schwarzen Hosenanzug wartete Gloria vor der Umkleidekabine der Cavaliers. Als die Spieler herauskamen und zum Mannschaftsbus gingen, fing sie LeBron ab und umarmte ihn.

LeBron drückte sie fest an sich. Dann stieg er in den Bus, um zum Flughafen zu fahren.

Das Team landete nachts um zwei Uhr dreißig in Phoenix.

LeBrons Leben in der NBA hatte offiziell begonnen.

***

Die Fernseheinschaltquoten bei LeBrons erstem NBA-Spiel waren überragend. In Nord-Ohio lagen die Zuschauerzahlen um 433 Prozent höher als bei dem ersten Spiel der Cavaliers in der Saison zuvor. Landesweit hatte nur ein Spiel, das ESPN im Vorjahr übertragen hatte, mehr Zuschauer gehabt als dieses. Nicht schlecht für eine Partie, die um zweiundzwanzig Uhr dreißig an der Ostküste ausgestrahlt worden war.

Vor dem Spiel gegen die Suns in der America West Arena bemerkte LeBron in der Umkleidekabine, dass die Experten im TNT-Studio über seine Leistung gegen die Kings sprachen. LeBron drehte die Lautstärke auf und lächelte, als TNT das Highlight zeigte, wie er den Ball geklaut und an Ricky Davis für einen Dunk weitergegeben hatte. „Habt ihr das gesehen?", fragte LeBron und zeigte auf einige der Reporter in der Umkleide. „Das ist uneigennütziges Spiel."

Die Reporter begaben sich mit Coach Silas in einen Raum.

LeBron steckte seinen Kopf durch die Tür und schlug Silas vor, die Sache zu beenden.

„Ganz ruhig", sagte Silas zu LeBron.

Dann schaute er die Reporter an. „Er will sein Büro zurück. Das ist in Ordnung für mich. Kein Problem, Mr King James."

An diesem Abend machte LeBron gegen die Suns 21 Punkte. Und er erzielte zwölf Rebounds und acht Assists. Seine Mannschaft verlor erneut.

***

Im dritten Spiel der Cavaliers beschimpfte Ricky Davis LeBron, weil der ihm den Ball nicht zugespielt hatte. Nach diesem Zwischenfall bemerkte Silas, dass LeBron sich in der Offensive zurückhielt. Es hatte den Anschein, dass LeBron sich bremste, um Davis nicht in den Schatten zu stellen. Dass LeBron sich zurückhielt, war das Letzte, was Silas und die Cavaliers-Organisation gebrauchen konnten.

Am 15. Dezember 2003 transferierten die Cavaliers Ricky Davis und zwei weitere Spieler an die Boston Celtics. Nach und nach wurde der gesamte Kader der Cavaliers umstrukturiert, um ein Team rund um LeBron aufzubauen.

Zeitgleich mit dem Verkauf von Davis stellte Nike LeBrons Signature-Sneaker, der jetzt Air Zoom Generation hieß, offiziell der Öffentlichkeit vor. Zur Einführung von LeBrons Signature-Schuh präsentierte Nike auch den zweiten LeBron-Werbespot mit dem Titel „Book of Dimes“. Der Werbespot spielt in einer zur Kirche umgestalteten Sporthalle, mit dem Komiker Bernie Mac als Prediger. Die Versammlung bestand aus einer Reihe von NBA-Legenden – Jerry West, Moses Malone, Julius Erving und George „Iceman“ Gervin. Der Chor setzte sich aus den größten Stars der WNBA zusammen: Sue Bird, Tamika Catchings, Sheryl Swoopes, Chamique Holdsclaw und Dawn Staley.

Der Prediger Bernie Mac liest aus dem „King James Playbook“ und preist LeBron.

„Der Auserwählte des Basketballs bat die Seele des Spieles um eine Vision für das Spielfeld, und sie wurde ihm gewährt“, sagt Mac. „Kann ich ein Layup bekommen?“

„Layup!“, sagt die Gemeinde.

Wenige Augenblicke später ruft Mac, dass er spürt, wie die Seele des Spieles über ihn kommt. Die Türen der Sporthalle springen auf, und LeBron kommt dribbelnd in die Kirche und spielt No-Look-Pässe zu Gemeindemitgliedern. Jeder, der einen seiner Pässe fängt, ist mit himmlischen Torjägerfähigkeiten gesegnet. Die Menschen fliegen durch die Luft, dunken, und der Werbespot endet mit dem Chorgesang: „Pass! Pass! Pass! Pass! Pass!“

Die Idee zu dieser Werbung kam mehr von LeBron als von Nike. LeBron hatte mit Lynn Merritt oft darüber gesprochen, dass er Werbespots machen wollte, die zu seiner Persönlichkeit passten. Er liebte das

Passspiel. Aber er hatte auch einen Sinn für Humor. Und LeBron gefiel die Idee, Spieler einzubeziehen, die er in seiner Jugend bewundert hatte – Dr. J, Iceman –, und die besten Basketballspielerinnen. Besonders gut gefiel ihm aber, dass einer seiner Lieblingskomiker den Prediger spielte.

Der Werbespot wurde während der NFL-Spiele im Dezember erstmals ausgestrahlt, was maximale Aufmerksamkeit garantierte. Die Reaktionen waren wie Musik in den Ohren der NBA. „Es stellt sich heraus, dass Nike einen sauberen Schnitt gemacht hat", hieß es in dem Magazin *Slate*. „Sie haben LeBron zum Lächeln gebracht, was entschieden un-gangsta ist. Und was vielleicht am interessantesten ist: In dem ganzen Spot geht es um LeBrons Hingabe an sein Team und nicht um die atemberaubenden Spielzüge, mit denen oft Turnschuhe verkauft werden."

LeBrons Schuhe wurden für 110 Dollar pro Paar gelistet. Sie kamen Mitte Dezember landesweit in den Handel und waren noch vor Weihnachten überall ausverkauft. Gleichzeitig wurden in den ersten Monaten seiner ersten NBA-Saison mehr als 600.000 LeBron-Trikots verkauft, was geschätzte 69 Millionen Dollar einbrachte. Und die Einschaltquoten für NBA-Spiele stiegen bei ESPN um 15 Prozent und bei TNT um mehr als 20 Prozent.

***

Kurz nachdem LeBron 19 geworden war, mitten in seiner ersten Saison, erfuhr Savannah Brinson, dass sie schwanger war. Die Situation machte ihr Angst. Was soll ich meinen Eltern sagen?, sorgte sie sich. Sie fürchtete auch die Folgen für LeBron. Was wird mit LeBrons Karriere passieren?

Heulend teilte sie LeBron mit, dass sie ein Kind von ihm erwarte.

Es war für beide ein ernüchternder Moment. Keiner von ihnen hatte das geplant. LeBron hatte das Gewicht von Nike und der Liga auf den Schultern. Savannah war eine verängstigte 17-jährige Highschool-Schülerin. Aber beide waren fest entschlossen, das Kind zu behalten.

Die Situation war kompliziert, doch LeBron hielt sie für beherrschbar.

„Das wird mich nicht aufhalten", sagte er zu Savannah. „Und es wird dich nicht aufhalten."

Savannah war überwältigt.

„Wir werden weiterhin tun, was wir tun müssen", sagte LeBron zu ihr.

In den folgenden Monaten führte LeBron die Cavaliers zu einem starken Finish. Die Cavaliers beendeten die Saison mit 35:47 und verpassten die Play-offs nur um ein einziges Spiel. LeBron stand an der Spitze des Team-Rankings in Bezug auf Spielminuten, Trefferquote, Assists und Steals. Und er wurde als jüngster Spieler in der NBA-Geschichte zum Newcomer des Jahres gekürt.

Sobald die Saison zu Ende war, fuhr LeBron nach Akron und ging mit Savannah zu ihrem Abschlussball. Er machte ihr Komplimente dafür, wie schön sie in dem von ihr selbst entworfenen Outfit aussah – ein Neckholder-Kleid im Meerjungfrauen-Stil mit Strasssteinen.

Sie war im fünften Monat schwanger. Sie waren im Begriff, Eltern zu werden.

17

NICHT NACHTRAGEND

Nur wenige Monate vor den Olympischen Sommerspielen des Jahres 2004 in Athen erhielt LeBron die unerwartete Einladung, dem US-Männer-Basketballteam beizutreten. In der Olympiamannschaft herrschte Unordnung. Neun der zwölf NBA-Veteranen aus dem Team der USA, das ein Jahr zuvor beim FIBA Americas Olympic Qualifying Tournament siegreich war, hatten beschlossen, nicht nach Griechenland zu fahren. Und auch die meisten NBA-Stars, die für die Besetzung freier Position umworben worden waren, hatten aus verschiedenen Gründen abgelehnt: Kobe Bryant war ganz mit seinem bevorstehenden Prozess beschäftigt. Andere zogen es vor, zu Hause zu bleiben und sich auf die kommende NBA-Saison vorzubereiten. Und mehrere prominente NBA-Spieler hatten Sicherheitsbedenken hinsichtlich der Teilnahme an den ersten Olympischen Spielen seit 9/11. Die US-Streitkräfte hatten kurz zuvor Saddam Hussein gefangen genommen. Doch der Drahtzieher von 9/11, Osama bin Laden, war noch immer untergetaucht. Und nach dem von Präsident George W. Bush befehligten Einmarsch in den Irak nahm die antiamerikanische Stimmung in ganz Europa und im Nahen Osten zu.

LeBron war nicht sonderlich besorgt um seine Sicherheit. Auch über die amerikanische Außenpolitik und die politischen Auswirkungen des von der Bush-Regierung geführten Krieges gegen den Terror hatte er sich noch keine Gedanken gemacht. An eine Teilnahme an den Olympischen Spielen hatte er gleichfalls kaum einen Gedanken verschwendet. „Als afroamerikanischer Junge denkt man beim Aufwachsen immer nur: ‚Ich will in die NBA'", sagte LeBron später, als er über seine Erfahrungen nachdachte. „Man versteht eigentlich nicht, wie wichtig es ist, für sein Land zu spielen. Das wird nicht gepredigt. Es wird nicht darüber gesprochen. Es wird nicht gezeigt."

Aber LeBron verstand, wie wichtig Loyalität und Teamwork waren. Und der Gedanke, dass er in der amerikanischen Mannschaft gebraucht wurde, fand bei ihm Anklang. Tim Duncan und Allen Iverson waren die einzigen All-Stars der vergangenen NBA-Saison, die nach Athen fahren würden. LeBron dachte sich, dass er einen wichtigen Beitrag leisten könnte, um dem Team zu einer Goldmedaille zu verhelfen. Außerdem wäre er mit seinen 19 Jahren der jüngste Spieler in der Basketball-Nationalmannschaft der USA, seit NBA-Spieler 1992 an den Olympischen Spielen teilgenommen hatten. LeBron fühlte sich durch die Auszeichnung geehrt und wollte sich zusammen mit seinen amerikanischen Landsleuten mit den besten Basketballspielern der Welt messen. Also fuhr er ins Trainingslager nach Jacksonville, Florida. Er hatte keine Ahnung, worauf er sich eingelassen hatte.

Als LeBron ankam, war er angenehm überrascht, dass er nicht der einzige Rookie im Team war. In letzter Minute waren noch sein Freund Carmelo Anthony und der Point Guard der Miami Heat, Dwyane Wade, in den Kader aufgenommen worden. Die drei waren die besten Nachwuchsspieler der NBA und nannten sich selbst „The Young Guns". LeBron und Carmelo schauten sich die Veteranen an und rechneten sich gute Chancen aus, neben Duncan und Iverson in der Startformation zu stehen.

„Lass uns an die Arbeit gehen", sagte LeBron zu Carmelo.

Nicht alle Veteranen wussten die Einstellung der Rookies zu schätzen. Der Point Guard der New York Knicks, Stephon Marbury, fand, dass sich LeBron und Carmelo ein bisschen zu eingebildet und zu wenig ehrerbietig verhielten. Wie LeBron war auch Marbury in der Highschool eine Sensation gewesen. In den Neunzigerjahren war er auf Coney Island eine Legende auf dem Spielfeld gewesen. Aber er hatte nie den Sprung zum Superstar in der NBA geschafft. Binnen acht Jahren hatte Marbury für vier Teams gespielt und nie auch nur annähernd die Art von Ruhm und Reichtum erlebt, die LeBron bereits erlangt hatte. Und in New York erhielt sogar Carmelo mehr Zuspruch als Marbury. Wenn es nach den Knicks-Fans gegangen wäre, hätten sie Marbury sofort gegen Melo ausgetauscht.

Die Ressentiments zwischen einigen Veteranen und den Rookies waren beiderseitig. LeBron und Carmelo waren der Meinung, dass die Veteranen mehr für eine kameradschaftliche Atmosphäre hätten tun müssen. „Sie waren arrogant", sagte Carmelo im Rückblick auf diese Erfahrung. „Sie sagten nicht: ‚Ich verstehe dich, junger Mann. Ich kümmere mich um dich.' So war es nicht. Du warst ganz allein da draußen."

Auch Cheftrainer Larry Brown war frustriert. Die Spieler, die er ein Jahr zuvor beim Qualifikationsturnier trainiert hatte, waren erfahrene Veteranen gewesen, die als geschlossene Einheit gespielt hatten. Der aktuelle Kader war von einem Ausschuss zusammengestellt worden. Brown hatte im Grunde ein Sammelsurium von Spielern geerbt, zwischen denen die Chemie nicht stimmte. Und dem Team USA blieben nur 15 Trainingseinheiten, bevor es in den Wettbewerb ging. Getreu seinem Trainerstil plante Brown, sich die meiste Zeit auf die erfahrenen Spieler zu verlassen. Während einer Reihe von Testspielen in Deutschland, Serbien und der Türkei entschied sich Brown für eine Startaufstellung mit folgenden Spielern:

Allen Iverson, Guard
Stephon Marbury, Guard
Tim Duncan, Center
Richard Jefferson, Forward
Shawn Marion, Forward

LeBron war nicht glücklich darüber. Seit er als Kind angefangen hatte, organisierten Basketball zu spielen, hatte er in jedem Team zur Startformation gehört. Und er war der Olympiamannschaft nicht beigetreten, um bloß Ersatzspieler zu sein.

Auch Carmelo war nicht erfreut. Er und LeBron waren beide Forwards. Und Carmelo hielt sie beide für bessere Forwards als Richard Jefferson und Shawn Marion. „Spielen die etwa vor uns?", sagte Carmelo zu LeBron. „Wie bitte?"

Nachdem LeBron und Carmelo klar geworden war, dass sie nicht in der Startformation standen, schlossen sie vor jedem Training einen

Pakt. Wenn die Stammspieler heute nicht einsatzbereit sind, sollten wir diese Jungs aufmischen.

Am Vorabend des letzten Testspiels vor der Reise nach Athen schliefen LeBron und der Rest des Teams in einem Luxushotel in Istanbul, als in zwei Touristenhotels in einem anderen Teil der Stadt Bomben explodierten, wodurch zwei Menschen getötet und elf verletzt wurden. Kurdische Separatisten wurden verdächtigt, dafür verantwortlich zu sein. Einen Tag zuvor hatte der Lakers-Forward Lamar Odom mit einer Gruppe von Spielern der amerikanischen Mannschaft eine Tour durch das Gebiet unternommen, in dem später die Bomben explodierten. Odom hatte ein unheimliches Gefühl, als er von dem Terroranschlag erfuhr.

LeBron hatte an der Tour mit Odom nicht teilgenommen. Aber als die US-Beamten das Team am Morgen nach dem Bombenanschlag informierten, stellte LeBron mehr Fragen als alle anderen. Er wollte wissen, was passiert war und was geplant war, um die Sicherheit des Teams zu gewährleisten. Später an diesem Tag eskortierte eine Gruppe von Polizeifahrzeugen den Bus der US-Olympiamannschaft vom Hotel zum Stadion. Und in der Arena waren LeBron und seine Mannschaftskameraden von Polizeibeamten in Einsatzkleidung gesäumt, als sie sich dem Spielfeld näherten. Angeführt von Tim Duncan gewann die US-Mannschaft das Testspiel. Aber die türkischen Fans verhielten sich feindselig gegenüber der amerikanischen Mannschaft.

In Athen war das US-Team noch heftigeren Anfeindungen ausgesetzt. Während des Aufenthaltes in Griechenland wohnte das US-Team im Hafen von Piräus auf der Queen Mary 2, dem größten Ozeanschiff der Welt. Damals kostete eine Transatlantik-Überquerung auf dem Luxusschiff in der ersten Klasse etwa 27.000 Dollar pro Person. Die Mannschaft blieb dort, weil das Schiff maximale Sicherheit für die Spieler bot. Doch die luxuriöse Unterbringung trug auch dazu bei, dass vor den Olympischen Spielen die Meinung vorherrschte, das US-Basketballteam der Männer bestehe aus arroganten, verwöhnten Stars.

In der ersten Runde des Wettbewerbes besiegte Puerto Rico das stark favorisierte US-Team mit 92:73. Es war das erste Mal, dass das US-Team geschlagen wurde, seit NBA-Spieler 1992 an den Olympischen

Spielen teilgenommen hatten. Und die griechischen Zuschauer brüllten vor Begeisterung.

LeBron spielte lediglich 13 Minuten gegen Puerto Rico, gab nur drei Schüsse ab und erzielte fünf Punkte. In den letzten Minuten des Spieles war es in der Arena lauter als in jedem anderen Stadion, in dem er je gespielt hatte. Er saß am hinteren Ende der Bank, hatte sich ein Handtuch über den Kopf gezogen und das Gesicht in den Händen vergraben.

Anschließend rügte Coach Brown seine Mannschaft, stellte ihr Engagement infrage und tadelte sie, weil sie nicht verstanden hätten, wie wild die anderen Teams darauf waren, sie zu besiegen. Sportjournalisten in den USA machten sich über die US-Mannschaft lustig, ein prominenter Basketballjournalist nannte sie „einen Witz". Und die internationalen Fans in Griechenland freuten sich über den Niedergang des US-Basketballs. „Die Leute sind nicht für die USA", sagte ein litauischer Fan gegenüber ESPN. „Weil niemand mag, was die USA dem Rest der Welt antun."

LeBron war unglücklich. Weit von zu Hause entfernt verbrachte er die meiste Zeit auf einem Schiff, allein in seiner Kabine. Während der Spiele saß er auf der Bank bei einem Team, dessen Trainer beschlossen hatte, sich mehr und mehr auf Spieler wie Stephon Marbury, Richard Jefferson und Shawn Marion zu verlassen. Währenddessen jubelten die griechischen Fans über die Niederlage des US-Teams. Wegen all dem hier war LeBron nicht nach Athen gekommen. Er vermisste seine Familie. Er vermisste seine Freunde. Er vermisste Ohio.

Trotz einer weiteren Niederlage – diesmal gegen Litauen – gewann das US-Team insgesamt drei Spiele und qualifizierte sich damit für die Medaillenrunde. Sie verloren jedoch gegen Argentinien mit 89:81 und konnten somit die Goldmedaille nicht mehr gewinnen. Für LeBron war die Niederlage gegen Argentinien besonders schwer mit anzusehen. Das ganze Spiel über war sein Team in Rückstand, aber LeBron musste auf der Bank ausharren und kam lediglich auf drei Minuten Einsatzzeit. Nicht einmal Allen Iverson verstand, warum der athletischste Basketballspieler des Teams kaum eingewechselt wurde.

Am Ende gewannen die USA die Bronzemedaille.

Niedergeschlagen und peinlich berührt stieg LeBron in den Mannschaftsbus, um zum Flughafen zu fahren. Während der Olympischen Spiele war er durchschnittlich nur elf Minuten pro Partie eingesetzt worden und hatte fünf Punkte pro Spiel erzielt. Er unterhielt sich gerade mit Carmelo, als Stephon Marbury in den Bus kam und auf sie losging.

„Ihr seid Nullen!", schrie Marbury. „Ihr habt dieses Team nicht unterstützt."

LeBron und Carmelo schossen sofort zurück. Der Streit eskalierte schnell.

„Ihr wollt Kumpels sein", sagte Marbury. „Scheiß auf den ganzen Kumpel-Mist."

LeBron und Carmelo konnten mit Marbury nichts anfangen. Und umgekehrt.

„Ihr werdet nie gute Spieler sein", rief Marbury.

LeBron hatte die Nase voll. Nach 35 Tagen in Übersee konnte er es kaum erwarten, in die NBA zurückzukehren.

***

Im Herbst 2004 wollte *GQ* ein Porträt von LeBron bringen. Das beliebte Herrenmode- und Style-Magazin, bekannt dafür, Hollywoodschauspieler auf dem Cover abzubilden, brachte nur selten Storys über NBA-Spieler. Aber der Herausgeber des Magazins war ein Basketballfan und wollte herausfinden, wie der 19-jährige LeBron mit dem Druck in der NBA zurechtkam. Aaron Goodwin hielt es für eine gute Idee, dass LeBron kooperierte.

LeBron war einverstanden. Und nachdem er in Los Angeles an seinem nächsten Nike-Werbespot gearbeitet hatte, machte er sich auf den Weg nach New York, um das *GQ*-Interview zu führen, bevor das Trainingslager der Cavaliers beginnen würde. Maverick Carter, Rich Paul und Randy Mims begleiteten ihn. Zu ihnen gesellte sich Mary Ford, die PR-Leiterin von Aaron Goodwins Agentur. LeBron kaute Bubblicious-Kaugummi, trug Baggy Shorts, T-Shirt und eine schwarze Nike-Kappe. Zusammen mit Ford stand er in der Lobby des W Hotel in Midtown Manhattan und wartete auf den Journalisten, der das Porträt verfassen sollte.

GQ hatte Larry Platt gebeten, den Artikel über LeBron zu schreiben. Platt war Herausgeber des *Philadelphia*-Magazins und hatte kürzlich eine Biografie des 76ers Point Guard Allen Iverson veröffentlicht. Der scharfsinnige NBA-Beobachter Platt nahm gern die Gelegenheit wahr, für *GQ* über LeBron zu berichten. Platt war der Meinung, dass die NBA in echten Schwierigkeiten steckte. Am Ende dieses Sommers war Kobe Bryant vom Vorwurf der sexuellen Nötigung freigesprochen worden. Nachdem die Frau, von der er beschuldigt worden war, beschlossen hatte, nicht vor Gericht auszusagen, hatte die Staatsanwaltschaft das Verfahren eingestellt. Doch die schmutzigen Schlagzeilen während des jahrelangen Rechtsstreits hatten eine dunkle Wolke über Kobe und der Liga hinterlassen. Gleichzeitig hatten die Spannungen zwischen Kobe und Shaquille O'Neal dazu geführt, dass die Lakers O'Neal an die Miami Heat verkauften, wodurch das dynamischste Duo der Liga zerbrach. Hinzu kam das Olympia-Debakel in Athen. Platt fragte sich, ob LeBron der Retter der NBA sein könnte.

Ford stellte ihn Platt vor, aber LeBron hatte nicht vor, sich auf irgendeine Art und Weise zu öffnen. Er hatte sich angewöhnt, sein Privatleben abzuschirmen, vor allem gegenüber Journalisten.

Um schnell eine Beziehung aufzubauen, versuchte Platt einen alten Trick: Namedropping. Er erwähnt William Wesley.

LeBron wurde hellhörig. „Kennen Sie Wes?", fragte er.

„Ich kenne Wes aus Philadelphia", sagte Platt.

LeBron lächelte und sah sich in der Lobby nach seinen Freunden um. „Yo, yo, yo", sagte er zu ihnen. „Dieser Typ kennt Wes!"

Maverick und Rich kamen herüber und erzählten lustige Wes-Geschichten.

Platt war zu ihnen durchgedrungen.

Die Gruppe ging nach nebenan ins Blue Fin, ein Restaurant am Times Square, wo Platt beim Mittagessen LeBron interviewen wollte. Als sie ankamen, war das Restaurant leer, und eine Kellnerin teilte ihnen mit, dass die Küche am Nachmittag geschlossen sei.

LeBron machte eine große Kaugummiblase und trat vor. „Lassen Sie mich mit dem Koch sprechen", sagte er.

Wenige Augenblicke später erschien ein Manager. Als der Manager erkannte, dass LeBron James im Restaurant war, sorgte er dafür, dass ein Tisch gedeckt wurde. Ein Koch wurde herbeigerufen. Die Speisekarten wurden gebracht. Und obwohl es mitten am Nachmittag war, bestellte LeBron Frühstück. Alle anderen bestellten Mittagessen.

Während er auf das Essen wartete, machte sich LeBron gnadenlos über Rich lustig.

Rich holte daraufhin ein Vorabexemplar eines Comics mit LeBron heraus, der in Kürze erscheinen sollte. Rich deutete auf den Comic-LeBron und sagte: „Sieh ihn dir an. Er hat diesen kleinen Kopf und diese verdammt großen Ohren."

Die Jungs lachten über LeBron.

„Dieser kleine Kerl", sagte LeBron zu Platt, wobei er auf Rich zeigte, „ist ein Komiker."

Platt wusste nichts über Maverick, Rich oder Randy. Aber er war beeindruckt von dem Kontrast zwischen ihnen und Allen Iversons innerem Kreis. Während der Arbeit an Iversons Biografie war Platt zu dem Schluss gekommen, dass einige der Jungs um Iverson herum keinen guten Einfluss auf ihn hatten. Einer von ihnen hatte ein langes Vorstrafenregister. Ein anderer wurde dabei erwischt, wie er persönliche Gegenstände von Iverson stahl und an ein Pfandhaus verkaufte. Einen dritten musste Iverson entlassen, weil er illoyal war. Aber LeBrons Freunde kamen ihm vor wie ein Haufen Kids, die herumalbern. Rich schien ein Spinner zu sein. Es war eine willkommene Abwechslung zu Iversons Mannschaft, aber Platt fiel es schwer, LeBrons Gruppe ernst zu nehmen.

Platt bemerkte einen weiteren wichtigen Unterschied. Iverson behandelte seinen inneren Kreis nie auf Augenhöhe. Sie standen auf seiner Gehaltsliste, und die Stimmung zwischen ihnen und Iverson spiegelte das wider. LeBrons innerer Kreis schien eher eine Bruderschaft von Gleichberechtigten zu sein.

Ein Kellner erschien und stellte LeBron einen Teller mit Pfannkuchen und Würstchen hin, dazu einen Stapel in Scheiben geschnittener Bananen. Zwischen zwei Bissen hob LeBron seinen Hintern und ließ donnernd einen fahren. „Verdammt, Mary", sagte LeBron und sah Mary Ford an. „Furz nicht."

Maverick und Rich lachten Tränen und gaben sich gegenseitig ein High Five.

Mary Ford verzog keine Miene. Aber Platt konnte sich ein Kichern nicht verkneifen. Das schülerhafte Zusammenspiel zwischen LeBron und seinen Freunden machte ihr Treffen sehr unterhaltsam. Aber Platt begann sich zu fragen, ob er etwas Ernsthaftes aus LeBron herausbekommen würde. Dann stellte Platt ihm eine Basketballfrage.

Das Grinsen verschwand aus LeBrons Gesicht, und er schaute Platt in die Augen.

„Wenn ich mich erst einmal an meine Umgebung gewöhnt habe, scheint sich alles zu verlangsamen", sagte LeBron. „Ich will nicht überheblich klingen, aber es ist, als würde ich Dinge sehen, bevor sie passieren. Ich weiß in etwa, wo die Verteidiger sein werden. Ich weiß irgendwie, wo meine Teamkollegen sein werden, manchmal, bevor sie selbst es wissen."

Während sein Tonbandgerät lief, fiel Platt die plötzliche Veränderung in LeBrons Tonfall auf. Seine Stimme war tiefer geworden. In Sekundenschnelle hatte er sich von einem verspielten Teenager in einen Gelehrten verwandelt.

„Mein Spiel läuft wirklich über die Wahrnehmung der Zeit", fuhr LeBron fort. „Ich meine damit nicht, dass ich meiner Zeit voraus wäre. Ich will nur sagen, wenn ich auf dem Platz stehe und einen Pass spiele, führt der Ball, den ich geworfen habe, meinen Mitspieler genau dorthin, wo er hinmuss, bevor er überhaupt weiß, dass das der richtige Ort für ihn ist. Ich verlangsame die Dinge einfach so weit, dass ich kontrollieren kann, was passiert."

Wow, dachte Platt. Dieser Typ ist wirklich ein Wunderkind.

Am Ende des Interviews war Platt zu dem Schluss gekommen, dass die Zukunft der NBA bei LeBron in guten Händen sei. Trotz des Druckes, der daher rührte, dass er der führende Mann der Liga werden sollte, kam ihm LeBron mit seinen 19 Jahren bemerkenswert unbeschwert vor. Als Platt diese Beobachtung machte, ahnte er nicht, dass LeBron eine Highschool-Freundin hatte und die beiden bald Eltern werden würden.

Einige Wochen danach kam LeBron erneut nach New York, wo das *GQ*-Fotoshooting in einem Loft in Tribeca stattfand. Auch Platt war zur Stelle, um ein weiteres Interview mit LeBron zu führen. Während LeBron posierte, bemerkte Platt, dass zum Mittagsbuffet viele Schachteln mit Fruity PEBBLES gehörten. Als Platt nachfragte, erfuhr er, dass die Frühstücksflocken LeBrons einziger Catering-Wunsch gewesen seien. Platt machte sich eine geistige Notiz: Wäre es ein Fotoshooting mit Allen Iverson gewesen, hätte der Flaschen mit Cristal-Champagner verlangt.

***

Der Trainer der Cavaliers, Paul Silas, war beeindruckt von LeBrons Überfliegerqualitäten, die es ihm erlaubt hatten, von der Highschool kommend direkt zum NBA-Star zu werden. Noch mehr erstaunte es ihn, bei Eröffnung des Trainingslagers im Jahr 2004 zu sehen, wie sehr sich LeBron seit Ende der letzten Saison verändert hatte. Er hatte ein paar Pfund mehr an Muskeln zugelegt. Seinen Outside Shot hatte er erheblich verbessert. Es gelang ihm häufiger, einen freien Mitspieler zu finden, wenn er von zwei Gegnern bedrängt wurde. Und er war auf dem Spielfeld viel lauter, übernahm das Kommando und erteilte seinen Mitspielern Anweisungen. In all seinen Jahren als Trainer hatte Silas noch nie erlebt, dass ein Spieler in so kurzer Zeit eine so dramatische Veränderung durchgemacht hatte. Er teilte LeBron mit, dass er ihn nicht mehr als Shooting Guard, sondern als Small Forward einsetzen werde. Und er gab LeBron die Erlaubnis, in der Offensive alles zu geben. Das Team gehörte ihm.

LeBron gefiel es, wieder bei den Cavaliers zu sein, in seinem gewohnten Umfeld. Und er genoss es, für Silas zu spielen, der seine Talente schätzte und alles tat, um ihn auf dem Spielfeld zu unterstützen. LeBron ließ Silas wissen, wie sehr er ihn schätze, und er versicherte seinem Trainer, dass er ihn nicht im Stich lassen werde.

Doch gegen Ende des Trainingslagers verließ LeBron das Team für ein paar Tage, um bei Savannah zu sein. Am 6. Oktober 2004 war LeBron dabei, als Savannah einen Jungen zur Welt brachte. Für LeBron war es ein lebensverändernder Moment, weitaus tiefgreifender als alles, was er als Sportler erlebt hatte. Die meiste Zeit seines Lebens hatte sich LeBron nach einem Vater gesehnt. Plötzlich war er selbst Vater. LeBron war voller Stolz und wollte, dass sein Junge seinen Namen bekam – LeBron Raymone James Jr.

Savannah, kaum 18 Jahre alt, beobachtete ihr Neugeborenes, das an LeBrons Brust schlief.

Jetzt, da er ein Baby auf dem Arm hatte, lastete das Gewicht zusätzlicher Verantwortung auf LeBron. Er hatte eine Familie, an die er denken musste. Er hatte immer hart daran gearbeitet, sich einen ehrenhaften Ruf aufzubauen und zu erhalten. Aber jetzt war das hier wichtiger. Ich darf nichts tun, sagte er sich, was dem Ruf meiner Familie schadet.

Er blieb drei Tage lang bei Savannah und ihrem gemeinsamen Sohn. Bevor er zum Team zurückkehrte, vereinbarten sie, dass er sie und LeBron Jr. vor den Augen der Öffentlichkeit abschirmen würde.

Als die Presse ihn wegen der Geburt befragte, wollte LeBron nicht viel sagen. Er weigerte sich, Savannahs Namen oder den Namen ihres Kindes zu nennen. Die *New York Times* bezeichnete Savannah einfach als „die Mutter, die aus Akron stammt". Die Associated Press nannte LeBron Jr. „das männliche Baby": Ohne näher darauf einzugehen, sagte LeBron dem *Akron Beacon Journal*: „Mein Hauptziel [ist] zu versuchen, ein besserer Vater zu sein als mein eigener Vater. Ich kannte ihn nicht. Ich wusste nicht, in welcher Situation er sich befand. Aber ich werde mein Bestes geben."

***

In Clevelands zweitem Heimspiel der Saison lagen die Cavaliers am Ende des dritten Viertels gegen die Phoenix Suns mit 85:66 zurück. LeBron beschloss, das Versprechen einzulösen, das er Silas im Trainingslager gegeben hatte. Im letzten Viertel erzielte LeBron 17 Punkte, mehr als das gesamte Team der Suns, und erzwang die Verlängerung. Die Cavaliers gewannen das Spiel. LeBron erzielte insgesamt 38 Punkte. Ein paar Tage später erreichte er gegen die Warriors 33 Punkte. Dann reisten die Cavaliers nach Charlotte, um gegen die Bobcats anzutreten. Im Laufe des Spieles sprang LeBron in die Luft, um einen viel zu hoch geworfenen Pass einzufangen. Auf dem höchsten Punkt seines Sprunges befand sich LeBrons rechte Hand fast am oberen Ende des Backboards. Mit einer einzigen Bewegung fing er den Ball auf und rammte ihn auf seinem Weg nach unten durch den Zylinder. Nach dem Spiel sprach ihn ein Reporter auf den Dunk an.

„Ich habe euch gesagt, dass ich fliegen kann", sagte LeBron und grinste. „Mir gefällt es da oben. Es sind nicht viele Leute mit mir da in der Luft."

Die Cavaliers hatten als Team noch einen weiten Weg vor sich, aber LeBron begeisterte Abend für Abend die Fans in Cleveland und sorgte in weiteren Städten der Liga für ausverkaufte Hallen.

***

Die Detroit Pistons waren der amtierende NBA-Meister. Im Jahr zuvor hatten sie die NBA-Finals erreicht, nachdem sie die Indiana Pacers in einer zermürbenden Sechs-Spiele-Serie in den Eastern Conference Finals besiegt hatten. Am 19. November 2004 trafen die beiden Teams im Palace of Auburn Hills aufeinander. Dieses Mal verprügelten die Pacers die Pistons. Weniger als eine Minute vor Schluss, als sein Team mit 15 Punkten in Führung lag, schlug der Pacers-Angreifer Ron Artest Pistons-Center Ben Wallace gegen den Kopf, als dieser einen Layup versuchte. Wütend stieß Wallace Artest ins Gesicht, was Pfiffe auslöste. Spieler beider Mannschaften schritten ein, um einen Kampf zu verhindern. Während sich die Schiedsrichter zusammensetzten, um mögliche Platzverweise zu besprechen, legte sich Artest auf den Tisch der Offiziellen. Ein Pistons-Fan schleuderte einen Becher mit Limonade nach Artest, der auf die Tribüne stürmte und ein Handgemenge auslöste, das schnell außer Kontrolle geriet. Spieler der Pacers gesellten sich zu Artest auf die Tribüne und prügelten sich mit den Fans. Die Fäuste flogen. Ein Fan warf einen Metallstuhl nach Pacers-Center Jermaine O'Neal. Der Radiosprecher der Pacers wurde niedergetrampelt, wobei er sich fünf Wirbel brach. Die Fans strömten sogar auf das Spielfeld und prügelten sich mit den Spielern, während die Polizei versuchte, diese vom Platz zu eskortieren. Da ESPN das Spiel im Fernsehen zeigte, wurde die Szene, in der Kinder der Spieler und andere unschuldige Zuschauer vor Angst weinten, landesweit in die Wohnzimmer der Zuschauer übertragen.

Neun Spieler wurden von der Liga suspendiert, mehrere davon auf unbestimmte Zeit wegen eines Verhaltens, das die NBA als „schockierend, abstoßend und unentschuldbar" bezeichnete. Fünf Spieler wurden wegen Körperverletzung angeklagt und verzichteten schließlich darauf, Einwände geltend zu machen; sie wurden zu Bewährungsstrafen verurteilt und mussten sich einer Beratung zur Aggressionsbewältigung unterziehen. Mehrere Fans wurden wegen ihrer Beteiligung an dem Handgemenge verurteilt, und einige erhielten ein dauerhaftes Verbot, Spiele zu besuchen. Der Vorfall, der als „The Malice at the Palace" bezeichnet wurde, war die berüchtigtste Schlägerei in der Geschichte der NBA und markierte den Tiefpunkt des öffentlichen Images der Liga.

Das Geschehen in Detroit war für LeBron ein Gräuel. Gewalt zwischen Spielern – ganz zu schweigen von Gewalt zwischen Spielern und Fans – hatte in diesem Sport keinen Platz. Seit seiner Kindheit in der örtlichen Freizeitliga in Akron hatte sich LeBron nie mit einem gegnerischen Spieler geprügelt. Als er älter wurde und einige Spieler ihn mit harten Fouls traktierten, spielte LeBron einfach weiter und zog es vor, sich durch sein Spiel und nicht mit den Fäusten zu rächen. Selbst als Fans ihn mit abfälligen Kommentaren beschimpften, einschließlich gelegentlicher rassistischer Beleidigungen während seiner Jahre als Junior- und Seniorschüler an der Highschool, behielt LeBron die Fassung. LeBron war oft der größte und stärkste Spieler auf dem Platz gewesen, aber er trat nie als Rüpel in Erscheinung. Seit er ein kleiner Junge gewesen war, hasste er Typen, die Schwächere attackierten.

Aber LeBron liebte es, mit Leuten, die ihn unterschätzten, Psychospielchen zu spielen. Fünf Tage nach dem Handgemenge in Detroit empfingen die Cavaliers die Pistons in Cleveland. In einem Interview mit LeBron vor dem Spiel erwähnte ein Reporter die Tatsache, dass Pistons-Trainer Larry Brown ihn während der Olympischen Spiele auf der Bank gelassen hatte. Der Reporter fragte, ob seine olympische Erfahrung LeBron im Spiel gegen Browns Team motivieren werde.

„Das ist vorbei", sagte LeBron. „Ich brauche keine Motivation, um zu spielen."

Es stimmte, dass LeBron keine externe Motivation brauchte. Aber er war von hitzigem Wettbewerbsgeist erfüllt. Und er hatte Athen nicht vergessen. „Ich wünschte, ich hätte die Gelegenheit gehabt, meine Talente zu zeigen", fügte LeBron in dem Interview vor dem Spiel hinzu. „Nur darauf kommt es an. Ich bin nicht nachtragend."

Vor dem Anpfiff überreichte LeBron Coach Brown eine Karte, mit der er sich für das Geschenk zur Geburt seines Sohnes bedankte, das Brown ihm einen Monat zuvor geschickt hatte. Dann zerstörte LeBron die Pistons. Er begann mit heftigen beidhändigen Dunks. Dann feuerte er bombenartige Würfe aus dem gesamten Halbkreis ab. Er bahnte sich seinen Weg durch den Drei-Sekunden-Raum, wand sich mit Spin-Moves durch Double-Teams und lochte per Fingerroll artistisch ein. Er wackelte sogar mit der Zunge, nachdem er zwei spielentscheidende Dreier versenkt hatte. Als LeBron zwei Minuten vor Schluss ausgewechselt wurde, waren die Fans von Cleveland auf den Beinen und feierten ihn mit tosendem Applaus. Er hatte 43 Punkte erzielt, die höchste Ausbeute in seiner bisherigen Karriere.

Trainer Silas lächelte. Nicht nachtragend, ja?

***

Einen Monat nachdem LeBron seinen zwanzigsten Geburtstag gefeiert hatte, veröffentlichte *GQ* das Porträt und nannte LeBron „den einzigen Mann, der die angeschlagene Liga zurück ins gelobte Land führen kann". Im selben Monat setzte *Sports Illustrated* LeBron erneut auf das Cover, diesmal mit einer provozierenden Frage: „Der Beste aller Zeiten?" Das war keine Übertreibung. Nach der Hälfte seiner zweiten Saison war LeBron bereits der jüngste Spieler in der Geschichte der NBA, der 2.000 Punkte, 500 Assists und 500 Rebounds erzielt hatte.

Es gab viele Gründe für die Spieler, LeBron zu beneiden. Aber niemand stellte LeBrons Glaubwürdigkeit als Spitzenspieler infrage. Beim NBA-All-Star-Spiel in Denver am 19. Februar 2005 wurde er für die Eastern Squad ausgewählt. In einem Korridor unter der Arena war LeBron vor dem Spiel von Shaquille O'Neal, Kobe Bryant, Tim Duncan, Allen Iverson, Yao Ming, Tracy McGrady und Kevin Garnett umgeben.

Iverson sah LeBron an. Dann schaute Iverson auf die anderen Spieler, die zum ersten Mal am All-Star-Spiel teilnahmen – Dwyane Wade, Gilbert Arenas und Amar'e Stoudemire.

„All diese Rookies", sagte Iverson.

Kevin Garnett lachte, als Iverson sich umdrehte und LeBron, den Jüngsten im Bunde, anschaute.

LeBron spürte, dass aller Augen auf ihn gerichtet waren.

„Er ist gerade mal 16 Jahre alt", scherzte Iverson.

Die Veteranen lachten.

Als die Ost- und die West-Startspieler das Parkett betraten, stritten sie sich, welcher Korb zu welchem Team gehörte. LeBron setzte sich durch. „Wir gehen in diese Richtung", sagte er und zeigte auf einen Korb.

Die Spieler stritten weiter.

Der Schiedsrichter sah LeBron an. „Welchen Korb wollen Sie?", sagte er.

„Diesen da", sagte LeBron und zeigte darauf. „Wir gehen in diese Richtung."

Der Schiedsrichter nickte.

Als die Action begann, führte LeBron die Offensive der Eastern Squad an. Nachdem er einen Sprungwurf verwandelt hatte, sagte Teamkollege Vince Carter zu ihm: „Gut gemacht, Junge. Willkommen!"

LeBron schlug in die ausgestreckte Hand von Carter.

In der Verteidigung sorgte LeBron für Ordnung. Als sich sein Teamkollege Shaquille O'Neal anschickte, den Drei-Sekunden-Raum zu verlassen, um einen heranstürmenden Gegner abzuwehren, rief LeBron ihn zurück.

„Wechsel, Shaq!", schrie LeBron. „Bleib, wo du bist."

Sogar aus den Auszeiten heraus agierte LeBron wie ein Trainer auf dem Spielfeld und sagte jedem, wen er bewachen sollte.

„Du hast Nash", sagte LeBron zu Iverson.

Dann schnappte er sich Dwyane Wade. „Du hast Ray Allen", sagte LeBron zu ihm.

Mit zwanzig Jahren war LeBron der führende Spieler unter den All-Stars.

Jeder konnte sehen, dass es nur eine Frage der Zeit war, bis LeBron die Cavaliers in die Play-offs führen würde.

18

ICH BIN JETZT ÄLTER

Dan Gilbert war ein 22-jähriger Jurastudent im ersten Studienjahr, als er sein erstes Unternehmen, die Rock Financial Corporation, gründete und zu einer der erfolgreichsten unabhängigen Hypothekenbanken der USA machte. Schließlich wurde Gilberts Unternehmen in Quicken Loans umbenannt. Im Jahr 2004 war Quicken Loans der führende Online-Kreditgeber für Privatkunden und vergab in diesem Jahr Hypothekendarlehen im Wert von etwa zwölf Milliarden Dollar. Zu diesem Zeitpunkt hatte Gilbert bereits die Übernahme der Cleveland Cavaliers im Auge. Kurz bevor die Cavaliers LeBron verpflichteten, wurde das Franchise-Unternehmen auf 222 Millionen Dollar geschätzt. Nach LeBrons erstem Jahr dort war der Wert des Clubs erheblich gestiegen. Gilbert bot an, den Verein für 375 Millionen Dollar zu kaufen. Und im Februar 2005 genehmigte die NBA den Verkauf der Cavaliers-Organisation an Gilbert.

LeBron wusste wenig über Gilbert oder darüber, wie er sein Vermögen gemacht hatte. Aber LeBron hatte keinen Zweifel daran, dass Gilbert sehr viel aktiver sein würde als der vorherige Besitzer. Es war auch klar, dass Gilbert LeBron als Dreh- und Angelpunkt seiner 375-Millionen-Dollar-Investition ansah. Am ersten Tag sagte Gilbert mit Bezug auf LeBron: „Es ist unsere Aufgabe als Eigentümer und Management, ein Team um ihn herum aufzubauen, das Meisterschaften gewinnen kann, hoffentlich mehrere."

Ein paar Wochen später spielte LeBron in Toronto das beste Spiel seines Lebens und erzielte 56 Punkte gegen die Raptors. Es war eine spektakuläre Leistung, mit der er Rick Barry ablöste als jüngsten Spieler in der NBA-Geschichte, der fünfzig Punkte in einem Spiel erzielt hatte. Mit seiner Trefferflut stellte LeBron außerdem einen Clubrekord bei den Cavaliers auf. Dennoch verloren die Cavs das Spiel und kassierten damit die neunte Auswärtsniederlage in Folge.

Am nächsten Tag entließen die Cavs ihren Cheftrainer Paul Silas mit der Begründung, er sei nicht in der Lage, LeBron auf dem Spielfeld zu unterstützen. LeBron mochte Silas, aber er war nicht überrascht über die Entscheidung – die Spieler sprachen nicht auf seinen Trainerstil an. Was LeBron unvorbereitet traf, war der Zeitpunkt von Silas' Abgang – es waren nur noch 18 Spiele in der regulären Saison übrig, und das Team war immer noch auf der Jagd nach den Play-offs und hing auf Platz acht fest. Einer der Assistenztrainer wurde zum Interims-Cheftrainer ernannt, während Gilbert sich auf die Suche nach einem langfristigen Nachfolger machte.

Es war unklar, wie viel Gilbert über die Feinheiten des Basketballs wusste. Aber sein Engagement für den Sieg war unübersehbar. Er plante, Millionen in die Modernisierung der Arena zu investieren. Um den Kader zu verstärken, war er bereit, viel Geld für neue Spieler auszugeben, die frei wechseln konnten. Er plante sogar den Bau eines neuen Trainingszentrums für die Mannschaft.

LeBron hatte einen Vorschlag. In einem seiner ersten Gespräche mit Gilbert brachte er zur Sprache, was er bei der vorherigen Eigentümergruppe erfolglos angesprochen hatte – seine Unzufriedenheit mit dem Teamflugzeug. Einige Male waren die Flugreisen des Teams nicht ganz reibungslos verlaufen. LeBron war schon in der Highschool mit besseren Maschinen geflogen. Seiner Meinung nach war es Zeit für ein Upgrade. Man brauchte sich nur das Äußere des Fliegers anzusehen, auf dem immer noch das alte, verblasste und abgenutzte Mannschaftslogo zu sehen war. „Wenn Sie uns helfen wollen, ein besserer Club zu werden", sagte er zu Gilbert, „brauchen wir ein neues verdammtes Flugzeug."

LeBrons Tonfall und Gesichtsausdruck riefen bei Gilbert ein Lächeln hervor. Er machte sich eine mentale Notiz zu dem Flugzeug.

***

Die Cavaliers beendeten die Saison 2004/2005 mit 42:40. Die Erfolgsbilanz war ein solider Fortschritt für ein Team, das im Jahr vor LeBrons Ankunft nur 17 Spiele gewonnen hatte. Doch die Cavaliers waren zuletzt eingebrochen und hatten zum zweiten Mal in Folge die Qualifikation für die Play-offs um einen Sieg verpasst. Am Tag nach Saisonende entließ Dan Gilbert General Manager Jim Paxson. „Das neue Eigentümerteam", so Gilbert, „ist der Meinung, dass es an der Zeit ist, die Führung im Basketballbereich neu auszurichten."

Während Gilbert damit beschäftigt war, die Dinge in Cleveland umzukrempeln, war LeBron dabei, die NBA zu rocken. Jetzt, da er Vater geworden war, fühlte er sich zusätzlich verpflichtet, für die langfristige finanzielle Sicherheit seiner jungen Familie zu sorgen. Es ist an der Zeit für mich, sagte sich LeBron, ein Mann zu werden. Dazu gehörte auch, dass er seine geschäftlichen Angelegenheiten selbst in die Hand nahm. Er griff nach seinem Telefon und tippte Mavericks Nummer ein.

Maverick war gerade aus Oregon eingeflogen, als er den Anruf entgegennahm.

„Bist du in der Stadt?", fragte LeBron.

„Ja", sagte Maverick.

„Ich möchte dich treffen", sagte LeBron.

Maverick war eigentlich auf dem Weg zum Mittagessen mit seiner Mutter. Aber er erkannte an LeBrons Stimme, dass etwas nicht stimmte. Er sagte LeBron, er solle ihn im Haus seiner Mutter treffen. Einige Stunden später saßen sie sich am Küchentisch gegenüber.

Nachdem sie sich ausgetauscht hatten, sprach LeBron darüber, wie weit er es als Spieler bringen konnte. Er hatte die Saison gerade als zweitbester Scorer der NBA abgeschlossen. Auch bei den Assists und Steals war er einer der führenden Spieler der Liga. Statistisch gesehen hatte er Meilensteine erreicht wie kein Spieler im zweiten Jahr vor ihm, nicht einmal Michael Jordan. Doch LeBron hatte viel höhere Erwartungen an sich selbst – er wollte der Beste aller Zeiten werden. Gleichzeitig wollte er auch jenseits des Platzes erfolgreich sein. Und mit den Fortschritten an dieser Front war er nicht zufrieden.

„Mav", sagte LeBron, „mein Agent und ich sind im Moment einfach nicht einer Meinung."

Maverick wusste sehr wohl, dass Eddie und Gloria Goodwin als LeBrons Agent ausgewählt hatten.

„Ich liebe meine Mutter", sagte LeBron. „Aber ich muss diese Entscheidung für mich selbst treffen."

LeBron war anzumerken, dass er viel darüber nachgedacht hatte.

„Es ist Zeit, weißt du?", sagte LeBron. „Ich bin jetzt älter. Ich bin zwanzig Jahre alt. Ich werde im Dezember 21."

Die Tragweite eines so kühnen Schrittes war Maverick sofort klar – das würde eine verdammt große Sache werden.

Doch LeBron blieb ruhig. Er hatte einen Plan.

„Ich will die Dinge anders machen, als sie je zuvor gemacht wurden", sagte LeBron.

Maverick fragte sich unweigerlich, was das mit ihm zu tun hatte.

Für LeBron war das ganz einfach. Auf dem Spielfeld war er ein Perfektionist. Daher musste er sich voll und ganz auf seine Entwicklung als Basketballspieler konzentrieren. Keine Ablenkungen. Gleichzeitig plante er, sein eigenes Unternehmen zu gründen, um seine Marketing- und Geschäftsvorhaben zu kontrollieren. Aber er brauchte jemanden, der es leitete. Jemanden, dem er vertraute.

LeBron sah Maverick an, sprach über Nike und darüber, wie viel Maverick in den letzten zwei Jahren während seiner Arbeit dort gelernt hatte. Er war der Meinung, dass Mavericks Erfahrung in Beaverton ihn auf eine größere Aufgabe vorbereitet hatte. An sich hatte Maverick keine Business-Ausbildung, aber er wachte jeden Tag mit der Überzeugung auf, dass er sich beweisen musste. Er erstellte Aufgabenlisten und fühlte sich wie ein Versager, wenn er am Ende des Tages nicht alle Punkte auf seiner Liste abgehakt hatte. LeBron wusste, dass sein Freund nicht süchtig nach Geld war, sondern danach, etwas zu erreichen. Aufgrund von Mavericks Arbeitsmoral und Loyalität war LeBron überzeugt, dass er den richtigen Mann gefunden hatte.

Maverick atmete tief durch. Er hatte bereits seinen Traumjob. Bei Nike gab es Innen- und Außenbahnen zum Laufen, Footballfelder und Baseballplätze. In der Mittagspause konnte Maverick auf hochmodernen Plätzen Basketball spielen. Und er wurde dafür bezahlt, mit talentierten Storytellern zu arbeiten, deren Aufgabe es war, die Marke Nike zu promoten. Das Beste von allem: Maverick hatte sich in den pazifischen

Nordwesten verliebt. Das Leben dort war gut. Er wäre damit zufrieden gewesen, den Rest seiner Karriere in Beaverton zu verbringen.

Doch als er am Küchentisch seiner Mutter saß und seinen besten Freund ansah, verspürte Maverick Neugierde und Erregung, die sich nicht ignorieren ließen. LeBron wollte etwas tun, das es in der NBA noch nie gegeben hatte: Er wollte sich von seinem Agenten trennen, sich selbstständig machen und eine Firma gründen, die sich um seine Werbeverträge kümmern und seine Geschäfte ausbauen würde. Und er wollte Maverick das Steuerruder anvertrauen.

Ich muss das machen, sagte sich Maverick. Ich muss es versuchen.

Es war ein großer Vertrauensvorschuss. LeBron würde seinen Agenten verlassen, und Maverick würde Nike verlassen.

LeBron war nicht beunruhigt.

Maverick war ein wenig ängstlich und dachte: Wenn ich das vermassele …

***

Gloria war wütend. Überzeugt davon, dass Maverick LeBron gedrängt hatte, seinen Agenten zu feuern, rief sie Maverick an und verfluchte ihn.

Maverick war überrumpelt. Aber er kannte Gloria gut. Er liebte sie wie eine Familienangehörige. Er nannte sie sogar Tante Glo. Er wusste also sehr wohl, dass es nicht ratsam war, Feuer mit Feuer zu bekämpfen, wenn Tante Glo auf hundertachtzig war.

Gloria trug ihre Argumente vor – LeBron und Maverick wussten nicht, was sie taten, und sie waren noch nicht imstande, auf eigene Faust loszuziehen. Denn was wussten sie schon? Sie hatten keine Erfahrung.

Maverick nahm es ihr nicht übel. Stattdessen beruhigte er sie und erklärte ihr, dass er und LeBron eng mit LeBrons Anwalt zusammenarbeiten und Experten engagieren würden. Sie wollten nichts überstürzen. Mit anderen Worten: Sie wussten, was sie nicht wussten. Aber LeBron hatte eine kreative Vision für seine Zukunft, und sie wollten mit den richtigen Leuten zusammenarbeiten, um sie wahr werden zu lassen.

Es würde einige Zeit dauern, bis Gloria damit klarkommen würde.

Aaron Goodwin war gleichfalls entgeistert. Eben noch war er als Agent für einen der reichsten Sportler der Welt auf einer Welle gesurft. Anfang Mai wurde er dann schriftlich darüber informiert, dass er LeBron nicht länger vertrat. Er fühlte sich wie ausgelöscht. Verwirrt fragte sich Goodwin, was da vor sich ging. Aus seiner Sicht hätten die Dinge für ihn und LeBron nicht besser laufen können. Sie hatten sogar gemeinsam in ein Restaurant in Seattle investiert, in der Nähe von Goodwins Büro.

Aber das Restaurant in Seattle war symptomatisch für das Problem: LeBron wollte nicht die üblichen traditionellen Wege gehen, wie etwa, Geld in eine Sportbar zu stecken oder einfach seinen Namen auf dieses oder jenes zu setzen. LeBron hatte viel größere Ambitionen. Er war nicht damit zufrieden, einer der reichsten Sportler der Welt zu sein. Er wollte einer der reichsten Menschen der Welt werden. Und er plante, mit seinen eigenen Leuten dorthin zu gelangen.

Schlagzeilen wie „James feuert Agent" waren für Goodwin peinlich. ESPN berichtete: „Es wird erwartet, dass Maverick Carter, ein enger Freund von James und ehemaliger Highschool-Kollege, Teil eines Teams sein wird, das die Verantwortung für das Geschäft übernehmen wird."

LeBron äußerte sich nicht.

Maverick auch nicht.

Die NBA Players Union konnte nur bestätigen, dass LeBron keinen Agenten mehr hatte.

Goodwin wählte die richtige Abzweigung. „Fast drei Jahre lang hatte ich die wunderbare Gelegenheit, LeBron James als Agent zu vertreten", sagte er in einer vorbereiteten Erklärung. „Ich bin dankbar dafür, dass ich mit LeBron und Gloria James zusammenarbeiten durfte … Im Namen von Goodwin Sports Management wünschen wir LeBron und seiner Familie das Allerbeste."

Die Leute im Ligabüro fragten sich, was zum Teufel da los war. In Berichten wurde spekuliert, dass LeBrons drei Freunde die Führung übernehmen würden. Keiner von ihnen war als Agent registriert. Im Übrigen hatte keiner von ihnen das College abgeschlossen, ein Punkt, den zahlreiche Medien hervorhoben, um darauf hinzuweisen, dass

LeBron töricht gehandelt habe. Es gab sogar Spekulationen, dass LeBron Goodwin entlassen habe, weil er auf Dwyane Wade neidisch sei, der in seiner zweiten Saison mit den Miami Heat in den Play-offs erfolgreich war. „Es ist nur eine Vermutung", schrieb der Kolumnist der *New York Times,* Harvey Araton, „aber ich würde sagen, dass James, der Goodwin durch einen seiner Highschool-Kumpels ersetzt hat, einen Sündenbock brauchte und weiter um sich schlagen wird, bis er hat, was Wade errungen hat: den Ball und einen gewaltigen Puffer wie Shaq, der die Play-off-Kriege mitgemacht hat."

Solche Artikel erinnerten LeBron mitunter daran, dass die Leute eine Menge Mist redeten. Um sich schlagen? Wenn überhaupt, hatte LeBron den Fehler gemacht, zu wenig zu sagen. Neidisch auf Dwyane Wade? D-Wade war ein Freund von ihm. Wie auch immer. LeBron wusste nun zumindest, wie die alte Garde in der NBA und in den Medien Maverick, Rich und Randy betrachtete – als seine Highschool-Kumpels.

***

LeBron wusste, dass er den Rat von Experten brauchte, um sich in der Finanzwelt zurechtzufinden. Aber nicht den üblichen Input, den Sportler von Sportagenten bekamen. Vielmehr wollte LeBron jemanden, der sich in der Finanzwelt so gut auskannte wie er selbst auf dem Basketballplatz. Er wollte einen Überflieger.

Im Jahr 2005 lernte LeBron den Investmentbanker Paul Wachter kennen. Nachdem er bei den Wall-Street-Firmen Kidder, Peabody & Co. und Bear Stearns Companies Erfahrungen gesammelt hatte, machte sich Wachter 1997 selbstständig und gründete Main Street Advisors, eine Boutique-Finanz- und Vermögensverwaltungsfirma für die Reichen und Mächtigen. Zu seinen Kunden zählten der kalifornische Gouverneur Arnold Schwarzenegger, der Rohstoffhändler John W. Henry und der Fernsehproduzent Tom Werner. Wachter hatte mit der Beratung Schwarzeneggers begonnen, als der Schauspieler, einer der führenden Männer Hollywoods, sein Vermögen von geschätzt zweihundert Millionen Dollar angehäuft hatte. Und Wachter hatte Henry und Werner beraten, als deren Unternehmen, New England Sports Ventures,

2001 die Boston Red Sox für die Rekordsumme von siebenhundert Millionen Dollar kaufte.

LeBron konnte nicht umhin, von Wachters Klientel beeindruckt zu sein. Besonders interessant war, dass Wachter den Eigentümern eines der berühmtesten Profisportclubs der Welt als Anlageberater zur Seite stand. Die Aussicht, der einzige Spieler in der NBA zu sein, der die ausgeklügelte Finanzberatung erhielt, die wohlhabende Clubbesitzer in Anspruch nehmen konnten, war für LeBron sehr verlockend.

Normalerweise hätte Wachter keinen Sportler als Klienten angenommen. Aber LeBron war kein normaler Sportler. Zusätzlich zu seinem NBA-Gehalt hatte er rund 125 Millionen Dollar an Werbeeinnahmen. Es gab nur drei Sportler auf der Welt, die mehr Geld mit Werbeverträgen verdienten als LeBron: Tiger Woods, Deutschlands Formel-1-Fahrer Michael Schumacher und der englische Fußballstar David Beckham. Woods und Beckham waren im Zenit ihrer Karriere. Schumacher war am Ende seiner Laufbahn angekommen. LeBron hatte gerade erst angefangen.

Doch es waren nicht nur LeBrons Verdienstmöglichkeiten, die Wachter beeindruckten, sondern auch LeBrons unternehmerischer Ansatz und die Art und Weise, wie sein Verstand arbeitete. Für Wachter klang LeBron eher wie ein Mathematiker als wie ein Sportler. Er stellte die Art von Fragen, die auch Banker und Investoren stellten. Er ist ein Zahlenmensch, dachte Wachter.

Wachter war auch von Maverick beeindruckt. Maverick war ein Anfänger, wenn es um Geld und Investitionen ging. Aber er war formbar. Er stellte die richtigen Fragen und war wissbegierig. Nach Ansicht von Wachter hatte LeBron mit der Wahl von Maverick als Partner eine weise Entscheidung getroffen.

Langfristig gesehen war LeBrons Entscheidung, Wachter als seinen persönlichen Investmentbanker zu wählen, wahrscheinlich der wichtigste Schritt in seiner Basketballkarriere. Mit Wachter hatte LeBron nicht nur den besten Finanzberater der NBA gewonnen, sondern sich selbst und seinem inneren Kreis auch den Zugang zu Entertainment-Mogulen, Wall-Street-Titanen und Industriebossen erschlossen. Vor allem aber half ihm Wachter, neue Denkansätze für Werbeverträge zu entwickeln. Anstatt bloß seinen Namen für Produkte zu verwenden, könnte LeBron sein Image selbst gestalten.

Mithilfe der strategischen Beratung von Wachter und der Rechtsberatung von Anwalt Fred Nance gründete LeBron die LRMR Management Company, LLC. Das Akronym setzt sich aus den Anfangsbuchstaben der Vornamen von LeBron, Rich, Maverick und Randy zusammen. Die vier waren Geschäftspartner, und Maverick wurde zum CEO ernannt. Es war ein völlig unkonventioneller Schritt, der es LeBron ermöglichte, sich nicht mehr einfach nur dafür bezahlen zu lassen, dass Unternehmen sein Image für den Verkauf von Produkten nutzten. In Zukunft würde LeBron Partnerschaften mit Unternehmen eingehen, indem er eine Kapitalbeteiligung anstrebte. Kein anderer Sportler hatte so etwas getan.

In der Zwischenzeit hatte sich LeBron für Leon Rose als seinen neuen Agenten entschieden. Rose war ein enger Freund von William Wesley. Und Rose war bereit, die Dinge auf LeBrons Weise zu regeln: Er würde der Agent sein, aber LRMR hatte das Sagen.

Rose würde außerdem als Mentor für Rich Paul fungieren, der sich zunehmend für eine Tätigkeit als Sportagent interessierte. Mit LeBrons Unterstützung konnte Rich unter Rose arbeiten und das Geschäft auf die gleiche Weise erlernen wie Maverick bei seinem Praktikum bei Lynn Merritt, bevor er bei Nike angestellt worden war.

Für LeBron lief alles wie am Schnürchen. Rich arbeitete mit Rose zusammen. Maverick war CEO von LRMR Management. Und dank LeBrons Einflusses waren die Cavaliers dabei, Randy als „Spieler-Verbindungsmann" auf die Gehaltsliste zu setzen. Die Four Horsemen stiegen auf.

***

Die Offiziellen der NBA-Liga hatten einige Bedenken bezüglich LeBrons Entscheidungen, doch der Vorstandsvorsitzende von Nike, Phil Knight, sah es anders. Im Juli 2005 waren er und LeBron auf einer Veranstaltung, als LeBron auf ihn zukam.

„Phil, kann ich Sie einen Moment sprechen?"

„Natürlich."

Sie gingen in einen privaten Raum.

„Als ich bei Ihnen unterschrieben habe", sagte LeBron, „wusste ich nicht viel über die Geschichte von Nike. Also habe ich mich kundig gemacht."

„Oh?", sagte Knight.

„Sie sind der Gründer."

„Nun ja. Einer der Gründer. Ja. Das überrascht viele Leute."

„Und Nike wurde 1972 geboren", sagte LeBron.

„Nun ja. Geboren? Ja. Ich nehme es an."

„Richtig. Also bin ich zu meinem Juwelier gegangen und habe ihn beauftragt, eine Rolex-Uhr aus dem Jahr 1972 aufzutreiben."

LeBron überreichte ihm die Uhr.

Als Knight sie näher betrachtete, bemerkte er, dass LeBron etwas hatte eingravieren lassen: Vielen Dank, dass Sie ein Risiko für mich eingegangen sind.

Knight war sprachlos. Seiner Ansicht nach war der Vertrag mit LeBron eine ziemlich sichere Sache gewesen. Aber Knight ging auch gern Risiken mit Menschen ein. Das war für ihn das Wichtigste im Geschäftsleben. Und es gefiel ihm, dass LeBron die gleiche Art von unternehmerischem Ansatz verfolgte.

LeBrons Beziehung zu Nike vertiefte sich. Kurz nachdem er Knight getroffen hatte, schickte Nike LeBron nach Tokio, Hongkong und Peking. In jeder Stadt gab er Basketballkurse für Kids, nahm an Werbeveranstaltungen teil und sprach mit der Presse. Es war ein hartes Stück Arbeit. Aber LeBron war fest entschlossen, eine globale Marke zu werden. Und er schätzte sich glücklich, dabei von Nike unterstützt zu werden. Wo auch immer er in China hinkam, traf er auf Fans, die seine Schuhe und sein Trikot trugen und seinen Namen skandierten.

***

Das Publikum in der ausverkauften Continental Airlines Arena in East Rutherford, New Jersey, hielt es nicht mehr auf den Sitzen. Es war der 27. Oktober 2005, und Jay-Z hatte gerade die Setlist für sein extravagantes „I Declare War"-Konzert beendet, bei dem das Bühnenbild ein nachgebautes Oval Office war. Die Show begann dramatisch mit

Jay-Z hinter dem Schreibtisch des Präsidenten, flankiert von Secret-Service-Agenten, während *Public Service Announcement* aus dem Soundsystem dröhnte. Im Laufe des Abends traten die größten Stars des Hip-Hop auf. P. Diddy. Kanye West. Nas. Für die Zuschauer war es eine Überraschung nach der anderen. Tausende schreiender Fans legen ihre Hände in Form eines Diamanten zusammen, dem Symbol für Roc-A-Fella Records. Sie forderten eine Zugabe. Sie wollten ein weiteres Mal überrascht werden.

Hinter der Bühne wurde LeBron heißgemacht. Er war es gewohnt, im Basketballdress vor ausverkauftem Haus aufzutreten. Aber heute Abend trug er Straßenkleidung und Boots. Auf Zuruf von Jay-Z betrat er die Bühne und sang zusammen mit Kanye, P. Diddy und Nas Jay-Zs Hit *Encore*.

Can I get an encore, do you want more?
Cookin' raw with the Brooklyn boy
So for one last time I need y'all to roar

LeBron kannte die nächste Zeile: „Now what the hell are you waitin' for?"

Das Publikum war außer sich vor Begeisterung.

Für LeBron war diese Erfahrung ein Hochgenuss. Seine Freundschaft mit Jay-Z war so eng geworden, dass er eingeladen wurde, wo kein anderer Sportler Zugang hatte. Sie waren fast täglich in Kontakt. Jay-Z hatte Maverick, Rich und Randy kennengelernt. Er war auch mit Gloria und Savannah vertraut geworden, während LeBron sich mit Jay-Zs innerem Kreis und mit Beyoncé angefreundet hatte. LeBron und seine Freunde und Familie hatten eine Dauereinladung und Backstage-Pässe für jede Jay-Z-Show, und Jay-Z und Beyoncé hatten eine Dauereinladung und Plätze am Spielfeldrand für jedes von LeBrons Spielen.

LeBron und Jay-Z entwickelten sich zu zwei der einflussreichsten Afroamerikaner der Mainstream-Popkultur. Sie betrachteten sich gegenseitig als Wunder – der eine hatte Michael Jackson imitiert und es aus Bedford-Stuyvesant herausgeschafft, der andere hatte Michael Jordan nachgeahmt und Spring Hill hinter sich gelassen. Und sie kümmerten sich stets umeinander. Etwa zu der Zeit, als LeBron in den Medien kritisiert wurde, weil er seinen Agenten gefeuert hatte und mit seinen Freunden Geschäfte machte, stellte Jay-Z ihm Keith Estabrook vor, den Senior-Vizepräsidenten der Unternehmenskommunikation von Sony Music.

Estabrook war für die weltweiten Medienbeziehungen von Sony zuständig. Und obwohl die PR-Teams von Nike und den Cavaliers LeBron ständig zur Verfügung standen, dachte sich Jay-Z, dass sein Freund einen engagierten Experten gebrauchen könnte.

Im Sommer 2005 stellte LeBron Estabrook als seinen persönlichen Pressesprecher ein. Neben der Zusammenarbeit mit Nike und den Cavaliers sollte Estabrook eng mit Maverick Carter kooperieren, um alle Interviews und öffentlichen Auftritte von LeBron in den nationalen Medien zu managen.

Jay-Z leitete auch Ideen an LeBrons inneren Kreis weiter. Auf dem „I Declare War"-Konzert in East Rutherford stellte er Maverick Rachel Johnson vor, P. Diddys persönlicher Stylistin. Das kam gerade zur rechten Zeit und war ein Glücksfall.

Eine Woche zuvor hatte NBA-Commissioner David Stern eine umstrittene neue Kleiderordnung bekannt gegeben, nach der alle Spieler bei sämtlichen Mannschafts- und Ligaveranstaltungen Hemden oder Rollkragenpullover, Anzughosen und Schuhe mit Socken tragen mussten. Kopfbedeckungen, T-Shirts, Turnschuhe und Arbeitsstiefel waren verboten. Ketten, Anhänger und Medaillons wurden ebenfalls untersagt. Die *New York Times* beschrieb die Initiative als „den jüngsten Vorstoß der NBA, etwas weniger gangstermäßig und etwas vornehmer auszusehen".

Einige Akteure hatten sich offen gegen die neue Anordnung gewehrt. Die Mainstream-Medien hatten sich größtenteils auf die Seite des Commissioners geschlagen. „Sicherlich haben die Ligen das Recht, von den jungen Persönlichkeiten, die sie vertreten, ein vorzeigbares Aussehen zu verlangen", sagte NPR-Sportkommentator Frank Deford in *Morning Edition*. „Und seien wir ehrlich, in kürzester Zeit hat sich das Bild des NBA-Spielers abseits des Spielfeldes vom tadellosen und stilvollen Michael Jordan zu dem gewandelt, was Phil Muschnick von der *New York Post* als ‚Spieler, die wie Rekrutierer für Straßengangs aussehen' bezeichnet."

Vor diesem Hintergrund lernte Maverick Rachel Johnson kennen. Er war sofort von ihrem Werdegang beeindruckt. In vielerlei Hinsicht besaß sie den gleichen Unternehmergeist wie er.

Johnson war in ihrem zweiten Studienjahr an der Florida A&M University, einer historischen schwarzen Universität, als sie Groovy Lew kennenlernte, einen Hip-Hop-Stylisten, der für P. Diddy arbeitete. Johnson interessierte sich für Mode, seit sie an ihrer Highschool in Englewood, New Jersey, zur bestgekleideten Schülerin gewählt worden war. Sie hatte ein Aha-Erlebnis, als Lew ihr ein Kompliment wegen ihres Stiles machte und sagte, dass schwarze Frauen für die Kleidung einiger sehr berühmter Männer verantwortlich seien. Inspiriert davon gab Johnson, ihren Plan auf, Englischlehrerin zu werden. Stattdessen bekam sie nach dem College einen Job bei der Zeitschrift *Essence*, wo sie einige Stylisten kennenlernte, die mit den Rappern Sean Combs (P. Diddy) und Notorious B.I.G. zusammenarbeiteten. Nachdem sie bei ihnen gelernt hatte, bekam Johnson die Chance, als Stylistin für die Garderobe von Pharrell Williams und Jamie Foxx zu arbeiten. Von da an ging es mit ihrer Karriere bergauf.

Johnsons Hintergrundgeschichte fand nicht nur bei Maverick Anklang. Auch LeBron war von ihr beeindruckt. Mit einer Körpergröße von 1,83 Meter sah Johnson aus, als hätte auch sie Profibasketball spielen können. Aber sie war eine Visionärin, wenn es um Mode ging und darum, wie diese genutzt werden konnte, um Barrieren zwischen den Ethnien abzubauen. Sie empfahl LeBron, wiedererkennbare historische Marken zu tragen. Sie wollte ihn in die Modehäuser bringen, in denen es nur wenig ethnische Vielfalt gab. Dort bestand die Möglichkeit, das Bewusstsein zu schärfen und Modedesigner und -marken dabei zu unterstützen, integrativer zu werden. Und dabei könnte LeBron ihrer Meinung nach ein Trendsetter werden, der die Art, wie sich NBA-Spieler kleiden, grundlegend veränderte.

„Es gibt Männer, die sich nicht unbedingt wohlfühlen, wenn sie tragen, was hagere Models auf dem Laufsteg vorführen", so Johnson. „Aber ein normaler Geschäftsmann, der von neun bis fünf arbeitet, kann sich ansehen, was LeBron James trägt, und sagen: ‚Weißt du was? Vielleicht kann ich das auch anziehen, weil er mir ähnlicher ist.'"

Sie beeindruckte ihn, und doch konnte LeBron, als er Johnson durch Jay-Z kennenlernte, nicht verstehen, was sie vorhatte. Aber die Vorstellung, von einer Stylistin eingekleidet zu werden, die einige der größten Namen der Hip-Hop-Musik ausstaffiert hatte, gefiel ihm. Er stellte Rachel Johnson als seine persönliche Stylistin ein.

***

LeBron konnte es kaum erwarten, in seine dritte NBA-Saison zu starten, die am 2. November 2005 mit einem Heimspiel begann. Als er in der Gund Arena ankam, hatte sie einen neuen Namen bekommen: Quicken Loans Arena. Die Fans nannten sie „The Q". Es war ein klares Zeichen, dass Dan Gilbert dem Unternehmen seinen Stempel aufdrückte. Dennoch war LeBron für Cleveland wichtiger als Gilbert. Auf dem Sherwin-Williams-Gebäude gegenüber der Arena hatte Nike ein Wandgemälde auf einer Fläche von zehn Stockwerken angebracht, das LeBron zeigte, wie er gerade einen Dunk versenkte, dazu die Aufschrift WIR ALLE SIND ZEUGEN. Und als LeBron die Anlage betrat, sah er, dass Gilbert sein Versprechen gehalten und in der Nebensaison Millionen für die Modernisierung ausgegeben hatte. Über der Arena befand sich eine brandneue Anzeigetafel. Es gab neue, dunkelrote Sitze für die Fans. Und die Umkleidekabine war komplett umgestaltet worden, um einige von LeBrons Vorlieben widerzuspiegeln – im Spind jedes Spielers waren ein Fernseher, eine Xbox und eine Stereoanlage installiert.

Gilbert hatte auch das Personal der Cavaliers erneuert. Er hatte den Assistenztrainer der San Antonio Spurs, Mike Brown, als neuen Cheftrainer verpflichtet. Es war eine mutige Entscheidung. Brown, ein Afroamerikaner, hatte keine Erfahrung als Cheftrainer. Und mit 35 Jahren war er der zweitjüngste Cheftrainer der Liga. Gilbert hatte außerdem den ehemaligen Cavaliers-Spieler Danny Ferry als neuen General Manager eingestellt.

Nachdem Gilbert ihnen grünes Licht für die Suche nach vertragsfreien Spielern gegeben hatte, hatten Brown und Ferry in der Nachsaison sechs neue Spieler verpflichtet, die alle von LeBron vorab genehmigt worden waren. Dazu gehörten Larry Hughes und Donyell Marshall, zwei erfahrene Veteranen, die das Team um LeBron verstärken sollten.

Und Gilbert begleitete Brown und Ferry persönlich zu einem Flughafen, wo sie Zydrunas Ilgauskas, den 2,21 Meter großen Center der Cavaliers, der von Vertrags wegen den Club wechseln konnte, buchstäblich verfolgten, als er zu einem Treffen mit einem anderen Verein fliegen wollte. Der beliebte litauische Spieler war in der NBA Spitzenreiter bei den Offensivrebounds, und LeBron hatte darauf bestanden, dass „Z", wie er ihn nannte, in Cleveland bleiben müsse. Gilbert überzeugte Ilgauskas, indem er ihm einen Fünfjahresvertrag anbot, der sich Berichten zufolge auf sechzig Millionen Dollar belief.

Gilbert hatte das Team erst vor sieben Monaten übernommen. Aber er hatte bereits eine wichtige Lektion zum Starsystem im Profisport gelernt – ob live oder im Fernsehen, die Fans werden von den Stars angezogen. Und je berühmter der Star, desto größer die Anziehungskraft. Gilbert war klar, dass er den größten Star der NBA auf seiner Gehaltsliste hatte, und er war bereit, alles zu tun, was nötig war – darunter auch, sein eigenes Ego zeitweise zurückzustellen –, damit seine Organisation und sein Starspieler zusammenblieben. Infolgedessen kam Gilbert LeBron mehr als jedem anderen Spieler entgegen. So wurde Maverick und Rich beispielsweise uneingeschränkter Zugang zu allen Bereichen gewährt, die normalerweise dem Team vorbehalten waren. Außerdem erhielten sie bei allen Heimspielen Sitzplätze am Spielfeldrand. Und Randy Mims hatte einen Platz direkt hinter der Bank der Cavaliers.

Vor dem Spiel traf Savannah LeBron in der Nähe der Cavaliers-Bank und reichte ihm ihren einjährigen Jungen. LeBron nahm seinen Sohn in den Arm, küsste ihn auf die Stirn und gab ihn Savannah zurück.

Dann, kurz vor Spielbeginn, trat LeBron an den Tisch der Offiziellen, bestäubte seine Hände mit Kreidepulver und klatschte sie zusammen, was eine Staubwolke aufwirbeln und das ausverkaufte Stadion in Jubel ausbrechen ließ. An der einen Seite des Platzes sah LeBron Maverick und Rich. Hinter der Bank sah er Randy sitzen. Entlang der Grundlinie konnte er Gloria auf ihrem Platz in der ersten Reihe sehen, neben ihr Savannah mit dem einjährigen LeBron Jr. auf dem Schoß. Von nun an würde die James-Gang – LeBrons Mutter, LeBrons High-school-Liebe und LeBrons Sohn – immer in der ersten Reihe sitzen. Es gab nichts Schöneres, als zur Arbeit zu gehen und zu wissen, dass seine

Familie und Freunde ihn umgaben. Im Hintergrund hatte er einen Anwalt, einen Investmentbanker, einen Pressesprecher und eine Stylistin. Er hatte sich das ideale Leben geschaffen, von dem er als Junge geträumt hatte. Alle waren in Sicherheit. Für jeden war gesorgt. Alle waren in in seiner Nähe.

Der Schiedsrichter ließ den Ball aufspringen – das Spiel begann.

19

ES IST NUR BASKETBALL

Es war nach Mitternacht, als die Cavaliers am 22. Januar 2006 in Salt Lake City landeten. LeBron fühlte sich mies. Stunden zuvor hatte er sich in einem Spiel gegen die Warriors eine Zerrung im Knie zugezogen. Er kämpfte mit einer Grippe. Die Mannschaft hatte fünf Auswärtsspiele in Folge verloren. Und er hatte gerade erfahren, dass seine Mutter zu Hause verhaftet und wegen Fahrens in alkoholisiertem Zustand angeklagt worden war.

Nachdem er im Mannschaftshotel eingecheckt hatte, fuhr LeBron in ein nahe gelegenes Krankenhaus, um sein Knie röntgen zu lassen. Es gab eine Schwellung, aber der Befund nach den Röntgenaufnahmen war negativ. Eine MRT sollte durchgeführt werden, wenn LeBron wieder in Cleveland wäre. Bis dahin war es das Beste, das Knie zu schonen und beim letzten Spiel des Roadtrips auszusetzen. So konnte sich sein Körper zudem schneller von der Grippe erholen. Er hatte sich auch über die Situation zu Hause informiert. Die Anwälte waren an der Sache dran. Seine Mutter hatte eine Kaution hinterlegt.

Später am Tag begleitete LeBron das Team zum Delta Center, wo das Spiel gegen die Jazz an diesem Abend stattfand. Ein Reporter stellte ihm eine Frage zur Verhaftung seiner Mutter. „Ich habe nicht alle Informationen darüber, was vor sich geht“, sagte LeBron. „Sobald ich das herausgefunden und mich mit meiner Familie zusammengesetzt habe, kann ich mehr dazu sagen.“

LeBron wusste mehr, als er zugeben wollte. Aber wenn es um die Familie ging, war er immer in einer Art Schutzmodus. Schlagzeilen wie die der *Washington Post*: „James' Mutter wird wegen Trunkenheit am Steuer verhaftet" waren bereits online zu lesen. Es hatte keinen Sinn, noch etwas zu sagen. Das hätte nur noch mehr Aufmerksamkeit erregt.

Obwohl er müde und angegriffen war und man ihm davon abgeraten hatte, beschloss LeBron, sein Knie zu testen. Er teilte dem Cheftrainer Mike Brown mit, dass er spielen wolle.

Da sie von LeBrons schlechtem Gesundheitszustand nichts wussten, waren die Jazz-Fans auf ihn fixiert, sowie die Startaufstellung bekannt gegeben worden war.

LeBron genoss den Lärm und stürzte sich ins Spiel. Layups. Dunks. Spin Moves. Fadeaway-Sprungwürfe. Dreipunktewürfe aus großer Distanz. Er hatte das Gefühl, dass ihm alles gelang. Also machte er weiter. Das Jazz-Team stand unter Schock. Der Cheftrainer des Teams, Jerry Sloan, räumte später ein, dass sein Team von LeBrons Dominanz „eingeschüchtert" gewesen sei. Weniger als zwei Minuten vor Ende des Spieles, als sein Team mit einem komfortablen Vorsprung führte und er selbst 51 Punkten erzielt hatte, ließ sich LeBron auswechseln. Er hatte das Publikum in Utah für sich gewonnen, das sich erhob und ihm wie einem König applaudierte. Mit gerade einmal 21 Jahren hatte LeBron Kobe Bryant überholt und war nun der jüngste Spieler in der Geschichte der NBA, der bereits fünftausend Punkte erzielt hatte.

Der Sieg in Utah beflügelte die Cavaliers zu einer Serie von sieben siegreichen Spielen. Bis zur All-Star-Pause im Februar lagen die Cavaliers mit 31 : 21 Punkten in der Central Division auf dem zweiten Platz hinter den Detroit Pistons. Und LeBron kämpfte sich durch die gegnerischen Abwehrreihen. Aufgrund seiner Leistungen in der ersten Saisonhälfte wurde er als bester Spieler der Eastern Conference für das NBA All-Star Game 2006 in Houston nominiert. Kein anderer Spieler der Cavaliers stand auch nur zur Wahl.

Dan Gilbert bot an, LeBron, seine Familie und Freunde zu den Feierlichkeiten des All-Star-Games am Wochenende nach Houston fliegen zu lassen. Gilbert nahm auch seine eigene Familie sowie leitende Angestellte der Cavaliers mit. Sie flogen mit dem Teamflugzeug. Dan Gilbert brachte so seine Entschlossenheit zum Ausdruck, LeBron langfristig an die Cavaliers zu binden.

Auf dem Flug nach Houston spielte LeBron gerade mit seinen Freunden in der Hauptkabine Karten, als das Flugzeug plötzlich in schwere Turbulenzen geriet. Die Lichter fingen an zu flackern. Aus der Bordküche drang Rauch. Mehrere Passagiere, darunter Gilberts Frau, die zu diesem Zeitpunkt schwanger war, mussten sich übergeben. Eine Flugbegleiterin brach sich sogar den Knöchel.

Oh Gott!, dachte LeBron. Das war's dann.

Als das Chaos am größten war, fürchteten alle an Bord um ihr Leben.

Doch den Piloten gelang es schließlich, das Flugzeug zu stabilisieren.

LeBron sagte sich, dass er Gilbert nicht mehr auf die Notwendigkeit, ein neues Flugzeug anzuschaffen, hinzuweisen brauchte. Stattdessen versuchte LeBron, die Stimmung aufzulockern, da alle noch immer nervös waren.

„Gebt die verdammten Karten aus", rief er. „Ich bin hier, um Karten zu spielen."

Alle brachen in Gelächter aus.

Das Flugzeug landete sicher in Houston. LeBron führte das East-Team zum Sieg und wurde zum MVP des Spieles ernannt. Und Gilbert bestellte einen neuen, hochmodernen Jet für das Team. Den Medien wurde erklärt, dass das neue Mannschaftsflugzeug längere Strecken ohne Tankstopps zurücklegen könne und dazu beitragen werde, eine Siegerkultur zu fördern. So würde Cleveland zu einem attraktiveren Ziel für Spieler, die zum Vereinswechsel berechtigt seien. Beides war richtig. Aber der wahre Hintergrund war, dass LeBron in den exklusiven Luftraum vorgedrungen war, der normalerweise den Besitzern vorbehalten ist. Es gab keinen anderen Spieler in der NBA oder in einer anderen amerikanischen Sportliga, der mit einem Clubeigentümer solo unterwegs war wie LeBron mit Gilbert.

Auch dank Gilberts Herangehensweise gewann LeBron innerhalb der Cavaliers-Organisation rasant an Einfluss. In seinem ersten Jahr als Spieler hatte LeBron versucht, sich nicht zu sehr in den Vordergrund zu drängen, sondern sich einfach in das Team einzufügen. In seiner dritten Saison war die Mannschaft komplett auf ihn zugeschnitten.

Zur gleichen Zeit gestaltete LeBron sein Umfeld in Ohio neu. Im Jahr 2003 hatte er 2,1 Millionen Dollar für ein gut 1.100 Quadratmeter großes Haus bezahlt, das auf einem Grundstück von fast zweieinhalb Hektar in Bath Township stand, nördlich von Akron. Einige Jahre darauf ließ er das Haus abreißen, um Platz für sein Traumhaus zu schaffen, eine 3.300 Quadratmeter große Villa, die er mit entworfen hatte. LeBrons Pläne sahen eine über 185 Quadratmeter große Mastersuite, eine Bowlingbahn, einen Friseurladen, ein Heimkino, ein dreistöckiges Aquarium, eine Sportbar mit einer Wand aus Fernsehbildschirmen, ein Tonstudio, ein Spielzimmer und eine Garage für sechs Autos vor. Für sein Bauvorhaben wurden Kosten von mehr als 15 Millionen Dollar veranschlagt. Er hatte auch ein neues Haus für seine Mutter gekauft, das sich in der Nähe seines Grundstückes befand.

Nach der Reise nach Houston, noch bevor der Bezirk die endgültige Genehmigung für sein ehrgeiziges Bauprojekt erteilt hatte, übernahm LeBron die volle Kontrolle über alles, was auf dem Spielfeld geschah. In einer wichtigen Phase, die Anfang März begann, gewannen die Cavaliers 15 von 19 Spielen. Während dieses Laufes setzte LeBron seinen Willen gegenüber Gegnern und Mitspielern durch und bewies zum ersten Mal in seiner NBA-Karriere seine Spieler-Trainer-Mentalität. Als sein Teamkollege Donyell Marshall in eine Wurfflaute geriet, spielte LeBron ihm immer wieder den Ball zu. Während eines Spieles hatte Marshall einmal die Möglichkeit, von der Mittellinie aus zu werfen.

„Wirf den Ball", rief LeBron.

Marshall zögerte.

„Wirf den verdammten Ball", schrie LeBron.

Anschließend bedankte sich Marshall bei LeBron für den Vertrauensvorschuss. Marshall, ein 32-jähriger Veteran, war nach Cleveland geholt worden, um LeBron zu helfen. Aber LeBron half ihm.

Auch auf der Bank war LeBron nicht zimperlich, wenn es darum ging, dem Cheftrainer zu sagen, was er tun sollte. Aber LeBron behandelte Brown mit Humor, um ihn nicht in Verlegenheit zu bringen. Während einer Auszeit in einem Spiel, in dem die Bulls LeBron in die Mangel nahmen, holte Coach Brown sein bewährtes Whiteboard hervor und entwarf Spielzüge. Dann löschte er, was er aufgemalt hatte, und zeichnete einen weiteren Spielzug. In der Zwischenzeit war die Auszeit fast abgelaufen. Schließlich sah LeBron Brown an. „Coach, Mann, wir haben nur fünf Leute und 24 Sekunden", sagte er.

Die Spieler brachen in Gelächter aus.

Coach Brown legte sein Whiteboard weg.

Den Wortwechsel zwischen LeBron und Brown bekam Chris Ballard mit, ein Basketball-Journalist von *Sports Illustrated*, der in Cleveland an einem weiteren Artikel über LeBron arbeitete. Ballard erlebte nicht nur LeBrons Entwicklung auf dem Spielfeld aus der ersten Reihe mit, sondern auch den neuen PR-Apparat, der sich um LeBron gebildet hatte. Ballards Gespräch mit ihm war strikt auf 45 Minuten begrenzt worden. Währenddessen wurde Ballard von drei PR-Vertretern der Cavaliers sowie von Keith Estabrook begleitet, der aus New York eingeflogen war. Ballard schrieb später, Estabrook habe „unnachgiebig das Image seines Klienten gemanagt".

Aber Ballard durfte mit LeBron zusammensitzen, während der ein Video ansah. Vielleicht mehr als jeder andere Spieler in der NBA studierte LeBron Videos von sich und seinen Gegnern. Das war eine Gewohnheit, die er sich in seiner ersten Saison zugelegt hatte. In seinem dritten Jahr handhabte LeBron die Fernbedienung wie ein Pilot den Steuerknüppel – PLAY, PAUSE, REWIND. Er hatte sich Hunderte von Stunden an Spielmaterial angesehen, um seine Präzision zu perfektionieren und sich einen Vorteil gegenüber seinen Gegnern zu verschaffen.

LeBron saß in einem fensterlosen Raum im Q und sah das Video eines Spieles gegen die Celtics an, das einen Monat zuvor stattgefunden hatte. Er stoppte an einer Stelle, an der er von Celtics-Forward Paul Pierce bewacht wurde, und erklärte Ballard, was er in diesem Moment gesehen hatte.

„Mein Hauptaugenmerk liegt nicht auf dem Spieler, der mich bewacht, sondern auf der zweiten Verteidigungsebene, weil ich spüre, dass ich den ersten Spieler überwinden kann", sagte LeBron. „Aber irgendwann kommt der Zeitpunkt, an dem sie dich zu zweit in die Zange nehmen können, und genau hier" – er zeigte auf den Bildschirm – „sehe ich Paul nicht wirklich an. Ich weiß, dass er vor mir ist, aber ich schaue Raef LaFrentz und [Ryan] Gomes an und achte darauf, ob sie mich wahrnehmen oder ob sie meinen Move vorhersehen. In diesem Moment wussten [die Celtics] eigentlich nicht, was sie hinten machten, also hatte ich eine gute Chance, die Grundlinie zu erreichen, bevor sie dort ankamen."

Nach der Filmsession spekulierte Ballard, dass LeBron möglicherweise zu weit fortgeschritten war, um noch gecoacht zu werden. Und er berichtete, dass Mike Brown einen ehemaligen Trainer der Chicago Bulls aus der Ära Michael Jordans um Rat gefragt habe, wie man einen Spieler, der allen anderen so weit voraus sei, ausreichend motivieren könne. Der ehemalige Bulls-Trainer schlug vor, LeBron während der Trainingseinheiten in die zweite Mannschaft zu stecken, um ihn zu herauszufordern. Brown wusste das nicht, aber als LeBron in der Highschool war, hatte er beim Training absichtlich in der zweiten Mannschaft gespielt und Coach Dru aufgefordert, der ersten Mannschaft zwanzig Punkte Vorsprung zu geben und ein Zeitlimit zu bestimmen, um die letzten Minuten eines Spieles zu simulieren. Dann rackerte LeBron wie ein Ochse, um das Reserveteam zum Sieg zu führen, bevor die Zeit abgelaufen war. In Cleveland lief es ähnlich ab, als Brown anfing, LeBron beim Training Handicaps aufzuerlegen.

Brown hatte eine schwierige Aufgabe. Trainer sind darauf programmiert, das Sagen zu haben. Doch als neuer Cheftrainer musste Brown lernen, sich eher wie ein Regisseur zu verhalten, der zum ersten Mal mit einem oscarprämierten Schauspieler zusammenarbeitet. Brown erkannte, dass LeBron ein Basketballkünstler war, und gab seinem Starspieler die Freiheit, spontane Spielzüge zu kreieren.

Dan Gilbert war zufrieden damit, wie Brown mit LeBron umging. Das Entscheidende war, dass die Mannschaft gewann. Die Cavaliers beendeten die reguläre Saison mit 50:32. Nur zwei Teams in der Eastern Conference – die Pistons und die Heat – wiesen eine bessere Bilanz auf. In Gilberts erster voller Saison als Eigentümer und Browns erster Saison als Trainer waren die Cavaliers auf dem Weg in die Play-offs.

***

LeBron hatte Schmetterlinge im Bauch. Seit seinem letzten Jahr an der Highschool hatte er an keinem Play-off-Spiel mehr teilgenommen. Jetzt ging es um sehr viel mehr. Cleveland hatte seit den Neunzigerjahren kein Play-off-Spiel mehr ausgetragen. Die Fans waren so begeistert, dass sie schon beim Aufwärmen vor dem Spiel auf den Beinen waren, um zu jubeln und zu skandieren. Die Washington Wizards waren für das erste Spiel der ersten Runde der NBA-Play-offs in der Stadt. Das Q war ausverkauft. Und eine zuversichtliche Erregung erfüllte die Arena.

LeBron, der ein weißes Stirnband trug, stand am Tisch der Offiziellen, blickte in die Menge, warf Kreidestaub in die Luft und hob die Arme wie ein Erlöser. Er sagte sich, dass er jetzt liefern müsse. 45 Sekunden später bekam LeBron den Ball an der Mittellinie, stürmte am Verteidiger vorbei, hob ab und erzielte einen Treffer, der die Menge begeisterte und die Schmetterlinge in seinem Bauch vertrieb.

Hinter dem Korb sprang Gloria auf, die ein LeBron-Trikot trug, zeigte auf ihn und feuerte ihn an. Neben ihr blieb Savannah auf ihrem Platz sitzen, klatschte und sah zu, wie LeBron in die Defense zurücklief. Seit vier Jahren feuerte sie ihn unauffällig aus dem Hintergrund an und mied geschickt das Rampenlicht. Sogar wenn sich die Fernsehkameras auf Gloria richteten, blieb Savannah außer Sichtweite.

Aber für LeBron war sie nicht unsichtbar. Ihre ständige Präsenz am Spielfeldrand war wie ein mentaler Schutzschild für ihn. Ruhig und zurückhaltend, war sie der stabilisierende Faktor in seinem außergewöhnlichen Leben. Je berühmter LeBron wurde, desto mehr schöne Frauen tauchten bei seinen Spielen auf. Aber es war stets Savannah, die neben Gloria saß, ein Beweis für ihren Platz in LeBrons engstem Umfeld.

Savannah war für LeBron immer viel mehr als nur ein hübsches Gesicht gewesen. In der Highschool war sie das Mädchen gewesen, das sein Herz erobert hatte. Jetzt war sie die Frau, zu der er jeden Abend nach Hause kam. Es war für ihn der schönste Teil des Tages, wenn ihr kleiner Junge auf ihn zuhüpfte und er ihn hochhob. Das Schloss, das LeBron in der Vorstadt errichtete, war nicht für ihn bestimmt. Es war für sie. LeBron und Savannah gründeten zusammen eine Familie. Und im Laufe der Zeit, während LeBrons Berühmtheit weiter wuchs, würde ihr Haus als Zufluchtsort immer wertvoller für sie werden. Bis dahin wollte LeBron, dass Savannah bei jedem Heimspiel dort war, wo sie hingehörte, an Glorias Seite.

Nach seinem ersten Korb im Spiel gegen die Wizards war LeBron sofort voll dabei. Als ob er diese Situation schon hundertmal erlebt hätte, traf er in seinem ersten NBA-Play-off-Spiel nach Belieben. Aber der Spielzug, der die Halle zum Kochen brachte, kam am Ende des dritten Viertels, als LeBron den gegnerischen Verteidiger vom Dribbling abhielt, in die Gasse eindrang und sich aufrichtete. Er trickste den Center der Wizards aus, indem er nach rechts schaute und einen No-Look-Pass nach links spielte, der zu einem einfachen Layup eines Teamkollegen führte.

„Ja!“, rief der ABC-Experte Hubie Brown.

„Oh, ein wunderschöner Pass“, sagte der Live-Kommentator Mike Breen. „James zu Murray.“

Sprechchöre mit „M-V-P, M-V-P“ dröhnten durch die Arena.

Dan Gilbert hielt es nicht in seinem Sitz, er ballte die Fäuste, brüllte mit den Fans mit und ließ sich von dem Moment mitreißen.

Cleveland gewann mit elf Punkten Vorsprung. LeBron erzielte 32 Punkte, 11 Rebounds und 11 Assists und veranlasste Mike Breen zu einem Statement in der Livesendung: „Das Play-off-Debüt von LeBron James ist ein Meisterwerk.“

Als LeBron nassgeschwitzt das Spielfeld verließ, wurde er von einer ABC-Reporterin am Spielfeldrand aufgehalten.

„Wie war das im Vergleich zu Ihren kühnsten Träumen?“, fragte sie.

„Na ja“, sagte er und lächelte, „ich hatte schon einige großartige Träume.“

Ein paar Meter weiter standen Kinder in Cavaliers-Outfit hinter einem Absperrseil und starrten mit offenem Mund zu LeBron hoch.

„Aber das ist einer der besten Träume“, sagte LeBron zu der Reporterin.

Dann verließ er das Spielfeld und ging durch ein Spalier von Fans in Richtung Umkleidekabine.

In den folgenden zwei Wochen begeisterte LeBron auch in der Serie gegen die Wizards.

Bei Spiel 3 im Verizon Center in Washington erzielte er 5,7 Sekunden vor Schluss den Siegtreffer und brachte die Cavaliers mit zwei Punkten in Führung.

In Spiel 5, wieder in Cleveland, traf er neun Zehntelsekunden vor Ende der Verlängerung zur 3:2-Führung für sein Team.

In Spiel 6, im Verizon Center, lieferte sich LeBron dann einen Scorer-Wettkampf mit Gilbert Arenas, dem All-Star Point-Guard der Wizards. LeBron erzielte 32 Punkte, darunter eine Dreipunktebombe, mit der er ausglich und das Spiel in die Verlängerung ging. Arenas erzielte 36 Punkte. 15 Sekunden vor Ende der Verlängerung, als sein Team nur noch einen Punkt Vorsprung hatte, trat Arenas an die Freiwurflinie und hatte die Chance, den Sieg zu sichern und ein Spiel 7 zu erzwingen.

Jeder wusste, dass Arenas ein hervorragender Freiwurfschütze war. Aber LeBron wusste etwas über Arenas, das sonst niemandem auf dem Spielfeld bekannt war. Sie waren auch außerhalb des Platzes befreundet, und LeBron hatte Arenas mehr als einmal zum Kartenspielen zu sich nach Hause eingeladen. Immer wenn Arenas zu Besuch kam, lud LeBron auch Damon Jones, einen Reservespieler der Cavaliers, mit ein. Jones war ein miserabler Kartenspieler und schuldete Arenas am Ende eine Menge Geld. Arenas wartete immer noch darauf, dass Jones seine Schulden bezahlte. Und LeBron sah hierin eine Gelegenheit, sich einen Vorteil zu verschaffen.

Nachdem er untypischerweise seinen ersten Freiwurfversuch vergeben hatte, trat Arenas von der Foullinie zurück, um sich zu sammeln.

In diesem Moment trat LeBron an ihn heran und tippte Arenas auf die Brust. „Wenn du diese Freiwürfe nicht versenkst“, sagte LeBron zu ihm, „weißt du, wer es stattdessen machen wird.“

Arenas nickte.

Um seinen Standpunkt deutlich zu machen, tippte LeBron Arenas erneut auf die Brust und ging davon.

Es war eine unausgesprochene Regel in der NBA, dass man sich einem gegnerischen Spieler an der Freiwurflinie nicht näherte. Arenas' Mannschaftskameraden waren der Meinung, dass sich LeBron respektlos verhalten und sich selbst gemeint habe, als er zu Arenas sagte, er wisse, wer „es“ machen werde, eine Anspielung auf den Siegtreffer.

Arenas wusste jedoch, dass LeBron nicht sich selbst gemeint hatte. LeBron hatte Arenas angedroht, dass Damon Jones den Siegtreffer erzielen würde. Und das störte Arenas, denn es erinnerte ihn an die Spielschulden. Außerdem war Damon Jones nicht auf dem Platz und hatte den ganzen Abend über nicht gespielt. Wie sollte Jones also den Siegestreffer erzielen?

Verunsichert traf Arenas beim zweiten Freiwurfversuch nur den Korbring.

„Arenas verfehlt zweimal!", sagte ESPN-Kommentator Mike Breen. „Arenas hat ein so großartiges Spiel gemacht und so gut gespielt. Und jetzt diese zwei Fehlwürfe."

Die Spieler der Wizards waren verblüfft. Als die Cavaliers den Ball abprallen ließen und eine Auszeit nahmen, herrschte Unruhe in der Arena.

An der Seitenlinie machte Cavs-Trainer Mike Brown deutlich, dass er den Ball für den letzten Wurf in LeBrons Händen sehen wollte. LeBron dagegen wünschte, dass Damon Jones ins Spiel kam. LeBron wusste, dass er doppelt bedrängt werden würde, sobald er den Ball hatte. Niemand würde damit rechnen, dass ausgerechnet Jones den letzten Ball werfen würde. Er würde wahrscheinlich unbewacht bleiben.

Jones zog seine Trainingshose aus.

LeBron machte Jones klar, dass er bereit sein musste.

Als die beiden Teams auf das Spielfeld zurückkehrten, bemerkte Arenas, dass Jones eingewechselt worden war. Was zum …? Arenas sah LeBron an.

LeBron lächelte ihn an.

Arenas schüttelte nur den Kopf.

Niemand sonst im Gebäude – weder die Spieler noch die Trainer, noch die Kommentatoren – verstanden das Psychospiel, das LeBron mit Arenas trieb. Selbst Jones wusste nicht, was LeBron kurz zuvor zu Arenas gesagt hatte.

Nach dem Zuspiel bekam LeBron den Ball jenseits des Dreipunktbogens und wurde sofort von zwei Verteidigern abgefangen. LeBron befreite sich aus der Falle und spielte einen Bodenpass zu einem Mitspieler, und der warf den Ball schnell zu Damon Jones, der allein in der Ecke stand. Er warf einen Dreier.

„Damon Jones", sagte Breen, als der Ball durch die Luft segelte. „Er versenkt ihn!"

LeBron reckte die Faust in die Höhe. Die Cavs lagen vier Sekunden vor Schluss mit zwei Punkten in Führung.

Wütend pushte Arenas den Ball über das Spielfeld zu einem Mitspieler, der in letzter Sekunde einen verzweifelten Wurf versuchte, aber zu spät war, da der Buzzer schon ertönte.

LeBron rannte zu Damon Jones und stürzte sich auf ihn. Seine Cavaliers-Teamkollegen sprangen auf ihn drauf.

Mike Breen von ESPN erklärte verblüfft: „Damon Jones, der im ganzen Spiel keine Sekunde gespielt hat, hat den Siegtreffer erzielt. Ein unglaublicher Abschluss!"

Die Cavaliers hatten die Wizards besiegt. In seiner ersten Play-off-Serie erzielte LeBron durchschnittlich über 35 Punkte pro Spiel. Aber es war sein Pokerspiel, das sein Team in die nächste Runde brachte, wo es auf den Titelverteidiger der Eastern Conference traf.

***

Die Detroit Pistons waren ein Eliteteam mit einer Startmannschaft voller hartgesottener Spieler, die wussten, wie man eine Meisterschaft gewann – Ben Wallace, Richard Hamilton, Rasheed Wallace, Chauncey Billups und Tayshaun Prince. Niemand im Kader der Cavaliers hatte jemals eine NBA-Meisterschaft gewonnen. Wie erwartet gewannen die Pistons die ersten beiden Spiele zu Hause und gingen in der Serie mit 2:0 in Führung. Pistons-Forward Rasheed Wallace prahlte schon öffentlich damit, dass sein Team die Serie gewinnen werde. Dann erhielten die Cavaliers die Nachricht, dass der zwanzigjährige Bruder von Starting Guard Larry Hughes, der in seiner Kindheit wegen eines Herzfehlers eine Herztransplantation erhalten hatte, in St. Louis gestorben war. Hughes und sein kleiner Bruder hatten ein enges Verhältnis zueinander gehabt.

Als LeBron davon erfuhr, war er mit der Frage konfrontiert, mit der jeder ringt, wenn jemand Nahestehendes einen geliebten Menschen verliert. Was soll ich sagen? LeBrons Botschaft an Hughes bestand aus vier Wörtern: „Familie kommt vor Basketball."

Hughes verließ das Team, um bei seinen Lieben in St. Louis zu sein. LeBron rechnete nicht damit, dass Hughes vor dem Ende der Serie zurückkehren würde, zumal die Cavaliers bereits zwei Spiele verloren hatten.

Bei Spiel 3 in Cleveland lagen die Cavaliers nach drei Vierteln um drei Punkte zurück. Doch im letzten Viertel erzielte LeBron 15 Punkte, und die Pistons zerstörten sich in der Schlussphase selbst, sodass die Cavaliers den Sieg errangen. Nachher spielte Pistons-Forward Rasheed

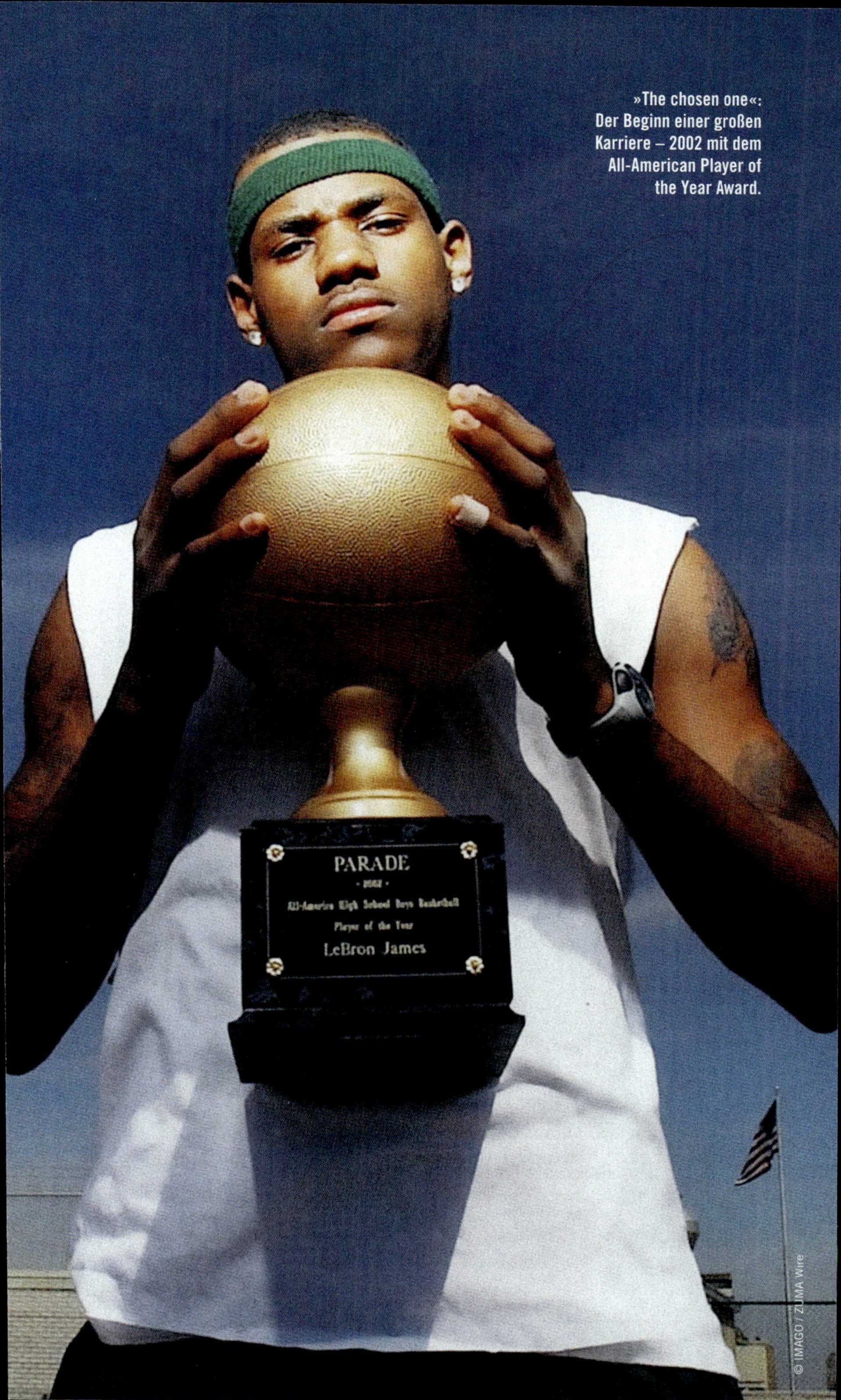

»The chosen one«: Der Beginn einer großen Karriere – 2002 mit dem All-American Player of the Year Award.

Die wichtigsten Personen in LeBrons Leben: seine Mutter Gloria …

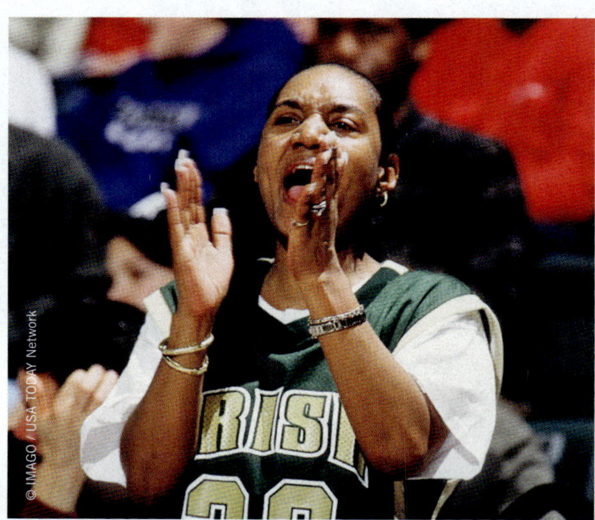

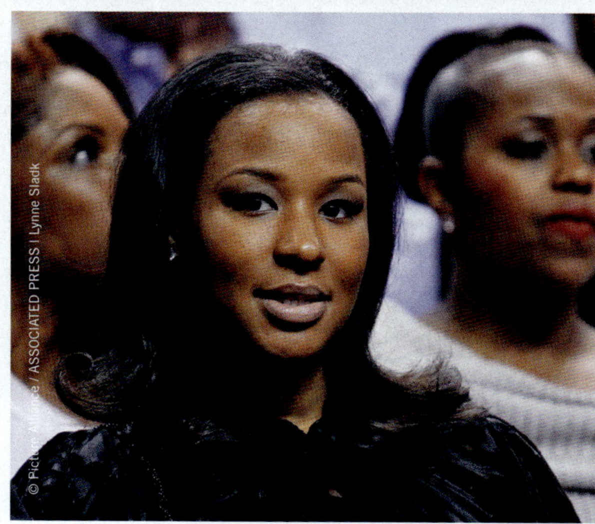

… und Savannah James, vormals Brinson,
mit der er seit Highschooltagen zusammen ist.

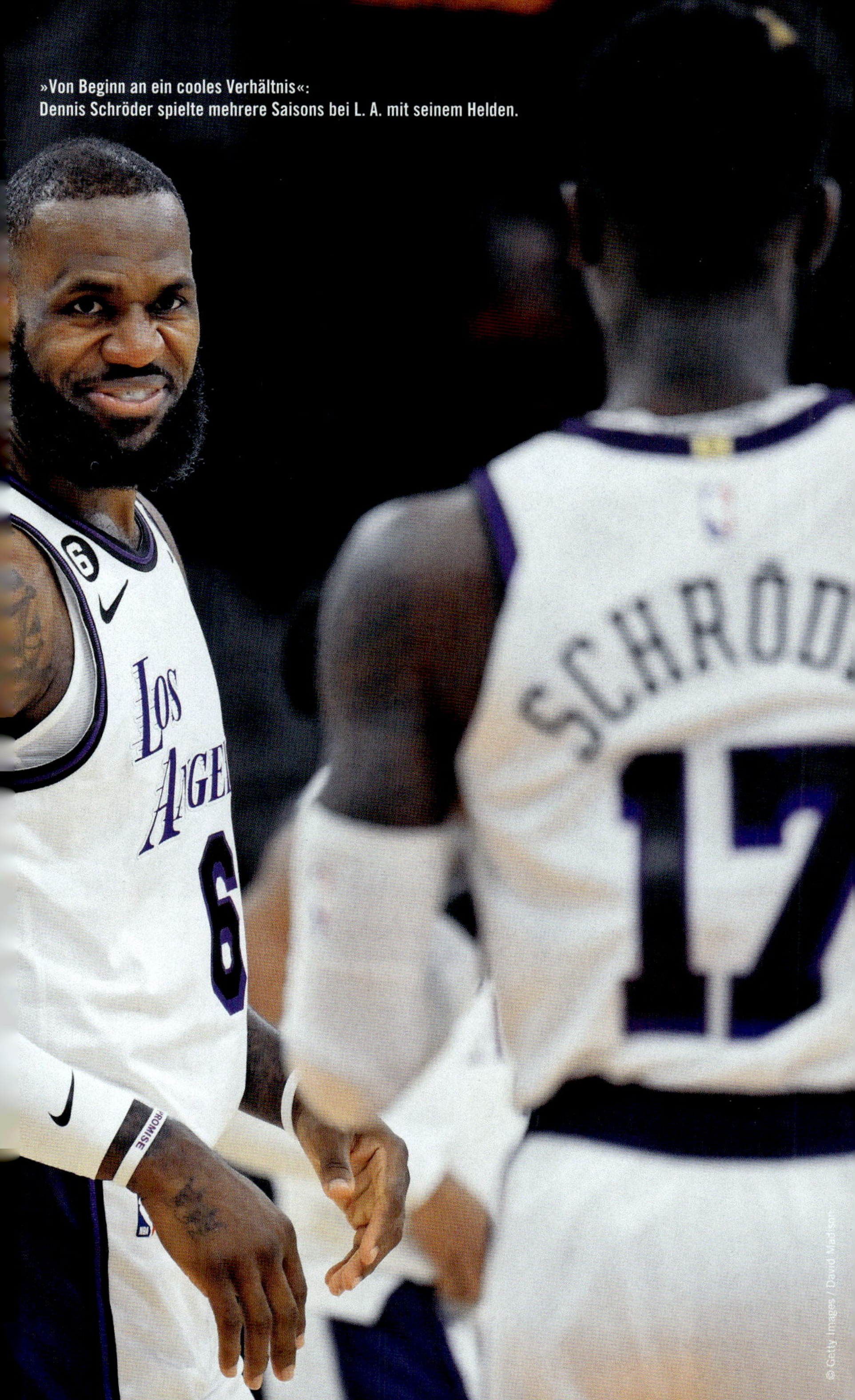

»Von Beginn an ein cooles Verhältnis«:
Dennis Schröder spielte mehrere Saisons bei L. A. mit seinem Helden.

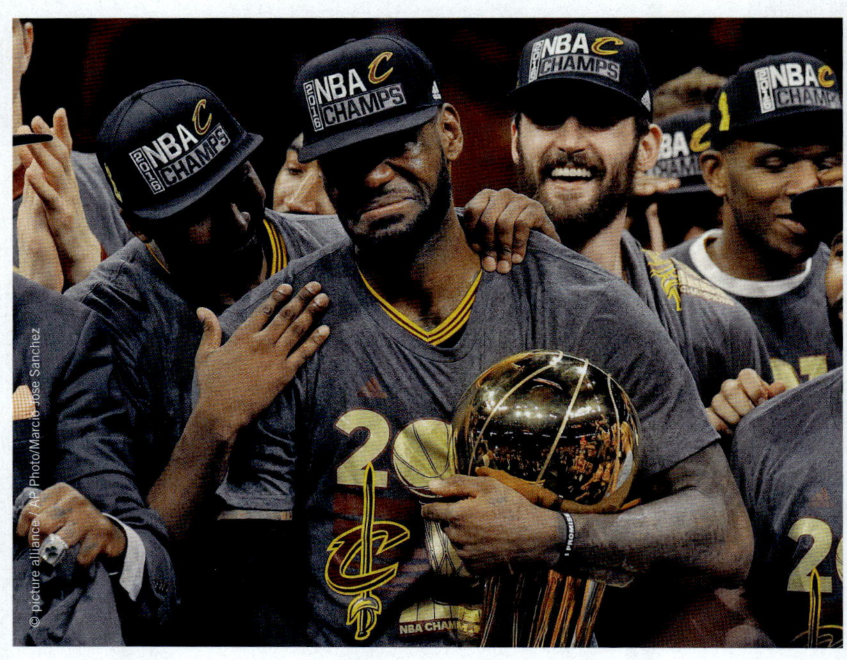

Der größte Triumph: nach Spiel 7 der NBA-Finals gegen die Golden State Warriors in Oakland, Kalifornien. James hat sein persönliches Versprechen, im Juni einen Titel zu holen, eingelöst.

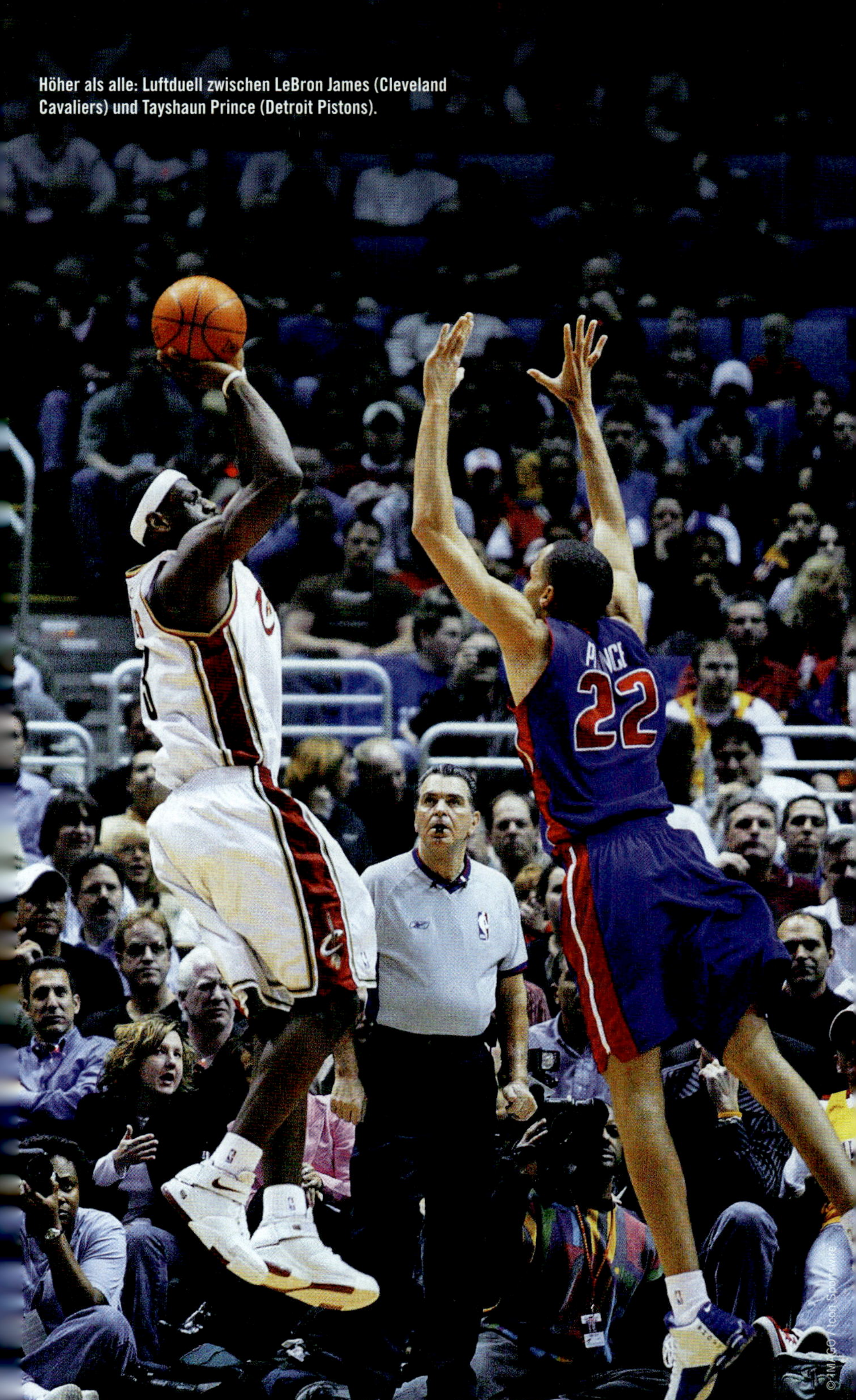

Höher als alle: Luftduell zwischen LeBron James (Cleveland Cavaliers) und Tayshaun Prince (Detroit Pistons).

Immer im Mittelpunkt:
ob mit seinen Teamkollegen von der St. Vincent-St. Mary High School in Akron, Ohio …

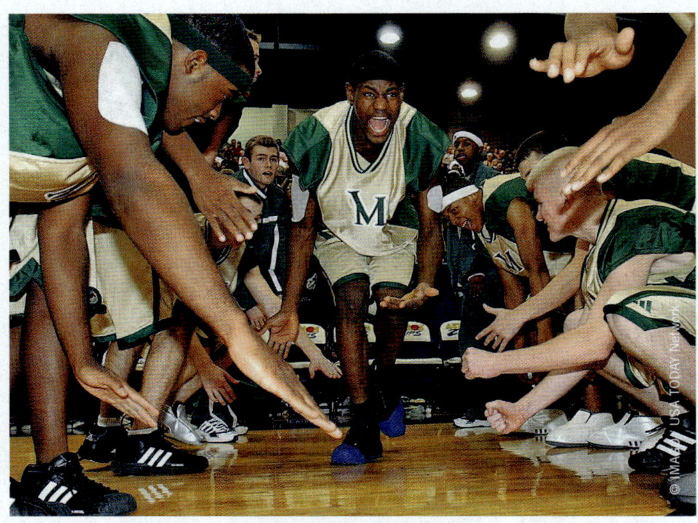

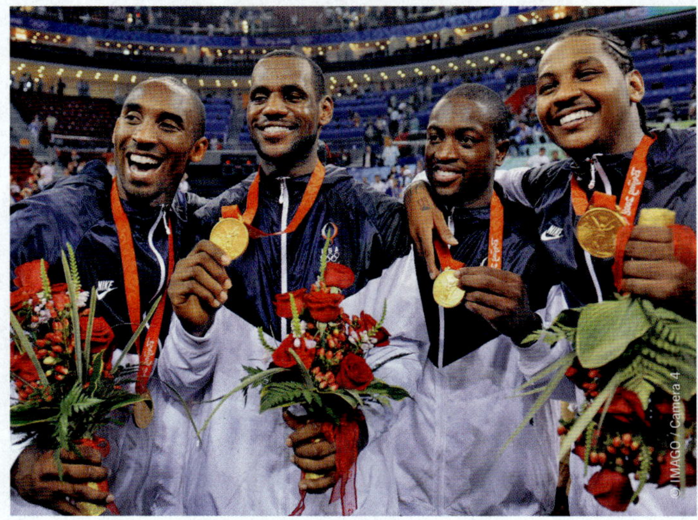

… oder als Olympiasieger 2008 in Peking:
mit Kobe Bryant, Dwyane Wade und Carmelo Anthony.

LeBron bringt den Präsidenten zum Lachen:
Besuch im Weißen Haus 2013, nachdem Miami Heat den Titel gewonnen hat.

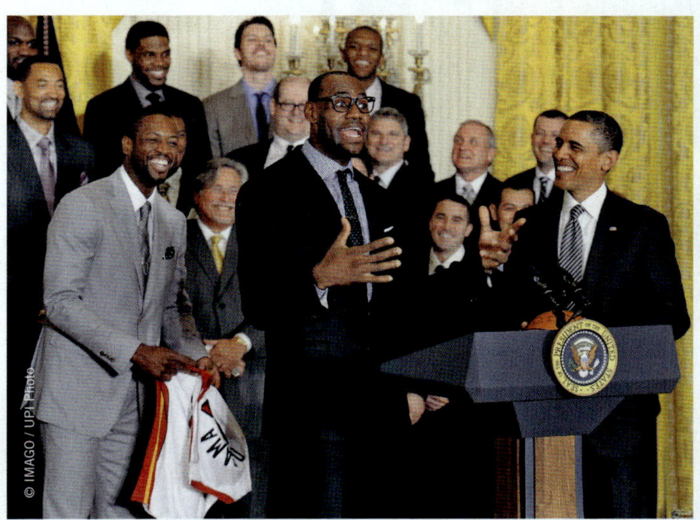

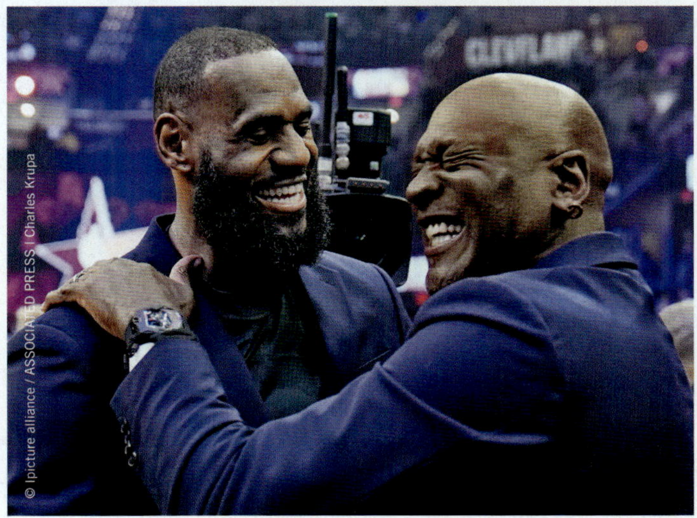

Zwei absolute Giganten: mit NBA-Legende Michael Jordan während des NBA-All-Star-Spiels in Cleveland, 20. Februar 2022.

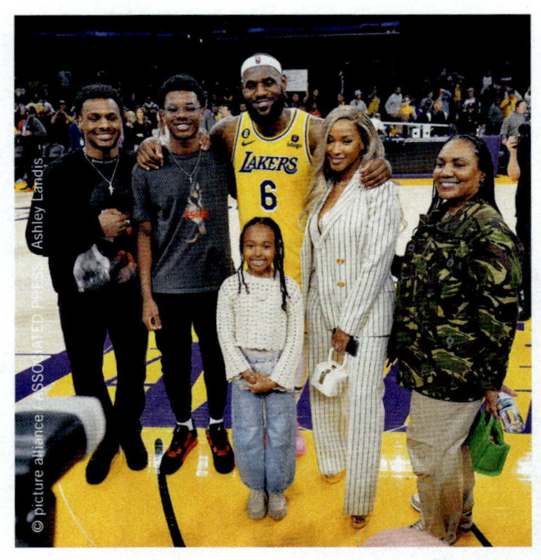

Ein historisches Datum:
Los Angeles, 7. Februar 2023. LeBron James mit seiner Familie, nachdem er Kareem Abdul-Jabbar als besten Scorer der NBA aller Zeiten abgelöst hat.

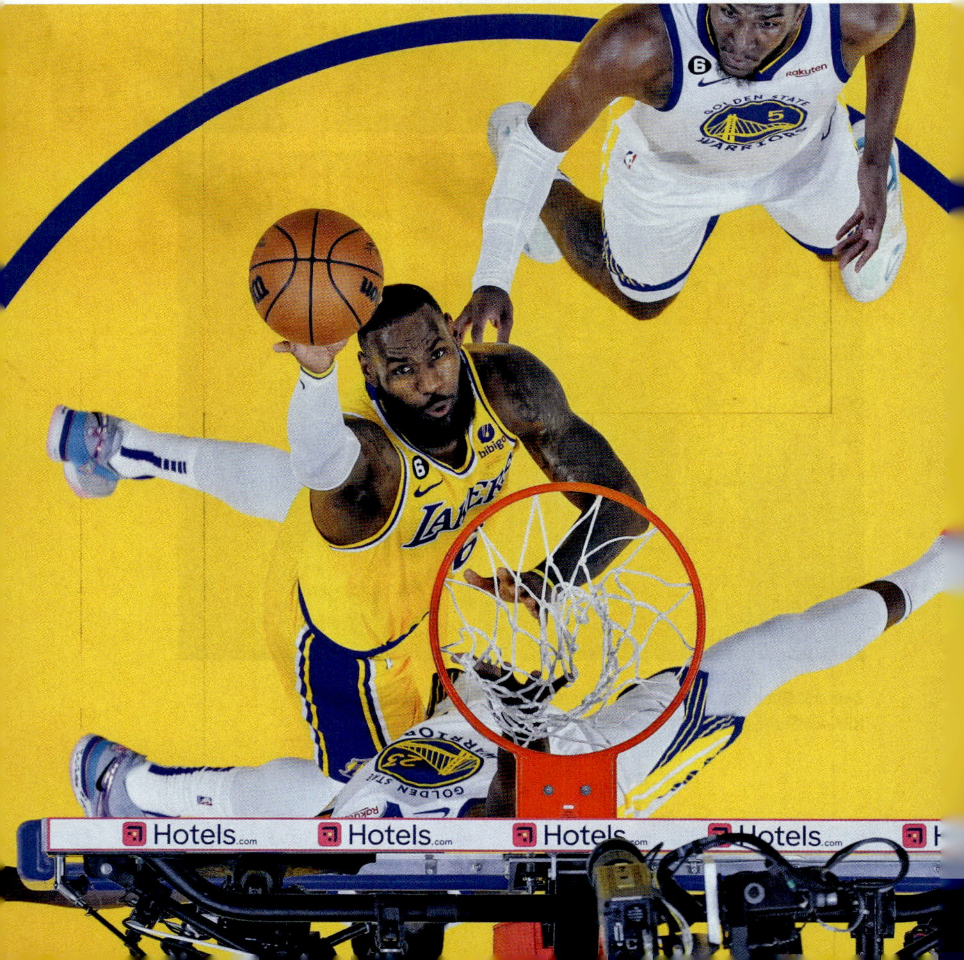

Wallace die Niederlage herunter. „Ich weiß, dass wir es gewinnen werden“, sagte er den Medien. „Morgen Abend ist das letzte Spiel in diesem Jahr hier in diesem Gebäude. Ihr könnt mich zitieren. Auf der Rückseite. Auf der Titelseite. Wie auch immer.“

Zwei Abende später, als das Spiel unentschieden stand und unklar war, wie es ausgehen würde, erzielte LeBron die letzten vier Punkte für die Cavaliers, und Cleveland gewann 74:72. Durch diesen Sieg stand es in der Serie 2:2, womit sichergestellt war, dass die Teams für Spiel 6 nach Cleveland zurückkehren würden. Doch als die Serie für Spiel 5 wieder nach Detroit zog, führte Wallace weiter das große Wort. „Ich mache mir keine Sorgen wegen dieser Cats“, sagte er. „Sie werden uns definitiv nie in einer Serie schlagen.“

LeBron war nicht dafür bekannt, Vorhersagen zu machen. Aber er war sich nicht zu schade, ein Großmaul zu ärgern, um sich einen Vorteil zu verschaffen. „Ich gehe nicht raus und rede zu viel“, sagte LeBron auf die Frage, ob die Pistons für Spiel 6 nach Cleveland zurückkommen müssten. „Aber wenn die Hotels ausgebucht sind, dann können alle bei mir übernachten. Und ich schließe sie ein, wenn es Zeit ist, zum Spiel zu kommen.“

Zum dritten Mal in Folge spielten die Cavaliers in Spiel 5 ohne ihren Starting Guard Larry Hughes. LeBron machte sein bestes Spiel in dieser Serie, pflügte sich durch die Top-Defense der Pistons und führte das Scorer-Ranking mit 32 Punkten an. Die Cavs gewannen 86:84 und ließen das Publikum im Palace von Auburn Hills verstummen.

Die Pistons-Fans trauten ihren Augen nicht. Der Titelverteidiger hing in den Seilen, und die Sportmedien witterten eine Sensation. ESPN erklärte: „Die mächtigen Pistons stürzen ab.“

LeBron relativierte die 3:2-Führung seines Teams. „Wenn man darüber nachdenkt“, sagte er nach dem Spiel, „ist es nur Basketball. Es ist nicht wie Leben oder Tod oder so. Es ist nicht so, dass sie der große, böse Wolf sind und wir die drei kleinen Schweinchen.“

***

Die Fans von Cleveland waren bereit, den Untergang von Detroit zu feiern. LeBron war es nicht. Er befürchtete, dass sein Team nicht die nötige Ruhe bewahren würde, um die Ernte einzufahren. Niemand im Kader der Cavaliers war je zuvor in dieser Situation gewesen. Die Pistons hingegen hatten schon viele Play-off-Spiele erlebt, bei denen es um alles oder nichts gegangen war.

LeBron trug in Spiel 6 seinen Teil bei, indem er fast die Hälfte der Punkte seines Teams erzielte. Aber die Pistons taten, was erfahrene Teams tun: Sie verteidigten stark und holten einen wichtigen Auswärtssieg. In Spiel 7, wieder in Detroit, legte LeBron dann in der ersten Halbzeit los und traf praktisch nach Belieben. Doch in der zweiten Halbzeit stellten die Pistons ihre Defensive um, kreisten LeBron ein und zwangen ihn, den Ball abzugeben. Die Cavaliers beendeten das Spiel mit miserablen 61 Punkten, und die Pistons trugen den Sieg davon.

So sehr er es auch hasste zu verlieren, nachdem er dem Sieg so nahe gewesen war, spürte LeBron doch, dass sie keinen Grund hatten, den Kopf hängen zu lassen. Bei ihrer ersten Play-offs-Teilnahme mit LeBron hatten die Cavaliers ihren Erstrundengegner deutlich geschlagen und dann den Titelverteidiger an seine Grenzen gebracht. Kaum war LeBron mit dem Duschen fertig, fing er an, die Pistons für das nächste Mal weichzuklopfen. „Sie haben mich in die Zange genommen“, sagte LeBron nach dem Spiel. „Sie haben gute Arbeit geleistet. Sie gewinnen immer wieder, weil sie defensiv die beste Mannschaft sind.“

Dann fügte er hinzu: „Hoffentlich werden wir eines Tages ein Rivale von Detroit sein.“

Die Pistons ließen sich nicht täuschen. Nicht einmal Großmaul Rasheed Wallace. Sie wussten genau, dass die Cavaliers bereits ein echter Rivale waren. Die Pistons hatten Glück, dass sie LeBrons Offensivattacke überlebt hatten. Mit 21 Jahren hatte er ein unerfahrenes Team angeführt, das beinahe den Titelverteidiger aus dem Rennen geworfen hätte. Sein Auftritt veranlasste die *New York Times* zu der Erklärung: „Dank James’ Talent hat Cleveland die Chance, jederzeit und gegen jeden zu gewinnen.“

Nach dem Schrecken, den LeBron den Pistons eingejagt hatte, war der gesamten NBA klar, was sie erwartete.

20

DIE VIER LEBRONS

Die Play-offs waren für Dan Gilbert eine aufregende Reise gewesen. Aber jetzt, da der Spaß vorbei war, hatte er alle Hände voll zu tun. LeBrons Vertrag mit den Cavaliers lief nur noch ein Jahr. Sollte LeBron im Sommer keine Vertragsverlängerung unterzeichnen, wäre er nach der kommenden Saison 2006/2007 frei, zu anderen Clubs zu wechseln. Gilbert konnte nicht zulassen, dass es soweit kam. Er war sich jedoch der engen Freundschaft zwischen LeBron und Jay-Z bewusst, der kürzlich eine geringfügige Beteiligung an den New Jersey Nets erworben hatte. Da Gilbert klar war, dass Jay-Z, wie so viele andere NBA-Anteilseigner, LeBron gern aus Cleveland weggelockt hätte, bot er LeBron einen Fünfjahresvertrag über garantierte achtzig Millionen Dollar an. Wenn er unterschrieb, würde LeBron bis zur Saison 2011/2012 im Trikot der Cavs spielen.

LeBron hatte nicht den Wunsch, Cleveland zu verlassen. Er plante, dort mit seiner Familie zu leben. Aber er hatte sich mit dem neuen Tarifvertrag der NBA befasst, der eine wichtige Bestimmung enthielt, die für die finanzielle Zukunft seiner Familie besonders bedeutsam war. Gemäß der Vereinbarung konnten Spieler, die 2003 gedraftet worden waren, ihre Verträge um maximal fünf Jahre im Wert von bis zu achtzig Millionen Dollar verlängern, was Gilbert auch angeboten hatte. Aber Spieler aus LeBrons Draft-Klasse 2003 konnten auch Dreijahresverträge im Wert von maximal sechzig Millionen Dollar unterzeichnen. Spieler, die sich für die Verlängerung um drei Jahre entschieden, würden zwar auf zwanzig Millionen Dollar an garantiertem Geld verzichten, aber sie könnten in Zukunft noch mehr Einnahmen erzielen, da sie zwei Jahre früher frei wären, den Club zu wechseln.

Normalerweise ermutigen Agenten die Sportler, langfristige Verträge und ein Maximum an garantiertem Geld anzustreben. LeBrons Agent Leon Rose riet ihm jedoch, das Gegenteil zu tun – Gilberts Fünfjahresangebot abzulehnen und eine Verlängerung um drei Jahre zu unterschreiben. Damit hätte LeBron am Ende der Saison 2009/2010 alle Trümpfe in der Hand. Dieser Ansatz stand auch im Einklang mit den allgemeinen strategischen Ratschlägen von LeBrons Investmentbanker Paul Wachter, der weiterhin die Idee verfolgte, LeBron zu einem autonomen Unternehmen zu machen. Unterm Strich tat Dan Gilbert wie jeder andere Eigentümer in der NBA das, was in seinem besten finanziellen Interesse lag – er versuchte, seinen größten Aktivposten so lange wie möglich zu halten. LeBron musste bei seinen geschäftlichen Entscheidungen denselben Ansatz verfolgen, auch wenn das Gilbert nicht gefallen würde.

LeBron mochte keine Konflikte. Aber er hatte keine Angst davor zu tun, was für ihn und seine Familie am besten war. Nachdem er alles gelesen hatte, was ihm seine Berater vorgelegt hatten, wusste LeBron, dass er vor einer Entscheidung stand, die möglicherweise große Auswirkungen auf seine finanzielle Zukunft und die seiner Familie haben würde. Ihm war klar, in welche Richtung er tendierte, aber er brauchte Zeit, um in Ruhe darüber nachzudenken, bevor er eine endgültige Entscheidung traf.

Zeit war jedoch der einzige Luxus, über den LeBron nicht verfügte. Während Gilbert auf seine Antwort wartete, hatte LeBron eine Vielzahl von Engagements zu erfüllen. Er hatte sich dem US-Basketball verpflichtet, was in der Nebensaison Auslandsreisen nach Korea und Japan mit sich brachte. Nike wollte, dass LeBron während seines Asienaufenthaltes mit Würdenträgern und der ausländischen Presse zusammentraf. Im Sommer sollte LeBron seinen bisher ehrgeizigsten Fernsehspot drehen. Sein Unternehmen LRMR stellte seine Website vor und sponserte seine erste große Marketingkonferenz in Akron. Alle Genehmigungen für sein Anwesen waren erteilt worden, und der Bau sollte im August beginnen, was bedeutete, dass er und Savannah unendlich viele Details mit Architekten und Bauunternehmern besprechen mussten.

Zu allem Überfluss hatte LeBron auch noch die Initiative in der laufenden Rechtsangelegenheit seiner Mutter in Akron ergriffen. Nachdem Gloria im Januar durch die Berichterstattung rund um ihre Verhaftung gedemütigt worden war, hatte LeBron hinter den Kulissen an verschiedenen Fronten gearbeitet, um seiner Mutter zu helfen und die schwierige Situation so schnell und so günstig wie möglich zu beenden. Ende Mai, kurz nachdem die Cavaliers aus den Play-offs ausgeschieden waren, berichtete Associated Press:

Die Mutter von LeBron James von den Cleveland Cavaliers wurde gestern in vier Fällen für schuldig befunden, nachdem sie mit ihrem SUV fast ein nicht gekennzeichnetes Polizeifahrzeug in Akron angefahren und gegen das Fenster eines Streifenwagens getreten hatte.

Gloria James, 38, erhob keinen Einspruch gegen die Anklage wegen rücksichtsloser Fahrweise, Geschwindigkeitsüberschreitung, ordnungswidrigem Verhalten und einer geringen Anzahl von Fahrten unter Alkoholeinfluss, bei denen sie die physische Kontrolle über ein Kraftfahrzeug hatte. Eine fünfte Klage wegen Beschädigung von Polizeieigentum wurde abgewiesen.

Richterin Lynne Callahan setzte die sechsmonatige Haftstrafe zur Bewährung aus, mit Ausnahme von drei Tagen, die Gloria James durch Teilnahme an einem Kurs über die Gefahren von Drogen und Alkoholkonsum abbüßen könne. Ihr Führerschein wurde bis zum 20. Januar eingezogen.

LeBron war der engagierteste Anwalt seiner Mutter. Es war eine Rolle, die ihm schon immer leichtgefallen war. Aber jetzt, da LeBron ein junger Vater mit außergewöhnlichen Mitteln war, wusste er noch mehr zu schätzen, was Gloria alles durchgemacht hatte, während sie ihn mittellos und allein großgezogen hatte. Die Vaterschaft hatte ihn zu einem einfühlsameren Sohn gemacht. Er war pflichtbewusst, und es erfüllte ihn mit Befriedigung und Zielstrebigkeit, der wichtigste Beschützer seiner Mutter zu sein.

Mehr und mehr fühlte sich LeBron wie ein Mann, der viele verschiedene Rollen spielte, manchmal alle am selben Tag. Wenn das Leben zu verrückt wurde, hatte LeBron immer auf dem Basketballplatz Trost gefunden. Im Sommer 2006 ließ er die Turbulenzen in Ohio hinter sich und ging nach Las Vegas, um mit der US-Basketball-Nationalmannschaft der Männer zu trainieren. Seit dem Gewinn der Bronzemedaille bei den Olympischen Spielen in Athen waren zwei Jahre vergangen. Zwei Jahre vor den Olympischen Spielen 2008 in Peking hatte LeBron entschieden, für das Team USA zu spielen und sich auf die nächste Runde der internationalen Wettbewerbe vorzubereiten. Carmelo Anthony und Dwyane Wade würden sich ihm anschließen. Die drei waren die einzigen Spieler, die schon in Athen dabei gewesen waren. Zu ihnen gesellte sich nun ein Kern aus anderen jungen NBA-Stars, darunter Chris Bosh, Dwight Howard und Chris Paul.

Für LeBron war es der perfekte Ausgleich, mit Spielern zu trainieren, die zu seinen besten Freunden in der NBA gehörten. Doch seit dem letzten Mal, als LeBron das Trikot des Team USA getragen hatte, hatte sich vieles verändert. Nach dem Debakel von Athen hatte sich NBA-Commissioner David Stern eingeschaltet, um NBA-Stars für die Olympischen Spiele 2008 in Peking zu gewinnen und den Ruf des Teams USA als weltweit führende Basketballmannschaft wiederherzustellen. Stern wandte sich an den ehemaligen Besitzer der Phoenix Suns, Jerry Colangelo, und überzeugte ihn, der neue Direktor von USA Basketball zu werden.

Colangelos erste Aufgabe war es, einen neuen Cheftrainer zu ernennen, ein Prozess, bei dem er sich mit den Egos der NBA-Trainerriege auseinandersetzen musste. Trotz der jüngsten Probleme der Olympiamannschaft blieb der Titel des Cheftrainers von USA Basketball eine prestigeträchtige Ehre. Um sich selbst und den Auswahlprozess vor jeglichem Anschein von Vetternwirtschaft oder politischen Winkelzügen zu bewahren, überzeugte Colangelo Michael Jordan, Larry Bird, Jerry West, John Thompson, den Basketballtrainer von Georgetown, und Dean Smith, den Basketballtrainer von North Carolina, als sein Kabinett zu fungieren. Die Gruppe einigte sich schließlich auf den Basketballtrainer der Duke University, Mike Krzyzewski. Es war unkonventionell, einen Olympiatrainer aus den Reihen der Hochschulen auszusuchen. Doch als sich zwei der Duke-Erzrivalen – Dean Smith und Michael Jordan – zusammentaten, um für Krzyzewski zu werben, erhob niemand Einspruch. Krzyzewski wurde im Oktober 2005 offiziell zum Cheftrainer des Teams USA ernannt.

Er war der Herausforderung gewachsen. Aber er wusste, dass er einige Aspekte seines hitzigen Charakters, der ihn auf dem Spielfeld in Durham, North Carolina, so erfolgreich gemacht hatte, würde abschwächen müssen. Duke zog regelmäßig die besten Highschool-Basketballer des Landes an, doch nun würde es Krzyzewski mit den besten Spielern der Welt zu tun haben. Erstklassige Sportstudenten zu trainieren war eine Sache. Stars zu coachen hatte eine ganz andere Dynamik. Er würde Egos steuern, Beziehungen managen und Lösungen finden müssen, damit alle aus diesem großen Talentpool als Einheit zusammenarbeiteten.

LeBron kannte Krzyzewski nicht. Aber er kannte seinen Ruf als Coach K., der auf einer Stufe mit dem legendären Zauberer von Westwood, John Wooden, stand. Auch wenn LeBron nie ernsthaft in Erwägung gezogen hatte, College-Basketball zu spielen, sah er Duke als den Goldstandard unter den College-Basketball-Programmen an und war neugierig, wie es sein würde, unter Coach K. zu spielen.

Krzyzewski faszinierte die Aussicht, LeBron zu trainieren, umso mehr. Als LeBron die Highschool besuchte, wusste Krzyzewski, dass er auf direktem Weg zu den Profis war, und hatte sich deshalb nicht die Mühe gemacht, um ihn zu werben. Und da Krzyzewski nur selten NBA-Spiele besuchte, hatte er LeBron nie persönlich spielen sehen, bis er ihn im Sommer 2006 zum ersten Mal traf. Er war sofort von LeBrons physischer Präsenz beeindruckt. Er hatte die Schultern eines Hafenarbeiters. Dennoch war er schneller als jeder andere. Und sobald das Training begann, fiel Krzyzewski auf, dass LeBron ein Virtuose und bei Weitem der talentierteste – und intelligenteste – Spieler auf dem Platz war.

Um eine Verbindung zu ihm aufzubauen, wählte Krzyzewski einen intellektuellen Ansatz. Er wollte unter anderem, dass LeBron seine Stimme auf dem Spielfeld effektiver als Führungsinstrument einsetzte. Irgendwann unterbrach er das Training und ging auf LeBron zu.

„Wenn du stehst, bist du nur so breit, oder?", sagte Coach K.

LeBron sah ihn an.

„Deine Arme sind unten", fuhr Coach K. fort. „Was passiert mit deinen Armen, sobald du anfängst zu reden?"

LeBron hob die Arme.

„Ja, sie gehen hoch", sagte Coach K. „Die Leute sprechen nicht mit hängenden Armen. Sie strecken die Arme aus."

LeBron war es nicht gewohnt, von seinen NBA-Trainern auf diese Weise angesprochen zu werden. Es fühlte sich an, als wäre er in einem Klassenzimmer.

„Wenn du bei der Defense redest", sagte Coach K., „machst du dich dreimal so breit, als wenn du nichts sagst." Er zeigte, was er meinte. „Deine Beine müssen weiter gespreizt sein", fuhr er fort. „Du musst deine Arme ausbreiten. Du wirst eine bessere Balance haben."

All das diente dazu, dass LeBron sich mit mehr Autorität äußern konnte.

„Von deiner Fähigkeit zu reden und von deiner Führungsqualität möchte ich auf dem Platz mehr sehen", sagte Coach K.

Auch die anderen Spieler gingen auf die Methoden von Coach K. ein. Es war hilfreich, dass Jim Boeheim, der Cheftrainer der Syracuse University, der Assistenztrainer von Coach K. war. Boeheim hatte Carmelo Anthony rekrutiert und ihn zur nationalen Meisterschaft gecoacht. Die Bindung zwischen Carmelo und Boeheim war stark und trug dazu bei, die Glaubwürdigkeit des Trainerstabs bei den Spielern und ihren Respekt zu stärken.

Während er in Vegas war, hatte sich LeBron entschieden, wie es mit seinem Vertrag bei den Cavaliers weitergehen würde. Carmelo, D-Wade und Chris Bosh standen alle vor der gleichen Frage. Der einzige Unterschied war, dass LeBron ein größeres, hochkarätigeres Beraterteam hatte. Nachdem er sich wochenlang mit ihnen beraten hatte, war LeBron mit seiner Entscheidung zufrieden. Die Cavs betreiben ein Geschäft, sagte er sich. Ich bin auch Geschäftsmann. Er bat seinen Agenten, den Cavaliers mitzuteilen, dass er eine dreijährige Vertragsverlängerung unterschreiben würde.

LeBrons Haltung brachte Gilbert in eine schwierige Lage. Er hatte alles in seiner Macht Stehende getan, um LeBron langfristig an Cleveland zu binden. Er hatte sich sogar bereit erklärt, das brandneue Trainingszentrum des Teams in der Nähe von LeBrons neuem Anwesen zu bauen, um das Leben seines Starspielers noch komfortabler zu gestalten. Doch nun stand Gilbert vor der Wahl, entweder LeBrons Wunsch nach einer dreijährigen Verlängerung nachzukommen oder auf fünf Jahren zu bestehen.

Gilbert konnte LeBrons Zustimmung nicht erzwingen. Aber wenn es hart auf hart käme, dachte Gilbert, würde LeBron nachgeben und eine fünfjährige Verlängerung unterschreiben. Er war der Meinung, dass LeBron zu sehr in Ohio verwurzelt war, um seine Heimat zu verlassen – LeBron hatte noch nie außerhalb des Bundesstaates gelebt und war gerade dabei, hier sein Traumhaus zu bauen. Gilbert glaubte auch, dass LeBron lieber für zwei weitere Jahre unterschreiben würde, als den Anschein zu riskieren, dass er sich dem Team und den Cleveland-Fans nicht mehr verpflichtet fühlte. Aber eine rote Linie zu ziehen, wäre auch für Gilbert riskant, da er bei Vertragsstreitigkeiten gegen den Lieblingssportler der Stadt antreten müsste. Gilbert malte sich aus, wie er das Thema bei den Fans ansprechen würde. Zuerst würde er ihnen erzählen, wie sehr er LeBron liebe und dass er als Eigentümer alles getan habe, um ein Team um ihn herum aufzubauen, das die Meisterschaft für Cleveland gewinnen würde. Gilbert würde der Öffentlichkeit außerdem nahebringen, dass auch LeBron einen Schritt nach vorn machen müsse, indem er sich auf einen langfristigen Vertrag einließe. Und wenn LeBron nicht bereit wäre, zu diesen Bedingungen zu unterzeichnen, müsste Gilbert prüfen, ob er ihn gegen Spieler eintauschen könnte, die wirklich in Cleveland sein wollten.

Sich auf einen langwierigen Vertragsstreit mit LeBron einzulassen, war ein riskantes Unterfangen. Nachdem er die Angelegenheit abgewogen hatte, blinzelte Gilbert und entschied sich widerstrebend gegen eine harte Verhandlungstaktik. Stattdessen stimmte er der dreijährigen Verlängerung zu und vertraute darauf, dass das Team in den nächsten drei Jahren so erfolgreich sein würde, dass LeBron 2010 eine weitere Verlängerung unterschreiben würde. Es war eine Entscheidung, für die Gilbert gegen eine seiner wichtigsten Geschäftsregeln verstieß. Verzichte niemals auf die Hebelwirkung.

Am 18. Juli 2006 unterzeichnete LeBron in Las Vegas einen Dreijahresvertrag, der ihn für die folgenden vier Jahre an die Cleveland Cavaliers band und im Sommer 2010 freien Vereinswechsel ermöglichte.

Dwyane Wade und Chris Bosh trafen die gleiche Entscheidung wie LeBron. Beide unterzeichneten dreijährige Vertragsverlängerungen, sodass sie im Sommer 2010 ebenfalls frei wären, den Club zu wechseln.

Carmelo Anthony entschied sich für die garantierten achtzig Millionen Dollar und unterzeichnete einen Fünfjahresvertrag mit den Denver Nuggets.

***

LeBron verbrachte einen großen Teil des Sommers mit Wade, Bosh, Anthony und dem Rest des Teams USA in Übersee. Sie dominierten ein Showturnier in Korea. Bei der FIBA-Weltmeisterschaft in Japan trafen sie dann auf stärkere Konkurrenz und holten Bronze. Trotz des dritten Platzes gefiel LeBron die Richtung, die das Team eingeschlagen hatte. Vor allem zwischen ihm, Wade und Bosh entwickelte sich eine gute Chemie. Und unter Coach K. entstand eine andere Kultur, die den Stolz auf das Privileg förderte, für die Vereinigten Staaten von Amerika zu spielen.

Auch in Asien stieg LeBrons Berühmtheit. Nicht zuletzt dank Nike war er dort neben dem Chinesen Yao Ming der beliebteste Spieler. Und als er wieder in Amerika war, ging er nach Hollywood, um einen neuen Nike-Werbespot zu drehen, der seine Popularität im In- und Ausland dramatisch steigern sollte. Nike plante eine beispiellose Marketingkampagne rund um die Markteinführung der Nike Air Zoom LeBron IV Sneakers zu Beginn der Saison 2006/2007. Das Herzstück der Kampagne war ein Fernsehspot, in dem LeBron vier Versionen von sich selbst spielte: LeBron, der Junge, LeBron, der Sportler, LeBron, der Geschäftsmann, und LeBron, der Weise.

Als LeBron von diesem Konzept erfuhr, war er sofort begeistert. „Das sind die vier Typen, die ich jeden Tag spiele“, sagte er gegenüber Nike.

Zu Beginn der Dreharbeiten improvisierte LeBron, um das Drehbuch authentischer zu gestalten. Zu dem Instrumentalstück *Summer Madness* von Kool & The Gang beginnt der Werbespot mit dem Sportler LeBron, der in einem Swimmingpool trainiert, während der weise LeBron auf dem Pooldeck sitzt und Limonade schlürft. Der Junge LeBron steht hoch über dem Pool auf einem Sprungbrett, neben LeBron, dem Geschäftsmann, der per Handy mit einer Frau plaudert: „Baby, wir können jederzeit gehen. Lass mich einfach wissen, wie es dir am liebsten ist.“

Die nächste Zeile stammte von LeBron. „Du kannst in Detroit nicht im Pool trainieren", sagt der weise LeBron zu LeBron, dem Sportler. „Glaubst du, Michael trainiert im Pool? Nein! Das glaube ich nicht."

Der komische Schlagabtausch reflektierte, was LeBron besser als jeder andere wusste: Wenn die Cavaliers die NBA-Finals erreichen wollten, musste er einen Weg finden, die Detroit Pistons zu schlagen. Und egal wie gut LeBron spielte, er wurde immer an Michael Jordan gemessen.

Nike begrüßte LeBrons Bereitschaft, sich selbst auf die Schippe zu nehmen.

Für LeBron waren die Dreharbeiten eher ein Spiel als Arbeit. Man hatte ihm die kreative Freiheit gegeben, auf der Leinwand er selbst zu sein. Es war ein gut gehütetes Geheimnis, dass LeBron ein hervorragender Schwimmer war und unter Wasser ungewöhnlich lange die Luft anhalten konnte. Er war auch ein ziemlich guter Taucher. In dem Werbespot springt der Junge LeBron vom Sprungbrett, landet neben dem Sportler LeBron und bespritzt den weisen LeBron mit Wasser. „Oh, er hat Papa nassgemacht", sagt der Geschäftsmann LeBron zu der Frau am Handy.

„Zwing mich nicht aufzustehen", sagt der weise LeBron und schimpft mit dem Jungen.

Der Junge LeBron ermutigt dann den Geschäftsmann LeBron, in den Pool zu springen, was LeBrons Bereitschaft symbolisiert, neue Unternehmungen zu wagen. Als sich der weise LeBron über den Geschäftsmann LeBron lustig macht und ihn einen „hübschen Jungen" nennt, sagt der Geschäftsmann LeBron den entscheidenden Satz des Werbespots:

„Merk dir, was du sagen wolltest, ich rufe dich zurück." Dann klappt er sein Handy zu, frisiert seinen großen Afro und macht einen Rückwärtssalto vom Sprungbrett, während der Song ein Crescendo erreicht.

Als Lynn Merritt von Nike die Endfassung des Werbespots sah, war er von LeBrons schauspielerischen Fähigkeiten so beeindruckt, dass ihm dämmerte, LeBron könnte eine Zukunft in Hollywood haben. Unterdessen nannte Nike den Werbespot „Swimming Pool" und begann, Sendezeit zu buchen.

***

In Gesprächen mit Maverick Carter und Paul Wachter wies LeBron darauf hin, dass Warren Buffett, der Vorstandsvorsitzende von Berkshire Hathaway, im Sommer 2006 angekündigt hatte, 85 Prozent seines Privatvermögens von 44 Milliarden Dollar an fünf philanthropische Organisationen zu spenden. Es handelte sich um die größte Einzelspende für wohltätige Zwecke in der Geschichte. Und Buffett sagte, dass der Löwenanteil seiner Spende – 31 Milliarden Dollar – an die Bill & Melinda Gates Foundation gehen würde. Buffett und Gates waren beste Freunde. Sie waren auch die beiden reichsten Männer der Welt.

LeBron sprach fast nie darüber, aber insgeheim strebte er danach, eines Tages der reichste Mann der Welt zu sein. Viele Menschen haben solche Fantasien. Aber bei LeBron war es eines seiner Ziele. Er hatte sich sogar einen Zeitrahmen gesetzt, um dieses Ziel zu erreichen – 15 bis 20 Jahre. Und im Gegensatz zu anderen, die davon träumten, so reich wie Warren Buffett zu sein, konnte LeBron eine Privataudienz beim erfolgreichsten Investor der Welt bekommen und dessen Rat einholen.

Wachter kannte Buffett und rief ihn an. Ende September flogen LeBron und Maverick nach Nebraska, begierig, den Mann zu treffen, den die Wall Street bewundernd das Orakel von Omaha nannte.

Buffett sah zu LeBron hoch und begrüßte sie mit einem fröhlichen Lächeln und einem selbstironischen Witz über seine Basketballkünste. Er liebte das Spiel und hatte es schon in seiner Jugend gespielt, wenn auch „nicht sehr gut", wie er zu scherzen pflegte.

LeBron überreichte Buffett ein Geschenk – sein eigenes offizielles Cavaliers-Trikot.

Buffett gefiel es sehr.

LeBron und Buffett, die sich auf dem Marmorfußboden im Foyer des Hauptsitzes von Berkshire Hathaway gegenüberstanden, waren ein ungewöhnliches Paar. LeBron war 21, Buffett war 75. LeBron war ein Basketballspieler aus dem innerstädtischen Akron. Buffett war ein Börsenmakler, der sich zum Investor in Omaha gewandelt hatte. LeBron mochte Hip-Hop und hing mit Jay-Z in lauten, überfüllten

Stadien ab. Buffett liebte Golf und spielte regelmäßig mit Bill Gates in der Ruhe des Platzes Augusta National.

Der andere große Unterschied war, dass LeBrons Karriere gerade erst begonnen und Buffetts Karriere ihren Höhepunkt erreicht hatte. Doch LeBron und Buffett – der König und das Orakel – bildeten beide Knotenpunkte mit vielen mächtigen Verbindungen. Und als Buffett persönlich LeBron durch das Büro führte, in dem er die letzten fünfzig Jahre damit verbracht hatte, seine Magie zu entfalten, fühlten sich die beiden Männer sofort wohl miteinander. Und es wurde schnell klar, dass Buffetts Erfolg nicht von Zauberhand kam. Es war vielmehr das Ergebnis ständiger Bemühung, in einer Sache außergewöhnlich gut zu werden.

Diese Botschaft wurde deutlich, als LeBron und Maverick ihm durch einen schmalen Flur folgten, der mit gerahmten Bildern und Erinnerungsstücken gesäumt war. Eines dieser Erinnerungsstücke war eine Bilanz seines ersten Unternehmens – Buffett Partnership Ltd., 1956 gegründet. In dem Dokument sind Buffetts sechs ursprüngliche Partner aufgelistet – Familienmitglieder und sein Zimmergenosse vom College, die er „die Bande“ nannte – und wie viel Kapital jeder von ihnen zu diesem Zeitpunkt besaß. Buffetts Anteil war 1.359,16 Dollar wert. Schließlich löste Buffett das ursprüngliche Unternehmen auf und reinvestierte das Geld in Berkshire Hathaway. Fünfzig Jahre später, so rechnete er vor, war eine ursprüngliche Investition von zehntausend Dollar in seine Buffett Partnership, die in Berkshire Hathaway reinvestiert worden war, etwa fünfhundert Millionen Dollar wert.

Für LeBron und Maverick war der Spaziergang mit Buffett eine transformative Erfahrung. Der Zeitraum, in dem er in dasselbe Büro zur Arbeit gegangen und Investitionen hinter demselben Schreibtisch getätigt hatte, war doppelt so lang wie ihr bisheriges Leben. Es war ein ernüchternder Beweis für die Macht von langfristiger Beständigkeit und Disziplin.

Über der Tür zu Buffetts Büro fiel LeBron ein vertrautes gelbes Schild mit blauer Schrift auf, auf dem zu lesen war: INVESTIEREN SIE HEUTE WIE EIN CHAMPION. Es sah genauso aus wie das berühmte gelbe Schild mit blauer Schrift, auf dem PLAY LIKE A CHAMPION TODAY stand und das über dem Treppenaufgang vor der Notre-Dame-Football-Umkleidekabine hing. Es war Tradition, dass jeder Spieler der Mannschaft von Notre Dame das Schild berührte, bevor er das Spielfeld betrat. Buffett ließ seine Mitarbeiter bei Berkshire Hathaway jeden Morgen sein Schild berühren, wenn sie das Büro betraten.

Einer der Ratschläge, die Buffett LeBron gab, lautete, für den Rest seiner Karriere und darüber hinaus monatlich in kostengünstige Indexfonds zu investieren. Er war der Meinung, dass LeBron eine beträchtliche Bargeldreserve behalten sollte, je nachdem wie hoch der Betrag war, mit dem er sich wohlfühlte. Darüber hinaus war er der Meinung, dass LeBron ein Stück Amerika besitzen sollte, ein diversifiziertes Stück, das er im Laufe der Zeit erwerben und über dreißig oder vierzig Jahre halten sollte. LeBron liebäugelte mit Coca-Cola, dessen drittgrößter Aktionär Berkshire Hathaway war. Es war genau die Art von Unternehmen, die Buffett meinte, wenn er davon sprach, ein Stück Amerika zu besitzen. Seiner Meinung nach würden die Einnahmen im Laufe der Jahre immer höher werden.

Buffett erzählte auch eine Geschichte über ihn und Bill Gates, die für LeBron von Bedeutung war. Kurz nachdem Buffett und Gates sich 1991 kennengelernt hatten, wurden sie von Bill Gates Sr. gebeten, jeweils ein Wort aufzuschreiben, das ihren Erfolg ausmachte. Buffett und Gates notierten beide das gleiche Wort: Fokus. Gates glaubte, dass das, was man zwischen 13 und 18 Jahren wie besessen tat, die größte Chance hatte, Weltklasse zu werden. Als Teenager hatte sich Gates auf Software konzentriert, Buffett auf Investitionen. „Es war ein großer Vorteil, dass ich sehr jung angefangen habe", erklärte Buffett.

Die Botschaft war einfach und doch tiefgründig. Wie Buffett und Gates war LeBron auch deshalb Weltklasse im Basketball, weil er seit seiner Jugend von diesem Sport besessen war. Tatsächlich hatte sich LeBron schon in noch früherem Alter auf Basketball fokussiert, als Buffett und Gates sich auf Investitionen beziehungsweise Computersoftware konzentriert hatten.

Zum Mittagessen zog Buffett sein neues Cavs-Trikot über sein weißes Hemd und führte LeBron und Maverick in eines seiner Lieblingslokale der Stadt, das Crescent Moon Ale House. Mit seinen großen Holzbalken an der Decke, den Vintage-Wandbehängen und den

Neonschildern, die für verschiedene Biersorten warben, wirkte das Restaurant wie ein Westernsaloon. Buffett war Stammgast. Normalerweise erregte seine Anwesenheit kaum Aufsehen. Aber als LeBron mit ihm hereinkam, fiel es allen auf.

LeBron und Maverick saßen Buffett an einem Holztisch gegenüber.

LeBron fühlte sich wie zu Hause, plauderte mit der Kellnerin und bestellte einen Bacon-Cheeseburger mit Pommes frites und Limonade mit Eistee.

Buffett bewunderte, wie mühelos LeBron mit Menschen umging. Buffett war der Meinung, dass er für jemanden seines Formats und seines Reichtums ein ungewöhnliches Maß an Bescheidenheit an den Tag legte. Beim Gespräch während des Mittagessens stellte Buffett fest: Dieser Mann weiß mehr, als ich mit 21 wusste.

Bevor sie fertig waren, legte Buffett LeBron nahe, sein Essen mit einem Milchshake herunterzuspülen.

LeBron entschied sich für einen Oreo-Keks-Shake. Dann posierte er für Fotos und gab den Gästen im Restaurant Autogramme.

Ehe er Omaha verließ, sagte LeBron zu Buffett, er müsse zu einem Spiel der Cavs in Cleveland kommen.

Buffett war seit Jahren nicht mehr bei einem Profispiel gewesen. Aber er freute sich über die Einladung. Er sagte sein Kommen zu. Und dann werde er sein neues Cavs-Trikot tragen.

LeBron versprach ihm Plätze am Spielfeldrand.

Buffett hatte auch eine Bitte. Auf der Aktionärsversammlung von Berkshire Hathaway, die jedes Frühjahr in Omaha stattfindet, unterhielt er die Tausenden von Teilnehmern gern zum Auftakt mit einer lustigen Videopräsentation. Er meinte, es wäre ein Spaß, gegen LeBron in einem Basketballspiel anzutreten und das den Aktionären zu zeigen.

LeBron sagte, das ließe sich arrangieren.

Buffett sagte, es gebe nur einen Haken – LeBron müsse ihn gewinnen lassen.

LeBron lachte. Von ihm aus gern.

Als das Flugzeug in Omaha abhob, hatte Maverick Grund zum Lächeln. Sein bester Freund knüpfte eine Beziehung zu Warren Buffett. Und bald würden sie in New York landen, wo LeBron zum ersten Mal in der *Late Show* mit David Letterman auftreten sollte. Es geschah so viel und so schnell.

Nicht lange nach seiner Rückkehr nach Hause hatte LeBron Wichtigeres zu tun. Er und Savannah erfuhren, dass sie mit ihrem zweiten Kind schwanger war. Laut Kalender sollte das Baby im folgenden Juni zur Welt kommen, also genau dann, wenn die NBA-Finals 2007 stattfinden würden.

Der Juni 2007, so dachte sich LeBron, würde ein betriebsamer Monat werden.

21

DER EINSAME KAVALIER

Als LeBron in seinem letzten Highschool-Jahr kurz davor war, bei Nike zu unterschreiben, hatte er von dem Verbraucherschützer Ralph Nader einen Brief erhalten. Dort hieß es:

> *Sie stehen kurz vor der Entscheidung, in die Welt des internationalen Handels einzutauchen, was unweigerlich eine Vielzahl komplizierter und schwieriger Herausforderungen und Entscheidungen mit sich bringt.*

Nachdem LeBron seinen Neunzig-Millionen-Dollar-Vertrag mit Nike unterzeichnet hatte, sprach Nader eine öffentliche Warnung an LeBron aus. „Die Leute sagen, es sei unfair, einen 18-Jährigen mit Forderungen sozialen Bewusstseins zu belasten", sagte Nader im Sommer 2003 der *New York Times*. „Meine Antwort ist, dass er nicht das Gehalt eines 18-Jährigen bekommt. Dieser Vertrag beweist, dass er eine enorme Verhandlungsmacht hat, das physische Abbild eines Superstars."

LeBron kannte Nader nicht und hatte seine Warnungen nicht beachtet. Zu jener Zeit war LeBron mit dringlicheren Aufgaben beschäftigt, wie dem Abschluss der Highschool und der Vorbereitung auf den NBA-Draft. Es hatte jedoch nicht lange gedauert, bis LeBron die Welt des internationalen Handels betrat. Im Auftrag von Nike hatte er gleich nach Abschluss seiner ersten Saison mit Reisen nach China und in andere Länder begonnen. Geschäftsreisen ins Ausland während der Nebensaison wurden für ihn schnell zur Norm. Und innerhalb der Nike-Familie brauchte LeBron nur drei Jahre, um einen internationalen Fußabdruck auszuprägen, der nur von Tiger Woods übertroffen wurde. Während der ganzen Zeit in Übersee hatte LeBron es geschafft, sich von allen politischen Stolpersteinen fernzuhalten. Aber Superstars haben unweigerlich eine Anziehungskraft, die zu Komplexität und Kontroversen führt. Zu Beginn von LeBrons vierter Saison in der NBA geriet er unwissentlich in das erste ethische Dilemma seiner Profikarriere.

Bis zu den Olympischen Sommerspielen 2008 in Peking waren es nicht einmal mehr zwei Jahre, und bereits im Herbst 2006 wurden LeBrons Verpflichtungen immer zahlreicher. USA Basketball und dessen Trainer Mike Krzyzewski hatten LeBron als Anführer der US-Olympiamannschaft auserkoren. In der Hoffnung, die Strahlkraft der NBA in China zu vergrößern, setzte Commissioner David Stern auf LeBron als Ligabotschafter in Peking. Und Nike plante bereits, LeBron in den Mittelpunkt einer umfassenden Marketingkampagne rund um die Olympischen Spiele zu stellen.

Unterdessen blickten Menschenrechtsaktivisten und einige Prominente mit einem ganz anderen Ziel auf die Olympischen Sommerspiele 2008: Sie wollten Chinas miserable Menschenrechtsbilanz, insbesondere im Sudan, ins Scheinwerferlicht rücken. Dort hatten von der Regierung unterstützte Milizen mit chinesischen Waffen Hunderttausende nicht arabischer Afrikaner in der Region Darfur abgeschlachtet, und mehr als zwei Millionen Menschen waren in Lager im Nachbarland Tschad geflohen. China und der Sudan waren Wirtschaftspartner. Der Sudan war Chinas wichtigste Quelle für Offshore-Ölförderung; die sudanesische Regierung nutzte ihre Gewinne aus den Ölgeschäften mit China, um Waffen und Munition aus chinesischer Produktion zu kaufen. Und diese Waffen wurden den Dschandschawid-Milizen ausgehändigt, um die Dorfbewohner in Darfur zu ermorden.

Um auf die Krise aufmerksam zu machen, hatte der Schauspieler George Clooney die Region Darfur besucht und war Anfang 2006 zusammen mit dem damaligen Senator Barack Obama im National Press Club in Washington aufgetreten. Senator Obama hatte die Situation in Darfur als „schleichenden Völkermord" bezeichnet. Und Clooney hatte der Presse erklärt: „Wir können nicht einfach wegsehen und hoffen, dass das irgendwie verschwindet. Denn wenn wir das tun, werden sie verschwinden. Die Menschen in Darfur werden verschwinden."

Der Aktivist Eric Reeves, Professor am Smith College in Northampton, Massachusetts, hatte viel Zeit in Darfur verbracht und sein Leben der Hilfe für die Vertriebenen dort gewidmet. Reeves, ein scharfer Kritiker Chinas, befand sich in der Anfangsphase einer Kampagne, die er Genocide Olympics nannte. China sollte durch öffentliches Anprangern unter Druck gesetzt werden. Auch die Schauspielerin Mia Farrow hatte Darfur besucht und war ebenso entschlossen, alles zu tun, um auf die Rolle Chinas aufmerksam zu machen. Reeves und Farrow waren der Meinung, dass diejenigen, die ein hohes Ansehen genießen – Künstler, Sportler, Unternehmenssponsoren –, die Pflicht hätten, China wegen seiner Rolle bei der Unterstützung des Völkermordes in Darfur zu kritisieren. Ihr Ziel war es, das Bewusstsein der Welt durch die Olympischen Spiele 2008 in China zu schärfen. Sie planten, zunächst den oscarprämierten Regisseur Steven Spielberg, der für die Choreografie der Eröffnungszeremonien in Peking engagiert worden war, unter Druck zu setzen, damit er sich zur Rolle Chinas im Sudan äußerte.

LeBron hatte keine Ahnung von der Situation in Darfur. Und er hatte keine Verbindung zu George Clooney, Mia Farrow oder Steven Spielberg. Aber in Bezug auf Starpower gehörte LeBron zum selben Sternbild wie sie. Und aufgrund seiner Bekanntheit in China stand er vor dem, was Ralph Nader Jahre zuvor als „komplizierte und schwierige Herausforderungen und Entscheidungen" bezeichnet hatte.

***

Für die Cavaliers begann die NBA-Saison am 1. November 2006 zu Hause. Nike hatte die gesamte Werbezeit in der Achtzehn-Uhr-Ausgabe von *SportsCenter* auf ESPN an diesem Abend gebucht. Es war das erste Mal in der Geschichte des Senders, dass eine ganze Folge von *SportsCenter* von einem einzigen Werbekunden gesponsert wurde. Und Nike nutzte die gesamte Sendezeit, um für LeBron und seine neue Turnschuhkollektion, den Nike Air Zoom LeBron IV, zu werben.

Das Herzstück der Werbekampagne war „Pool", der Werbespot mit LeBrons vierdimensionaler Persönlichkeit, der Anfang des Jahres gedreht worden war. Seitens der Schuhfirma war auch, wie sie es nannten, „eine digitale Übernahme der Homepages von ESPN.com und MTV.com" geplant, um für LeBron und seinen Schuh Reklame zu machen. Und in den großen Städten des Landes wurden LeBron-Plakate aufgehängt.

Der Pool-Werbespot mit LeBron war wie ein Kurzfilm, szenisch und witzig. Mehr als seine vorherigen Werbespots trug dieser dazu bei, ihn als eine Figur der Popkultur zu etablieren, weit über den Basketballsport hinaus. Er war so populär, dass Nike plante, ihn bis in die Weihnachtszeit hinein auf allen großen Fernsehsendern auszustrahlen. Als die Cavaliers Mitte November zum Spiel gegen die Knicks in New York eintrafen, hatte Nike sogar einen LeBron-Pop-up-Store in Manhattan eröffnet und eine digitale Werbetafel vor dem Madison Square Garden gebucht, auf der LeBron in Dauerschleife zu sehen war.

LeBron war im Höhenflug und die Cavaliers auch. Im Januar 2007 wiesen die Cavs die beste Bilanz in der Eastern Conference auf.

Im selben Monat versammelte sich eine Gruppe von Menschenrechtsorganisationen, darunter die NAACP und Amnesty International, in Washington, D.C., um darüber zu diskutieren, wie man gegen Menschenrechtsverletzungen in China vorgehen konnte. Eric Reeves ergriff das Wort und erläuterte eindringlich seine Ideen für eine Kampagne, die sich mit Chinas Rolle in Darfur befasste. „Darfur-Fürsprecher", so Reeves, „müssen ‚Darfur' im Bewusstsein der Welt untrennbar mit den ‚Olympischen Spielen 2008 in China' verbinden. China rollt bereits den roten Teppich aus. Diese skrupellosen Männer müssen davon überzeugt werden, dass die Olympischen Spiele zu einer gigantischen Stätte des Protestes werden, weil sie Khartum nicht dazu gebracht haben, UN-Truppen und zivile Ordnungskräfte in Darfur zuzulassen."

Reeves' Taktik war den Anwesenden zu aggressiv. Außerdem waren die meisten Aktivisten der Meinung, dass es unmöglich sei, in Darfur etwas zu bewirken, indem man sich an die chinesische Regierung wandte.

Frustriert verließ Reeves die Versammlung.

Aber die Aktivistin Jill Savitt folgte ihm nach draußen und stellte sich als Kampagnenleiterin von Human Rights First vor, einer einflussreichen gemeinnützigen Organisation. Sie hatte die Rede von Reeves gehört und wollte mit ihm zusammenarbeiten.

Reeves wusste, dass er Unterstützung brauchte, und er war von Savitt beeindruckt. Sie war eine erfahrene Organisatorin und hatte die Kampagne geleitet, durch die die militärische Führung dazu gebracht worden war, die US-Politik in Bezug auf Folter und Verhöre mit US-amerikanischem und internationalem Recht in Einklang zu bringen. Savitt war auch mediengewandt. Sie war für die strategische Kommunikation bei der Kampagne „Take Our Daughters to Work“ der Ms. Foundation for Women zuständig gewesen.

Zusammen gelang es Reeves und Savitt im Frühjahr 2007, einen Zuschuss von 500.000 Dollar zu sichern, den sie zur Gründung von Dream for Darfur nutzten, einer gemeinnützigen Organisation, die die Regierung der Volksrepublik China unter Druck setzen sollte, zugunsten der Zivilbevölkerung im Darfur-Konflikt zu intervenieren. Mia Farrow schloss sich Dream for Darfur an und arbeitete mit Savitt zusammen, die eine nationale Medienstrategie entwickeln wollte, um China zu zeigen, dass die Olympischen Spiele in Peking Schaden nehmen würden, wenn es das sudanesische Regime weiterhin protegierte und finanzierte.

Reeves und Farrow verstärkten den Druck auf Steven Spielberg, sich gegen China auszusprechen. Währenddessen versuchte Savitt, einige Sportler ausfindig zu machen, die dazu beitragen könnten, dass China durch das Internationale Olympische Komitee zur Verantwortung gezogen würde.

***

An einem Freitagabend Ende März 2007 lagen die Cavs in Cleveland im letzten Viertel weit vor den Knicks, als Coach Brown seine Startformation vom Platz nahm. LeBron setzte sich auf die Bank. Wenige Augenblicke später rutschte der zweieinhalbjährige LeBron Jr. von seinem Sitz neben Savannah an der Grundlinie herunter und ging auf die Bank der Cavs zu. Das Spiel war noch im Gange, und LeBron sah voller

Stolz, wie sein Sohn näherkam. Als er die Bank erreichte, machte LeBron ein ernstes Gesicht, als wollte er sagen: Wo willst du denn hin, kleiner Mann? LeBron Jr. kletterte auf den leeren Platz neben seinem Vater. Bald kamen Fotografen und Fernsehkameraleute und hielten die Szene fest, wie sich LeBron auf der Bank entspannte, den Arm um seinen Sohn gelegt.

Es war der Schnappschuss eines Sportlers in seiner eigenen Welt. Bei keinem anderen Spieler der Cavaliers war eine solche Begegnung möglich, weil die Familien der anderen Spieler keine Sitzplätze am Spielfeldrand hatten. Und LeBrons Sohn war das einzige Kind, das während eines Matches das Spielfeld betreten durfte – das gesamte Sicherheitspersonal am Spielfeldrand des Q kannte und liebte den Kleinen. Und niemand in der Cavs-Organisation machte sich die Mühe, darauf hinzuweisen, dass es nach den Ligastatuten Familienmitgliedern untersagt war, während eines Spieles auf der Bank zu sitzen. Es war eine Regel, die niemand gegenüber LeBron durchsetzen wollte.

In gewisser Weise war dieser Vorfall wirkungsvollere PR als der Werbespot von Nike mit den vier LeBrons. Obwohl die Szene spontan entstanden war, hätte sie von der NBA nicht besser inszeniert werden können, um dem Image von Spielern, die auf die Tribüne gingen und sich mit Fans prügelten, etwas entgegenzustellen. LeBrons Aufstieg an die Spitze der NBA verbesserte den Ruf der Liga. Am Tag nach dem Spiel gegen die Knicks erhielt Cavs-Geschäftsführer Danny Ferry dennoch einen Anruf aus dem Ligabüro, in dem ihm mitgeteilt wurde, dass es gegen die Liga-Statuten verstoße, wenn ein Kind während eines Spieles auf der Bank saß.

LeBron wusste, dass es nur eine harmlose Ermahnung war, und machte sich keine Gedanken darüber. Wenn es wirklich ein Problem gegeben hätte, wäre LeBron direkt von Commissioner Stern angerufen worden, aber Stern war begeistert von all dem, was LeBron in Cleveland vorhatte – am Tag nach dem Knicks-Spiel bereitete sich LeBron darauf vor, Warren Buffett zu empfangen, der am nächsten Spieltag in die Stadt kommen würde.

Seit seinem Besuch in Omaha hatte LeBron mit Buffett hin- und hergemailt. Ihre Kommunikation war sowohl beruflicher als auch persönlicher Natur. Und LeBron wollte unbedingt, dass er ins Q kam.

LeBron besaß genau die Eigenschaften, die Buffett bei denjenigen suchte, die Unternehmen leiteten, wie Berkshire Hathaway sie mit Vorliebe erwarb. Schon früh in seiner Investmentkarriere hatte Buffett erkannt, was nötig war, um aus dem Nichts ein großes, dominantes Unternehmen aufzubauen – unermüdlicher Einsatz, Arbeit am Wochenende und im Urlaub, Verzicht auf Ferien und die Bereitschaft, das Unternehmen zu einem Teil von sich selbst werden zu lassen. Für Buffett glich LeBron einem Unternehmen. Er transformierte seine Liebe zum Basketball in ein Imperium, so wie ein Entrepreneur eine Idee in ein mächtiges Unternehmen verwandelt, indem er sich Tag und Nacht darauf konzentriert.

Die Nähe zu Buffett bestärkte LeBron darin, sein Investitionsportfolio zu diversifizieren und sorgfältig für die langfristige finanzielle Sicherheit seiner Familie zu planen. Eine Priorität, die sich auch auf Maverick Carter auswirkte. LeBron hatte ihn mit der Suche nach Investitionsmöglichkeiten beauftragt, die gut zu ihm selbst und seiner Persönlichkeit passten. Anfang 2007 hatte Maverick die Idee, dass LeBron in ein Fahrradunternehmen investieren sollte. Er wusste, dass LeBron überall mit dem Fahrrad unterwegs war, und außerhalb der Saison war es nicht ungewöhnlich, dass LeBron bis zu vierzig Meilen pro Tag fuhr. LeBron organisierte sogar einen alljährlichen King for Kids Bike-a-thon in Akron. Warum also nicht, dachte Maverick, in etwas investieren, das für LeBron so wichtig war?

Maverick stellte seine Idee dem Investmentbanker Paul Wachter vor.

Kurze Zeit später kam Wachter mit einem Kandidaten an, den LeBron in Betracht ziehen sollte – Cannondale.

Die Cannondale Bicycle Corporation hatte ihren Sitz in Bethel, Connecticut, und war auf Hochleistungsfahrräder spezialisiert. Das Unternehmen befand sich im Besitz von Pegasus Partners II, einer Private-Equity-Investmentfirma in Greenwich, Connecticut. Ein Partner wie LeBron wäre ihnen willkommen. Das war eine Chance für LeBron, eine Minderheitsbeteiligung an Cannondale zu erwerben.

Maverick war nicht mit Private Equity vertraut und wusste nicht, wie es funktionierte. Aber er trug Wachters Vorschlag an LeBron heran, dem die Aussicht, einen Anteil an einem Unternehmen zu besitzen, besser gefiel als der Gedanke, einfach nur einen weiteren Werbevertrag zu unterschreiben.

Die Entscheidung, sich an Cannondale zu beteiligen, fiel mit dem Wechsel von LeBrons Agent Leon Rose zur Creative Artists Agency (CAA) zusammen, einer der größten Talentagenturen in Hollywood. Die CAA hatte Rose mit der Leitung ihrer neuen Sportlerabteilung beauftragt. LeBron, der Roses wichtigster Kunde war, entschied sich, mit Rose als Agenten weiterzumachen. Der Wechsel von Rose zu CAA würde LeBron eine direkte Verbindung zu Hollywood verschaffen. Außerdem erhielt Rich Paul das Angebot, mit Rose zu CAA zu gehen und sich dort einzuarbeiten. Rich nutzte die Gelegenheit.

Während Maverick mit Wachter an den Details des Cannondale-Deals arbeitete und Rich sich mit Rose auf den Wechsel zu CAA vorbereitete, begrüßte LeBron am 25. März 2007 Buffett in Cleveland. Bei dieser Gelegenheit stellte LeBron Buffett seiner Familie vor. Buffett trug ein schwarzes Nike-T-Shirt mit der Aufschrift WITNESS auf der Vorderseite, saß neben Maverick auf dem Platz und feuerte seinen Freund an. Die Cavs verloren das Spiel. Doch Buffetts Anwesenheit stellte das Resultat auf der Anzeigetafel in den Hintergrund und signalisierte dem nationalen Fernsehpublikum, dass LeBron mit dem mächtigsten Investor der Welt verbündet war.

Auf die Frage eines Reporters, warum er nach Cleveland gereist sei, um LeBron spielen zu sehen, antwortete Buffett: „Er wollte ein paar Tipps zum Basketball, und ich wollte ein paar Ratschläge zum Thema Geld."

Am Tag, nachdem Buffett die Stadt verlassen hatte, gab Maverick die neue Partnerschaft von LeBron mit Cannondale bekannt. Mit 22 Jahren hatte LeBron zum ersten Mal einen Anteil an einem Unternehmen erworben.

***

In derselben Woche, in der Buffett Cleveland besuchte, veröffentlichte das *Wall Street Journal* einen vernichtenden Meinungsartikel mit dem Titel „The ‚Genocide Olympics'". Die kontroverse Schlagzeile war das Werk des Aktivisten Eric Reeves. Der Essay war von Mia Farrow und ihrem Sohn Ronan Farrow verfasst worden, einem 19-jährigen

Jurastudenten aus Yale, der kurz zuvor als UNICEF-Sprecher nach Darfur gereist war. Der Beitrag, in dem Chinas Slogan „Eine Welt, ein Traum" für die Olympischen Spiele 2008 als Deckmantel für den Albtraum in Darfur bezeichnet wurde, zielte bewusst auf Steven Spielberg ab. Sie schrieben:

> *Ebenso enttäuschend ist die Entscheidung von Künstlern wie dem Regisseur Steven Spielberg – der diesen Monat in aller Stille China besuchte, um bei der Ausrichtung der olympischen Zeremonien mitzuwirken –, das Image Pekings aufzuhübschen. Ist Mr Spielberg, der 1994 die Shoah Foundation gründete, um die Aussagen von Überlebenden des Holocaustes zu dokumentieren, bewusst, dass China den Völkermord in Darfur finanziert?*

In dem Meinungsartikel wurde Spielberg heftig kritisiert und mit dem Begriff „Völkermord-Olympiade" in Verbindung gebracht. Mia und Ronan stellten eine pointierte Frage: „Möchte Mr Spielberg wirklich als Leni Riefenstahl der Spiele von Peking in die Geschichte eingehen?" Leni Riefenstahl war eine gefeierte deutsche Filmemacherin, die während des Zweiten Weltkriegs Nazi-Propagandafilme produziert hatte und in der Spätphase ihrer Karriere in Verruf geraten war.

Nach der Veröffentlichung des Artikels schrieb Spielberg an den chinesischen Präsidenten Hu Jintao und bat ihn, in Darfur zu intervenieren. Sein Schreiben veranlasste China, einen Abgesandten nach Khartum zu entsenden, um zu erörtern, ob die sudanesische Regierung den UN-Friedenstruppen nach Verabschiedung einer Resolution des UN-Sicherheitsrates die Einreise nach Darfur gestatten würde. Mia Farrow und Eric Reeves zeigten sich jedoch vom Besuch des chinesischen Gesandten im Sudan nicht beeindruckt. Ihrer Meinung nach konnte Spielberg noch viel mehr tun.

Reeves veröffentlichte daraufhin einen eigenen Kommentar im *Boston Globe* mit dem Titel „Künstler als Anstifter zum Völkermord?". Auch hier ging er hart mit Spielberg ins Gericht. „Die Frage für Spielberg ist, wie sehr ihn die Schuld Chinas interessiert", schrieb Reeves. „Warum sollten Spielberg oder andere zu Pekings Propaganda beitragen – zumal wenn diese für Khartum hilfreich ist?"

Bis zu diesem Zeitpunkt war LeBron für die Aktivisten, die sich auf Darfur konzentrierten, außerhalb des Sichtfeldes geblieben. Aber LeBrons Teamkollege Ira Newble hatte sich über die Situation informiert. Newble war in den beiden vorangegangenen Spielzeiten Stammspieler an LeBrons Seite gewesen, doch nun war er 32 und am Ende seiner Karriere. Er hatte die meiste Zeit der laufenden Saison auf der Bank gesessen. Abseits des Platzes war er sozial engagiert, was vor allem auf den Einfluss seines Vaters zurückzuführen war, der in den Sechzigerjahren als Bürgerrechtler tätig gewesen war. Eines Morgens auf dem Weg zum Training bei den Cavs hielt Newble an und kaufte eine Ausgabe von *USA Today*, in der ein Porträt von Eric Reeves abgedruckt war. Daraus ging hervor, dass Reeves an Leukämie erkrankt war und sich zeitweise von seinem Krankenhausbett aus für die Beendigung des Völkermords in Darfur eingesetzt hatte.

Inspiriert davon bat Newble die Cavaliers-Organisation, ihm zu helfen, die Kontaktdaten des Aktivisten ausfindig zu machen.

Reeves war überrascht, als er eine E-Mail von Newble erhielt. Und dann noch eine. Und noch eine. Reeves war ein großer Basketballfan, der auf dem College Basketball gespielt hatte und das Spiel gut kannte. Aber er hatte noch nie von Ira Newble gehört. Fasziniert von der Reichweite seiner Aktivitäten, rief Reeves Newble an, gerade als die reguläre Saison der Cavaliers zu Ende ging.

Newble hatte eine Menge Fragen zu Darfur.

Reeves erklärte ihm, dass dort ein Völkermord stattfand. Mehr als 2,5 Millionen Menschen waren vertrieben worden, hauptsächlich in den Osten des Tschad. Reeves schätzte die Zahl der nicht arabischen afrikanischen Flüchtlinge im Osten des Tschad auf 350.000. „Es handelt sich um eine der größten unsichtbaren und verzweifelten Flüchtlingspopulationen der Welt“, erklärte Reeves.

Newble wollte helfen.

Reeves erzählte ihm von Dream for Darfur und seiner Kampagne, die sich auf China und die Olympischen Spiele konzentrierte, um China zum Handeln zu bewegen. Und er sagte Newble, dass er ihn mit seiner Kollegin Jill Savitt in Kontakt bringen werde.

Als Savitt sich an Newble wandte, fragte er: „Was kann ich tun?“

„Sie können einen Brief an die chinesische Regierung schreiben", sagte sie. Sie bot ihm an, den Brief für ihn zu verfassen.

Newble begrüßte die Hilfe.

„Und vielleicht können Sie Ihr gesamtes Team dazu bringen, ihn zu unterschreiben", schlug Savitt vor.

Newble sagte zu, sein Bestes zu geben.

***

Die Cavaliers beendeten die reguläre Saison 2006/2007 mit dem zweitbesten Ergebnis der Eastern Conference. Die Detroit Pistons hatten die beste Bilanz. Die Revanche gegen die Pistons im Finale der Eastern Conference im Blick, führte LeBron die Cavaliers in die erste Runde der NBA-Play-offs, wo sie die Washington Wizards im ersten Spiel am 22. April 2007 deutlich besiegten. Am folgenden Tag schickte Jill Savitt Ira Newble einen Briefentwurf, den er durchsehen und an seine Teamkollegen weiterleiten sollte. Er war an die Regierung der Volksrepublik China gerichtet. Dort hieß es:

> *China kann kein legitimer Gastgeber für das wichtigste internationale Sportereignis – die Olympischen Sommerspiele – sein, solang es an dem schrecklichen Leid und der Zerstörung mitschuldig ist, die bis zum heutigen Tag andauern.*
>
> *Als Profisportler und besorgte Menschen fordern wir die Volksrepublik China auf, alle verfügbaren diplomatischen Mittel und wirtschaftlichen Druck einzusetzen, um die Qualen in Darfur zu beenden und den Zugang für UN-Friedenstruppen zu sichern.*

Newble leitete den Brief an seinen Agenten Steve Kauffman weiter, der den Aktivismus seines Klienten begrüßte und sich ebenfalls für das Thema einsetzte. Kauffman nahm Verbindung zu Savitt und Reeves auf und bot ihnen an, seine Kontakte und Beziehungen zu nutzen, um sie bei ihrer Medienkampagne zu unterstützen. Gemeinsam stellten sie eine Liste von Basketball- und anderen Sportjournalisten zusammen, die über Newbles Brief berichten könnten. Kauffman besprach mit

Newble auch, wie er das Thema des Briefes am besten gegenüber seinen Mannschaftskameraden ansprechen könnte.

Unter Kauffmans Anleitung wandte sich Newble an Coach Mike Brown und erhielt die Erlaubnis, mit seinen Mitspielern über Darfur zu sprechen.

Die Cavaliers fegten die Wizards in vier Spielen vom Platz. Ein oder zwei Tage später wandte sich Newble nach dem Training in der Umkleidekabine an die Mannschaft. Sie hörten ihm aufmerksam zu, als er ihnen von dem menschlichen Leid im Sudan berichtete. China, so Newble, beziehe Öl von der sudanesischen Regierung und verkaufe ihr Waffen, die vom sudanesischen Militär zum Abschlachten unschuldiger Menschen eingesetzt würden.

Die Spieler der Cavs waren schockiert. Die meisten von ihnen hatten noch nie von Darfur gehört. Und sie hatten nicht gewusst, dass Afrikaner massakriert wurden.

Damit sie sich weiter informieren konnten, gab Newble jedem Spieler ein Paket. Es enthielt Lesematerial, das Newble persönlich ausgewählt und fotokopiert hatte, außerdem ein Blatt mit den wichtigsten Fakten. Er ermutigte seine Teamkollegen, die Materialien zu lesen und sich bei Fragen an ihn zu wenden.

Newble legte Wert darauf, mit LeBron unter vier Augen zu sprechen. Er wollte nicht, dass LeBron sich unter Druck gesetzt fühlte. „Ich verstehe, dass für dich viel auf dem Spiel steht", sagte Newble zu ihm. „Du bist LeBron, du kannst nicht einfach irgendwas unterschreiben."

LeBron mochte Newble. Er gehörte seit vier Jahren zum Team und war auf und neben dem Platz eine Klasse für sich. Aber Newble verstand nicht wirklich, wie es war, LeBron zu sein. Niemand verstand das. Das ganze Gewicht des Clubs und die Erwartungen der Stadt Cleveland, dass er das Team in die NBA-Finals führte, lasteten auf LeBrons Schultern. Die Erwartungen von USA Basketball, dem NBA-Commissioner und Nike wurden immer größer. Und in seinem Privatleben hatte er es mit Dingen zu tun, von denen keiner seiner Mannschaftskameraden wusste. Vor Kurzem war ein Mann aufgetaucht, der behauptete, LeBrons Vater zu sein. LeBrons Anwalt war an der Sache dran, und die Geschichte war noch nicht nach außen gedrungen. Aber LeBron wusste, dass sie jederzeit an die Öffentlichkeit gelangen konnte, woraufhin ihm eine neue Runde aufdringlicher Fragen über seine Mutter und die Identität seines Vaters bevorstünde.

Die einzige Person, die verstand, was LeBron alles unter einen Hut bringen musste, war Savannah. Aber sie war im achten Monat und stand kurz vor der Geburt ihres zweiten Kindes. In Wirklichkeit hatte LeBron mit seinen 22 Jahren beruflich und privat so viel um die Ohren, dass er, als Newble ihn mitten in den Play-offs auf den Völkermord in Darfur ansprach, bereits alles tat, um sich abzugrenzen und auf die anstehende Aufgabe zu konzentrieren – ein Spiel nach dem anderen zu gewinnen.

Dennoch sagte LeBron zu Newble, dass er über seinen Brief nachdenken werde.

Jill Savitt war frustriert. Sie hatte wochenlang mit Vertretern der nationalen Medien gesprochen, um sie zu Berichten über die Verbindung zwischen Darfur und China zu bewegen. Doch sie hatte kein Glück. Positiv zu vermerken war immerhin, dass sich die Organisation der Cavaliers besonders kooperativ gegenüber Ira Newbles Briefkampagne gezeigt hatte. Und Steve Kauffmans Unterstützung der Presseberichterstattung war von unschätzbarem Wert. Savitt hatte eine Pressemitteilung zu Newbles Brief verfasst, und sie und Kauffman hatten die Story als Exklusivbericht einem Redakteur des *Cleveland Plain Dealer* angeboten. Savitt wartete nur noch darauf, dass Newble LeBrons Unterschrift erhielt.

Kauffman beriet Newble in dieser Angelegenheit – die Strategie bestand darin, LeBron Raum und Zeit für seine Entscheidung zu geben. Bis dahin musste Kauffman den Redakteur des *Plain Dealer* aufhalten, der es kaum erwarten konnte, in Druck zu gehen. Am 5. Mai starteten Kauffman, Savitt und Reeves einen Text-Chat.

Kauffman: Wir haben 13 von 15 Unterschriften, und der Journalist, dem wir es exklusiv versprochen haben, will es am Sonntag bringen.

Savitt: Eric und ich hatten eine ziemlich harte Woche, in der wir die Spielberg-Leute bearbeitet haben. Der Umgang mit Hollywood-Leuten kann so frustrierend sein. … Ich hoffe, Sie haben es geschafft, den Reporter zu vertrösten …

Kauffman: Ich werde Ihnen bald eine Liste der Spieler schicken, ich warte noch auf LeBron, aber ich werde es in Kürze wissen.

***

Im Halbfinale der Eastern Conference trafen die Cavs auf die New Jersey Nets. Als enge Freunde freuten sich LeBron und Jay-Z, dass ihre Teams gegeneinander antraten. Doch sobald die Serie begann, ging es für LeBron ums Ganze. Zum Line-up der Nets gehörten die Veteranen Jason Kidd und Vince Carter, zwei langjährige All-Stars, die schon viel länger als LeBron darauf warteten, eine NBA-Meisterschaft zu gewinnen. In einer Zitterpartie am 6. Mai kam LeBron in den letzten Sekunden des Spieles an Kidd vorbei und warf einen Runner gegen das Brett, was den Cavs einen 81:77-Sieg in Spiel 1 bescherte.

Am folgenden Tag kamen mehr als 27.000 Menschen zur jährlichen Aktionärsversammlung von Berkshire Hathaway in Omaha. Zum Auftakt sahen sie sich ein Video an, in dem Buffett eins zu eins gegen LeBron spielte. Die Aktionäre brüllten vor Lachen, als Buffett, der ein Stirnband und weiße Socken trug, an LeBron vorbei dribbelte. Doch nachdem das Gelächter verebbt war, wandte sich Buffett an die Aktionäre und sprach die umstrittene Entscheidung von Berkshire an, in eine chinesische Ölgesellschaft namens PetroChina zu investieren. Kritiker behaupteten, das Unternehmen, eine Tochtergesellschaft von China National Petroleum, trage zum Völkermord in Darfur bei. Einige Berkshire-Aktionäre schlossen sich der Kritik an.

Buffett räumte ein, dass Investitionen von Berkshire geopolitische Auswirkungen hätten. Und er bezeichnete die Situation im Sudan als „bedauerlich". Er könne die geopolitische Lage in China oder im Sudan nicht beeinflussen und habe die feste Absicht, seine Geschäftsbeziehungen mit PetroChina weiterzuführen.

Wenige Stunden nachdem Buffett seine Ausführungen beendet hatte, rief Ira Newble Jill Savitt an und informierte sie über seine Bemühungen, seine Teamkollegen zur Unterzeichnung des Briefes zu bewegen. „Ich habe alle Unterschriften, außer von einer Person", sagte er. Newble hatte immer noch keine Antwort von LeBron erhalten.

Savitt hörte die Enttäuschung in Newbles Stimme.

Plötzlich dämmerte es Savitt. Oh mein Gott, dachte sie. Das ist pures Gold!

Wochenlang hatte sie vergeblich versucht, die nationalen Medien zu Berichten über die Verbindung zwischen China und Darfur zu bewegen. Wenn LeBron den Brief nicht unterschreiben würde, könnte am Ende sein Nike-Schuhvertrag das Verbindungsstück zwischen China und Darfur sein.

Aber davon sagte Savitt gegenüber Newble nichts. Stattdessen heiterte sie ihn auf und ermutigte ihn, an LeBron dranzubleiben. In der Zwischenzeit schrieb sie eine E-Mail an den *Sports Illustrated*-Kolumnisten Rick Reilly, der gerade an einem Beitrag über Mia Farrows Kampagne, die Druck auf Steven Spielberg ausüben sollte, schrieb. „Ich kenne Ihre Deadline nicht", sagte Savitt zu Reilly, „aber Ira Newble von den Cleveland Cavs hat 13 seiner Mannschaftskameraden dafür gewonnen, einen Brief an die chinesische Regierung über die Olympischen Spiele und Darfur zu unterschreiben … Wenn Sie daran interessiert sind, Newble in Ihren Artikel aufzunehmen, lassen Sie es mich wissen."

Am folgenden Tag schickte der Community Relations Manager der Cleveland Cavaliers eine E-Mail an Savitt. „Im Auftrag von Ira Newble, im Anhang finden Sie gescannte Kopien des Briefes ‚Bring the Olympic Dream to Darfur', unterzeichnet von Teamkollegen", schrieb der Cavs-Manager. „Damit Sie die Unterschriften entziffern können, haben wir auch eine Liste der Spielernamen in der Reihenfolge der Unterschriften auf dem Brief beigefügt."

Savitt fiel auf, dass LeBrons Name noch immer nicht auf der Liste war. Doch die Cavaliers standen voll hinter Newbles Bemühungen.

An diesem Abend erzielte LeBron 36 Punkte, und die Cavs gingen in der Serie mit 2:0 gegen die Nets in Führung.

LeBron hatte einen Tag frei, bevor es für die Spiele 3 und 4 nach New Jersey ging. Am 10. Mai war er zu Hause, als die Schlagzeile „Newble protestiert gegen Völkermord im Sudan" in der Zeitung *The Plain Dealer* erschien.

„Ich bin hier in den USA und habe die nötigen Mittel für ein gutes Leben, ohne zu leiden, und dann höre ich von Frauen und Kindern, die vergewaltigt und getötet werden, und dass die sudanesische Regierung und die Dschandschawid-Milizen für die Gewalt verantwortlich sind", sagte Newble der Zeitung. „Ich musste etwas tun."

Der *Plain Dealer* hatte berichtet, dass Newble einen Brief an die chinesische Regierung und das Internationale Olympische Komitee geschrieben hatte und dass die meisten seiner Mannschaftskameraden sich dem Anliegen angeschlossen hatten. Die Zeitung warf auch die große Frage auf: Würde LeBron den Brief unterschreiben?

LeBron wusste nicht, was er mit dem Brief von Newble anfangen sollte. Außer ihm hatten fast alle Spieler der Cavaliers unterschrieben. Das war es aber nicht, was ihn beunruhigte. Ihn beunruhigte die Erkenntnis, dass er die Situation nicht im Griff hatte. Als er zum ersten Mal von Darfur hörte, wusste er nicht einmal, wo die Region lag. Er brauchte eine Landkarte, um sie zu finden. Abgesehen von den geografischen Gegebenheiten war er auch mit der Politik und der Geschichte des Konfliktes nicht vertraut.

LeBron wusste nur, dass Newbles Brief durch seine Unterschrift sofort zu einer internationalen Kontroverse führen würde. Der Brief klagte eindeutig China an. Es war eine Sache, dass Ira Newble und politische Aktivisten dies taten. Aber war es der richtige Ansatz für LeBron?

Ohne eine Erklärung abzugeben, teilte LeBron Newble mit, er habe beschlossen, den Brief nicht zu unterschreiben.

Newble brauchte keine Erklärung – auch er war bei Nike unter Vertrag. Auch wenn sein Vertrag nicht annähernd so hoch dotiert war wie LeBrons, war er doch lukrativ für ihn, und er konnte nachvollziehen, dass sich LeBron in einer schwierigen Lage befand. Er sagte LeBron, dass er seine Entscheidung respektiere.

Die Cavs reisten für die Spiele 3 und 4 nach New Jersey.

***

Eine von LeBrons Gaben als Basketballspieler war die Fähigkeit vorauszusehen, was auf dem Spielfeld passieren würde, sodass er die Action koordinieren konnte und seinen Gegnern einen oder zwei Schritte voraus war. Menschenrechtskampagnen finden jedoch auf der politischen Bühne statt, wo viel mehr auf dem Spiel steht und die Akteure einen Alles-oder-nichts-Ansatz verfolgen. Es gibt keinen Schiedsrichter. Die Medien sind das Zünglein an der Waage, sie mischen sich ein und prägen das Narrativ. In diesem Umfeld ist wenig Platz für Nuancen. Worte, insbesondere die eines politischen Neulings, können wie Streichhölzer in den Händen eines Kindes sein. Zwischen den Spielen 3 und 4 in New Jersey wurde LeBron von einem Reporter gefragt, warum er den Brief von Ira Newble nicht unterschrieben habe. „Ich hatte nicht genug Informationen", antwortete LeBron. „Vor jeder Entscheidung muss ich über umfassendes Wissen verfügen."

LeBron konzentrierte sich auf die Play-offs und bemerkte nicht, was sich um ihn herum abspielte. Er wusste auch nicht, wie seine Worte eingeordnet wurden. Er hatte seinen eigenen Pressesprecher und eine Menge kluger Berater. Aber sie waren in dieser Situation wenig hilfreich. Selbst Steven Spielberg, der Zugang zu den besten Pressesprechern in Hollywood hatte, wurde in den Medien an den Pranger gestellt, weil er sich nicht zu Chinas Verbindung mit Darfur äußerte. Am selben Tag, als LeBron darüber sprach, dass er nicht genug Informationen hatte, um den Brief an die chinesische Regierung zu unterstützen, wurde Spielberg von Rick Reilly in *Sports Illustrated* kritisiert. „Der King Kong der Regisseure ist einer der ‚künstlerischen Berater' der Spiele in Peking und hilft bei der Inszenierung der Eröffnungs- und Abschlusszeremonie", schrieb Reilly. „Aber wie kann ein Mann, der in seinem besten Film – *Schindlers Liste* – einen Holocaust anprangerte, sich mit einem Land einlassen, das einen anderen Holocaust mitfinanziert?"

Die Reilly-Kolumne zeigte auf, wie Eric Reeves, Jill Savitt und Mia Farrow arbeiteten. Ihre Strategie bestand von Anfang an darin, mächtige Leute auf ihre Seite zu ziehen, damit sie zur chinesischen Regierung sagen konnten: „Die alle unterstützen uns. Tun Sie das Richtige." Und um Leute wie Spielberg für sich zu gewinnen, hatten sie zunächst mit Zuckerbrot gelockt. Aber als das nicht funktionierte, hatten sie keine Scheu gezeigt, die Peitsche hervorzuholen. „Sobald wir böse wurden", erklärte Savitt, „wurden wir richtig böse."

Während Spielberg die Peitsche zu spüren bekam, führte LeBron in Spiel 4 die Scorerliste an, und die Cavs lagen mit 3:1 vorn, als sich die Serie nach Cleveland zurückverlagerte.

***

Am 16. Mai wachte LeBron in seinem eigenen Bett auf, ausgeruht und bereit, am Abend die Nets zu besiegen. Doch bevor LeBron zum Q fuhr, veröffentlichte die *New York Times* diesen Artikel: „Cavalier bittet Spieler um Unterstützung für Darfur". Der umfassende und schonungslose Bericht des leitenden Basketballjournalisten Howard Beck brachte das Blutvergießen in Darfur bis vor LeBrons Haustür. „Es sterben unschuldige Menschen, und es ist eine Tragödie, wenn man tatenlos zusieht, was sie tun", so Ira Newble gegenüber der *Times*.

Becks Beitrag enthielt Passagen aus Newbles Brief an die chinesische Regierung sowie Zitate von Reeves, der Newble als Katalysator für Veränderungen in der Sportwelt lobte. Aber der wichtigste Teil von Becks Geschichte war, dass LeBron den Brief nicht unterschrieben hatte. In einem Satz verknüpfte die *Times* das Darfur-Thema mit LeBrons Schuhvertrag:

> *James, einer der am meisten vermarkteten Stars der NBA, hat einen neunzig Millionen Dollar schweren Werbevertrag mit Nike, das in China umfangreiche Geschäfte tätigt.*

Anschließend wurde die Antwort angeführt, mit der LeBron ein paar Tage zuvor erklärt hatte, warum er den Brief nicht unterschrieben habe: „Ich hatte nicht genug Informationen."

Damit hatte sich der Boden unter LeBrons Füßen verschoben.

Kaum war der Artikel in der *Times* erschienen, begann das Telefon von Jill Savitt zu klingeln. Alle Journalisten, die sie gedrängt hatte, über Darfur zu schreiben, riefen sie plötzlich an und schickten ihr E-Mails.

LeBron fand an diesem Abend nicht in seinem Rhythmus. In der Schlussphase der Partie zerrte er sich das Knie, als er einen unkontrollierten Ball erreichen wollte, und musste sich auswechseln lassen. Die Nets schlugen die Cavs und erzwangen die Rückkehr der Serie nach New Jersey.

Unterdessen bekam Jill Savitt eine E-Mail von einem Redakteur des Nachrichtenunternehmens Bloomberg, das sie gleichfalls gedrängt hatte, über Darfur zu schreiben. „Jill", schrieb der Redakteur, „hier ist die Kolumne." Die Überschrift lautete: „LeBron James ist nicht der Cavalier, den man am meisten bewundern sollte." In dem Artikel, den Bloomberg nach Spiel 5 online stellte, wurde LeBron mit folgenden Worten gegeißelt:

> *Anders als LeBron kann Newble keinen neunzig Millionen Dollar schweren Werbevertrag mit Nike vorweisen. Iras Visage prangt nicht an den Landmark Office Towers in der Innenstadt von Cleveland. Er tritt auch nicht in Fernsehwerbespots auf, schon gar nicht in der Hauptrolle. Stattdessen besitzt Newble „Mut und Überzeugungen", sagt die Schauspielerin und Menschenrechtlerin Mia Farrow.*

Die Kampagne war vom Zuckerbrot zur Peitsche umgeschwenkt. LeBron wurde nun genauso behandelt wie Spielberg. In dem Bloomberg-Artikel übte Eric Reeves Druck auf LeBron aus, indem er Newble und dessen Brief lobte. „Es ist ein Brief, den jeder Spieler mit gutem Gewissen unterschreiben können sollte", sagte Reeves. „Ira ist ein Profisportler mit Bezug zur realen Welt. Er lebt nicht so sehr in der Blase des NBA-Stars, dass er nicht mitbekäme, wie Menschen leiden."

Ohne ihn namentlich zu nennen, richtete auch der frühere US-Senator Bill Bradley, Angehöriger der Basketball Hall of Fame, den Fokus auf LeBron. „Man muss sich entscheiden, wofür man seine Berühmtheit einsetzen will", so Bradley gegenüber Bloomberg. „Unglücklicherweise scheinen einige Leute diese Entscheidung zu vermeiden. Aber man kann sein Leben auf einem höheren Level führen."

LeBron war überrumpelt. In den folgenden Tagen meldete sich ein Nachrichtenorgan nach dem anderen zu Wort – NPR, Fox, die

Washington Post und der *Boston Globe*. Experten der Brookings Institution und andere Außenpolitik-Kommentatoren spekulierten über seine Beweggründe. Zum ersten Mal in LeBrons Leben betrachteten ihn die Menschen aus einer politischen Perspektive. Und LeBron stand zum ersten Mal in seiner Profikarriere mit leeren Händen da.

Mitten im Getümmel besiegten die Cavs schließlich die Nets. Doch als das Team auf dem Weg nach Detroit war, wo es um den Einzug in die NBA-Finals gehen würde, war LeBron angeschlagen und müde. Basketball war noch nie so schwer gewesen.

22

EINER FÜR DIE EWIGKEIT

Spiel 1 der Eastern Conference Finals war so verlaufen, wie LeBron es vorausgeahnt hatte – ein mühevoller Kampf auf Biegen und Brechen, bei dem sich keine der beiden Mannschaften absetzen konnte. 15 Sekunden vor Schluss führten die Pistons mit zwei Punkten, und die Cavaliers hatten den Ball. Während einer Auszeit hörte LeBron zu, als Coach Brown einen Spielzug entwarf, durch den der Ball zu LeBron gelangen sollte. Wenige Augenblicke später schnappte sich LeBron den Ball an der Mittellinie, zog in die Gasse und machte einen Schritt auf Verteidiger Tayshaun Prince zu. Als zwei weitere Verteidiger näher kamen, wusste LeBron, dass Donyell Marshall in der Ecke allein war. Instinktiv verzichtete LeBron auf den Wurf und peitschte den Ball zu Marshall, der mit einem Dreipunktewurf den Sieg klarmachen wollte.

Der Ball prallte vom Korbrand ab, und die Pistons sicherten sich den Long Rebound und den Sieg zur 1:0-Führung in der Serie.

LeBrons Entscheidung wurde sofort kritisch beäugt. In der Pressekonferenz nach dem Spiel wurde er gefragt, warum er nicht selbst geworfen und so den Ausgleich herbeigeführt habe. „Ich setze auf den besten Spielzug“, sagte LeBron. „Wenn zwei Gegner auf dich zukommen und ein Mitspieler frei ist, ist es am besten, den Ball abzugeben. So einfach ist das.“

LeBrons Antwort rief augenblicklich Kritik hervor.

„Ich finde es schwierig, dass vom besten Spieler auf dem Platz in der Schlussphase kein einziger dieser Würfe mehr kommt“, sagte TNT-Experte Charles Barkley. „Wenn ich der beste Spieler auf dem Platz bin, muss ich die Punkte machen. Das ist keine Kritik. Das ist eine Tatsache."

Andere NBA-Journalisten stimmten Barkleys Einschätzung zu, dass LeBron den Ball nicht hätte abgeben dürfen, als das Spiel auf der Kippe stand. „Kobe Bryant hätte das sicher nicht getan", schrieb ein Journalist. „Und Michael Jordan hat das nur getan, wenn er keine andere Wahl hatte."

LeBron hörte, was die Kritiker sagten. Er las die Besprechungen. Aber er zweifelte seine Entscheidung nicht an. Schon in der Grundschule hatte er bei Coach Dru gelernt, wie wichtig es war, den Ball weiterzuspielen. Den Ball an den freien Mann weiterzugeben, war mittlerweile ein integraler Bestandteil seines Spieles, wie ein Muskelreflex – du nimmst, was die Gegner dir geben. Es ging darum, Spiele zu gewinnen, und nicht darum, dass er den finalen Wurf durchführte.

Nach einem freien Tag bereiteten sich LeBron und seine Teamkollegen gerade auf Spiel 2 in Detroit vor, als der *Christian Science Monitor* mit der Schlagzeile „In Sachen Darfur lässt LeBron James den Ball fallen" herauskam. In dem Artikel wurde Ira Newble gelobt und LeBron als „feige" bezeichnet:

> *Newble ist nicht der erste Profisportler, der sich für eine politische Angelegenheit einsetzt. Der große Tennisspieler Arthur Ashe prangerte die Apartheid in Südafrika an; der Boxer Muhammad Ali verweigerte während des US-Vietnamkriegs den Wehrdienst und verzichtete auf seinen Titel im Schwergewicht. Aber LeBron James, einer der besten Basketballspieler der Welt, rührt keinen Finger für Darfur. Hierin erinnert James an den dominanten Basketballer seiner Jugend, Michael Jordan, der Profit über Prinzipien gestellt hat.*

Lynn Merritt von Nike war stinksauer. Die Kontroverse über LeBrons Weigerung, den Brief von Ira Newble zu unterschreiben, war seit zwei Wochen in vollem Gange. Dennoch gab es keine Anzeichen dafür, dass sie allmählich abebben würde. Im Gegenteil, mit jedem neuen Artikel oder Meinungsbeitrag wurden die Anschuldigungen gegen LeBron härter und persönlicher. Merritt warf Ira Newble vor, seine politische

Agenda in die Umkleidekabine der Cavaliers getragen zu haben. Und Merritt beschuldigte Steve Kauffman, dies gefördert zu haben.

Genervt führte Merritt ein hitziges Gespräch mit Kauffman über Newble. „Was für eine Nervensäge muss er für die Cavs sein, wenn er so etwas an den Arbeitsplatz mitbringt", sagte Merritt zu Kauffman. „Das ist so, als würde ich zu Ihnen an den Arbeitsplatz kommen und Sie bitten, dem Islamischen Staat beizutreten."

Während Merritt Dampf abließ, machte sich Kauffman, ein Jurist, Notizen. Er gab auch Kontra, denn er ließ sich von niemandem bei Nike etwas vorschreiben. Nach Kauffmans Ansicht hatte Newble etwas Nobles getan. Und Nike sollte ein bisschen mehr Unterstützung leisten.

Die Pistons gewannen Spiel 2 und gingen in der Serie mit 2:0 in Führung.

In Cleveland erzielte LeBron 32 Punkte in Spiel 3 und 25 Punkte in Spiel 4. Die Cavs gewannen beide Spiele und glichen in der Serie aus. Aber jedes Spiel war ein harter Kampf. Und der Ausgang jedes Spieles hing von LeBron ab. Wenn Detroits Defensivsystem mit der ständigen Jagd auf ihn funktionierte, trugen die Pistons den Sieg davon. Wenn LeBron sich trotzdem durchsetzen konnte, gewannen die Cavs.

Doch beim entscheidenden fünften Spiel in Detroit waren die Pistons im Vorteil und wurden zum Sieger erklärt. In dieser Woche wies *Sports Illustrated* darauf hin, dass Michael Jordan in den späten Achtzigern und frühen Neunzigern vier Play-off-Begegnungen mit den Pistons in Folge gebraucht hatte, um herauszufinden, wie er sie schlagen konnte. Erst mit dem Co-Star Scottie Pippen und dem Arbeitstier Horace Grant an seiner Seite schaffte es Jordan, sein Team in die NBA-Finals zu bringen. „In der Tat", so *Sports Illustrated*, „ist die wichtigste Lehre aus der Ära Jordan, dass ein Mann allein es nicht schaffen kann."

LeBron wollte nicht vier Jahre bis zum Sieg gegen die Pistons warten. Am 31. Mai 2007 betrat er den Palace at Auburn Hills mit dem Ziel, ein Auswärtsspiel zu gewinnen.

In den ersten drei Vierteln spielte LeBron eines seiner besten Spiele in den Play-offs und brachte sein Team in Führung. Doch gegen Ende des letzten Viertels erzielten die Pistons zehn Punkte in Folge und gingen drei Minuten vor Schluss mit 88:81 in Führung. Das

Momentum hatte sich gedreht, und den Cavs ging die Luft aus. LeBron zog durch die Gasse und bekam, als er einen Layup versuchte, von Rasheed Wallace einen Schlag aufs Auge. Der Wurf ging ins Netz, ebenso der Freiwurf, den LeBron erhielt, wodurch sich die Führung der Pistons auf 88 : 84 reduzierte.

Wenige Augenblicke später, nach einem Fehlwurf der Pistons, warf LeBron einen Dreier aus der Distanz und brachte sein Team bis auf einen Punkt heran. Es stand nun 88 : 87.

Beim nächsten Ballbesitz der Cavs bekam LeBron einen weiteren harten Schlag ins Gesicht. Dann, nach einer Auszeit, dribbelte er den Ball an der Spitze der „Birne", während er eins zu eins bewacht wurde. Er täuschte vor, nach links zu gehen, wechselte dann über sein Dribbling auf die rechte Hand, zog am Verteidiger vorbei und in die Gasse. Mit viel Schwung sprang er höher als alle fünf Pistons-Verteidiger. Als Forward Tayshaun Prince erkannte, was auf ihn zukam, schirmte er seinen Kopf mit den Armen ab und duckte sich weg, während LeBron bis zum Korbrand aufstieg und einen erbarmungslosen einhändigen Dunk versenkte, der das Backboard erbeben ließ. „Und eingelocht!", rief Kommentator Marv Albert.

31 Sekunden vor Schluss lagen die Cavs mit 89 : 88 vorn.

Billups antwortete auf der anderen Seite mit einem Dreipunktewurf, der Detroit wieder mit zwei Punkten in Führung brachte.

Es blieben 15 Sekunden. LeBron dribbelte an der Spitze der „Birne" und suchte nach einer Lücke. Mit fünf Pistons zwischen ihm und dem Korb zog er an Prince vorbei.

„James mit dem Step …", sagte Albert.

LeBron beschleunigte und sprang so schnell in die Höhe, dass er einen weiteren Dunk ins Netz gehämmert hatte, bevor Albert seinen Satz beenden konnte.

Mit 91 : 91 Punkten stand das Spiel unentschieden und ging in die Verlängerung.

Auf der Bank der Cavaliers erklärte LeBron seinen Teamkollegen, dass es ihre Aufgabe sei, gegen die Pistons zu verteidigen, wenn Detroit in Ballbesitz war. „Überlasst den Rest mir", sagte LeBron. „Ich kümmere mich um die Offensive."

Auf der Pistons-Bank beschwor der Trainer sein Team, alles zu tun, um LeBron aufzuhalten. „Er ist hart zu Boden gegangen", sagte Chauncey

Billups später über die Strategie der Pistons, LeBron in der Verlängerung zu stoppen. „Wir haben ihn auf die Bretter geschickt. Hart!"

Als LeBron in der Verlängerung das erste Mal den Ball berührte, wurde er umgehauen. Er erzielte alle sieben Punkte, die sein Team in der Verlängerung holte, und brachte die Cavs mit 98:96 in Führung. Vierzig Sekunden blieben noch, als LeBron um den Dreipunktebogen dribbelte und den Weg zum Korb suchte. Aber alles war versperrt. Drei Gegner waren an ihm dran, und die Wurfzeit lief ab.

„LeBron muss abschließen", sagte Albert.

LeBron prallte von einem Verteidiger ab und dribbelte weiter. Er manövrierte knapp innerhalb der Dreipunktelinie und hob ab, als Billups auf ihn zustürzte. Während er in der Luft war, richtete LeBron seinen Körper aus, drehte sich mit dem Gesicht zum Korbrand und ließ den Ball fliegen.

„Und er trifft", kommentierte Albert, als der Ball durch den Ring schoss.

„Oh Gott", sagte der Experte Doug Collins.

„Was für ein Wurf von LeBron James!", rief Albert. „Aus dem Gleichgewicht geraten. Die Zeit lief ab. Er hatte keinen Spielraum. Und er hat ihn versenkt."

LeBron hatte 16 Punkte in Folge erzielt. 33 Sekunden vor Ende der Verlängerung lagen die Cavs mit 100:96 vorn.

Nach einer Auszeit erholten sich die Pistons und erzielten vier Punkte in Folge, sodass das Spiel ausgeglichen war und es in eine zweite Verlängerung ging.

Als die Mannschaften diesmal zu den Bänken gingen, brauchte LeBron nichts zu seinen Teamkollegen zu sagen. Sie wussten, dass sie ihm weiter den Ball zuspielen und aus dem Weg gehen mussten.

Zu Beginn der zweiten Verlängerung dribbelte LeBron auf die Bank der Pistons zu und warf dann einen Step-Back-Jumper, der durch das Netz flog, während LeBron im Aus vor der gegnerischen Bank landete. Als sein Team erneut mit zwei Punkten in Führung lag, starrte LeBron zur Bank der Pistons hinüber, während er in seine Hälfte zurückging. Er hatte 22 der letzten 23 Punkte seines Teams erzielt.

Die Pistons konterten mit zwei Körben und gingen mit 104:102 wieder in Führung.

LeBron, der auf der anderen Seite eins gegen eins bewacht wurde, dribbelte den Ball am oberen Ende des Drei-Sekunden-Raums und wartete darauf, dass seine Teamkollegen den Weg frei machten. Als er sah, dass die anderen vier Pistons in der Gasse standen, wich LeBron nach links aus und brachte den Verteidiger dazu, sich in diese Richtung zu lehnen. Dann wandte sich LeBron in die andere Richtung, ließ den Ball hinter seinem Rücken von der linken zur rechten Hand springen und schaffte so gerade genug Abstand zu seinem Verteidiger, um abzuheben, einen Jumper zu werfen und den Ball zu versenken.

Mit verschränkten Armen und offenen Mündern starrten die Pistons-Spieler auf der Bank ungläubig vor sich hin.

LeBron joggte zurück auf den Platz, blies die Backen auf, holte Luft und simulierte mit den Armen Liegestütze.

Die Pistons gingen mit 107 : 104 erneut in Führung.

Etwas mehr als eine Minute vor Schluss der zweiten Verlängerung dribbelte LeBron wieder am oberen Ende des Spielfeldes, ließ fünf Pistons-Verteidiger stehen und stürmte auf die Bank von Detroit zu. Von zwei Verteidigern verfolgt, entfernte er sich vom Korb und warf einen weiteren Dreier aus der Distanz, wobei ihn sein Schwung ins Aus beförderte, als der Ball durch den Ring ratterte.

„Ja!", rief Albert. „Und es steht unentschieden 107 : 107!"

„Das ist unglaublich", sagte Collins. „Das ist jordanesk."

LeBron hatte 23 Punkte in Folge und 27 der letzten 28 Punkte seines Teams erzielt.

Nach einem Fehlwurf der Pistons bekamen die Cavs den Ball zurück und nahmen 11,4 Sekunden vor Ende der zweiten Verlängerung eine Auszeit.

Erschöpft ließ sich LeBron auf die Bank neben seinen Mannschaftskameraden fallen, ein Handtuch über die Schultern geworfen, einen Becher Gatorade in der Hand.

Coach Brown holte sein Whiteboard hervor und zeichnete auf, was er sich als Einwurftaktik vorstellte – einen Block, um den Weg frei zu machen, damit LeBron den Ball bekommen konnte. „Hier blocken", sagte Brown und malte einen Kreis in die Gasse unter dem Korb der Cavs. „Bringt LeBron an die Spitze", fuhr Brown fort und zeichnete eine Linie, die LeBrons Weg bis zum oberen Rand des Dreipunktebogens darstellte.

LeBrons Blick folgten Browns Stift.

Brown zeichnete eine gepunktete Linie von der Seitenlinie zu LeBron, die den Weg des Zuspiels markierte. Dann sah er LeBron an. „Zieh es durch", rief er und zeigte auf ihn. „Mach den letzten Wurf."

Jeder in der Halle wusste, dass der Ball zu LeBron gehen würde – kein anderer Spieler der Cavs hatte in fast 18 Spielminuten ein Field Goal erzielt. Die einzige Frage war, ob LeBron noch einmal fünf Pistons im Dribbling besiegen könnte.

LeBron nutzte den Block, um sich zu befreien, sprintete aus der „Birne" und fing den Pass in der Mitte des Spielfeldes auf. Seine Füße waren genau im Pistons-Logo, als er den Ball in seiner linken Hand wog und den Boden betrachtete. Seine Mannschaftskameraden verzogen sich an den Rand des Spielfeldes. Chauncey Billups kauerte mit ausgebreiteten Armen vor ihm. Die anderen vier Pistons-Verteidiger bildeten eine Box vor dem Korb. Die Gasse war weit offen.

Bewegungslos blickte LeBron über Billups' Kopf hinweg auf die Uhr über dem Backboard.

„James bringt es zu Ende", sagte Marv Albert. „Fünf Sekunden ..."

LeBron sprang nach links, nur Zentimeter über dem Boden dribbelnd, und zog an Billups vorbei.

„... vier ..."

Billups an seiner rechten Hüfte und drei Verteidiger vor sich, zog LeBron in die Gasse und hob ab.

„... drei ..."

Als er in der Luft feststellte, dass niemand hochgesprungen war, um den Wurf abzuwehren, wechselte er den Ball von der linken in die rechte Hand.

„... zwei ..."

Auf dem Weg nach unten warf LeBron einen Scoop Shot, kurz bevor seine Füße den Boden berührten.

„... James trifft!", schrie Albert.

Die Pistons nahmen eine Auszeit, und Rasheed Wallace hob entrüstet die Hände. 2,2 Sekunden vor Schluss führten die Cavs mit 109:107.

Die Menge war sprachlos. LeBron stürmte zur Bank der Cavs und stieß einen der Assistenztrainer so heftig mit der Brust an, dass er ihn fast zu Boden warf. *Don't Bring Me Down* von Electric Light Orchestra schallte durch das Palace at Auburn Hills, und die Menge war überwältigt.

„48 Punkte für LeBron James", sagte Marv Albert. „Er hat die letzten 25 Punkte für Cleveland erzielt, 29 der letzten 30 … Egal was noch passiert – wir haben noch 2,2 Sekunden vor uns –, das hier wird als eine der besten Leistungen aller Zeiten in die Annalen der NBA eingehen."

Als der Buzzer ertönte und ein letzter Wurf der Pistons danebenging, fühlte sich LeBron wie auf dem Demon Drop, einer Achterbahn westlich von Cleveland, bei der es zehn Stockwerke tief abwärts geht, was ein Gefühl des freien Falles vermittelt. Erschöpft und kaum mehr imstande zu stehen, beugte sich LeBron nach vorn, stützte seine Hände auf die Knie und starrte auf den Boden des Palace at Auburn Hills.

Er war 50 der 58 Spielminuten auf dem Platz gewesen.

Er hatte die letzten 25 Punkte der Cavs erzielt, darunter alle 18 in den beiden Verlängerungen, und kam so auf 48 Punkte, 9 Rebounds und 7 Assists.

Und er hatte im Alleingang eine Wachablösung in der NBA eingeleitet.

An diesem Donnerstagabend hatte LeBron James die Pistons in Motor City besiegt.

***

Dehydriert und von Krämpfen geplagt, brauchte LeBron auf dem Rückflug nach Cleveland eine Infusion. Aber er fühlte sich besser als je zuvor. Die Stadt Cleveland war im Begriff, zum ersten Mal die Trophäe der Eastern Conference Championship in Empfang zu nehmen.

Zwei Abende später füllten Zehntausende von Fans die Straßen vor dem Q. Drinnen spielten die Cavs groß auf. Spiel 6 war das größte in der Geschichte des Clubs. Die Cavs gewannen 98:82, und als die Schlusssirene ertönte, war der Lärm in der Arena ohrenbetäubend.

Inmitten von Konfettiregen und euphorischem Fan-Geschrei fand LeBron Savannah.

Hochschwanger, wie sie war, rannte sie auf LeBron zu.

Er schlang seine Arme um sie. Dann führte er sie wie ein Leibwächter aus dem Saal und wie beim Spießrutenlauf durch ein Spalier von Kameras. Mit 22 Jahren hatte LeBron sein Team in seiner erst vierten Saison in die NBA-Finals geführt. Und er war kurz davor, wieder Vater zu werden.

Oh Mann, dachte er. Besser geht es nicht.

23

DEIN REICH KOMME

Niemand aus dem Kader der Cavaliers hatte jemals in den NBA-Finals gespielt. Auf der anderen Seite hatten die San Antonio Spurs die NBA-Finals praktisch zu ihrem alljährlichen Reiseziel gemacht. Angeführt vom zweifachen NBA-MVP Tim Duncan hatten die Spurs in den sieben Jahren zuvor drei Meisterschaften gewonnen. Cheftrainer Gregg Popovich hatte Duncan mit dem All-Star Point Guard Tony Parker und einem Kader mit Veteranen wie Manu Ginobili, Bruce Bowen, Robert Horry und anderen umgeben, die zusammen mehr Meisterschaften gewonnen hatten als jedes andere Team der Liga. Von den Wettanbietern in Las Vegas bis zu den NBA-Schreibern im ganzen Land erwartete praktisch jeder, dass die Cavaliers eine Niederlage einstecken würden.

Aber der Ausgang der NBA-Finals war fast nebensächlich. Schließlich hätten die Cavaliers gar nicht erst dort sein dürfen. Jedenfalls nicht so bald. Und nicht mit einer Startaufstellung, zu der Sasha Pavlovic, Zydrunas Ilgauskas, Daniel Gibson und Drew Gooden gehörten. Dass LeBron diese Mannschaft in seiner erst vierten Profisaison in die Finals geführt hatte, war eine monumentale Leistung. Anstatt sich auf Tim Duncan und die Spurs zu konzentrieren, beschäftigten sich die Medien immer noch mit LeBrons epischer Ein-Mann-Show in Spiel 5 gegen Detroit. Die *New York Times* nannte es „überwältigend“. *Sports Illustrated* hielt es für „himmlisch“. LeBron wurde mit der Art von Superlativen bedacht, die man nach der großartigen Leistung eines Superstars auf dem Höhepunkt seiner Karriere erwarten würde, und nicht bei einem relativen Newcomer.

In all dem Trubel wurde Darfur zur Nachricht von gestern. LeBrons Leistung in Spiel 5 war so einmalig und triumphal, dass sie das Blatt wendete. LeBron musste keine weiteren Fragen beantworten. Sich keine Kritik mehr anhören. Jetzt stand der Beginn einer neuen Ära im Basketball im Mittelpunkt – die Ära von LeBron.

Niemand war so erleichtert wie Lynn Merritt von Nike. Vom ersten Tag an war Merritt LeBrons leidenschaftlichster Fürsprecher bei Nike gewesen. Er war der führende Kopf hinter den rekordverdächtigen Ausgaben, um LeBron an Land zu ziehen, und hatte den Deal in letzter Minute eingefädelt. Nicht alle bei Nike waren in Bezug auf LeBron so optimistisch gewesen. Einige Personen bei Nike waren der Ansicht gewesen, Merritt habe zu viel Geld ausgegeben. Doch nach Spiel 5 in Detroit war diese Meinung nicht mehr zu hören. Vor Spiel 5 gab es bei Nike etwa ein halbes Dutzend Mitarbeiter, die sich in Vollzeit um LeBron und seine Marke kümmerten. Nach Spiel 5 stieg ihre Anzahl auf 150. Sogar das jährliche All-American Camp von Nike in Indianapolis wurde in LeBron James Skills Academy umbenannt und ab Juli 2007 nach Akron verlegt. Das war ein weiterer Beweis dafür, dass LeBron Akron zum Zentrum des Basketball-Universums machte.

Bei Nike wurde die neue Ära als „AGF" bezeichnet, ein Akronym für After Game Five.

***

LeBrons erster Auftritt in den NBA-Finals fiel mit dem letzten Auftritt von James Gandolfini als Tony Soprano zusammen. Nach 85 Episoden, die sich über einen Zeitraum von acht Jahren, von 1999 bis 2007, erstreckten, ging *The Sopranos* zu Ende – eine Serie, die der Redakteur des *New Yorker,* David Remnick, als „die größte Leistung in der Geschichte des Fernsehens" bezeichnete. Die letzte Folge wurde am selben Abend ausgestrahlt wie Spiel 2 der NBA-Finals. Das komplexe Leben von Tony Soprano – einem skrupellosen Mafiaboss, der es schaffte, trotz seiner abstoßenden Brutalität liebenswert zu sein – hatte die amerikanische Kultur so sehr geprägt, dass Experten von NPR und PBS darüber diskutierten, was die Popularität der Serie über das Land aussagte. Und alle, von Boulevardjournalisten bis zu Fernsehkritikern, spekulierten, ob Tony Soprano das Finale überleben würde.

Die NBA und ihr Rundfunkpartner ABC waren nicht begeistert, gegen den Moloch von HBO antreten zu müssen. Von den Einschaltquoten her gesehen, lief es auf LeBron gegen Tony Soprano hinaus. Um den führenden Mann der NBA in Szene zu setzen, bat ABC LeBron um ein Vorabinterview, das sie in kurzen Segmenten während der Serie ausstrahlen wollten.

LeBron liebte die *Sopranos* und bewunderte Gandolfinis meisterhafte Schauspielkunst. Wie so viele Amerikaner konnte auch LeBron nicht umhin, Tony die Daumen zu drücken, und fand Gefallen an seinen legendären Sprüchen wie „I'm the motherfucking fucking one who calls the shots". Aber LeBron war das Gegenteil von Tony Soprano, dessen Familienleben eine Tortur war – seine eigene Mutter hatte einmal einen Killer auf ihn angesetzt. Als er von ABC gebeten wurde, seine Beziehung zu seiner Mutter zu beschreiben, strahlte LeBron.

„Ich bin wirklich stolzer auf sie als auf mich selbst", sagte LeBron. „Sie hat mir geholfen, zu einem Mann zu werden. Und jetzt, wo ich ein Kind habe, weiß ich nicht, wie sie es geschafft hat, mich allein aufzuziehen. Alleinerziehenden Müttern zolle ich allen Respekt der Welt. Ich weiß nicht, wie sie das machen. Ich könnte meinen Zweijährigen nicht allein großziehen."

ABC war es nicht gewöhnt, solche O-Töne als Werbung für ein Basketballspiel zu bekommen.

***

Die Finals begannen in San Antonio, und niemand war überrascht, als die Spurs mit 2:0 in Führung gingen. Spiel 1 ging nicht einmal knapp aus. Spiel 2, das am Sonntagabend stattfand, war sogar noch einseitiger: Die Spurs bauten in der ersten Halbzeit einen 28-Punkte-Vorsprung auf und gaben ihn nicht mehr her. „Fast zwei Stunden lang haben die Spurs am Sonntag die Cleveland Cavaliers entmannt", schrieb die *New York Times*, „sie haben LeBron James' Debütparty noch mehr zerstört und mit Sicherheit die US-Einschaltquoten der NBA in den Keller getrieben."

Während LeBron und die Cavs darum kämpften, auf der größten Bühne der NBA Fuß zu fassen, schlüpfte Tony Soprano auf HBO in eine Kabine des Holsten's Ice Cream Parlor, warf ein paar Münzen in die Jukebox, wählte *Don't Stop Believing* von Journey und wartete darauf, dass seine Frau und seine Kinder zu ihm kamen. Die Szene sah aus wie ein Moment häuslichen Glückes, aber sie fühlte sich an wie das letzte Abendmahl. Als der Bildschirm schwarz wurde und der Abspann lief, hatten James Gandolfini und Co-Star Edie Falco das berüchtigtste Serienfinale der Fernsehgeschichte hinter sich.

LeBron hatte das alles verpasst. Als er nach Cleveland zurückflog, glaubte er immer noch, dass die Cavs gewinnen konnten.

Und einen Moment lang sah es gegen Ende von Spiel 3 im Q so aus, als könnte LeBron das Blatt wenden. 5,5 Sekunden vor Schluss, als die Spurs noch mit drei Punkten in Führung lagen, entwarf Coach Mike Brown einen Spielzug, bei dem LeBron zum Abschluss des Spieles einen Dreipunktewurf machen sollte. An der Seitenlinie der Spurs wies Trainer Popovich den Defensivspezialisten Bruce Bowen an, LeBron zu foulen, bevor der einen Wurf abgeben konnte.

LeBron wusste, was kommen würde. Sowie er zur Spitze der „Birne" sprintete, um den Pass zu erwischen, lief Bowen auf ihn zu.

Schiedsrichter Bob Delaney war nur ein paar Meter entfernt, als LeBron ein Dribbling nach links machte.

Bowen stürzte sich auf LeBron und packte ihn mit beiden Händen – Bowens rechte Hand griff nach LeBrons rechtem Bizeps, und seine linke Hand griff nach der Rückseite von LeBrons Trikot.

LeBron, der bereits auf dem Weg in die Höhe war, schüttelte Bowen ab und machte einen Dreipunktewurf, der jedoch zu kurz geriet.

Delaney pfiff nicht ab.

Die Schlusssirene ertönte, und die Spurs rannten jubelnd auf den Platz.

LeBron wandte sich an Delaney: „Er hat mich gefoult!"

Delaney schüttelte den Kopf und wies LeBrons Beschwerde zurück.

„Bob, er hat mich gefoult!“, schrie LeBron und deutete auf seinen Arm, „genau hier!“

ABC zeigte die Wiederholung in Zeitlupe. Es war offensichtlich, dass LeBron gefoult worden war.

„LeBron James’ Beschwerde ist berechtigt“, sagte der Experte Mike Fratello in der Sendung.

Das spielte keine Rolle. Die Cavs hatten wieder verloren, und die Spurs führten mit 3 : 0 in der Serie.

Hinterher wurde LeBron auf die Fehlentscheidung am Ende der Partie angesprochen.

Zu diesem Zeitpunkt sah LeBron keinen Sinn mehr darin, den Schiedsrichter zu beschuldigen. Stattdessen nahm er die Schuld auf sich und sagte, er hätte besser spielen sollen.

Sobald er die Arena verlassen hatte, wechselte LeBron in den Familienmodus. Am folgenden Tag ging Savannah ins Cuyahoga Falls General Hospital nördlich von Akron. Und am 14. Juni, kurz nach Mitternacht, brachte sie ihren zweiten Sohn zur Welt. Sie nannten ihn Bryce Maximus James. Sein zweiter Vorname basierte auf der Figur Maximus Aurelius Decimus in *Gladiator*, einem von LeBrons Lieblingsfilmen.

***

Nach einer schlaflosen Nacht erschien LeBron zu Spiel 4 im Q. Obwohl er müde war, hatte er zusätzliche Schwungkraft, was zum großen Teil an Bryces Geburt lag. Hilfreich war auch, dass Tom Brady und Gisele Bündchen eingeflogen waren und an diesem Abend am Spielfeldrand saßen. LeBron und Brady kannten sich besser, als den Sportfans bewusst war. Zwischen ihnen herrschte eine freundschaftliche Rivalität, und LeBron genoss es, vor Brady zu spielen, dem einzigen anderen Sportler im amerikanischen Mannschaftssport, der wusste, wie es war, mit dem größten Spieler aller Zeiten verglichen zu werden. Ähnlich wie LeBron mit dem Idol Jordan war Brady mit dem Idol Joe Montana aufgewachsen, der als der größte Quarterback aller Zeiten galt. Und wie LeBron hatte sich Brady vorgenommen, das Level seines Idols zu erreichen. Beruflich waren LeBron und Brady noch im Aufstieg begriffen, und sie verband das Bestreben, die Größten aller Zeiten zu werden.

Aber in ihrem Privatleben unterschieden sich LeBron und Brady. Brady und Gisele lernten sich über einen gemeinsamen Freund bei einem Blind Date in einem Nobelrestaurant in Greenwich Village kennen. Das in Brasilien geborene Supermodel, das vom *Rolling Stone* als „The Most Beautiful Girl in the World" bezeichnet wurde und auf mehr Zeitschriftencovern als jedes andere Model gewesen war, hatte ein Vermögen von schätzungsweise 150 Millionen Dollar. LeBron und Savannah waren Teenager gewesen, als sie ihr erstes Date in einem Applebee's in Akron hatten. Seitdem waren sie zusammen und bauten ihr Traumhaus nur wenige Kilometer von dem Ort entfernt, an dem sie aufgewachsen waren. Savannah widmete sich als Hausfrau und Mutter ganz der Erziehung ihrer Kinder. Brady wurde bald dreißig Jahre alt, hatte drei Superbowl-Ringe und keine Kinder. LeBron war 22 Jahre alt, hatte zwei Kinder und strebte noch nach seiner ersten Meisterschaft.

Nach der Vorstellung der Spieler hielt ein Fan ein Schild mit der Aufschrift DO IT FOR BRYCE hoch. Es wurde auf die Großbildleinwand in der Arena projiziert und löste Jubel aus, während LeBron sich dem Center Court näherte, um das Spiel zu eröffnen.

Tim Duncan gratulierte LeBron dazu, zum zweiten Mal Vater geworden zu sein.

Strahlend umarmte LeBron ihn.

Einer nach dem anderen gratulierten ihm die restlichen Spieler der Spurs.

„James hat seinen Vater nie kennengelernt", sagte Mike Breen, der Live-Kommentator von ABC. „Seine Mutter hat ihn also aufgezogen. Und er liebt, was seine Mutter für ihn getan hat."

ABC zeigte den Teil des eine Woche zuvor aufgezeichneten Interviews, in dem LeBron alleinerziehende Mütter lobte. „Ich weiß nicht, wie sie das machen", sagte LeBron darin und lächelte. „Ich könnte meinen Zweijährigen nicht allein erziehen. Ich könnte es einfach nicht."

„Nun, jetzt hat er zwei", sagte Breen. „Er ist jetzt ein zweifacher Vater. Glückwunsch an LeBron und seine Familie."

Trotz seiner schlaflosen Nacht im Krankenhaus spielte LeBron bis auf neunzig Sekunden das gesamte Spiel 4 durch. Er beendete es mit 24 Punkten, 10 Rebounds und 6 Assists. Es war eine Maximus-mäßige Anstrengung. Doch den Cavs fehlte am Ende ein Punkt, sie verloren 83:82.

Tony Parker, der Point Guard der Spurs, machte den Cavs einen Strich durch die Rechnung und wurde zum MVP des Finals gewählt. Sobald die Schlusssirene ertönte, rannte Parkers Verlobte, die Schauspielerin Eva Longoria, auf den Platz, sprang in Parkers Arme, schlang ihre Beine um ihn und küsste ihn. Ginobili schlug mit Tim Bowen ein. Tim Duncan umarmte Gregg Popovich.

LeBron wollte nichts davon mitansehen. Er drehte sich schweigend um und ging in den Tunnel. Ihm wurde klar, dass er mental nicht auf die Endrunde vorbereitet gewesen war. Er hatte davon geträumt. Er hatte es gewollt. Erfahrung war jedoch durch nichts zu ersetzen. Tim Duncan und Gregg Popovich hatten gerade ihren vierten gemeinsamen Titel gewonnen. Jetzt hatte LeBron ein tieferes Verständnis für das Ausmaß dieser Leistung.

Nachdem er sich umgezogen hatte, gratulierte LeBron Duncan in einem Gang vor den Umkleideräumen.

„Gute Arbeit, Mann", sagte Duncan und umarmte ihn. Duncan ermutigte LeBron, seine Herangehensweise nicht zu ändern. „Das wird in Kürze deine Liga sein", sagte er.

„Das weiß ich zu schätzen", sagte LeBron.

„Aber ich bin dir dankbar, dass du uns dieses Jahr noch geschenkt hast", sagte Duncan mit einem Grinsen.

LeBron lachte.

Duncan gab ihm einen Klaps auf den Hintern.

***

LeBron dachte nicht lange über das Finale nach. Einige Tage später veranstalteten er und Maverick ein zweitägiges Gipfeltreffen in Akron. Es war eine LRMR-Veranstaltung. Maverick war der Organisator. LeBron war das Zugpferd. Vertreter aller Unternehmen, die mit LeBron zusammenarbeiten, nahmen teil, unter anderem Nike, Coca-Cola, Microsoft,

Upper Deck und Bubblicious. Das Ziel der Veranstaltung war es, LeBrons Marke weltweit zu verbreiten, insbesondere in China. Zu den Diskussionsthemen gehörten unter anderem: „China 101: Popkultur, Medien und Sport", „Markenglobalisierung" und „Die Marke LeBron in China".

LeBron hatte Mike Krzyzewski gebeten, auf dem Summit zu sprechen.

Coach K. hatte etwas auf dem Herzen, das er mit LeBron persönlich bereden wollte. Das Gipfeltreffen bot die perfekte Gelegenheit, und Coach K. nahm die Einladung gern an und flog nach Akron.

Am Vorabend des Gipfeltreffens luden LeBron und Maverick die Unternehmenssponsoren zu einem privaten Abendessen in das Akron Hilton ein. Bevor der Hauptgang serviert wurde, hielt Coach K. eine kurze Rede. „In den nächsten zwei Tagen", sagte er und blickte in die Runde, „muss der Fokus auf LeBron liegen, nicht auf Ihren jeweiligen Unternehmen."

So sah er es auch im Hinblick auf das Team USA – LeBron war der wichtigste Spieler des Teams. Doch nachdem das Team USA im vergangenen Sommer in Japan den dritten Platz belegt hatte, war Coach K. klar, dass sein Auftrag – die Vereinigten Staaten an die Spitze der Basketball-Weltrangliste zu führen – schwieriger war, als er ursprünglich erwartet hatte. Um wieder ganz nach oben zu gelangen, musste Coach K. zunächst eine neue Kultur im Team schaffen. Und um das zu erreichen, wollte er dem Team USA, das aus jungen Stars bestand, einige erfahrene Spieler zur Seite stellen. Die drei Veteranen, an die Coach K. dachte, waren Chauncey Billups, Jason Kidd und Kobe Bryant. Aber Coach K. wollte keinen derartig großen Schritt machen, ohne vorher mit LeBron darüber zu sprechen.

Nach dem Essen trafen sich Coach K. und LeBron unter vier Augen.

Coach K. erläuterte seine Befürchtungen und wie er die Lage verbessern wollte, indem er einige Veteranen rekrutierte. Als Ersten brachte er Jason Kidd ins Spiel.

„Wie fändest du es, wenn er dazukommt?", fragte Coach K.

„Gut", sagte LeBron. „J. Kidd ist der beste Passspieler in der NBA. Ich bin schon ziemlich gut. Aber von ihm kann ich noch lernen."

LeBron gefiel auch der Vorschlag von Coach K., Billups zu verpflichten, den LeBron als außergewöhnlichen Verteidiger mit einer knallharten Mentalität ansah.

Als das Gespräch auf Kobe kam, nahm Coach K. eine diplomatischere Haltung ein. Er betrachtete Kobe und LeBron als die beiden Alphamänner der NBA. Kobe spielte mit der Mentalität eines Attentäters und war auf dem Höhepunkt seiner Kräfte. Er war der ultimative Konkurrent. LeBron war der talentierteste Spieler der Welt, der Inbegriff von Muskeln, Beweglichkeit, Kraft und Geschwindigkeit. Er war der ultimative Sportler. Coach K. war der Meinung, dass diese Paarung der sicherste Weg war, um das Team USA bei den Olympischen Spielen in Peking wieder zur Supermacht im Basketball zu machen. Aber es bestand auch die Möglichkeit, dass Kobe und LeBron im Team USA wie Ice und Maverick in *Top Gun* darum wetteifern würden, wer von ihnen der Beste war. Coach K. wusste, dass weder Kobe noch LeBron als Flügelspieler geeignet waren. Er wollte nur sicherstellen, dass sie sich gegenseitig als Teamkollegen annehmen würden.

LeBron sah sich selbst als Studenten des Basketballspiels. Und er wusste zu schätzen, dass Coach K. einer der großartigen Lehrer des Spieles war. Er wusste auch, dass dem Team USA im Jahr 2004 in den Hintern getreten worden war. Wenn er und Kobe ihre Kräfte bündelten, wären sie diejenigen, die den anderen in den Hintern traten.

„Niemand bereitet sich so vor wie Kobe", sagte LeBron zu Coach K.

Viel mehr sagte er nicht.

Aber Coach K hatte genug gehört. Er würde die Chance bekommen, die beiden besten Spieler der NBA zu coachen.

Am folgenden Morgen begrüßte Maverick alle Teilnehmer des Gipfeltreffens und übergab das Wort an LeBron, der vor 65 Führungskräften in einem großen Seminarraum an der Universität Akron sprach. „Ich freue mich sehr darauf", sagte er. „Wer hätte je gedacht, dass wir euch nach Akron, Ohio, holen könnten? Als wir hier aufwuchsen, konnten wir niemanden in das kleine alte Akron, Ohio, locken."

Alle lächelten. Besonders Coach K.

***

Sogar wenn LeBron mit unangenehmen Situationen konfrontiert wurde, blieb er ruhig und gelassen. Auch als er in den Rechtsstreit um den

Kredit hineingezogen wurde, den Eddie Jackson und Gloria von Joseph Marsh angenommen hatten, beschwerte er sich nicht. Ohne Groll setzte er sich für die Interessen von Eddie und Gloria ein. Sein Anwalt Fred Nance wehrte Marshs millionenschwere Forderung ab, aber letztendlich sorgte LeBron dafür, dass Marsh das Geld, das er Eddie und Gloria geliehen hatte, vollständig zurückbekam. Und als Eddie aus dem Gefängnis entlassen wurde, behandelte LeBron ihn weiterhin wie ein Familienmitglied.

Aber die Frage nach der Identität von LeBrons biologischem Vater blieb bestehen. Nicht lange nach dem Ende der NBA-Finals traf sich LeBron diskret mit einem Gesundheitsspezialisten in Cleveland und gab eine DNA-Probe ab. Anfang 2007 hatte sich ein Mann an Fred Nance gewandt und behauptet, er sei möglicherweise LeBrons biologischer Vater. Er gab an, 1984 einen One-Night-Stand mit Gloria gehabt zu haben. Er wolle sich mit ihr treffen, um mit ihr zu besprechen, dass sein Name in die Zeile für den Namen des Vaters gehöre, die auf LeBrons Geburtsurkunde leer geblieben war. Gloria entgegnete, sie habe den Mann noch nie gesehen und wolle nichts mit ihm zu tun haben. Doch nach langem Hin und Her arrangierte Nance eine Telefonkonferenz mit dem Mann und Gloria. Es wurde gestritten. „LeBrons Geld ist für seine Kinder bestimmt", sagte Gloria zu dem Mann. Nach dem Anruf erklärte sich LeBron bereit, einen DNA-Vaterschaftstest durchzuführen. Der Mann willigte ein, gleichfalls seine DNA bestimmen zu lassen. Nance traf die Vorkehrungen.

Seit seine Basketballfähigkeiten landesweit bekannt geworden waren, hatte LeBron mit Fragen zur Identität seines Vaters zu kämpfen. Die ausführlichste Befragung fand 2003 in einem Interview mit Bob Costas auf HBO statt, als LeBron 18 war.

Costas: Wissen Sie, wo sich Ihr leiblicher Vater aufhält?

LeBron: Nein. Eigentlich nicht. Darauf konzentriere ich mich eigentlich gar nicht. Denn tatsächlich habe ich meinen Vater und meine Mutter in einer Person.

Das ist Gloria James. Zu diesem Zeitpunkt brauche ich wirklich niemanden sonst.

Costas: Es gibt verschiedene Gerüchte, dass Ihr leiblicher Vater im Gefängnis sein könnte.

Er könnte tatsächlich tot sein. Er könnte vor etwa zehn Jahren erschossen worden sein.

LeBron: (nickt)

Costas: Sind Sie darauf neugierig?

LeBron: Nein. Das ist mir nie in den Sinn gekommen, weil meine Freunde und meine Familie, die ich jetzt habe, großartig sind.

Ich würde sie gegen nichts in der Welt eintauschen wollen.

Costas: Wenn es diesen Mann also noch gibt und er irgendwann auftaucht, haben Sie sich überlegt, wie das ablaufen könnte?
LeBron: Nein. Ich habe eigentlich nie darüber nachgedacht.

LeBrons Einstellung hatte sich seither nicht wesentlich geändert. Anstatt sich mit Fragen über seinen Vater zu beschäftigen, konzentrierte er sich darauf, für seine Söhne als Vater immer präsent zu sein. Nance hatte dem Mann, der sich einem Vaterschaftstest unterzogen hatte, sogar erklärt, dass LeBron seiner Forderung „gleichgültig" gegenüberstehe. Gleichwohl scheute sich LeBron nicht, den Vaterschaftstest zu machen.

Die Proben wurden an ein DNA-Labor in Cincinnati geschickt.

Am Ende des Sommers traf das Ergebnis ein: Die Wahrscheinlichkeit einer Vaterschaft war gleich null.

Nance riet dem Mann, Gloria und LeBron in Ruhe zu lassen.

***

Einige Tage bevor die Cavaliers ihr Trainingslager in Cleveland eröffnen sollten, betraten LeBron und Maverick das Time-Life-Gebäude in New York City. Es war ein Herbsttag im späten September, und LeBron hatte einen Fototermin mit *Fortune*. Die Zeitschrift brachte nur selten Sportler auf der Titelseite – Ausnahmen waren Michael Jordan und

Tiger Woods in den Neunzigerjahren gewesen. Jetzt war LeBron an der Reihe. Doch *Fortune* hatte vor, LeBron weniger als Sportler und mehr als echten Geschäftsmogul zu präsentieren. Der Plan war, LeBron auf die Titelseite einer Sonderausgabe zu setzen, in der die 25 mächtigsten Menschen in der Geschäftswelt aufgelistet wurden, beginnend mit Steve Jobs, gefolgt von Rupert Murdoch, Warren Buffett, Bill Gates, den Co-CEOs von Google und so weiter. Da ihnen klar war, dass die Entscheidung für LeBron statt für Jobs Fragen aufwerfen würde, plante *Fortune*, das Foto von LeBron auf dem Cover mit einem cleveren Text zu versehen:

Warum LeBron James?

„Würde er an die Börse gehen, würde ich Aktien von ihm kaufen."
Warren Buffett

LeBron erkannte die Bedeutung dieses Momentes. Genauso wie die Stylistin Rachel Johnson, die ihn entsprechend in einen anthrazitfarbenen Anzug mit silberfarbenem Einstecktuch kleidete.

Fortune hatte den Porträtfotografen Ben Baker beauftragt, LeBron abzulichten. Baker lebte in den USA, stammte aber aus Australien. Und in dieser Woche war Bakers Vater aus Australien gekommen, um Zeit mit seinem Sohn zu verbringen. Baker, der es gewohnt war, berühmte und mächtige Menschen zu fotografieren, brachte fast nie jemanden zu seinen Aufnahmen mit. Aber er und sein Vater standen sich sehr nahe, und Baker lud ihn ein mitzukommen. Während er darauf wartete, dass LeBron auftauchte, sagte Baker seinem Vater, er solle sich im hinteren Teil des Zimmers aufhalten.

Als LeBron das *Fortune*-Studio betrat, zeigte ihm Baker, wo er stehen sollte.

Während Baker LeBron durch sein Objektiv musterte, schaute sich LeBron im Raum um und entdeckte einen Mann in der hinteren Reihe.

„Ist das Ihr Dad?", sagte LeBron zu Baker.

Baker lächelte. „Ja, das ist mein Dad."

„Wie geht es Ihnen, Pops?", fragte LeBron und nickte Bakers Vater zu.

Bakers Vater wurde munter.

LeBron gefiel die Tatsache, dass Baker seinen Vater zur Arbeit mitgebracht hatte.

Baker war beeindruckt, dass LeBron es bemerkt hatte. Er war sogar noch beeindruckter davon, wie locker LeBron war und wie viel Spaß er bei dem Fotoshooting hatte. Irgendwann ließ Baker LeBron und Maverick zusammen posieren. In Bakers Augen schienen sie ein erfrischendes Duo zu sein – zwei junge Männer auf dem Weg, die Welt zu erobern.

Nach dem Fototermin gingen LeBron und Maverick auf die andere Straßenseite zum Rockefeller Plaza, wo LeBron für einen bevorstehenden Auftritt bei *Saturday Night Live* proben sollte.

Baker folgte ihnen, um LeBron in einer anderen Umgebung fotografieren zu können. Rachel Johnson sorgte dafür, dass LeBron den richtigen Look für die *SNL*-Atmosphäre hatte. Dieses Mal trug LeBron einen eleganten schwarzen Anzug mit Weste, eine rote, gemusterte Krawatte und ein passendes Einstecktuch.

LeBron hatte Spaß bei den Proben. Nachdem er in so vielen ausverkauften Arenen live aufgetreten war, bereitete es ihm keine Probleme, vor einem kleinen Studiopublikum zu stehen und seinen Text abzulesen. Am Abend der Übertragung konnte LeBron es kaum erwarten.

„Es ist toll, heute Abend hier zu sein", sagte LeBron vom Bühnenrand aus. „Mein Name ist LeBron James. Ich spiele Basketball für die Cleveland Cavaliers." Er hielt inne, um den Applaus abzuwarten.

„Für diejenigen unter Ihnen, die keinen Basketball schauen", fuhr er fort, „in der letzten Saison waren wir in den NBA-Finals und haben die San Antonio Spurs in vier Spielen besiegt."

Das Publikum lachte.

„Und für diejenigen unter Ihnen, die Basketball schauen, seien Sie cool und halten Sie die Klappe! Es gibt keinen Grund, es für alle anderen zu ruinieren."

Mehr als sechs Millionen Menschen schalteten ein, um LeBron bei *SNL* zu sehen. Sein Aufstieg als Figur der Popkultur gewann an Tempo.

***

Danny Ainge, General Manager der Boston Celtics, hatte LeBrons Auftritt bei *SNL* nicht gesehen Aber Ainge hatte LeBron schon lange beobachtet. Während LeBrons Junior-Jahr hatte Ainge das Spiel zwischen St. V. und Oak Hill angesehen, bei dem LeBron gegen Carmelo Anthony angetreten war. Ainge war zu diesem Zeitpunkt gerade als Cheftrainer der Phoenix Suns zurückgetreten. Nachdem er LeBron spielen gesehen hatte, sagte Ainge dem *Sports Illustrated*-Journalisten Grant Wahl: „Wenn ich General Manager wäre, gäbe es nur vier oder fünf NBA-Spieler, die ich jetzt nicht verkaufen würde, um ihn zu bekommen." Als das Zitat in Wahls bahnbrechender Titelgeschichte über LeBron – „The Chosen One" – auftauchte, wurde Ainge für seine Behauptung kritisiert, es gebe nur fünf NBA-Spieler, die besser seien als LeBron. „Er ist nur ein Highschool-Junge", hörte Ainge von mehr als einem seiner NBA-Freunde. „Wovon reden Sie überhaupt?"

Ein paar Jahre später traf Ainge zufällig auf Wahl, der ihm sagte: „Na ja, Sie hatten recht mit LeBron." Ainge sagte zu Wahl: „Nein, ich habe mich geirrt. Ich hätte sagen sollen, dass ich jeden gegen LeBron eingetauscht hätte." Zu diesem Zeitpunkt war Ainge bereits Executive Director of Basketball Operations bei den Celtics, eine Position, die er im Sommer 2003, etwa einen Monat vor dem NBA Draft, übernommen hatte. Als die Celtics ihn einstellten, sagte Ainge den Besitzern, dass er den gesamten Kader des Teams gegen LeBron eintauschen würde. Das war ernst gemeint. Aber er wusste, dass die Cavaliers niemals LeBron verkaufen würden.

Ainge hatte die meiste Zeit seiner Spielerkarriere versucht, Michael Jordan zu schlagen, und im Sommer 2007 dämmerte ihm, dass er wahrscheinlich den größten Teil seiner Managerkarriere mit dem Versuch zubringen würde, LeBron zu schlagen. Nachdem er beobachtet hatte, wie die Cavaliers in nur vier Jahren mit LeBron vom letzten Platz in die NBA-Finals aufgestiegen war, kam Ainge zu dem Schluss, dass es ein Superteam brauchte, um ihn aus der Bahn zu werfen.

Im Juli, während LeBron sich darauf vorbereitete, zum ersten Mal mit Kobe bei einem Minicamp des Team USA in Las Vegas zu trainieren, versuchte Ainge in Boston, einen Kader zusammenzustellen, der mit LeBron und den Cavaliers in der Eastern Conference mithalten konnte. Die Celtics hatten im Jahr zuvor nur 24 Spiele gewonnen, und All-Star Forward Paul Pierce hatte die Nase so voll vom Verlieren, dass er den Club wechseln wollte. Stattdessen schickte Ainge drei andere Spieler zu den Seattle Supersonics, im Austausch für den All-Star Ray Allen, den besten Perimeter-Scorer der Liga. Dann nahm Ainge Allens Hilfe in Anspruch, um dessen Freund, den All-Star Forward Kevin Garnett, zu gewinnen, der Minnesota verlassen wollte. Und am 30. Juli tauschte Ainge fast die Hälfte der Männer, die noch zum Kader der Celtics gehörten – fünf Spieler, zwei Picks aus der erste Draft-Runde plus finanzielle Kompensation – ein, um im Gegenzug Garnett von den Timberwolves zu bekommen.

Plötzlich wollte Paul Pierce nirgendwo mehr hingehen. Pierce, ein zukünftiger Hall of Famer, hatte LeBron und all die Auszeichnungen, die er bekam, nie besonders gemocht. Und durch seine spektakulären Moves hatte Ainge ihm zwei weitere zukünftige Hall of Famers zur Seite gestellt. Kein anderes NBA-Team verfügte über eine derartige Feuerkraft. Das Trio Pierce-Garnett-Allen wurde sofort „The Big Three" genannt. Und als sie sich das erste Mal mit dem Cheftrainer Doc Rivers trafen, teilte er ihnen mit: „Wir werden dieses Jahr die Meisterschaft gewinnen!"

Die NBA-Experten stimmten ihm zu. In der jährlichen NBA-Vorschauausgabe von *Sports Illustrated* wurden Allen, Garnett und Pierce mit der Schlagzeile vorgestellt: „Eine brandneue Green Machine in Boston".

LeBron verfolgte aufmerksam, was in Boston vor sich ging. Nachdem die Cavaliers in den vergangenen zwei Jahren mit den Pistons um die Vorherrschaft in der Eastern Conference gekämpft hatten, mussten sie sich nun mit einem neuen Gegner auseinandersetzen. Und LeBron wusste, dass ihm die Green Machine auf den Fersen war.

24

MODE

Jill Demling war Entertainment Director bei der Zeitschrift *Vogue*. Neben vielem anderen war sie für die Buchung der VIP-Covers des Magazins verantwortlich. Es war ein Job, der Demling die Möglichkeit bot, eng mit den Topmodels der Modeindustrie und Hollywoods Topschauspielerinnen zusammenzuarbeiten. Im Jahr 2007 hatte Demling Angelina Jolie, Kate Moss, Keira Knightley, Scarlett Johansson und Charlize Theron gebucht. Demling liebte ihre Arbeit. Aber im Grunde ihres Herzens war sie ein großer Sportfan. Einige ihrer größten Vorbilder waren Sportler.

Alle vier Jahre stellte *Vogue* ein großes Olympia-Portfolio mit Athletinnen aus dem amerikanischen Team zusammen. Bis zu den Spielen in Peking war es nicht einmal mehr ein Jahr, und Demling beschloss, dieses Mal auch einige männliche Olympioniken einzubeziehen. Der Plan war, sie in der Zeitschrift mit weiblichen Models zu kombinieren. Auf dem Cover wollte Demling den ultimativen Olympioniken – LeBron – abbilden. Ende 2007 wandte sich Demling an LeBrons Repräsentanten.

LeBron war kein *Vogue*-Leser. Aber für seine Stylistin Rachel Johnson war *Vogue* der Heilige Gral. Und Johnson erklärte, dass es eine bahnbrechende Gelegenheit darstelle, für das Cover fotografiert zu werden. In ihrer 116-jährigen Geschichte hatte die *Vogue* noch nie einen schwarzen Mann auf dem Titelblatt abgebildet. Die einzigen Männer, die jemals auf dem *Vogue*-Cover gewesen waren, waren Richard Gere 1992 mit seiner damaligen Frau, dem Supermodel Cindy

Crawford, und George Clooney im Jahr 2000 mit Gisele Bündchen, die zu jener Zeit ein 19-jähriger Victoria's-Secret-Engel war.

LeBron war bereit, für das einflussreichste Modemagazin der Welt zu posieren, aber er wollte auch etwas Spaß haben. Also stellte er eine Bedingung: Wenn Demling den besten Sportler der Welt auf das Cover der *Vogue* bringen wolle, wolle er mit dem besten Model der Welt – Gisele – zusammen abgebildet werden.

Demling war gut mit Gisele bekannt, die zu diesem Zeitpunkt seit etwa einem Jahr mit Tom Brady zusammen war. Brady und Gisele waren sehr wählerisch, mit wem Gisele vor die Kamera trat, vor allem, wenn es sich um einen anderen Sportler handelte. Demling wusste, dass Brady die Idee absegnen musste.

Dass LeBron darauf bestand, mit Gisele zusammenzuarbeiten, schien eine große Herausforderung zu sein. Demling stellte jedoch bald fest, dass es viel einfacher als erwartet war, Brady für diese Idee zu gewinnen. Es stellte sich heraus, dass LeBron Brady kannte, seit Tom und Gisele sich bei ihrem ersten Blind Date in New York City kennengelernt hatten. Demling erfuhr, dass Tom zu jener Zeit mit Jay-Z und LeBron gezockt habe und sie Freunde geblieben seien, obwohl Tom Geld an LeBron verloren habe.

Was auch immer zwischen LeBron und Brady vorgefallen war, für Demling war es nicht wichtig. Wichtig war, dass LeBron „Toms Segen" hatte, mit Gisele fotografiert zu werden. Und Gisele hatte zugesagt, nach Akron zu reisen, um sich mit LeBron in seiner Heimatstadt ablichten zu lassen. Demling hatte ihr Traumcover gefunden. Für die Aufnahmen gewann sie die beste Porträtfotografin der Welt, Annie Leibovitz.

Leibovitz wurde erstmals bekannt, als *Rolling Stone*-Gründer Jann Wenner sie Anfang der Siebzigerjahre als erste Cheffotografin seines Start-up-Magazins verpflichtete. Neben den Protesten gegen den Vietnamkrieg, dem Start von Apollo 17 und dem Rücktritt von Richard Nixon fotografierte Leibovitz auch Muhammad Ali, Mick Jagger, Keith Richards, Joan Didion und Bruce Springsteen. Bei einem Fotoshooting mit John Lennon im Jahr 1980 forderte sie ihn auf, sich zu entkleiden. Als Yoko Ono anbot, ihr Oberteil auszuziehen, sagte Leibovitz, sie solle angezogen bleiben. Leibovitz' Polaroid von Lennon, der sich nackt neben Ono auf dem Boden ihrer Wohnung zusammengerollt hatte, wurde wenige Stunden vor Lennons Ermordung aufgenommen. Es war das ikonischste Bild, das jemals auf dem Cover des *Rolling Stone* erschienen war. Im Jahr 1991, als die Schauspielerin Demi Moore im achten Monat schwanger war, fotografierte Leibovitz sie in einem engen schwarzen Kleid, das ihre Kurven zur Geltung brachte. Als Leibovitz ihre Bilder Tina Brown zeigte, der Redakteurin von *Vanity Fair*, sagte sie: „Ich habe noch ein weiteres Bild aufgenommen, aber das habe ich wirklich nur für Demi und Bruce Willis gemacht." Es war eine Nacktaufnahme von Moore. Als Brown es sah, sagte sie: „Das ist das Cover." Das Bild war so umstritten, dass Walmart, der größte Einzelhändler des Landes, es für „unanständig" erklärte und sich weigerte, die Ausgabe zu verkaufen. Dennoch wurde es die meistverkaufte Ausgabe in der Geschichte von *Vanity Fair*. Und Moore mochte es sehr. „Ich weiß, welche Auswirkungen es auf die Welt hatte, auf die Frauen, auf unsere Bereitschaft, uns selbst als Schwangere anzunehmen", sagte sie.

LeBron war von den besten Fotografen des Sportjournalismus fotografiert worden. Aber er hatte noch nie mit jemandem wie Leibovitz zusammengearbeitet. An einem kalten Tag im Januar 2008 machte sich LeBron auf den Weg zu dem Freizeitzentrum, in dem er als Kind Basketball gespielt hatte. Leibovitz, Gisele und Demling waren bereits da und bereiteten sich auf das Shooting vor. Als Rachel Johnson sah, dass LeBron Trainingskleidung trug, forderte sie ihn auf, sich umzuziehen.

„Du kommst nicht mit diesen Shorts und dem T-Shirt hier rein", sagte Johnson zu ihm.

Für LeBron war es keine große Sache. Er wusste, dass Nike der *Vogue* Kleidung zur Verfügung gestellt hatte, die er anziehen konnte, wenn er dort angekommen war. Wieso war es wichtig, was er bei seiner Ankunft trug?

Für Johnson machte es einen großen Unterschied. LeBron mochte zwar zu dem Freizeitzentrum seiner Kindheit gegangen sein. Aber zugleich betrat er die obere Etage der Modewelt. Drei der einflussreichsten Persönlichkeiten der Branche befanden sich in dieser alten Sporthalle. Und sie würden in dem Moment, in dem LeBron durch die Tür ging, einen ersten Eindruck erhalten. „Du gehst nicht als Basketballspieler", sagte Johnson zu LeBron. „Du gehst als The Man. Das müssen sie sehen, wenn du zur Tür hereinkommst."

Johnson ließ LeBron einen Kaschmirpullover und eine Designerhose anziehen.

Als er eintrat, strahlte Gisele, Demling war begeistert, und Leibovitz dachte sich, dass dies ein spaßiges Shooting werden würde. LeBron begann, sich über sich selbst lustig zu machen und mit allen zu interagieren, als ob er sie schon seit Jahren kennen würde. Er zog Nike-Basketballkleidung und ein Paar seiner Nike Zoom Soldier II Sneakers an. Gisele zog ein figurbetontes Kleid an. Und Leibovitz gab ihnen Anweisungen, was sie als Nächstes tun sollten.

Johnson spürte, dass etwas Denkwürdiges im Entstehen begriffen war.

***

Mitte der Saison führte LeBron das Scorer-Ranking der Liga an. Kobe war Zweiter. Am 27. Januar 2008 spielten die Cavaliers gegen die Lakers in Los Angeles. ABC bewarb das Spiel als Duell zwischen den beiden Spitzenspielern ihrer Sportart.

LeBron und Kobe enttäuschten nicht und lieferten sich über weite Strecken des Spieles einen Korb-für-Korb-Zweikampf. Zwanzig Sekunden vor Schluss, als Cleveland mit einem Punkt in Führung lag, dribbelte LeBron am Halbkreis, bewacht von Kobe. Während die Wurfzeit ablief, blickte LeBron nach oben, machte einen Schritt auf den Korb zu, ging dann zurück und hob ab. Er feuerte einen Jumpshot ab, gerade als Kobe auf ihn zusprang. In einer perfekten Flugbahn schoss der Ball knapp über die ausgestreckte Hand von Kobe und flog durchs Netz, brachte das Publikum im Staples Center zum Schweigen und besiegelte den Sieg der Cavaliers.

LeBron beendete das Spiel mit 41 Punkten und 9 Rebounds. Kobe erzielte 33 Punkte und 12 Rebounds.

Es war ein großer Sieg für die Cavaliers. Doch im Kampf um die beste Bilanz in der Eastern Conference blieben sie weit hinter den Boston Celtics zurück. Paul Pierce, Kevin Garnett und Ray Allen waren dominant. In den ersten 41 Spielen hatten die Celtics nur 7 Mal verloren. Die Cavs hingegen hatten bereits 19 Spiele verloren.

Dan Gilbert, der Besitzer des Unternehmens, fühlte die Dringlichkeit und genehmigte einen großen Tausch zwischen drei Clubs. Die Cavaliers gaben sieben Spieler – darunter die Stammspieler Drew Gooden und Larry Hughes sowie die Reservespieler Donyell Marshall und Ira Newble – an die Bulls und Sonics ab. Im Gegenzug erhielten die Cavs den vierfachen NBA-Defensivspieler des Jahres, Ben Wallace, die Veteranen Joe Smith und Wally Szczerbiak sowie einen jungen Shooting Guard namens Delonte West. „Unser primäres Ziel ist es, mit diesem Deal einen positiven Impuls für die Endphase der Saison und die Playoffs zu setzen", sagte General Manager Danny Ferry. „Das zeigt erneut, wie sich Dan Gilbert für diese Organisation und diese Stadt engagiert."

***

Wenn LeBron sich in der NBA umschaute, spürte er, dass viele seiner Kollegen Angst hatten, sich an etwas anderem als Basketball zu versuchen. Basketball war schon immer LeBrons wichtigstes Anliegen gewesen. Aber er nutzte die vielfältigen Möglichkeiten, die sich ihm durch seine sportlichen Leistungen boten. Anfang März traten die Cavaliers in New York in neuer Formation gegen die Knicks an. Am Abend vor dem Spiel, nach einer Trainingseinheit mit seinen Mannschaftskameraden, traf sich LeBron mit der 58-jährigen Anna Wintour zum Abendessen. Die langjährige Chefredakteurin der *Vogue* hatte im Waverly Inn in Greenwich Village einen Tisch reserviert. Wintour, in *Der Teufel trägt Prada* von Meryl Streep frei porträtiert, war die mächtigste Person in der Modewelt.

LeBron rutschte in eine Sitzecke, und die beiden diskutierten über alles Mögliche, von Ralph Lauren bis hin zu der Familienstiftung, die LeBron und Savannah gegründet hatten, um unterprivilegierten Kindern von Alleinerziehenden zu helfen. Sie sprachen auch über die Aprilausgabe der *Vogue*, die in wenigen Tagen an den Kiosken ausliegen würde. Für das Titelbild hatte Wintour das markanteste Bild von Leibovitz freigegeben: LeBron in schwarzer Sportkleidung, mit offenem Mund, als würde er brüllen, dribbelt mit der rechten Hand einen Ball, während sein linker Arm um Gisele geschlungen ist, die ein trägerloses Kleid anhat und aussieht, als würde sie gleich entführt werden. Auf dem Cover stand: „Die Geheimnisse der besten Körper: GISELE & LeBRON".

LeBrons Abendessen mit Wintour war der Beginn einer unerwarteten Freundschaft.

Am nächsten Tag, als sich die Cavaliers auf das Spiel gegen die Knicks vorbereiteten, zeigte Rachel Johnson LeBron ein Vorabexemplar der Aprilausgabe der *Vogue*.

LeBron starrte auf das Cover, und vor Stolz hatte Johnson Tränen in den Augen. „Verstehst du, was das bedeutet?", fragte sie.

LeBron lächelte. „Raych, du machst zu viel Wind um die Sache", sagte er.

Johnson war anderer Meinung. LeBron hielt nun den begehrtesten Bereich der Modeindustrie besetzt. Indem Anna Wintour LeBron mit Gisele auf das Cover der *Vogue* brachte, erzählte sie der Modewelt im Wesentlichen, dass sich die Dinge bald ändern würden.

Später am Abend saß Wintour mit Maverick im Madison Square Garden am Spielfeldrand. Der Platz war umringt von Stars wie Jay-Z, Spike Lee und einer Reihe anderer Berühmtheiten und Wall-Street-Titanen. Aber die Anwesenheit von Wintour war das deutlichste Zeichen dafür, dass LeBron wirklich zu einem kulturellen Phänomen geworden war. Die elektrisierende Atmosphäre in dem Gebäude war auch eine verlockende Vorschau, wie der Garden jeden Abend aussehen könnte, wenn LeBron das Trikot der Knicks tragen würde.

Auch wenn LeBron noch für zwei weitere Spielzeiten bei den Cavaliers unter Vertrag stand, wurde in New York bereits darüber nachgedacht, ihn 2010 zu den Knicks zu holen, wenn er frei sein würde zu wechseln. Die Boulevardzeitungen schrieben darüber. Die Moderatoren im Sportradio konnten nicht aufhören, darüber zu sprechen. Eine Gruppe gut betuchter Knicks-Fans hatte sogar eine Website mit dem Namen „New York Gift Basket" eingerichtet, um LeBron mit einer eigenen Suite im Yankee-Stadion, Sitzplätzen am Spielfeldrand für Gloria James im Garden und einem Ferrari für LeBron zu ködern.

Während LeBron sich aufwärmte, sprach Knicks-Guard Stephon Marbury zum ersten Mal seit 49 Tagen mit Reportern. LeBrons ehemaliger Erzfeind in der Olympiamannschaft von 2004 hatte sich mit

Knicks-Cheftrainer Isiah Thomas überworfen. Auf die Frage, warum er seit anderthalb Monaten bei keinem Spiel mehr dabei gewesen sei, antwortete Marbury: „Kein Kommentar." Dann nahm Marbury in einem lachsfarbenen Mantel im Hahnentrittmuster auf der Knicks-Bank Platz. Sein Verhältnis zu Thomas war so schlecht geworden, dass Marbury in der Mannschaft keine Zukunft mehr zu haben schien.

LeBron ignorierte das Marbury-Spektakel, machte den Knicks die Hölle heiß und verblüffte die Fans mit einem Feuerwerk von zwanzig Punkten in der ersten Halbzeit. Darunter waren ein mächtiger beidhändiger Dunk, der für Aufregung sorgte, und ein Sprungwurf über mehr als zehn Meter, den er, bedrängt von zwei Verteidigern zu seiner Linken, mit der Schlusssirene abfeuerte. Die Menge tobte, als der Ball im Netz zappelte. In der zweiten Halbzeit legte LeBron noch einen drauf und kam auf fünfzig Punkte, zehn Assists, acht Rebounds und vier Steals. Als er 23 Sekunden vor Spielende vom Platz ging, spendeten ihm die Fans der Knicks stehend Applaus. Beflügelt hatte LeBron gerade die Bank erreicht, als ein Fan im LeBron-Trikot über das Spielfeld auf ihn zulief. Während sich die Sicherheitskräfte näherten, sagte der Fan zu LeBron, dass er seine Spielweise liebe und LeBron sein Lieblingsspieler sei. Geschmeichelt klatschte LeBron ihm ab und bedankte sich bei ihm, dann führte der Sicherheitsdienst den Fan ab.

LeBron konnte nicht ignorieren, wie berauschend es sich anfühlte, in New York zu spielen.

„Das bedeutet wegen des Ortes, an dem es passiert ist – im Mekka des Basketballs –, wirklich viel", sagte LeBron danach zu Reportern. „Ich habe davon geträumt, in dieser Stätte gut zu spielen. Standing Ovations in der größten Basketball-Arena der Welt zu bekommen, ist für mich ein wahr gewordener Traum. Es ist eines der besten Dinge, die mir je passiert sind."

Für Cavaliers-Besitzer Dan Gilbert waren LeBrons Worte ein Albtraum.

Aber die Knicks-Fans waren in Ekstase. LeBron Vertragsfreiheit konnte gar nicht schnell genug kommen.

***

LeBron hatte die Stadt bereits verlassen, als die *Vogue*-Ausgabe erschien. Das Cover hatte die Wirkung eines Blitzeinschlags. Es wurde sofort als rassistisch kritisiert. Der Medienkritiker des *Time Magazine* rügte die „animalische Pose von James, die an die Wildheit von King Kong zu erinnern schien und Stereotypen von schwarzer männlicher Aggression fortschrieb". Jemele Hill von ESPN ging in ihrer Kritik an LeBrons Darstellung noch weiter. „Er sieht bestialisch aus", sagte Hill. „Und falls jemand die Geschichte von King Kong studiert oder eines der Bilder aus dem Film gesehen hat, die Filmplakate – ich spreche von den alten, aus den Dreißigerjahren und so –, dieses Bild sieht genauso aus wie ein großer Teil der Bilder, die sie über King Kong veröffentlicht haben."

Einige Kritiker beharrten sogar darauf, dass Giseles Kleid die gleiche Farbe habe wie das Kleid, das die Schauspielerin Fay Wray anhatte, als King Kong sie in der Schlüsselszene des Filmes auf das Dach des Empire State Building trug. Jeder schien eine Meinung zu haben. „Ich war weniger von den Stereotypen beeindruckt als von ihrem erotischen Wert", schrieb der mit dem Pulitzerpreis ausgezeichnete Kritiker Wesley Morris. „Es ist ein heißes Bild, und was daran sexy ist, ist eher eine Frage der Berühmtheit als der Hautfarbe. Bündchen sieht nicht verängstigt aus. Sie sieht beschwingt aus. Und James sieht weder verrückt noch affenartig aus: Er sieht siegreich aus."

Rachel Johnson hielt die King-Kong-Vergleiche für unangebracht. Und sie war der Meinung, dass die Kritik die Unwissenheit derjenigen verdeutliche, die sich am lautesten beschwerten. Sie alle hatten den entscheidenden Punkt übersehen: LeBron hatte eine Barriere durchbrochen. Durch die Zusammenarbeit mit Jill Demling und den Aufbau einer Beziehung zu Anna Wintour hatte LeBron Johnson den Weg geebnet, ihn in Modehäuser auf der ganzen Welt zu bringen. „Es ergab sich eine riesige Chance", erklärte Johnson, „vor allem für schwarze Männer, diese Shows zu besuchen, weil es dort überhaupt keine Vielfalt gab."

Dank LeBron interessierten sich auch andere NBA-Spieler für Mode. Bald würde LeBrons Vorliebe für Designerkleidung auf die gesamte Liga übergreifen. Johnson begann, weitere NBA-Spieler in Modehäuser zu bringen. Währenddessen umwarb Anna Wintour weitere NBA-Spieler, damit sie sich für die *Vogue* ablichten ließen. Und innerhalb von drei Jahren nahmen NBA-Spieler jeweils den begehrten Platz neben Wintour bei ihrer jährlichen Laufstegshow in New York ein. Die Auswirkungen dieser Veränderungen waren in der gesamten Modeindustrie spürbar. „All diese Stereotype aus der Perspektive der Mode wurden für Männer aufgebrochen, und das hat den Weg bereitet, sodass über Männermode alles zugänglich wurde", sagte Johnson.

***

Die Boston Celtics beendeten die reguläre Saison 2007/2008 mit einem Ligabestwert von 66:16. Es war die größte Trendwende, die in der Geschichte der NBA in einer einzigen Saison erzielt worden war. Kevin Garnett wurde zum NBA-Defensivspieler des Jahres ernannt, Danny Ainge wurde NBA-Manager des Jahres. Eines war klar: Wenn die Cavaliers wieder in die NBA-Finals einziehen wollten, mussten sie gegen Boston bestehen.

Aber der Erstrundengegner der Cavaliers in den Play-offs waren die Washington Wizards. In Spiel 1 gab LeBron den Ton für die Serie vor, als er so hoch sprang, um einen Alley-Oop-Pass zu erreichen, dass sein Kopf über dem Korbrand war, als er den Ball schnappte und einlochte. „Das gibt's doch nicht!", rief der Kommentator. „Wie um alles in der Welt schafft er es, [das Ding] zu erwischen und zu versenken?"

Die Wizards waren kein Gegner für LeBron. Aber während der Serie setzte sich LeBron mit Shelley Smith von ESPN zusammen, die gerade an einem Beitrag über NBA-Spieler und politischen Aktivismus für *Outside the Lines* arbeitete. Es war ein Jahr her, dass LeBron von der Flüchtlingskrise in Darfur überrumpelt worden war. Und wenige Monate vor Beginn der Olympischen Spiele in Peking wurde die Kampagne zur Anklage Chinas wieder aufgenommen. Zwei Monate zuvor hatte sich Steven Spielberg als künstlerischer Berater für die Olympischen Spiele 2008 zurückgezogen, nachdem er ein Jahr lang erfolglos versucht hatte, den chinesischen Präsidenten Hu Jintao zu einer Intervention zu bewegen, um den Völkermord im sudanesischen Darfur zu stoppen. Spielberg sagte, sein Gewissen erlaube es ihm nicht, weiterzumachen wie bisher. „Die sudanesische Regierung trägt die

Hauptverantwortung für diese fortdauernden Verbrechen, aber die internationale Gemeinschaft und insbesondere China sollten mehr tun, um das andauernde menschliche Leid dort zu beenden", sagte Spielberg in einer offiziellen Erklärung. „Chinas wirtschaftliche, militärische und diplomatische Beziehungen zur sudanesischen Regierung bieten dem Land weiterhin die Möglichkeit und verpflichten es, auf einen Wandel zu drängen."

In China war man wütend über Spielbergs Haltung. Aber die Hollywood-Gemeinde lobte ihn. „Ein Mann wie Steven in einer solchen Position hat so viel Gewicht wie hundert andere Männer", sagte der Schauspieler Don Cheadle, der eine Darfur-Lobbygruppe namens Not on Our Watch mitbegründet hatte, der *New York Times.*

Die Frage war nun, ob LeBron der eine Mann in der Sportwelt sein würde, der Spielbergs Beispiel folgte. Shelley Smith befragte ihn zu dem Brief, um dessen Unterzeichnung ihn Ira Newble ein Jahr zuvor gebeten hatte.

„Niemand hat meine Version der Geschichte gehört", sagte LeBron. „Aber automatisch heißt es: ‚LeBron hat den Brief nicht unterschrieben. Es ist ihm egal.' Aber um zu versuchen, ein Bewusstsein für die Situation in Darfur und an anderen Orten zu schaffen, sollte ich in der Position, in der ich bin, darüber sprechen, und ich werde darüber sprechen."

LeBron war sich immer noch nicht sicher, was er sagen sollte, aber er hatte sich vorgenommen, etwas zu sagen. „Letztendlich", so erklärte er Smith, „geht es um die Menschenrechte. Und die Leute sollten verstehen, dass die Rechte und das Leben von Menschen in Gefahr sind. Wir reden hier nicht über Verträge. Wir reden nicht über Geld. Es geht um den Verlust von Menschenleben, und das bedeutet mir viel mehr als ein bisschen Geld oder ein Vertrag."

Kurz darauf schlugen die Cavaliers die Wizards. Es ging weiter nach Boston.

***

Die 27-jährige Lisa Taddeo hatte gerade ihren ersten großen Durchbruch als aufstrebende Romanautorin hinter sich. Der Chefredakteur von *Esquire*, David Granger, beauftragte sie daher, einen fiktionalisierten Bericht über Heath Ledgers letzte Tage zu schreiben, bevor er im Januar 2008 tot in seiner Wohnung in SoHo aufgefunden wurde. „Wenn man gestorben ist, wird es theatralisch wichtig, wie deine letzten Tage aussehen", begann Taddeos provokativer Text.

Gleich nach der Veröffentlichung ihres Artikels erhielt Taddeo eine E-Mail von ihrem Redakteur: „Willst du LeBron machen?"

LeBron? Taddeo wusste nichts über ihn, außer dass er ein großartiger Basketballspieler war. Sie wusste noch weniger über Basketball. Der Vorschlag klang einschüchternd.

Sie schickte eine Antwort an ihren Redakteur: „Klingt großartig."

Anlässlich des bevorstehenden 75-jährigen Jubiläums des Magazins arbeitete man bei *Esquire* an einer Sonderausgabe, in der die 75 einflussreichsten Menschen des 21. Jahrhunderts vorgestellt werden sollten. Die Tatsache, dass Taddeo keine Erfahrung als Sportjournalistin hatte, wurde als Vorteil angesehen. Taddeo war eine kreative Autorin, die es verstand, Menschen zum Reden zu bringen. Esquire wollte, dass sie ein intimes Porträt von LeBron zeichnete.

Taddeo lebte allein in New York City. Kurz nachdem sie den Auftrag erhalten hatte, fuhr sie quer durch die Stadt zum Hauptsitz der Zeitschrift im Hearst Tower, um LeBron zu treffen.

LeBron und Maverick gefiel das Konzept der *Esquire*-Jubiläumsausgabe. Das Magazin hatte den Bildhauer Lincoln Schatz beauftragt, etwas zu schaffen, das die 75 vorgestellten Persönlichkeiten miteinander verbinden sollte. Schatz baute einen drei mal drei Meter großen, durchsichtigen Kasten, der mit 24 Kameras ausgestattet war und digital Videos an 24 Computer übertrug. Er wurde „Cube" genannt. Jede der Berühmtheiten – von Jeff Bezos über Elon Musk bis hin zu Samantha Powers – wurde aufgefordert, eine Stunde im Inneren der gläsernen Struktur zu verbringen und etwas zu tun, das ihre Persönlichkeit und ihre Interessen repräsentierte. LeBron hatte sich entschieden, Musik von Jay-Z aufzudrehen und *NBA 2KB* auf der Xbox zu spielen.

Maverick vertrieb sich die Zeit mit *Esquire*-Mitarbeitern vor dem Cube, als Taddeo eintraf. Er erkannte sie als die Journalistin, noch bevor sie ihm vorgestellt wurde.

Fasziniert und leicht überwältigt stand Taddeo neben ihrem Redakteur und beobachtete LeBron durch das Glas. Nach einer Stunde stellte Maverick fest, dass sie auf LeBron warteten.

„Sie brauchen ihn draußen?“, fragte Maverick. „Ich werde ihn rausholen.“

Maverick klopfte mit den Fingerknöcheln gegen das Glas.

LeBron blickte auf.

„Yo, Bron, lass uns gehen“, sagte Maverick. „Es ist Zeit zu gehen.“

LeBron kam heraus.

„Das ist Lisa Taddeo“, sagte der *Esquire*-Redakteur. „Sie schreibt das Feature über Sie.“

„Schön, Sie kennenzulernen“, sagte LeBron und lächelte.

Mit ihren 1,55 Metern war Taddeo von LeBrons Größe beeindruckt. Sie war noch nie jemandem so nahe gewesen, der so groß war. Seine Größe verschlimmerte ihre Befangenheit. Er wird merken, dass ich keine Ahnung von Basketball habe, sagte sie sich. Ich muss ihm zeigen, dass man mit mir wenigstens Spaß haben kann.

Der Plan war, dass Taddeo ein Play-off-Spiel besuchen sollte, um LeBron in Aktion zu sehen. Nach der Saison würde sie dann nach Akron fahren und ein paar Tage mit ihm in seiner Heimatstadt verbringen. Ihr Ansprechpartner wäre Maverick. Alles lief über Maverick.

Auf dem Weg zu seinem nächsten Termin steuerte LeBron auf den Aufzug zu.

„Oh, ich fahre auch nach unten“, sagte Taddeo und drängte sich zwischen LeBron und ihren Redakteur.

Ein paar Stockwerke tiefer hielt der Aufzug an, die Türen öffneten sich, und ein weißer Mann mittleren Alters stieg ein.

LeBron nahm keinen Augenkontakt mit ihm auf, aber er merkte, dass der Mann ihn anstarrte.

„Sind Sie der, für den ich Sie halte?“, fragte der Mann.

„Ja“, platzte Taddeo heraus. „Und ich bin die, für die Sie mich halten.“

Der Mann sah sie verwirrt an.

LeBron lachte und schubste Taddeo spielerisch.

Taddeo wäre fast umgefallen. Mein Gott, ist der stark!, dachte sie. Aber es gefiel ihr. Sie hatte LeBron zum Lachen gebracht.

Taddeo ließ Maverick wissen, dass sie nach Boston kommen würde.

***

LeBron wusste, dass die Serie gegen die Celtics einer Schlacht gleichen würde. Der Kapitän des Teams, Paul Pierce, war einer der härtesten Fighter in der NBA, ein Mann, der vor niemandem zurückschreckte. Eines Abends im Jahr 2000 war Pierce in einem angesagten Bostoner Nachtclub in einen Streit mit einem Gangmitglied geraten. Der Gangster stach mehrfach auf Pierce ein. Dann stürzten sich fast ein Dutzend Männer mit ihren Messern auf Pierce. Ein Mann schlug Pierce eine Flasche gegen die Schläfe. Ein anderer prügelte mit einem Schlagring, an dem eine Klinge befestigt war, wiederholt auf Pierce ein, wobei er einen Lungenflügel durchstach und sein Herz nur um wenige Zentimeter verfehlte. Pierce wäre fast gestorben. Doch einen Monat nach dem Angriff verließ er das Krankenhaus und spielte beim Saisonauftakt der Celtics. An diesem Abend führte er die Scorerliste seines Teams an.

Pierce hatte sich immer darüber geärgert, dass so viele Spieler im NBA-Draft vor ihm ausgewählt worden waren. Jedes Mal, wenn er das Spielfeld betrat, spürte er die Last, sich beweisen zu müssen, auf seinen Schultern. Sein Spitzname war „Truth". Und er hatte nie besonders viel auf all die Auszeichnungen gegeben, die LeBron zuteilwurden, als er mit 18 Jahren in die Liga eintrat und den Spitznamen „King" erhielt. Während eines Spieles in LeBrons zweiter Saison ging Pierce mit ihm auf Tuchfühlung. Es wurde geschimpft. Die Dinge eskalierten. Und Pierce spuckte in Richtung LeBrons und der Bank der Cavaliers.

„Ich bin mir nicht sicher, ob ich jemanden getroffen habe", erinnerte sich Pierce später. „Aber ich habe in diese Richtung gespuckt. Und dann … entflammten sich einfach die Gemüter. Als Nächstes standen wir auf dem Gang. Es war kurz davor loszugehen."

Pierce hatte damals in einer schlechten Mannschaft gespielt. Jetzt waren die Celtics stinkreich. Und Truth wollte nichts so sehr, wie den King in einer Play-off-Serie zu besiegen, die über die Vorherrschaft in der Eastern Conference entscheiden würde.

In den ersten beiden Spielen in Boston, in denen die Celtics eine 2:0-Führung herausspielten, war LeBron von Verteidigern umzingelt. Wieder in Cleveland, besiegten die Cavs die Celtics in Spiel 3. In Spiel 4 nahm die Serie dann den Charakter eines Schwergewichtskampfes an. Als die Cavs in der ersten Halbzeit 39:33 führten, stürmte LeBron auf den Korb zu, um einen sicheren Dunk zu erzielen. Doch Pierce verfolgte ihn, foulte ihn hart von hinten und schlang seine Arme um LeBron. Unter Pfiffen und Buhrufen der Fans stürzten LeBron und Pierce aus dem Spielfeld und auf die Sitze unter dem Korb, direkt neben Gloria James. Als LeBron versuchte, sich zu befreien, und Pierce ihn weiter umklammert hielt, sprang Gloria von ihrem Sitz auf und schrie Pierce an. Die Fans brüllten Obszönitäten, die Schiedsrichter stürzten sich in das Handgemenge, und Kevin Garnett legte seine Arme um Gloria, um sie von Pierce fernzuhalten. Als sie ihn von sich stieß und Pierce weiter anschrie, rief LeBron ihr zu: „Setz dich auf deinen Arsch!"

„LeBron James und Paul Pierce können sich nicht ausstehen", sagte Kevin Harlan von TNT. „Absolut nicht! Diese Rivalität kocht über."

Während die Anfeindungen der Cleveland-Fans eskalierten und die Sicherheitskräfte anrückten, lösten sich die Spieler voneinander und gingen zurück auf das Spielfeld. LeBron ging dann auf Pierce zu, legte seinen Arm um ihn und tippte ihm auf die Brust, um zu sagen: „Es ist in Ordnung. Alles gut zwischen uns." Pierce nickte. Die Menge brüllte. Und das Spiel wurde fortgesetzt. Danach spielte LeBron wie ein Besessener. Gegen Ende des letzten Viertels, als sein Team mit sieben Punkten in Führung lag und sich die Menge von den Sitzen erhoben hatte, beschleunigte LeBron an Pierce vorbei und hielt direkt auf Garnett zu, sprang hoch und warf einen gewaltigen Dunk, der mit solcher Wucht durch den Ring ging, dass der Ball von Garnetts Brust abprallte und die Menge und die Kommentatoren in einen Rausch versetzte.

„LeBron James", rief Harlan, „hat den Cavaliers heute Abend ohne Rücksicht auf Menschenleben den größten Vorsprung verschafft."

LeBrons Monsterknaller gegen den NBA-Defensivspieler des Jahres war der Schlusspunkt in einem hart umkämpften Spiel. Mit finsterer Miene rannte LeBron das Spielfeld hinunter und in die Arme seiner

Mannschaftskameraden auf der Bank. Ein breites Lächeln huschte über sein Gesicht, während das Q bebte. Die Serie endete unentschieden mit 2:2.

Nach dem Spiel fühlte sich LeBron schlecht wegen dem, was er im Eifer des Gefechtes zu seiner Mutter gesagt hatte. Als die Medien ihn dazu befragten, gab er zu, dass er es bedaure. „Ich habe ihr in einer Sprache, die ich nicht hätte benutzen sollen, gesagt, sie solle sich hinsetzen", sagte er. „Gott sei Dank war heute nicht Muttertag. Ich musste immerzu an sie denken. ... Ich kenne meine Mutter. Aber es ist in Ordnung. Alles gut zwischen uns."

***

Die Cavs und die Celtics teilten die nächsten beiden Spiele auf, sodass Spiel 7 am 18. Mai 2008 in Boston stattfand. Da es um alles oder nichts ging, suchte die Organisation der Celtics nach einer Möglichkeit, Pierce einen Vorteil zu verschaffen. Und niemand inspirierte Pierce mehr als Tom Brady, der Held seiner Heimatstadt. Also arrangierte einer der Vizepräsidenten des Teams einen Sitzplatz für Brady am Spielfeldrand, direkt neben der Bank der Cavaliers. Die Absicht war, Pierce zu motivieren. Und es funktionierte. Aber Bradys Anwesenheit beflügelte auch LeBron, sodass es zu einem der größten Duelle in der Geschichte der NBA-Play-offs kam.

In der ersten Hälfte waren LeBron und Pierce für mehr als die Hälfte der insgesamt erzielten Punkte verantwortlich. Die Celtics führten 50:40. Pierce hatte 26 Punkte erzielt, LeBron 23 Punkte. In der Halbzeitpause gab Celtics-Trainer Doc Rivers einen einfachen Plan für die zweite Hälfte aus: Pierce den Ball in die Hände zu spielen und verdammt noch mal aus dem Weg zu gehen. Auch die Cavs griffen bei LeBron immer auf diesen Plan zurück, wenn es drauf ankam.

Im dritten Viertel sah es an einem Punkt so aus, als würden nur LeBron und Pierce gegeneinander spielen.

7:44 Pierce Dreipunktewurf aus acht Metern Entfernung – Treffer.

6:33 LeBron Jumper aus sieben Metern – Treffer.

6:17 Pierce Jumper aus gut fünf Metern – Treffer.

6:01 LeBron Dreipunktewurf aus acht Metern – Treffer.

5:23 Pierce Sprungwurf aus sechseinhalb Metern – Treffer.

So ging es immer weiter.

Pierce spielte das Spiel seines Lebens und erzielte 41 Punkte. LeBron beendete das Spiel mit 45 Punkten. Doch am Ende gab die Überlegenheit von Pierce' Mitspielern den Ausschlag. Er hatte die Stars Garnett und Allen an seiner Seite. LeBron hatte nur LeBron. Die Celtics setzten sich mit 97:92 durch und gewannen die Serie.

Nach dem Spiel, in den Katakomben des Bostoner TD Garden, hatte Cavaliers-Trainer Mike Brown Mühe, seine Emotionen unter Kontrolle zu halten, während er LeBrons übermenschliche Leistung zu würdigen versuchte. „LeBron wird in meinen Augen immer großartig sein", sagte er und brauchte eine Minute, um sich zu sammeln. „Er hat heute Abend ein verdammt gutes Spiel gemacht und versucht, uns über den Berg zu bringen."

LeBron zollte unterdessen seinem Rivalen Tribut. „Paul Pierce ist einer meiner Lieblingsspieler", sagte er. „Ich liebe es, gegen die Besten anzutreten, und Paul Pierce ist einer dieser Typen."

***

Für LeBron war die Niederlage gegen die Celtics ein Wendepunkt. Nachdem die Cavaliers im Vorjahr die NBA-Finals erreicht hatten, schafften sie es diesmal nicht einmal in die Eastern Conference Finals. Nach vier Jahren stetiger Fortschritte hatten die Cavaliers in LeBrons fünfter Saison einen Rückschlag erlitten. Währenddessen hatten die Celtics in einer Saison den Sprung vom schlechtesten Team der Eastern Conference zur NBA-Meisterschaft geschafft. Sie besiegten die Lakers im NBA-Finale.

Paul Pierce hatte neun Jahre lang darauf gewartet, dass die Celtics einige Stars holten, die ihm helfen konnten, sein Team an die Spitze zu führen.

So lange wollte LeBron nicht warten.

25

BEATS

Knallhart war das Wort, das ihr in den Sinn kam, als die Journalistin Lisa Taddeo LeBron in der Celtics-Serie spielen sah. Aber wie war er außerhalb des Spielfeldes? Um das herauszufinden, fuhr sie in der Nebensaison nach Akron.

Zeit mit LeBron zu verbringen, würde aber auch bedeuten, Zeit mit Maverick zu verbringen. Schon zu Beginn ihrer Arbeit an dem *Esquire*-Porträt war Taddeo zu dem Schluss gelangt, dass Maverick mehr als LeBrons Geschäftspartner war und eine viel wichtigere Rolle spielte: Er war LeBrons emotionaler Leibwächter. Maverick hatte seine Antennen ausgefahren. Je berühmter LeBron wurde, desto wachsamer war er. Kein Journalist sollte mit LeBron allein sein.

Maverick war geschickt darin geworden, Menschen zu durchschauen. Er wusste nicht viel über Taddeo. Aber er spürte, dass sie sich von den vielen männlichen Sportjournalisten unterschied, die im Laufe der Jahre versucht hatten, Zugang zu LeBron zu erhalten: Sie gab nicht vor, sich für Basketball zu interessieren. Ihr Fokus lag auf anderen Dingen. Und er mochte ihre Körpersprache. Das veranlasste ihn, seine Deckung fallen zu lassen und ihr zu erlauben, Dinge zu sehen und zu hören, die für Reporter normalerweise tabu waren.

Bei seinem jährlichen King for Kids Bike-a-Thon hatte LeBron Hunderte von Kindern auf Fahrrädern durch die Straßen von Akron geführt. Anschließend lud Maverick Taddeo ein, sich mit ihm, LeBron, Randy Mims und Dwyane Wade zu treffen. Wade, der Guard der Miami Heat, war in der Stadt, um LeBrons Wohltätigkeitsaktion zu unterstützen. Sie gingen in eine Kneipe und setzten sich an einen Ecktisch im hinteren Bereich.

Eines der Themen, für die sich Taddeo interessierte, war die Dynamik zwischen Frauen und mächtigen Männern. „Historisch gesehen", so bemerkte sie einmal, „haben sich mächtige Männer mit geifernder Gier ihre Freundinnen hauptsächlich so angeeignet, wie eine Hose Fusseln sammelt – eher zufällig. Bill Clinton seine Praktikantin. JFK seine Sekretärinnen und seine Stewardess." Was die Macht betraf, war ein Basketballspieler nicht auf der gleichen Ebene wie der Anführer der freien Welt. Aber was den Zugang zu Frauen anging, lebte ein Sportler von LeBrons Format in einer Welt voller Möglichkeiten, die selbst Präsidenten nicht besaßen. Sie fragte sich, wie LeBron mit all dem umging.

Als Journalistin war Taddeo immer gut darin gewesen, sich unauffällig zu verhalten. Aber mit LeBron und seinen Freunden war es eine größere Herausforderung als sonst. Durch das Geplänkel zwischen ihnen – laut und voller Insiderwitze – wurde Taddeo besonders bewusst, dass sie die einzige Frau am Tisch war. Dennoch wollte sie als einer der Jungs angesehen werden. „Ihr könnt über Weiber und Titten reden", sagte sie. „Das ist cool."

LeBrons Freunde konnten manchmal auch flirten. Vor allem Maverick. Taddeo beschrieb es als seine „Lothario-Energie". Aber LeBron war das Gegenteil. Taddeo sah LeBron nie mit jemandem flirten. Außerdem sah sie nie, dass LeBron seine Blicke wandern ließ, obwohl fast überall, wo er hinging, Frauen anwesend waren.

„Es gab nichts Sexuelles bei LeBron", bemerkte Taddeo. „Nicht nur mir gegenüber. Sondern gegenüber jeder der jungen Frauen, die in der Nähe waren. Und die Frauen um ihn herum schienen nicht einmal zu versuchen, seine Aufmerksamkeit zu erlangen. Es war, als wüssten sie, dass sie das nicht tun sollten."

Gleichzeitig behandelte LeBron Taddeo, als gehöre sie dazu. Wenn sie in seiner Nähe war, legte er Wert darauf, sie den Leuten in seinem Umkreis vorzustellen. Er ist so nett, dachte Taddeo. Aber er ist nicht nur nett zu mir. So ist er zu allen. Sie kam zu dem Schluss, dass er zu den Menschen gehörte, die sich nicht änderten, wenn sie immer erfolgreicher wurden. „Egal in welchem Rahmen ich ihn gesehen habe", sagte Taddeo, „nichts deutete darauf hin, dass er [Savannah] nicht völlig treu war. Nicht nur treu – jeder kann treu sein. Bei ihm war es einfach so, dass er sich auf sein Ziel konzentrierte: Ich werde der beste Spieler sein, der je gelebt hat. Also lasse ich mich durch nichts davon abbringen – weder durch Drogen noch durch Alkohol, noch durch Sex oder durch sonst irgendetwas."

Am letzten Abend, an dem Taddeo in Akron war, lud Maverick sie ein, mit ihm und den Jungs in einen Nachtclub zu gehen. Sie dachte darüber nach. Aber letztlich sagte sie ab. Sie war gerade dabei, die denkwürdige Einleitung zu ihrem Artikel zu schreiben:

> *Wie in einem urbanen Märchen erhebt sich der große schwarze König in seinem Glashaus von seinem Thron. Gut zwei Meter lang und 250 Pfund schwer, besitzt er eine pythonhafte Stärke und muss nur seinen Hals strecken, um höflich, behutsam und revolutionär die gläserne Decke zu durchbrechen.*

Obwohl sie keine Sportjournalistin war, wurde Taddeo für ihr LeBron-Porträt mit einem Preis für außergewöhnliche Sportreportagen ausgezeichnet.

***

Eines Abends im Jahr 2007 war LeBron gerade zu Hause, als sein Highschool-Kollege Romeo Travis auftauchte. Es war nicht ungewöhnlich, dass einer von LeBrons Teamkollegen unangekündigt vorbeikam. Sie waren in Verbindung geblieben. Aber dieses Mal war Romeo nicht allein gekommen. Er hatte Kristopher Belman mitgebracht, einen gebürtigen Akroner, den LeBron als „Kameramann" in Erinnerung hatte. So hatten LeBron und seine St.-V.-Kollegen Belman schon 2002 genannt. In jenem Jahr war Belman aus L. A. zurückgekommen, wo er an der Loyola Marymount Dokumentarfilm studierte. Eines seiner Kursprojekte bestand darin, einen zehnminütigen Kurzfilm zu drehen. In der Hoffnung, sich bei seinem Projekt auf die Basketballmannschaft von St. V. stützen zu können, wandte sich Belman an Coach Dru und erhielt die Erlaubnis, während LeBrons erster Highschool-Saison eine

Trainingseinheit zu filmen. Das Team fühlte sich so wohl mit Belman – er war nur ein College-Kid mit einer Kamera –, dass Coach Dru ihm erlaubte, auch weiterhin zum Training zu kommen. Belman drehte während LeBrons Junior- und Senior-Saison rund vierhundert Stunden an Filmmaterial, darunter viele Interviews mit LeBron und seinen Teamkollegen, die aufrichtig auf seine Fragen antworteten.

LeBron hatte vergessen, wie oft Belman bei ihnen gewesen war. Und er war überrascht zu erfahren, dass Belman so viel Filmmaterial angesammelt hatte.

Belman erklärte, dass er das Material nach dem College hatte verwenden wollen, um einen Spielfilm über LeBron, dessen Freunde und ihren Weg vom Jugendbasketball bis zur nationalen Meisterschaft in St. V. zu drehen, aber er hatte nur Angebote von Leuten erhalten, die das LeBron-Material kaufen wollten. Belman gab es jedoch nicht her, sondern tat sich mit einem ehemaligen College-Kommilitonen zusammen, um einen Dokumentarfilm mit dem Titel *More Than a Game* zu produzieren.

Romeo hatte ihn mitgebracht, weil er hoffte, dass LeBron sich ansehen würde, was Belman geschaffen hatte.

LeBron stimmte zu, und Belman zeigte ihm einen zwölfminütigen Clip.

Zwölf Minuten waren mehr als genug Zeit, um LeBrons Gedächtnis mit Erinnerungen an einen wichtigen Abschnitt seines Lebens zu füllen. „In Ordnung“, sagte er zu Belman. „Was auch immer du von mir brauchst, ich bin dabei.“

Was Belman am dringendsten brauchte, war ein Vertriebspartner. Niemand reagierte auf seine Anrufe. Und ohne Verleih würde Belmans Film nie im Fernsehen oder anderswo zu sehen sein. Wenn LeBron hinter dem Projekt steht, so dachte sich Belman, würden die Verleiher zu ihm kommen.

„Ich bin dabei“, sagte LeBron zu ihm. „Wir müssen das hinbekommen.“

Romeos Freundschaft zu LeBron war für Belman ein Gamechanger. Von einem Tag auf den anderen ging es los. Maverick wurde einbezogen. Genauso wie Paul Wachter. Und schon bald hatten sie eine Idee: LeBron würde den Film nicht nur unterstützen, sondern produzieren. Belmans

Bedarf bot ihnen die Gelegenheit, das LeBron-Geschäftsmodell weiter auszubauen.

Nach eingehender Prüfung gründeten LeBron und Maverick im Jahr 2008 die Film- und Fernsehproduktionsfirma SpringHill Entertainment. Sie wurde nach dem Wohnkomplex in Akron benannt, in dem LeBron als Teenager gelebt hatte. Maverick wurde der CEO. Und *More Than a Game* wurde das erste Projekt von SpringHill. LeBron brachte Jay-Z dazu, am Soundtrack mitzuarbeiten, und Maverick gewann einige von LeBrons Unternehmenspartnern, darunter Coca-Cola und State Farm Insurance, als Sponsoren des Filmes. Da der Film später im Jahr auf dem Toronto Film Festival uraufgeführt werden sollte, brauchten sie einen Verleih.

***

Es war drei Jahre her, dass Gloria auf Maverick losgegangen war, nachdem sie erfahren hatte, dass LeBron seinem Agenten kündigen würde. Aber seitdem hatten LeBron und Maverick einen weiten Weg zurückgelegt. Und Gloria feuerte sie an. Sie war besonders beeindruckt von den Menschen, die sie als Berater ausgewählt hatten. Und Maverick zollte gern Anerkennung, wo es angebracht war. Im Sommer 2008 wurden LeBron und Maverick auf ihrem jährlichen LRMR-Marketinggipfel in Akron zu ihrem Geschäftserfolg befragt. „Wisst ihr", erklärte Maverick den Zuhörern, „die Leute sagen uns: ‚Ihr seid wirklich schlau.' Aber nein. Wir haben einfach sehr kluge Leute um uns herum."

LeBrons kühnster Schritt als Unternehmer war es, Maverick zur Leitung von LRMR zu ermächtigen. Eine der attraktivsten Eigenschaften von Maverick war seine Bereitschaft, Wissenslücken zuzugeben. Er war stolz auf seine Fähigkeit zuzuhören und seine Bereitschaft zu lernen. Und er vergaß nie, dass LeBron die Show war und er selbst der Mann in der zweiten Reihe. Wenn Maverick mit LeBron zu einem Restaurant ging, das geschlossen hatte, wurden ihnen die Türen geöffnet, sie bekamen einen Platz und bekamen serviert, was immer sie wünschten. Aber wenn Maverick dasselbe Restaurant allein besuchen würde, hätte er keine Sonderbehandlung zu erwarten. Und das akzeptierte er.

Schließlich war Maverick nicht derjenige, der in einem Play-off-Spiel 48 Punkte erzielt hatte. Er war also der Meinung, dass er nicht die gleiche Behandlung wie LeBron verdiente.

LeBrons Vertrauen in Maverick zahlte sich durchweg aus. Nachdem er 2007 Mavericks Vorschlag, in ein Fahrradunternehmen zu investieren, gutgeheißen hatte, erlebte LeBron ein Jahr später den Glücksfall, dass Cannondale von Dorel Industries für rund zweihundert Millionen Dollar übernommen wurde. Zum Zeitpunkt des Verkaufs, Anfang 2008, besaßen LeBron und LRMR zehn Prozent des Unternehmens. Infolgedessen erzielte LeBron eine Rendite, die dem Vierfachen seiner Investitionssumme entsprach. Maverick profitierte ebenfalls und verdiente etwa 75.000 Dollar. Für Maverick war es die erste Erfahrung mit Kapitalerträgen, und er bedankte sich bei Paul Wachter, der ihnen Cannondale empfohlen und die Transaktion abgewickelt hatte.

Jetzt, da LeBron Maverick mit der Leitung von SpringHill beauftragt hatte, wollte Maverick sicherstellen, dass ihr Entertainment-Unternehmen einen guten Start hatte. In diesem Sinne schlug er vor, dass LeBron ein Buch schreiben sollte. Keine Autobiografie – dafür war es noch viel zu früh. Und keine Memoiren. Stattdessen hatte Maverick die Idee, dass LeBron eine begrenzte Coming-of-Age-Erinnerung verfassen könnte, die seine Highschool-Jahre abdeckte. Es könnte im Wesentlichen eine Ergänzung zu dem Dokumentarfilm sein. Wenn das Buch zusammen mit dem Film veröffentlicht würde, könnten sie sich gegenseitig beflügeln.

Aber LeBron brauchte einen Autor. Und nicht irgendeinen Autor. Maverick wollte jemanden beauftragen, der über die nötige Seriosität und Erfolgsbilanz verfügte, um mit LeBron zu arbeiten und das Profil des Buches zu schärfen. Ein Agent, dem LeBron und Maverick vertrauten, empfahl Buzz Bissinger, einen mit dem Pulitzerpreis ausgezeichneten Feuilletonisten von *Vanity Fair.* Bissingers bahnbrechendes Buch *Friday Night Lights* hatte sich über zwei Millionen Mal verkauft und wurde mit Billy Bob Thornton in der Hauptrolle verfilmt. Das Buch diente auch als Grundlage für eine Fernsehserie. Die gleichfalls *Friday Night Lights* betitelte Serie mit Kyle Chandler und Connie Britton in den Hauptrollen wurde auf NBC ausgestrahlt.

Bissingers Lebenslauf wies alles auf, was Maverick sich für LeBron wünschte. Also arbeitete Maverick mit Bissingers Agenten zusammen, und sie sicherten sich einen Vorschuss von etwa 2,5 Millionen Dollar für das Buch, den sich LeBron und Bissinger teilten. Der saftige Vorschuss wurde unter der Bedingung angeboten, dass LeBron und Bissinger die Geschichte gemeinsam in LeBrons Stil verfassen würden. Für den Erfolg war überdies entscheidend, dass sowohl LeBron als auch Bissinger sich bei Erscheinen des Buches in der Öffentlichkeit dafür einsetzten.

Bissinger hatte schon viele Bücher geschrieben, aber noch nie eines, bei dem er keine redaktionelle Kontrolle hatte. Doch die Gelegenheit, für LeBron zu schreiben, war zu lukrativ, um sie abzulehnen. Nach Vertragsabschluss flog er im Sommer 2008 nach Ohio, um LeBron kennenzulernen. Sie trafen sich auf dessen Anwesen, und Maverick schloss sich ihnen an.

Mit seinen 53 Jahren war Bissinger nicht leicht zu beeindrucken. Aber als er LeBron zum ersten Mal sah, war er voller Ehrfurcht. Aus athletischer Perspektive sah er aus wie der „Vitruvianische Mensch“ von Leonardo da Vinci. Oh Gott, dachte Bissinger. Er ist perfekt.

Aber er fragte sich, ob LeBron der Aufgabe gewachsen war, einen Bestseller zu schreiben. „Um ein Buch wie dieses zu schreiben, muss man viel Zeit investieren“, sagte Bissinger zu ihm. „Man muss in die Tiefe gehen.“

LeBron nickte. Aber er wusste nicht, was Bissinger unter „Tiefe“ verstand. Maverick auch nicht. Der Pulitzerpreis, den Bissinger gewonnen hatte, war für investigative Berichterstattung bestimmt. Bissingers Spezialität war es, zum Kern einer Person vorzudringen und eindringliche, schonungslose Porträts zu erstellen. In dieser Hinsicht war Bissinger für die Zusammenarbeit mit LeBron eine merkwürdige Wahl. Nicht dass LeBron etwas zu verbergen gehabt hätte. Aber LeBron war nicht daran interessiert, einen Journalisten tief unter der Oberfläche bohren zu lassen.

Doch Bissinger war geschickt. Und er brachte LeBron dazu, ein wenig über seine Mutter und seine Erziehung zu sprechen.

„Manchmal ging ich ins Bett und wusste nicht, ob sie am nächsten Morgen da sein würde“, erzählte LeBron ihm. „Manchmal habe ich sie ein paar Nächte lang überhaupt nicht gesehen. Ich hatte Angst, dass ich eines Tages aufwachen würde und sie für immer weg wäre."

Instinktiv wollte Bissinger weitere Fragen stellen. Aber er widerstand diesem Drang. Stattdessen rief er sich in Erinnerung, warum er dort war – damit LeBron sich wohlfühlte und um eine Arbeitsbeziehung aufzubauen. Also ließ es Bissinger langsam angehen.

***

Für Bissinger war es unter anderem wichtig, einige der Orte zu sehen, die in LeBrons Geschichte eine zentrale Rolle spielten. Also nahmen Maverick und LeBron ihn mit auf eine Tour durch Akron. Die drei stiegen in einen SUV. Maverick fuhr. LeBron nahm auf dem Beifahrersitz Platz und spielte den Reiseleiter. Bissinger saß auf dem Rücksitz und machte sich Notizen. Einer der Orte, die sie besuchten, war St. V. Obwohl es Sommer war und kein Unterricht stattfand, war die Turnhalle voll mit neun- und zehnjährigen Kindern, die an einem Trainingscamp teilnahmen. Als LeBron unangekündigt hereinkam, schrien die Kinder vor Freude und umschwärmten ihn.

LeBrons Augen weiteten sich, und er öffnete seine Arme. Die Kinder legten ihre Arme um seine Taille, als wäre er Daddy Warbucks.

Bissinger war bewegt. Was auch immer er mir verschweigt, dachte Bissinger, eines ist sicher – er ist ein guter Mensch. Diese Kinder lieben ihn wirklich.

Als sie durch Akron fuhren, bemerkte Maverick, dass sie fast kein Benzin mehr hatten. Er fuhr zu einer Tankstelle. Aber Maverick hatte seine Brieftasche nicht dabei. LeBron hatte auch keine Brieftasche dabei. Beide sahen Bissinger an.

Bissinger bezahlte das Benzin. Irgendwas stimmt hier nicht, dachte Bissinger ungläubig. Der geplagte Autor muss den Sprit für LeBron bezahlen, der Hunderte Millionen Dollar wert ist?

Bissinger bekam das Geld nie zurück.

An diesem Abend aßen LeBron und Maverick mit Bissinger zusammen. Danach spielten LeBron und Bissinger Videospiele. Bissinger war kein Gamer. Aber er war bereit, alles zu tun, um eine Verbindung zu LeBron herzustellen.

Gegen Ende seines Besuches wollte Bissinger noch sicherstellen, dass er den Zugang bekommen würde, den er zur Erfüllung seines Auftrags benötigte. Für ihn bedeutete das, sich mit Gloria zusammenzusetzen.

„Ich muss deine Mutter befragen", sagte Bissinger zu LeBron.

LeBron wusste, dass sie davon nicht begeistert sein würde.

Kurz nachdem Bissinger Akron verlassen hatte, erhielt er von Maverick die Nachricht, dass das Interview mit Gloria stattfinden konnte. Als Bissinger seine Fragen zusammenstellte, wurde ihm klar, dass es in Glorias Vergangenheit Dinge gab, die sich als heikel erweisen konnten. Also konzentrierte er sich auf Bereiche, von denen er annahm, dass sie ihr angenehm sein würden.

Wie war LeBron als Kind?

Wie waren seine Freunde?

Insgesamt hatte er etwa ein Dutzend Fragen, die er als „Softballs" bezeichnete. Letztendlich war dies LeBrons Buch, sagte sich Bissinger, und so machte es keinen Sinn, ihn als seinen Auftraggeber mit persönlichen Fragen zu beleidigen, die seine Mutter kränken würden.

Doch als Bissinger nach Akron zurückkehrte und sich mit Gloria zusammensetzte, wurde ihm schnell klar, dass das Gespräch kontrovers verlaufen würde. Gleich zu Beginn bestand Gloria darauf, das Interview aufzunehmen. Sie war nicht nur misstrauisch, sondern auch völlig unkooperativ. Sie lehnte es ab, auch nur eine seiner einfachen Fragen zu beantworten. Abrupt beendete Bissinger das Gespräch. „Das reicht", sagte er frustriert.

Gloria schien überrascht, als er das Interview abbrach.

„Es war das schwierigste Interview, das ich je geführt habe, wirklich unangenehm", erinnerte sich Bissinger. „Sie hat nur LeBron zuliebe überhaupt mit mir gesprochen. Es war einfach schlimm. Ich hatte das Gefühl, dass sie für das Buch eine wichtige Stimme sein würde. Aber es funktionierte einfach nicht."

Bissinger war auch deshalb entmutigt, weil er LeBron nicht so kennenlernen konnte, wie er es sich erhofft hatte. Trotz seiner Bemühungen hatte er Schwierigkeiten, eine Beziehung zu ihm aufzubauen. Und er kam zu dem Schluss, dass es nicht LeBrons Idee gewesen war, das Buch zu schreiben. LeBron schien eher an der Unterstützung für seinen Dokumentarfilm interessiert zu sein als an dem Buch. Insgesamt verbrachte Bissinger etwa zehn Stunden mit LeBron.

Er war frustriert, weil er sich stattdessen stark auf LeBrons Highschool-Kollegen verlassen musste.

„Sie werden mit Ihnen reden", versicherte ihm Maverick.

Bissinger unterhielt sich gern mit Maverick. Durch ihn erfuhr er mehr über LeBron als durch LeBron selbst. Irgendwann sagte Maverick zu Bissinger: „LeBron hasst es, allein zu sein."

Bissinger war sich nicht sicher, was Maverick zu dieser Aussage veranlasst hatte. Aber dieses Faktum ließ ihn aufmerken. Einerseits offenbarte es LeBrons Verletzlichkeit und erklärte einige seiner Aktivitäten. Auf der anderen Seite flößte es Bissinger einen tieferen Respekt vor Gloria und ihrer Entscheidung ein, LeBron als kleinen Jungen in einer Familie unterzubringen. Ihr war klar, dass er zu einer Familie gehören musste, folgerte Bissinger. Das hat LeBron das Leben gerettet. Da lernte er, wie man lebt. Wie man teilt. Wie man Teil einer Familie ist. Wie man Verantwortung trägt.

Je länger er darüber nachdachte, desto mehr hatte Bissinger das Gefühl, dass Gloria größere Anerkennung verdiente, als ihr zuteilwurde. Er wünschte sich nur, dass er diesen Aspekt von LeBrons Geschichte näher beleuchten könnte. Aber er war viel zu tief vergraben.

***

Als Olympia-Teamkollegen freundeten sich LeBron und Kobe an. Bei einem der ersten Trainingsprogramme des Teams USA vor der Abreise nach Übersee lagen alle Teammitglieder in einem Kreis auf dem Center Court und dehnten sich. LeBron imitierte den Sprecher, der in Peking die Startaufstellung bekannt geben würde.

„Nummer zehn", sagte er mit tiefer Stimme, „aus Philadelphia, Schrägstrich Italien."

Alle Spieler – Carmelo Anthony, Dwyane Wade, Chris Bosh, Jason Kidd – fingen an zu lachen. Sie alle wussten, dass Kobe einen Teil seiner Kindheit in Italien verbracht hatte.

„Der Scorer", fuhr LeBron fort, und seine Stimme wurde noch tiefer, „Schrägstrich Mamba, Ko-Bee Bryant … Bryant … Bryant."

Auch die Trainer lachten sich kaputt. Nicht einmal Kobe konnte ernst bleiben. Mit LeBron machte Basketball Spaß. Die Stimmung rund um das US-Team war völlig anders als im Jahr 2004.

Während LeBron mit den anderen Olympiateilnehmern im Trainingslager war, traf sich Maverick in Los Angeles mit dem legendären Musikmogul Jimmy Iovine, dem Gründer von Interscope Records. Iovine war gerade dabei, mit Dr. Dre ein Unternehmen namens Beats by Dre zu gründen. Das Konzept hinter der Start-up-Idee war die Entwicklung von Kopfhörern, die Klang in Studioqualität wiedergaben. Iovine ließ Maverick einen Kopfhörer ausprobieren.

Maverick war ein ziemlich guter Musikkenner. Aber er hatte Musik noch nie so gehört, wie sie durch die von Dr. Dre designten Kopfhörer klang. Offensichtlich war es keine Übertreibung, wenn Iovine Beats als revolutionäres Produkt bezeichnete.

Zu diesem Zeitpunkt war Beats by Dre noch nicht auf dem Markt. Aber Maverick hatte eine Idee. Er bat Iovine um 15 Exemplare. „Pass auf, was ich mit ihnen mache", sagte er zu Iovine.

LeBron war im Begriff, mit seinen Olympia-Kollegen nach Übersee zu fliegen, als Maverick ihm die Beats übergab. Anschließend drückte LeBron jedem seiner Teamkollegen einen Kopfhörer in die Hand. Als sie auf dem Flughafen in Peking das Flugzeug verließen, trugen alle Spieler Beats by Dre. Ein Video von LeBron und Kobe mit den gleichen Kopfhörern ging um die Welt. Es war ein modisches Statement und ein meisterhafter Marketingcoup, der Iovine beeindruckte und davon überzeugte, dass er und Dr. Dre mit LeBron und Maverick zusammenarbeiten sollten.

***

Kaum hatten sich LeBron und Kobe in Peking eingelebt, als sie mit politischen Fragen zu China und Darfur konfrontiert wurden. Zu Beginn des Sommers hatte LeBron angedeutet, dass er mehr über Darfur sagen werde. Doch am 5. August 2008 hob China das Visum des ehemaligen olympischen Eisschnellläufers Joey Cheek auf, der sich gegen die chinesische Regierung ausgesprochen hatte. Am folgenden Tag standen Kobe und LeBron Reportern gegenüber. Als Kobe gefragt wurde, ob er etwas zu Darfur zu sagen habe, war seine Antwort knapp. „Nein, eigentlich nicht", sagte er.

LeBron wurde dieselbe Frage gestellt.

„Die grundlegenden Menschenrechte sollten immer geachtet werden", sagte LeBron. Dann fügte er hinzu: „Man darf Sport und Politik nicht verwechseln."

Kobe hatte wesentlich mehr Erfahrung als LeBron, wenn es um den Umgang mit Kontroversen ging. Und er hatte keine Skrupel zu schweigen. Aber angesichts der Lage in Darfur hatte sich LeBron zum ersten Mal mit einer politisch brisanten Menschenrechtsfrage auseinandergesetzt. Nach mehr als einem Jahr wusste er immer noch nicht, wo er in dieser Sache stand, und die Situation verfolgte ihn weiter. LeBron war noch so unerfahren, dass er sich an Kobe orientierte, aber er ließ sich auch von Coach K. beeinflussen. Als ihn ein Reporter unter Druck setzte, sagte er: „Wir sind hier, um Gold zu holen. Sport und Politik passen einfach nicht zusammen."

Zur selben Zeit wehrte sich Coach K. gegen einen Reporter, der an einem Artikel arbeitete, in dem die Frage gestellt wurde, ob Kobe und LeBron sich zu Darfur äußern würden. „Warum sollte man sie danach fragen?", sagte Coach K. zu dem Reporter. „Sie sind keine Experten."

Als der Reporter andeutete, Kobe und LeBron gingen dem Thema aus dem Weg, hielt Coach K. dagegen. „Es geht nicht darum, dem Thema aus dem Weg zu gehen", sagte er. „Es geht darum, sich auf ein Thema zu konzentrieren. Ich hoffe, dass die Leute das respektieren."

Laut Coach K. sollte der Fokus auf dem Image der US-Mannschaft liegen, die 2004 als ein Haufen egoistischer Primadonnen aufgetreten war. Um diesen Ruf zu überwinden, sollten sie sich kollegial verhalten und unermüdlich auf das Ziel konzentriert bleiben, Gold zu gewinnen. Die Spieler hatten sich den Spitznamen „Redeem Team" zu eigen gemacht. Und mit Kobe als Mannschaftskapitän waren sie nicht nur auf den Sieg aus. Sie waren entschlossen, ihre Gegner vernichtend zu schlagen.

In der ersten Runde schlug das Team USA China und gewann mit 31 Punkten Vorsprung. Und danach gab es kein Halten mehr. Das amerikanische Team gewann sieben Spiele in Folge mit durchschnittlich dreißig Punkten Vorsprung. Aber in der Goldmedaillenrunde hielt Kobe trotzdem nichts für selbstverständlich. Das Team USA traf auf die spanische Mannschaft, in der Kobes Lakers-Teamkollege Pau Gasol antrat. Zwei Monate zuvor hatten Kobe und Gasol gemeinsam in den NBA-Finals gegen die Celtics gespielt. Aber jetzt trugen sie gegnerische Trikots. Und Kobe wollte von Anfang an den Ton angeben. Er versammelte seine Mannschaftskameraden.

„Beim ersten Spielzug der Partie weiß ich, was sie vorhaben“, sagte Kobe. Er hatte seinen Gegner studiert und wusste, dass Spanien eine Reihe von Blocks aufstellen würde, damit der Werfer freie Schussbahn hatte. „Pau wird der letzte Block sein. Und ich renne diesen Mistkerl um.“

„Mann, du spinnst“, sagte LeBron. „Das ist dein Teamkollege. Das wirst du nicht tun.“

Weniger als zwei Minuten nach Beginn des Spieles stellte sich Gasol als Block auf. Anstatt Gasol zu umkurven, rannte Kobe mit solcher Wucht gegen ihn, dass Gasol umgerissen wurde und auf dem Rücken landete. Kobe starrte auf ihn herab, bevor er wegging.

Oh Gott!, dachte LeBron. Wir werden dieses Spiel auf keinen Fall verlieren. Wir sind kurz davor, Spanien zu verprügeln.

Für LeBron war dieser Moment ein Wendepunkt. Er neigte dazu, den Korb zu attackieren, nicht die gegnerischen Spieler. Aber die Aggression von Kobe veränderte seinen Ansatz. LeBron sah, wie Kobe auf Gasol herabblickte, und dachte: Bei diesem Typ dreht sich alles ums Gewinnen.

Das Team USA setzte sich gegen Spanien durch. Als Kobe kurz vor Schluss mit einem Freiwurf traf, der den 118:107-Sieg des Teams USA besiegelte, war LeBron der erste Mannschaftskamerad, der ihn an der Foullinie begrüßte, ihm auf die Brust schlug und brüllte. Gesänge mit „USA, USA“ erfüllten die Arena.

Bei der Pressekonferenz nach dem Spiel betrat die gesamte amerikanische Mannschaft mit verschränkten Armen den Raum. „Alle reden immer davon, dass NBA-Spieler egoistisch, arrogant und eigenwillig sind“, sagte Kobe. „Was man heute gesehen hat, war ein Team, das zusammenhält, sich den Widrigkeiten stellt und mit einem großen Sieg vom Platz geht.“

LeBron verließ China mit einer völlig anderen Sichtweise als nach der Olympiade in Griechenland vier Jahre zuvor. Dadurch dass er für Coach K. spielte und Teil einer so eng verbundenen Gruppe von

Spitzenspielern war, die sich gemeinsam dem Sieg verschrieben hatten, war LeBrons Einstellung verändert worden. Er hatte bereits realisiert, dass er stärkere Unterstützung brauchen würde, um in Cleveland eine NBA-Meisterschaft zu gewinnen. Nun konnte er sich des Eindruckes nicht erwehren, dass einige seiner Mitspieler aus dem Team USA ideale NBA-Teamkollegen sein würden. Insbesondere fühlte er sich zu seinem Freund Dwyane Wade und seinem Teamkollegen Chris Bosh hingezogen. Die drei hatten auf dem Platz einen guten Draht zueinander entwickelt. Auch abseits des Spielfeldes freundeten sie sich an. Und alle drei wären im Jahr 2010 frei, den Club zu wechseln. LeBron beschloss, das im Hinterkopf zu behalten.

***

LeBron weinte nur selten. Aber er hatte Tränen in den Augen, nachdem er Anfang September beim Toronto International Film Festival mit seinen St.-V.-Mannschaftskameraden und -Trainern *More Than a Game* gesehen hatte. Er umarmte seine Freunde, die gleichfalls feuchte Augen hatten. Später an diesem Abend gingen LeBron und Maverick mit Jimmy Iovine essen. Sie hatten viel zu feiern und viel zu besprechen. Dank Maverick und LeBron hatte Beats by Dre in China einen enormen Bekanntheitsgrad erreicht. Iovine war so beeindruckt, dass er LeBron und Maverick eine Beteiligung an dem Start-up anbot. Iovine und Dr. Dre beschlossen sogar, eine eigene Produktlinie für LeBron zu entwickeln, genannt PowerBeats. Und LeBron plante, Beats-Kopfhörer an alle seine Teamkollegen bei den Cavs zu verschenken. Schon bald wollte jeder Spieler in der NBA ein Exemplar haben.

Das war noch nicht alles. Dank der Beteiligung von SpringHill an *More Than a Game* konnte Lionsgate als Verleih gewonnen werden. Und Iovine und Interscope Records hatten den Film gemeinsam mit SpringHill produziert.

Für LeBron passierte so viel in so kurzer Zeit – eine Goldmedaille in China, eine erfolgreiche Filmpremiere in Toronto, eine Partnerschaft, die SpringHill mit Lionsgate ins Geschäft bringen würde, und eine neue Geschäftsmöglichkeit mit Jimmy Iovine, einer der innovativsten Persönlichkeiten in der Musikindustrie.

Da LeBron sich in der Welt der Musik, des Filmes, des Fernsehens und der Mode weiter vorwagte, begannen seine neuen Freunde, ihn mit der Politik in Kontakt zu bringen. Nachdem er Toronto verlassen hatte, reiste LeBron mit Savannah nach New York, wo David Lauren eine Cocktailparty für die LeBron James Family Foundation im Ralph Lauren Store in New York City veranstaltete. Es war eine hochkarätige Veranstaltung, an der Sportler, Künstler und Fernsehpersönlichkeiten von Jay-Z über Charlie Rose bis hin zu Serena Williams teilnahmen, die gerade zum dritten Mal die US-Open gewonnen hatte. Sogar Anna Wintour kam vorbei, um LeBrons und Savannahs Bemühungen zu unterstützen, das Bewusstsein für die Bedürfnisse von Kindern aus Familien mit geringem Einkommen zu schärfen. Doch in aller Munde war in New York der Name von Barack Obama, der für das Amt des US-Präsidenten kandidierte. Weniger als einen Monat vor dem Wahltag lag der 47-jährige Senator aus Illinois in den Umfragen vor dem republikanischen Senator John McCain. Die Aussicht, dass Amerika seinen ersten schwarzen Präsidenten wählen würde, versetzte die Leute auf LeBrons und Savannahs Party in Aufregung.

Nur wenige Menschen waren von Obamas Kandidatur so angetan wie Jay-Z. Bevor Obama angetreten war, hatte Jay-Z nie darüber nachgedacht, dass ein Schwarzer Präsident werden könnte. „Wenn man in meiner Kindheit einem Schwarzen aus dem Ghetto gesagt hätte, dass er Präsident werden kann", so Jay-Z, „hätte der nur zurückgegeben: ‚Bist du verrückt?'" Aber durch Obama sah Jay-Z das aus einem neuen Blickwinkel und war stolz auf Amerika. Für ihn war der Wendepunkt im April 2008 gekommen, als Senatorin Hillary Clinton, die Obama damals bei der Nominierung der Demokraten herausforderte, diesen in einer Fernsehdebatte kritisierte. Am nächsten Tag hielt Obama eine Rede und sagte, er sei von Clintons Angriffen nicht überrascht. „Wenn man für die Präsidentschaft kandidiert", sagte Obama der Menge, „muss man damit rechnen. Man muss es nur irgendwie zulassen …" Er hielt inne und strich sich mit der Hand imaginären Schmutz von den Schultern. Es war eine Anspielung auf Jay-Zs Song *Dirt off Your Shoulder*. Die Menge jubelte. „Ihr wisst schon", sagte Obama und wischte sich die andere Schulter ab. „Ihr wisst schon."

Als Jay-Z das sah, sagte er sich: „So etwas gibt es nicht auf der Welt. Das passiert in Amerika nicht." Aber es passierte. Jay-Z schwor sich, alles in seiner Macht Stehende zu tun, um die Menschen für Obama zu gewinnen und zur Stimmabgabe am Wahltag zu motivieren. Und Jay-Z wollte, dass LeBron ihm dabei half. Er erzählte LeBron, dass er sich verpflichtet habe, eine Reihe von kostenlosen Konzerten in Detroit, Miami und Cleveland zu geben. Der Zweck dieser Shows war es, dass die Menschen sich registrieren ließen, um für Obama stimmen zu können.

LeBron stimmte mit Jay-Zs langjähriger Ansicht überein, dass ein schwarzes Kind nur dann aus den Armenvierteln herauskommen könne, wenn es Rapper oder Basketballstar werde. Aber Obama hatte Jay-Z inspiriert, und Jay-Z übertrug diese Begeisterung auf LeBron.

Nach der Benefizveranstaltung in New York spendeten LeBron und Savannah zwanzigtausend Dollar an ein Komitee zur Unterstützung von Barack Obama. Es war das erste Mal, dass sie Geld für eine Präsidentschaftskampagne beisteuerten. Am 23. Oktober betrat LeBron die Bühne des voll besetzten Q in Cleveland, bekleidet mit schwarzen Jeans, einer schwarzen Mütze und einer schwarzen Lederjacke über einem schwarzen T-Shirt mit der Aufschrift: WÄHLEN. Die Arena der Cavaliers war mit Menschen gefüllt, die Jay-Z bei seinem Konzert Last Chance for Change hören wollten. Als LeBron die Anwesenden begrüßte und ihre Aufmerksamkeit auf eine riesige Videoleinwand lenkte, auf der eine Rede von Barack Obama bei einer Kundgebung in Florida live übertragen wurde, brachen sie in Begeisterung aus.

Die Menge im Q war still, als Obama über seine Erziehung sprach.

Am Ende von Obamas Rede sagte LeBron zu der Menge: „Ich möchte, dass alle hier drin, Mütter, Väter, Tanten, Onkel, wählen gehen. Der 4. November ist der wichtigste Tag in unserem Leben. Alle hier drin, geht mit eurer Familie wählen."

Die Menge jubelte.

„Ihr wisst, für wen ich stimme", sagte LeBron. „Ich stimme für Obama."

In der Arena wurde es dunkel. Jay-Z betrat die Bühne. Ein Scheinwerfer leuchtete ihn an.

„Rosa Parks blieb sitzen, damit Martin Luther King marschieren konnte“, erklärte Jay-Z der Menge. „Und Martin marschierte, damit Obama kandidieren kann. Obama kandidiert, damit wir alle Flügel bekommen. Also lasst uns fliegen!“

Die Musik begann zu pulsieren. LeBron fing an zu rappen. Und Jay-Z brachte das Gebäude zum Beben. Nach seiner ersten Nummer rief Jay Z alle dazu auf, frühzeitig zu wählen. „Wir sind heute Abend hier, um Spaß zu haben“, sagte Jay-Z. „Aber es steht eine wichtige Wahl an. Wir, die Jugend, werden ihnen unsere Macht zeigen.“ Dann rappte er ein paar neue Zeilen:

Fuck talking 'bout the recession, it's just depressin'
I rock with Obama, but I ain't no politician

Innerhalb weniger Monate war LeBron von der Aussage, dass Sport und Politik nicht zusammenpassen, zu Wahlkampfspenden übergegangen und nutzte seine Starpower, um Wähler für Obama zu mobilisieren.

Jetzt gab es kein Zurück mehr.

26

WUNDER SIND NICHT GENUG

Buzz Bissinger hatte ein Jahr seines Lebens damit verbracht, LeBrons Geschichte zu schreiben. Da er auf LeBrons Feedback gespannt war, schickte er ihm und Maverick einen Manuskriptentwurf zum Lesen. Dann kehrte Bissinger nach Ohio zurück, um den Text mit ihnen zu besprechen. Sie versammelten sich an LeBrons Küchentisch, wo sich auch Coach Dru Joyce zu ihnen gesellte, der das Manuskript ebenfalls gelesen hatte.

Maverick, der sich in seinem ausgedruckten Exemplar Notizen gemacht hatte, leitete die Diskussion und machte eine Reihe intelligenter Änderungsvorschläge, von denen die meisten kontextbezogen waren. Coach Dru fügte einige wichtige Details hinzu und wies auf kleinere sachliche Ungenauigkeiten hin.

Bissinger hatte damit gerechnet, dass LeBron ihn bitten würde, einige Dinge aus dem Manuskript zu streichen – vielleicht die Erwähnung des Kiffens oder andere heikle Themen aus seiner Jugendzeit.

Aber LeBron hatte kein Problem mit dem, was Bissinger geschrieben hatte. Einen Punkt sollte Bissinger jedoch hinzufügen – die Tatsache, dass die Verwaltung von St. V. nicht hinter ihm gestanden hatte, als er beschuldigt worden war, während seines Abschlussjahres Vintage-Trikots angenommen zu haben. „Mein Gott", sagte LeBron. „Ich habe viel für diese Schule getan. Zumindest hätten sie mich in dieser traumatischen Phase, als ich sie brauchte, unterstützen können."

Bissinger wurde klar, dass sich LeBron durch diesen sechs Jahre zurückliegenden Vorfall immer noch verletzt fühlte. Er versprach, die Episode und LeBrons diesbezügliche Gefühle in die Erzählung aufzunehmen.

„Ich habe nur eine Frage", sagte LeBron. „Wer ist Attila der Hunne?"

Bissingers Hoffnung auf ein substanzielles Feedback von LeBron war enttäuscht worden. Er hatte einen Hinweis auf den berüchtigten Herrscher des Hunnenreichs eingefügt, der bis zu seinem Tod im Jahr 453 nach Christus einer der gefürchtetsten Feinde des Römischen Reiches war. Aber zu diesem Zeitpunkt hatte Bissinger keine Lust mehr auf Erklärungen.

„Das ist nicht wichtig", sagte er. „Ich nehme ihn raus."

LeBron bekam nicht mit, wie frustriert Bissinger war. Er wollte auch nicht unhöflich sein. Er engagierte sich einfach viel mehr für den Dokumentarfilm als für das Buch. Und er hatte keine Vorstellung davon, wie viel Arbeit mit dem Schreiben eines Buches verbunden ist. Er wusste auch nicht zu schätzen, dass Bissinger genauso stolz auf sein Handwerk war wie er selbst auf seines.

Nachdem er das Manuskript Seite für Seite durchgegangen war – was etwa fünf Stunden dauerte –, bedankte sich Bissinger bei allen für die Anregungen. Maverick war er besonders dankbar. Aber Bissinger war sich immer noch nicht sicher, wie LeBron die Sache sah.

„Also, was hältst du von dem Buch?", fragte Bissinger.

„Das Buch ist gut", sagte LeBron.

Bissinger wartete darauf, dass er näher darauf einging.

Doch LeBron sagte nichts weiter dazu.

Er ist zu jung, um ein Buch zu schreiben, sagte Bissinger zu sich selbst. Er hat sein ganzes Leben in einer Blase verbracht. Wie reflektiert kann er in diesem Alter schon sein – auch wenn er einiges durchgemacht hat?

Nachdem er von der Reise nach Akron an seinen Schreibtisch zurückgekehrt war, arbeitete Bissinger die von Maverick und Coach Dru vorgeschlagenen Änderungen ein. Dann lieferte er das Manuskript bei seinem Verleger ab.

„Ich bin imstande, bei Menschen ziemlich tief unter die Oberfläche vorzudringen", erklärte Bissinger. „Aber bei LeBron bin ich nicht über die erste Schicht hinausgekommen. Ich konnte die Tür zu ihm nicht öffnen."

***

Seit LeBrons Highschool-Zeit hatte sich *60 Minutes* interessiert gezeigt, einen Beitrag über ihn zu drehen. LeBron war nicht begeistert davon. Er schaute die Nachrichtensendung nie. Und als seine Karriere in Gang kam, äußerte sein Pressesprecher Bedenken wegen des Rufes der Sendung, knallharte Interviews zu machen. Doch zu Beginn der Saison 2008/2009 erklärte sich LeBron schließlich bereit, dem Korrespondenten Steve Kroft einige Zeit zu widmen, wobei es sich eher um ein Promi-Porträt als um ein ausführliches Interview handeln sollte. Als Kroft in Akron ankam, brachte ihn LeBron zu seiner Highschool. In Straßenkleidung und mit einem Basketball in der Hand zeigte LeBron ihm gerade die Sporthalle von St. V., als Kroft fragte: „Sind Sie auch nur in der Nähe Ihres Karrieregipfels angekommen?"

Die Frage war nicht sehr eindringlich. Aber LeBron wollte nicht näher auf seine Ambitionen eingehen – er war noch lange nicht am Gipfel angekommen. Stattdessen sagte er:

„Ich glaube nicht, dass ich noch einen langen Weg vor mir habe. „Aber es wird noch einen ein wenig Entwicklung erfordern."

Kroft betrachtete den Ball in LeBrons Hand. „Wollen Sie damit etwas anstellen?", fragte er lächelnd.

LeBron schaute auf den Korb am anderen Ende der Sporthalle. Dann schoss er einen Unterhandwurf ab, als ob er einen Softball werfen würde. Der Ball flog fast zwanzig Meter und ging durchs Netz, ohne den Ring zu berühren.

Kroft konnte es nicht fassen. „Wie oft können Sie das wiederholen?"

LeBron lächelte. „Just one take, baby. Just one take."

Für Kroft war es unterhaltsam, LeBrons magische Fähigkeiten zu beobachten und sich mit dem Gedanken zu beschäftigen, dass er noch lange nicht an seinem Höhepunkt angelangt war, aber es war schwer zu begreifen. In der Saison 2008/2009 war er dominanter als je zuvor. Er wurde zum ersten Mal MVP der NBA und führte die Cavaliers zu 66 Siegen, die beste Gesamtbilanz der Liga. In der Western Conference führte Kobe die Lakers zu 65 Siegen. LeBron und Kobe waren eindeutig die beiden besten Spieler der Welt, und es schien, als wären sie für ein Kopf-an-Kopf-Duell in den NBA-Finals prädestiniert.

Die Cavaliers besiegten die Pistons in der ersten Runde der Playoffs und schlugen die Atlanta Hawks in der nächsten Runde. LeBron hatte erwartet, dass er in den Eastern Conference Finals auf die Celtics treffen würde. Doch die Celtics, von Verletzungen geplagt, wurden von den Orlando Magic geschlagen, einem Team, das von All-Star-Center Dwight Howard angeführt wurde, der bei den Olympischen Spielen an LeBrons Seite gespielt hatte.

Nachdem Paul Pierce und die Celtics aus dem Weg geräumt waren, schien der Weg für LeBron und die Cavaliers in die NBA-Finals frei zu sein. In Spiel 1 der Eastern Conference Finals in Cleveland dominierte LeBron, verwandelte zwanzig seiner dreißig Korbwürfe und erzielte 49 Punkte. Doch die Magic schockten die Cavaliers, indem sie mit einem Punkt Vorsprung gewannen. In Spiel 2 verspielten die Cavaliers dann eine 23-Punkte-Führung, sodass die Magic sich zurück ins Spiel kämpfen konnten und eine Sekunde vor Schluss mit 95:93 in Führung gingen.

Da die Cavs kurz davor waren, in der Serie mit 0:2 in Rückstand zu geraten, hielt es im unteren Bereich des Q niemanden mehr auf den Sitzen. Nach einer Auszeit nahm LeBron seinen Platz an der Spitze des Drei-Sekunden-Raums ein und wartete darauf, dass der Schiedsrichter den Ball an Mo Williams, den Point Guard der Cavaliers, zum Einwurf übergab. Als Junge hatte LeBron sich in der Sporthalle auf diesen Moment vorbereitet und Tausende von Würfen in der letzten Spielsekunde geübt. Er hatte sich sogar den Verteidiger vorgestellt und das Ertönen des Buzzers in seinem Kopf gehört. Jetzt war es an der Zeit, es in die Realität umzusetzen. Er zeigte auf Williams, als wollte er sagen: Lass uns das durchziehen.

Im selben Moment, in dem der Ball in Williams' Händen war, stürmte LeBron auf den Korb zu, als ob er einen Lob-Pass in der Nähe des Ringes für einen spielentscheidenden Dunk-Versuch abfangen wollte. Aber sobald der Verteidiger sich zurückzog, stoppte LeBron und sprang hinter den oberen Rand der „Birne" zurück. Gerade als seine Füße jenseits des Dreipunktebogens aufsetzten, landete der Pass von Williams in LeBrons Händen. Zwei Verteidiger sprangen auf ihn zu – einer von links und einer von rechts –, und LeBron brauchte sechs Zehntelsekunden, um den Ball zu fangen, abzuheben und im hohen Bogen über zwei ausgestreckte Arme hinweg zu werfen. Der Buzzer ertönte, sowie der Ball LeBrons Hand verließ.

„Drei Punkte für den Sieg", sagte Marv Albert, als der Ball durch die Luft flog.

Der Ball ging ins Netz, der Ring klapperte.

„Ja!", schrie Albert. „LeBron James mit dem Schlusston!"

Die Menge tobte, und die Spieler stürzten sich auf LeBron, während es Konfetti regnete. Auf der Anzeigetafel stand: Cavaliers 96, Magic 95.

„Ein wundersamer Wurf von LeBron", fuhr Albert fort und konnte seinen Augen kaum trauen.

Nach den Regeln der Liga musste der Spielzug überprüft werden, um sicherzustellen, dass LeBron den Wurf vor Ablauf der Zeit ausgeführt hatte. Das Publikum jubelte immer noch wie wild, und Konfetti klebte auf LeBrons Gesicht, als er zum Tisch der Offiziellen trat und den Schiedsrichtern über die Schultern schaute, die die Wiederholung auf einem Monitor verfolgten. Dann hob LeBron seine Faust. Der Wurf war korrekt. LeBron hatte 35 Punkte erzielt, und die Cavs hatten in der Serie mit 1 : 1 ausgeglichen.

Mit erhobenem Zeigefinger schritt LeBron triumphierend in Richtung Tunnel, während die Menge ihm ein Ständchen brachte. Das letzte Mal, dass die Fans von Cleveland ein so dramatisches Ende miterlebt hatten, war zwanzig Jahre her, als Michael Jordans „The Shot" die Cavaliers aus den Play-offs geworfen hatte. In der Pressekonferenz nach dem Spiel wurde LeBron zu seinem Wurf und zu Jordans „Shot" befragt.

„Sie sind in dieser Gegend aufgewachsen", sagte ein Reporter. „Also wissen Sie auch, dass ‚The Shot' in der Vergangenheit etwas ganz anderes bedeutet hat."

LeBron lächelte. „Na ja, der Typ ist nicht mehr in der Liga."

Aus den Reihen der Journalisten ertönte Gelächter.

Später an diesem Abend erhielt LeBron eine SMS von Kobe: „Toller Wurf."

***

Die Cavaliers hatten das Momentum auf ihrer Seite, als die Serie für die Spiele 3 und 4 nach Orlando verlegt wurde. Und LeBron erzielte 41 Punkte in Spiel 3 und 44 Punkte in Spiel 4. Er war nicht mehr zu stoppen. Dennoch gewannen die Magic beide Spiele und gingen in der Serie mit 3:1 in Führung. Trotz LeBrons Heldentaten waren die Cavaliers unterlegen.

Wieder in Cleveland, führte LeBron die Mannschaft in Spiel 5 zum Sieg, aber die Magic gewannen Spiel 6 in Orlando und sicherten sich damit den Sieg in der Serie. Während die Fans von Orlando „Na, na, na, na, hey, hey, auf Wiedersehen" sangen, machte sich LeBron nicht die Mühe, den Magic die Hand zu schütteln. Fassungslos ging er zum Umkleideraum.

Für LeBron war die Niederlage in der Serie schwer zu verkraften. Sein Team hatte die beste Bilanz in der NBA, und er hatte mit durchschnittlich 38 Punkten, 8 Rebounds und 8 Assists pro Spiel in den Eastern Conference Finals eine der besten Einzelleistungen in der Geschichte der Play-offs gezeigt. Dennoch hatte es nicht gereicht, um wieder in die NBA-Finals einzuziehen.

In der Zwischenzeit führte Kobe sein Team ins Finale, und die Lakers besiegten die Magic. Es war die vierte NBA-Meisterschaft für Kobe.

Nach sechs Spielzeiten in der NBA hatte sich LeBron als die Nummer eins der Liga etabliert. Aber er hatte immer noch keinen Ring.

***

Der Besitzer der Cavaliers, Dan Gilbert, bekam den Druck zu spüren. LeBrons Vertrag lief nur noch ein Jahr. Da einige Clubs bereits versuchten, LeBron nach der Saison 2009/2010 aus Cleveland abzuwerben, musste Gilbert etwas unternehmen, um die Chancen des Teams auf den Gesamtsieg im nächsten Jahr zu erhöhen. Aber was? Er hatte schon ein Vermögen ausgegeben, um Cleveland zu einem attraktiven, dauerhaften Zuhause für LeBron zu machen. Das jüngste Projekt, eine hochmoderne Trainingsanlage, die in der Nähe von LeBrons Anwesen errichtet wurde, war bereits fertiggestellt. Und die Cavs hatten die zweithöchste Gehaltssumme in der NBA. Nur die Knicks gaben mehr Geld für

Spielerverträge aus. Dennoch war es den Cavaliers nicht gelungen, eine Meisterschaft nach Cleveland zu holen. Jetzt, da LeBron nur noch für ein Jahr unter Vertrag war, sah sich Gilbert gezwungen, ihm zu zeigen, dass sein Engagement für den Sieg nicht nachgelassen hatte.

Das Einzige, wovor Gilbert zurückschreckte, war die Entlassung von Cheftrainer Mike Brown. Nach der Niederlage gegen Orlando hatte Gilbert Gerüchte gehört, dass LeBron und sein innerer Kreis wegen Brown verärgert waren und ihn ersetzen wollten. Aber gegenüber Gilbert hatte LeBron das nicht erwähnt. Und die Cavs hatten gerade mit 66 Siegen das beste reguläre Saisonresultat der Liga erreicht, mit der Folge, dass Brown zum NBA-Trainer des Jahres ernannt worden war. Gilbert hielt Brown für einen Mann mit Charakter und Integrität, eine kluge und selbstlose Führungspersönlichkeit. „Mike Brown ist ein entscheidender Faktor, dass unser Club sich so erfolgreich entwickelt, wie wir uns alle das vorgestellt und erhofft haben", sagte Gilbert, nachdem Brown die Auszeichnung erhalten hatte. „Es gibt keinen Mann, der es mehr verdient hätte, und es beweist der Welt, dass nette Jungs tatsächlich den ersten Platz belegen können."

General Manager Danny Ferry hatte außerdem angekündigt, dass er aus Protest zurücktreten werde, sollte Brown seinen Job verlieren. Um keinen Umbruch in der Führungsetage zu riskieren, stellte sich Gilbert hinter Coach Brown und hielt nach einem namhaften Spieler Ausschau, der den Kader verstärken könnte. Er hatte den 37-jährigen Shaquille O'Neal im Visier. Center O'Neal war zwar der älteste Spieler der Liga, aber ein zukünftiger Hall of Famer und einer der größten und erfolgreichsten Stars der NBA. Er hatte drei NBA-Titel mit Kobe in L. A. und einen Titel mit D-Wade in Miami gewonnen. In der Hoffnung, dass die Paarung von Shaq und LeBron Cleveland die Meisterschaft bringen würde, tauschte Gilbert zwei Stammspieler – Ben Wallace und Sasha Pavlovic – und zahlte 21 Millionen Dollar, woraufhin O'Neal einwilligte, zu den Cavs zu wechseln.

Gilbert wusste, dass Shaqs Alter ein gewisses Risiko darstellte. Aber er betrachtete den Handel als ein Pokerspiel, und dies wäre sein All-in-Moment. Er hatte auch das Gefühl, dass Kobes jüngster Meisterschaftsgewinn Shaq, der eine langjährige Fehde mit Kobe am Laufen hatte, zusätzlich motivieren würde, mit LeBron eine Meisterschaft zu gewinnen.

Am 25. Juni 2009 trat Danny Ferry auf das Podium, um den Medien die Neuigkeiten mitzuteilen.

„Haben Sie das mit LeBron besprochen?“, fragte ein Reporter.

Ferry ärgerte sich über die Frage. Aber es traf den Kern der Sache. LeBron allein hatte das Sagen. Jeder Schachzug der Cavaliers musste auf ihn abgestimmt sein. Ohne ihn würden die Cavaliers in die Mittelmäßigkeit zurücksinken. Oder noch tiefer.

„Wir haben mit LeBron gesprochen“, sagte Ferry. „Wir haben mit einigen unserer Spieler gesprochen. Wir haben insgesamt eine offene Kommunikation mit unserem Team.“

„Was bedeutet dieser Schritt für LeBrons Zukunft nach der nächsten Saison?“, fragte ein anderer Reporter.

„Natürlich ist LeBrons Zukunft wichtig für unsere Organisation“, sagte Ferry. „Aber dieser Schritt und unsere Ziele stehen im Einklang mit dem, was unsere Spieler wollen, einschließlich LeBron.“

„Wo ist Shaq jetzt?“, fragte ein anderer Journalist.

Betreten zuckte Ferry mit den Schultern. „Ich bin mir nicht sicher“, sagte er. „Ich war nicht mit ihm in Kontakt.“

Einige Tage später fuhr O'Neal in einem riesigen Diesel-Truck mit Superman-Logo auf dem Kühlergrill in Cleveland ein. Mit seinen 2,16 Meter und mehr als 350 Pfund trat er vor die Medien, die zu seiner Vorstellung versammelt waren, und sagte: „Ich bin immer noch der Dun Dada aller großen Männer.“ Flankiert von Dan Gilbert, Danny Ferry und Trainer Mike Brown, unterhielt Shaq die Reporter. Er machte sich über Ferry lustig: „Ich musste in meinem Computer nachsehen, wer Danny Ferry ist.“ Zusammen mit Coach Brown formulierte er ein Gesetz: „Andere Teams werden gegen uns Probleme bei der Zuordnung haben. Aber wir werden gegen niemanden doppeln – nie wieder.“ Als Reporter ihn fragten, ob er mit LeBron spielen wolle, stellte Shaq klar, dass er genau wisse, warum er geholt worden sei – um LeBron vom Weggehen abzuhalten. „Meine Aufgabe ist es, den King zu schützen“, sagte er. „Es ist LeBrons Team. In einer perfekten Welt, in der wir uns ums Geschäft kümmern und gewinnen, hat er keine andere Wahl, als hierzubleiben. Mein Motto ist sehr einfach: ‚Gewinne einen Ring für den King.‘“

Dan Gilbert gefiel das sehr.

***

LeBron machte mit Savannah gerade Urlaub an der französischen Riviera, als er erfuhr, dass Shaq ein Cavalier geworden war. LeBron war begeistert. In Cleveland hatte er noch nie einen Teamkollegen gehabt, der ein echter Star war. Shaq mochte seine besten Jahre hinter sich haben, aber er war immer noch eine Bestie auf dem Spielfeld. Und LeBron fand, dass er und Shaq sich sehr ähnlich waren – zwei große Jungs, die es liebten, Ball zu spielen und Spaß zu haben. LeBron erfuhr, was Shaq in Cleveland zu den Medien gesagt hatte. „Ich fühle mich verdammt fabelhaft", hatte Shaq einem Journalisten erzählt. „Ich fühle mich gut. Ich bin der alte, alte Bulle, der es geschafft hat. Und ich bin jetzt bei einem neuen Showbullen." LeBron fand es toll, dass Shaq dort war, wo er hinwollte. Ich habe einen Teamkollegen, der mir helfen wird, mein Ziel zu erreichen, dachte er.

Nach der willkommenen Verschnaufpause in Frankreich kehrte LeBron nach Cleveland zurück, wo die Liste der Anfragen anderer Vereine weiter angewachsen war. Als amtierender MVP der NBA, Produzent eines im Entstehen begriffenen Dokumentarfilms und Gründer von zwei Unternehmen verlebte er einen arbeitsreichen Sommer, eine Mischung aus Geschäft und Vergnügen. Er spielte mit Warren Buffett und Bill Gates Golf in Sun Valley, Idaho. Bei den BET Awards in Los Angeles wurde er als bester männlicher Sportler geehrt. Er reiste nach Paris, um sich von dem Modefotografen Marcel Hartmann fotografieren zu lassen. Er tat sich mit Rihanna zusammen, um für die Eröffnung eines Spas in New York City zu werben. Er empfing Lynn Merritt von Nike in seinem Nike-Camp in Akron und reiste dann für eine von Nike gesponserte Reihe von Basketball-Camps erneut nach China. Er nahm ein einstündiges Interview mit Charlie Rose auf, das im Herbst ausgestrahlt werden sollte. Und LeBron spielte sich selbst in einer Folge der HBO-Serie *Entourage*, in der er als Matt Damons Sidekick auftrat.

Der Höhepunkt der Nachsaison war jedoch ein spontaner Besuch bei Präsident Obama im Oval Office. LeBron war mit Maverick, Rich und Randy zur Premiere des SpringHill-Dokumentarfilms *More Than a Game* nach Washington gereist. Obwohl LeBron und seine Freunde keinen Termin bei ihm hatten, brachte Präsident Obama sie in seinem

Kalender unter. LeBron und seine Freunde fühlten sich geehrt, als sie den Westflügel betraten.

Vor Obamas Kandidatur hatte LeBron der Politik des Präsidenten nie viel Aufmerksamkeit geschenkt. Aber seit er und Savannah zu Obamas Wahlkampf beigetragen und seine Kandidatur öffentlich unterstützt hatten, hatte LeBron ihn genau beobachtet. LeBron wusste, wie es war, unter Beobachtung zu stehen. Aber Präsident Obama war wohl die am schärfsten unter die Lupe genommene Person auf diesem Planeten. Dennoch hielt er sich mit einem bemerkenswerten Maß an Würde. LeBron hatte nicht viele Vorbilder, aber Präsident Obama inspirierte ihn. Seine Gegenwart bewirkte, dass LeBron noch härter daran arbeiten wollte, Gutes für die Allgemeinheit zu tun und ein gutes Beispiel für junge Menschen zu sein.

***

Buzz Bissinger schickte ein Vorabexemplar des LeBron-Buches mit dem Titel *Shooting Stars* an Graydon Carter, den Chefredakteur von *Vanity Fair.* Nach der Lektüre hatte Carter den Eindruck, dass Bissinger die inspirierende Verbindung zwischen LeBron und seinen Highschool-Kollegen meisterhaft eingefangen hatte. Carter hielt es für klug von LeBron, nicht zu viele persönliche Informationen über sich preiszugeben. Er war auch beeindruckt von der prestigeträchtigen Liste von LeBrons Freunden, die für den Klappentext Kommentare geschrieben hatten: Jay-Z, Warren Buffett und Mike Krzyzewski. Er fragte Bissinger, was er tun könne, um die Veröffentlichung des Buches zu unterstützen.

„Wären Sie daran interessiert, einen Auszug daraus zu drucken?“, fragte Bissinger.

„Auf jeden Fall“, sagte Carter.

Bissinger war begeistert. Ein Auszug in der *Vanity Fair* würde die Chancen des Buches, ein Bestseller zu werden, erhöhen.

Carter bot auch an, eine Party für das Buch in der Monkey Bar zu veranstalten, seinem eklektischen Restaurant in Midtown Manhattan. *Vanity Fair* war dafür bekannt, jedes Jahr die angesagteste Party bei der Oscarverleihung zu veranstalten. Für die Buchparty stellte Carter eine

Gästeliste mit Dutzenden von Persönlichkeiten aus der Film-, Fernseh- und Verlagsbranche zusammen.

LeBron hatte keine Ahnung, wie ungewöhnlich es war, diese Art von Unterstützung für eine Buchpräsentation zu bekommen. Aber er wusste, wie es war, im Mittelpunkt der Aufmerksamkeit zu stehen. Als er am 9. September 2009, dem Tag, an dem *Shooting Stars* in den Handel kam, die Monkey Bar betrat, arbeitete er sich durch den Raum wie ein erfahrener Politiker, schüttelte Hände und führte Gespräche. Alle kamen auf ihn zu, und LeBron legte Wert darauf, seine Teamkollegen und Trainer von der Highschool vorzustellen, die zu der Veranstaltung aus Akron eingeflogen waren.

Ein paar Abende später trat LeBron in der *Daily Show* mit Jon Stewart auf. Eigentlich war LeBron dort, um für das Buch zu werben. Aber LeBron sprach kaum über *Shooting Stars.* Stattdessen spielte er mit, als Stewart ihn wegen eines Wechsels zu den Knicks im folgenden Jahr aufzog, wenn er frei vermittelbar wäre. Irgendwann stellte Stewart eine Kaffeetasse mit der Aufschrift „I love New York" auf den Tisch. Das Publikum lachte.

„Kennen Sie unsere Stadt?", fragte Stewart. „Wir haben ein Team. Die Knickerbockers. Das ist ein Basketballteam."

LeBron grinste.

Das Publikum brüllte vor Lachen.

„Kennen Sie Shake Shack?", fragte Stewart. Er stellte eine Tüte mit Essen zum Mitnehmen auf den Tisch.

LeBron lachte.

„Haben Sie sich schon entschieden?", fragte Stewart. „Bleiben Sie in Cleveland? Haben Sie darüber nachgedacht, in einer anderen Stadt zu spielen?"

„Nun, ich bin jetzt in New York, bei Ihnen", sagte LeBron. „Also, ich bin jetzt hier."

Dem Publikum gefiel die Nummer.

LeBron grinste. „Wir werden sehen", sagte er.

Bissinger war nicht begeistert, dass LeBron es versäumt hatte, das Buch in der Sendung zu anzupreisen. Ihre beiden Namen standen auf dem Cover, und sie sollten ein Team sein, wenn es darum ging, Werbung zu machen. Aber während Bissinger in alle Talkshows ging und alle

Fernsehinterviews gab, die der Verlag ermöglichte, zeigte LeBron wenig Interesse daran, Reklame für sein Buch zu machen. Die Buchbesprechungen waren auch nicht gerade überschwänglich. Der Buchkritiker der *New York Times*, Dwight Garner, nannte *Shooting Stars* „ein bescheidenes Buch, das sich wie ein etwas besserer Jugendroman liest". Nicht gerade ein großes Lob. In der Rezension wurde LeBron als „klug" bezeichnet, weil er mit Bissinger zusammengearbeitet hatte, doch dann wurde behauptet, Bissinger habe LeBron Worte wie „grübelnd", „Funken und Biss", „die spöttische Grausamkeit des Basketballs" oder „ein stacheliger Haufen" in den Mund gelegt. „Das ist die Sprache eines professionellen Schriftstellers, und es klingt nicht nach der Sprache von James", schrieb Garner. „Das bricht den Zauber, den diese Erzählung zu erzeugen versucht."

Bissinger war frustriert. Trotz LeBrons Starpower, Bissingers Auszeichnungen, dem Auszug in *Vanity Fair*, Werbekommentaren von Prominenten und vielen Medienauftritten verkaufte sich das Buch nicht gut. Es schaffte es nicht auf die Bestsellerliste der *New York Times*. Diese Erfahrung hinterließ bei Bissinger einen schlechten Nachgeschmack.

Auch Dan Gilbert war mit LeBron nicht zufrieden. Er fand das Interview mit Jon Stewart, das LeBron fast nur zum Flirt mit den Knicks genutzt hatte, nicht besonders lustig. Gilbert gefiel auch nicht, was LeBron privat über seine Zukunftspläne sagte. Während eines Interviews mit LeBron enthüllte Charlie Rose ein privates Gespräch, das die beiden Anfang des Sommers geführt hatten.

> *Rose: Sie und ich waren auf dem Golfplatz, und Sie sagten zu mir: „Ich werde dieses Jahr spielen, und dann werde ich mir alle Optionen ansehen. Das schulde ich mir und meiner Mutter und den Leuten, die Teil von LeBrons Team sind."*
>
> *LeBron: Stimmt.*
>
> *Rose: Wie werden Sie sich entscheiden? Das ist die Frage.*
>
> *LeBron: Nun, ich möchte gewinnen … Fraglos denke ich, dass Danny [Ferry] und die GMs und die Eigentümer großartig wa-*

ren. Aber gleichzeitig möchte man als Sportler und Konkurrent auch weiterhin auf höchstem Niveau erfolgreich sein.

Für Gilbert waren LeBrons Worte nicht gerade beruhigend. Auch LeBrons Körpersprache fand er nicht ermutigend. Als LeBron im Trainingslager ankam, fand Gilbert, dass er gelangweilt und unengagiert wirkte. Besonders beim Medientag. LeBron lehnte an einer Wand hinter einem Halbkreis von Cavaliers-Spezialreportern und gab mit gezwungenem Lächeln auswendig gelernte Antworten.

Nicht weit davon wurde Cheftrainer Mike Brown zu seiner Beziehung zu LeBron befragt. „LeBron erlaubt mir, ihn zu coachen", sagte Brown.

Die Antwort von Brown ließ Gilbert zusammenzucken. Es war Browns fünfte Saison als Cheftrainer. Er war der NBA-Trainer des Jahres. Und LeBron hatte Brown erlaubt, ihn zu coachen? Was zur Hölle?

Während sich die Medien um LeBron scharten, wurde Gilbert von dem Journalisten Scott Raab angesprochen, der aus Cleveland stammte und für *Esquire* schrieb. Als begeisterter Fan des Sportes in Cleveland war Raab der Meinung, dass die Cavaliers kurz davor standen, endlich einen NBA-Titel zu gewinnen. Er erzählte Gilbert, dass er vorhabe, ein Buch über die Saison 2009/2010 zu schreiben. Dann fragte er Gilbert, ob er glaube, dass LeBron über die Saison hinaus bleiben werde.

Gilbert zuckte mit den Schultern. „Das weiß niemand", sagte er zu Raab. „Aber ich glaube, er wird bleiben."

Raab meinte, dass LeBron Cleveland auf keinen Fall verlassen werde. Auf keinen Fall!

Auch Gilbert wollte das gern glauben. Aber insgeheim hatte er seine Zweifel, auch wenn er das einem Journalisten gegenüber nicht zugeben wollte.

***

Die Cavaliers hatten einen 3:2-Start. Am 4. November 2009 verfolgte LeBron zu Hause das Spiel 6 der World Series. Die Yankees-Spieler stürmten aus dem Dugout und bedrängten den Pitcher Mariano Rivera, nachdem dieser den Phillies-Outfielder Shane Victorino umgestoßen hatte, um das Spiel zu beenden. Die Yankees hatten ihre 27. Weltmeisterschaft gewonnen. Als großer Yankee-Fan schickte LeBron Derek Jeter eine Textnachricht, um ihm zu gratulieren. Danach schrieb er eine SMS an Alex Rodriguez. Dann an Pitcher CC Sabathia.

Am folgenden Abend, nachdem er zu Hause knapp verloren hatte, flog LeBron mit seinem Team nach New York und checkte in einem Hotel in Midtown ein. Die Stadt bereitete sich auf eine Konfettiparade für die Yankees vor. Aber als die New Yorker aufwachten, fanden sie einen ganzseitigen Brief von LeBron auf der Rückseite der *New York Daily News.* Er begann so:

> *Danke, dass Sie mich wieder in New York City willkommen geheißen haben, einem der Orte auf der Welt, an denen ich am liebsten spiele. Big Apple war immer gut zu mir, deshalb wollte ich etwas Besonderes tun, um meine Wertschätzung zu zeigen.*

In dem Schreiben kündigte LeBron an, dass er kostenlose Trainingseinheiten für Highschool-Spieler in sieben Sporthallen der Stadt organisiert habe. LeBrons Idee war es, den Kids einen warmen, sicheren Ort zum Spielen zu verschaffen, da es draußen kalt geworden war.

Die New Yorker waren begeistert. Die Yankees waren wieder Weltmeister, und LeBron sprach über Big Apple, als wäre es seine zukünftige Heimat.

LeBron verschlief die Parade. Doch als er an diesem Abend das Parkett im Madison Square Garden betrat, saßen Mitglieder der Yankees zusammen mit Jay-Z am Spielfeldrand. Die Atmosphäre fühlte sich an wie in einem Play-off-Spiel. Die Knicks-Fans trugen LeBron-Trikots und hielten Bilder von LeBron in Knicks-Spielkleidung hoch. Ein Knicks-Fan, der ein LeBron-Knicks-Trikot und eine Yankee-Mütze anhatte, hielt ein Schild mit einem ebensolchen Bild und der Aufschrift „236 Tage“ in die Höhe.

Vor dem Eröffnungsspiel wurden die Spieler der Yankees angekündigt und mit stehenden Ovationen bedacht. LeBron erhob sich und klatschte, während Frank Sinatras *New York, New York* aus den Lautsprechern schallte.

LeBron erzielte im ersten Viertel 19 Punkte. Nach einem Drei-Punkte-Fadeaway schlug er mit Jay-Z ein. Er beendete das Viertel mit einem weiteren Dreier, als der Schlusston erklang. Dann schaute er die Yankees-Spieler an und zeigte ihnen drei Finger. Die Knicks-Fans drehten durch. Die Cavaliers lagen mit 40:21 vorn.

LeBron lebte für Momente wie diesen. Je größer die Bühne, desto besser sein Auftritt. Die Reaktion der Menge berauschte ihn.

In der zweiten Halbzeit schlugen die Knicks zurück. Aber LeBron behielt den ganzen Abend über die Kontrolle. Er erzielte 33 Punkte, 9 Assists und 8 Rebounds und führte sein Team zu einem 100:91-Sieg. Bevor er das Spielfeld verlassen konnte, wurde er von Doris Burke von ESPN aufgehalten.

„Madison Square Garden", sagte Burke. „Diese Bühne. Beschreiben Sie, was das für einen Mann Ihres Formats bedeutet."

„Dies ist das Mekka des Basketballs", sagte LeBron. „Es gibt so viele denkwürdige Dinge, die in diesem Gebäude passiert sind. Es ist ein legendäres Spielfeld. Als Konkurrent und als jemand, der die Geschichte kennt, würde man gern hier spielen.

***

Gegen zwei Uhr morgens am 27. November 2009 wurde Tiger Woods von seiner Frau aus dem Haus gejagt. Sie verfolgte ihn mit dem Golfschläger in der Hand die Auffahrt hinunter, als er mit seinem SUV flüchtete, gegen einen Hydranten fuhr und im Vorgarten eines Nachbarn in einen Baum krachte. Seine Frau hieb mit dem Golfschläger gegen die Scheiben des SUV, und Tiger landete auf dem Boden. Seine Mutter, die in Tigers Haus übernachtet hatte, kam schreiend nach draußen gerannt: „Was ist passiert?" Es war der Beginn des größten Absturzes in der Publikumsgunst, der sich je in der Sportgeschichte ereignet hatte.

LeBron hatte keine Beziehung zu Tiger Woods, aber sie hatten einige Gemeinsamkeiten. Beide wurden von *Sports Illustrated* als „The Chosen One" bezeichnet. Beide wurden dem Hype gerecht und galten in ihren jeweiligen Sportarten als die Besten der Welt. Und beide gehörten zu den reichsten Sportlern. Tiger war der erste Sportler, der eine Milliarde Dollar verdiente, und laut Forbes war er der reichste Sportler der Welt.

LeBron war unter den ersten fünf. Die größte Quelle ihres Reichtums war Nike, wo sie die beiden wichtigsten Sportler des Unternehmens waren. In der Nike-Hackordnung war Tiger der Erste und LeBron der Zweite. Doch das sollte sich nun ändern.

Am 27. November wachte LeBron in Charlotte auf, wo die Cavaliers später am Abend gegen die Bobcats spielen sollten. Als er die Nachrichten zum ersten Mal sah, fragte er sich dasselbe wie Tigers Mutter. Doch innerhalb weniger Tage wurde Tiger in einen epischen Untreueskandal verwickelt. Eine Frau nach der anderen meldete sich und enthüllte sexuelle Beziehungen mit Tiger, wodurch sein sorgfältig gepflegtes Image erschüttert wurde.

Zunächst ahnte LeBron nicht, wie sich Tigers Lage auf ihn auswirken würde. Auch konnte er die komplizierten Umstände, die zu Tigers Dilemma geführt hatten, nicht nachvollziehen. Doch als die Cavaliers am ersten Weihnachtsfeiertag in Los Angeles gegen die Lakers antraten, hatte sich Tiger aus dem Golfsport zurückgezogen, um seine Ehe zu retten, und praktisch alle seine Sponsoren außer Nike hatten ihn fallen gelassen. Seine Karriere war in Gefahr, und sein Privatleben lag in Trümmern. Bei Nike ging die Fackel still und leise an LeBron über, dessen Ruf ihn zur neuen Vorzeigepersönlichkeit des Unternehmens werden ließ.

LeBron war viel mehr auf Kobe und die Lakers als auf Tiger konzentriert. Das zweite Jahr in Folge schienen die Cavaliers und die Lakers dazu bestimmt, in den NBA-Finals aufeinanderzutreffen. Die Lakers hatten 23:4 Punkte und die Cavaliers 22:8. In einem landesweit im Fernsehen übertragenen Spiel, das von der NBA als Duell zwischen den beiden größten Stars der Liga angepriesen wurde, lieferten LeBron und Kobe mit zusammen 61 Punkten und 17 Assists eine tolle Show ab. Am Ende behielt LeBron die Oberhand, und die Cavaliers siegten auswärts mit 102:87.

Als die Lakers einen Monat später nach Cleveland kamen, standen sich LeBron und Kobe erneut gegenüber. Im letzten Viertel erzielte LeBron 12 Punkte in Folge und brachte sein Team in Führung. Kobe steuerte 31 Punkte bei. Aber LeBron brachte es auf 37 Punkte. Während einer Auszeit 23 Sekunden vor Schluss spendeten die Cleveland-Fans LeBron stehenden Applaus, als er an der Seitenlinie entlangtänzelte und den Text von Eminems *Forever* mitsang, der durch die Arena schallte:

The passion and the flame is ignited
You can't put it out once we light it

Die Cavaliers waren im Aufwind.

***

Shaquille O'Neal war nach Cleveland gekommen, um einen weiteren Titel zu gewinnen. Schon als er eintraf, war ihm klar, dass LeBron der Star der Stadt war. LeBrons Helden-Image in Cleveland erinnerte Shaq daran, was für eine Größe er selbst in Los Angeles in den frühen 2000er-Jahren gewesen war, als die Lakers die Liga dominierten. Aber schon früh bemerkte Shaq auch etwas, das er so nicht gekannt hatte – eine Organisation, die völlig auf einen Spieler fixiert war. LeBrons Einfluss war so allgegenwärtig, dass der Cheftrainer machtlos war. „Unser Trainer, Mike Brown, war ein netter Kerl", kommentierte Shaq. „Aber er musste am Rande leben, weil niemand es mit LeBron aufnehmen durfte. Niemand wollte, dass er Cleveland verließ, also konnte er tun und lassen, was er wollte."

Shaq spielte gern mit LeBron. Er wusste besonders zu schätzen, dass LeBron eine so integrative Kultur zwischen den Spielern geschaffen hatte. „Das ist das lustigste, spaßigste Team, in dem ich je gespielt habe", sagte Shaq. „LeBron schickt immer, wenn wir unterwegs sind, eine SMS: ‚Hey, wir treffen uns im Steakhaus, um acht Uhr, wir treffen uns im Kino, wir haben heute Abend eine Party.' Das ist eine sehr, sehr eng verbundene Gruppe." Doch Shaq ahnte, dass es zu Problemen kommen könnte. Zu einem bestimmten Zeitpunkt während der Saison zeigte Coach Brown in einer Teamsitzung ein Video. Alle sahen sich einen Spielzug an, bei dem LeBron nach einem Fehlwurf nicht in die Defense zurückkehrte. Anstatt dazu etwas zu sagen, ging Coach Brown zum nächsten Spielzug über, bei dem Mo Williams im Grunde das Gleiche tat. „Yo, Mo, so geht das nicht", sagte Coach Brown zu ihm. „Du musst dich ein bisschen mehr anstrengen." An diesem Punkt stand Teamkollege Delonte West auf. „Moment mal", sagte West. „Du kannst nicht so um den heißen Brei herumreden. Jeder muss für sein Handeln verantwortlich sein, nicht nur einige von uns."

„Ich weiß, Delonte", sagte Coach Brown. „Ich weiß."

Shaq beobachtete, dass LeBron in der Saison 2009/2010 häufig Brown ignorierte. Und Brown ging jeder Konfrontation aus dem Weg. Es war peinlich. Nichtsdestotrotz beendeten die Cavaliers die reguläre Saison zum zweiten Mal in Folge mit der besten Gesamtbilanz in der NBA, 61 : 21. Und nachdem die Cavaliers die Chicago Bulls in der ersten Runde der Play-offs mühelos ausgeschaltet hatten, sah es so aus, als könnten sie die Boston Celtics im Halbfinale der Eastern Conference in die Schranken weisen.

***

Danny Ainge, General Manager der Celtics, war nicht optimistisch. Die Celtics hatten keine gute Saison hinter sich. Sie hatten fünfzig Spiele gewonnen. Aber in der Schlussphase hatten sie Probleme und spielten wenig inspirierend. Ainge fürchtete, dass die Celtics kaum eine Chance hatten, gegen die Cavaliers zu bestehen, so wie LeBron spielte.

Vor Spiel 1 in Cleveland versuchte Celtics-Cheftrainer Doc Rivers, seine Spieler zu einem harten Kampf gegen LeBron und seine Teamkollegen anzuspornen. „Sie wollen Spaß haben", bellte Rivers. „Unsere Aufgabe ist es, ihnen den Spaß zu verderben. Einen verdammten Krieg zu führen. Brutal zu werden. Es ihnen schwer zu machen. So schwer, dass sie in die Knie gehen."

Die Celtics begannen Spiel 1 in Cleveland schwungvoll. LeBron erzielte 35 Punkte und führte sein Team zum Sieg. Aber es war klar, dass die Celtics sich nicht kampflos geschlagen geben würden. Vor dem Beginn von Spiel 2 wurde LeBron die MVP-Trophäe für die Saison 2009/2010 verliehen. Zum zweiten Mal in Folge erhielt er diese Auszeichnung. Doch die Zeremonie vor dem Spiel schien die Celtics zu beflügeln, die die Cavaliers diesmal vernichtend schlugen und in der Serie mit 1 : 1 ausglichen.

Als die Serie nach Boston verlegt wurde, versuchte LeBron, die Hoffnungen der Celtics zu zerstören. Er legte los wie die Feuerwehr und erzielte im ersten Viertel 21 Punkte. Das Treiben war eröffnet. LeBron erzielte 37 Punkte, die Cavs gewannen mit 124:95 und fügten den Celtics die schlimmste Play-off-Heimniederlage ihrer Geschichte zu. Die Bostoner Fans buhten die Celtics aus.

Nichts von alledem überraschte Ainge. LeBron spielte wie der beste Spieler der Liga, und Celtics-Kapitän Paul Pierce war nur noch ein Schatten des Spielers, der 2008 gegen LeBron angetreten war. Die Cavs lagen mit 2:1 in Führung. Die Celtics brauchten in Spiel 4 dringend einen Sieg.

Als er in Spiel 4 die Chance hatte, die Kontrolle über die Serie zu übernehmen, wirkte LeBron unkonzentriert. Seine Pässe verfehlten ihr Ziel und landeten immer wieder in den Händen der Celtics. Auch seine Punkteproduktion war rückläufig. Gleichzeitig machte Rajon Rondo, der Point Guard der Celtics, das Spiel seines Lebens: Er erzielte 29 Punkte, holte 18 Rebounds und spielte 13 Assists. Einer seiner Assists erwies sich als Wendepunkt in diesem Spiel. Gegen Ende des dritten Viertels lief Rondo auf den Korb der Celtics zu, um einen Breakaway Layup zu erzielen. LeBron, dessen charakteristisches Defensivspiel darin bestand, Spieler von hinten zu jagen und ihnen mit perfekt getimten Sprüngen den Ball abzunehmen, kam immer näher. Als er LeBrons Anwesenheit spürte, hob Rondo ab. Gerade als LeBron in die Luft ging, um seinen Schuss zu blockieren, peitschte Rondo einem Teamkollegen hinter ihm einen Behind the Back Pass zu. Der überlistete LeBron war noch in der Luft und nicht in der richtigen Position, als Rondos Teamkollege zur Begeisterung der Celtics-Fans den Ball mit einem Dunk versenkte.

Während die Celtics einen Lauf hatten, implodierten die Cavaliers. Um LeBrons schwindende Trefferquote zu kompensieren, wechselte Coach Brown immer wieder Spieler aus, in der Hoffnung, dass die neu formierte Mannschaft ein paar Punkte erzielen konnte. Es sah chaotisch aus, und an einer Stelle schimpfte Shaq an der Seitenlinie auf Brown. Die Celtics-Fans freuten sich derweil über LeBrons glanzlose Leistung und skandierten „M-V-P“, wenn Rondo den Ball berührte. Die Celtics gewannen mit 97:87 und glichen in der Serie mit 2:2 aus.

***

LeBron hatte nur selten ein schlechtes Spiel. In solchen raren Fällen meldete er sich im nächsten Spiel immer mit einer starken Leistung zurück. Aber zu Beginn des fünften Spieles in Cleveland tat LeBron, was er in seiner siebenjährigen Karriere noch nie getan hatte: Er versuchte nur einen Korbwurf und erzielte im ersten Quartal keinen einzigen Punkt. Das zweite Viertel war sogar noch schlimmer – LeBron warf dreimal und verfehlte jedes Mal den Korb. Zur Halbzeit hatte LeBron gerade einmal acht Punkte erzielt, alle von der Foullinie aus. Die Celtics waren indessen dabei, das Spiel an sich zu reißen.

LeBrons Teamkollegen waren verwirrt. Vor allem Shaq. „Es steht außer Frage, dass LeBron in Spiel 5 nicht ganz bei der Sache war", sagte O'Neal später. „Ich habe immer geglaubt, dass er es jederzeit herumreißen könnte, aber aus irgendeinem Grund tat er das nicht … Es war seltsam."

Im letzten Viertel geschah dann das Undenkbare: Die Fans in Cleveland buhten LeBron aus. Acht Minuten vor Spielende lagen die Cavaliers mit 92:68 zurück, und die Fans strömten in Scharen zum Ausgang. Cavs-Besitzer Dan Gilbert auf seinem Platz am Spielfeldrand öffnete den oberen Hemdknopf, lockerte seine Krawatte und verschränkte die Arme vor der Brust. Für ihn sah es so aus, als hätte LeBron gekündigt. Im wichtigsten Spiel der Saison verwandelte LeBron 3 von 14 Würfen, und die Celtics gewannen 120:88. Es war die schlimmste Heimniederlage in der Play-off-Geschichte der Cavaliers. Gilbert war außer sich.

LeBrons Äußerungen nach dem Spiel verstärkten den Eindruck, dass er vom Team abgekoppelt war. „Ich habe großen Druck auf mich ausgeübt, um der beste Spieler auf dem Platz zu sein", sagte LeBron. „Wenn ich das nicht mache, fühle ich mich schlecht, weil ich nicht die Dinge tue, von denen ich weiß, dass ich sie tun kann."

Er wusste, dass er schlecht gespielt hatte. Aber er hatte keine Geduld mit Leuten, die mit Verweis auf ein schlechtes Spiel sein Engagement infrage stellten. „Ich verwöhne viele Leute mit meinem Spiel", sagte er. „Wenn du in einer siebenjährigen Karriere drei schlechte Spiele machst, ist es leicht, darauf herumzureiten."

Als die Celtics mit 3:2 führten und die Serie nach Boston zurückkehrte, eskalierte die Kritik an LeBron. „LeBron James ist der ideale Spieler für die reguläre Saison", sagte Skip Bayless in *First Take* auf ESPN. „In der regulären Saison ist er ein Kraftwerk. Er ist wie geschaffen für unsere *SportsCenter*-Spiele des Abends, weil er in der regulären Saison immer die Nummer eins ist. Aber in der Nachsaison ist er der am meisten überbewertete und überhöhte Superstar, seit ich in diesem Business bin."

Auf Twitter spottete ESPN-Kolumnist Bill Simmons, ein eingefleischter Celtics-Fan, der LeBron immer wieder aufs Korn nahm, über dessen angeblichen Wechsel zu den Knicks. Und als LeBron in Spiel 6 in Boston zum ersten Mal an die Freiwurflinie trat, begrüßten ihn die Fans mit einem Sprechchor: „New York Knicks. New York Knicks." Die Spötteleien verfolgten LeBron durch das ganze Spiel.

LeBron spielte besser als in den Spielen 4 und 5. Aber die letzten Minuten waren atemberaubend. Bei einem Rückstand von zehn Punkten schienen die Cavaliers aufzugeben. Die Bostoner Fans begannen zu singen: „LeBron geht." Und während die letzte Sekunde auf der Uhr tickte und die Bostoner Fans aus dem Häuschen waren, umarmte LeBron die Spieler der Celtics, einen nach dem anderen, gratulierte ihnen und wünschte ihnen alles Gute. Er hatte 27 Punkte, 19 Rebounds und 10 Assists erzielt. Für jeden anderen Spieler wären das großartige Ergebnisse. Aber vom besten Spieler der Welt wurde mehr erwartet, vor allem in einem so wichtigen Moment.

Danny Ainge, der General Manager der Celtics, saß im TD Garden und versuchte zu verarbeiten, was er gesehen hatte. „Ich weiß nicht, was da los war", sagte Ainge. „Aber er war nicht der LeBron James, den ich 2008 gesehen hatte." In all den Jahren, in denen er gegen Michael Jordan spielte, hatte Ainge nie erlebt, dass Jordan in einer Play-off-Serie untergegangen war. „Das ist Michael nie passiert. In einer Serie war er immer der beste Spieler, auch wenn sein Team verloren hat", sagte Ainge.

Ainge war nicht der Einzige, der LeBrons Performance in Boston analysierte. Als LeBron das Spielfeld verließ, sein Trikot auszog und im Tunnel verschwand, beobachtete ihn Pat Riley, der Geschäftsführer der Miami Heat, auf dem TV-Bildschirm. „Wieder geschlagen", sagte Riley zu sich selbst. „Sieben Jahre lang ist er mit dem Kopf gegen die Wand gelaufen."

Entschlossen, LeBron ein Angebot zu machen, das er nicht ablehnen konnte, plante Riley bereits, wie er ihn aus Cleveland weglocken konnte.

Nachdem er geduscht und sich angezogen hatte, trat LeBron auf das Podium im Presseraum unter dem TD Garden. Auf Fragen zu seiner Zukunft angesprochen, wich LeBron aus. „Man kann die Zukunft nie vorhersagen", sagte er. „Aber gleichzeitig hofft man auf Dinge, die viel positiver sind als das, was im Moment passiert."

Mit Sonnenbrille und Rucksack verließ er den Raum.

Obwohl LeBron erst ab 1. Juli offiziell den Club wechseln konnte, war die Off-Season eröffnet, die mit mehr Spannung erwartet worden war als jede Saison zuvor in der Geschichte der NBA.

27

LEBRONS SOMMER

Am Morgen nachdem die Cavaliers gegen die Celtics ausgeschieden waren, veröffentlichte eine Sportklatsch-Website eine Story, in der es hieß, LeBrons Teamkollege Delonte West hätte eine Affäre mit Gloria James gehabt. Unter Berufung auf eine ungenannte Quelle wurde auf der Website behauptet, dass LeBron kurz vor Spiel 4 in Boston von der schmutzigen Geschichte erfahren habe. Es war ein böses, substanzloses Gerücht. Aber in dem Vakuum, das durch LeBrons unerklärlichen Mangel an Engagement in den Spielen 4 und 5 entstanden war, gewann die Geschichte im Internet an Zugkraft. Innerhalb weniger Stunden griff *Barstool Sports* die Story auf. Dann meldete sich *Deadspin* zu Wort. Schon bald trendete das Gerücht auf Twitter. Delonte West musste viel Kritik einstecken. Ein angesehener NBA-Spieler twitterte: „Ich habe gerade ein Gerücht gehört, sag, dass es nicht stimmt, Delonte."

LeBron war nicht in den sozialen Medien aktiv – bis zu diesem Zeitpunkt hatte er sich geweigert, Twitter beizutreten. Aber er sah, dass das Internet und Twitter ein böses Gerücht zur Waffe machen konnten. Mit jedem Tweet wurde Gloria mehr gedemütigt. Es war Sport für die Klatschhändler. Entschlossen, der Sache ein Ende zu setzen, schaltete LeBron seinen Anwalt ein.

Larry Nance hielt die Story für moralisch verwerflich. Er stellte außerdem fest, dass sie die juristische Definition von Verleumdung erfüllte. Aber auf den ersten Blick hielt Nance das Gerücht für so abwegig und idiotisch, dass es kein Dementi rechtfertigte. Doch da es unwiderlegt blieb, gewann das Gerücht übers Wochenende noch mehr an Fahrt. Nach weiteren Beratungen mit LeBron und Gloria schickte Nance am 17. Mai eine Unterlassungserklärung an den Inhaber der Klatsch-Website. „Ich bin der Anwalt von Gloria und LeBron James", begann Nance' Brief. „Ich schreibe Ihnen, um Sie aufzufordern, die von Ihnen verbreiteten Lügen über Gloria James nicht zu wiederholen. Sie sind in jeder Hinsicht falsch und per se verleumderisch."

Während sich Nance mit der Klatschseite beschäftigte, hatte Maverick Carter ein anderes Problem – Buzz Bissinger hatte sich zu LeBrons möglichem Vereinswechsel geäußert. In einem Meinungsartikel in der *New York Times* behauptete Bissinger, dass LeBron „Angst hat, sein Zuhause zu verlassen" und dass er Cleveland „um seiner emotionalen und beruflichen Entwicklung willen" verlassen müsse.

Im Nachhinein fühlte sich Bissinger ausgebeutet, weil er LeBrons Buch geschrieben hatte. Die Bezahlung war gut. Aber Bissinger schämte sich. Unverblümt ehrlich sagte er schließlich zu einer Gruppe von Studenten der Nieman Foundation for Journalism in Harvard, das Buch sei „ein Stück Scheiße … aber die Bezahlung war wirklich gut, also …".

Da er nicht mehr durch seinen Vertrag mit LeBron eingeengt war, konnte Bissinger seine Meinung frei äußern. In seinem *Times*-Artikel bezeichnete er LeBrons Leistung in Spiel 5 in Boston als „verblüffend" und „unentschuldbar". Und er machte geltend, dass LeBron nicht der größte Spieler in der Geschichte des Spieles sei. „Er hat nie auch nur annähernd die Killer-Mentalität und das Stehvermögen der Spieler gezeigt, mit denen er am häufigsten verglichen wird, Michael Jordan und Magic Johnson", schrieb Bissinger. „Er gehört nicht der gleichen Kategorie an wie Kareem Abdul-Jabbar. Oder wie Kobe Bryant." Bissinger beendete seinen Artikel mit einer direkten Ansprache an LeBron. „Es ist Zeit, die Heimat zu verlassen", sagte Bissinger.

LeBron war nicht erfreut.

Maverick war stinksauer. Er hatte Bissinger an Bord geholt. Und dank Maverick hatte Bissinger an LeBrons Küchentisch gesessen. Der Artikel in der *Times* fühlte sich an wie ein Akt des Verrats. Mavericks Aufgabe war es, LeBron zu schützen. Der Gedanke, dass ein Schriftsteller, den er ausgewählt hatte, seinem Freund so etwas antat, machte ihn traurig.

Plötzlich war Maverick nicht mehr für Bissinger zu sprechen.

***

Nach den NBA-Regeln hatte Dan Gilbert Oberwasser, wenn es darum ging, wie viel Geld er ausgeben konnte, um LeBron in Cleveland zu halten. Die Cavaliers durften LeBron bis zu 126 Millionen Dollar über sechs Jahre anbieten. Die anderen Teams, die sich um LeBron bemühten, durften ihm nur einen Fünfjahresvertrag im Wert von bis zu 96 Millionen Dollar offerieren. Das System sollte Starspieler davon abhalten, das Team zu wechseln. Aber Gilbert war sich im Klaren, dass es mehr als nur Geld brauchte, um LeBron in Cleveland zu halten. Er wusste auch, dass die Beziehung zwischen LeBron und Coach Mike Brown gestört war. Obwohl Brown der erfolgreichste Trainer in der Geschichte des Teams war, beschloss Gilbert, einen Wechsel vorzunehmen. Ende Mai entließ er Brown.

„Die Erwartungen an diesen Club sind sehr hoch", sagte Gilbert in einer offiziellen Erklärung. „Veränderungen sind immer mit einem gewissen Risiko verbunden, aber es gibt Phasen, in denen man dieses Risiko in Kauf nehmen muss, um neue, höhere Ziele zu erreichen. Das hier ist so eine Phase."

LeBron sagte nichts zu Browns Kündigung. Aber seine Mannschaftskameraden waren verärgert. „Wenn man die ganze Schuld auf Coach Brown schiebt und glaubt, dass das die Lösung wäre, hat man sich geschnitten", sagte Zydrunas Ilgauskas.

„Ob ich denke, dass er es verdient hat? Nein", kommentierte Mo Williams. „Es tut mir weh, weil ich ihn sehr mag."

Doch ein einflussreicher Journalist, auf den Gilbert hörte, stimmte der Entscheidung zu.

„Das musste passieren", schrieb Scott Raab vom *Esquire.* „Ich habe noch nie ein Team gesehen, das mit einem Trainer so offen gebrochen hat wie die Cavs in Spiel 6 gegen die Celtics … Es war traurig, es war hässlich, und es war eindeutig ein ‚Fuck you' an Brown vom Team – und vor allem von dessen Anführer, LeBron James."

Nachdem Gilbert Brown entlassen hatte, trat General Manager Danny Ferry zurück.

Unterdessen wurde Gilbert nervös. Seit dem Ende der Saison hatte er von LeBron kein Wort mehr gehört.

***

Die Celtics schafften es erneut in die NBA-Finals, wo sie auf die Lakers trafen. In Spiel 2 saß Maverick neben der Lakers-Bank, zusammen mit Ari Emanuel und Mark Dowley. Emanuel, der CEO von William Morris Endeavor (WME), war einer der mächtigsten Agenten Hollywoods. Zu seinen Kunden zählten Oprah Winfrey, Martin Scorsese, Dwayne Johnson und Donald Trump. Emanuel, der weithin als der beste Agent seiner Generation galt, verfügte auch über starke politische Verbindungen. Sein Bruder, Rahm Emanuel, war der Stabschef von Präsident Obama.

Bei WME verließ sich Emanuel hinsichtlich der strategischen Beratung auf Mark Dowley. Dowley war ein Marketingguru und Seniorpartner der Agentur. Schon früh hatte er an einem der ersten Marketing-Summits teilgenommen, die von LRMR in Akron veranstaltet wurden. Beeindruckt von Mavericks Einsatz für LeBron, hatte Dowley mit ihm Freundschaft geschlossen, die sich schließlich zu einer Geschäftsbeziehung entwickelte. Während Leon Rose für LeBrons NBA-Verträge zuständig war, kümmerten sich Dowley und WME um LeBrons Verträge für Fernsehwerbung und andere Unterhaltungsangebote.

Dass Maverick bei einem Spiel der Lakers zwischen Emanuel und Dowley saß, zeigte, wie weit er es seit seiner Zeit als Praktikant bei Nike gebracht hatte. Jetzt war er mit Hollywood-Schwergewichten und Medieneliten verbündet. In der Halbzeitpause von Spiel 2 näherte sich ihnen der Moderator Jim Gray. Gray begrüßte sie alle. Dann erkundigte er sich nach LeBron.

„Maverick, wie läuft es mit dem Vermittlungsprozess?“, fragte Gray.

„Gut“, sagte Maverick. „Es wird viel los sein, das Interesse ist groß.“

Nach weiterem Geplauder kam Gray zur Sache. „Ich würde gern das erste Interview mit LeBron führen, nachdem er sich entschieden hat, wohin er geht“, sagte er.

„Ich lasse es ihn wissen“, sagte Maverick.

„Ich habe ein Interview mit ihm in der Highschool gemacht, und eines, als er gedraftet wurde, bei seinem ersten Spiel in Sacramento“, sagte Gray. „Ich habe ihn so oft interviewt.“

„Das müssen Sie nicht erklären“, sagte Maverick.

Nach dem Spiel aßen Maverick und Emanuel gemeinsam zu Abend. Und sie trafen wieder auf Gray. Gray, der immer noch darauf aus war, bei der Ankündigung von LeBrons Clubwechsel dabei zu sein, präsentierte eine andere Idee. „Wir sollten eine Liveshow veranstalten“, sagte er. „Er wird seine Entscheidung direkt auf dem Sender bekannt geben.“

Maverick wurde neugierig und stellte ihm Fragen.

Gray erläuterte seine Idee. „Sie produzieren die Show“, sagte Gray. „Sie haben die Rechte daran.“

„Das ist eine brillante Idee“, warf Emanuel ein.

„Ich darf das Interview führen“, so Gray weiter. „Und Sie lassen LeBron ankündigen, wohin er gehen wird.“

„Maverick“, sagte Emanuel, „das solltest du machen.“

„Okay“, sagte Carter und sah Emanuel an. „Willst du das übernehmen?“

„Ja. Lass uns das machen.“

Gray wurde schwindlig.

Nach dem Gespräch mit Gray riefen Emanuel und Maverick Dowley an und erzählten ihm von Grays Vorschlag. Emanuel wollte Dowleys Meinung dazu hören, wie die Sender darauf reagieren würden.

„Könnten wir das jemandem verkaufen?“, fragte Emanuel.

„Ja, das könnten wir“, sagte Dowley zögernd. „Aber ich denke, es gibt eine höhere Aufgabe zu erfüllen.“

„Was meinen Sie damit?“, fragte Maverick.

„Ich denke, wir könnten es an eine Reihe von Partnern verkaufen“, sagte Dowley. „Ich glaube jedoch, wir sollten die ganzen Einnahmen verschenken.“

„Warum?“, fragte Emanuel.

„Ja, warum?“, sagte Carter.

„Weil ich glaube, dass wir viele Leute verärgern werden“, sagte Dowley.

Emanuel begrüßte Dowleys Offenheit und bat ihn um nähere Erläuterungen.

Dowley gefiel die Idee, LeBron seine eigene Plattform zu geben. Schließlich war er so erfolgreich, dass er nicht mehr auf die Sportmedien angewiesen war, um Nachrichten zu verfassen oder zu deuten. Er könnte die Nachrichten selbst produzieren und einordnen. Er könnte zu einem Sender wie ESPN gehen und die Bedingungen für eine einstündige Sendung festlegen. Aber es wäre Neuland. Und die traditionellen Medien könnten es falsch interpretieren und sich sogar davon bedroht fühlen.

Emanuel wusste genau, worauf Dowley hinauswollte: Wenn man etwas Revolutionäres tut und die Leute es nicht verstehen, ist die einfachste Reaktion, es zu kritisieren. So war es Emanuel selbst ergangen.

Dowley wollte nicht, dass LeBron schlecht beurteilt wurde.

Emanuel und Maverick wollten das auch nicht.

Die drei überlegten sich, wie sie die zu erwartende Kritik abfedern könnten. Ihre beste Idee bestand darin, eine weitere Dimension hinzuzufügen, indem sie die Sponsorengelder an Sport treibende Kinder spendeten.

Maverick erwähnte die Boys & Girls Clubs. LeBron war ein großer Unterstützer dieser Organisation. Er und Jay-Z hatten hinter den Kulissen viel für sie getan.

Dowley war der Meinung, dass sie die Kosten für die Produktion der Show leicht decken und außerdem Millionen von Dollar an die Boys & Girls Clubs weitergeben könnten, wenn sie Sponsoren aus der Wirtschaft gewinnen würden.

„Das ist eine gute Idee", sagte Emanuel.

Maverick stimmte zu, und er war zuversichtlich, dass LeBron das Konzept gefallen würde.

Dowley und Maverick vereinbarten, alle Einzelheiten auszuarbeiten. Aber es bedurfte des Einflusses von Emanuel, um ESPN ins Boot zu holen. Eine Stunde Programm zur Hauptsendezeit war eine große Sache, die sicherlich von John Skipper, dem Topmanager des Senders, abgesegnet werden musste.

„Ich rufe Skipper an, um die Sendezeit zu bekommen", sagte Emanuel.

***

James Gandolfini und Edie Falco hatten seit den Dreharbeiten zur letzten Folge von *The Sopranos* im Jahr 2007 nicht mehr zusammengearbeitet. Aber im Juni 2010 trafen sie sich, um den New York Knicks zu helfen, LeBron zu ködern. Knicks-Besitzer James Dolan wollte LeBron unbedingt haben. Und er hatte einen unorthodoxen Trick genehmigt, um LeBron für seinen Club zu gewinnen. Die Idee war, einen Kurzfilm mit dem Titel *City of Winners* zu drehen, in dem eine Reihe von New Yorker Berühmtheiten LeBron die Vorzüge der Stadt anpriesen.

Die Knicks beauftragten den Filmemacher Rocco Caruso, einen wenig bekannten unabhängigen Filmemacher, der auf exzentrische Filme für kleine Zielgruppen spezialisiert war. Caruso hatte kein Interesse an Berühmtheiten, und er konnte einen Basketball kaum von einem Baseball unterscheiden. Aber er kannte Edie Falco. Sie waren zusammen zur Schule gegangen. Obwohl Falco noch nie von LeBron gehört hatte, war sie bereit mitzumachen, vor allem als sie erfuhr, dass Gandolfini, ein großer Knicks-Fan, in dem Film mitspielen würde.

Mit Falco und Gandolfini an Bord wandte sich Caruso an Jonathan Hock, einen mit dem Emmy Award ausgezeichneten Dokumentarfilmer, der seine Karriere bei NFL Films begonnen hatte. Caruso bat Hock, bei dem Film Regie zu führen. Als gebürtiger New Yorker und lebenslanger Knicks-Fan hatte Hock miterlebt, wie sein Team unter Dolans Führung in der Bedeutungslosigkeit versunken war. Die Möglichkeit, für das Team zu arbeiten, um einen Pitch für LeBron zu kreieren, fand er sehr erfrischend. Wie oft, dachte Hock, bekommt man schon die Chance, wirklich etwas für sein Team zu tun?

Im Juni führte Hock eine Woche lang emsig eine Reihe von Interviews im Doku-Stil. Alec Baldwin flog mit dem Hubschrauber aus den Hamptons ein, um im Garden interviewt zu werden. Rudy Giuliani und der pensionierte Yankees-Slugger Reggie Jackson gaben an einem Tag nacheinander Interviews. An einem anderen Tag wurden Harvey Weinstein und Robert DeNiro in den Büros von Miramax in Tribeca gefilmt. Der Komiker Chris Rock, der Star der New York Rangers, Mark Messier, und die Knicks-Legende Walt Frazier standen alle vor der Kamera. Hock interviewte sogar Donald Trump in seinem Büro im Trump Tower. Es war der stressigste Dreh des Projektes. Nachdem Hocks Team Scheinwerfer und Kameras aufgebaut hatte, kam Trump herein und fragte ungeduldig: „Was wird das hier?"

„Wir überzeugen LeBron, zu den Knicks zu kommen", sagte Hock zu ihm.

„Meinen Freund LeBron", sagte Trump und nahm Platz.

Trumps Mitarbeiter hatten Hock spezielle Anweisungen geschickt, wie er für das Interview zu beleuchten sei. Das orangefarbene Gel, das auf sein Haar aufgetragen wurde, hatte eine bestimmte Dicke, um sicherzustellen, dass die Farbe sein Haar richtig zur Geltung brachte. Sonst könnte man durch sein Haar bis auf seine Kopfhaut sehen.

Während die Crew sich beeilte, alles richtig einzustellen, schaute Trump ständig auf seine Uhr. „Das dauert zu lange", schimpfte er.

Als Hock endlich fertig war, schaute Trump in die Kamera und sprach mit LeBron, als wären sie alte Kumpel. Nachdem er einige Fragen beantwortet hatte, sah er Hock an. „Das dauert zu lange", wiederholte er. „Ich muss los."

Für Hock war der Höhepunkt des Projektes der Besuch in Gandolfinis Wohnung, um eine Szene mit ihm und Falco zu drehen. Im Gegensatz zu den anderen Teilnehmern sollten Gandolfini und Falco in ihren Filmrollen als Tony und Carmela Soprano auftreten. Es gab drei Kameras auf Stativen und eine Menge Scheinwerfer. Als Gandolfini hereinkam, trug er einen dicken, langen Bart.

„Was hast du vor?", fragte Gandolfini.

Hock hatte ein kurzes Drehbuch geschrieben. Carmela war Immobilienmaklerin in New York City, und Tony wollte, dass sie eine geeignete Wohnung für seinen Freund LeBron fand, der in die Stadt zog.

Gandolfini fuhr sich mit den Fingern durch den Bart, während er kurz darüber nachdachte. „Gut", sagte er, „machen wir es so, als ob ich im Zeugenschutzprogramm wäre."

Hock war von dem Konzept begeistert – Tony und Carmela sollten dort weitermachen, wo die letzte Folge von *The Sopranos* endete. Sie lebten jetzt im Zeugenschutzprogramm in New York City.

Gandolfini und Falco schlüpften in ihre Rollen und spielten die Szene nach – Armela sitzt am Küchentisch und sieht auf ihrem iPad

Immobilienanzeigen durch, Tony steht von der Couch auf und geht auf sie zu, um sich die Angebote anzuschauen.

Carmela: Herrenhaus an der Fifth Avenue.

Tony: Nicht elegant genug.

Carmela: (klickt auf die nächste Option) Gracie Mansion.

Tony: Nicht historisch genug.

Nachdem Tony ein paar weitere Optionen abgelehnt hat, wechselt Carmela auf eine Webseite mit dem Madison Square Garden.

Tony: Das ist der richtige Ort. Das ist der einzige Ort in New York, der groß genug ist für LeBron.

Hock hinter der Kamera war fasziniert. „Einfach zu sehen, wie sie sich gegenseitig inspirieren", erinnerte sich Hock. „Nachdem Edie auf dem iPad MSG aufgerufen hatte, schaute Gandolfini in die Kamera und sagte: ‚Ich weiß, dass das ein großer Witz ist, LeBron. Aber wenn du nach New York kommen willst, wäre das ziemlich cool.' Ich stand zufällig hinter der Kamera, in die er in diesem Moment schaute. Ich bekam Gänsehaut."

Einige Tage später übergab Hock den Verantwortlichen der Knicks im Garden eine DVD mit dem fertigen Film.

***

LeBron wollte es zuerst nicht glauben, als Maverick ihm die Idee unterbreitete, eine einstündige Fernsehsendung zu produzieren, um seine Entscheidung bekannt zu geben. „Wir können fünf Millionen Dollar bekommen, nur weil ich sage, wo ich spielen werde?", fragte LeBron.

Es klang absurd. Aber Maverick hatte nicht übertrieben. Er und Mark Dowley hatten mit LeBrons Unternehmenspartnern gesprochen, und sie alle standen Schlange. Maverick wies LeBron darauf hin, dass er nicht von der Show profitieren würde. Der gesamte Erlös würde an die Boys & Girls Clubs gehen.

LeBron rang mit der Entscheidung, Cleveland zu verlassen. Um die Einzelheiten der Bekanntgabe seiner Pläne wollte er sich nicht auch noch kümmern müssen. Das überließ er Maverick. Aber die Idee, das Geld aus der ESPN-Show an die Boys & Girls Clubs zu spenden, überzeugte ihn. Monate zuvor hatte LeBron zusammen mit Jay-Z einen Tag lang Kinder in einem Boys & Girls Club in Dallas betreut. Es war einer der schönsten Tage, die er in dieser Saison erlebt hatte. Er gab Maverick grünes Licht zum Weitermachen.

In der Zwischenzeit informierte Larry Nance LeBron darüber, dass es weitere juristische Probleme gab. Leicester Bryce Stovell, der Mann, der 2008 aufgetaucht war und behauptet hatte, er habe mit der 15-jährigen Gloria Sex gehabt, hatte beschlossen, Klage einzureichen. Er behauptete, dass der Vaterschaftstest, den er zwei Jahre zuvor gemacht hatte, verfälscht worden war. Stovell führte überdies an, dass er durch verschiedene öffentliche Äußerungen von LeBron und Gloria über LeBrons abwesenden Vater verleumdet werde. Stovell verlangte vier Millionen Dollar.

Nance war zuversichtlich, dass die Klage von Stovell letztendlich abgewiesen werden würde. Aber der Rechtsstreit würde nicht über Nacht beigelegt werden. Und in der Zwischenzeit würden weitere Falschinformationen über LeBrons Familie an die Öffentlichkeit gelangen. Auch damit musste LeBron zurechtkommen.

LeBron bekam zudem Gegenwind wegen seiner Entscheidung, seine Pläne auf ESPN bekannt zu geben. Der Rest der Medien wusste noch nichts von dieser Idee, aber NBA-Kommissar David Stern hatte davon gehört und war empört. Stern wusste nichts von dem Sponsoring und der Tatsache, dass die durch die Show generierten Einnahmen an die Boys & Girls Clubs fließen würden. Ihm ging es um das Image der Liga, und er war überzeugt, dass LeBrons Plan die NBA schlecht aussehen ließ. Stern versuchte, LeBron davon abzubringen, aber das klappte nicht. Deshalb wandte sich Stern direkt an ESPN-Präsident John Skipper und drängte ihn: „Bitte tun Sie das nicht." Auch das funktionierte nicht. ESPN war zwar der wichtigste Geschäftspartner der NBA – der Sender zahlte der Liga 485 Millionen Dollar für die Rechte zur Übertragung der Spiele in der kommenden Saison –, doch Skipper wollte nicht von seiner Entscheidung abrücken, LeBron die Sendezeit einzuräumen. Da es ihm nicht gelang, die Show zu stoppen, verfestigte sich die Sorge des Commissioners, dass LeBron zu viel Macht hatte. Und das ärgerte ihn mehr als alles andere.

***

Unbeeindruckt von den Bedenken des Commissioners stand LeBron in einem Lagerhaus am Hudson River in Manhattan, umgeben von ein paar Dutzend Leuten, die Puder auf seine Haut auftrugen, seine Haare stylten und dafür sorgten, dass seine Kleidung genau richtig saß. Es war der 25. Juni, und LeBron machte ein Fotoshooting mit *GQ*. Er posierte für die Kamera und achtete kaum darauf, dass sich die Tür am anderen Ende des Raumes öffnete und ein unauffälliger Mann hereinkam.

Der Schriftsteller J. R. Moehringer hatte nicht damit gerechnet, in ein Lagerhaus zu geraten. Auch war er noch nie in der Nähe von LeBron gewesen. Aber Moehringer war ein Meister im Porträtieren von Superstar-Sportlern. Moehringer, der mit dem Pulitzerpreis ausgezeichnet worden war und einen Bestseller mit dem Titel *The Tender Bar* geschrieben hatte, war einige Jahre zuvor von Andre Agassi ausgewählt worden, um die Autobiografie des Tennisstars zu schreiben. Das Werk von Agassi und Moehringer hieß *Open* und war kurz nach LeBrons Buch mit Bissinger erschienen. Doch die Resonanz auf Agassis Buch war eine ganz andere als bei LeBrons Geschichte. Die *New York Times* beschrieb *Open* als „eines der leidenschaftlichsten Anti-Sport-Bücher, die je von einem Superstar geschrieben wurden – erfrischend frei von triumphierender Predigt und stargespickter Dankbarkeit“. Die *Times* schrieb, Agassi habe mit Moehringer einen „inspirierten“ Mitarbeiter gewählt, und schwärmte: „Das Ergebnis sind nicht nur erstklassige Sport-Memoiren, sondern ein echter Bildungsroman, von düsterem Humor, aber auch schmerzlich und gefühlvoll.“

Open war ein Nummer-eins-Bestseller, und Moehringer war als Autor weiterer Sportstar-Porträts gefragt. *GQ* bat ihn, ein Porträt von Kobe Bryant zu verfassen, was bedeutete, dass Moehringer während der Saison 2009/2010 viel Zeit mit dem notorisch verschlossenen Lakers-Star verbringen musste. Moehringer brachte Kobe dazu, über seine langjährige Fehde mit Shaq, seine Einstellung zu Schmerzen und über die Genies zu sprechen, die ihn inspiriert hatten – Leonardo da Vinci und Daniel Day-Lewis. Der Artikel war so aufschlussreich, dass

GQ Moehringer kurz nach der Veröffentlichung bat, LeBron während seines Entscheidungsprozesses zu begleiten.

Moehringer stand direkt an der Tür und starrte all die Stylisten und Fotoassistenten an, die LeBron anhimmelten. Er dachte an einen Satz der Journalistin Margaret Fuller aus dem 19. Jahrhundert: „Für Frühreife wird früher oder später im Leben immer ein hoher Preis verlangt." Plötzlich wurde Moehringers Gedankengang durch einen Mann unterbrochen, der auf ihn zukam.

LeBrons Pressesprecher, Keith Estabrook, teilte ihm mit, dass sich das Fotoshooting verzögerte, und forderte ihn auf, in Kürze wiederzukommen.

Moehringer ging hinaus und holte sich eine Tasse Kaffee. Während er wartete, holte er *Shooting Stars* hervor, das er in Vorbereitung auf das Interview gelesen hatte. Er hatte schnell gemerkt, dass das Buch die traumatischeren Teile von LeBrons Kindheit aussparte. Bei seiner methodischen Vorbereitung hatte sich Moehringer an Bissinger gewandt und ihn über LeBrons Beziehung zu seiner Mutter befragt. „Er ist ihr voll und ganz ergeben", antwortete Bissinger.

LeBron kannte Moehringers Hintergrund nicht. Aber nach seiner Erfahrung mit Bissinger war er nicht erpicht darauf, mit einem weiteren Schriftsteller zu sprechen. Er hatte es satt, dass andere Leute versuchten, seine Geschichte zu erzählen. Es kam LeBron nicht in den Sinn, dass Schriftsteller, insbesondere die überaus talentierten – Taddeo, Bissinger und jetzt Moehringer –, Teil seiner Geschichte waren. Er erkannte auch nicht, dass sie begabte Schöpfer waren und dass er es ihnen mit ein wenig Anerkennung seinerseits hätte ermöglichen können, ihn auf eine bedeutungsvollere und fundiertere Weise darzustellen. Aber LeBron schätzte die Autoren nicht, und schon gar nicht sah er sie als potenzielle Verbündete.

In einem ärmellosen Hemd und mit Sonnenbrille betrat LeBron den Raum, in dem Moehringer wartete, und nahm Platz. Auf die Frage von Moehringer, ob er wegen seiner bevorstehenden Entscheidung gestresst sei, betonte LeBron, dass das Gegenteil zutreffe. „Es ist eine sehr aufregende Zeit für mich", sagte er.

Tatsächlich stand LeBron unter enormem Druck. Ohio war sein Zuhause. Er hatte nie woanders gelebt. Seine Familie war dort ansässig.

Sein engster Kreis war dort. Doch LeBron wollte unbedingt Meisterschaften gewinnen, und er war zu dem Schluss gekommen, dass er dafür in einem anderen Club mit anderen Stars zusammenspielen musste. „Meine Emotionen spielen keine Rolle und werden meine Entscheidung nicht beeinflussen", sagte LeBron zu Moehringer.

Moehringer fragte ihn, ob einer von LeBrons hochkarätigen Freunden, wie etwa Warren Buffett, sich mit Ratschlägen zur Wahl des Teams zu Wort gemeldet hatte.

LeBron sagte, dass sich keiner seiner Freunde einmischen werde.

Moehringer war skeptisch, machte aber weiter. Er erwähnte die Bemerkung, die LeBron während der Celtics-Serie gemacht hatte: „Ich verwöhne viele Leute mit meinem Spiel." Es war eine Gelegenheit für LeBron, die Bemerkung, die als Selbstverliebtheit interpretiert worden war, in den richtigen Kontext zu rücken.

Aber LeBron setzte noch einen drauf. „Ich liebe unsere Fans", sagte er. „Die Fans in Cleveland sind großartig. Aber ich meine, sogar meine Familie wird manchmal verwöhnt, wenn sie mich bei meinen Aktivitäten auf und neben dem Platz sieht."

LeBron betonte, dass er kein Verständnis für verwöhnte Menschen habe, und fügte hinzu, dass er durch seine Erziehung darauf konditioniert worden sei, Enttäuschungen zu verschweigen. „Das macht mich bescheiden, weil ich meinen Hintergrund kenne und weiß, was meine Mutter durchgemacht hat", sagte er. „Ich bilde mir nie zu viel auf meinen Ruhm oder auf meine Fähigkeiten ein. Meine Mutter sagt immer, und meine Freunde sagen das auch: ‚Du bist einfach ein sehr pflegeleichter Typ.'"

Fasziniert von dem Begriff „pflegeleicht", kam Moehringer auf Kobe zu sprechen, der mit einem privaten Hubschrauber zu den Heimspielen und zurück flog.

Bei der Erwähnung von Kobe nahm LeBron seine Sonnenbrille ab und zeigte einen Gesichtsausdruck, den Moehringer so interpretierte: Niemand ist weniger pflegeleicht als Kobe. Ohne ein Wort zu sagen, setzte LeBron seine Brille wieder auf.

Moehringer hatte beobachtet, dass die größten Sportler von Wut angetrieben wurden. Jordan war berüchtigt dafür, mit Wut im Bauch zu spielen. Tom Brady spielte mit einer enormen Last auf den Schultern, nachdem er bei der NFL-Draft übergangen worden war. Kobe, so führte Moehringer aus, habe sich über Shaq und aufgrund der Umstände in Colorado auch über alle anderen geärgert. Vielleicht sei LeBron nicht wütend genug.

„Sind Sie Sportpsychologe?", fragte LeBron.

Moehringer erinnerte LeBron daran, dass er kürzlich eingeräumt hatte, vielleicht nicht über den Killerinstinkt von Kobe zu verfügen. „Stimmt das noch?", fragte Moehringer.

„Ich hoffe nicht", sagte LeBron. „Ich glaube es nicht. Ich glaube, ich bin jetzt in meiner Karriere an einem Punkt angelangt, an dem ich das Gefühl habe, einen Killerinstinkt zu besitzen."

Moehringer erklärte ihm seine Theorie: Im Sport ist Wut gleich Erfolg.

„Das ist eine großartige Theorie", sagte LeBron.

Moehringer machte sich ein Bild von LeBron und dachte: Er klingt wie ein großes Kind.

Schließlich kam das Gespräch auf Gloria.

„Sie hält ihre Zunge nicht im Zaum", sagte LeBron zu ihm. „Wenn sie etwas sieht, das ihrer Meinung nach nicht richtig oder doch richtig ist, spricht sie darüber." LeBron sagte, er habe sie kürzlich angefleht, sich nicht tätowieren zu lassen. Sie hatte es trotzdem getan.

„Was ist es für ein Tattoo?", fragte Moehringer.

„Queen James", sagte er.

Keith Estabrook trat ein – die Zeit war abgelaufen.

Sie vereinbarten, in Akron in der ersten Juliwoche ein weiteres Gespräch zu führen.

***

Neben den Cavaliers konkurrierten fünf Teams um LeBrons Dienste – die Brooklyn Nets, die New York Knicks, die Miami Heat, die Chicago Bulls und die Los Angeles Clippers. Vertreter jedes Teams sollten LeBron am 1. Juli ihre Angebote unterbreiten, gleich zu Beginn der Phase, in der er frei wechseln konnte. An diesem Tag reisten Führungskräfte der Nets und der Knicks nach Cleveland. Um elf Uhr vormittags führte Jay-Z eine Gruppe von Nets-Führungskräften in ein Bürogebäude in der Innenstadt. In einem Konferenzraum im achten Stock stellte er sie LeBron vor.

LeBron kannte Nets-Cheftrainer Avery Johnson und Nets-Präsident Rod Thorn, der als einer der klügsten Manager der Liga galt. Aber LeBron war neugierig auf den Besitzer der Nets, Mikhail Prokhorov, einen russischen Milliardär von gut zwei Metern Körpergröße. Flankiert von seinem Agenten Leon Rose und von Maverick hörte LeBron interessiert zu, als Prokhorov seine Vision von der glänzenden Zukunft des Teams erläuterte, in deren Mittelpunkt die neue Arena stand, die in Brooklyn errichtet wurde. Prokhorov appellierte zudem an LeBrons Eitelkeit, indem er deutlich machte, dass er ihm helfen wolle, ein milliardenschwerer Sportler mit weltweiter Ausstrahlung zu werden.

Jay-Z stellte auch LeBron vor. Aber er drängte ihn nicht. Sie waren enge Freunde. Und die Freundschaft würde durch LeBrons Entscheidung weder gewinnen noch leiden.

LeBron wusste, was Jay-Z dachte. Und auch wenn er Jay-Z als Bruder betrachtete, hatte er bereits beschlossen, sich davon nicht in seiner Entscheidungsfindung beeinflussen zu lassen.

Nach zwei Stunden verließen die Führungskräfte der Nets den Raum, und die Delegation der Knicks kam herein. Clubeigentümer James Dolan hatte Teamchef Donnie Walsh, Cheftrainer Mike D'Antoni, den Präsidenten von Madison Square Garden Sports, Scott O'Neil, und den ehemaligen Knicks-Star und jetzigen Manager Allan Houston mitgebracht.

Die Knicks versuchten gleichfalls, LeBron die Idee zu verkaufen, dass er insgesamt eine Milliarde Dollar an Gehalt und Werbeeinnahmen verdienen könnte, wenn er sich ihrem Team anschloss. Der Club hatte sogar eine Studie bei einer Beratungsfirma in Auftrag gegeben, um nachzuweisen, dass LeBrons Verdienstmöglichkeiten in New York am größten wären.

LeBron liebte es, im Garden zu spielen. Er liebte New York City. Aber er war nicht beeindruckt von James Dolan. Seit Dolan die Knicks übernommen hatte, war das Team eine einzige Katastrophe. Seine Anwesenheit schreckte LeBron ab.

Doch er ließ sich nicht anmerken, dass er Dolan misstraute. Genauso wie Rose und Maverick.

Irgendwann zeigte die Knicks-Delegation LeBron das vorbereitete Video.

LeBron war amüsiert. Er hatte kein Interesse an Typen wie Trump – einem Schwindler – und Weinstein. Er liebte es, De Niro zu sehen – Vito Corleone! Aber den größten Spaß hatte LeBron an Gandolfini – Tony fucking Soprano machte ihm ein Angebot, das er nicht ablehnen konnte.

Als das Video zu Ende und das Gelächter verebbt war, stellte LeBron den Knicks eine Frage: Wie wollten sie ihn und zwei weitere Stars innerhalb der Gehaltsobergrenze unterbringen?

Die Knicks hatten keine zufriedenstellende Antwort.

***

Während LeBron in einem Raum mit den Verantwortlichen der Knicks saß, waren Dwyane Wade und Chris Bosh in Chicago und trafen sich separat mit potenziellen Teams. Aber die Sondierungstreffen von Wade und Bosh wegen möglicher Clubwechsel erregten nicht die Aufmerksamkeit der Basketballwelt. LeBron war, wie die *New York Times* schrieb, „ein 25-jähriger Prinz des Planeten", und alle Augen waren auf ihn gerichtet. Als er am späten Nachmittag zusammen mit Maverick und Leon Rose das Bürogebäude verließ, waren bereits eine ganze Reihe von Kameraleuten und Reportern auf der Straße. Die Fans der Cavaliers säumten den Bürgersteig und hielten Schilder in die Höhe, auf denen LeBron gebeten wurde, in Cleveland zu bleiben. Die Augen hinter einer dunklen Sonnenbrille verborgen, starrte LeBron geradeaus und zeigte keine Regung.

An diesem Abend saß LeBron allein zu Hause und sah sich eine passwortgeschützte Videopräsentation auf seinem iPad an. Sie war ihm von den Miami Heat zugeschickt worden, als Auftakt für das Treffen am folgenden Tag. Und es unterschied sich stark von dem Promi-Pitch der Knicks. Das Heat-Video wirkte eher wie von einer Wall-Street-Firma zusammengestellt. Es enthielt Zahlen, Statistiken, Tabellen und Diagramme. Als würde er sich auf eine Prüfung vorbereiten, sah sich LeBron das Video an, bis er es fast auswendig konnte.

Während LeBron das Zahlenwerk studierte, traf sich sein Agent Leon Rose unter vier Augen mit dem Präsidenten der Miami Heat, Pat Riley. Rose wusste, dass LeBron, Dwyane Wade und Chris Bosh schon seit Monaten über eine Zusammenarbeit sprachen. Es war eine Idee, die während der Olympischen Spiele in Peking aufgekommen war. Und in der Saison 2009/2010 hatte sie noch an Fahrt gewonnen. Riley sah darin einen Vorteil für sich. Die Heat waren eines der wenigen Teams, die sich um LeBron bemühten und über ausreichend finanziellen Spielraum verfügten, um ihn sowie Wade und Bosh zu verpflichten. Der Schlüssel dazu war, LeBron zu überzeugen, weshalb Riley mit Rose ins Gespräch kommen wollte, bevor er sein Angebot abgab.

Riley wusste, dass er erst nach den Knicks an der Reihe war. Aber er war das Gegenteil von James Dolan. Zunächst einmal kannte Riley sich mit Basketball aus, und er wusste, was die großen Spieler mehr als alles andere erreichen wollten: Meisterschaften. Riley plante schon seit Jahren, LeBron in ein Heat-Trikot zu stecken. Und er war zuversichtlich, dass Geld nicht der ausschlaggebende Faktor sein würde. Auch der Standort würde keine Rolle spielen. LeBron, so dachte sich Riley, würde in die Black Hills von South Dakota ziehen, wenn er dort eine NBA-Meisterschaft gewinnen könnte. Aber Riley hatte den Vorteil, dass er South Beach anbieten konnte.

Es war elf Uhr abends am 2. Juli, als LeBron in den Konferenzraum im achten Stock des IGM-Gebäudes zurückkehrte und an einer Seite des großen Konferenztisches Platz nahm. Er traf auf den Eigentümer der Heat, Micky Arison, den Cheftrainer Erik Spoelstra, den General Manager Andy Elisburg, Vice President, Basketball Operations, Nick Arison, und den ehemaligen Heat-Star Alonzo Mourning. Sie alle saßen. Doch Riley stand auf und stützte sich auf die Stuhllehne. Und nach einigem Hin und Her sah Riley LeBron in die Augen. „Wir möchten, dass Sie verstehen, dass die Hauptsache ist, dass die Hauptsache die Hauptsache bleibt“, sagte er.

LeBron runzelte die Stirn. „Die Hauptsache ist, sicherzustellen, dass die Hauptsache die Hauptsache bleibt?“

Riley nickte und wiederholte den Satz aus Stephen Coveys Bestseller *The Seven Habits of Highly Effective People*. „Es ist der Anfang des Buches“, sagte er zu LeBron.

LeBron nickte.

„Die Hauptsache bei uns“, sagte Riley und blickte zu den Männern, die ihn flankierten, „ist es, Meisterschaften zu gewinnen.“

LeBron sah Riley in die Augen, als wären sie die einzigen beiden Menschen im Raum.

„Wir glauben, dass Sie, Chris und Dwyane etwas ganz Besonderes schaffen können", sagte er.

Anschließend sprachen Arison und Spoelstra über die langfristigen Ziele des Teams und zeigten eine kurze Videopräsentation. Als sie beendet war, griff Riley in seine Aktentasche, holte eine kleine Netztasche heraus und legte sie auf den Tisch.

„Was ist da drin?", fragte LeBron.

Riley schob die Tasche über den Tisch.

LeBron öffnete sie, und Ringe fielen heraus. Er nahm einen davon auf. „Was sind das für Ringe?", fragte er.

Riley erklärte, dass es sich um eine Sammlung seiner All-Star- und Meisterschaftsringe sowie den Ring der Hall of Fame handele. In seiner Karriere als Trainer hatte er sechs Titel mit den Lakers und einen mit den Heat errungen. Zu jedem Meisterteam, bei dem er mitgewirkt hatte, so erklärte er, gehörten ein Star und zwei Superstars.

LeBron verstand, was Riley meinte: Er und D-Wade waren Superstars, Bosh war ein Star, und in Miami konnten die drei für einen Club spielen, der von jemandem geleitet wurde, der sieben Meisterschaften gewonnen hatte.

„Das ist essenziell", sagte Riley. „Man kann keine Meisterschaft gewinnen, wenn man nur neue Leute holt. Cleveland hat versucht, alles für Sie zu tun. Aber sie konnten einfach nicht die Spieler holen, die sie gebraucht hätten, um eine Meisterschaft zu gewinnen."

Für LeBron hob sich Riley von allen anderen ab, die er zuvor getroffen hatte. Er wusste, was es brauchte, um Meisterschaften zu gewinnen. Er besaß die Trophäen, die das bewiesen. Und er hatte seine Hausaufgaben gemacht, um Spielraum für die Gehälter von LeBron, Bosh und Wade zu schaffen. Ohne Zweifel war Miami der klarste Weg zur Meisterschaft.

Die Sitzung dauerte drei Stunden. Am Ende war Riley zuversichtlich, dass er LeBron an Land gezogen hatte. Aber er war sich auch bewusst, dass die Nachricht, LeBron werde Cleveland in Richtung Miami verlassen, in der NBA wie eine Bombe einschlagen würde. Er fragte sich, ob LeBron und sein Team auf den Fallout vorbereitet waren.

„Haben Sie Angst?“, fragte Riley.

LeBron und Maverick sahen ihn ausdruckslos an.

„Die Kacke wird am Dampfen sein, Mann“, sagte Riley.

„Haben Sie Angst?“, wiederholte Maverick. „Wir?“

***

Nur eines musste Mark Dowley noch herausfinden: wo LeBrons ESPN-Show am besten stattfinden sollte. Weniger als eine Woche vor dem Tag der Entscheidung schlug Dowley schließlich seine Heimatstadt Greenwich in Connecticut vor. In der Nähe war ein Flughafen. Sein Zuhause könnte als Bühne dienen. Und es gab einen Boys & Girls Club in der Stadt.

Maverick war einverstanden.

Also rief Dowley am 4. Juli den Präsidenten des Boys & Girls Club an und begann mit den Vorbereitungen. Zeit und Geheimhaltung waren von entscheidender Bedeutung. Sie hatten vier Tage Zeit, um alles vorzubereiten. Bis dahin durfte die Presse nichts von seinem Plan erfahren.

Während Dowley mit den örtlichen Behörden in Greenwich telefonierte, überdachte LeBron seine Optionen. Nach der letzten Gesprächsrunde mit den Bulls und den Cavaliers wusste er, was er tun wollte. Am Nachmittag schrieb er Wade eine Textnachricht: „Hey, hast du in der nächsten Stunde Zeit für ein Telefonat?“

„Cool“, antwortete Wade.

Wade gab die Nachricht weiter an Bosh.

Nachdem sich die drei mit ihren potenziellen neuen Vertragspartnern getroffen hatten, schien der Traum, zusammen zu spielen, endlich in greifbare Nähe zu rücken.

Wade stellte die Konferenzschaltung mit LeBron und Bosh her. LeBron leitete das Gespräch.

„Miami hat den nötigen Spielraum, wenn wir alle drei bereit sind, dorthin zu gehen“, sagte LeBron.

Wade war angetan von dem, was er da hörte. Miami war während seiner gesamten Laufbahn sein Zuhause gewesen. Die Aussicht, dass sich seine beiden Freunde ihm dort anschließen würden, war in seinen Augen das ideale Szenario.

„Bist du dabei?", fragte Wade.
„Ich bin dabei", sagte LeBron.
„Ich bin dabei", sagte Wade.
„Ich bin dabei", sagte Bosh.
Es war beschlossen.

LeBron erwähnte nicht, dass er seine Entscheidung auf ESPN bekannt geben würde.

***

Am 6. Juli betrat J. R. Moehringer die Basketball-Arena der Universität von Akron. Keith Estabrook fing ihn in der Lobby ab und teilte ihm mit, dass sein Gespräch mit LeBron in der Sporthalle stattfinden würde, während LeBron sich ein Trainingsspiel zwischen NBA-Spielern und hochkarätigen Highschool-Rekruten ansah.

Ein Interview mit LeBron in einer lauten Sporthalle, während er sich ein Spiel ansieht? Moehringer konnte sich keine schlechtere Location vorstellen. Kein Wunder, dass LeBron Schriftsteller wenig schätzte. Auch sein Pressemann schien nicht zu verstehen, worin die Arbeit eines Schriftstellers bestand.

Moehringer und Estabrook verbrachten die folgenden Minuten damit, in der Arena herumzulaufen und nach einem geeigneteren Platz zu suchen. Als sie einen ruhigen Raum mit Klimaanlage betraten, sagte Moehringer, das sei perfekt. Estabrook sagte, dass es für LeBron nicht funktionieren werde, da er sich nicht gern mit einem Fremden in einem ihm unbekannten Raum aufhalte. Stattdessen führte Estabrook Moehringer in die Umkleidekabine. Es roch wie ein riesiges verschwitztes Suspensorium. Aber Estabrook sagte, dass LeBron sich hier wohlfühle. Außerdem verfügte der Raum über einen Fernseher, sodass LeBron während des Interviews die Weltmeisterschaft verfolgen konnte. Moehringer musste an Napoleon denken, der einem Porträt zugestimmt hatte, sich aber weigerte, für den Maler still zu sitzen.

Bevor er die Umkleidekabine verließ, senkte Estabrook die Stimme und forderte Moehringer auf, LeBron nach Chicago zu fragen. Und nach New York. Und nach Miami.

Verwirrt drehte Moehringer den Spieß um und sagte, er habe das Gefühl, dass LeBron zu den Knicks wechseln werde.

Estabrooks Augen weiteten sich. Er gab zwar keine Auskunft, zu welchem Team LeBron wechseln werde, versicherte Moehringer aber eines: Die Geschichte mit Dwyane Wade und Chris Bosh, von der in den Medien die Rede war, werde nicht passieren.

Moehringer wusste nicht, was er glauben sollte. Die *New York Times* berichtete, dass Michael Jordans ehemaliger Consigliere William „Worldwide Wes" Wesley versuche, einen Deal auszuhandeln, um LeBron mit dem All-Star Point Guard Chris Paul von den New Orleans Hornets zusammenzubringen. Es war bekannt, dass LeBron und Paul eng befreundet waren. Es wurde auch gemunkelt, dass Wesley, der in der Vergangenheit mit LeBron zusammengearbeitet hatte, eine wichtige Rolle in dessen Entscheidungsprozess spiele. Irritiert rief Maverick die *Times* an und teilte einem Reporter mit: „Alle Gerüchte über Wes sind unwahr, und er wird nicht an den Treffen teilnehmen. Wes hat nichts damit zu tun, wohin LeBron geht."

Während Moehringer wartete, war LeBron in der Sporthalle und spielte mit Chris Paul. Dwyane Wade war derweil unten in Miami und schrieb LeBron eine Textnachricht. Aber LeBron reagierte nicht. Besorgt wegen LeBrons Funkstille, schrieb Wade eine Textnachricht an Bosh: „CB, hast du mit Bron gesprochen?"

„Nein, ich habe nicht mit ihm gesprochen", antwortete Bosh.

Es war zwei Tage her, dass die drei beschlossen hatten, sich in Miami zusammenzutun. Wade und Bosh begannen sich zu fragen, ob LeBron es sich anders überlegt hatte.

***

Als LeBron schließlich die Umkleidekabine betrat, ließ er sich auf eine Ledercouch sinken und schaute auf seinen BlackBerry. Er hatte viele Textnachrichten, darunter auch einige von Wade.

Moehringer dankte ihm, dass er sich Zeit für das Interview genommen habe.

LeBron sagte nichts.

Moehringer fragte ihn, wie der Prozess der Vereinssuche verlaufen sei.

„Ermüdend", sagte LeBron und richtete seine Aufmerksamkeit auf den Fernseher, wo ein WM-Fußballspiel lief.

Nach einigen weiteren Fragen und Antworten, die wenig Aufschluss brachten, wollte Moehringer die heikelste Frage auf seiner Liste stellen: Denken Sie jemals an Ihren Vater? Doch bevor er dazu kam, stürmten LeBrons Söhne, drei und fünf Jahre alt, in den Raum und stürzten sich zu ihm auf die Couch.

LeBron freute sich, sie zu sehen, und forderte sie auf, während des Interviews ruhig zu sein. Das gefiel den Jungs nicht. „Bleibt hier und seid still", sagte er. „Oder geht raus und seid laut. Was davon wollt ihr?"

„Laut sein", sagte Bronny.

„In Ordnung, dann los", sagte LeBron.

Als sie hinausrannten, erkannte Moehringer die Lücke. Er fragte, ob seine eigene Vaterschaft LeBron an seinen Vater denken lasse.

„Nein", sagte LeBron schlicht, den Blick wieder auf das Fußballspiel gerichtet.

Moehringer war ziemlich gut darin, Bullshit zu erkennen. Und er war sich ziemlich sicher, dass LeBron ihn verarscht hatte. Bissinger hatte Moehringer erzählt, dass LeBrons Stimme, wenn ihm eine heikle Frage gestellt wurde – insbesondere über seine Mutter oder irgendetwas, das mit seinem Vater zu tun hatte –, einen hohlen Klang annahm. Bissinger hatte es als „flachen Affekt" bezeichnet, und genau das hatte Moehringer eben gehört.

Aber Moehringer wusste nicht, dass LeBron und seine Mutter gerade von einem Mann verklagt worden waren, der behauptete, LeBrons Vater zu sein und dass LeBron und Gloria ihn verleumdet hatten, als sie über Jahre hinweg in den Medien abfällige Dinge über LeBrons abwesenden Vater gesagt hatten. Bislang war die Klage geheim gehalten worden. Und LeBron hatte nicht vor, sie zu erwähnen.

„Ich will meinen Vater nicht herabwürdigen oder verdammen", sagte er zu Moehringer. „Denn ich weiß nicht, was er zu jener Zeit durchgemacht haben mag. Ich gehöre nicht zu denen, die urteilen, ohne etwas zu wissen. Ich war zu jung, um das zu verstehen."

LeBron konzentrierte sich weiterhin auf das Fernsehen. Aber er sprach immer wieder von seinem Vater. „Ohne ihn wäre ich erstens nicht auf dieser Welt", fuhr er fort. „Und zweitens habe ich vielleicht viele Gene von ihm, und das ist einer der Gründe, warum ich heute so bin, wie ich bin … Ich meine, es ist nicht alles nur Wut. Es ist überhaupt nicht alles Wut."

Am Rande der wichtigsten Entscheidung seiner Karriere dachte LeBron viel über einen Mann nach, den er nie kennengelernt hatte. Im Laufe der Jahre hatte LeBron hart daran gearbeitet, sich in der Öffentlichkeit hinsichtlich seines vaterlosen Aufwachsens als starke Persönlichkeit zu präsentieren. Aber unter der Oberfläche war LeBron verletzlich. Moehringer war an die Stelle gelangt, zu der Bissinger nicht vorgedrungen war.

„Möchten Sie Ihren Vater kennenlernen?", fragte Moehringer.

„Nein", sagte LeBron.

„Wirklich nicht?"

„Jetzt?", sagte LeBron. „Mit 25? Nein."

„Vielleicht später?"

LeBron hatte genug von den Fragen. „Vielleicht", sagte er. „Ja."

Wenige Minuten später kam Estabrook zurück und sagte, die Zeit sei abgelaufen.

Erleichtert ging LeBron zurück in die Sporthalle.

***

Während Moehringer LeBron interviewte, verbreitete sich die Nachricht, dass LeBron seine Entscheidung am 8. Juli auf ESPN bekannt geben würde. Im selben Augenblick griffen Dwyane Wade und Chris Bosh zu ihren Handys. „Was zur Hölle ist da los?", sagte Wade. Bosh hatte sich das Gleiche gefragt. Vielleicht, so befürchteten sie, hatte LeBron seine Meinung geändert.

Moehringer wusste nicht, dass die Nachricht über die ESPN-Show bereits durchgesickert war, als Estabrook ihn kurz nach dem Interview ansprach und ihm diskret mitteilte, dass LeBron in zwei Tagen eine Ankündigung machen würde. Als Moehringer sagte, dass er gern dabei sein würde, schaute Estabrook sich in der Sporthalle um, um sicherzugehen, dass niemand in der Nähe war, der ihn hören konnte. Dann flüsterte er: „Fliegen Sie nach New York." Moehringer fragte nach Details. Estabrook sagte ihm, er solle ihn anrufen, wenn er gelandet sei. Dann werde er weitere Anweisungen erhalten.

Am Nachmittag, nachdem Moehringer abgeflogen war, aktivierte LeBron sein Twitter-Konto und twitterte zum ersten Mal: „Hallo Welt, der echte King James ist im Gebäude. ‚Finally.' Mein Bruder @oneandonlycrp3 (Chris Paul) hat mich aufgefordert, an Bord zu kommen, also bin ich hier. Haaaaa."

Bis zum Abend hatte LeBron bereits neunzigtausend Follower.

***

Am Morgen des 7. Juli besuchte LeBron sein Basketball-Camp an der Universität von Akron. Einer der Teilnehmer war ein Highschool-Schüler, der den ganzen Weg von Chicago mit dem Bus zurückgelegt hatte. LeBron schüttelte ihm die Hand, und der Schüler stellte sich vor. Er hieß Anthony Davis.

Während LeBron eine Partie mit Davis spielte, fiel der Aktienkurs von Madison Square Garden, Inc. – der Muttergesellschaft der New York Knicks – aufgrund von Berichten, die darauf hindeuteten, dass LeBron die Knicks wahrscheinlich zugunsten der Heat verschmähen werde. In der Mittagszeit traten dann Dwyane Wade und Chris Bosh in *SportsCenter* auf ESPN auf. In einem Live-Interview mit Michael Wilbon bestätigte Wade, dass er wieder bei den Heat unterschreiben werde, und Bosh bestätigte, dass er sich Wade in Miami anschließen werde.

„Dwyane", sagte Wilbon, „es wird berichtet, dass ihr beide bereits mit LeBron gesprochen habt und gesagt habt: ‚Komm her und mach mit.' Wie ist der aktuelle Stand dieser Diskussionen? Und glaubt ihr, dass ihr ihn bekommen werdet?"

Wade, der sich nicht mehr sicher war, lächelte. „Es ist kein Geheimnis, dass ich, Chris und LeBron gute Freunde sind", begann er. „Natürlich würden wir uns freuen, wenn LeBron sich Miami anschließen würde … Aber er wird seine eigene Entscheidung treffen. Und das ist eine Entscheidung, auf die wir alle morgen vor dem Fernseher warten werden."

Kaum hatten Wade und Bosh ihre Absichten bekannt gegeben, trat Präsident Obamas Pressesprecher Robert Gibbs ans Rednerpult, um das Daily Briefing des Weißen Hauses abzuhalten. Das Hauptthema war die BP-Ölpest im Golf von Mexiko. An einer Stelle hob ein Reporter seine Hand.

Reporter: Ich habe eine Frage von überragender Bedeutung. Wo sollte LeBron James nach Meinung des Präsidenten Basketball spielen?

Gibbs: Wir haben heute schon darüber gesprochen. Obwohl Miami angeblich Chris Bosh verpflichtet haben soll, denke ich, dass der Präsident immer noch findet, dass er in einem Bulls-Trikot gut aussehen würde.

Ich hoffe, das führt nicht zu einer Anklage wegen NBA-Manipulation.

Ein weiterer Reporter: Im Ernst, haben Sie Bedenken, dass das die Menschen in Cleveland verärgern könnte?

Gibbs: Ich bin sicher, das wird es.

Gelächter erfüllte den Raum.

Gibbs: Ich glaube, die Menschen in Cleveland … Wir haben alle gesehen …

Während Gibbs versuchte, alle daran zu erinnern, dass der Präsident Bulls-Fan sei, ließ die Presse nicht locker.

Reporter: Eine etwas ernstere Folgefrage. Die Menschen in Cleveland reagierten irgendwie … Sie sind sehr empfindlich, wenn es um solche Dinge geht – dass der Präsident gegen sie wettert.

Und sie haben nie eine Chance. Sicher, er liebt die Bulls. Aber das könnte die Leute wirklich stören.

Gibbs: Auch hier bin ich mir sicher, dass es so sein wird.

Dass sich das Weiße Haus zu LeBrons Entscheidung äußerte, zeigte, wie sehr die Angelegenheit aus dem Ruder gelaufen war. Unterdessen häuften sich die Reaktionen auf den Plan von ESPN, LeBron eine Stunde der Hauptsendezeit zu geben, online und in den sozialen Medien. „Eine einstündige Show?", schrieb ein prominenter Sportkommentator in seinem Blog. „WTF?"

ESPN wurde auch attackiert. „ESPN beharrt darauf, LeBron nicht die Schlüssel des Senders übergeben zu haben", twitterte der Autor der *New York Times*, Don Van Natta Jr. „Er wählt einfach den Zeitpunkt und den Interviewer aus und bekommt alle Werbeeinnahmen für seine Wohltätigkeitsorganisation."

***

Am Morgen des 8. Juli ging LeBron in die Sporthalle. Dann traf er sich mit Maverick und Rich Paul. Es war der Tag der Entscheidung. Die drei waren im Begriff, Ohio zu verlassen und sich neu zu orientieren. Maverick hatte mit Ari Emanuel, Mike Dowley und ESPN an jedem Detail von LeBrons Ankündigung gearbeitet. Rich hatte mit Leon Rose jeden Aspekt von LeBrons Treffen mit den verschiedenen Bewerbern und den Verhandlungen mit Pat Riley und den Heat durchgearbeitet. Und LeBron hatte sich als der begehrteste Spieler in der Geschichte der NBA positioniert.

Im Rausch der Gefühle stiegen die drei zusammen mit Savannah in ein Privatflugzeug, das sie nach Greenwich brachte. Es war an der Zeit, die Welt zu schockieren.

28

„HESTER PRYNNE MIT STIRNBAND"

Fans in NBA-Städten überall in den USA drängten sich um die Fernsehbildschirme in Wohnungen und in Sportbars. Dwyane Wade, der so wie alle anderen wissen wollte, wohin LeBron gehen würde, veranstaltete in Miami eine Watchparty. „Ich weiß nicht, was hier vor sich geht", sagte Wade zu einem Freund. „Ich war nicht mal beim Draft so nervös." Doch Wade sagte sich, dass er und Bosh in Miami stark sein würden, ganz gleich, wie LeBron sich entscheiden würde.

Wade sah, wie LeBron plötzlich auf dem Bildschirm erschien: Er saß Jim Gray gegenüber auf einer Bühne, die in der Mitte der Sporthalle des Boys & Girls Club aufgebaut worden war. LeBron wirkte verstimmt. Und es dauerte eine gefühlte Ewigkeit, bis Gray endlich fragte: „LeBron, wie lautet Ihre Entscheidung?"

Wade war nervös, während LeBron zögerte und zauderte.

„Ähm, diesen Herbst werde ich mein Talent mit nach South Beach nehmen und mich den Miami Heat anschließen."

Auf Wades Party in Miami brachen alle in Jubel aus. „Oh Mann!", sagte Wade zu seinen Gästen. „Es ist Showtime."

Die Kids in der Sporthalle stöhnten auf.

Die Menge vor dem Boys & Girls Club begann zu buhen.

In Cleveland gingen die verschmähten Fans auf die Straße.

In den sozialen Medien wurde LeBron beschimpft.

Pat Rileys Warnung – Die Kacke wird am Dampfen sein – war bereits wahr geworden.

J. R. Moehringer, der nach Greenwich gekommen war, um über den Abend zu berichten, konnte nicht glauben, was er da sah. Es gäbe so viele andere, bessere Möglichkeiten, dachte er. Moehringer gab den Leuten, die LeBron am nächsten standen, die Schuld und verließ fluchtartig die Sporthalle. Er suchte den Pressechef Keith Estabrook auf und fragte ihn, warum sie die Entscheidung in Greenwich inszeniert hatten.

„Neutraler Standort", sagte er.

Moehringer wies darauf hin, dass sie sich tief im Terrain der Knicks befanden. Die meisten Kids in der Sporthalle und praktisch alle da draußen wollten, dass er für die Knicks spielte. Greenwich war ganz bestimmt kein neutraler Ort.

Estabrook zuckte mit den Schultern.

Danach hingen LeBron und sein Team in Greenwich mit Kanye West ab und hörten Stücke aus dessen kommendem Album *My Beautiful Dark Twisted Fantasy.* Unterdessen eskalierte die Situation in Cleveland. Fans zündeten LeBron-Trikots an. Die Polizei nahm Verhaftungen vor. Und Dan Gilbert schürte das Feuer, indem er einen ätzenden Brief an die Sportfans von Cleveland auf der Website der Cavaliers veröffentlichte. Gilbert rügte LeBron als „feige" und „narzisstisch" und garantierte persönlich, dass die Cavaliers eine NBA-Meisterschaft gewinnen würden, bevor LeBron das schaffen werde. „Die gute Nachricht ist, dass diese herzlose und gefühllose Aktion als Gegenmittel gegen den sogenannten Fluch dienen wird, der auf Cleveland, Ohio, liegt", schrieb Gilbert. „Der selbst ernannte ehemalige ‚King' wird den ‚Fluch' mit in den Süden nehmen. Und solang er nicht das ‚Richtige' für Cleveland und Ohio tut, wird James (und die Stadt, in der er spielt) leider diesen gefürchteten Bann und das schlechte Karma nicht mehr loswerden."

Gilbert beließ es nicht dabei. Später am Abend sprach er mit einem Reporter der Associated Press und wurde in seiner Kritik an LeBron noch persönlicher. „Er hat einen Freifahrtschein bekommen", sagte Gilbert der AP. „Die Leute haben ihn schon viel zu lange gedeckt. Heute Abend haben wir gesehen, wer er wirklich ist."

Gilbert gehörten die Cavaliers. Aber er benahm sich, als gehörte ihm LeBron. Und nun, da LeBron sich entschieden hatte, die Cavaliers zu verlassen, hatte Gilbert keine Bedenken, die eine Sache zu sagen, von der er wusste, dass sie LeBron bis ins Mark treffen würde. „Er hat sich gedrückt", sagte Gilbert zu AP. „Nicht nur in Spiel 5, sondern auch in Spiel 2, 4 und 6. Sehen Sie sich das Video an. Wie in der Boston-Serie hat sich in der Sportgeschichte noch nie ein Superstar verhalten."

Gilberts Angriff auf LeBron war so gezielt und öffentlich, dass sogar die rivalisierenden Celtics schockiert waren. „Ich werde nie vergessen, was mir durch den Kopf ging, als Dan Gilbert das tat", sagte Danny Ainge: ‚Warum macht er das?'" Im Profisport kommen und gehen die Spieler. Trainer kommen und gehen. Das liegt in der Natur der Sache. Wenn ein Spieler nach seiner vertraglichen Bindung weiterzieht, ist es angebracht, dass sein vorheriges Team nachsichtig ist und ihm dafür dankt, dass er sein Bestes für den Club gegeben hat. „Es geht nicht darum, wer besser ist oder wer recht hat oder wer falschliegt", sagte Ainge. „Es geht darum, positiv zu bleiben. Denn man weiß nie, was unterwegs noch alles passieren kann."

In der Hitze des Gefechtes hatte Gilbert nicht über den Tellerrand geschaut. Er war damit beschäftigt, jede Brücke niederzubrennen, die LeBron mit Cleveland verband. „Es geht nicht darum, dass er uns verlässt", sagte Gilbert zu AP. „Es geht um Respektlosigkeit. Es ist an der Zeit, dass diese Sportler für ihre Taten zur Rechenschaft gezogen werden. Ist das die Art und Weise, wie man seine Kinder erzieht? Ich habe das alles sehr lange für mich behalten."

LeBron war darauf konditioniert, ein robustes Äußeres zu zeigen. Aber unter der Oberfläche war er sensibel. Vor allem, wenn es darum ging, wie er wahrgenommen wurde. Gilbert hatte LeBron dort angegriffen, wo er emotional verwundbar war.

Für Gloria hatte Gilbert mit seinen bissigen Bemerkungen Blut vergossen, und sie war bereit, gegen jeden in den Krieg zu ziehen, der die Arbeitsmoral und Integrität ihres Sohnes angriff.

Auch Savannah war aufgebracht. So wie alle in LeBrons Lager. Aber auf dem Flug nach Florida später in der Nacht waren sie zu geschockt vom Ausmaß der Feindseligkeit der Fans und der Medien LeBron gegenüber, um etwas zu sagen.

Nach der Landung in Miami in den frühen Morgenstunden und der Begrüßung durch Pat Riley auf dem Rollfeld schliefen LeBron und Savannah ein paar Stunden im W Hotel. Als LeBron später am Morgen aufwachte, war sein Ruf zerstört. Sportjournalisten, Experten, Blogger und Nachrichtenmoderatoren machten sich über ihn lustig. Fans aus allen Städten außer Miami verhöhnten ihn auf Twitter. Außer den Heat-Fans hatte kaum jemand etwas Gutes über ihn zu sagen. Beinahe jeder, der eine Plattform besaß, folgte dem Herdentrieb der Medien. Und Bill Simmons von ESPN gehörte zu den Anführern. Jahre zuvor, als Pitcher Roger Clemens die Boston Red Sox verlassen hatte, um bei den Toronto Blue Jays zu unterschreiben, hatte Simmons, ein eingefleischter Red-Sox-Fan, eine Kolumne mit dem Titel „Ist Clemens der Antichrist?" geschrieben. Am Morgen nachdem LeBron angekündigt hatte, dass er nach Miami gehen werde, verwies Simmons auf seine Kolumne über Clemens. „Ich habe den Kerl so sehr gehasst, wie man einen Profisportler hassen kann, ohne dass es unheimlich wird", sagte Simmons. „Und wissen Sie was? Was LeBron gestern Abend Cleveland angetan hat, war schlimmer. Viel schlimmer."

Es wäre leicht gewesen, Simmons' Hinweis auf den Antichristen als Übertreibung abzutun. Aber Simmons hatte eine große Fangemeinde. Und wie Dan Gilbert wurde er in seiner Kritik an LeBron persönlich. „Ich gebe den Leuten um ihn herum die Schuld", sagte Simmons. „Ich gebe dem Fehlen einer Vaterfigur in seinem Leben die Schuld."

Rich Paul hatte nie etwas für Simmons übriggehabt und war nicht überrascht über den Tonfall von dessen Kritik an LeBron. Simmons hatte eine Vorgeschichte bezüglich LeBron. Angefangen hatte alles beim NBA-Draft 2003, als der Sportmoderator Mike Tirico in der Sendung sagte: „Da ist [LeBron] mit seiner Mutter Gloria. Gloria hat eine Menge geopfert. Sie brachte LeBron zur Welt, als sie 16 war … Als sie 19 war, waren sie auf sich allein gestellt, lebten von Unterstützung und Lebensmittelmarken, und jetzt sind sie hier … Es ist eine großartige amerikanische Geschichte." Daraufhin schrieb Simmons: „Was ist mit den Eltern, die zusammengeblieben sind, hart gearbeitet haben, für ihre Kinder gesorgt und sie durch die Schule gebracht haben? Seit wann ist es ein ‚Opfer', keine Geburtenkontrolle zu praktizieren und Glück mit der DNA zu haben?"

Rich war der Meinung, Simmons zeige sein wahres Gesicht. „Vieles davon hat mit der Hautfarbe zu tun", sagte Paul über Simmons. „Das hätte er über Larry Bird nicht gesagt."

Während der Rest der Basketballwelt ihn kritisierte, machte sich LeBron auf den Weg zu seiner neuen Wirkungsstätte, der American Airlines Arena, der Heimat der Miami Heat, um seinen Vertrag zu unterschreiben. Bei seiner Ankunft erfuhr er, dass das Team an diesem Abend eine große Party für die Fans veranstaltete. Und LeBron, Wade und Bosh waren die Hauptdarsteller. Was? LeBron hatte keine Ahnung gehabt, dass so etwas geplant war. Er war erschöpft. Es war noch keine 24 Stunden her, dass er mit Jim Gray im Boys & Girls Club in Greenwich gesessen hatte. Und er wurde an den Pranger gestellt.

Dennoch sagte LeBron seine Teilnahme zu.

Draußen sangen Tausende von Fans: „Let's go Heat! Let's go Heat!" Drinnen in der Arena war jeder Platz besetzt. Auch das Spielfeld war voller Fans. Pat Riley, in schwarzem Anzug, mit schwarzer Krawatte und weißem Hemd, saß zusammen mit dem Clubbesitzer Mickey Arison auf Plätzen unweit der Bühne, die an einem Ende der Arena aufgebaut worden war. Miamis Fernsehsender und ESPN berichteten live über das Ereignis. „Miamis neues Dream-Team – LeBron, Dwyane und Chris – betritt heute Abend im großen Stil die Bühne, und die Fans drehen durch", schilderte einer der Sender von außerhalb der Arena.

LeBron, der ein weißes Stirnband und ein neues Heat-Trikot mit der Nummer 6 trug, stand neben Wade und Bosh. Einer der Koordinatoren gab ihnen Anweisungen. „Ich bringe euch in den Backstagebereich", sagte der Mann. „Ich verfrachte euch drei in den Aufzug." Augenblicke später stiegen LeBron, Wade und Bosh durch eine Öffnung in der Bühne. Laserlichter blitzten auf. Flammen schossen in die Luft, und Rauch hüllte die Bühne ein. Wie Rockstars drehten sich LeBron, Wade und Bosh um, wandten sich der Menge zu und stolzierten von der Bühne, während Musik wie aus einem Marvel-Film ertönte und Tausende von Fans im Delirium schrien.

Als „die drei Könige" vorgestellt, nahmen sie auf hochlehnigen Stühlen Platz und wandten sich an die Menge. „Das übertrifft die Erfüllung eines Traumes", begann Wade. „Die Möglichkeit zu haben, als das wohl beste Trio, das jemals Basketball gespielt hat, zusammenzuarbeiten, ist unglaublich."

Das war eine große Aussage, wenn man bedachte, dass LeBron und Bosh noch nie eine Meisterschaft gewonnen hatten und Wade eine einzige. Aber LeBron ließ sich noch mehr hinreißen als Wade und prophezeite, wie viele Meisterschaften sie zusammen gewinnen würden. „Nicht zwei, nicht drei, nicht vier, nicht fünf", sagte LeBron zu der Menge. Wade und Bosh lachten hysterisch, und die Menge brüllte. LeBron machte weiter. „Nicht sechs, nicht sieben."

Je mehr LeBron prahlte, desto mehr heizte er den Fans ein. Und umso lauter lachten Wade und Bosh. „Und wenn ich das sage", fuhr LeBron fort, „dann glaube ich das wirklich. Ich bin nicht nur hier oben, um die Fans zu benebeln, denn darum geht es mir nicht. Mir geht es ums Geschäft. Und wir glauben daran, dass wir mehrere Meisterschaften gewinnen können, wenn wir uns um das Geschäft kümmern und es richtig angehen."

Riley war die einzige Person, die nicht lächelte, als LeBron seine Vorhersagen machte. Das war das Risiko, wenn man die Spieler ohne Drehbuch und ohne Zeit zum Proben auf die Bühne brachte. Riley sah streng auf die Bühne, die Hände unter dem Kinn verschränkt. Er war lange genug dabei, um zu wissen, dass die Heat noch einen langen, harten Weg vor sich hatten. Jedes Team in der Liga würde es auf sie abgesehen haben. Und LeBrons Worte motivierten die Gegner noch mehr, die Heat zu besiegen.

Die Kundgebung in Miami verstärkte die Kritik an LeBron, die sich schnell auch über die Sportseiten hinaus verbreitete. Alle Nachrichtenagenturen, von CNN bis zu den abendlichen Nachrichtensendungen der großen Sender, äußerten sich zu LeBrons Entscheidung. Sogar die politische Kolumnistin der *New York Times*, Maureen Dowd, kritisierte LeBron. In einer Kolumne mit dem Titel „Miamis Basketball-Kartell" rügte Dowd LeBrons „narzisstische Ankündigung". LeBrons eigene Worte zitierend – „Ich wollte tun, was das Beste für LeBron James ist" – schrieb Dowd: „Es ist immer ein schlechtes Zeichen, wenn Menschen anfangen, in der dritten Person über sich selbst zu sprechen. Er scheint keine Ahnung von dem PR-Schaden zu haben, den er angerichtet hat."

LeBron war egal, was die Experten sagten. Aber es war ihm sehr wichtig, wie er von den NBA-Legenden gesehen wurde. Unmittelbar nach seiner Entscheidung stürzten sich die Sportjournalisten auf einige unbedachte Äußerungen von Michael Jordan. Nachdem er an einem Prominenten-Golfturnier in Nevada teilgenommen hatte, wurde Jordan zu LeBrons Zusammenschluss mit Wade und Bosh befragt. „Im Nachhinein betrachtet, hätte ich niemals Larry [Bird] oder Magic Johnson angerufen und gesagt: ‚Hey, lasst uns zusammen in einem Team spielen'", sagte Jordan. „Ganz ehrlich, ich habe versucht, diese Typen zu schlagen." Tatsache war, dass Jordan mit Scotty Pippen einen Teamkollegen hatte, der später in die Hall of Fame aufgenommen wurde, ganz zu schweigen von einigen anderen echten Stars im Kader der Bulls, die ihm halfen, seine Rivalen zu schlagen. Außerdem waren Paul Pierce und Kobe Bryant LeBrons Hauptkonkurrenten, und ihnen hatte er keine Zusammenarbeit angeboten. Vielmehr hatte er zwei seiner engen Freunde und Olympia-Kollegen angerufen, um ein Team zu bilden, das es mit der starbesetzten Mannschaft der Celtics, das Danny Ainge zusammengestellt hatte, und dem Moloch Kobe Bryant / Coach Phil Jackson aufnehmen konnte, der in Los Angeles fünf Meisterschaften gewonnen hatte.

Gleichwohl machte sich TNTs Charles Barkley, ein Freund Jordans, öffentlich über LeBron lustig. „Er wird nie wie Jordan sein", sagte Barkley einige Tage nachdem LeBron seine Entscheidung getroffen hatte. „Damit ist er eindeutig raus … Es hätte etwas Ehrenhaftes gehabt, in Cleveland zu bleiben und zu versuchen, als ‚The Man' zu gewinnen."

LeBron nahm Barkleys Kommentare zur Kenntnis. Er wies auch darauf hin, dass Barkley seine gesamte Karriere damit verbracht hatte, „The Man" in Teams zu sein – Philadelphia, Phoenix und Houston –, die nie eine Meisterschaft gewonnen hatten.

Commissioner David Stern hatte nichts gegen Debatten zwischen NBA-Legenden. Aber er hasste Fehler, die der Marke der Liga schadeten. Und soweit es Stern betraf, war The Decision ein königlicher Mist. Er gab vor allem LeBrons Team die Schuld daran. „Die Ratschläge, die er in dieser Sache erhalten hat, waren schlecht", sagte Stern, während er in Las Vegas beim jährlichen Treffen der NBA-Besitzer weilte. Aus Sterns Sicht hatte die übertriebene Ankündigung im Fernsehen das Schlimmste in einigen Fans hervorgerufen und ungebührliches Verhalten von Personen ausgelöst, die es besser hätten wissen müssen. Stern konnte nicht viel gegen Fans unternehmen, die Trikots anzündeten. Aber er rügte Dan Gilbert öffentlich und belegte die Cavaliers-Organisation mit einer Geldstrafe wegen Gilberts Brief und seinen Äußerungen gegenüber AP. Stern rügte auch Reverend Jesse Jackson, der Gilbert auf einer Pressekonferenz öffentlich verurteilt hatte. „Mit seinen Gefühlen, verraten worden zu sein, verkörpert er die Mentalität eines Sklaventreibers", hatte Jackson gesagt. „Er sieht LeBron als außer Kontrolle geratenen Sklaven an."

Stern tadelte den Reverend für den Hinweis auf die Sklaven.

***

Fünf Tage nachdem er vorausgesagt hatte, dass er und seine neuen Teamkollegen in Miami acht Meisterschaften gewinnen würden, wälzte sich LeBron in seiner Villa außerhalb von Akron aus dem Bett und fuhr nach St. V., um in der Sporthalle zu trainieren. Er hatte das Gefühl, dass die ganze Welt gegen ihn sei, und war froh, wieder in vertrauter Umgebung bei Freunden und Familie zu sein. Tief in seinem Inneren fragte er sich bereits: Wie wäre es zurückzukehren und wieder für die Cavaliers zu spielen?

Nachdem er sein Training beendet hatte, sprach LeBron am Telefon mit J. R. Moehringer. Bei diesem letzten Gespräch vor Ablieferung seines Manuskriptes erwähnte Moehringer Gilberts Brief. LeBron bestätigte, dass er ihn gelesen hatte. „Ich und meine Familie haben den Charakter dieses Mannes erkannt", sagte LeBron. „[Der Brief] hat mich darin bestärkt, dass ich die richtige Entscheidung getroffen habe."

Moehringer wusste, dass LeBron sein Traumhaus in Ohio gebaut hatte. Er fragte LeBron, ob er weiterhin dort wohnen könnte, jetzt, da er zu den Heat gehöre.

„Ich bin gerade in Akron", sagte LeBron. „Ich bin zu Hause. Ich werde die meiste Zeit des Sommers hier verbringen."

Moehringer war überrascht.

„Das ist mein Zuhause", fuhr LeBron fort. „Akron, Ohio, ist mein Zuhause. Ich werde immer hier sein. Ich trainiere immer noch an meiner alten Highschool."

Während Moehringer LeBron zuhörte, dachte er daran, was Bissinger beobachtet hatte, kurz nachdem er LeBron während der Rallye in Miami mit Wade und Bosh auf der Bühne gesehen hatte. „Als ich seinen Gesichtsausdruck sah, während er mit Wade und Bosh dort saß, war mir klar, dass LeBron bei all der Wut, die alle anderen verspürten, gestorben und in den Himmel gekommen war", sagte Bissinger. „Pop-Psychologie ist immer gefährlich, aber er wiederholt wirklich seine Highschool-Erfahrung."

Bissingers Schlussfolgerung stimmte mit dem Eindruck überein, den Moehringer gewonnen hatte – dass LeBrons Highschool-Zeit die einzige Phase in seinem Leben gewesen sein könnte, in der er sich vollkommen sicher gefühlt hatte, und sein Wunsch, diese Zeit wieder aufleben zu lassen, bei seiner Entscheidung, mit Wade und Bosh zu spielen, möglicherweise eine Rolle gespielt hatte.

Bei einem Star von LeBrons Größe war es schwierig, die Wahrheit von Gerüchten und Mythos zu unterscheiden. Aber LeBron äußerte sich offen zu der Tatsache, dass er nicht gern allein war. Dennoch war er sehr wählerisch, was sein Umfeld betraf. Schon in der Mittelstufe hatte er die Gruppe um sich herum zusammengestellt, seine Freunde sorgfältig ausgewählt und bestimmte Spieler wie Romeo Travis davon überzeugt, zu St. V. zu wechseln.

***

Trotz seines verzweifelten Bedürfnisses nach Gesellschaft war LeBron wählerisch. Die Leute mussten seinen Test bestehen. Und nun, nachdem er mehrere Jahre gemeinsam mit ihnen im Team USA gespielt und sie kennengelernt hatte, waren Wade und Bosh von LeBron als die Spieler ausgewählt worden, mit denen er Meisterschaften gewinnen wollte.

Nachdem er Kobe – einen Einzelgänger, der seine Mannschaftskameraden auf Distanz hielt – kennengelernt hatte, bewunderte Moehringer die Loyalität, die LeBron seinen Freunden entgegenbrachte. Auch Moehringer war der Meinung, dass LeBrons Team – von Pressesprecher Keith Estabrook bis zu Maverick – ihm keinen Gefallen getan hatte. In seinem *GQ*-Artikel „Three Weeks in Crazyville", der im

August erschien, bezeichnete Moehringer den PR-Aspekt von LeBrons Ankündigung als vorhersehbares „Zugunglück". „Man konnte die Kuh tatsächlich auf die Gleise wandern sehen, die Bremsen kreischen hören, spüren, wie sich die Wagen entkoppeln und der Waggon in die Luft fliegt", schrieb er. „Es hieß, dass seine Betreuer versuchten, seine Marke aufzubauen. Jetzt ist er ordentlich gebrandmarkt. Er ist Hester Prynne mit einem Stirnband."

Zu sehen, dass sein bester Freund wie die fiktive Figur in Nathaniel Hawthornes *Der scharlachrote Buchstabe* behandelt wurde, traf Maverick zutiefst. Da er sich für die Idee eingesetzt hatte, LeBrons Entscheidung auf ESPN zu verkünden, fühlte sich Maverick für die Schädigung von LeBrons Ruf verantwortlich. Ich habe meinem besten Freund und meinem Geschäftspartner wirklich etwas versaut, sagte er sich.

Maverick betrachtete Kritik als ein Zeichen des Scheiterns. Und nach The Decision war sein Selbstvertrauen erschüttert. Normalerweise begann Maverick jeden Tag mit einer Aufgabenliste, und es verschaffte ihm Befriedigung, die Punkte auf dieser Liste abzuhaken. Er war süchtig nach dem Gefühl, etwas zu erreichen und auf der Karriereleiter aufzusteigen. Jetzt dämmerte es ihm – heilige Scheiße! Das wird mich wirklich aus der Spur bringen und daran hindern, viele der Punkte, die ich in meinem Leben abhaken möchte, zu erfüllen. Plötzlich hatte er das Gefühl, dass seine Ziele in Gefahr waren.

***

Kein NBA-Spieler wollte LeBron das Stirnband so gern herunterreißen wie Paul Pierce. Als Pierce erfuhr, dass sich LeBron mit Wade und Bosh in Miami zusammengetan hatte, sagte er zu einigen engen Freunden: „Niemand wird sie schlagen können." Aber Pierce hätte das niemals öffentlich zugegeben. Und er würde definitiv keinen Zentimeter nachgeben, wenn die Celtics am 26. Oktober 2010 im ersten Spiel der neuen NBA-Saison die Heat empfingen. Der langjährige Basketball-Journalist des *Boston Globe*, Bob Ryan, nannte das Spiel zwischen Miami und Boston „das am meisten gehypte Eröffnungsspiel in der Geschichte der Liga".

Die Fans in Boston freuten sich, weil LeBrons erstes Spiel im Trikot der Heat auf demselben Platz stattfand, auf dem seine Karriere mit den Cavaliers fünf Monate zuvor ein schmachvolles Ende gefunden hatte. Erschwerend kam hinzu, dass sich Shaq in der Nebensaison den Celtics angeschlossen hatte.

Wade und Bosh waren sich der Feindseligkeit, die die Bostoner Fans gegenüber LeBron empfanden, nicht vollständig bewusst. Als LeBron das Spielfeld im TD Garden betrat, ertönte ein Chor von Buhrufen in der Arena. Und sie buhten ihn weiter aus, als die Startaufstellung bekannt gegeben wurde und er den Ball berührte. LeBron führte die Liste der Scorer mit 31 Punkten an. Doch im letzten Viertel, als sich die Celtics von den Heat absetzten, schallten „Ü-ber-schätzt“-Rufe durch den Garden. Die Celtics gewannen 88:80.

„Wir arbeiten daran“, sagte LeBron danach. „Wir alle wissen, dass Rom nicht an einem Tag erbaut wurde.“

„Das ist eines von 82“, sagte Wade. „Es tut mir leid, wenn alle dachten, wir würden 82:0 gewinnen. Das ist einfach nicht drin.“

Ein paar Wochen später empfingen die Heat die Celtics in Miami. Wieder war das Spiel hart umkämpft. Und wieder gewannen die Celtics. Anschließend twitterte Pierce: „Es war mir ein Vergnügen, meine Fähigkeiten in South Beach einzusetzen.“

LeBron war an Pierce' Taktik gewöhnt. Für LeBrons Teamkollegen galt das nicht. Am Tag nach Pierce' Tweet wurde Heat-Enforcer Udonis Haslem dazu befragt. „Paul wer?“, sagte Haslem zur Presse. Dann gab Haslem den Reportern einige Tipps, wie sie mehr über Pierce erfahren könnten. „Schlagen Sie die Definition von Studio-Gangster nach“, sagte Haslem. Mehr als ein Journalist musste im Internet recherchieren, um zu erfahren, dass ein „Studio-Gangster“ im Hip-Hop-Jargon ein Möchtegerngangster ist, der über den Gangster-Lifestyle rappt.

Die Rivalität zwischen den Cavs und den Celtics war Vergangenheit. Die Rivalität zwischen den Heat und den Celtics hatte begonnen.

***

An einem Sonntagnachmittag im November war LeBron zu Hause in Miami und sah sich im Fernsehen das Spiel der Cleveland Browns gegen die New York Jets an. Er twitterte auch zu dem Spiel. Der *Esquire*-Autor Scott Raab verfolgte das Spiel ebenfalls und twitterte. Aber Raab twitterte über LeBron, nannte ihn einen „Verlierer" und einen „feigen Mistkerl".

LeBron bekam mit, was Raab postete. Am nächsten Tag bemerkte er zudem, dass Raab ihn in seinem *Esquire*-Blog als „die Hure von Akron" bezeichnete.

Später an diesem Tag erhielt Raab eine E-Mail von Tim Donovan, dem Pressechef der Miami Heat. „Scott", schrieb Donovan, „Sie sind in unserem Gebäude nicht mehr willkommen und bekommen keine Zulassung mehr."

Am nächsten Tag veröffentlichte Raab die E-Mail von Donovan. „Ich vermute, dass Tim etwas beanstandet hat, das ich gestern geschrieben habe", sagte er. „Ich habe LeBron James als die Hure von Akron bezeichnet – vielleicht war es das."

LeBron war noch dabei, sich an Twitter zu gewöhnen. Aber er hatte jetzt fast eine Million Follower. Es gefiel ihm nicht, wie er und seine Sportlerkollegen auf der Social-Media-Plattform angegriffen wurden. Also beschloss er, einige der rassistischen, hasserfüllten Tweets über ihn zu retweeten. In einem der Tweets wurde er als „großnasiger, großlippiger, käferäugiger [N-Wort]" bezeichnet. „Du bist gierig und versuchst zu verbergen, dass du aus dem Ghetto bist." In anderen Tweets wurde er als „Miststück" bezeichnet, und jemand schlug vor: „Warum sprichst du nicht, während du deinen Kopf unter ein fahrendes Auto legst?"

Die Tweets kratzten nur an der Oberfläche dessen, was LeBron seit The Decision erlebt hatte. Die öffentliche Reaktion auf ihn war deutlich anders als bei Tiger Woods nach dessen Ehebruch-Skandal. 19 Tage in Folge – ein Rekord, der die Terroranschläge vom 11. September übertraf – war Tiger auf der Titelseite der *New York Post* mit Schlagzeilen wie I'M A CHEETAH und TIGER'S WIFE TURNS TAIL. In den Medien wurde Tiger belächelt und verspottet. Aber Tigers Probleme waren persönlicher Natur, und er gestand seine Fehler ein und entschuldigte sich bei seiner Familie und der Golf-Community in einer Rede, die im Fernsehen übertragen wurde. Als Tiger nach einer kurzen Auszeit vom Golfsport auf den Platz zurückkehrte, wurde er von einer großen Menschenmenge und mitreißenden Ovationen begrüßt.

LeBron hingegen wurde zum meistgehassten Mann in der gesamten Sportwelt. In den Arenen im ganzen Land wurde er unerbittlich ausgebuht und ausgepfiffen. Es schien, dass selbst Leute, die keine Basketballspiele verfolgten, gegen ihn und die Heat vom Leder zogen.

***

Für LeBrons erstes Spiel in Cleveland wurden mehr als 250 Presseausweise ausgestellt. Als die Heat am 2. Dezember 2010 im Q eintrafen, waren zusätzliche Sicherheitsmaßnahmen getroffen worden. 14 Sicherheitskräfte waren rund um die Bank der Heat stationiert. Und Polizeibeamte säumten den Gang von der Umkleidekabine zum Spielfeld. Im Gänsemarsch mit seinen Mannschaftskameraden joggte LeBron aus dem Tunnel und auf das Spielfeld. Fans, die nah genug dran waren, um LeBron zu berühren, schrien ihn an.

„Lügner!", schrie ein Fan.

„Punk!", sagte ein anderer.

„Auch Akron hasst dich", sagte ein weiterer.

Ein Mann mit einem Handy in der einen und einem Bier in der anderen Hand beugte sich bis auf wenige Zentimeter zu LeBron herüber und beschimpfte ihn, während ein stämmiger Polizist ruhig zusah.

LeBron war sich bewusst, dass das Q feindliches Gelände sein würde. Aber das hier war anders. Ein Fan hielt ein Schild hoch mit einem grob gezeichneten, knienden Strichmännchen-LeBron und dem Schriftzug WAS SOLLTEST DU TUN? UM GNADE BITTEN.

Auf einem weiteren Schild stand: WIE DER VATER, SO DER SOHN.

LeBron starrte geradeaus und sagte nichts.

„Das war mehr Hass, als ich jemals erlebt habe", erinnerte sich der Sicherheitschef der Heat. „Die Schilder und die Gesichter der Fans. Wir kamen drei Stunden vor dem Spiel dort an, und die Arena war voll. Die Stimmung war geladen. Es lag einfach so viel Wut in der Luft.

Ich habe versucht, LeBron mehr als sonst im Auge zu behalten und immer in seiner Nähe zu bleiben, selbst wenn er zum Tisch ging, um sich Magnesiumpulver zu holen, oder wenn er aufs Spielfeld ging, und ständig nach Lücken Ausschau zu halten, durch die Fans kommen könnten", fuhr er fort. „Wenn ich daran zurückdenke, dann habe ich nichts als puren Hass gesehen ... Ich hatte das in einer geschlossenen Arena noch nie in dieser Form erlebt."

Die Buhrufe waren so laut, dass sie die TNT-Sprecher übertönten. „Ich beschäftige mich seit 25 bis 30 Jahren mit Basketball und habe noch nie eine solche Gewitterstimmung in einem Gebäude und eine solche Intensität bei einem regulären Saisonspiel erlebt", sagte einer der Kommentatoren. „Das fühlt sich an wie ein Spiel 7 der NBA-Finals."

Für die Spieler der Heat fühlte es sich viel bedrohlicher an als ein Meisterschaftsspiel. „Das war eines der Spiele, vor denen ich am meisten Angst hatte", erinnerte sich Chris Bosh. Und Zydrunas Ilgauskas, der LeBron von Cleveland nach Miami gefolgt war, wurde von den Fans seines ehemaligen Teams verunsichert. „Es war die feindseligste Arena, in der ich je gewesen bin", sagte Ilgauskas. „Es fühlte sich an, als hätten sie uns in Stücke gerissen, [wenn sie die Chance gehabt hätten]."

LeBron war unheimlich zumute. Doch als er und seine Teamkollegen mit den Layup-Übungen vor dem Spiel begannen, fühlte er sich sicherer. Die Menge sang ihm ein Ständchen mit „Arschloch, Arschloch", aber LeBron war heiß darauf zu spielen. Als er den Ball zum ersten Mal berührte, schrie ein Fan: „Reißt ihm den Kopf ab." Aber LeBron lochte den Ball ein. Und dann noch einen. Und noch einen.

Während der Auszeiten bewarfen die Fans die Bank der Heat mit Gegenständen. Ein Fan warf sogar eine Batterie auf die Bank. Aber zur Halbzeit lagen die Heat mit zwanzig Punkten vorn, und LeBron machte ein Monsterspiel. Dan Gilbert war so wütend, dass er seinen Platz verließ und in der zweiten Halbzeit nicht mehr zurückkehrte.

Im dritten Viertel legte LeBron noch einen drauf und erzielte 21 Punkte. Als sein Team mit dreißig Punkten in Führung lag, warf er einen Dreier aus der Ecke, direkt vor der Bank der Cavs. Dann drehte er sich um und starrte sein ehemaliges Team an, während er an ihnen vorbeijoggte. Jemand rief ihm zu, er solle „die verdammte Fresse halten".

Da sein Team so weit vorn lag, nahm Coach Spoelstra LeBron für das gesamte letzte Viertel raus. Trotzdem kam er auf insgesamt 38 Punkte, 8 Assists und 5 Rebounds. Und die Heat gewannen 118:90. Nach dem

Spiel sprach Dan Gilbert mit Scott Raab von *Esquire* und erklärte, warum er in der zweiten Halbzeit nicht auf seinen Platz zurückgekehrt war. „Ich hatte buchstäblich Angst, auf den Platz zu gehen", sagte Gilbert zu Raab. „Ich wusste, was das Arschloch vorhatte, und ich wollte nicht … Manchmal verliere ich meine … Er hat mich verspottet. Er hat jede Sekunde genossen. Ich hätte ihn nicht körperlich angegriffen, aber ich hätte wahrscheinlich einige Dinge gesagt und getan, die ich bereut hätte. Also bin ich lieber nicht mehr rausgekommen."

***

Die Rückkehr von LeBron nach Cleveland war für beide Teams ein Wendepunkt in der Saison. Nach diesem Spiel erlebten die Cavaliers eine Rekord-Niederlagenserie. Und die Heat gewannen 18 ihrer folgenden 19 Spiele. Aber die Feindseligkeit gegenüber LeBron ließ nicht nach. Als die Heat am 17. Dezember in New York gegen die Knicks spielten, erschien auf der Titelseite der *New York Daily News* ein Foto von LeBron mit der Schlagzeile LeBUM'S THE WORD. Die *New York Post* erinnerte die Leser daran, dass LeBron der König von New York hätte sein können. „Aber er hat den sicheren Weg nach Miami genommen; jetzt wird er immer … LeCHICKEN sein."

Die Heat hatten eine Siegesserie von zehn Spielen hinter sich, und LeBrons erneuter Auftritt im Madison Square Garden war das Ereignis der Stadt. Die Sitze im unteren Bereich waren voll mit Prominenten. Drake. Maxwell. Liam Neeson. Paul Simon. Bill O'Reilly. Fabulous. Jessica White. Craig Robinson. DJ Clue. Joe Jonas. Tracy Morgan. Matthew Modine. Spike Lee. Woody Allen. Das war Theater vom Feinsten. Und die Knicks-Anhänger waren bereit, sich auf LeBron zu stürzen.

„Fick dich, LeBron!", rief ein Fan, als die Nationalhymne verklungen war.

Gleich beim ersten Ballbesitz der Heat versenkte LeBron einen Dreier und brachte damit die ohrenbetäubenden Buhrufe zum Schweigen. Die Heat bauten einen Vorsprung auf. Aber die Knicks setzten im zweiten Viertel zum Gegenangriff an. LeBron wehrte den Ansturm im Alleingang ab. Slashte. Dunkte. Lochte einen Sprungwurf nach dem anderen ein. Für die Knicks-Fans war es eine schmerzhafte Erinnerung daran, was möglich gewesen wäre. Er kam auf insgesamt 32 Punkte, 11 Rebounds und 10 Assists. Die Heat deklassierten die Knicks mit 22 Punkten Vorsprung.

Während die Heat in Schwung kamen und begannen, andere Teams zu dominieren, machten sich immer mehr NBA-Kritiker über LeBron lustig, weil er sich mit Wade und Bosh zusammengetan hatte. Einer der häufigsten Kommentare lautete, dass sich die Celtics-Legende Larry Bird und die Lakers-Legende Magic Johnson – langjährige Erzrivalen – niemals zusammengetan hätten. Ein alberner Vergleich, wenn man bedenkt, dass Bird und Johnson in Teams spielten, die mit zukünftigen Hall-of-Fame-Spielern gespickt waren. Doch schließlich schwang sich Bird zur Verteidigung LeBrons auf. „Ich war nicht böse auf ihn, weil er da runtergegangen ist", sagte Bird. „Es hat die Gefühle vieler Menschen verletzt. Aber verdammt, es ist sein Leben. Es ist sein Spiel." Und als ein Reporter Bird verleiten wollte, LeBron für die Art und Weise zu kritisieren, wie er seine Entscheidung bekannt gegeben hatte, sagte Bird: „Er ist eben noch ein Kid, verstehen Sie? Ich meine, was soll's. Wir machen alle dumme Fehler. Ich habe eine Million davon gemacht. Also, was zur Hölle soll das?"

***

LeBron war gerade 26 geworden. Es war der 11. Januar 2011, und er saß in seinem Hotelzimmer in Los Angeles und sah sich das Spiel der Cavs gegen die Lakers im Fernsehen an. Am folgenden Abend würden die Heat gegen die Clippers spielen. Aber LeBron behielt sein früheres Team im Auge. Die Lakers vernichteten sie mit 112:57 und fügten Cleveland damit die höchste Niederlage in der Vereinsgeschichte zu. LeBron twitterte: „Karma is a bitch."

Ohne LeBron kollabierte Gilberts Club. Die Cavaliers beendeten die Saison 2010/2011 mit 19:63 Punkten. Das war die zweitschlechteste Bilanz in der NBA. The Heat hingegen beendete die reguläre Saison mit 58:24, dem zweitbesten Ergebnis der Eastern Conference. Und nachdem Miami die erste Runde der Play-offs mit Bravour überstanden hatte, traf es im Halbfinale der Eastern Conference auf Boston. Es war der Showdown, den die Basketballfans sehen wollten.

Während der regulären Saison hatten die Celtics die Heat im Wesentlichen im Griff gehabt. In Spiel 1 griffen Pierce und seine Mannschaftskameraden auf ein vertrautes Mittel zurück – rüde Spielweise. Nachdem ein Ersatzspieler der Heat, James Jones, eine Reihe von Dreipunktewürfen versenkt hatte, ging Pierce mit ihm auf Tuchfühlung und stieß mit dem Kopf in Jones' Gesicht. Dann geriet Pierce in einen Schlagabtausch mit Wade. Als Pierce sich lautstark beschwerte, pfiff der Schiedsrichter ein technisches Foul gegen ihn und verwies ihn des Feldes. Aber die Heat waren eindeutig verunsichert.

An der Seitenlinie übernahm LeBron den Huddle und flehte seine Mitspieler an, die Nebenschauplätze zu ignorieren. „Sie werden alles versuchen, um uns aus dem Konzept zu bringen", rief LeBron. „Lasst uns sie einfach im Basketball schlagen!"

Die Heat erholten sich und gewannen Spiel 1 mit 99 : 90.

In Spiel 2 beherrschte LeBron die Celtics. Mit 35 Punkten war er der Topscorer der Begegnung, und die Heat gewannen erneut.

Doch in Boston setzten sich die Celtics in Spiel 3 durch. Und Spiel 4 wurde zu einem Shoot-out zwischen LeBron und Pierce. Als die Celtics kurz davor waren, in der Serie zum 2 : 2 auszugleichen, führte LeBron die Heat in die Verlängerung, wo sie mit 98 : 90 gewannen und mit 3 : 1 in Führung gingen.

In Miami machte Dwyane Wade in Spiel 5 sein bestes Match der Serie und erzielte die meisten Punkte. Doch zwei Minuten und zehn Sekunden vor Spielende stand es unentschieden, als LeBron direkt vor Pierce hochzog und einen Dreier versenkte. Dann lochte er einen weiteren Dreier direkt vor Pierce ein und brachte Miami mit sechs Punkten in Führung. Die Fans der Heat brüllten, als LeBron, einen Güterzug imitierend, neben Pierce schnaufte und prustete. Die Celtics nahmen eine Auszeit. Beim Einwurf klaute LeBron Pierce den Ball, der mit leeren Händen dastand, während LeBron das Spielfeld hinunterlief und den Ball mit zwei Händen durch den Ring schmetterte. Die Menge geriet in einen Rausch, und die Heat lagen mit acht Punkten in Führung. Nach einer weiteren Auszeit verloren die Celtics den Ball erneut, und er landete in den Händen von LeBron. LeBron schaute Pierce an, den Ball für den letzten Wurf in den Händen, zog dann an ihm vorbei und erzielte einen Layup. Er hatte die letzten zehn Punkte für sein Team geholt, alle auf Kosten von Pierce. LeBron hatte endlich Bostons Big Three besiegt, und die Heat waren in den Play-offs weitergekommen.

***

Nachdem LeBron und die Heat die Chicago Bulls im Finale der Eastern Conference schnell besiegt hatten, erreichten sie das NBA-Finale, wo sie gegen die Dallas Mavericks antraten.

Dank starker Leistungen von Wade und Bosh gewannen die Heat in Miami Spiel 1. In Spiel 2 führte Wade das Team an, und die Heat hatten wieder die Oberhand. Etwas mehr als sieben Minuten vor Ende des letzten Viertels beendete Wade mit einem Dreipunktewurf einen 13:0-Lauf, der die Heat mit 88:73 in Führung brachte. „Die Heat haben die Kontrolle übernommen“, sagte der Sprecher auf ABC, während LeBron und Wade vor der Bank der Mavericks feierten.

Nach einer Auszeit verging immer nur eine Minute, bevor eine der beiden Mannschaften einen Treffer erzielte. Dann versenkten die Mavericks einen Sprungwurf. Dann einen Layup. Dann ein paar Freiwürfe. Dann noch einen Layup. Viereinhalb Minuten vor Schluss war der Vorsprung der Heat auf sieben Punkte geschrumpft.

LeBron verwandelte zwei Freiwürfe und brachte sein Team wieder mit neun Punkten in Führung.

Dann traf Jason Kidd mit einem Dreier und verkürzte die Führung auf sechs Punkte. Drei Minuten vor Schluss brachte Jason Terry die Mavericks mit einem Korbleger auf vier Punkte heran.

Das gesamte Heat-Team hatte plötzlich den Faden verloren. Aber noch auffälliger war LeBrons mangelnde Präsenz während des Laufes der Mavericks. Er war nach Miami gegangen, um Meisterschaften zu gewinnen. Dies war der Moment, um sich durchzusetzen und den ersten Platz zu ergattern.

Auch der Mavericks-Star Dirk Nowitzki, ein 2,13 Meter großer Spieler, dessen Markenzeichen, ein Sprungwurf, aufgrund seiner Körpergröße eigentlich nicht abzuwehren war, wollte seine erste Meisterschaft gewinnen. Der 32-jährige Deutsche Nowitzki hatte während seiner gesamten 13-jährigen NBA-Karriere für Dallas gespielt. Wie

LeBron hätte er 2010 wechseln können. Aber Nowitzki hatte in aller Stille wieder bei Dallas unterschrieben und sagte: „Letztendlich war das der Ort, an dem ich gefühlsmäßig hing." Außerdem hatte er den Eindruck, dass er in Dallas noch etwas zu erledigen habe. In all den Jahren als bester Spieler des Teams hatte Nowitzki nur einmal die NBA-Finals erreicht, nämlich 2006, als sie gegen Dwyane Wade und die Miami Heat verloren. Nowitzki war entschlossen, eine Meisterschaft für Dallas zu gewinnen.

2:43 Minuten vor Schluss in Spiel 2 brachte Nowitzki sein Team mit einem Treffer auf zwei Punkte heran.

Auf der anderen Seite des Spielfeldes vergab LeBron zwei Dreier.

Dann glich Nowitzki mit einem Layup aus.

Nachdem Wade einen Dreier verschossen hatte, sorgte Nowitzki mit einem Dreier für die 93:90-Führung von Dallas. Damit krönte er einen erstaunlichen 20:2-Lauf der Mavericks und brachte sein Team in Führung.

Nach einer Auszeit traf Miamis Mario Chalmers mit einem schnellen Dreier zum Ausgleich.

24 Sekunden vor Schluss forderte Nowitzki erneut den Ball. Am Halbkreis stehend ließ er sich Zeit, und die Sekunden vergingen, bevor er zum Korb zog und drei Sekunden vor dem Schlusston zum 95:93-Sieg für Dallas traf. Die Menge in Miami war verstummt.

Auf der anderen Seite gab LeBron den Ball an Wade für einen verzweifelten Wurf, der nicht ins Ziel traf. Nachdem die Mavericks sechs Minuten vor Schluss mit 15 Punkten zurückgelegen hatten, waren sie noch einmal herangekommen, und Nowitzki hatte die letzten neun Punkte für sein Team geholt. Die Mavericks waren das erste Team seit Michael Jordans Chicago Bulls im Jahr 1992, das einen 15-Punkte-Rückstand im letzten Viertel aufholte und ein NBA-Finalspiel gewann.

Die Serie war noch lange nicht zu Ende, aber Pat Riley war besorgt. Er hatte genug Meisterschaften gespielt und gecoacht, um zu wissen, dass eine Kleinigkeit genügte, um einen Underdog mit Hoffnung zu erfüllen und den Ausgang einer Serie zu verändern.

***

Die Heat gewannen Spiel 3 in Dallas mit zwei Punkten Vorsprung und gingen in der Serie mit 2:1 in Führung. Aber zum dritten Mal in Folge war LeBron im letzten Viertel untergetaucht. Als er nach dem Spiel darauf angesprochen wurde, wurde er defensiv. In Spiel 4 gelang Dallas im letzten Viertel erneut ein Comeback, sie gewannen mit 86:83, sodass die Serie mit 2:2 endete. Wade und Bosh spielten gut. Aber LeBron machte eines der schlechtesten Spiele seiner Nachsaison-Karriere und erzielte nur acht Punkte. „Ich habe nicht gut gespielt, vor allem im Angriff", gab er hinterher zu. „Das weiß ich. Ich muss mehr dazu beitragen, dass dieses Team Basketballspiele gewinnt, vor allem in der Schlussphase, egal wie."

Nach Spiel 4 wurde LeBrons Untertauchen im letzten Viertel zum Hauptthema der Finalrunde. Nachdem er gegen die Celtics und die Bulls so dominant gewesen war, hatte LeBron gegen die Mavericks nachgelassen. Die *New York Times* bezeichnete ihn als „den verwirrendsten Superstar der Liga" und stellte fest: „Am beunruhigendsten ist, dass James immer dann passiv wurde, wenn die Heat ihn am meisten brauchten, in einer Reihe von atemberaubend spannenden vierten Vierteln. James macht im letzten Viertel im Durchschnitt nur 2,3 Punkte und trifft nur bei 3 von 12 Würfen aus dem Feld." ESPN wies darauf hin, dass LeBron in den letzten zehn Minuten der Spiele 2, 3 und 4 keinen einzigen Korb erzielt hatte.

LeBron betrachtete die Heat als Wades Team. LeBron war der größere Star, aber Wade hatte seine Karriere in Miami verbracht. LeBron fühlte sich verpflichtet, seinem Freund zu helfen, eine Meisterschaft zu gewinnen.

„Offensichtlich hat er das Gefühl, dass er mich enttäuscht hat", sagte Wade nach Spiel 4. „Natürlich weiß ich, dass er darauf reagieren wird."

Doch die Mavericks gewannen Spiel 5 zu Hause deutlich, und Wade zog sich dabei eine Hüftprellung zu. Nachdem die Heat mit 3:2 zurücklagen, kehrte die Serie wieder nach Miami zurück. Am Abend vor Spiel 6 trainierten LeBron und Wade in der Arena und versuchten, ihr Spiel in Einklang zu bringen.

An diesem Abend veröffentlichte ESPN eine Grafik, die zeigte, dass die Menschen in fast allen Bundesstaaten Dallas für Spiel 6 die Daumen drückten. LeBron wollte es nicht zugeben. Aber ständig daran erinnert zu werden, dass alle gegen ihn waren, war für ihn zu einer Belastung geworden.

Nowitzki warf in der ersten Hälfte von Spiel 6 miserabel und vergab zehn seiner elf Würfe. Dennoch ging Dallas mit einer Zwei-Punkte-Führung in die Halbzeitpause. Da Wade Schwierigkeiten hatte, Punkte zu erzielen, trugen LeBron und Bosh die Last. Aber keiner von ihnen übernahm die Führungsrolle. Nowitzki sparte sich seine beste Leistung für das Ende auf, erzielte im letzten Viertel zehn Punkte und brachte die Mavericks acht Minuten vor Schluss mit zwölf Punkten in Führung. Die in der Arena verstreuten Mavericks-Fans begannen zu skandieren: „Auf geht's, Mavs!" Und die Heat-Fans machten sich auf den Weg zu den Ausgängen.

LeBron sah benommen aus, als die Schlusssirene ertönte und die Mavericks in der Arena der Heat zu feiern begannen. Im Tunnel zur Umkleidekabine sackte Bosh zu Boden. Auf Knien weinte er, das Gesicht in den Händen vergraben. Die Mitarbeiter gingen an ihm vorbei, als wäre er ein Obdachloser auf einer überfüllten Straße. Schließlich half Wade Bosh auf die Beine und brachte ihn in die Umkleidekabine. „Es war einfach nicht so, wie ich es mir vorgestellt hatte", sagte Bosh später. „Ich dachte, wir würden gewinnen."

Im Umkleideraum der Heat herrschte eine Stimmung wie im Leichenschauhaus. Coach Spoelstra versuchte, seine Spieler zu beruhigen. „Ihr seid eine extrem hart arbeitende Gruppe, die sich aufopfert und alles richtig macht", sagte Spoelstra. „Man bringt sich selbst in die Lage, die ganze Sache zu gewinnen. Das habt ihr einfach nicht getan."

LeBron war nicht danach, sich irgendetwas anzuhören. In den sozialen Medien wurde er bereits heftig kritisiert. „Hey, LeBron, ya choked bitch", twitterte ein Fan. Selbst Dan Gilbert freute sich auf Twitter über LeBrons Untergang. „Mavs haben NIE aufgehört, und jetzt bekommt der gesamte Club Meisterschaftsringe", twitterte Gilbert. „Die alte Lektion für alle: Es gibt KEINE ABKÜRZUNGEN. KEINE."

In blauem Anzug und Krawatte, mit einem Taschentuch in der Jackentasche, betrat LeBron den Medienraum und stellte sich der Presse. Er nahm neben Wade Platz, stützte die Ellbogen auf den Tisch und verschränkte die Hände.

„Stört es Sie, dass so viele Menschen froh sind, Sie scheitern zu sehen?“, fragte ein Reporter.

„Überhaupt nicht“, sagte LeBron und kämpfte mit den Tränen. „Letztlich müssen all die Leute, die hoffen, dass ich scheitere, morgen aufwachen und das gleiche Leben führen wie gestern. Mit den gleichen persönlichen Problemen wie heute. Ich werde weiterhin so leben, wie ich leben möchte. Weiterhin tun, was ich mit meiner Familie tun möchte, und damit glücklich sein.“

29

EIN WIRKLICH DUNKLER ORT

Am Morgen nach der Niederlage in den NBA-Finals kam Dwyane Wade nicht aus dem Bett. Er blieb den ganzen Tag in seinem Zimmer. Er ließ sich seine Mahlzeiten bringen. Weigerte sich, jemanden zu sehen oder mit ihm zu sprechen. Als seine Kinder am frühen Nachmittag an die Tür klopften und versuchten, ihn zum Ballspielen zu bewegen, rief er: „Jetzt nicht." Als sie einige Stunden später mit der gleichen Bitte zurückkamen, wies er sie mit den gleichen Worten ab. Stattdessen sah Wade sich seinen Lieblingsfilm *Coming to America* an. Er erinnerte ihn daran, dass er trotz der vernichtenden Niederlage gegen die Mavericks immer noch Vaterpflichten zu erfüllen hatte. Als seine Kinder gegen Abend erneut klopften und eines von ihnen sagte: „Papa, lass uns spielen gehen, bevor es dunkel wird", kam Wade schließlich aus seinem Zimmer und ging zu ihnen nach draußen. Am nächsten Morgen wachte Wade auf und musste feststellen, dass der Ausgang der NBA-Finals kein schlechter Traum gewesen war. Es war Realität. Okay, Bruder, sagte er sich. Du hast immer noch Verantwortung zu tragen. Zeit, ins Leben zurückzukehren.

LeBron konnte sich nicht so schnell erholen. Er befand sich an einem viel dunkleren Ort. Die Niederlage im Finale hatte ihn gekränkt, vor allem nach dem ganzen „Drei-Königs"-Rummel und seiner „Nicht sechs, nicht sieben"-Anpreisung künftiger Meisterschaften in der Vorsaison. Aber Demütigung war nicht das Einzige, was LeBron fühlte. Zum ersten Mal in seiner Karriere hatte er die Kontrolle auf dem Spielfeld verloren und war sich seiner Identität als Basketballspieler nicht mehr sicher. Der Rückschlag durch seinen Wechsel nach South Beach hatte ihn zur polarisierendsten Figur im Profisport gemacht. Durch den Hass, der sich Abend für Abend entlud, war die Saison 2010/2011 für ihn zu einer miserablen Erfahrung geworden. Er war in eine Rolle gezwungen worden, für die er nicht geschaffen war – den Bösewicht. Die ganze Verstellung – das Starren, der finstere Gesichtsausdruck – war eine Maskerade, die ihn letztlich zermürbt hatte. Zu der Zeit, als die Heat die Finalrunde erreichten, dachte LeBron zu viel nach, sodass er in kritischen Phasen, in denen die Spiele auf der Kippe standen, nicht mehr zu sehen war. Jetzt, da die Saison endlich vorbei war, fühlte er sich mental und emotional so ausgelaugt, dass er niemanden mehr sehen wollte.

Doch Pat Riley hatte mit jedem Heat-Spieler ein Interview vereinbart, bevor sich alle in die Sommerpause verziehen würden. LeBrons Interview war für fünfzehn Uhr angesetzt.

Widerwillig erschien LeBron pünktlich vor Rileys Büro. Riley saß noch mit Bosh zusammen. Das Angebot, sich zu setzen, während er wartete, lehnte LeBron ab. Er hatte keine Lust zu warten. Stattdessen betrat er Rileys Büro.

„Du bist spät dran“, sagte er zu Riley, ging zum Fenster und starrte hinaus.

Bosh stand auf. „Wir können das später zu Ende bringen“, sagte er zu Riley.

LeBron schaute weiter aus dem Fenster.

Bosh verließ den Raum, und LeBron begann, vor Rileys Schreibtisch auf und ab zu marschieren.

„Du kannst gehen, wenn du willst“, sagte Riley. „Wir müssen dieses Treffen nicht abhalten.“

LeBron schüttelte den Kopf und lief weiter auf und ab.

„Sieh mal, du hattest ein tolles Jahr“, sagte Riley.

LeBron wollte das nicht hören. Sie hätten die Meisterschaft gewinnen sollen. Aber das sagte er nicht. Er sagte überhaupt nichts.

Riley beendete das Treffen.

***

LeBron hatte den Tiefpunkt erreicht. Savannah versuchte, mit ihm zu reden. Maverick auch. Und Gloria. Und Wade. LeBron ignorierte sie alle. Plötzlich hatte der Mann, der es nicht ertragen konnte, allein zu sein, sein Telefon ausgeschaltet und sich in seinem Haus in Coconut Grove verkrochen. Allein mit seinen Gedanken und in seinem Elend schwelgend, wurde ihm klar, dass ihm Basketball keinen Spaß mehr machte. „Ich hatte mein ganzes Leben darauf aufgebaut, dass ich mich am Basketballspiel erfreue ... und dass ich rausgehe und mit Freude spiele", sagte LeBron. „Dann, in einem Jahr, wegen allem, was passiert war, spielte ich nur, um den Leuten zu beweisen, dass sie falschlagen."

Es gab niemanden, dem LeBron mehr beweisen wollte, dass er falschlag, als Dan Gilbert, der LeBron beschuldigt hatte, egoistisch zu sein. Im Basketballsport hatte nichts LeBron so sehr verletzt wie der Eindruck, dass er egozentrisch sei. Schon in der Highschool war er stolz darauf gewesen, ein Teamplayer zu sein. In der NBA hatte er diesen Ansatz beibehalten und sich bei den Cavaliers einen Ruf als selbstloser Spieler erworben. Doch Gilbert hatte ihn als Narzisst gebrandmarkt.

Für LeBron war sein Handeln das Gegenteil von Narzissmus – er hatte Cleveland verlassen, wo er das Gesicht des Clubs gewesen war, um nach Miami zu gehen, wo jemand anderes das Aushängeschild war. LeBron war so entschlossen gewesen, eine Meisterschaft zu gewinnen, dass er bereit gewesen war, im Team von Wade die zweite Geige zu spielen. Und um dem Eindruck entgegenzuwirken, er sei egoistisch, hatte er sich in Miami in eine Nebenrolle gezwungen und sich so manches Mal bemüht, nicht wie ein Spieler zu wirken, der den Anführer des Teams in den Schatten stellte.

Doch wenn die Mannschaft verlor, war es LeBrons Schuld. Zumindest fühlte es sich so an. Jede Publikation, von *Sports Illustrated* über die *New York Times* bis hin zum *Slam*-Magazin, analysierte LeBrons Leistung. Er trendete auf Twitter. Er war überall auf ESPN und CNN zu sehen. Das öffentliche Interesse war zu groß geworden. Ein Mann konnte das nur bis zu einem gewissen Punkt ertragen. Also schaltete LeBron sein Handy aus. Deaktivierte seine Accounts in den sozialen Medien. Er vermied es, den Fernseher einzuschalten. Und verbrachte viel Zeit damit, Barry White und Curtis Mayfield zu hören.

„Ungefähr zwei Wochen lang war ich an einem wirklich dunklen Ort", erinnerte sich LeBron. „Ich habe mit niemandem gesprochen. Ich war immer nur in meinem Zimmer. Ich sah aus wie Tom Hanks in *Castaway*. Ich hatte schon einen langen Bart."

In dieser Zeit gab es in der NBA niemanden, an den er sich wenden konnte. Michael Jordan oder Kobe Bryant wären die idealen Kandidaten gewesen. Aber LeBron stand keinem von ihnen nahe. Und es gab sonst niemanden in der Liga, der in Bezug auf Talent und Promi-Status auf LeBrons Level war. Stattdessen wandte sich LeBron an Jay-Z, den einzigen Freund, der ihn und seine Situation verstehen konnte.

Jay-Z fühlte sich in LeBron ein. Schon lange hatte er bewundert, dass LeBron genauso hart an seinem Ruf arbeitete wie an seiner Spieltechnik. Als junger Mann, der bei einem alleinerziehenden Elternteil aufgewachsen war, erkannte LeBron, welche Rolle Männer wie Frankie Walker und Coach Dru in seinem Leben gespielt hatten. Er betrachtete diese Männer als Retter. Von dem Moment an, als er in die NBA kam, übernahm LeBron die Verantwortung, ein Vorbild für andere junge Männer zu sein, insbesondere für Kids, die in ähnlichen Verhältnissen aufwuchsen wie er. Durch bewusste Anstrengung hatte LeBron viele der Fallstricke von Berühmtheit und Reichtum vermieden, durch die seine Zeitgenossen ins Stolpern geraten waren. Frei von Skandalen hatte er ein goldenes Image entwickelt. Dann hatte ein falscher Schritt alles verändert. Der Ruf, den er sich mühsam aufgebaut hatte, war wie weggeblasen.

Aus der Sicht von Jay-Z hatte LeBron sehr vorsichtig gelebt und es nie gewagt, vom geraden und schmalen Pfad zum Basketballstar abzuweichen, auf dem er sich seit seinem ersten Jahr an der St. V. befand. Er hatte sein ganzes Leben in und um Akron verbracht, wo ihm alles vertraut war. Der Wechsel nach Miami bedeutete eine große Veränderung. Er war so naiv gewesen zu glauben, dass es ein Spaß würde und er mühelos Meisterschaften gewinnen könnte. Jetzt wusste er es besser. Die Entscheidung, nach Miami zu gehen, hatte den Glückskokon zerstört, den LeBron sich in Ohio geschaffen hatte.

Jay-Zs eigene Lebenserfahrung hatte ihn in die Lage versetzt, LeBron zu helfen. Als sie 2003 Freunde wurden, befand sich Jay-Z an einem ähnlichen Scheideweg in seiner Karriere, an dem er sich selbst und seine Zukunft infrage stellte. Er hatte sich daran erinnern müssen: „Ich liebe Musik. Musik rettet mich jeden Tag." Im Sommer 2011 erinnerte Jay-Z LeBron daran, wie sehr er Basketball liebte und dass Basketball ihn jeden Tag rettete. Das Schlüsselwort, das Jay-Z seinem Freund gegenüber betonte, war Erinnerung.

Erinnere dich, woher du gekommen bist.

Erinnere dich, was dich in deinem Leben bis hierher gebracht hat.

Erinnere dich, warum du das Spiel liebst.

Es war ein einfacher, aber tiefgreifender Rat von einem Weltklasseentertainer an einen anderen.

***

Auch wenn er abgetaucht war, machte LeBron Schlagzeilen. Wochenlang hatten die Medien in Miami über seinen Aufenthaltsort und sein Wohlergehen spekuliert. Dann, am 29. Juni, tauchte LeBron wieder auf. An diesem Abend ging er mit Savannah zu einem U2-Konzert im Sun Life Stadium. Danach trafen sie sich mit Bono, der langjährige Erfahrung mit dem Leben im Rampenlicht hatte. Am nächsten Tag postete LeBron ein Bild von sich und Savannah mit Bono und schrieb darunter: „Gestern war ein guter Tag." Es war das erste Mal seit den NBA-Finals, dass er in der Öffentlichkeit oder in den sozialen Medien gesehen wurde. Eine der Zeitungen in Miami brachte die Schlagzeile: „LeBron James am Leben, beim U2-Konzert."

Nach der Show fuhren LeBron und Savannah heim nach Ohio, wo LeBron zu seinen Wurzeln zurückkehrte und sein Engagement verdoppelte, um besser zu werden. Er intensivierte sein Trainingsprogramm und radelte an manchen Tagen bis zu hundert Meilen durch die Außenbezirke von Akron. Er wandte sich auch an seinen ersten Highschool-Trainer, Keith Dambrot, und begann, mit ihm zu trainieren. Seit der Highschool hatte er nicht mehr viel Zeit mit Dambrot verbracht. Aber LeBron wollte wieder zu dem Basketballspieler werden, der er gewesen war, bevor ihm sein Leben entglitten war. Er dachte sich, dass Dambrots sachliche Herangehensweise genau das Richtige für ihn war.

„Du musst mehr Dinge tun, die du nicht tun willst", sagte Dambrot im Sommer zu ihm. „Mehr offensives und defensives Rebounding, mehr Bewegung ohne Ball, all die Grundlagen, die dich groß gemacht haben."

Schließlich sah sich LeBron ein Video von seinem Auftritt im Finale gegen Dallas an. Ihm gefiel nicht, was er im letzten Viertel der Spiele 4 und 5 von sich selbst sah, als er praktisch keine Punkte mehr erzielt hatte. Den Rest des Sommers verwendete er darauf, sich auf Bereiche zu konzentrieren, die er stärken wollte – seine Beinarbeit, sein Ballhandling und die Entwicklung eines Low-Post-Spiels.

In der Nebensaison erhielt LeBron einen Anruf von Wade, der in Urlaub gefahren war. Er lud LeBron ein, zu ihm zu kommen, damit sie gemeinsam trainieren und über Veränderungen sprechen konnten.

Als er dort ankam, sagte Wade, dass er viel nachgedacht habe. Für LeBron sei es an der Zeit loszulassen. Zu übernehmen. Sich nicht länger durch die Vorstellung eingeschränkt zu fühlen, dass die Heat Wades Team seien.

Das Gespräch mit Wade war ein Durchbruch, der die Freundschaft der beiden vertiefte und die Dynamik zwischen ihnen als Teamkollegen veränderte. Die Heat würden fortan ein ganz anderes Team sein.

***

Auch wenn er nicht darüber sprach, bedauerte LeBron, dass er das Interview mit Jim Gray auf ESPN geführt hatte. Es war ein Fehler, den er auf keinen Fall wiederholen wollte. Die Folgen dieser Fehlentscheidung machten ihm klar, dass er einen Punkt erreicht hatte, an dem er mehr als nur einen Pressesprecher brauchte. Er brauchte einen Kommunikationsguru, der eher ein strategischer Denker war, jemanden, der ihm besser helfen konnte, sein Image zu reparieren und die Risiken seines Prominentenstatus zu meistern. Er musste nicht lange suchen, um die richtige Person für diese Aufgabe zu finden.

Anfang 2011 hatten LeBron und Maverick eine strategische Geschäftspartnerschaft mit Fenway Sports Management (FSM) geschlossen, einem der größten Sport-, Medien- und Unterhaltungsunternehmen der Welt. Das Drama in Miami hatte die Bedeutung von LeBrons neuem Bündnis überschattet. Zum Portfolio von Fenway gehörten die Boston

Red Sox, der FC Liverpool, ein Fußballverein aus der englischen Premier League, Roush Fenway Racing, ein NASCAR-Rennteam, das New England Sports Network und zwei der bekanntesten Sportstätten – der Fenway Park in Boston und das Anfield-Stadion in London. Die Partnerschaft zwischen FSM und LRMR bedeutete, dass alle zukünftigen Geschäfts-, Marketing-, Unterstützungs- und philanthropischen Aktivitäten von LeBron auf der ganzen Welt von einigen der strategischsten Denker der Unterhaltungsbranche abgewickelt wurden, darunter Tom Werner, der Gründer der Fenway Group. Als Teil der Vereinbarung erwarben LeBron und Maverick eine Beteiligung am FC Liverpool, der laut *Forbes* die Nummer sechs der wertvollsten Sportclubs der Welt war. Es war eine Gelegenheit für LeBron, der erste aktive Spieler zu werden, der einen Anteil an einem professionellen Sportclub besaß.

Eine der unvorhergesehenen Gelegenheiten, die sich aus der Zusammenarbeit mit der Fenway-Gruppe ergaben, war LeBrons Bekanntschaft mit Adam Mendelsohn, einem Weltklassestrategen für Öffentlichkeitsarbeit, der bereits für Werners Gruppe gearbeitet hatte. Mendelsohn war stellvertretender Stabschef von Gouverneur Arnold Schwarzenegger gewesen, bevor er seine eigene Kommunikationsfirma Mercury, LLC gründete. Mercury hatte sich auf Krisenmanagement für Politiker und Prominente spezialisiert. Im Jahr 2011 gab es im amerikanischen Mannschaftssport keinen Athleten mit einem so engagierten und erfahrenen Kommunikationsbeauftragten wie Adam Mendelsohn.

***

Kurz nachdem LeBron mit dem Training für die nächste Saison begonnen hatte, sperrte die NBA die Spieler aus. Damals sah der Tarifvertrag vor, dass 57 Prozent der Einnahmen aus dem Basketball an die Spieler gingen. Die Eigentümer wollten den Prozentsatz reduzieren. Dan Gilbert gehörte zu denjenigen, die sich am stärksten für die Kürzung einsetzten. Ein Teil von Gilberts Frustration über die Spieler wurzelte in der Tatsache, dass sein Club LeBron gedraftet hatte und dann zusehen musste, wie er zu einem anderen Team wechselte, als er auf dem Höhepunkt seiner Karriere war.

Es hatte sieben Jahre gedauert, bis LeBron frei wechseln konnte. Gilbert missfiel es, dass LeBron die Dreistigkeit besessen hatte, den Einfluss zu nutzen, den er innerhalb des von den Eigentümern eingeführten Systems gewonnen hatte. In vielerlei Hinsicht bedeutete LeBrons Wechsel nach Miami eine seismische Verschiebung, die die gesamte Liga erschüttert hatte. Auf dem Platz war er Staatsfeind Nummer eins. Doch abseits des Spielfeldes profitierte jeder Spieler in der NBA – vor allem die Stars – von LeBrons Entscheidung, weniger Geld zu akzeptieren und sich stattdessen mit anderen Spielern zusammenzutun, um Meisterschaften zu gewinnen.

Während der Aussperrung veröffentlichte HarperCollins das Buch von Scott Raab, *The Whore of Akron: One Man's Search for the Soul of LeBron James.* Das Buch beginnt mit einer Begegnung zwischen Raab und LeBron in der Umkleidekabine des Q im April 2010. Zu diesem Zeitpunkt war Raab davon überzeugt, dass LeBron wieder bei den Cavaliers unterschreiben würde. Er hatte sich an LeBron gewandt und gesagt: „Ich habe Oscar in seinen besten Jahren gesehen. Michael. Magic. Sie alle. Und Sie sind der beste Basketballspieler, den ich je gesehen habe. Vielen Dank.“ LeBron antwortete: „Das bedeutet mir viel. Danke.“

Dann schrieb Raab: „Ich empfinde Reue bis hin zu Kummer wegen dieses Abends in der Umkleide mit LeBron. Es tut mir leid, wirklich leid, dass ich nicht auf ihn losgegangen bin und ihm direkt in die Eier getreten habe ... King James. Der Auserwählte. Die Hure von Akron. Letzteres habe ich ihm selbst gesagt, nachdem er zu den Miami Heat gewechselt ist.“

Das Buch erregte sehr viel Aufmerksamkeit und wurde von der Kritik gelobt. Associated Press nannte es einen „lachhaften Spaß“. *Sports Illustrated* hielt es für „ausgelassen und profan“. Sogar Buzz Bissinger äußerte sich zu dem Buch und nannte es „urkomisch, herzergreifend und erschütternd ehrlich“. Raabs Kritik an LeBron war heftig. Aber sein schonungsloser Bericht über sein eigenes Leben war weitaus eindringlicher. Und es war Raabs Selbstbetrachtung, die das Buch von anderen Sportmemoiren unterschied und das *Slate*-Magazin dazu veranlasste, es zum besten Buch des Jahres zu küren. „Der Typ mag LeBron James nicht“, schrieb Stefan Fatsis. „Aber darum geht es nicht. *Die Hure von Akron* handelt von einem Basketballspieler, so wie *Moby Dick* von einem Wal handelt."

LeBron verstand den Humor in Raabs Buch nicht. Aber er war jetzt viel besser gerüstet, um den Lärm zu ignorieren. Als die Suspendierung schließlich endete und die verkürzte Saison 2011/2012 am 25. Dezember 2011 begann, war LeBron in Dallas, wo die Heat die Saison gegen die Mavericks eröffnen sollten. LeBron schaute zu, als Nowitzki und seine Mannschaftskameraden ihre Meisterschaftsringe erhielten. Dann begann das Spiel. Und LeBron spielte wie eine Ein-Mann-Abrissbirne.

Erik Spoelstra hatte sich in der Vorsaison mit seinen Mitarbeitern getroffen und ihnen erklärt, dass sie nicht länger versuchen sollten, LeBron ein Basketball-System aufzuzwingen. LeBron sei ein unkonventioneller Spieler, und sie hätten versucht, ihn in einem konventionellen System spielen zu lassen. In Zukunft wollte Spoelstra LeBron die Freiheit geben, kreativer zu sein und das System an ihn anzupassen. „Wir müssen unseren Horizont öffnen und ein System entwickeln, in dem LeBron James jeden Abend der beste Spieler der Welt ist", sagte Spoelstra seinen Assistenten.

Beim Saisonauftakt gegen Dallas wirkte LeBron wie befreit. Er konnte auf jeder Position spielen, die er sich aussuchte – manchmal spielte er den Ball wie ein Point Guard, manchmal wie ein Big Man, und manchmal improvisierte er einfach spontan – LeBron führte die Liste der Scorer mit 37 Punkten an. Er war in jeder Phase des Spieles dominant. Und die amtierenden NBA-Meister waren den Heat nicht gewachsen.

Am 30. Dezember, wenige Tage nach dem Sieg über die Mavericks, wurde LeBron 27 Jahre alt. Am darauffolgenden Abend lud er fünfzig seiner engsten Freunde und Familienmitglieder zu einem privaten Silvesterdinner in ein exklusives Hotel in South Beach ein. Während der Sperre hatte LeBron beschlossen, dass es an der Zeit sei, endlich den Bund der Ehe mit Savannah einzugehen. Sie war seine Seelenverwandte, seit sie als Teenager die Highschool besucht hatten. Und sie funktionierten wie ein Ehepaar – sie zogen ihre beiden Kinder auf und hatten gemeinsam ein Haus gebaut. Aber LeBron hatte ihr nie einen Antrag gemacht. Und Savannah hatte nicht die Absicht, ihn zu drängen. „Ich habe ihm definitiv kein Feuer unterm Hintern gemacht", sagte sie gegenüber *Harper's*, kurz nachdem LeBron in Miami unterschrieben hatte. „Wir sind mit dem jetzigen Stand der Dinge sehr zufrieden. Und es ist nicht an mir. Wenn es passiert, passiert es."

Für LeBron war die Zeit gekommen. „So wie ich als Spieler den nächsten Schritt machen musste", sagte er, „musste ich auch als Mann den nächsten Schritt machen."

Gegen Mitternacht ging er zu Wade, der den Verlobungsring aufbewahrte. Nervös bat LeBron ihn um den Ring.

„Bist du bereit?", fragte Wade.

„Wenn du mir nicht sofort den Ring gibst", sagte LeBron zu ihm, „werde ich es nicht tun."

Wenig später ging LeBron vor den Augen seiner Freunde und Familie auf die Knie und sah zu Savannah auf.

***

Die Heat waren im Aufwind. Und LeBron spielte die dominanteste Saison seiner Karriere. Er wurde immer noch in jeder Arena außerhalb von Miami ausgebuht. Doch im Laufe der Saison 2011/2012 legte LeBron sein Schurkenimage langsam ab.

Bei einer Zwischenlandung der Mannschaft auf dem Flughafen von Oklahoma City bemerkte LeBron, dass sich einige Hubschrauberpiloten in Militäruniformen dem Sicherheitspersonal der Heat genähert hatten, in der Hoffnung, ein Foto mit den Spielern machen zu können. Aber die meisten Heat-Spieler schliefen gerade, und die Sicherheitsleute lehnten die Bitte ab. „Hey, hey", sagte LeBron, „jeder dieser Militärtypen kann ein Foto mit uns machen." Dann weckte er seine Teamkollegen. „Hey, Leute, steht auf", sagte er. „Stellt euch in einem Kreis auf."

Später erklärte er, warum er das getan hatte. „Das sind Leute, die jeden Tag ihr Leben riskieren", sagte er. „Wenn es sie nicht gäbe, wären wir nicht frei … Sie tun so viele großartige Dinge für Amerika, für uns alle. Da konnten wir zumindest ein Foto mit ihnen machen."

Auch abseits des Spielfeldes hatte sich LeBron zum Anführer des Teams gemausert. Beim NBA All-Star Game in Orlando am 26. Februar 2012 geriet LeBron in ein Shoot-out mit Kevin Durant. Beide beendeten das Spiel mit 36 Punkten. Aber LeBrons Teamkollegen fanden noch beeindruckender, was LeBron in den folgenden Wochen tat, nachdem er erfahren hatte, dass ein 17-jähriger schwarzer Jugendlicher namens Trayvon Martin während des All-Star-Spiels erschossen worden war. Martin lebte mit seiner Mutter in Miami, aber er war zu seinem Vater nach Sanford gefahren, einer Stadt im Umkreis von Orlando. Er trug ein graues Kapuzen-Sweatshirt und ging in der Halbzeit raus, um sich in einem nahe gelegenen 7-Eleven Süßigkeiten zu holen. Er kam nicht zurück. Bei strömendem Regen und mit aufgesetzter Kapuze kreuzte Martin den Weg eines Freiwilligen der Nachbarschaftswache namens George Zimmerman, der den Notruf wählte. „Hey, wir hatten einige Einbrüche in meiner Nachbarschaft", sagte er dem Disponenten. „Und da ist ein wirklich verdächtiger Typ." Nachdem er einige Details erwähnt hatte – grauer Kapuzenpulli, sieht aus, als führe er nichts Gutes im Schilde –, wurde Zimmerman gebeten, ihn genauer zu beschreiben. „Er sieht schwarz aus", sagte er dem Dispatcher. Die Polizei reagierte. Doch als sie eintraf, hatte Zimmerman Martin bereits erschossen, der mit dem Gesicht nach unten im Gras lag, eine Tüte Skittles in der Tasche.

Demonstranten forderten die Verhaftung von Zimmerman, der sich auf Selbstverteidigung nach der Stand Your Ground Law in Florida berief. LeBron erfuhr durch die Freundin von Dwyane Wade vom Tod Trayvon Martins. Es stellte sich heraus, dass die Heat Martins Lieblingsmannschaft und LeBron sein Lieblingsspieler gewesen waren. LeBron und Wade diskutierten mehrere Tage darüber, wie sie ihren Einfluss nutzen könnten, um darauf aufmerksam zu machen, wie ungerecht die Tötung von Martin war. In der Zwischenzeit hielten Bürgerrechtler Kundgebungen ab, Millionen von Menschen demonstrierten in Städten im ganzen Land, und das Justizministerium leitete eine bundesweite Untersuchung ein.

Am 23. März waren die Heat in Detroit, um gegen die Pistons anzutreten. Am Morgen dieses Tages trat Präsident Obama im Rosengarten des Weißen Hauses auf, um den neuen Chef der Weltbank vorzustellen. Ein Reporter befragte den Präsidenten zu Trayvon Martin. Der Präsident war nicht darauf vorbereitet, eine formelle Erklärung abzugeben, sondern antwortete spontan. „Ich denke, wir alle müssen in uns gehen und herausfinden, wie so etwas passieren kann", sagte Obama. „Und das bedeutet, dass wir die Gesetze und den Kontext des Geschehens sowie die Besonderheiten des Vorfalles untersuchen." Er fügte hinzu: „Wenn ich einen Sohn hätte, würde er wie Trayvon aussehen."

Die Äußerungen des Präsidenten fanden bei LeBron Anklang. Er hatte zwei Söhne. Und sie sahen definitiv wie Trayvon Martin aus. Der Gedanke, dass jeder junge Schwarze in einem grauen Kapuzenpulli Trayvon Martin sein könnte, war erschreckend. Und gleich nach der Rede von Präsident Obama im Rosengarten baten LeBron und Wade ihre Teamkameraden, sich im Mannschaftshotel für ein Foto zu versammeln. Sie alle trugen graue Hoodies. Es war ein provokantes Bild. Am Nachmittag teilte LeBron das Bild auf Twitter, zusammen mit der Bildunterschrift „#WeAreTrayvonMartin #Hoodies #Stereotyped #WeWantJustice".

Für LeBron war das ein Wendepunkt in seiner Entwicklung als Aktivist. Kein Sportler der Welt hatte mehr Twitter-Follower als LeBron. Mit der Entscheidung, seine Social-Media-Plattform zu nutzen, um auf die ungerechte Tötung eines unbewaffneten schwarzen Teenagers aufmerksam zu machen, stieß LeBron in einen Bereich vor, in den sich kein anderer zeitgenössischer amerikanischer Sportler seines Formats – Jordan, Kobe, Tiger, Tom Brady – vorgewagt hatte. Und ihm wurde klar, dass es kein Zurück mehr gab.

Ungefähr zu der Zeit, als LeBron zu den Heat wechselte, übernahm der Journalist Lee Jenkins das NBA-Ressort bei *Sports Illustrated.* Kurz nachdem LeBron Adam Mendelsohn eingestellt hatte, trat Jenkins an ihn heran. LeBron war gerade im Begriff, MVP zu werden, und Jenkins wollte ein Porträt von ihm erstellen. Der Artikel, so deutete er an, würde eine reine Basketball-Story sein.

Nach einigem Drängen von Jenkins vertraute Mendelsohn ihm so weit, dass er ihm ein einstündiges Interview mit LeBron verschaffte. Es sollte stattfinden, wenn die Heat in New York an zwei aufeinanderfolgenden Tagen gegen die Knicks und die Nets spielen würden.

Müde stieg LeBron am 14. April 2012 aus dem Mannschaftsbus und betrat das Westin in Jersey City. Während seine Mannschaftskameraden ihre Zimmer bezogen, setzte sich LeBron im Hotelrestaurant Jenkins gegenüber an einen Tisch. LeBron trug eine Schirmmütze und bestellte eine Tasse Kamillentee mit Honig.

„Woher sind Sie?", fragte LeBron.

„Aus San Diego", sagte Jenkins.

„Das ist meine zweitliebste Stadt auf der Welt", sagte LeBron.

Jenkins war überrascht. „Welche ist Ihre Lieblingsstadt?", wollte er wissen.

LeBron sah ihn fragend an. „Na ja, Akron", sagte er.

Jenkins war anders als die Feature-Autoren, die sich im Laufe der Jahre mit LeBron zusammengesetzt hatten. Er war ein sensibler und sanftmütiger Mensch, der sich im Basketball auskannte. Aber seine eigentliche Stärke war sein schriftstellerisches Einfühlungsvermögen. Das war eine Eigenschaft, die man in der Journalistenschule nicht lernen konnte.

Gleichzeitig hatte sich LeBron weiterentwickelt und war nicht mehr der Mann, dem Lisa Taddeo 2007 in einem Aufzug des Hearst-Gebäudes begegnet war, oder derjenige, für den Buzz Bissinger 2008 Benzin gekauft hatte, oder jener, dem J. R. Moehringer 2010 gefolgt war. Er war in vielerlei Hinsicht gereift. Und nachdem er mit Mendelsohn zusammengearbeitet hatte, war LeBron offener für die Idee, mit einem Autor zu sprechen, der über seine Wandlung berichten wollte. Schon bei dem einstündigen Treffen mit Jenkins ging LeBron in sich, was seine erste Saison in Miami betraf.

„Ich hatte den Kontakt zu dem verloren, was ich als Basketballspieler und als Mensch war", sagte LeBron. „Ich war gefangen in allem, was um mich herum geschah, und ich hatte das Gefühl, ich müsste den Leuten etwas beweisen, ohne zu wissen, warum das so war. Alles war einengend und stressig."

Er sprach auch darüber, wie sich seine Sichtweise gegenüber seinem Vater entwickelt hatte. „Mein Vater war nicht da, als ich ein Kind war", sagte er zu Jenkins. „Und ich habe immer gesagt: ‚Warum ich? Warum habe ich keinen Vater? Warum ist er nicht da? Warum hat er meine Mutter verlassen?' Aber als ich älter wurde, schaute ich genauer hin und dachte: ‚Ich weiß nicht, was mein Vater durchgemacht hat, aber wäre ich heute der, der ich bin, wenn er die ganze Zeit da gewesen wäre?' Dadurch wurde ich schnell erwachsen. Es hat mir geholfen, mehr Verantwortung zu übernehmen. Vielleicht würde ich sonst nicht hier sitzen."

Jenkins war beeindruckt. Er erklärte LeBron, dass er als Schriftsteller umso mehr leisten könne, je mehr LeBron von sich preisgab.

LeBron nippte an seinem Tee und machte sich eine mentale Notiz.

Am Ende des Interviews bedankte sich Jenkins bei LeBron für seine Zeit. „Wenn Sie in ein paar Monaten Ihren ersten Titel gewinnen", sagte Jenkins zu ihm, „möchte ich Sie gern wieder interviewen."

Das hörte sich für LeBron gut an.

Zwei Abende darauf buhten die Nets-Fans im Prudential Center in Newark LeBron leidenschaftlich aus. Doch als Wade mit einer Verletzung ausfiel und sein Team im letzten Viertel in Rückstand geriet, übernahm LeBron das Kommando, erzielte in den letzten vier Minuten 17 Punkte in Folge und führte die Heat zum Sieg. Es war eine Demonstration der absoluten Dominanz. Jay-Z saß am Spielfeldrand und staunte, als die Menge anfing zu skandieren: „M-V-P! M-V-P!" Die Heat gewannen das Spiel, und LeBron hatte die Fans der Nets für sich gewonnen.

Der Beifall beflügelte LeBron. Sobald das Spiel zu Ende war, zog er Stirnband und Turnschuhe aus und reichte sie dem Neffen von Jay-Z, was dem Jungen ein Lächeln ins Gesicht zauberte. Dann umarmte er Jay-Z.

Lee Jenkins war Zeuge des Geschehens. Als LeBron ihn entdeckte, ging er zu ihm hinüber. LeBron dachte an das Gespräch, das sie zwei Tage zuvor geführt hatten, und daran, wie wichtig es war, dass Jenkins ihn näher kennenlernte. Er fragte: „Funktioniert es?"

Jenkins versicherte ihm, dass das der Fall war.

Zufrieden ging LeBron in Socken davon.

***

In seinem Artikel – „Nach turbulentem erstem Jahr in Miami erfindet LeBron sich neu" – rückte Jenkins LeBron in ein neues Licht und wies darauf hin, dass er „eine der besten Gesamtspielzeiten in der jüngeren Geschichte der NBA" absolviert hatte. Die Sportjournalisten und Fernsehsender sahen das auch so und wählten ihn mit überwältigender Mehrheit zum MVP der NBA. Und die Heat beendeten die reguläre Saison mit der besten Bilanz in der Eastern Conference und galten als Favorit auf den Sieg in den NBA-Finals. Doch im Halbfinale der Eastern Conference lagen die Heat gegen die Pacers mit 2:1 zurück. LeBron wusste, dass sie die Serie mit ziemlicher Sicherheit verlieren würden, falls ihnen auch in Spiel 4 in Indiana kein Sieg gelang und sie mit 1:3 in Rückstand gerieten. Dies war nicht die Zeit, um ein Teamplayer zu sein. Es war an der Zeit, das Team zu tragen.

In Spiel 4 gab LeBron nie auf. Und in der zweiten Halbzeit, als die Pacers-Spieler müde waren und um Atem rangen, spielte LeBron, als hätte er einen zusätzlichen Gang eingelegt. „Du bist ein Marathonläufer!", schrie ihm Coach Erik Spoelstra zu. „Du darfst nicht müde werden."

Pat Riley beobachtete LeBron an diesem Abend und wusste, dass er den Moment der Wahrheit miterleben würde. „Es war das erste Mal, dass ich ihn völlig erschöpft gesehen habe", sagte Riley. „Ihm geht nicht die Puste aus. Er atmete kurz durch, ging dann wieder rein und machte sie fertig."

Am Ende hatte LeBron vierzig Punkte geholt. Miami gewann das Spiel. Noch wichtiger war, dass LeBron den Spirit der Pacers gebrochen hatte. Die Heat gewannen auch die nächsten beiden Spiele gegen die Pacers und zogen ins Finale der Eastern Conference gegen die Celtics ein.

Die Heat waren stark favorisiert. Pierce und Garnett hatten ihre besten Jahre hinter sich. Und die Celtics hatten mit einer ganzen Reihe von Verletzungen zu kämpfen. „Wir sind müde, alt und angeschlagen", gab Celtics-Trainer Doc Rivers zu.

Nach den ersten beiden Spielen der Serie lagen die Heat mit 2:0 in Führung. Doch als die Serie nach Boston verlegt wurde, konnten die Celtics zwei Siege einfahren und in der Serie ausgleichen. Im entscheidenden Spiel 5 in Miami führten die Celtics dann eine Minute vor Schluss mit 87:86. LeBron bewachte Pierce, der den Ball außerhalb des Dreipunktebogens hatte. Pierce hatte den ganzen Abend schlecht geworfen. Dennoch machte er einen Schritt zurück und warf einen weiten Dreier, der von der Rückwand in den Korb prallte, was seinem Team einen Vorsprung von vier Punkten verschaffte und den Sieg der Celtics besiegelte. Die Celtics hatten drei Mal in Folge gewonnen.

Mit einem 3:2-Rückstand schienen LeBron und die Heat am Ende zu sein, als sie für Spiel 6 nach Boston zurückkehrten. Um das Team gab es eine Kontroverse. Es wurde von den Fachleuten hart kritisiert.

LeBron wurde verspottet. Spoelstras Zukunft bei den Heat wurde infrage gestellt. Es war sogar die Rede davon, die Big Three aufzulösen. „Nicht nur diese Serie ist vorbei", sagte Stephen A. Smith von ESPN. „In Miami ist alles vorbei."

Doch als LeBron am 7. Juni 2012 in Boston das Spielfeld betrat, war er nicht mehr der Spieler, der ein Jahr zuvor in den NBA-Finals gegen die Mavericks angetreten war. Er stand auf dem Parkettboden und hatte die Augen eines Killers. Er lächelte kein einziges Mal. Er sagte zu niemandem auch nur ein Wort. Er sah starr vor sich hin. Als Pat Riley ihn musterte, dachte er: LeBron sieht urwüchsig aus.

Und das war der LeBron, den Riley sehen wollte.

Nur wenige Augenblicke nach Spielbeginn zog LeBron an Pierce vorbei und hämmerte einen gewaltigen Dunk ins Netz, der den TD Garden zum Beben brachte. Beim nächsten Spielzug zog er an Pierce vorbei und lochte einen Jumper ein. Dann dunkte LeBron erneut. Dann folgte ein Spin-Move. Dann ein Jab Step. Dann ein Layup. Neun seiner ersten zehn Würfe waren Treffer. Aber er lächelte nie. Er sagte nichts. Er hatte weiter diesen starren Blick. Und er sammelte weiter Punkte. Bei einem Offensiv Rebound sprang er so hoch, dass er fast mit dem Kopf gegen den Ring schlug, bevor er den Ball krachend versenkte. Selbst seine Mannschaftskameraden sagten kollektiv: „Heilige Scheiße!" LeBron erzielte in der ersten Halbzeit dreißig Punkte.

Die Celtics hingen in den Seilen. Und LeBron griff weiter an. Bei 7:15 Minuten verbleibender Spielzeit saßen Pierce und Garnett auf der Bank der Celtics und wischten sich den Schweiß ab, als LeBron durch die Gasse lief und seinen 45. Punkt erzielte. Damit brachte er die Heat mit 25 Punkten in Führung und den Garden zum Verstummen. Pierce hängte sich ein Handtuch über den Kopf.

Riley sah zu und freute sich. „Er war wie eine Kobra", sagte Riley hinterher über LeBron. „Wie ein Leopard. Wie ein Tiger, der sich über seine Beute hermacht."

Er beendete das Spiel mit 45 Punkten, 15 Rebounds und 5 Assists. Es war das erste Mal seit 1964, dass ein NBA-Spieler in einem Play-off-Spiel eine solche Leistung vollbracht hatte. Der letzte Spieler, dem dies gelang, war Wilt Chamberlain mit 50 Punkten, 15 Rebounds und 6 Assists. Als LeBron schließlich das Spielfeld verließ, war der Tunnel, der zur Umkleidekabine führte, von Bostoner Polizisten gesäumt. Während die Fans ihn mit Obszönitäten beschimpften, ging LeBron zwischen den Polizisten hindurch. Plötzlich spürte er, wie etwas Flüssiges auf seinem Kopf landete. Ein Fan hatte eine offene Bierdose auf ihn geworfen. LeBron sagte nichts, leckte sich über die Lippen und verschwand schweigend im Tunnel. Später sagte er zu *Sports Illustrated:* „Wenn ich ein Fan wäre und jemand käme in unsere Arena und würde uns antun, was ich ihnen angetan habe, hätte ich wahrscheinlich auch eine Bierdose auf ihn geworfen."

***

LeBrons Leistung in Spiel 6 war die stärkste seiner Karriere. Mit beispielloser körperlicher Kondition und technischer Präzision veränderte er an einem Abend im Alleingang das Schicksal von zwei Clubs. Bei den Eastern Conference Finals spielten die Celtics Big Three zum letzten Mal zusammen. Und die „Big Three" der Heat waren auf dem Weg, die NBA zu dominieren. Aber auch auf einer persönlichen Ebene hatte LeBron seine Kritiker zum Schweigen gebracht. Die *New York Times* bezeichnete seine Spielweise in Spiel 6 als „eine der brillantesten Leistungen seiner brillanten Karriere". Steven A. Smith von ESPN sagte: „Das ist wohl eine der größten Leistungen, die wir je gesehen haben. Zum ersten Mal, soweit ich mich erinnern kann, habe ich gesehen, wie ein Mann ein ganzes Team besiegt hat." Aber es war der Blick von Paul Pierce, der am besten ausdrückte, was passiert war. In den letzten Minuten von Spiel 6 saß Pierce auf der Bank, schaute LeBron zu und wusste, dass sein Team vom besten Spieler der Welt besiegt worden war.

***

Am folgenden Abend in Miami kämpften die Celtics tapfer. Am Ende des dritten Viertels stand es 73:73. Aber Pierce, Garnett und Allen waren erschöpft und am Ende. LeBron, Wade und Bosh übernahmen in der Schlussphase das Kommando. Sie dunkten. Sprinteten. Spielten Assists. Miamis Big Three erzielten alle 28 Punkte der Heat im letzten

Viertel, während die Celtics in den letzten neun Minuten nur auf sechs Punkte kamen. Die Celtics lagen zurück, und LeBron warf aus der Distanz einen Dreier von weit jenseits des Bogens. In der letzten Sekunde der Wurfzeit fiel der Ball durchs Netz, versetzte die Menge in Aufruhr und den Celtics den Todesstoß. Während das Gebäude bebte, stand LeBron wie eingefroren da, den Wurfarm ausgestreckt, das Handgelenk schlaff. Es war ein großartiges Gefühl, ein Moment, den er auskosten wollte.

Die Heat hatten es erneut ins NBA-Finale geschafft. Aber dieses Mal war LeBrons Kopf klar. Er wusste, dass er kurz davor stand, seinen ersten NBA-Titel zu gewinnen.

30

DIE ÜBERNAHME

ABC pries die NBA-Finals 2012 zwischen den Miami Heat und den Oklahoma City Thunder als Showdown zwischen „den beiden wohl besten Spielern der Welt“ an – LeBron und dem 23-jährigen Kevin Durant, der zum ersten Mal an den Finals teilnahm. Die beiden Superstars enttäuschten niemanden. Durant zeigte eine glänzende Offensivleistung. Und mit dem 23-jährigen Russell Westbrook, der unermüdlich den Korb attackierte, und dem 22-jährigen Scharfschützen James Harden gewann das junge Team der Thunder Spiel 1 und bewies, dass es sich von den Heat nicht einschüchtern ließ.

Aber LeBron war in einer ganz anderen Verfassung als während des Finales 2011 gegen die Mavericks. Trotz der Niederlage im ersten Spiel war LeBron noch nie so zuversichtlich gewesen. Er eröffnete Spiel 2 in Oklahoma City, indem er bei einem Fastbreak-Dunk durch die Luft flog. Damit begann ein 18:2-Lauf, und die Heat gaben das Heft nicht mehr aus der Hand. Sie gewannen Spiel 2. Als die Serie dann nach Miami verlegt wurde, gewannen die Heat auch Spiel 3 und gingen mit 2:1 in Führung.

Spiel 4 würde LeBrons Meinung nach den Ausgang der Serie entscheiden. Mit einem Sieg würden die Thunder das Momentum zurückgewinnen, und alles wäre möglich. Wenn die Heat gewannen, war es vorbei. Kein Team hatte jemals nach einem 3:1-Rückstand das NBA-Finale gewonnen. Als die Thunder im ersten Viertel mit 17 Punkten in Führung gingen, setzte sich LeBron durch, brachte die Heat zurück ins Spiel und schaffte den Ausgleich. Knapp sechs Minuten vor

Ende des letzten Viertels, als es mit jeweils neunzig Punkten unentschieden stand, stolperte LeBron, lief auf Durant auf und verlor den Ball. Während die Thunder heranstürmten, kam LeBron nur langsam auf die Beine. Nach einem Gedränge auf der anderen Seite bekam Wade den Ball zurück und warf ihn zu LeBron, der einen ungeschickten Wurf auf den Korb abgab. Aber der Ball ging rein und brachte die Heat mit zwei Punkten in Führung.

LeBron signalisierte der Bank, dass er ausgewechselt werden müsse, und brach auf dem Spielfeld zusammen.

Der Anblick des am Boden knienden LeBron ließ die Arena verstummen.

LeBron wusste, dass er nicht verletzt war. Dennoch steckte er in Schwierigkeiten. Seine Beinmuskeln hatten sich verkrampft, und die Krämpfe waren so stark, dass er nicht mehr gehen konnte. Ein Mannschaftskamerad und der Trainer trugen ihn vom Platz und legten ihn vor der Bank auf den Boden. „Ah, Scheiße!", schrie LeBron und krümmte sich vor Schmerzen, als der Trainer ihn dehnte und seine Oberschenkel massierte.

Während LeBron an der Seitenlinie behandelt wurde, gelang es den Heat trotz viermaligem Ballbesitz in Folge nicht, zu scoren. Währenddessen erzielte Durant vier Punkte in Folge, und die Thunder holten sich mit 94:92 die Führung zurück.

Stoisch überblickte Pat Riley die Situation von seinem Platz aus. Das, sagte er sich, war LeBrons Moment der Wahrheit. Die Thunder hatten das Momentum an sich gerissen, und die Zeit lief ihnen davon. Wenn LeBron nicht alles geben würde, wäre das Spiel – und vielleicht auch die Serie – verloren.

Entschlossen stand LeBron auf, humpelte zum Tisch der Offiziellen und brachte die Menge zum Jubeln. Kaum war LeBron wieder im Spiel, erzielte Bosh den Ausgleich zum 94:94. Dann, nach einem Ballverlust der Thunder, passte Wade den Ball zu LeBron am oberen Ende der „Birne", weit hinter der Dreipunktelinie. Die Wurfzeit lief ab, und die Fans skandierten „Let's go Heat!". LeBron wusste, dass seine Beine ihm nicht erlauben würden durchzuziehen. Stattdessen sprang er hoch und feuerte einen Wurf ab.

„Bang!", rief Mike Breen von ABC. „LeBron James von Downtown!"

In der Arena brach ein Tumult aus. LeBrons Dreier hatte die Heat um drei Punkte in Führung gebracht.

Mit verzerrtem Gesicht drehte sich LeBron um und humpelte zurück in die Defense. Er hatte gerade einen der besten Clutch Shots seiner Karriere abgefeuert, aber er hatte zu große Schmerzen, um sich zu freuen. Er hatte Angst, dass er nicht bis zum Spielende durchhalten würde.

„Die Arena explodiert gerade", rief Breen über den Lärm hinweg.

Nachdem sie einen weiteren Angriff abgewehrt hatten, traf Wade und brachte Miami mit fünf Punkten in Führung.

Miamis 7:0-Lauf reichte gerade so aus. Eine Minute vor Spielende verkrampften sich LeBrons Oberschenkel so stark, dass er sich auswechseln lassen musste. Aber die Heat hielten durch, gewannen mit sechs Punkten Vorsprung und übernahmen mit 3:1 die Führung in der Serie.

***

Zwei Abende später saß LeBron vor seinem akribisch aufgeräumten Spind und zog langsam seine Spielkleidung an. Er genoss den Moment und war sich sicher, dass die Heat die Thunder ausschalten würden. Nach vier hart umkämpften Spielen hatte Miami den Willen von Oklahoma City gebrochen. Das Drama war vorbei. Die Meisterschaft war zum Greifen nah.

Spiel 5 verlief ohne Höhepunkte. LeBron führte die Scorerliste der Heat mit 26 Punkten an. Bosh fügte 24 hinzu. Wade trug weitere 20 Punkte bei. Es war eine geschäftsmäßige Performance, eine ausgewogene Teamleistung. Die Heat überrannten die Thunder mit einem 25-Punkte-Vorsprung im letzten Viertel und entschieden die Serie mit einer überlegenen Leistung für sich.

LeBron wurde einstimmig zum MVP der NBA-Finals gewählt. Doch als die Schlusssirene ertönte, ging LeBron zu Durant, legte seine Arme um ihn und hielt ihn fest. Es gab keine Schadenfreude, keine Angeberei, nur tiefen Respekt für Durants Talent und Mitgefühl wegen seines Kummers.

Die Stimmung in der Heat-Umkleide nach dem Spiel war euphorisch. Als LeBron den Medienraum für seine Pressekonferenz nach dem Spiel betrat, war er heiser und seine Stimmung gedämpft. „Ich habe lange von diesem Moment geträumt", sagte er, und seine Gedanken wanderten zurück zu dem dunklen Ort, an dem er sich ein Jahr zuvor befunden hatte. „Ich bin dankbar dafür, dass ich eine Familie habe – eine Verlobte und zwei Kinder … Ich brauchte dieses Tief, um zu erkennen, was ich als Profisportler und als Mensch tun muss."

Anstatt über den Finalsieg zu sprechen, reflektierte LeBron seine Entwicklung. „Das Beste, was mir letztes Jahr passiert ist, war die Niederlage im Finale", sagte er und räusperte sich. „Ich fühlte mich gedemütigt … Ich wusste, dass ich mich als Basketballspieler und als Mensch verändern musste."

Plötzlich sah LeBron älter aus und wirkte weiser. Er zog Bilanz hinsichtlich des Weges, den er zurückgelegt hatte, seit er während der Grundschulzeit bei Familie Walker zum ersten Mal einen Basketball in die Hand genommen hatte. „Niemand hat jemals so eine Reise gemacht", sagte er. „Also musste ich selbst lernen. All die Höhen und Tiefen – alles, was damit einherging – musste ich im Grunde selbst erforschen."

Überwältigt von Dankbarkeit, hatte LeBron dennoch keines der schmerzhaften Worte vergessen, die Dan Gilbert über ihn gesagt hatte. Sogar Gilberts Tweet von vor einem Jahr, als die Heat im Finale gegen die Mavericks verloren hatten – „Es gibt KEINE ABKÜRZUNGEN" –, war LeBron noch lebhaft in Erinnerung. LeBron saß zwischen der goldenen NBA-Meisterschaftstrophäe und seiner goldenen MVP-Finaltrophäe, richtete den Schirm seiner neuen Meisterschaftskappe und blickte in die Kameras. „Ich habe es richtig gemacht", sagte er. „Ich habe nicht abgekürzt. Ich habe viel harte Arbeit und Hingabe investiert. Und harte Arbeit zahlt sich aus."

Ein paar Abende darauf saß LeBron mit seinen Söhnen auf der Terrasse des Ritz Carlton in Coconut Grove. Er griff nach seinem Handy und schrieb Maverick eine Textnachricht: „Es hat endlich geklappt. Ich bin ein Champion."

***

Der Flug von Miami nach New York fühlte sich an wie der Beginn einer neuen Phase. Zwei Jahre zuvor hatte David Letterman ihn wegen seines Wechsels nach Miami attackiert. Und Lettermans Sticheleien hatten wehgetan. Dennoch sagte LeBron zu, als Letterman ihn nach dem Finale wieder in seine Sendung einlud.

In Sportjacke, Jeans und Turnschuhen stand LeBron hinter der Bühne des Ed Sullivan Theater und wartete auf sein Stichwort. Er war gespannt, wie das Publikum reagieren würde. Er wusste, dass ein paar Bühnenarbeiter mit Schildern kommen würden, die das Studiopublikum zum KLATSCHEN auffordern würden. Und dennoch. Wie begeistert würden sie sein?

„Meine Damen und Herren", sagte Letterman, „am Donnerstagabend hat unser erster Gast sein Team zum Sieg gegen die Oklahoma City Thunder geführt. Er hat seine erste NBA-Meisterschaft gewonnen. Meine Damen und Herren, hier ist der MVP der Finals, LeBron James von den Miami Heat."

Das Publikum brach in Begeisterungsstürme aus, als die Band *Some Like It Hot* von Power Station anstimmte und LeBron ins Rampenlicht trat. Nachdem die Bühnenarbeiter ihre Schilder weggelegt hatten, blieb die Menge auf den Beinen und jubelte weiter. LeBron lächelte ins Publikum, winkte und dachte: Wow! Selbst nachdem die Band aufgehört hatte zu spielen, applaudierten die Zuschauer weiter.

LeBron nahm schließlich Platz. „Diese Meisterschaft verändert viele Dinge in Ihrem Leben, oder?", fragte Letterman.

„Absolut", sagte LeBron und strahlte. „Ich war am Mittwochabend noch ohne Ring, und am Donnerstagabend hatte ich einen Ring."

Aber die Veränderung ging weit über den Gewinn eines Ringes hinaus. Zwei Jahre zuvor war er noch der Bösewicht des Profisports gewesen, die Zielscheibe von Hohn und Hass. Er hatte etwas durchgemacht, das den Sport transzendierte. Sein Ziel war es immer gewesen, eine NBA-Meisterschaft zu gewinnen. Aber jetzt, da er endlich den beruflichen Gipfel erreicht hatte, war die größere Errungenschaft, dass sein Ruf wiederhergestellt war. Er hatte den Respekt seiner Kollegen, seiner Gegner und sogar seiner Kritiker gewonnen.

***

Als sich das Team USA einige Wochen nach Abschluss der NBA-Finals versammelte, um sich auf die Olympischen Sommerspiele 2012 in

London vorzubereiten, sah Coach Mike Krzyzewski LeBron in neuem Licht. Er hielt ihn nun für einzigartig unter allen Spielern, die jemals Basketball gespielt hatten. „Die Entwicklung, die ich bei LeBron gesehen habe, war eine gewaltige Veränderung", sagte Krzyzewski. „2012 hat sogar Kobe eingesehen, dass es LeBrons Team war."

LeBron führte eine Mannschaft an, zu der Durant, Westbrook und Harden gehörten – die drei Stars, die er gerade in den Finals geschlagen hatte. Aber sie waren heiß darauf, an LeBrons Seite zu spielen, ebenso wie die Neuzugänge Kevin Love und der 19-jährige Anthony Davis. Und die Veteranen, die 2008 zum Team gehört hatten – Kobe, Chris Paul und Carmelo Anthony –, sahen LeBron jetzt mit ganz anderen Augen.

In diesem Sommer behandelte auch Coach K. LeBron anders. Jeden Tag erstellte er einen Übungsplan. Aber bevor er ihn umsetzte, zeigte er ihn LeBron und fragte ihn: „Was meinst du dazu?" Und LeBron machte Vorschläge. In einigen Fällen führte LeBrons Beitrag zu dramatischen Änderungen des Ansatzes von Coach K. Aber Coach K. packte LeBron nicht in Watte, sondern arbeitete mit ihm zusammen. Und LeBron erwiderte dies. Jeden Tag fragte er Coach K.: „Was brauchst du heute von mir?"

Für Coach K. war auch klar, dass sich LeBrons Rolle auf der Weltbühne geändert hatte. Im Jahr 2012 war er der wohl berühmteste Sportler der Welt. Am 16. Juli, als das Team USA im Verizon Center in Washington, D. C., ein Testspiel gegen Brasilien bestritt, waren Präsident Obama und die First Lady zugegen. Vizepräsident Joe Biden schloss sich ihnen an. Vor dem Spiel wollte Obama in der Umkleidekabine mit der Mannschaft sprechen.

LeBron und alle Spieler standen vor ihren Spinden, als der Secret Service ihre Plätze einnahm. Der Präsident trat ein, ging auf LeBron zu, lächelte und nahm seine Hand. „Was geht ab, Champ?", sagte er.

LeBron konnte die Blicke seiner Mannschaftskameraden auf sich spüren. Kevin Durant, Russell Westbrook und Anthony Davis waren die künftigen Superstars der Liga. Aber in diesem Moment waren sie voller Ehrfurcht vor LeBrons Statur und Auftreten. Der Anführer der freien Welt war in ihrer Umkleidekabine und sprach mit LeBron wie mit einem Freund.

Als das Spiel begann, saßen der Präsident, die First Lady und der Vizepräsident in der ersten Reihe in der Nähe des Korbes von Team USA. LeBron war noch nie vor einer so hochkarätigen Gruppe aufgetreten. Er erkannte die Ungeheuerlichkeit des Augenblickes, als er in den Drei-Sekunden-Raum zog. Mit dem Gefühl, fliegen zu können, kämpfte er sich über die Verteidiger hinweg und hob ab. Die Augen fast in Höhe des Korbrandes, warf er einen einhändigen Dunk, der die Arena elektrisierte und der First Lady ein „Hast du das gesehen?"-Lächeln ins Gesicht zauberte. Als LeBron landete und sich umdrehte, um zurück auf die andre Feldseite zu rennen, schaute Präsident Obama gerade zu Biden, hob die Augenbrauen und grinste. Das Team USA war in guten Händen.

In London dominierte das Team USA mit einer Startaufstellung, die LeBron, Kobe und Durant umfasste. Die spanische Mannschaft, die zahlreiche NBA-Spieler in ihrem Kader hatte, konnte als einzige mithalten. Doch als die beiden Teams im Spiel um Gold aufeinandertrafen, war das Team USA einfach zu stark und zu talentiert, um von Spanien besiegt zu werden. Außerdem war die Kameradschaft zwischen den amerikanischen Spielern stärker als in jedem anderen Team, in dem LeBron je gespielt hatte. Sie besiegten Spanien mit 107:100.

Außer sich vor Freude lief LeBron auf dem Spielfeld zu Coach K. Die beiden umarmten einander, und Coach K. sprach mit ihm wie mit einem Sohn. Kein Spieler, so Coach K., habe mehr dazu beigetragen, den Ruf des Teams USA zu rehabilitieren, nachdem die Mannschaft 2004 in Griechenland auf dem Tiefpunkt gewesen war. Im Laufe von acht Jahren hatten Coach K. und LeBron die Kultur rund um den olympischen Basketball verändert, und die NBA-Stars trugen nun das rot-weiß-blaue Trikot mit patriotischem Stolz. Vor allem bei den Olympischen Spielen in London war LeBron so engagiert, dass er, wie ein Basketball-Kommentar anmerkte, „alles tat, außer die Goldmedaillen eigenhändig zu modellieren".

Das Lob von Coach K. erfüllte LeBron mit Stolz. Kurze Zeit später stand er zwischen Durant und Westbrook auf einer erhöhten Plattform. Als sich ein Olympia-Offizieller näherte, neigte LeBron den Kopf, sodass der Offizielle ihm die Goldmedaille über den Kopf streifen und um den Hals legen konnte. Er war der einzige Spieler neben Michael Jordan, der im selben Jahr eine Goldmedaille, eine NBA-Meisterschaft und eine NBA-MVP-Auszeichnung gewonnen hatte.

Als LeBron die Medaille betrachtete, fühlte er sich an Weltspitze angekommen.

***

Als LeBron nach Hause kam, traf er sich mit seinem inneren Kreis – Randy Mims, Rich Paul und Maverick Carter. Sie hatten viel zusammen durchgemacht und waren weit gekommen.

Randy hatte LeBron vom ersten Tag an als sein persönlicher Assistent zur Seite gestanden, und die Komplexität dieser Aufgabe war in den letzten neun Jahren dramatisch gewachsen. Mims war der ultimative Vertraute, der eng mit der NBA, den Heat, dem Team USA, LeBrons verschiedenen Film- und Fernsehprojekten, seinen Geschäftspartnern, seinen Werbepartnern, seinen Anwälten und Agenten sowie seinen Freunden zusammenarbeitete. LeBron hatte Mims zu seinem Stabschef befördert. Kein anderer NBA-Spieler hatte jemanden mit einem solchen Titel. Aber kein anderer NBA-Spieler hatte auch solche Ansprüche wie LeBron. Mims' Verantwortlichkeiten wuchsen mit LeBrons Bekanntheitsgrad. Es war eine Rolle, die Mims angenommen und perfektioniert hatte.

Aber Rich und Maverick wollten sich weiterentwickeln. Rich wollte schon seit einiger Zeit seine eigene Sportagentur gründen. Er hatte das Gefühl, bei der Creative Arts Agency übersehen und nicht ausreichend eingesetzt zu werden. Und er war begierig darauf, der Welt zu zeigen, was er konnte. „Ich habe bei der CAA nichts gelernt", sagte er später dem *New Yorker.* „Denn es wurde nicht in mich investiert, damit ich etwas lerne. Es gab keinen Plan. Ich habe meine persönlichen Fähigkeiten eingesetzt, mit denen ich aufgewachsen bin, um diese Gelegenheiten zu nutzen." Im Sommer 2012 war Paul schließlich bereit, den Schritt zu wagen. Er hatte beschlossen, die große Hollywood-Agentur zu verlassen und Klutch Sports Management zu gründen.

LeBron konnte nachvollziehen, wie sich Rich fühlte. Er glaubte auch, dass Richs Erziehung und seine einzigartigen Lebenserfahrungen ihn darauf vorbereitet hatten, ein außergewöhnlicher Vermittler für junge schwarze Spieler zu werden. „Viele dieser Kids, die in solche Situationen gebracht und gedraftet werden, sind in ihren Familien die erste Generation, die Geld verdient; sie kommen aus Downtown", sagte LeBron. „Sie kommen aus dem, was wir die Hood nennen. Und Rich und ich kommen auch von dort, er kann sich also in diese Kids hineinversetzen. Alles was sie erlebt haben, hat auch er erlebt."

Rich hatte etwas viel Größeres im Sinn als den Aufbau einer Agentur. Er wollte die Art und Weise ändern, wie in der NBA Geschäfte gemacht wurden. Aber er wusste, dass es vor allem am Anfang schwierig sein würde, die Spieler davon zu überzeugen, bei ihm zu unterschreiben. In der Vergangenheit hatte es nur sehr wenige schwarze Sportagenten gegeben. In der schwarzen Gemeinschaft gebe es eine tief verwurzelte Mentalität, die junge Spieler darauf konditioniere, weiße Trainer und weiße Agenten in den Räumen zu erwarten, in denen über ihre Zukunft entschieden werde, meinte Rich. „Das müssen wir ändern", sagte Rich.

LeBron war einverstanden. Und er war bereit, etwas zu tun, das Richs Karriereambitionen beschleunigen und seinem Freund sofortige Glaubwürdigkeit als Agent verschaffen würde. LeBron sagte zu Rich, wenn er bereit sei, die CAA zu verlassen, würde er mit ihm gehen.

***

Am 12. September 2012 lief eine Schockwelle durch die NBA, als bekannt wurde, dass LeBron sich von seinem Agenten Leon Rose getrennt hatte und von CAA zu Klutch Sports Management wechselte. Die Auswirkungen blieben dem NBA-Commissioner und anderen etablierten Agenten nicht verborgen. Mit einem einzigen Kunden wäre Richs junge Agentur mit Sitz in Cleveland leicht zu vernachlässigen gewesen. Aber da Rich Pauls einziger Kunde der mächtigste Spieler der NBA war, stellte Klutch eine Kraft dar, mit der man rechnen musste. Und andere NBA-Agenten fragten sich, wie lange es wohl dauern würde, bis weitere Spieler bei Klutch unterschreiben würden.

Die Nachricht sorgte auch in Hollywood für Aufsehen, wo LeBron maßgeblich am Aufbau der CAA-Sportabteilung beteiligt gewesen war. Nicht lange, nachdem LeBron mit Leon Rose zur CAA gegangen war, waren ihnen weitere Superstar-Sportler gefolgt, darunter Peyton Manning, Derek Jeter und Cristiano Ronaldo von Real Madrid. Würde LeBrons jüngster Schritt einen neuen Trend einleiten?

Zunächst schwiegen LeBron und Rich über ihre Absichten. Doch 24 Stunden nach Bekanntwerden ihres neuen Vorhabens sandte LeBron eine eindringliche Botschaft an seine Millionen von Anhängern auf Twitter: #THETAKEOVER.

Sofort wurden Spieler in der gesamten NBA darauf aufmerksam. Und einige Spieler, die mit Rich bei CAA gearbeitet hatten, unterschrieben bei Klutch.

Während Rich sein Geschäft in Cleveland in Schwung brachte, hisste Maverick in Hollywood die Flagge von SpringHill Entertainment. Ein Jahr zuvor hatte SpringHill erfolgreich sein zweites Projekt gestartet, eine Zeichentrickserie über eine vierköpfige Familie, betitelt *The LeBrons.* Auf dem beliebten Nike-Werbespot „The 4 LeBrons" basierend, beleuchtete die neue Comicserie die vier Facetten von LeBrons Persönlichkeit – „Junge", „Sportler", „Geschäftsmann" und „Weiser". Sie wurde im April 2011 auf YouTube veröffentlicht und lief über drei Staffeln.

Während LeBron damit beschäftigt war, mit den Heat einen NBA-Titel zu gewinnen, erhielt Maverick einen Anruf vom Vorsitzenden der Fenway Group, Tom Werner, der ihm eine Idee nahebrachte. In einer Reihe von Gesprächen entwickelte sich daraus eine Sitcom über einen Basketballspieler, der mit seiner Familie umzieht, nachdem er bei einem neuen Team unterschrieben hat. Sie nannten das Projekt *Survivor's Remorse* und stellten es dem Premium-Kabelsender Starz vor, der eine erste Staffel orderte und als Starttermin der Serie das Jahr 2014 anpeilte.

Für Maverick war Hollywood eine fremde Welt mit einer eigenen Sprache. Einer der vielen Vorteile des Zusammenschlusses mit der Fenway Group war jedoch, dass Maverick eng mit Werner zusammenarbeiten konnte, der über reichhaltige Erfahrung bei der Produktion von Fernsehsendungen verfügte. So wie er unter Lynn Merritt bei Nike gelernt hatte, lernte Maverick nun, sich in Hollywood zurechtzufinden, indem er sich einem erfahrenen Profi anschloss. Seine Vision war es, SpringHill zu einem kreativen Unternehmen auszubauen, das Filme, Fernsehsendungen und Inhalte für digitale Plattformen produzierte.

Gemeinsam taten LeBron, Maverick und Rich etwas sehr Amerikanisches – sie kreierten Chancen. LeBron war eine neue Art von Superstar-Sportler, der sowohl den Wunsch als auch die wirtschaftliche Macht hatte, das Geschäftsmodell der NBA zu verändern und in der Blütezeit seiner Basketball-Karriere zugleich ein Powerplayer in Hollywood zu sein. Keinem Athleten war es je gelungen, so große Ambitionen zu verwirklichen und gleichzeitig in seinem Sport zu dominieren.

***

Danny Ainge wusste, dass die Celtics ein Problem hatten. Es gab einen Riss in der Fassade des Teams. Shooting Guard Ray Allen fühlte sich nicht ausreichend gewürdigt. Jahrelang war er der stille Co-Star von Paul Pierce und Kevin Garnett gewesen Aber jetzt gab Rajon Rondo in der Umkleidekabine noch lauter den Ton an, und Allen hatte genug. Außerdem näherte er sich dem Ende seiner Karriere und wollte noch eine weitere Meisterschaft gewinnen, bevor er sich zur Ruhe setzte. Und das war bei den Celtics nicht zu erwarten.

Pat Riley spürte, dass Allen in Boston nicht glücklich war. Und er ergriff die Gelegenheit, den besten Dreipunktewerfer der NBA nach Miami zu locken. Er wusste genau, wie er es anstellen musste – indem er Allen davon überzeugte, dass er bei den Heat erwünscht war. Riley machte Allen klar, dass LeBron ihn in Miami haben wollte. D-Wade wollte ihn. Bosh wollte ihn. Sie hatten sich zusammengetan, um weitere Meisterschaften zu holen, und Allens Präzisionswürfe könnten für den Gewinn von zwei Meisterschaften in Folge entscheidend sein.

Ainge liebte Allen als Spieler. Sie waren auch enge Freunde. Um Allen in Boston zu halten, bot Ainge ihm fast doppelt so viel Geld, wie er in Miami verdienen würde. Doch Allen entschied sich für die Heat. Am Ende war Ainge nicht überrascht, dass Allen mit LeBron spielen wollte. Er wünschte ihm das Beste, und sie blieben Freunde.

Doch Allens Teamkollegen fühlten sich im Stich gelassen. Vor allem Pierce und Garnett. Fünf Jahre lang waren sie gemeinsam in den Schützengräben unterwegs gewesen. Sie hatten zusammen einen Titel gewonnen. Sie hatten sich einander anvertraut. Sie hatten einander nach Hause eingeladen. „Ich dachte, wir hätten hier in Boston eine Bruderschaft gebildet“, sagte Pierce.

Pierce und Garnett waren erschüttert, dass Allen wegging, ohne sie vorzuwarnen. Sie dachten, er würde sie wenigstens anrufen. Die Tatsache, dass er sie verlassen hatte, um mit LeBron in Miami zu spielen, kam ihnen wie ein Verrat vor. Sie hassten Miami. LeBron war ihr Erzrivale. Sie hatten gerade gegen diese Jungs in einer epischen Sieben-Spiele-Finalserie der Eastern Conference verloren.

Die Emotionen, die durch Allens Wechsel nach Miami ausgelöst wurden, waren noch immer nicht überwunden, als die Heat zum Saisonauftakt am 30. Oktober 2012 gegen die Celtics antraten. Vor dem Spiel mussten die Celtics eine Zeremonie über sich ergehen lassen, bei der Commissioner David Stern den Heat-Spielern ihre Meisterschaftsringe überreichte. Als Allen gegen Ende des ersten Viertels ins Spiel kam, ging er zur Bank der Celtics, um sein ehemaliges Team zu begrüßen. Er streckte die Hand aus, aber Garnett ignorierte ihn. Auch Pierce mied ihn.

Wenige Augenblicke später fing Allen einen Pass tief in der Ecke und versenkte einen Dreier. Mit LeBron und Wade an der Spitze und Allen, der als Ergänzungsspieler 19 Punkte beisteuerte, überrollten die Heat die Celtics. Die Heat waren auf dem besten Weg, noch stärker zu werden als in der vorangegangenen Saison.

***

Auf dem Inaugurationsball des Oberbefehlshabers am 21. Januar 2013 erhielt Präsident Obama großen Beifall von den Soldaten und Soldatinnen, als er sagte: „Ich habe jemanden mitgebracht. Sie macht mich zu einem besseren Mann und einem besseren Präsidenten … Einige mögen über die Qualität unseres Präsidenten streiten, aber niemand bestreitet die Qualität unserer First Lady.“ Michelle Obama trat in einem rubinroten Kleid auf die Bühne. Und die beiden tanzten langsam, während Jennifer Hudson Al Greens *Let's Stay Together* sang.

LeBron betrachtete nur sehr wenige Männer als seine Vorbilder. Präsident Obama stand auf seiner Liste ganz oben. LeBron und Savannah hatten sich an seiner Wiederwahlkampagne beteiligt. Und sie waren begeistert, dass Obama weitere vier Jahre im Amt bleiben würde.

Einige Tage nach den Inaugurationsfeierlichkeiten besuchten die Heat das Weiße Haus, um als Sieger der NBA-Finals des Vorjahrs geehrt zu werden. In einem marineblauen Anzug, einem blau karierten Hemd, mit Krawatte und einer modischen schwarzen Brille stand LeBron mit seinen Mannschaftskameraden im Halbkreis hinter dem Präsidenten, der die Leistungen der Mannschaft lobte und einige Witze machte. Aber er wollte noch etwas Ernsteres zur Sprache bringen.

„Lassen Sie mich nur eine Sache über diese Männer sagen", sagte Obama. „Fast alles dreht sich darum, was auf dem Spielfeld passiert. Aber wichtig ist auch, was außerhalb des Spielfeldes passiert. Und ich kenne nicht alle diese Männer. Aber ich kenne LeBron, Dwyane und Chris."

LeBron bekam eine Gänsehaut, als der Präsident sprach.

„Besonders stolz bin ich darauf, dass sie ihre Rolle als Väter ernst nehmen", so Obama weiter. „Und für all die jungen Männer da draußen, die zu ihnen aufschauen, ist es ein gutes Signal, jemanden zu sehen, der sich um seine Kinder kümmert und tagtäglich für sie da ist. Das ist ein positives Signal, und wir sind sehr stolz auf sie."

Das Publikum applaudierte.

Nichts machte LeBron stolzer, als ausgezeichnet zu werden, weil er ein guter Vater war. Die Tatsache, dass er dieses Lob vom Präsidenten der Vereinigten Staaten zu hören bekam, ließ ihn darüber nachdenken, wie weit er es gebracht hatte.

Plötzlich drehte sich der Präsident um, sah LeBron an und forderte ihn auf vorzutreten. „C'mon, LeBron", sagte er.

LeBron näherte sich dem Podium, einen Basketball für den Präsidenten in der Hand. Die Unterschriften aller Spieler waren darauf. „Muss ich etwas sagen?", fragte LeBron.

„Sie können etwas sagen, wenn Sie möchten", sagte Obama und nahm ihm den Ball ab. „Es ist Ihre Welt, Mann."

Alle brachen in Gelächter aus.

LeBron trat ans Mikrofon und wandte sich an den Präsidenten. „Im Namen von mir und meinen Teamkollegen möchten wir uns für die Gastfreundschaft bedanken, dafür, dass wir im Weißen Haus sein durften", sagte er.

LeBron hielt inne und drehte sich zu seinen Teamkollegen um. „Ich meine, wir sind im Weißen Haus!"

Sie lachten.

LeBron und Obama sahen einander in die Augen und lächelten.

Dann wandte sich LeBron wieder seinen Teamkollegen zu.

„Ich meine, wir sind Jungs aus Chicago. Und aus Dallas, Texas. Aus Michigan und Ohio und South Dakota", sagte LeBron. Alle brachen in Gelächter aus. „Und wir sind gerade im Weißen Haus! Das ist wie …" Er hielt inne und konnte seine Gefühle kaum im Zaum halten. „Mama, ich habe es geschafft!"

Präsident Obama applaudierte, genau wie alle anderen.

***

Für LeBron schien The Decision eine Ewigkeit her zu sein. Die Saison 2012/2013 war für ihn die bis dahin angenehmste. Einmal verloren er und seine Mannschaftskameraden 53 Tage lang kein einziges Spiel. In dieser Zeit gewannen die Heat 27 Spiele in Folge, die zweitlängste Siegesserie in der Geschichte der NBA. Je öfter sie gewannen, desto härter versuchten die anderen Teams, sie zu Fall zu bringen. In einem Spiel in Chicago war LeBron gerade am Ball, als Bulls-Guard Kirk Hinrich ihn umklammerte und zu Boden beförderte. LeBron erwartete, dass die Offiziellen die Aktion als offensichtliches Foul ahnden würden. Aber das taten sie nicht. Dann, im letzten Viertel, wurde LeBron an den Schultern gepackt und erneut zu Fall gebracht. Diesmal pfiffen die Schiedsrichter wegen offensichtlichen Foulspiels. Doch nach der Videoüberprüfung des Spielzugs stuften die Offiziellen den Vorfall auf ein Routinefoul zurück.

LeBron protestierte. Seiner Meinung nach war keines dieser Fouls ein Basketballspielzug gewesen. Sie waren eher wie Wrestling-Moves. Minuten später bewachte LeBron Hinrich, als Bulls-Forward Carlos Boozer auf ihn zusteuerte, um ihn zu blocken. LeBron stützte sich ab und drückte seine Schulter gegen Boozers Brust. Die Schiedsrichter pfiffen ab und erkannten auf offensichtliches Foul durch LeBron.

LeBron und die Heat waren wütend über diese – wie sie es empfanden – Doppelmoral. Ein paar Tage später meldete sich Celtics-Präsident

Danny Ainge zu Wort. In einer Radiosendung auf die fragwürdigen Schiedsrichterentscheidungen angesprochen, sagte Ainge: „Ich glaube nicht, dass eines der beiden ein offensichtliches Foul war, und ich glaube, dass das andere – LeBron gegen Boozer – offensichtliches Foulspiel war. Ich finde es fast schon peinlich, dass LeBron sich über die Schiedsrichter beschwert."

Pat Riley hatte die Nase voll von Ainge. Zwei Tage später unterhielten sich einige Journalisten gerade mit Coach Erik Spoelstra, als der PR-Chef der Heat mit einer offiziellen Erklärung von Riley aus der Umkleidekabine kam. Sie lautete: „Danny Ainge sollte verdammt noch mal die Klappe halten und sein eigenes Team managen. Er war der größte Jammerlappen, als er noch spielte, und ich weiß das, weil ich gegen ihn trainiert habe."

Ainge schlug mit einer eigenen offiziellen Erklärung zurück: „Ich stehe zu dem, was ich gesagt habe … Pat Riley ist mir egal. Er kann sagen, was er will. Ich will seine Armani-Anzüge und das ganze Haargel nicht ruinieren. Das wäre viel zu teuer für mich."

Während sich Ainge und Riley in der Presse stritten und Ray Allen in Miami aufblühte, näherte sich die Rivalität zwischen den Celtics und den Heat ihrem Ende. Nach der Saison 2012/2013 gab Ainge Pierce und Garnett an die Brooklyn Nets ab, und die Celtics begannen mit dem Wiederaufbau ihres Teams. Die Heat beendeten die Saison mit dem besten Ergebnis der Eastern Conference. Und zum zweiten Mal in Folge wurde LeBron zum MVP der Liga ernannt. Damit war er neben Michael Jordan, Bill Russell, Wilt Chamberlain und Kareem Abdul-Jabbar der einzige Spieler, der vier oder mehr MVP-Auszeichnungen der NBA gewonnen hatte.

Wie nicht anders zu erwarten, erreichten die Heat zum dritten Mal in Folge die NBA-Finals. Diesmal trafen sie auf die San Antonio Spurs. Für LeBron war es eine Revanche gegen einen alten Feind, Tim Duncan, der San Antonio in den Finals 2007 zum Sieg über die Cavaliers geführt hatte. Die Spurs hatten auch noch ihre beiden anderen Stammspieler von damals, Tony Parker und Manu Ginobili, unter Vertrag. Aber sie hatten zusätzlich einen aufstrebenden Star, den 21-jährigen Kawhi Leonard. Die Spurs versuchten, mit Duncan ihre fünfte Meisterschaft zu gewinnen. Die Heat strebten nach der zweiten Meisterschaft in Folge.

Die Stärke der beiden Teams war so ausgeglichen, dass sie sich in den ersten fünf Spielen mit Siegen abwechselten, wobei die Spurs mit 3:2 führten, als die Serie für Spiel 6 nach Miami zurückverlegt wurde. Doch zum Ende des letzten Viertels hatten die Spurs die Kontrolle übernommen. 28 Sekunden vor Schluss verwandelte Manu Ginobili zwei Freiwürfe und brachte sein Team mit 94:89 in Führung. Pat Riley kaute seinen Kaugummi wie eine Maschine und stand mit vor der Brust verschränkten Armen da, während die Fans aus Miami zu den Ausgängen strömten. Das Sicherheitspersonal der Arena brachte gelbe Absperrbänder am Spielfeldrand an, um zu verhindern, dass die Zuschauer die bevorstehende Feier der Spurs störten. „Es wird schwer für Miami, mit diesem Ergebnis zu leben", sagte der Live-Kommentator der Heat im Radio.

Nur Sekunden später verkürzte LeBron mit einem Dreier die Führung der Spurs auf zwei Punkte.

Dann spielte Duncan den Ball an Leonard weiter, einen der besten Freiwurfschützen des Teams. Leonard wurde sofort gefoult und trat an die Linie, um den Sieg zu sichern. Doch sein erster Versuch ging daneben. Er verwandelte den zweiten und brachte die Spurs wieder mit drei Punkten in Führung. Die Heat gaben sich noch nicht geschlagen.

Neun Sekunden vor Schluss versuchte LeBron, mit einem weiteren Dreier den Ausgleich zu erzielen. Der Ball sprang vom Korbrand ins Aus. Doch Chris Bosh setzte sich gegen drei Spurs durch und schnappte sich den Rebound. Von Gegnern umzingelt, spielte er den Ball zu Ray Allen in die Ecke. Mit einem Mann vor sich warf Allen einen Dreier, der nichts außer dem Netz berührte, als er fünf Sekunden vor Schluss durch den Zylinder flog. Der Ex-Celtic-Scharfschütze hatte die Heat vor einer Niederlage bewahrt und eine Verlängerung erzwungen, in der sich Miami mit 103:100 durchsetzte.

Spiel 7 war ein Klassiker. Nach einem Viertel stand es unentschieden. Zur Halbzeit stand es unentschieden. Im letzten Viertel stand es unentschieden. Und am Ende lag alles an LeBron und Duncan. Vierzig Sekunden vor Schluss, als sein Team mit zwei Punkten im Rückstand war, traf Duncan nur den Korbrand. Dann scheiterte er mit einem Tap-In-Rebound-Versuch. Mit jedem dieser Treffer wäre das Spiel entschieden gewesen. Wütend über sich selbst, schlug Duncan mit beiden Händen auf den Boden.

Als auf der anderen Seite Leonard auf ihn zustürmte, verschwendete LeBron keinen Gedanken daran, den Ball zu passen. Durch einen Sprungwurf brachte er Miami mit vier Punkten in Führung. Nach einer Auszeit der Spurs fing LeBron einen für Duncan bestimmten Pass ab und besiegelte damit den Sieg. Mit 37 Punkten und 12 Rebounds hatte LeBron einen NBA-Rekord aus den 1950er-Jahren über die meisten Punkte in einem gewonnenen Spiel 7 des Finales eingestellt. Die Heat wurden zum zweiten Mal in Folge zum Champion gekürt. LeBron wurde erneut zum MVP des Finales ernannt.

Während die Heat-Fans feierten, umarmten sich LeBron und Duncan am Midcourt. Sieben Jahre zuvor hatte Duncan zu LeBron gesagt: „Das wird in Kürze deine Liga sein." Duncan war erstaunt, wie sehr LeBron sein Spiel seither neu erfunden hatte. Er hatte sich zu einem der zuverlässigsten Outside Shooters der Liga entwickelt. Und seine Kondition war nach wie vor unübertroffen.

Nach dem Spiel traf sich LeBron mit Magic Johnson, Jalen Rose und Bill Simmons zu einem Interview am Spielfeldrand. Die Ironie, diesen triumphalen Moment mit Simmons zu teilen, einem Mann, der mit seinen Sticheleien gegen LeBron und dessen Mutter über die Jahre eine Grenze überschritten hatte, war ihm nicht entgangen. Aber LeBron blieb herzlich. Als Magic und Rose über LeBrons Leistung sprachen und hervorhoben, dass er zwei Mal in Folge den MVP-Titel im Finale gewonnen hatte, wies LeBron das Lob zurück.

„Ich bin nur ein Junge aus Akron, Ohio", sagte er. „Statistisch gesehen dürfte ich nicht einmal hier sein."

Magic und Rose nickten.

„Du weißt es", sagte LeBron und zeigte auf Rose. „Und du auch", fuhr er fort und zeigte auf Magic. „Die Tatsache, dass ich in eine NBA-Umkleidekabine gehen kann und meinen Namen auf dem Rücken eines NBA-Trikots sehe ..."

Als das Interview zu Ende war, wandte sich Magic an LeBron.

„LeBron", sagte er, „ich meine es ernst: Ich habe alle spielen sehen. Du bist der Einzige, der meiner Meinung nach der Größte werden kann, der jemals dieses Spiel gespielt hat."

LeBron biss sich auf die Lippe und sah nach unten.

„Was wirst du jetzt tun?", fragte Magic.

Er bezog sich darauf, was LeBron und die Heat brauchten, um die dritte Meisterschaft in Folge zu gewinnen.

Aber LeBron dachte über etwas Größeres nach.

31

IN DEN GRIFF BEKOMMEN

LeBron war ein Träumer. Und im Alter von 28 Jahren hatten sich viele seiner Basketballträume erfüllt. Doch sein Engagement für seine Karriere hatte die Verwirklichung eines anderen Traumes verzögert, den er seit seiner Kindheit hatte: Teil einer Familie zu sein, bestehend aus einem Mann und einer Frau mit Kindern, die in einem großen, warmen Haus lebten, das von Liebe erfüllt war. Schon früh war LeBrons idealisierte Vorstellung vom Familienleben durch Fernsehserien wie *The Fresh Prince of Bel-Air* und *The Cosby Show* beeinflusst worden. In gewisser Hinsicht waren das große Anwesen, das LeBron außerhalb von Akron gebaut hatte, und seine Luxuswohnung in Miami ein Abbild der fiktiven Häuser von Will Smith und den Huxtables. Aber in einem authentischeren Sinn hatten LeBron und Savannah eine Beziehung aufgebaut, die den Fallen und Versuchungen der Berühmtheit und des Ruhmes widerstanden hatte. Sie waren seit zwölf Jahren zusammen. Und LeBron wollte, dass ihre Hochzeit dem märchenhaften Leben ähnelte, das sie seiner Meinung nach gemeinsam führen würden.

Am 14. September 2013 luden LeBron und Savannah ihre engsten Freunde ein, ihre Hochzeit in San Diego, LeBrons Lieblingsstadt nach Akron, mitzuerleben. Medienhubschrauber schwebten über dem Grand Del Mar Hotel. Aber LeBron und Savannah hatten sich große Mühe gegeben, jeden Aspekt der Zeremonie geheim zu halten. Sie hatten kein Interesse an einer Exklusivvereinbarung mit dem Fotografen eines Prominentenmagazins. Um die Paparazzi abzuschrecken, bauten sie riesige Zelte auf, die die Gäste bei ihrer Ankunft abschirmen sollten.

Sogar die Kapelle und der Empfangsbereich waren von Zelten umhüllt. Und alle Gäste wurden angewiesen, ihre Handys auszuschalten und keine Bilder in den sozialen Medien zu veröffentlichen.

Für LeBron und Savannah war es eine vollkommene Hochzeit, die von ihren guten Freunden Jay-Z und Beyoncé mit *Crazy in Love* als Ständchen gekrönt wurde. Es war kaum zu glauben, dass ihre erste Verabredung im Outback Steakhouse in Akron sie bis hierher geführt hatte. Aber inzwischen hatten sie sich an die Einzigartigkeit ihres gemeinsamen Lebens gewöhnt. Und sie kannten den Text zu dem Song, der die neue Phase markierte, in die sie eintraten:

History in the making
Part two, it's so crazy right now.

Nach dem Empfang machten sich LeBron und Savannah auf den Weg nach Venedig, wo sie ihre Flitterwochen verbringen würden.

LeBron und Savannah hatten sich vollständig an das Leben in Miami angepasst. Sie hatten dort ein wunderschönes Zuhause. Die Jungs hatten sich eingewöhnt. Savannah engagierte sich in der Gemeinde und half unterprivilegierten Kindern. Und das tropische Klima war angenehmer als das von Cleveland, besonders im Winter.

Im Basketball lief es auch gut. LeBron hatte zwei Meisterschaften in Folge gewonnen, und die Heat waren auf dem besten Weg, auch den dritten Titel zu holen. In der Geschichte der NBA haben nur drei Teams dieses Kunststück geschafft: die Bill Russell Celtics in den 60er-Jahren, Michael Jordans Bulls in den 90ern und die Lakers von Kobe und Shaq in den frühen 2000ern. LeBron hoffte, dass er und seine Teamkollegen diesem exklusiven Club beitreten würden.

Zu Beginn der Saison 2013/2014 verglich Pat Riley die Heat mit einer Broadway-Show im vierten Jahr einer erstaunlichen Serie. Das Team verfügte über den besten Führungsspieler des Basketballs und namhafte Co-Stars. Die Heat zogen in jeder Stadt, die sie besuchten, die meisten Zuschauer an. Sie waren das Gesprächsthema der Liga. Und der Club war im ganzen Land weit über den Basketball hinaus bekannt.

Als die Heat am 14. Januar 2014, in der Mitte der Saison, ins Weiße Haus zurückkehrten, um für ihre zweite Meisterschaft geehrt zu werden, machten die Spieler den Eindruck, als wären sie hier zu Hause. Zuvor hatten sich Cheftrainer Erik Spoelstra, Dwyane Wade und Ray Allen bereit erklärt, einen Werbespot zur Unterstützung von Michelle Obamas „Let's Move"-Initiative gegen Fettleibigkeit aufzunehmen. Vor laufender Kamera spielte Spoelstra die Rolle eines Fernsehkorrespondenten. Mit einem Mikrofon in der Hand befragte er Wade und Allen zur Bedeutung gesunder Ernährung.

„Sie können mir glauben, dass die richtige Ernährung Sie zu einem besseren Sportler macht", sagte Wade.

Plötzlich schlichen sich LeBron und die First Lady hinter Wade, Allen und Spoelstra in den Raum. LeBron hielt ein Miniatur-Backboard hoch. Michelle Obama dunkte einen Miniatur-Basketball. „Oooh!", rief sie, unterbrach das Gespräch und veranlasste Wade und Allen, sich umzudrehen.

„Nimm das!", sagte LeBron.

Alle brachen in Gelächter aus.

LeBron und die First Lady hatten das Weiße Haus in eine Vergnügungsstätte verwandelt. Nachdem Präsident Obama an diesem Nachmittag das Team für den Gewinn der Doppelmeisterschaft geehrt hatte, überreichte Ray Allen Obama ein offizielles Heat-Trikot mit dem Namen POTUS und der aufgenähten Nummer 44 auf dem Rücken. Und Coach Spoelstra überreichte Obama eine Nachbildung der Meisterschaftstrophäe, die von allen Spielern signiert worden war. Auch Obamas Name stand darauf.

Als begeisterter Bulls-Fan scherzte Obama: „Ihr gewinnt mich noch für euch."

LeBrons Verbindung zu den Obamas vertiefte sich immer mehr. Kurz nach dem Besuch im Weißen Haus bat Präsident Obama LeBron um Hilfe bei seiner wichtigsten legislativen Errungenschaft, dem Affordable Care Act.

Die auch als Obamacare bekannte Initiative für eine allgemeine Gesundheitsfürsorge beinhaltete die Einrichtung einer staatlichen Website, HealthCare.gov. Und im Dezember 2013 hatten sich die ersten Antragsteller über die Website für eine Krankenversicherung angemeldet. Nach dem Gesetz sollte die Frist für die offene Einschreibung am 31. März 2014 enden. Millionen von berechtigten Antragstellern – darunter viele Mitglieder von Minderheiten – hatten sich noch nicht eingetragen. Obama erbat LeBrons Hilfe, um die Menschen zur Registrierung zu ermutigen.

Adam Mendelsohn als Mitglied seines inneren Kreises, der mit dem Schutz und der Verbesserung von LeBrons öffentlichem Image betraut war, hielt ihn über politische Angelegenheiten, die ihn betrafen, auf dem Laufenden. LeBron war bekannt, dass die Republikaner gegen Obamas Gesundheitsgesetzgebung gestimmt hatten. Er war sich auch bewusst, dass er mit politischen Gegenreaktionen rechnen musste, wenn er sich hier engagierte. Als der Anführer der Minderheit im Senat, Mitch McConnell, erfuhr, dass die Obama-Regierung einige prominente Sportler für die Registrierung von Menschen für eine Krankenversicherung gewinnen wollte, wandte er sich an die NBA und die NFL und riet ihnen, sich davon fernzuhalten. Und der Abgeordnete Steve Scalise, ein hochrangiger Republikaner im Repräsentantenhaus, schrieb an die Ligen über die Bemühungen der Obama-Regierung: „Ich möchte Sie davor warnen, sich dazu zwingen zu lassen, die Drecksarbeit für sie zu erledigen."

Für LeBron war das keine Drecksarbeit. In einer Phase seiner Karriere, in der er zig Millionen Dollar pro Jahr mit Werbung für Konsumgüter verdiente, wollte er sich ehrenamtlich zur Verfügung stellen und seine Bekanntheit nutzen, um dem Präsidenten zu helfen. LeBron wusste, dass viele Afroamerikaner eine Krankenversicherung brauchten, und er hoffte, dass seine Stimme sie ermutigen würde, sich zu versichern. Er nahm eine öffentliche Erklärung auf, die im März 2014 auf ESPN, ABC, TNT und NBA TV ausgestrahlt wurde.

Obama lobte LeBron für sein Engagement. „Wenn man an einige unserer größten Sporthelden denkt – Muhammad Ali, Bill Russell, Arthur Ashe –, sie haben sich in ziemlich kritischen Zeiten zu wichtigen Themen geäußert", sagte Obama vor der Presse.

***

Als die reguläre Saison 2013/2014 zu Ende ging, mehrten sich die Spekulationen über LeBrons Zukunft in Miami. LeBrons Vertrag von 2010 enthielt eine Klausel, die es ihm ermöglichte, nach der Saison 2014 auszusteigen und sich ohne Einschränkung für einen Club zu entscheiden. Wade und Bosh hatten die gleichen Bestimmungen in ihren Verträgen. In der Praxis war LeBron jedoch der Einzige der drei großen Spieler von Miami, dessen Pläne unter die Lupe genommen wurden. Wade hatte seine gesamte Karriere in Miami verbracht und nicht die Absicht, woanders zu spielen. Und Bosh wollte in Miami bleiben und weiterhin mit LeBron und Wade spielen. LeBron hingegen war wieder einmal im Begriff, der begehrteste freie Spieler in der NBA zu werden.

Rich Paul würde die bevorstehenden Vertragsverhandlungen für LeBron führen, und Mendelsohn kümmerte sich um die Kommunikation mit der Presse. Sein Ansatz war einfach: Er sagte nichts.

Aber inoffiziell sprach Mendelsohn mit Lee Jenkins von *Sports Illustrated*. Zu dieser Zeit hatte Jenkins durch Mendelsohn Zugang zu LeBron, weil er in den Jahren zuvor mehrere große Artikel für *Sports Illustrated* geschrieben hatte. Er hatte sich Mendelsohns Vertrauen verdient.

Jenkins wusste, dass LeBrons Entscheidung, ob er 2014 in Miami bleiben würde, genauso brisant sein könnte wie sein Entschluss von 2010, Cleveland zu verlassen. Vor diesem Hintergrund war Jenkins auf der Suche nach einer Exklusivstory. Und er hatte eine Idee.

Mitte April 2014 hatte *Sports Illustrated* einen Essay des Duke-Newcomer-Basketballspielers Jabari Parker veröffentlicht. Anstatt wie üblich eine Pressekonferenz einzuberufen, hatte Parker auf SI.com bekannt gegeben, dass er das College verlassen werde, um am NBA-Draft teilzunehmen. Die Resonanz auf Parkers Essay war überwältigend positiv gewesen. Jenkins mailte Mendelsohn einen Link zu dem Essay und merkte an, dass er als Vorlage für einen Bericht dienen könnte, mit dem LeBron seine Pläne am Ende der Saison offenlegen könnte.

Mendelsohn legte die Idee zu den Akten.

***

Die Heat beendeten die Saison mit der zweitbesten Bilanz in der Eastern Conference. Entschlossen, den Meistertitel zu verteidigen, gewann Miami die ersten beiden Spiele der ersten Runde der Play-offs gegen die Charlotte Bobcats.

Die Mannschaft bereitete sich gerade in Charlotte auf Spiel 3 vor, als ein Skandal bekannt wurde. *TMZ* veröffentlichte Tonaufnahmen von Donald Sterling, dem achtzigjährigen verheirateten Besitzer der Los Angeles Clippers, im Gespräch mit seiner 31-jährigen Geliebten V. Stiviano, die ein Foto von sich und dem ehemaligen Lakers-Star Magic Johnson auf ihrer Instagram-Seite gepostet hatte.

Sterling: In deinem beschissenen Instagram musst du dich nicht mit schwarzen Menschen zeigen.

Es stört mich sehr, dass du promoten und verbreiten willst, dass du mit Schwarzen zusammenarbeitest.

Stiviano: Weißt du, dass du ein ganzes Team hast, das schwarz ist und für dich spielt?

Sterling: Ob ich das weiß? Ich unterstütze sie und gebe ihnen Essen und Kleidung,

Autos und Häuser. Wer gibt es ihnen? Bekommen sie es von jemand anderem? Wer macht das Spiel? Mache ich das Spiel, oder machen sie das Spiel?

Stiviano hatte das Gespräch, wie auch viele andere, auf ihrem Handy aufgezeichnet.

Als es von *TMZ* veröffentlicht wurde, waren die NBA-Play-offs plötzlich infrage gestellt. Die Spieler der Clippers dachten über einen Ausstieg nach. Ihr Play-off-Gegner, die Warriors, waren drauf und dran, sich ihnen anzuschließen. Es war eine Krisensituation für Adam Silver, der erst ein paar Monate zuvor die Nachfolge von David Stern als NBA-Commissioner angetreten hatte. Die Liga-Offiziellen bezeichneten die Äußerungen als „beunruhigend und beleidigend" und kündigten eine Untersuchung an, ob die Stimme auf den Aufnahmen wirklich von Sterling stamme.

Als LeBron Stunden nach dem Bekanntwerden der Aufnahmen in der Arena in Charlotte eintraf, fragten ihn die Fachreporter der Heat, wie er die Situation einschätze. Ohne Adam Mendelsohn oder sonst jemanden zu konsultieren, antwortete LeBron spontan: „Wenn die Berichte wahr sind, ist das inakzeptabel. Das ist in unserer Liga inakzeptabel. Es spielt keine Rolle, ob man schwarz, weiß, hispanisch oder was auch immer ist … Und die Commissioner unserer Liga müssen dazu Stellung beziehen. Und sie müssen das sehr aggressiv angehen … Das können wir in unserer Liga einfach nicht gebrauchen."

LeBron erwähnte, dass einer seiner besten Freunde, Chris Paul, für die Clippers spiele. „Ich kann mir vorstellen, was ihm durch den Kopf geht", sagte LeBron und wies darauf hin, dass die NBA zu hochkarätig sei, um so etwas durchgehen zu lassen. „Es gibt in unserer Liga keinen Platz für Donald Sterling", sagte er.

Die Reporter im Saal spürten sofort die Tragweite des Augenblickes. LeBron spielte für die Heat. Aber er war der Botschafter des Sportes. Und er war sich seiner selbst so bewusst, dass er erkannte, wie bedeutsam seine Worte waren.

Ein Reporter stellte eine weitere Frage.

„Es gibt nur dreißig Clubbesitzer, und wir Spieler sind mehr als vierhundert", sagte LeBron. „Ich kann mir nur vorstellen, was mit uns passieren würde, wenn ein Spieler so etwas sagen würde. Ich glaube also an [Commissioner] Adam [Silver]. Ich glaube an die NBA, und sie muss etwas tun, und zwar sehr schnell, bevor die Sache wirklich aus dem Ruder läuft. Wie gesagt, in unserer Liga gibt es keinen Platz für Donald Sterling. Darum geht es."

Nur Minuten später twitterte der *Sun Sentinel*-Sportkolumnist Ira Winderman: „LeBron James: ‚In unserer Liga ist kein Platz für Donald Sterling.'" Weitere Journalisten twitterten die Nachricht. Schlagzeilen erschienen. LeBrons Meinung ging viral.

Die Heat gewannen an diesem Abend. Aber das war nebensächlich. In einer überfüllten Umkleidekabine in North Carolina hatte ein schwarzer Sportler den Dachverband einer Sportliga aufgefordert, einem weißen Milliardär die Besitzrechte an einem Club zu entziehen. Es war ein Wendepunkt im amerikanischen Sport, der den Beginn eines Wandels in der Machtdynamik zwischen Sportlern und Clubeigentümern markierte.

Sterling hatte eine bewegte Vergangenheit, was Rassismus betraf. „Donald Sterlings rassistische Vergangenheit ist aktenkundig", sagte der Sportmoderator Bryant Gumbel am folgenden Tag in der NBC-Sendung *Meet the Press*. „David Stern und die NBA-Besitzer wussten schon lange, was für ein Mensch Donald Sterling ist."

Der Unterschied war diesmal, dass der beste Spieler der Sportart die Liga herausgefordert hatte. Und dass die Spieler ernsthaft darüber nachdachten, die Play-offs auszusetzen.

Drei Tage nachdem LeBron sich geäußert hatte, wurde Sterling von der NBA auf Lebenszeit gesperrt, und Adam Silver erklärte, die Liga werde versuchen, ihn zum Verkauf des Clubs zu zwingen – ein bis dato einmaliger Vorgang, dem 75 Prozent der Ligabesitzer zustimmen müssten. „Für eine nordamerikanische Profisportliga wäre es ein seltener, wenn nicht gar beispielloser Schritt", berichtete die *New York Times*. „Noch ungewöhnlicher wird er dadurch, dass die NBA Mr Sterling für Bemerkungen bestraft, die er in einem privaten Gespräch gemacht hat."

Aber Silvers Entschluss stand fest. „Wir stehen zusammen und verurteilen die Ansichten von Mr Sterling", sagte er. „Dafür ist einfach kein Platz in der NBA."

Vor der Abstimmung der Eigentümer verkaufte Sterling den Club an Microsoft-CEO Steve Ballmer.

***

Die Heat überstanden die Play-offs. Mit LeBron an der Spitze erreichten sie die NBA-Finals, wo die Spurs warteten.

Die ganze Saison über hatte San Antonio nur ein Ziel vor Augen gehabt: Revanche für die Niederlage gegen die Heat in den letzten NBA-Finals. Niemand war motivierter als Tim Duncan, der immer wieder an die beiden Würfe dachte, die er gegen Ende von Spiel 6 vergeben hatte und ihnen den Sieg ermöglicht hätten. Mit seinen 37 Jahren wusste Duncan, dass es seine letzte Chance auf Wiedergutmachung sein konnte.

Für LeBron war es das dritte Mal, dass er in den Finals gegen Duncan antrat. Als die beiden sich vor Beginn von Spiel 1 in San Antonio am

5. Juni 2014 die Hand gaben, sagte LeBron zu Duncan: „Ich und du schon wieder."

Duncan lächelte. Aber er war fest entschlossen, dieses Mal zu gewinnen.

Die Spurs gewannen das erste Spiel mit 15 Punkten Vorsprung.

LeBron übernahm die Initiative für die Heat und war in Spiel 2 mit 35 Punkten der beste Scorer. Und die Heat gewannen mit zwei Punkten Vorsprung und glichen in der Serie aus.

Da die nächsten beiden Spiele in Miami stattfanden, war Pat Riley zuversichtlich, dass die Heat auf dem Weg zum dritten Titel in Folge waren. Doch die Spurs dominierten die Spiele 3 und 4, gewannen mit 19 bzw. 21 Punkten und gingen souverän mit 3:1 in Führung. Nachdem Miami in Spiel 5 einen großen Vorsprung herausgespielt hatte, stürmten die Spurs zurück, machten die Heat fertig und gewannen das Finale. Für Duncan war es die fünfte Meisterschaft in 15 Spielzeiten.

Während es in San Antonio Konfetti regnete, ging es in der Umkleidekabine der Heat wie in einem Leichenschauhaus zu.

Und die Frage nach LeBrons Zukunft rückte sofort in den Mittelpunkt. Kaum hatte sich LeBron für die gemeinsame Pressekonferenz nach dem Spiel neben Wade gesetzt, sagte ein Reporter: „Offensichtlich steht Ihnen eine sehr wichtige Entscheidung bevor. Bis wann wollen Sie Ihre Entscheidung getroffen haben?"

„Darüber habe ich eigentlich noch nicht nachgedacht", antwortete LeBron.

Wenige Augenblicke später sagte ein anderer Reporter: „LeBron, Sie haben im Februar erklärt, Sie könnten sich nicht vorstellen, Miami zu verlassen. Sehen Sie das immer noch so?"

LeBron zögerte. „Ich meine, ich befasse mich mit dem Sommer, wenn es so weit ist." Er hielt erneut inne. „Sie wollen Antworten haben", sagte er. „Von mir bekommen Sie keine."

***

Pat Riley war seit 45 Jahren in der NBA tätig. In dieser Zeit hatte er eine Philosophie entwickelt, wie man eine Basketball-Dynastie aufbaut: Man muss die Starspieler zusammenhalten, vor allem nach Niederlagen.

Sportdynastien wurden im Allgemeinen als Teams definiert, die drei oder mehr Meisterschaften mit demselben Stammpersonal gewonnen hatten. In den Achtzigerjahren hatten die Lakers mit Magic Johnson und Kareem Abdul-Jabbar fünf Meisterschaften gewonnen. Riley hatte die Lakers bei vier dieser Meisterschaften trainiert und wies gern darauf hin, dass Magic und Kareem während dieser großen Lakers-Serie mehr Meisterschaften verloren als gewonnen hatten. Aber jedes Mal, wenn sie verloren hatten, formierten sie sich neu, kamen zurück und siegten wieder.

Auch die Celtics galten in den Achtzigerjahren mit Larry Bird, Robert Parish und Kevin McHale als eine der besten Mannschaften. Sie hatten drei Meisterschaften gewonnen, was bedeutete, dass sie neunmal nicht gewonnen hatten. Aber der Kern der Spieler war zusammengeblieben.

Michael Jordan und Scottie Pippen blieben elf Jahre lang zusammen und gewannen gemeinsam sechs Titel.

Dann waren da noch die San Antonio Spurs. In 17 Jahren hatten sie fünfmal die Meisterschaft gewonnen. In diesem Zeitraum haben sie zwölfmal den Kürzeren gezogen. Aber sie hatten Tim Duncan und die Kernspieler zusammengehalten. Und nach einer siebenjährigen Durststrecke seit ihrer letzten Meisterschaft hatten sie wieder eine gewonnen. Es war der ultimative Beweis dafür, wie wichtig es war zusammenzubleiben.

Als Riley die Situation der Heat nach dem Finale 2014 überdachte, gewann er den Eindruck, dass sie kurz davor waren, eine Dynastie zu werden – in vier Jahren hatten sie viermal das Meisterschaftsfinale erreicht und zweimal gewonnen. Wenn LeBron, Wade und Bosh so lange zusammenbleiben würden wie Jordan und Pippen oder Magic und Kareen, spräche nichts dagegen, dass die Heat fünf oder sechs Meisterschaften gewinnen könnten.

Vor diesem Hintergrund setzte Riley einige Tage nach der Niederlage gegen die Spurs Exit-Interviews mit den Heat-Spielern an. Die Stimmung bei diesen Treffen war gedämpft. Das überraschte Riley nicht. Er hasste das Verlieren genauso sehr wie die Spieler. Aber es gab einen ermutigenden Aspekt bei diesen Einzelgesprächen: Wade und Bosh signalisierten, dass sie zusammenbleiben und um weitere Titel kämpfen wollten. Sie brauchten nur eine Auszeit, um sich zu erholen.

Rileys Treffen mit LeBron verlief jedoch anders.

Wie alle anderen im Team war LeBron frustriert wegen der Niederlage gegen die Spurs. Aber er war nicht so niedergeschlagen wie 2011 nach der Niederlage gegen die Mavericks. Diesmal hatte sich LeBron Rileys Ansicht zu eigen gemacht, dass Meisterschaften in der NBA extrem schwer zu erringen seien und dass es beeindruckend sei, dass die Heat vier Mal in Folge im Finale gestanden und zwei Mal gewonnen hatten.

LeBron war jedoch nicht bereit, sich zu verpflichten, in Miami zu bleiben. Er sagte zu Riley, dass er etwas Zeit brauche, um darüber nachzudenken, was er tun wolle. Er wollte sich mit seinem Team zusammensetzen. Er machte keine Versprechungen und bot keinen Zeitplan an.

Riley drängte ihn nicht. Das würde nichts bringen, sagte er sich. Er hatte keine enge persönliche Beziehung zu LeBron, die es ihm ermöglicht hätte, an dessen Loyalität zu appellieren. Als Geschäftsführer des Teams hatte sich Riley dafür entschieden, das Verhältnis zu LeBron distanziert zu gestalten. Sie kommunizierten in der Regel per Textnachricht oder bei kurzen Begegnungen nach dem Training oder auf dem Flur. Für Riley war dies eine strategische Entscheidung. Er hatte zu Beginn von LeBrons Vertragszeit in Miami beschlossen, dass er sich dem größten Star des Teams nicht unterordnen würde, so wie es die Cavaliers getan hatten.

Das Treffen endete ohne herzliche Umarmung. Riley war umarmt und geküsst worden, nachdem sie in den beiden Vorjahren Meisterschaften gewonnen hatten. Jetzt gab es nur noch einen Händedruck.

An diesem Abend ging Riley nach Hause zu seiner Frau Chris Rodstrom, die Anfang vierzig war, und goss sich einen Scotch ein. Und er griff nach einer seiner Lieblings-LPs – *Just Once* von James Ingram –, nahm sie aus der Hülle, legte sie auf den Plattenspieler und ließ die Nadel darauf sinken. Dann tranken sie Johnny Walker Blue und erinnerten sich an die Zeit, als sie noch jung, ehrgeizig und leistungsorientiert gewesen waren.

We're back to being strangers
Wondering if we ought to stay
Or head on out the door

Riley konnte nicht umhin zu befürchten, dass LeBron zur Tür hinausgehen würde.

***

Am folgenden Morgen sollte Riley vor den Medien sprechen. Bemüht, seine Frustration über den drohenden Abgang von LeBron zu verbergen, setzte er sich in den Presseraum der Heat-Zentrale, holte tief Luft und atmete aus. „Guten Morgen, meine Damen und Herren", sagte er und blickte in die Runde der Pressevertreter. Dann gluckste er leise vor sich hin. „Wollen Sie eine Nachricht, die trenden wird?", fragte er und schlug mit beiden Händen auf den Tisch. „Ich bin stinksauer! Okay? Also machen Sie schon. Hauen Sie es raus."

Riley drückte seine Zunge in die Wange und wartete auf die erste Frage.

Ein Reporter fragte ihn, wie besorgt sie innerhalb der Organisation wegen der Big Three und deren Zusammenhalt seien.

Das hatte Riley vorausgesehen. Aber er hatte nicht die Absicht, die Presse das Gespräch lenken zu lassen. Er wollte die Pressekonferenz nutzen, um eine Botschaft an LeBron zu senden.

„Haben Sie einen Moment Geduld mit mir", sagte Riley. „Ich denke, wir müssen die Dinge aus einer anderen Perspektive betrachten. Ich denke, jeder muss sich zusammenreißen. Die Medien. Die Heat-Spieler. Die Organisation. Alle unsere Fans. Man muss die Größe und die Teams in den Griff bekommen."

Riley zählte die früheren NBA-Dynastien auf und wies darauf hin, dass die größten Teams in der Geschichte der Liga mehr Meisterschaften verloren als gewonnen hatten.

„Das ist nicht leicht", sagte Riley den Medien. „Man muss zusammenbleiben. Wenn man den Mumm hat. Man nimmt nicht die erste Tür und rennt raus."

Riley klang untypischerweise, als wäre er derjenige, der sich nicht im Griff hatte.

„Was ist letztes Jahr in San Antonio passiert?", fragte er. „Sind sie weggelaufen? Sie haben sich der Situation gestellt. Und sie sind zurückgekommen. Und wir haben das Ergebnis gesehen. Jetzt werden wir herausfinden, was in uns steckt. Es geht nicht um Optionen. Es geht nicht um das Recht, den Club zu wechseln. Wir haben die Möglichkeit, etwas Bedeutendes zu tun. Wir haben hier eine enorme Chance auf langfristigen Erfolg. Aber niemand sollte glauben, dass wir nicht wieder geschlagen werden. Also reißt euch einfach zusammen. Alle. Das ist auch meine Botschaft an die Spieler."

„Haben Sie ihnen das mitgeteilt?", fragte ein Reporter.

„Sie hören es jetzt gerade", sagte Riley.

LeBron hörte Riley laut und deutlich. Aber er mochte es nicht, belehrt zu werden. Es störte LeBron, dass ein Spieler, der selbst über sein Schicksal entscheiden konnte, mit Fragen und Kritik konfrontiert wurde. Aber wenn ein Teamchef Spieler tauschte oder entließ, wurde das einfach als Geschäft angesehen.

LeBron teilte Rileys Ansicht über Dynastien. LeBron war ein Basketball-Historiker. Er wusste alles über die Lakers und die Celtics und die Bulls. Und nach vier Jahren in Miami hatte LeBron am eigenen Leib erfahren, was es hieß, Meisterschaften zu gewinnen.

LeBron wusste auch, dass die Heat darauf vorbereitet waren, weitere Titel zu gewinnen, und dass er, wenn er mit Wade und Bosh in Miami blieb, die besten Chancen hatte, so viele Titel wie Magic oder Jordan zu gewinnen.

Aber LeBron war anders als Magic und Jordan. So sehr er auch weitere Ringe und Trophäen anhäufen wollte, das Wichtigste für ihn war es, einen Titel nach Cleveland zu holen. Als Kind hatte er immer davon geträumt, ein Superheld zu sein. Er hatte sich vorgestellt, über eine Stadt zu wachen und Bösewichte auszuschalten. Für ihn als Erwachsenen gehörten Armut, Einsamkeit und Hoffnungslosigkeit zu seiner Definition von „bösen Jungs". Er war seiner Meinung nach in einer einzigartigen Position, um gegen diese Missstände anzukämpfen.

Aber dazu musste er nach Hause gehen.

32

WIE KOMME ICH DAZU, GROLL ZU HEGEN?

Am 24. Juni stieg LeBron aus seinem Vertrag mit den Heat aus und war somit offiziell frei, den Club zu wechseln.

Riley war außer sich. Und das Schweigen von LeBron und seinem Lager war zum Verrücktwerden. Damals, im Jahr 2010, hatte Riley mit Leon Rose einen vertrauten Gegenspieler, der mit ihm zusammengearbeitet hatte, um die Big Three nach Miami zu holen. Aber jetzt hatte Rich Paul das Sagen. Er arbeitete nicht so wie Rose. Und Rich war zwar noch jung und musste das Geschäft erst noch lernen, aber war er ein erfahrener Pokerspieler. Wenn es um LeBrons Absichten ging, ließ sich Rich nie in die Karten sehen. Er gab den Heat keine Informationen und machte keine Versprechungen.

Rich wusste, wo LeBron hinwollte. Und er verstand, warum das so war. Aber es gab eine Menge Hürden zu überwinden, damit LeBron nach Cleveland zurückkehren konnte.

Zunächst musste LeBron seine Familie überzeugen. Savannah hatte sich an Miami gewöhnt, und sie hatte immer noch nicht vergessen, dass die Fans in Cleveland LeBrons Trikots verbrannt hatten. Dann war da noch Gloria. Sie war vehement dagegen, dass LeBron wieder für Dan Gilbert spielte. Nach ihrer Meinung hatte Gilbert mit seinen persönlichen Angriffen auf den Ruf ihres Sohnes eine Grenze überschritten. Und jetzt, vier Jahre später, war Gilberts hasserfüllter Brief über LeBron immer noch auf der Website der Cavaliers zu lesen.

LeBron machte sich keine Illusionen über Gilbert. Aber seine Motivation, nach Cleveland zurückzukehren, überwog seinen Zwist mit Gilbert. „Mom", sagte LeBron zu ihr, „darum geht es nicht wirklich."

Gloria konnte nicht verstehen, warum LeBron wieder für die Cavs spielen sollte.

„Es geht mehr um das große Ganze", sagte LeBron. „All diese Kinder und all diese Menschen brauchen Inspiration und einen Ausweg. Und ich glaube, dass ich für sie dieser Ausweg bin."

LeBron bekam auch einigen Protest von Maverick zu hören, der vier Jahre zuvor seine Wurzeln gekappt hatte, um ihm nach Miami zu folgen. Die Beziehung von LeBron und Maverick war unter anderem deshalb so beständig, weil Maverick nie ein Jasager gewesen war. Er hatte nie Angst, seine Meinung zu sagen. Und dieses Mal hatte Maverick nicht die Absicht, seinem besten Freund nach Hause zu folgen. „Diesmal gehe ich nicht zurück nach Cleveland", sagte er zu LeBron. Schließlich war LeBron nicht der einzige, der persönliche Ambitionen hatte.

Als Kind hatte Maverick nicht davon geträumt, Filme zu machen. Er hatte auch nicht vorgehabt, Fernseh- und Filmproduzent zu werden. Aber seit sie SpringHill gegründet hatten und er so viel Zeit in Hollywood verbracht hatte, war Maverick klar geworden, dass er nichts lieber wollte, als Geschichten zu erzählen. Und er wollte eine Plattform schaffen, auf der Sportler ihre eigenen Geschichten erzählen konnten. Eine Plattform, mit der man ohne die Vermittlung von Journalisten die Öffentlichkeit erreichte. Aber das konnte er nicht von Cleveland aus tun.

„Ich gehe nach L. A.", sagte Maverick zu LeBron.

Je länger sie zusammen waren, desto mehr wusste LeBron Mavericks Gespür zu schätzen. Es war Maverick gewesen, der die Beziehung zu Jimmy Iovine aufgebaut hatte, durch die LeBron 2008 mit Iovine und Beats ins Geschäft gekommen war. Und im Frühjahr 2014, als die Heat in den Play-offs waren, hatte Apple Beats für drei Milliarden Dollar übernommen. Zum Zeitpunkt der Übernahme durch Apple war LeBrons Beteiligung an dem Unternehmen für Audioprodukte auf dreißig Millionen Dollar taxiert worden. Für LeBron war die Zusammenarbeit mit Beats die beste finanzielle Entscheidung, die er seit seiner Unterschrift bei Nike in seinem letzten Highschool-Jahr getroffen hatte.

Er befürwortete Mavericks Umzug nach Hollywood.

***

Als LeBron bekannt gab, dass er frei sei, den Club zu wechseln, begann Dan Gilbert zu manövrieren. Er hielt es für nahezu aussichtslos, LeBron zurückzubekommen. Aber er war entschlossen, alles zu tun, um die Cavaliers attraktiv aussehen zu lassen. Das war keine leichte Aufgabe. Die Cavs waren ein junges Team, das die Saison 2013/2014 mit 33:49 abgeschlossen hatte. Aber sie hatten Glück in der Draft-Lotterie, wo sie auf unerklärliche Weise die Nummer eins bei der Gesamtwahl erhielten und Andrew Wiggins auswählten, einen vielversprechenden Nachwuchsstar.

Die Cavs hatten außerdem ihren Trainer entlassen und mit David Blatt einen der erfolgreichsten Trainer der europäischen Basketballgeschichte verpflichtet.

Gilberts wichtigste Aufgabe war es jedoch, den Star-Point-Guard Kyrie Irving davon zu überzeugen, erneut bei den Cavs zu unterschreiben. Irving war ein 22-jähriges Phänomen, den die Cavaliers 2011 mit der Nummer eins in der Gesamtauswahl verpflichtet hatten. Er war der NBA-Rookie des Jahres und zweimaliger All-Star gewesen. Doch Irving stand vor dem letzten Jahr seines Erstvertrags. Wenn die Cavaliers eine Chance haben wollten, LeBron zu bekommen, mussten sie sich zuerst Irving sichern.

Am 1. Juli 2014, als die Phase des freien Clubwechsels offiziell begann, betrat Gilbert eine Minute nach Mitternacht Irvings Haus und traf sich mit ihm und Irvings Agenten. Weniger als zwei Stunden später twitterte Gilbert: „Ich freue mich auf die nächsten sechs Jahre von @KyrieIrving in CLE. Gerade per Handschlag geeinigt & werden am 10. unterschreiben."

Dann verschickte Irving seinen Tweet: „Ich bin für die Langstrecke hier, Cleveland!!!!"

Gilbert hatte Irving eine Vertragsverlängerung über fünf Jahre und neunzig Millionen Dollar angeboten.

***

Die Spekulationen über LeBron und seine Zukunft erregten ebenso viel Aufmerksamkeit wie die Spekulationen über Hillary Clinton, die gerade überlegte, ob sie 2016 für die Präsidentschaft kandidieren sollte. Der *New Yorker* nannte LeBron und Hilary „Die Entscheider". „Während sie darüber nachdachten – James darüber, wo er spielen solle, Clinton darüber, ob sie kandidieren solle –, schaute das Land gebannt zu, und die Presse beeilte sich, Neuigkeiten anzukündigen, deren Terminierung allein in der Hand der beiden Protagonisten lag", schrieb Ian Crouch im Sommer 2014.

Lee Jenkins war nicht in Eile. Er hatte vier Jahre darauf verwendet, sich einen Überblick zu verschaffen. Nach den NBA-Finals wandte sich Jenkins erneut an Mendelsohn und schlug vor, LeBron solle seine Entscheidung in einem Essay aus erster Hand bekannt geben, bei dem Jenkins ihm helfen würde. Am vierten Juli war Jenkins mit seiner Familie gerade bei einer Parade in San Diego, als er einen Anruf von Mendelsohn erhielt.

„Die Idee gefällt uns", sagte Mendelsohn zu ihm. „Ich denke, das könnte funktionieren."

Begeistert fragte Jenkins, wie es weitergehen würde.

„Halten Sie sich Anfang der Woche bereit, nach Miami, Rio oder Vegas zu gehen", sagte Mendelsohn zu Jenkins.

Miami und Vegas machten Sinn. Aber Rio?

LeBron, so wurde Jenkins erklärt, würde während der Weltmeisterschaft möglicherweise dort sein.

Mendelsohn gab ihm keine Hinweise, zu welchem Team LeBron tendierte. Sie vereinbarten, dass LeBron die Nachricht auf der Website der *Sports Illustrated* veröffentlichen würde. Bevor er auflegte, sagte Mendelsohn zu Jenkins, ihm würde mitgeteilt, wo er LeBron treffen könne, um mit ihm an dem Artikel zu arbeiten. Und er gab Jenkins einige abschließende Anweisungen.

„Sie dürfen niemandem sagen, warum Sie dorthin fahren", so Mendelsohn. „Sie dürfen niemandem irgendetwas sagen."

***

Die fehlende Kommunikation mit LeBron und seinem Lager frustrierte Pat Riley. Doch Rich Paul konzentrierte sich auf Dan Gilbert. Nach Richs Meinung hatte Gilbert viel dummes Zeug über seinen Klienten erzählt. Bevor Rich die Möglichkeit einer Rückkehr LeBrons nach Cleveland ausloten konnte, musste Gilbert mit LeBron reinen Tisch machen. Und das konnte nur in einem persönlichen Gespräch geschehen.

Gilbert begrüßte diese Gelegenheit. Und am 6. Juli flog er nach Miami, um sich mit LeBron, Rich und Maverick zu treffen.

Für Gilbert war es eine surreale Situation. Er flog unter dem Radar in Pat Rileys Territorium, in der Hoffnung, die richtigen Worte zu finden, um LeBron zur Rückkehr in die Stadt zu bewegen, in der seine Trikots verbrannt worden waren. Er wünschte, er könnte alles zurücknehmen, was er gesagt und getan hatte. Aber zumindest hatte er seinen vernichtenden Brief endlich von der Website des Clubs entfernt. Nun wollte er um Vergebung bitten.

Sie trafen sich in einem Haus in Miami. Es war das erste Mal seit The Decision, dass die beiden Männer zusammen in einem Raum waren. Gilbert versicherte LeBron gleich zu Beginn, dass es ihm sehr leidtue. Sie hatten fünf großartige Jahre zusammen erlebt und einen schrecklichen Abend, meinte Gilbert. „Ich habe mich von all den Emotionen und der Leidenschaft in der damaligen Situation mitreißen lassen", sagte er. „Ich wünschte, ich hätte es nie getan … Ich wünschte, ich könnte es zurücknehmen."

LeBron räumte ein, dass auch er einige Fehler gemacht habe. Wenn er noch einen Versuch hätte, würde er vieles anders machen. Aber LeBron zog es vor, zu diesem Zeitpunkt nach vorn zu schauen, nicht zurück.

Ohne anzugeben, in welche Richtung er tendierte, erkundigte sich LeBron nach Gilberts Plänen für den Meisterschaftsgewinn.

Gilbert war überrascht und erleichtert, dass LeBron bereit war, über die Zukunft zu sprechen. Und er ging auf all die Dinge ein, die der Club im Sommer bereits unternommen hatte – die Verpflichtung des Nummer-eins-Draft-Pick Andrew Wiggins, die Einstellung von Cheftrainer David Blatt und Assistenztrainer Tyronn Lue sowie die

Einigung mit Kyrie Irving über einen langfristigen Vertrag. Er sagte LeBron, dass sich alles zusammenfügen würde.

LeBron verpflichtete sich zu nichts. Rich auch nicht.

Danach flog Gilbert nach Sun Valley, Idaho, zur jährlichen Klausurtagung von Allen & Company. Und LeBron flog nach Las Vegas, um sein Nike-Basketballcamp zu veranstalten.

***

Am 8. Juli gab das Republican National Comittee bekannt, dass Cleveland als Veranstaltungsort für den Parteitag des Jahres 2016 ausgewählt worden war. Floridas Senator Marco Rubio twitterte umgehend: „Gratulation an Cleveland für die Vergabe des #GOP2016-Kongresses. Aber ihr bekommt @KingJames trotzdem nicht zurück!" Am Nachmittag erhielt Lee Jenkins die Nachricht, er solle nach Las Vegas fliegen, im Wynn Hotel einchecken und auf weitere Anweisungen warten.

Am folgenden Tag sollte Dan Gilbert zu einem Treffen mit LeBron und dessen Team in Las Vegas erscheinen. Ohne zu wissen, was ihn erwartete, ging Gilbert an Bord seines Flugzeugs in Sun Valley und machte sich auf den Weg in die Wüste. Dann verbrachte er drei Stunden in einem Raum mit LeBron und Rich, die ihm klarmachten, dass es keinen Verhandlungsspielraum gab. Rich erläuterte LeBrons Bedingungen. Er wollte einen Zweijahresvertrag mit einer Ausstiegsklausel nach der ersten Saison. Wenn die Cavaliers nach einem Jahr nicht tun würden, was LeBron wollte, könnte er den Club wechseln. Damit hätte LeBron alle Gestaltungsmöglichkeiten und das Momentum auf seiner Seite.

Nach LeBrons Abgang aus Cleveland 2010 hatte Gilbert sich geschworen, nie wieder einem Spieler so viel Einfluss einzuräumen. Aber Gilbert wusste, dass er LeBron nur zurückbekommen konnte, wenn er einlenkte. Insgeheim bewunderte Gilbert LeBron für seinen Mut, „Friss-oder-stirb"-Forderungen zu stellen, und für seine Klugheit, auf einem Vertrag mit alljährlicher Verlängerungsmöglichkeit zu bestehen. LeBrons Team kannte sich mit der Gehaltsobergrenze bestens aus und war sich im Klaren darüber, dass die Zahlen 2017 exponentiell ansteigen würden, wenn die Liga einen neuen TV-Deal mit den Sendern abschließen würde. Wenn er anders als Kyrie Irving nur einen Einjahresvertrag unterzeichnete, konnte LeBron viel mehr Geld verdienen.

Nach dem Treffen ließ Gilbert Rich wissen, dass er LeBrons Bedingungen akzeptiere. Und er setzte sofort einen Handel mit drei Teams in Gang, durch den einige Spieler von der Gehaltsliste der Cavs gestrichen werden sollten, um den nötigen Spielraum für die Verpflichtung von LeBron zu schaffen.

Für denselben Tag, an dem sich LeBron und Rich mit Gilbert trafen, hatten sie auch ein Treffen mit Riley und Andy Elisburg vereinbart, dem General Manager der Heat. Vor der Abreise aus Miami forderte Riley Elisburg auf, die beiden Meisterschaftspokale einzupacken, die das Team mit LeBron gewonnen hatte. Da Riley sie als Motivation nutzen wollte, steckte Elisburg sie in Schutzhüllen und nahm sie mit. Riley packte auch eine Flasche Wein von einem Weingut im Napa Valley ein, dessen Motto „A Promise Made and a Promise Kept" lautete. Seinerzeit, als LeBron bei den Heat unterschrieb, hatte Maverick Riley eine Flasche Wein von jenem Weingut geschenkt.

Doch als Riley und Elisburg in LeBrons Suite ankamen, musste Riley enttäuscht feststellen, dass Maverick, den er sehr schätzte, nicht anwesend war. Nur LeBron, Rich und Randy Mims waren da, und sie schauten sich die Fußballweltmeisterschaft an. Sie machten sich nicht die Mühe, den Fernseher auszuschalten, als die Sitzung begann. Riley sagte leise zu Elisburg, er brauche die Trophäen gar nicht erst auszupacken.

Das Treffen dauerte etwa eine Stunde. Riley bekräftigte, dass Miami für LeBron der beste Weg zu weiteren Meisterschaften sei. Und dass die Heat das nötige Geld und die Bereitschaft besäßen, einen oder zwei weitere Spieler als Ergänzung zu LeBron, Wade und Bosh zu holen. Irritiert bat Riley die Jungs irgendwann, den Fernseher stumm zu schalten. Als das Meeting beendet war, hatte er kein gutes Gefühl.

An diesem Abend rief Mendelsohn Lee Jenkins an und bat ihn, am folgenden Morgen in LeBrons Zimmer zu kommen.

***

Mit einer schwarzen Kappe, Shorts und einem Tanktop bekleidet, saß LeBron auf einem Sofa, aß Rührei und stocherte in Obst herum. Der Fernseher war auf ESPN eingestellt. Von seiner Suite im 58. Stock des Wynn aus hatte er einen weiten Blick über den Strip. Doch durch den Dunst in der Ferne waren die Berge am Horizont kaum zu erkennen.

In seinem Kopf hatte LeBron jedoch ein sehr klares Bild von der Zukunft. Im Oktober erwartete Savannah ihr drittes Kind, ein Mädchen. Es würde in Ohio geboren werden, wo LeBron seine Familie ansiedeln und eine Meisterschaft nach Cleveland holen wollte. Er entschied sich eindeutig für den schwierigeren Weg. Die Cavs waren bestenfalls ein mittelmäßiges Team mit einem Chefcoach, der noch nie in der NBA trainiert hatte, und einem Kader, der bei Weitem nicht so talentiert oder erfahren war wie der, den er hinter sich ließ. Er konnte das Gewicht, das er sich mit seiner Entscheidung auflud, bereits spüren.

Lee Jenkins betrat die Suite, begrüßte Mendelsohn und Maverick und setzte sich. Er merkte an, dass LeBron viel entspannter aussah als vier Jahre zuvor, als er seine Entscheidung, zu den Miami Heat zu wechseln, bekannt gegeben hatte.

„Viel entspannter“, sagte LeBron und nippte an seinem Karottensaft.

Jenkins war weniger entspannt. Er saß auf einem der größten Scoops der Sportgeschichte. Er musste sich unbedingt konzentrieren. Er musste LeBron die Fragen stellen, deren Antworten er dann zu einem Essay verarbeiten konnte.

„Welche Bedeutung hat Ihr Zuhause für Sie?“, fragte Jenkins.

LeBron begann zu reden. Eine Stunde später hörte er auf.

Jenkins hatte den Eindruck, dass LeBron ihm viel gegeben hatte, womit er arbeiten konnte.

„Ich weiß nicht, ob es ein Märchen ist“, sagte LeBron zu Jenkins. „Aber ich hoffe, es endet so, wie die meisten enden.“

Jenkins ging zurück in sein Zimmer und begann zu schreiben.

***

Am 11. Juli war LeBron schon vor Sonnenaufgang auf den Beinen. Er war dabei, die NBA-Welt zum zweiten Mal innerhalb von vier Jahren zu schockieren. Und er hatte vor, früh damit anzufangen.

Auch Jenkins war schon früh wach. Nachdem er LeBrons Freigabe erhalten hatte, schickte er den Artikel gegen zehn Uhr dreißig Eastern Time an seinen Redakteur bei *Sports Illustrated* in New York.

Während ein kleines Team am Hauptsitz des Magazins in New York die Veröffentlichung von LeBrons Essay auf SI.com vorbereitete, bestiegen LeBron und sein Team ein Privatflugzeug in Richtung Miami. Dwyane Wade begleitete sie. Sie hatten vier glorreiche gemeinsame Jahre erlebt. In dieser Zeit waren sie sich so nahegekommen, dass sie einander „Ich hab dich lieb" sagten, so wie Brüder ihre Zuneigung ausdrücken. Wade wünschte sich nichts sehnlicher, als dass sie zusammenblieben. Aber er hatte LeBron nicht ein einziges Mal aufgefordert zurückzukommen. Und jetzt wusste er, dass LeBron sich entschieden hatte.

„Es hat Spaß gemacht, nicht wahr?", sagte er zu LeBron.

LeBron war in düsterer Stimmung. Er hatte in der Tat eine gute Zeit in Miami gehabt. Aber es war an der Zeit, in Cleveland eine schwere Aufgabe zu erledigen.

Bevor seine Pläne bekannt wurden, wollte LeBron es Riley selbst sagen. Rich tippte die Nummer ein. Als Riley sich meldete, reichte Rich LeBron das Handy.

„Ich möchte mich bei Ihnen für vier Jahre bedanken", begann LeBron.

Riley brauchte den nächsten Satz nicht zu hören. Es war vorbei. Und er war zu wütend, um zu sprechen. Er hatte gedacht, dass er LeBron noch weitere acht Jahre halten könnte. Er glaubte, dass sie am Ende eine Dynastie aufgebaut hätten, die die Lakers-Dynastie in den Achtzigern übertroffen hätte. Aber LeBron war zur Tür hinausgegangen. Verdammt, die Heat würden nicht einmal einen dritten Titel gewinnen. Verdammt noch mal!

In der Zwischenzeit rief Rich Gilbert an.

„Dan, herzlichen Glückwunsch", sagte er. „LeBron kommt nach Hause."

Kurz nach Mittag Eastern Time am 11. Juli 2014 erschien LeBrons 952 Wörter langer Essay auf SI.com. Er begann so:

Bevor sich irgendjemand dafür interessiert hat, wo ich Basket-

ball spielen würde, war ich ein Kid aus Nordost-Ohio. Dort bin ich gelaufen. Dort bin ich gerannt. Dort habe ich geweint. Dort habe ich geblutet. Es hat einen besonderen Platz in meinem Herzen. Die Leute dort haben mich aufwachsen sehen. Manchmal fühle ich mich wie ihr Sohn.

Man brauchte nicht weiterzulesen, um zu wissen, dass LeBron James das Unvorstellbare getan hatte. Er wollte zurück nach Cleveland.

LeBrons Entscheidung, Lee Jenkins für die Ausarbeitung seiner Ankündigung zu gewinnen, war eine Meisterleistung, die im krassen Gegensatz zu seiner Entscheidung vier Jahre zuvor stand, an einem Live-Spektakel mit Jim Gray teilzunehmen. Die Art und Weise, wie die beiden wichtigsten Entscheidungen seiner Basketballkarriere mitgeteilt wurden, ging in beiden Fällen auf Anregungen durch Medienvertreter zurück. Aber die Absichten der beiden Journalisten waren ganz unterschiedlich. Gray hatte sich gewünscht, mit LeBron im Fernsehen aufzutreten. Für Jenkins bestand die Auszeichnung darin, für den größten Sportler seiner Generation zu schreiben. Jenkins wusste, dass sich niemand an seine Rolle in diesem Prozess erinnern würde. Aber er wusste auch, dass er die Idee gehabt und dass LeBron ihm zugetraut hatte, ihm bei der Veränderung seines Narrativs zu helfen. Das galt besonders für den Absatz, in dem es um LeBrons Bereitschaft ging, Dan Gilbert zu verzeihen. In seinem Essay sagte LeBron:

Ich habe mich mit Dan getroffen, von Angesicht zu Angesicht, von Mann zu Mann. Wir haben darüber gesprochen. Jeder macht Fehler. Auch ich habe Fehler gemacht. Wie komme ich dazu, Groll zu hegen?

Wie komme ich dazu, Groll zu hegen? Mit sieben Worten hatte LeBron die Dramaturgie gewendet und etwas getan, das schockierender war, als fünfzig Punkte in einem Spiel zu erzielen. Auf ESPN räumte Shannon Sharpe ein, dass er Gilbert nicht hätte verzeihen können, vor allem nicht, nachdem dieser LeBron einen Drückeberger genannt hatte. „LeBron James ist ein größerer Mann, als ich es je sein kann“, sagte Sharpe bei *First Take.*

„Ich hätte Dan Gilbert auch nicht verziehen", sagte Stephen A. Smith. „Was er über LeBron gesagt hat, war eindeutig zu viel des Guten."

Sogar Skip Bayless, der LeBron häufig kritisiert hatte, gab zu, dass er von LeBrons Bereitschaft, zu den Cavs zurückzukehren, „verblüfft" sei. „Ich dachte, die Brücke wäre abgebrochen", sagte Bayless in der Sendung.

LeBron wusste, dass seine Haltung gegenüber Gilbert für viel Aufsehen sorgen würde. Aber er war selbstkritisch genug, um zu erkennen, dass er seinen Weggang aus Cleveland falsch gehandhabt hatte. Und um das einzige Ziel zu erreichen, das er und Gilbert gemeinsam verfolgten, nämlich, eine Meisterschaft nach Cleveland zu holen, mussten die beiden aufeinander zugehen. Kurz nachdem sein Essay auf SI.com erschienen war, teilte LeBron ihn mit seinen 75 Millionen Followern auf Instagram und Twitter, zusammen mit einem Foto von sich selbst in einem Cavs-Trikot und den Worten „Ich komme nach Hause".

***

In Miami hatte Pat Riley alle Hände voll zu tun. Dwyane Wade war ein Flügelmann ohne Führungsspieler. Chris Bosh erwog ernsthaft ein Angebot, bei den Houston Rockets zu unterschreiben. Ray Allen, der ebenfalls frei war, den Club zu wechseln, dachte darüber nach, LeBron nach Cleveland zu folgen. Rileys Mitarbeiter Andy Elisburg fühlte sich wie in der Szene in *Jerry Maguire*, als sich alle Kunden zu den Ausgängen bewegen.

Riley wollte auf LeBron einschlagen. „Es war etwas Persönliches für mich", erklärte Riley später. „Es war einfach so. Ein sehr guter Freund hat mich davon abgehalten, so etwas zu sagen wie damals Dan Gilbert."

Stattdessen gab Riley noch vor Ende des Tages eine formelle Erklärung ab:

> *Auch wenn ich von LeBrons Entscheidung, Miami zu verlassen, enttäuscht bin, kann niemand einer anderen Person vorwerfen, dass sie nach Hause zurückkehren möchte. Die letzten vier Jahre waren ein unglaublicher Lauf für Südflorida, die HEAT-*

Fans, unsere Organisation und für alle Spieler, die daran beteiligt waren. LeBron ist ein fantastischer Anführer, Sportler, Mannschaftskamerad und Mensch, und wir alle sind traurig, dass er geht.

Insgeheim kochte Riley vor Wut. Und Elisburg war so von Zorn und Emotionen überwältigt, dass er Schmerzen in der Brust bekam und befürchtete, einen Herzinfarkt zu erleiden. In seiner Verzweiflung setzte er sich in sein Auto und fuhr in Richtung Norden. Es fühlte sich an, als wären die Heat plötzlich auf dem Weg ins Nirgendwo.

In Cleveland war die Reaktion auf LeBrons Ankündigung so spontan und emotional wie damals, als er gesagt hatte, dass er die Stadt in Richtung South Beach verlassen würde. Nur waren die Straßen der Stadt diesmal von Jubel und Autohupen erfüllt. Die Radiosender spielten Diddys *Coming Home*, Kanye Wests *Homecoming* und Bon Jovis *Who Says You Can't Go Home*. Fans, die bei der Tickethotline der Cavaliers anriefen, hörten die automatische Ansage: „Alle Leitungen sind zurzeit belegt." Innerhalb von acht Stunden waren die Dauerkarten der Cavaliers ausverkauft. *Forbes* sagte voraus, dass der Wert des Cavaliers-Franchise-Unternehmens an einem Tag um hundert Millionen Dollar gestiegen sei. Und die Wettanbieter in Las Vegas setzten mit einer Quote von 4:1 auf den Gewinn der NBA-Meisterschaft im Jahr 2015 durch die Cavaliers.

„Solche Sachen passieren in Cleveland nie", sagte ein Fan auf der Straße vor der Quicken Loans Arena einem Fernsehreporter.

Sogar Präsident Obama meldete sich zu Wort. „Der Präsident ist ein großer Fan von LeBron", sagte Pressesprecher Josh Earnest im Besprechungsraum des Weißen Hauses. „Ich denke, das ist ein ziemlich starkes Statement zum Wert eines Ortes, den man als seine Heimat ansieht."

In *World News Tonight* auf ABC erklärte Diane Sawyer: „Der King kommt nach Hause."

Bei Dan Gilbert zu Hause kam sein achtjähriger Sohn auf ihn zu und fragte: „Daddy, heißt das, dass ich endlich wieder mein LeBron-Trikot tragen kann?"

„Ja, mein Sohn", sagte Gilbert. „Ja, das heißt es!"

33

STRIPPENZIEHER

LeBron hatte in Miami eine Menge gelernt. Vor allem, wenn es darum ging zu verstehen, was nötig war, um die Spitze der NBA zu erreichen und einen Titel zu gewinnen. Er würde nicht mehr den gleichen Fehler machen, als er bei seinem Wechsel nach Miami dreist vorausgesagt hatte, dass die Heat mindestens sieben Meisterschaften gewinnen würden. Dieses Mal wollte er den Erwartungen gerecht werden.

„Ich verspreche keine Meisterschaft", schrieb er in seinem SI.com-Beitrag. „Ich weiß, wie schwer es ist, das zu liefern. Wir sind noch nicht so weit."

Selbst für die Heat-Mannschaft, die über Superstars und eine Reihe erfahrener Rollenspieler verfügte, war es ein steiler Aufstieg gewesen. Außer LeBron gab es bei den Cavs niemanden, der es bis zum Gipfel geschafft hatte. Ein Team von Meisterschaftsformat zusammenzustellen und in Form zu bringen, damit es die Langstrecke überstand, erforderte langen Atem. Schritt eins war die Bildung eines Mannschaftskerns aus Starspielern.

LeBron hatte keine Zweifel, dass der 22-jährige Kyrie Irving ein hervorragender Flügelmann sein würde. Irving war nicht so erfahren wie D-Wade, aber er besaß ein seltenes Talent. Er war ein Zauberer mit dem Basketball und hatte das beste Handling in der NBA. Und für einen 1,88 Meter großen Point Guard hatte Irving eine unheimliche Fähigkeit, den Korbrand zu erreichen und zu punkten. LeBron erkannte die Gelegenheit, Irving als dessen Mentor zu unterstützen und ihm zu helfen, ein echter Superstar zu werden.

Aber die Cavs brauchten einen dritten Star, und LeBron wusste genau, wen er haben wollte. Nur Stunden nach der Bekanntgabe seiner Entscheidung, nach Cleveland zurückzukehren, wandte sich LeBron an den Power Forward Kevin Love von den Minnesota Timberwolves. Sie hatten zusammen in der amerikanischen Olympiamannschaft gespielt, die in London die Goldmedaille gewonnen hatte. Love war zwar vertraglich gebunden, aber LeBron wusste, dass er in Minnesota, wo er dreimaliger All-Star gewesen war, nicht zufrieden war. In der Saison 2013/2014 war Love mit durchschnittlich mehr als 26 Punkten pro Spiel einer der besten Scorer der Liga gewesen. Außerdem hatte er im Durchschnitt 12 Rebounds pro Spiel erzielt. Trotz Loves beeindruckender Zahlen war LeBron mehr an seinem außergewöhnlichen Basketball-IQ interessiert. Love würde gut zu ihm und Irving passen. Er ist ein großartiges Puzzlestück, dachte LeBron.

LeBron hatte seit seinem ersten Jahr in St. V. gute Spieler für seine Teams rekrutiert. Aber seine Fähigkeit, Spieler als Teile eines Meisterschaftspuzzles zu betrachten, stellte eine neue Dimension in seiner Herangehensweise an das Spiel dar. In den vier Jahren seiner Zusammenarbeit mit Riley hatte LeBron die Mentalität eines Generaldirektors entwickelt. Er wusste, wie man Lücken im Kader erkannte, Spieler ausfindig machte, die diese Lücken füllen konnten, und wie man sie köderte, ohne dabei die Gehaltsobergrenze der Liga zu überschreiten. Cleveland müsste Minnesota eine Menge bieten, um Love abwerben zu können. Aber zuerst musste LeBron Love zum Mitmachen bewegen. Das gelang ihm, indem er Love in Aussicht stellte, wonach der sich sehnte – die Möglichkeit, einen Ring zu gewinnen.

Love fühlte sich durch LeBrons Anruf gestärkt. Die Tatsache, dass der beste Spieler der Welt ihn persönlich umwarb, war mehr als schmeichelhaft.

„Ich bin dabei", sagte Love zu LeBron.

***

LeBrons Leben hatte Warp-Geschwindigkeit erreicht. Zwischen dem Aufbau des Teams, dem Umzug seiner Familie nach Ohio, den Vorbereitungen für die Ankunft seines dritten Kindes und dem Abflug nach

China zu seinen jährlichen Nike-Sommerkursen musste LeBron auch noch seinen Text auswendig lernen. Lange bevor er sich entschied, nach Cleveland zurückzukehren, war LeBron von der Schauspielerin Amy Schumer ausgewählt worden, um mit ihr in dem Film *Trainwreck* aufzutreten. Die Szenen mit LeBron sollten im Juli 2014 in New York City gedreht werden.

Der Zeitpunkt war nicht ideal. Aber LeBron musste sich darauf konzentrieren. Dies war seine erste Rolle in einem großen Kinofilm. Es hing viel von seiner Leistung ab. Er hatte große Ambitionen, eines Tages eine Hauptrolle in Hollywood zu spielen. Auch dank der Vorarbeit, die Maverick bei SpringHill geleistet hatte, war LeBron bereits für verschiedene Filmrollen im Gespräch. *Trainwreck* sollte in vielerlei Hinsicht seine Bewährungsprobe werden.

LeBron war nur selten nervös. Aber der Gedanke, mit Schumer, Matthew Broderick, Bill Hader und anderen am Set zu sein, versetzte ihn in Unruhe. Sie waren versierte Schauspieler und Komiker. Er war es nicht gewohnt, einem Drehbuch zu folgen. Aber vom ersten Moment an, als Regisseur Judd Apatow „Action" sagte, genoss LeBron den Moment. Selbst wenn er seinen Text vergaß, brachte er alle zum Lachen, indem er sich selbst auf die Schippe nahm. Für Schumer war klar, dass LeBron ein Naturtalent vor der Kamera war. Und LeBrons Fähigkeit zu improvisieren, überzeugte Apatow davon, dass sie mit LeBron die richtige Wahl getroffen hatten.

Aber LeBron hatte nicht vergessen, was Pat Riley ihm 2010 gesagt hatte: „Die Hauptsache ist, dass die Hauptsache die Hauptsache bleibt." Das Wichtigste für LeBron war es, Cleveland eine Meisterschaft zu bescheren. Hinter den Kulissen kümmerte er sich daher weiterhin um die personellen Veränderungen bei den Cavs. Der zweite Schritt bestand darin, einige verdiente Rollenspieler mit Meisterschaftserfahrung zu rekrutieren, die ihn, Irving und Love ergänzen konnten.

Für LeBron waren Mike Miller und James Jones in den Jahren 2012 und 2013 wichtige Bestandteile der Meisterteams der Heat gewesen. Sie hatten nicht zum Startteam gehört. Aber sie waren in der entscheidenden Phase von der Bank gekommen und hatten wichtige Punkte gemacht. Sie verkörperten auch das Konzept des Team-Basketballs. Miller und Jones waren nach LeBrons Ansicht genau die Art von ausgeglichenen Spielern, die die Cavs brauchten. Und sie waren beide zum Wechsel berechtigt.

Als Miller und Jones erfuhren, dass LeBron nach Cleveland gehen würde, erklärten sich beide bereit, ihm zu folgen.

LeBron gefiel auch die Idee, den gleichfalls zum Wechsel berechtigten Shawn Marion hinzuzufügen, einen Veteranen mit 15-jähriger NBA-Erfahrung, der 2011 mit Dallas eine Meisterschaft gewonnen hatte. LeBron kannte Marion schon lange, denn er hatte 2004 mit ihm in der US-Olympiamannschaft gespielt.

Mit seinen 36 Jahren war Marion ein vollendeter Profi, der sich nach einem weiteren Titelgewinn vor dem Karriereende sehnte. Und mit LeBron in Cleveland zu spielen, bot ihm die beste Chance, sich als Sieger zu verabschieden.

Dan Gilbert trug seinen Teil bei, indem er die Deals besiegelte. Vier Jahre zuvor hatte Gilbert den Eindruck gehabt, Pat Riley habe ihm LeBron gestohlen und die Cavaliers ins Trudeln gebracht. Jetzt taumelte Miami, und Gilbert war der Nutznießer von LeBrons Einfluss, mit dem er Talente nach Cleveland lockte.

Im Sommer nahmen die Cavs Miller, Jones und Marion unter Vertrag. Dann genehmigte Gilbert einen Blockbuster-Trade, um Kevin Love zu bekommen, und schickte Anthony Bennett, die Nummer eins im NBA-Draft 2013, und Andrew Wiggins, die Nummer eins im Draft 2014, nach Minnesota.

Die Mannschaft trennte sich nur ungern von Wiggins, der ein Star zu werden versprach. Aber die Timberwolves waren unnachgiebig in ihren Forderungen, und die Cavs wussten, wie LeBron über Love dachte. Gleich nachdem die Cavs den Love-Tausch angekündigt hatten, twitterte LeBron ihn an: „Willkommen in unserem Land."

Zum zweiten Mal innerhalb von vier Jahren wurden durch die Entscheidung von LeBron, ein Team zu verlassen und zu einem anderen zu wechseln, die Machtverhältnisse in der NBA neu geordnet. Als *Sports Illustrated* im Herbst seine jährliche NBA-Vorschauausgabe veröffentlichte, waren LeBron, Kyrie Irving und Kevin Love auf dem Titelblatt zu sehen, zusammen mit der Schlagzeile: ALL THE KING'S MEN.

Am Abend des 30. Oktober eröffneten die Cavaliers die Saison 2014/2015 zu Hause gegen die Knicks in einem landesweit im Fernsehen übertragenen Spiel, und Nike stellte den ambitioniertesten Werbespot mit LeBron vor, seit er 2003 einen 90-Millionen-Dollar-Schuhvertrag unterzeichnet hatte. Zu diesem Zeitpunkt hatte Nike Schuhe aus der LeBron-Sneaker-Linie im Wert von mehr als 340 Millionen US-Dollar verkauft. Aber die Verkaufszahlen von Turnschuhen waren kaum ein angemessenes Maß für die symbiotische Beziehung zwischen Nike und LeBron. Mehr als ein Jahrzehnt lang hatte Nike die Karriere von LeBron durch ausgeklügelte Werbekampagnen in den Vereinigten Staaten begleitet. Und in China hatte LeBron zehn Sommer in Folge als Nikes Hauptbotschafter verbracht. Dadurch erzielten Nike und LeBron Gewinne in den beiden größten Volkswirtschaften der Welt.

Nike betrachtete LeBrons Entscheidung, nach Hause zurückzukehren, als ein episches Kapitel in seiner persönlichen Geschichte. In diesem Fall hatte LeBron seine eigene Erzählung geschrieben. Nike nutzte den Moment und wandte sich an ein Duo von Hollywood-Filmemachern, um einen Werbespot zu kreieren, der einer Minidoku ähnelte. Der zweiminütige Film mit dem Titel *Together* hatte ein inspirierendes Thema: eine Stadt und ein Ziel, die Meisterschaft.

Die Filmemacher drehten in Cleveland und setzten über fünfhundert Menschen aus der Region als Statisten ein. LeBrons Mutter und Coach Dru führten die Fans von der Tribüne auf das Spielfeld, wo sie sich mit LeBron zu einem Mannschaftskreis versammelten. „Wir werden uns für diese Stadt abrackern", forderte LeBron seine Teamkollegen in dem Werbespot auf. „Für die ganze Stadt Cleveland. Darum geht es. Es ist an der Zeit, ihnen etwas Besonderes zu bieten."

Nike strahlte den Werbespot auf TNT und ESPN während des Vorprogrammes zum Saisoneröffnungsspiel aus, und die Cavaliers zeigten ihn vor dem Anpfiff auf der riesigen Videotafel des Q. LeBrons Hommage an Cleveland war so mitreißend, dass sich die Fans im Stadion die Augen abtupften und vor Stolz brüllten, als LeBron am Ende des Werbespots eine Arena voller Fans in seinen Sprechgesang einbezog:

LeBron: Cleveland auf drei. Eins. Zwei. Drei.

Fans: Cleveland!

***

Für Dan Gilbert war die Situation surreal. Sein Kader war hochkarätig besetzt. Seine Arena war erneut ausverkauft. Sein Team war wieder im nationalen Fernsehen zu sehen. Die Fanartikel der Cavaliers waren die meistverkauften in der NBA. Cleveland war wieder zum Zentrum des Basketball-Universums geworden. Und die Fans in der Stadt waren entzückt.

Gilbert war genauso aufgeregt wie alle anderen. Es war jedoch klar, dass er nicht die Kontrolle hatte. Gilbert gehörten die Cavaliers. Aber es war eher so, dass er mitfuhr und LeBron am Steuer war. Nach seinem vierjährigen Aufenthalt in Miami hatte LeBron genug Macht gewonnen, um die Bedingungen zu diktieren, wo auch immer er hinwollte, um eine weitere Meisterschaft zu gewinnen. Er, Maverick und Rich hatten etwas herausgefunden, das die Teambesitzer schon lange wussten, die meisten Spieler aber nicht: In der NBA hat das Talent den Hebel in der Hand. Niemand kaufte Dauerkarten oder schaltete den Fernseher ein, um zu sehen, ob Dan Gilbert oder ein anderer Eigentümer gewann oder verlor. Sie schalteten ein, um die Leistungen der Spieler zu sehen. Und LeBron war die größte Attraktion in diesem Spiel. Beliebig viele Clubs und Städte hätten ihm den roten Teppich ausgerollt. Aber LeBron hatte sich für Cleveland entschieden. Er war der einzige Spieler, der die Cavaliers im Alleingang und aus dem Stand zum Titelanwärter machen konnte. In dieser Hinsicht brauchte Gilbert LeBron viel mehr als umgekehrt.

LeBron wusste, dass er in einer Position der Stärke war. Und er sah darin eine Chance. Zu Beginn der Saison, als die NBA neue Fernsehverträge mit ESPN und TNT im Wert von 24 Milliarden Dollar ankündigte, meldete sich LeBron zu Wort. Er wollte, dass jeder Eigentümer in der Liga wusste, dass die nächste Runde der Tarifverhandlungen zwischen den Eigentümern und den Spielern anders verlaufen würde. Beim letzten Mal hatten die Eigentümer der Spielergewerkschaft Zugeständnisse abgerungen, indem sie darauf beharrten, dass es sich die Liga nicht leisten könne, einige Forderungen der Spielergewerkschaft zu erfüllen. „Die Clubbesitzer haben uns erzählt, dass sie Geld verlieren würden", sagte LeBron im Oktober 2014 gegenüber der *New York Times.* „Diesmal können sie das auf keinen Fall sagen."

LeBron und sein Team hatten die Zahlen studiert. Er wusste, dass sich die Fernseheinnahmen der Liga gerade verdreifacht hatten. Währenddessen war der Wert der NBA-Clubs in die Höhe geschnellt. Die Los Angeles Clippers waren kürzlich für die beispiellose Summe von zwei Milliarden US-Dollar verkauft worden. Indem er die Eigentümer öffentlich zur Rede stellte, leitete LeBron einen tiefgreifenden Wandel in den wirtschaftlichen Beziehungen zwischen Clubeigentümern und Spielern ein.

Der Journalist Scott Raab, Autor des Buches *The Whore of Akron*, hatte LeBron scharf kritisiert, als dieser von Cleveland nach Miami wechselte. Aber mittlerweile bewunderte Raab ihn, ebenso wie Maverick Carter und Rich Paul. „Ich glaube nicht, dass Dan Gilbert oder Pat Riley sie jemals ernst genommen haben", sagte Raab. „Ich glaube nicht, dass sie jemals gesehen oder verstanden haben, wie klug und entschlossen LeBron, Maverick und Rich ihr eigenes Imperium errichtet haben. Als Gilbert und Riley merkten, dass sie überlistet worden waren, lag es schon nicht mehr in ihrer Hand."

Raab hoffte nun auf den Erfolg von LeBron. „Als LeBron zurückkam, sprach er von einer Berufung jenseits des Basketballs", so Raab gegenüber NPR. „Als er zurückkam, hatte ich wirklich das Gefühl, dass die Hoffnung zurückgekehrt war. Ich habe ihn ungerechterweise dafür gerügt, dass er nicht Moses war. Und wissen Sie was? Bei seiner Rückkehr ist er eine Art Moses."

***

Einen Monat nach Saisonbeginn trafen die Cavs in New York ein, um gegen die Knicks anzutreten – am selben Tag, an dem ein Geschworenengericht in Staten Island beschloss, einen weißen New Yorker Polizeibeamten nicht anzuklagen, dessen Würgegriff zum Tod des unbewaffneten Schwarzen Eric Garner geführt hatte. LeBron sah sich mit Fragen zur Entscheidung der Grand Jury und zu deren umfassenderen Auswirkungen konfrontiert.

„Dies ist unser Land, das Land der Freiheit, und immer wieder kommt es zu solchen Vorfällen", sagte LeBron zu den Reportern beim Training des Teams. „Mit unschuldigen Opfern oder was auch immer. Unsere Familien verlieren geliebte Menschen."

Während LeBron mit Reportern sprach, gingen Demonstranten auf die Straßen von New York.

„Das ist im Moment ein sensibles Thema", so LeBron weiter. „Gewalt ist nicht die Antwort. Und Vergeltung ist nicht die Lösung."

Zwei Abende später bemerkte LeBron, dass der Chicago-Bulls-Guard Derrick Rose beim Aufwärmen vor einem Spiel gegen die Golden State Warriors ein schwarzes T-Shirt mit der Aufschrift I CAN'T BREATHE anhatte. Die NBA hatte sich strikt dagegen ausgesprochen, dass die Spieler beim Aufwärmen etwas anderes als die von der Liga ausgegebene Kleidung trugen. Roses Trikot hatte vor allem im Ligabüro für einiges Stirnrunzeln gesorgt. LeBron jedoch gefiel das Hemd, und er respektierte, dass Rose es trug.

Dann bekam LeBron einen Anruf von Jay-Z. Die Cavs würden am 8. Dezember in Brooklyn gegen die Nets spielen. Eine Gruppe von Verfechtern sozialer Gerechtigkeit plante, an diesem Abend vor dem Barclays Center zu demonstrieren. Die Organisatoren des Protestes waren gerade dabei, T-Shirts mit der Aufschrift I CAN'T BREATHE zu drucken. Sie hofften, mit Jay-Zs Hilfe LeBron eines in die Hand drücken zu können.

LeBron erkannte die Tragweite des Augenblickes. Das Spiel zwischen den Cavs und den Nets war bereits zu einem hochkarätigen Ereignis geworden. Prinz William und seine Frau, die frühere Kate Middleton, jetzt Herzogin von Cambridge, befanden sich auf einem dreitägigen Besuch in den Vereinigten Staaten und sollten als Zuschauer daran teilnehmen. Sie hatten sich auf den Weg gemacht, um LeBron spielen zu sehen, und nach der Partie war ein privates Treffen mit ihm geplant.

Angesichts der vielen ausländischen Pressevertreter, die über den Besuch der Royals berichteten, überlegte LeBron, ob er ein politisch aufgeladenes T-Shirt tragen sollte.

Er wurde häufig gebeten, sich für soziale Belange einzusetzen. Meistens lehnte er ab. Er engagierte sich nur, wenn das Thema für ihn von Interesse war. Wenn das nicht der Fall war, ging er weiter und blickte nicht zurück. Wenn ihn etwas ansprach, wurde er aktiv. Und er hatte sich mit der Tatsache abgefunden, dass er, egal wie er sich entschied, mit Kritik rechnen musste. Daher hatte er beschlossen zu tun, was sich für ihn richtig anfühlte, und mit den Folgen zu leben. Er würde erst während des Spieles entscheiden, wie er in diesem Fall vorging.

Mit Jay-Zs Hilfe wurden T-Shirts in die Arena geschmuggelt. Dann brachte einer der Nets-Spieler ein paar T-Shirts in die Umkleidekabine der Cavs. Draußen skandierten Demonstranten einer neuen Bewegung namens Black Lives Matter: „Hände hoch, nicht schießen." Andere legten sich zu einem „Die in" auf die Straße. Eine Mauer aus New Yorker Polizeibeamten stand zwischen den Demonstranten und dem Eingang zum Barclays Center. Aus Sicherheitsgründen wurde die Ankunft des Royal-Paars hinausgezögert.

Etwa dreißig Minuten vor Spielbeginn kam LeBron in einer gelben Cavs-Aufwärmjacke aus der Umkleidekabine. Aller Augen waren auf ihn gerichtet, als er das Spielfeld erreichte, die Jacke auszog und sein schwarzes T-Shirt mit weißer Aufschrift zum Vorschein kam. Kyrie Irving hatte sich ebenfalls entschieden, das Shirt zu tragen. Die beiden hatten nicht über die Angelegenheit gesprochen. Doch beim Aufwärmen nahm LeBron Blickkontakt mit Irving auf und nickte ihm zu.

Irving nickte zurück.

Auch einige Nets-Spieler trugen die T-Shirts, darunter LeBrons alter Rivale Kevin Garnett. In diesem Moment waren sie durch etwas Größeres und Wichtigeres als Siege und Niederlagen vereint.

Als die Nachrichtensender auf das Barclays Center umschalteten, wurde das Spiel plötzlich zur Nebensache.

„Vor wenigen Augenblicken hat sich hier in New York eine bemerkenswerte Szene abgespielt", sagte Chris Hayes von MSNBC, während Livebilder von LeBron beim Aufwärmen über die Fernsehschirme im ganzen Land flimmerten. „Cavs-Star LeBron James betrat den Platz zum Aufwärmen in diesem T-Shirt mit der Aufschrift I CAN'T BREATHE, den letzten Worten von Eric Garner, die er im Würgegriff eines Polizisten elfmal wiederholt hatte."

Das Spiel war bereits in der zweiten Halbzeit, als Prinz William und Kate das Stadion betraten und ihre Plätze am Spielfeldrand einnahmen. Minuten später, während einer Auszeit, schritten Jay-Z und Beyoncé über das Parkett und begrüßten sie unter dem Jubel der Menge. Ein Spektakel jagte das nächste. LeBron und Kyrie zeigten eine tolle Show und führten die Cavs zum Sieg.

Nach dem Spiel umringten Reporter LeBrons Spind und versuchten, ihm weitere Äußerungen über die Polizeigewalt zu entlocken, die zum Tod von Eric Garner geführt hatte.

„LeBron, welche Botschaft wollten Sie mit dem T-Shirt vermitteln?", fragte ein Reporter.

„Es war eine Botschaft an die Familie, dass mir ihr Verlust leidtut, und an seine Frau", sagte er. „Genau darum geht es. Um diejenigen, die den Verlust wirklich erlitten haben. Und das ist die Familie."

„Es gibt also keine größere Botschaft", begann der Reporter.

„Was kann größer sein?", unterbrach ihn LeBron.

„Ich sage ja nur …", meinte der Reporter.

„Was kann größer sein, als der Familie Respekt zu zollen?", unterbrach ihn LeBron erneut. „Wir wissen natürlich, dass unsere Gesellschaft besser werden muss. Aber wie ich schon sagte, Gewalt ist keine Antwort und Vergeltung keine Lösung."

Die Royals warteten in einem privaten Raum auf LeBron. Er trat ein und überreichte ihnen im Namen der NBA Geschenke. Während die drei für Fotos posierten, behandelte LeBron sie wie Familienmitglieder und legte seinen Arm um die Herzogin. Das Bild von LeBron mit seiner Hand auf Kates Schulter wurde sofort zur Sensation in den sozialen Medien und löste eine internationale Kontroverse aus. Die britische Boulevardpresse warf LeBron vor, gegen das königliche Protokoll verstoßen zu haben. In Amerika kritisierte ihn Piers Morgan von CNN, ein Brite. „Man legt nicht den Arm um die zukünftige Königin von England", sagte Morgan. „LeBron James, Sie mögen sich King James nennen. Aber Sie sind kein echter König … Hände weg von der Herzogin."

Um den Aufruhr einzudämmen, unternahm der Buckingham-Palast einen ungewöhnlichen Schritt und gab eine offizielle Erklärung ab:

Der Herzog und die Herzogin von Cambridge haben ihre Zeit in den USA sehr genossen, einschließlich des Besuches des NBA-Spiels und des Treffens mit LeBron.

Wenn Mitglieder der königlichen Familie mit Menschen zusammentreffen, wollen sie, dass diese sich so wohl wie möglich fühlen. So etwas wie ein königliches Protokoll gibt es nicht.

LeBron ignorierte die Auseinandersetzung um die Royals. Ihn interessierte viel mehr die Reaktion der Liga auf seine Entscheidung, ein T-Shirt mit einer Botschaft zu tragen.

„Ich respektiere Derrick Rose und alle unsere Spieler dafür, dass sie ihre persönlichen Ansichten zu wichtigen Themen zum Ausdruck bringen", erklärte Commissioner Adam Silver gegenüber der Presse. „Aber ich würde es vorziehen, wenn sich unsere Spieler an die Kleiderordnung auf dem Platz halten würden." Für Silver war es eine politische Gratwanderung.

Doch am nächsten Tag sorgte Kobe Bryant dafür, dass die gesamte Mannschaft der Lakers beim Aufwärmen vor einem Spiel in Los Angeles I CAN'T BREATHE-Shirts trug. Nach LeBron war Kobe der einflussreichste Spieler der Liga. Er äußerte sich nur selten. In diesem Fall wies er jedoch die Behauptung zurück, seine Entscheidung, das Shirt zu tragen, sei ein Kommentar zu den ethnischen Konflikten in Amerika. „Ich denke, es wäre ein großer Fehler, dies auf eine ethnische Auseinandersetzung zu beschränken; es ist eine Frage der Gerechtigkeit", sagte Bryant zur Presse. „Wir erleben gerade eine Art Wendepunkt, was soziale Fragen angeht."

In Amerika waren Tom Brady und Tiger Woods die einzigen Athleten, deren Bekanntheitsgrad und Leistungsniveau mit dem von LeBron vergleichbar war. Aber keiner von ihnen hatte sich jemals zu sozialen oder politischen Themen geäußert. Aufgrund seiner Berühmtheit zogen LeBrons Aussagen viel Aufmerksamkeit auf sich.

Einige Tage nach dem Spiel zwischen den Cavs und den Nets sprach Präsident Obama die Situation an. „Wir haben eine lange Phase hinter uns, in der bei gut bezahlten Sportlern der Gedanke vorherrschte: ‚Seid einfach still, holt euch eure Werbeverträge und erregt kein Aufsehen'", sagte Obama. „LeBron ist ein Beispiel für einen jungen Mann, der auf seine eigene Art und auf respektvolle Weise versucht hat zu sagen: ‚Ich bin auch Teil dieser Gesellschaft', um so die Aufmerksamkeit auf sich zu ziehen."

Obama fügte hinzu: „Ich würde mir wünschen, dass mehr Sportler das tun. Nicht nur bei diesem Thema, sondern bei einer ganzen Reihe von Themen."

Adam Silver erkannte, dass der Versuch, die Flut aufzuhalten, vergeblich war. Die NBA wurde zu einer Plattform für den sozialen Wandel.

***

Es lagen mehr als dreißig Zentimeter Schnee, als LeBron an einem kalten, grauen Morgen im Februar 2015 in das Büro seiner Familienstiftung in Akron stapfte, bekleidet mit Badeschlappen, Socken, Jogginghose, T-Shirt und Jacke von Nike. In der Nacht zuvor hatten die Cavs die 76ers besiegt und sich damit auf 30:20 Punkte verbessert. Müde und in mürrischer Stimmung, wäre LeBron lieber zu Hause gewesen und hätte sich ausgeruht. Aber Adam Mendelsohn hatte für ihn ein Treffen mit einer Feature-Autorin des *Hollywood Reporter* arrangiert.

Marisa Guthrie war seit fast zwei Jahren wegen einer Titelgeschichte hinter LeBron her. Guthrie war eine der angesehensten Autorinnen in Hollywood, und sie war beeindruckt von der Produktionsfirma, die LeBron und Maverick aufbauten. Mendelsohn wusste, dass Guthrie schon viele Persönlichkeiten aus der Unterhaltungsbranche porträtiert hatte. Ein Porträt von ihr über LeBron wäre eine außerordentliche Gelegenheit. Aber als LeBron den Wechsel von Miami nach Cleveland vollzog, hatte Mendelsohn ihn nicht auf dem Cover von Hollywoods einflussreichster Publikation sehen wollen. Das hätte das falsche Signal gesendet. Also hatte Mendelsohn Guthrie damals vertröstet. Doch jetzt, da LeBron mitten in der Basketballsaison war und *Trainwreck* bald in die Kinos kommen würde, schien Mendelsohn der richtige Zeitpunkt gekommen zu sein.

LeBron brachte Savannah und ihre elf Wochen alte Tochter Zhuri zu dem Interview mit.

Guthrie wusste, dass Savannah keine Interviews gab und sich im Allgemeinen sehr bedeckt hielt, und war überrascht, sie und das Baby zu sehen.

Savannah begrüßte Guthrie wie eine alte Freundin, umarmte sie und gab ihr einen Kuss auf die Wange.

Guthrie fühlte sich sofort mit ihr verbunden. Auch sie hatte kurz zuvor ein Mädchen zur Welt gebracht, das einen Tag nach Zhuri geboren worden war. Guthrie knüpfte an die Tatsache an, dass Savannah kein Make-up trug und eine Wickeltasche dabeihatte.

Um das Eis zwischen ihr und LeBron zu brechen, fragte ihn Guthrie, ob er die Anonymität vermisse.

„Das ist schon so lange her, dass ich mich nicht mehr erinnern kann", sagte LeBron.

Guthrie spürte, dass LeBron nicht in der Stimmung war, viel zu sagen. Die Last, einen Titel nach Cleveland holen zu müssen, schien ihn zu bedrücken.

Unter den Augen von Mendelsohn arbeitete Guthrie ihren Fragenkatalog ab, und LeBron spielte mechanisch mit. Schließlich brachte Guthrie den kürzlichen Tod des zwölfjährigen Tamir Rice zur Sprache, eines schwarzen Jungen, der von der Polizei in Cleveland erschossen worden war, als er in einem Park mit einer Spielzeugpistole herumfuchtelte.

„Ich führe solche Gespräche auch mit meinen Jungs", sagte LeBron. „Sie haben jede Menge Spielzeugwaffen. Keine von ihnen sieht echt aus. Wir haben Plastikwaffen, die lindgrün, lila und gelb sind. Aber ich erlaube ihnen nicht einmal, die mit nach draußen zu nehmen."

Guthrie fragte LeBron und Savannah, ob sie mit ihren Söhnen darüber gesprochen hätten, was zu tun sei, wenn sie jemals von der Polizei angehalten würden.

„Absolut", sagte LeBron. „Und wir haben ihnen gesagt: ‚Seid respektvoll. Tut, was sie von euch verlangen. Und lasst sie ihren Job machen. Um den Rest kümmern wir uns danach. Ihr dürft nicht angeben und herumprahlen und automatisch denken, dass wir und die Polizei Gegner wären.'"

Guthrie war auf etwas gestoßen, das LeBron sehr am Herzen lag.

„Ich hatte in meinem Leben ein oder zwei Begegnungen mit der Polizei, die nicht der Rede wert waren", fuhr er fort. „Aber manchmal muss man eben die Klappe halten. So einfach ist das. Sei einfach still und lass sie ihren Job machen, mach weiter mit deinem Leben, und hoffentlich läuft alles gut."

„Für alle", mischte sich Savannah ein.

Guthrie schrieb seit Langem über Hollywood. Sie fand es erfrischend, jemanden von LeBrons Format so offen und ehrlich über Themen sprechen zu hören, die so kontrovers geworden waren. „LeBron betrachtet diese Dinge so, wie eine weiße Frau aus der Mittelschicht das nicht könnte", sagte Guthrie. „Ich musste mich dem nie so stellen wie er. Und er wollte darüber sprechen, weil er wusste, dass seine Worte etwas bewirken konnten."

Ende Februar erschien LeBron zum ersten Mal auf dem Cover des *Hollywood Reporter.* Unter dem Titel „LeBron James enthüllt ehrgeizigen Plan zum Aufbau eines Hollywood-Imperiums" hob Guthrie in ihrem 3.400 Wörter umfassenden Porträt eine Reihe von Projekten hervor, an denen LeBron und Maverick mit ihrer Produktionsfirma SpringHill arbeiteten. Ihre Komödie *Survivor's Remorse* war ins Programm des Premium-Kabelsenders Starz aufgenommen worden. LeBron hatte sich verpflichtet, zusammen mit dem Komiker Kevin Hart in einem Film namens *Ballers* von Universal Pictures mitzuspielen. Und Maverick führte Gespräche mit Warner Bros. über die Möglichkeit, dass LeBron in einer Fortsetzung von *Space Jam* mitspielen würde. Durch Guthries Story wurden LeBron, Maverick und SpringHill als aufstrebende Größe in der Film- und Fernsehbranche positioniert. Aber Guthrie brachte auch feinfühlig auf den Punkt, was für LeBron am wichtigsten war – dass Clevelands Meisterschaftsgewinn für ihn unmittelbare Priorität hatte.

***

Mit 51:29 beendeten die Cavaliers die reguläre Saison mit dem zweitbesten Ergebnis der Eastern Conference. In der Schlussphase hatten LeBron, Irving und Love ihren Rhythmus gefunden. Um den Kader zu verstärken, wurde das Team am Ende der Saison um die NBA-Veteranen J.R. Smith, Iman Shumpert und Kendrick Perkins ergänzt.

Die Cavs fegten in der ersten Runde der Play-offs die Celtics vom Platz. Doch in Spiel 4 geriet Kevin Love mit einem Spieler der Celtics aneinander, der ihn am Arm packte und so heftig zerrte, dass der Arm aus dem Schultergelenk sprang. Love rannte unter Qualen vom Platz.

Die Verletzung erforderte eine Operation, womit für ihn die Saison gelaufen war.

Der Ausfall von Love war ein schwerer Schlag. Ohne ihn taten sich die Cavs zu Beginn der nächsten Runde gegen die Bulls schwer. Bei einem 1:2-Rückstand mussten die Cavs in Spiel 4 in Chicago unbedingt gewinnen. 1,5 Sekunden vor Schluss, beim Spielstand von 84:84, entwarf Cavaliers-Cheftrainer David Blatt einen Spielzug, bei dem LeBron den Ball unter dem Korb der Cavs stehend einlochen sollte. Aber LeBron ignorierte Blatt und sagte zu seinen Teamkollegen: „Gebt mir einfach den Ball."

Reserve-Guard Matthew Dellavedova hielt sich exakt an LeBrons Anweisung. Als der Schiedsrichter ihm den Ball übergab, spielte Dellavedova ihn zu LeBron, der vortäuschte, zum Korb zu gehen, und stattdessen zur Bank der Bulls lief. Mit einer einzigen Bewegung fing LeBron den Pass ab, hob ab und machte einen Fallaway-Wurf.

„LeBron feuert", sagte Mike Breen von ESPN.

Als die Schlusssirene ertönte, war der Ball in der Luft, und LeBron landete im Aus.

„Er ist drin!", schrie Breen. „LeBron James mit dem Schlusston!"

Die Zuschauer im United Center waren fassungslos, während sich LeBrons Mannschaftskameraden am Tisch der Offiziellen auf ihn stürzten. Beim Stand von 2:2 unentschieden kehrte die Serie nach Cleveland zurück.

Die Bulls erholten sich nicht mehr von der Niederlage, die Cavs gewannen die folgenden zwei Spiele und zogen in die Eastern Conference Finals ein, wo die als Favorit gehandelten Atlanta Hawks auf sie warteten.

In Spiel 1 in Atlanta konnte Kyrie Irving aufgrund einer Sehnenentzündung im linken Knie nicht über die volle Spielzeit eingesetzt werden. J.R. Smith füllte die Lücke und erzielte neben LeBrons 31 Punkten 28 weitere. Die Cavs gewannen das Eröffnungsspiel. Dann fiel Irving wegen seiner Sehnenscheidenentzündung in Spiel 2 und 3 aus. Matthew Dellavedova war an seiner Stelle in der Startaufstellung. Weitere Rollenspieler kamen ins Team. Und LeBron kümmerte sich um die Offensive und erzielte im Durchschnitt über dreißig Punkte pro Spiel. Die Cavs lagen 3:0 in Führung, als Irving zurückkam.

Cleveland gewann Spiel 4 mit dreißig Punkten Vorsprung, womit sie Atlanta aus dem Rennen warfen.

Zum fünften Mal in Folge stand LeBron in den NBA-Finals, ein Kunststück, das außer Bill Russell mit seinen Celtics-Teamkollegen in den Sechzigerjahren noch kein Spieler geschafft hatte. Aber die Cavaliers waren vom Sieg noch weit entfernt.

***

Die Golden State Warriors waren 2014/2015 das mit Abstand beste Team in der NBA. Angeführt von Steve Kerr als Chefcoach in seinem ersten Jahr und einem jungen Star-Trio – dem 24-jährigen Klay Thompson, dem 24-jährigen Desmond Greene und dem 26-jährigen NBA-MVP Stephen Curry –, hatten die Warriors in der regulären Saison mit 67 : 15 abgeschnitten. Nur fünf Teams in der Geschichte der NBA wiesen eine bessere Bilanz auf.

Curry und Thompson, genannt „The Splash Brothers" wegen der Art, wie sie ihre Dreier versenkten, legten in Spiel 1 in der Oracle Arena in Oakland los wie die Feuerwehr. Zusammen erzielten sie 47 Punkte. Aber LeBron war nicht aufzuhalten. Er erzielte 44 Punkte, und Irving steuerte 23 bei. Nach dem letzten Viertel stand es unentschieden.

Doch in der Verlängerung knickte Irvings Knie weg, als er gegen Klay Thompson prallte. Irving hatte 44 Minuten gespielt. Jetzt konnte er nicht mehr allein aufstehen. Röntgenaufnahmen ergaben, dass er sich die Kniescheibe gebrochen hatte.

Die Warriors setzten sich in der Verlängerung durch und gingen mit 1 : 0 in Führung.

Da Love bereits ausgefallen war, betrachtete LeBron den Verlust von Irving als herben Schlag für das Team, besonders in dieser Phase. Die Herausforderung, die Warriors zu schlagen, war plötzlich noch größer geworden. Aber LeBron ließ sich nicht unterkriegen. Besessen davon, Cleveland eine Meisterschaft zu bescheren, sah er sich in der Umkleide um und suchte sich den „nächsten Mann" aus. Matthew Dellavedova sollte als Point Guard beginnen und gegen Curry antreten. J. R. Reid und Iman Shumpert mussten mehr Punkte erzielen. Tristan

Thompson musste mehr Rebounds holen. Und in der Defense mussten sich alle reinhängen und am Halbkreis aushelfen.

Die Warriors hingegen witterten vor Spiel 2 Blut. Aber da Dellavedova Curry den ganzen Abend über bedrängte, hatte der beste Spieler der Warriors Schwierigkeiten, den Korb zu treffen. Auf der anderen Seite attackierte LeBron unermüdlich mit Drives und Dunks den Korb. In einem Spielzug, der die Partie perfekt zusammenfasste, zog LeBron zum Korb und wurde von Draymond Green gefoult, der in der Luft mit ihm zusammenstieß und ihm mit dem Unterarm im Gesicht traf. Doch es war Green, der sich überschlug und auf dem Boden landete. LeBron war eine Ein-Mann-Abrissbirne. Er kam auf 39 Punkte, 16 Rebounds und 11 Assists. Und die Cavs gewannen mit zwei Punkten Vorsprung in der Verlängerung und schockierten die Zuschauer in Oracle. Als die Schlusssirene ertönte, knallte LeBron den Ball auf das Parkett, ballte die Fäuste und stieß einen lauten Schrei aus.

Erschöpft verließ er das Spielfeld und ging gerade auf den Tunnel zu, als ihn eine weiße Frau im Warriors-Gewand anschrie: „LeBron, wie fühlt es sich an, eine Pussy-Schlampe zu sein?“

LeBron blieb stehen und starrte sie an.

„Hey!“, rief ein Sicherheitsbeamter der Arena. „Passen Sie auf, was Sie sagen, Frau.“

Es ärgerte LeBron, dass eine dahergelaufene Fremde zu einem verheirateten Familienvater mit drei kleinen Kindern so etwas Niederträchtiges sagen konnte und damit durchkam. Aber er schwieg und ging weiter zur Umkleidekabine. In der Serie stand es 1 : 1, und er wollte unbedingt nach Hause.

In Spiel 3 lieferte sich LeBron im Q einen Wettkampf mit Curry und Thompson. LeBron erzielte 40 Punkte. Curry und Thompson kamen zusammen auf 41. Und Dellavedova spielte das Spiel seines Lebens und steuerte 20 Punkte bei. Die Cavs gewannen erneut, diesmal 96 : 91, und gingen unverhofft mit 2 : 1 in Führung.

Die *New York Times* meinte, LeBron habe die Serie zu seinem „persönlichen Spielplatz“ gemacht. In den ersten drei Spielen hatte er 107 Korbwürfe abgegeben, 123 Punkte erzielt, seine Teamkollegen mitgerissen und die Stadt Cleveland in Atem gehalten. „Ich weiß, dass unser Team um sein Leben kämpft", sagte LeBron vor Spiel 4. „Wir sind unterbesetzt. Wir sind unterlegen. Und wir kämpfen."

Mehr konnten die Fans von Cleveland nicht verlangen. LeBron und eine Reihe unermüdlich rackernder Rollenspieler brachten ein stark favorisiertes Superteam an den Rand des Abgrundes. Die Warriors antworteten mit einem Sieg in Spiel 4 und glichen in der Serie aus. In Spiel 5, wieder in Oakland, erzielte Curry 37 Punkte, davon 17 im letzten Viertel. Vier weitere Spieler der Warriors erzielten zweistellige Ergebnisse. LeBron war nicht zu stoppen – er erzielte 40 Punkte, schnappte sich 14 Rebounds und verteilte 11 Assists. Doch die Warriors gewannen mit 13 Punkten Vorsprung und gingen in der Serie mit 3:2 in Führung.

In der Presse wurde darauf hingewiesen, dass LeBron mit viel Selbstvertrauen zu spielen schien, obwohl Irving und Love nicht im Einsatz waren. „Spüren Sie in diesem Finale weniger Druck, weil ihr unterbesetzt seid?", fragte ein Reporter.

„Ich fühle mich sicher, weil ich der beste Spieler der Welt bin", sagte LeBron und hielt inne, während die Kameras klickten. „So einfach ist das."

Die Rivalität zwischen LeBron und Curry war in den Mittelpunkt gerückt. Und es waren die unterhaltsamsten NBA-Finals seit den Tagen von Michael Jordan. LeBron war besser als Curry. Aber letztendlich hatte Curry ein überlegenes Team. In Spiel 6 in Cleveland war LeBron 47 von 48 Minuten auf dem Platz, erzielte 32 Punkte, holte 19 Rebounds und spielte 9 Assists. Curry erzielte 25 Punkte, vier seiner Teamkollegen punkteten zweistellig, und Golden State gewann das Spiel gegen die Cavaliers und sicherte sich die Meisterschaft.

Curry wurde zum MVP der Finals ernannt, jedoch merkten viele Sportjournalisten an, dass dies der seltene Fall war, in dem ein Mitglied des unterlegenen Teams diese Auszeichnung verdient hätte.

LeBron war der erste Spieler in der Geschichte der NBA-Finals, der in der gesamten Serie mehr Punkte, Assists und Rebounds erzielt hatte als jeder andere Spieler in beiden Teams. Dreimal hatte er 40 oder mehr Punkte erzielt und war im Durchschnitt auf über 35 Punkte, 13 Rebounds und 9 Assists pro Spiel gekommen. Es war eine der dominantesten Finalleistungen der NBA-Geschichte und bei Weitem die beste Finalleistung in seiner Karriere.

Aber nichts davon linderte den Schmerz, die Warriors auf dem Spielfeld der Quicken Loans Arena feiern zu sehen. Lange nachdem seine Mannschaftskameraden das Gebäude verlassen hatten, saß LeBron noch an seinem Spind, ein Handtuch über den Schultern. Ausgelaugt und allein dachte er nach. Einen Titel in Cleveland zu gewinnen, war viel schwieriger, als er es sich vorgestellt hatte. Er war dreißig Jahre alt und würde er nicht mehr jünger werden. Und die Warriors hatten gerade erst angefangen.

34

LIEFERUNG

Im Sommer 2015 dachte LeBron über seine Entscheidung nach, wieder nach Hause zu ziehen. Im Großen und Ganzen verlief alles so, wie er es sich erhofft hatte. Savannah und die Kinder fühlten sich in der vertrauten und sicheren Umgebung des Nordostens von Ohio wohl. LeBrons ältester Sohn war in einer AAU-Basketballmannschaft erfolgreich. LeBrons Familienstiftung hatte tiefgreifende Auswirkungen auf die Gemeinschaft – LeBron hatte sich mit der Chase Bank und der University of Akron zusammengetan, um Schülern in Akron, die die Schule mit einem Notendurchschnitt von 2,0 abgeschlossen hatten, vierjährige Stipendien zu garantieren. Im ersten Jahr des Programmes erhielten über tausend Schulabgänger ein Vollstipendium.

Auch LeBrons geschäftlichen Aktivitäten hatte es nicht geschadet, dass er in seine Heimatstadt zurückgezogen war. 2015 unterzeichneten LeBron und Maverick einen Entwicklungsvertrag mit Warner Bros., der es SpringHill ermöglichte, in Zusammenarbeit mit einem großen Hollywoodstudio Filme und Fernsehsendungen zu entwickeln. Und Warner Bros. und Turner Sports investierten mehr als 15 Millionen Dollar in Uninterrupted, eine digitale Medienplattform, die LeBron und Maverick entwickelt hatten. Dort konnten Sportler ihre Meinung äußern, ähnlich wie LeBron mit seinem Essay auf der Website von *Sports Illustrated.* Zur gleichen Zeit verhandelte LeBron mit Nike über einen beispiellosen, lebenslangen Werbevertrag im Wert von einer Milliarde Dollar.

Doch sein Hauptziel bei der Rückkehr nach Cleveland – eine Meisterschaft zu gewinnen – war unerfüllt geblieben. Die Golden State Warriors standen dem märchenhaften Ende im Weg, das sich LeBron vorgestellt hatte, als er Miami verließ. Er war sich sicher, dass die Warriors noch besser werden und noch schwerer zu überwinden sein würden. Doch Nacht für Nacht träumte LeBron immer wieder davon, wie es sich anfühlen würde, für Cleveland zu gewinnen.

Nach einer Pause bereitete er sich für einen weiteren Sturm auf den Titel vor. Zunächst sorgte er dafür, dass die Cavs Kevin Love, Tristan Thompson und Iman Shumpert erneut unter Vertrag nahmen. Dann willigte er selbst in einen weiteren Einjahresvertrag ein. Außerdem intensivierte er sein Training, optimierte seine ohnehin schon strenge Diät und führte Einzelgespräche mit wichtigen Mannschaftskameraden, um sie mental auf die kommende Saison vorzubereiten. Während sich Love von seiner Schulteroperation erholte, munterte LeBron ihn auf, indem er ihm versicherte, dass das Team ihn brauche, um wieder voll einsatzfähig zu sein.

Seit Beginn der Saison 2015/2016 beobachtete LeBron die Warriors genau, zeichnete ihre Spiele auf und schaute diese mitten in der Nacht an. Er hatte sich daran gewöhnt, dass der Kommentator immer dieselben drei Wörter sagte: „Curry. Drei. Gut." Dank Currys rekordverdächtigen Dreipunktewürfen schienen die Warriors unbesiegbar zu sein. Der NBA-Rekord für aufeinanderfolgende Siege zu Beginn einer Saison lag bei 15. Er bestand seit 1949. Doch die Warriors schleiften diese Marke. Mitte Dezember hatten sie 24:0 Siege verbucht. „Sie haben mit Steph Curry den aktuell mit Abstand besten Spieler im Basketball", sagte NBA-Analyst David Aldridge gegenüber NPR. „Und ich sage das in dem Wissen, dass LeBron James unglaublich talentiert und begabt und ein großartiger Spieler ist, aber was Curry macht, ist verblüffend."

Die Cavaliers taten sich unterdessen schwer, LeBrons Standards gerecht zu werden. Sie waren die beste Mannschaft in der Eastern Conference. Dennoch entließ das Team nach der Hälfte der Saison Cheftrainer David Blatt und ersetzte ihn durch Tyronn Lue, der bei den Spielern beliebter war. In der zweiten Saisonhälfte verlor das Team unter Lue mehr Spiele als unter Blatt. LeBron war mit seinem Latein am Ende.

Auch wenn Maverick Carter in Los Angeles lebte und mit der Leitung von SpringHill alle Hände voll zu tun hatte, behielt er die Situation in Cleveland genau im Auge. Er erkannte, was vor sich ging. Einige der Cavs-Spieler waren nicht so engagiert, wie LeBron es für angebracht hielt. Aber Maverick wusste auch, dass LeBron ein Perfektionist war. Gegen Ende der regulären Saison rief Maverick ihn an. „Du bekommst eine Menge Geld dafür, dass du tust, was du besser kannst als jeder andere auf der Welt", sagte Maverick zu ihm. „Also mach es einfach. Kümmere dich nicht um diesen oder jenen Typen oder darum, wer oder was jemand anderes ist. Spiel einfach."

Die Cavs beendeten die reguläre Saison mit der besten Bilanz in der Eastern Conference, 57:25. Die Warriors hingegen erzielten mit 73:9 die beste Bilanz in der Geschichte der NBA. Curry hatte die höchste Punktzahl in der Liga, stellte den NBA-Rekord für Dreierwürfe in einer Saison auf und wurde zum zweiten Mal in Folge zum MVP gewählt. Die Warriors hatten als einziges Team 2016 drei Spieler – Curry, Thompson und Green – in das All-Star-Team entsandt. Und Steve Kerr wurde zum Trainer des Jahres gewählt. Die Warriors waren so dominant und beliebt, dass sie von einigen Journalisten als „Amerikas Team" bezeichnet wurden.

LeBron hatte oft genug gehört, wie großartig die Warriors waren. Und es ärgerte ihn, dass Curry als der beste Spieler der Welt bezeichnet wurde. Curry war ein frischgebackener Star, der für seine unheimlich präzisen Fernwürfe, sein Handling, als wäre der Ball ein Jo-Jo, und seine Steals bekannt war. Er war ein meisterhafter Showman, der zwei phänomenal unterhaltsame Spielzeiten hinter sich hatte, und er hatte die MVP-Auszeichnung verdient. Aber LeBron war seit 13 Jahren der talentierteste Basketballspieler der Welt. Die meiste Zeit hatte er in Teams gespielt, in denen er der einzige Star war. Seine Fähigkeit, auf allen fünf Positionen zu spielen, machte es schwierig, ihn in eine bestimmte Kategorie einzuordnen. Und seine Gesamtleistung – von der NBA bis zu den Olympischen Spielen – bewegte sich auf einer anderen Ebene als die von Curry. Für LeBron war der Begriff „wertvollster Spieler" auslegungsfähig, und es gab einen Unterschied zwischen dem wertvollsten Spieler und dem besten Spieler einer bestimmten Saison.

Colin Cowherd von Fox Sports sah es genauso. Er meinte, Curry sei für den Erfolg seines Teams nicht so wichtig wie LeBron in Miami oder Cleveland. „Ich bin mir nicht sicher, ob diese Liga jemals einen so wertvollen Spieler wie LeBron James hatte", sagte Cowherd. Er fügte hinzu: „Steph Curry sollte ‚Bester Spieler des Jahres' werden, aber LeBron ist der wahre MVP."

Die Cavs rauften sich zum richtigen Zeitpunkt zusammen und meisterten die Play-offs mit Bravour, indem sie zwei Teams aus dem Weg räumten, ohne jemals herausgefordert zu werden. Die Warriors dagegen wurden in den Western Conference Finals beinahe von Kevin Durant und den Oklahoma City Thunder ausgeschaltet. Nach einem 1:3-Rückstand kamen die Warriors zurück und gewannen die Serie.

Eine Revanche zwischen den Cavaliers und den Warriors war eine Goldgrube für die NBA und ihre Netzwerkpartner. In den NBA-Finals 2016 standen sich eines der besten Teams der NBA-Geschichte und einer der besten Spieler der NBA-Geschichte gegenüber. Die Warriors versuchten, ihren Titel zu verteidigen. LeBron war auf der Jagd nach einer Meisterschaft für Cleveland. Und die Debatte darüber, wer der bessere Spieler war – Curry oder LeBron –, würde auf dem Spielfeld entschieden werden. Gemessen an den Einschaltquoten bot ABC das beste TV-Drama.

Die Warriors besiegten die Cavs in den Spielen 1 und 2 in Oakland, mit insgesamt 48 Punkten Vorsprung. In Spiel 3 in Cleveland antworteten die Cavs und schlugen die Warriors mit 30 Punkten Differenz. Doch im entscheidenden Spiel 4 am 10. Juni drehte Curry auf, lochte sieben Dreier ein und erzielte 38 Punkte. Thompson fügte 25 Punkte hinzu, brachte die Menge zum Schweigen und bescherte den Warriors eine souveräne 3:1-Führung in der Serie. Die Splash Brothers lächelten, als sie das Q verließen.

Die Cavs schienen dem Untergang geweiht. Kein Team hatte jemals nach einem 3:1-Rückstand das NBA-Finale gewonnen. Und die Warriors hatten in der gesamten Saison noch keine drei Spiele in Folge verloren. Doch eine Auseinandersetzung zwischen LeBron und Draymond Green gegen Ende von Spiel 4 erwies sich als Wendepunkt in der Serie. Green hatte LeBron während des gesamten Spieles verbal und körperlich bedrängt. Als weniger als drei Minuten zu spielen waren und die Warriors mit zehn Punkten führten, hatte LeBron genug. Als Green einen Block aufstellte, schob sich LeBron hindurch. Green ging zu Boden, und LeBron stieg über ihn hinweg, um das Spiel fortzusetzen. Bei dem Versuch aufzustehen, während LeBron über ihm war, schlug Green nach LeBrons Leiste. LeBron hielt dagegen. Sie standen Brust an Brust, tauschten Beleidigungen aus und fingen an zu schubsen. Gegen beide Spieler wurden wegen Fouls gepfiffen, was jedoch keinen Einfluss auf den Ausgang des Spieles hatte.

Der Streit zwischen LeBron und Green eskalierte in den Pressekonferenzen nach dem Spiel. Wegen LeBrons Reaktion auf Draymond Green befragt, machte sich Klay Thompson über LeBron lustig, indem er sagte, die NBA sei „eine Männerliga" und Trashtalk sei Teil des Spieles. „Ich weiß nicht, wie sich der Mann fühlt", sagte Thompson. „Aber natürlich haben Menschen Gefühle. Die Gefühle von Menschen werden verletzt. Ich schätze, er wurde gerade in seinen Gefühlen verletzt."

Während Thompson mit der Presse sprach, war LeBron in der Umkleidekabine und versicherte seinen Mannschaftskameraden, dass sie die Warriors genau da hätten, wo sie sie haben wollten. Er erklärte, dass sie kein weiteres Spiel verlieren würden.

Als LeBron dann den Medienraum betrat, bezog sich ein Reporter auf Thompsons Worte und fragte ihn, ob er sich dazu äußern wolle.

„Was, sagten Sie, hat Klay gesagt?", fragte LeBron.

„Klay hat gesagt: ‚Ich schätze, er wurde gerade in seinen Gefühlen verletzt'", wiederholte der Reporter.

Ein Mikrofon in der Hand, ließ LeBron sein Kinn auf die Brust fallen und lachte.

Die Presseleute kicherten.

„Meine Güte", sagte LeBron und grinste. „Ich werde nicht kommentieren, was Klay gesagt hat." Er hielt inne und lachte erneut. Dann sah er den Reportern in die Augen. „Es ist so schwer, den richtigen Weg zu gehen", sagte LeBron mit einem Lächeln. „Ich mache das seit 13 Jahren. Es ist so schwer, das weiter zu tun. Und ich werde es wieder tun."

LeBron brauchte keine zusätzliche Motivation. Aber Thompson hatte für Nachschub gesorgt.

Später an diesem Abend setzte sich LeBron mit Savannah zusammen. Gegen zwei Uhr dreißig morgens fingen sie an, *Eddie Murphy Raw* anzuschauen. Nachdem er etwa neunzig Minuten lang hysterisch gelacht hatte, schickte LeBron noch vor dem Morgengrauen eine Gruppennachricht an seine Mannschaftskameraden. Noch am gleichen Tag würden sie in ein Flugzeug nach Oakland steigen. Aber LeBron hatte vorher noch eine Nachricht für sie. „Ich weiß, dass wir 1 : 3 zurückliegen", sagte er. „Aber wenn ihr nicht glaubt, dass wir diese Serie gewinnen können, steigt nicht in das verdammte Flugzeug."

LeBron spielte ein Spiel innerhalb des Spieles. Er hatte sieben Mal die NBA-Finals erreicht und wusste, wie schwer es war, zwei Titel in Folge zu gewinnen. Er hat auch gelernt, dass eine Serie von sieben Spielen ein Zermürbungskampf ist und mentale Disziplin eine große Rolle dabei spielt, wer sich durchsetzt. Die Warriors verhielten sich wie ein Team, das Anspruch auf die Trophäe hat. LeBron hielt das für einen großen Fehler.

Nachdem die Cavaliers in Oakland angekommen waren, gab die NBA bekannt, dass Draymond Green für Spiel 5 gesperrt war. Er wurde rückwirkend für ein offenkundiges Foul bei einem „Vergeltungsschlag mit der Hand gegen die Leiste" von LeBron bestraft. Für sich allein genommen rechtfertigte Greens flagrantes Foul keine Sperre. Aber Green war ein Provokateur, und zu Beginn der Nachsaison war er zweimal wegen offener Fouls bestraft worden. Einmal, weil er einen Spieler der Houston Rockets zu Boden geworfen hatte, und ein anderes Mal hatte er einem Spieler von Oklahoma City zwischen die Beine getreten. Entsprechend den Regeln der NBA wurde Green nach seinem dritten offenkundigen Foul in den Play-offs automatisch für ein Spiel gesperrt.

LeBron kannte die Regeln, als er über Green hinweggestiegen war. Der langjährige Sportkolumnist der *New York Times,* Harvey Araton, meinte, dass LeBron im Grunde zu Green gesagt hatte: „Schau dir meine Leistengegend an." Indem er Green anstachelte, hatte LeBron ihn bei seinem eigenen Spiel geschlagen. Basketballjournalisten nannten Green „Nussknacker". Doch Greens Disqualifikation war für die Warriors kein Grund zum Lachen. Als hartnäckiger Rebounder und Shotblocker war Green das Zentrum der Defense.

Er war auch der emotionale Anführer des Teams, der den Ton angab, indem er die Drecksarbeit erledigte, was es Curry und Thompson ermöglichte, sich zu entfalten.

Vor Spiel 5 brachte sich LeBron in die richtige Stimmung, indem er sich *Der Pate II* ansah. In einer Szene stattet der auf Rache sinnende Gangsterboss Michael Corleone Frankie Pentengeli einen Überraschungsbesuch ab, bevor er ihn ausschaltet – ähnlich fühlte LeBron gegenüber Green und den Warriors.

Frankie: Ich wünschte, du hättest mich wissen lassen, dass du kommst. Ich hätte etwas für dich vorbereiten können.

Corleone: Ich wollte nicht, dass du weißt, dass ich komme.

In Greens Abwesenheit nahmen die Cavs die Warriors in die Mangel. Die großen Männer kontrollierten den Drei-Sekunden-Raum, und LeBron und Kyrie erzielten jeweils 41 Punkte. Es war das erste Mal in der Geschichte der Liga, dass Teamkollegen in einem Endspiel jeweils mehr als 40 Punkte holten. Die Cavs gewannen mit 15 Punkten Vorsprung. Als die Schlusssirene ertönte, versuchte Curry einen bedeutungslosen Layup. Obwohl das Spiel vorbei war, blockte LeBron den Schuss von Curry und sandte damit eine nicht ganz so subtile Botschaft an den MVP der Liga. Danach erklärte die *New York Times*, dass LeBron „nach wie vor der beste Basketballspieler der Welt ist".

Die Warriors lagen immer noch mit 3:2 in Führung. Doch nun mussten sie nach Cleveland zurückkehren, und Warriors-Trainer Steve Kerr befürchtete, dass LeBron die Kontrolle über die Serie übernehmen würde. Als Spieler hatte Kerr fünf NBA-Meisterschaften gewonnen, darunter drei in Folge mit den Chicago Bulls in der Ära von Michael Jordan. Kerr wusste, wie viel mentale Stärke erforderlich war, um zwei Titel in Folge zu gewinnen. „So etwas passiert nicht einfach so", sagte er zu seinen Spielern nach Spiel 5. „Es ist schwerer."

Für die Cavaliers war Spiel 6 das größte Spiel in der Geschichte des Clubs. Cleveland nutzte die Energie der Zuschauer und stürmte zu einer 31:9-Führung. Draymond Green stand zwar wieder in der Startaufstellung, spielte aber nur zögerlich. Die Cavs waren viel körperbetonter, und die Warriors konnten mit ihrem Energielevel nie mithalten. Während einer Phase in der zweiten Halbzeit erzielte LeBron 18 Punkte in Folge. Er dominierte die Warriors nicht bloß. Er schikanierte sie. Im letzten Viertel, als LeBron eigentlich eine Verschnaufpause gebraucht hätte, sagte er zu Coach Lue: „Ich gehe nicht raus.“ Vier Minuten vor Schluss, als sein Team mit 13 Punkten führte, zog Curry zum Korb und täuschte mit dem Kopf an, in der Hoffnung, LeBron zum Hochspringen zu bewegen. Aber LeBron biss nicht an. Stattdessen wartete er darauf, dass Curry einen Layup versuchte, und schlug dessen Wurf ins Aus. Er starrte Curry an und bellte eine Message: Schaff diesen schwachen Scheiß aus meinem Haus! Das Q erbebte unter dem Applaus. Es hatte sich noch nie so gut angefühlt, ein Cavs-Fan zu sein.

Wenige Augenblicke später versuchte Curry am anderen Ende des Spielfeldes, LeBron den Ball aus der Hand zu schlagen, was ihm einen Pfiff für sein sechstes Foul eintrug. Aus Wut über die Entscheidung stürzte sich Curry auf den Schiedsrichter und schleuderte seinen Mundschutz weg, wobei er einen Fan am Spielfeldrand traf. Der Schiedsrichter bewertete Currys Tat als technisches Foul und verwies ihn des Feldes. Es war das erste Mal in Currys Karriere, dass er aus einem Spiel geworfen wurde. Beim Verlassen des Platzes wurde er verhöhnt.

Im Gegensatz dazu spielte LeBron 43 Minuten und erzielte 41 Punkte – im zweiten Spiel hintereinander. Die Cavs gewannen mit 14 Punkten Vorsprung und glichen in der Serie mit 3:3 aus. Danach beschwerte sich Steve Kerr darüber, wie die Offiziellen Curry behandelt hatten. „Er ist der MVP der Liga“, sagte Kerr. „Er kriegt sechs Fouls angehängt. Drei davon waren absolut lächerlich. LeBron lässt sich fallen. Jason Phillips fällt darauf rein. Das ist der MVP der Liga, und wir sprechen über diese Touchfouls in den NBA-Finals.“ Currys Frau twitterte unterdessen, dass das Spiel manipuliert worden sei. „Ich werde nicht schweigen“, sagte sie.

Die NBA verhängte gegen Kerr eine Geldstrafe, weil er einen Schiedsrichter namentlich genannt hatte. Curry wurde mit einer Geldstrafe belegt, weil er seinen Mundschutz geworfen und einen Fan getroffen hatte. Und seine Frau nahm ihren Tweet zurück.

Die Warriors waren im Begriff, sich aufzulösen.

In der Umkleide der Cavs lächelte LeBron. „Sie haben es vermasselt, mental und physisch“, erklärte er seinem Team. „Ich sage es euch. Sie. Sind. Am. Arsch.“

Spiel 7, wieder in Oakland, war die engste Partie der Serie. Es gab 20 Führungswechsel und 18-mal Gleichstand. Weniger als zwei Minuten vor Schluss stand es 89:89, als Kyrie Irving durch die Gasse zog und einen Floater warf. Der Spielzug, der LeBrons Vermächtnis definieren und Clevelands Sportgeschichte umkehren sollte, hatte begonnen.

Irving verfehlte mit seinem Floater den Korb. Warriors-Forward Andre Iguodala schnappte sich den Rebound, lief los und gab den Ball an Curry weiter. Da er einen Verteidiger vor sich hatte und Iguodala zum Korb ging, spielte Curry den Ball mit einem Bodenpass zu ihm zurück. Iguodala war gut vier Meter vom Korb entfernt, als er Currys Pass im Laufschritt abfing, zwei Schritte machte und zum Layup ansetzte.

LeBron war auf der gegenüberliegenden Seite des Spielfeldes, 6,5 Meter vom Korb entfernt, als Iguodala den Pass von Curry abfing. Ich kann es schaffen, sagte er sich. LeBron hob ab und sprang einen Meter in die Höhe. In der Luft musste er drei Hindernisse überwinden: Er musste sich vom Korbrand fernhalten, durfte Iguodala nicht foulen und musste den Ball erreichen, bevor dieser das Backboard berührte. Sein Brustkorb befand sich auf der Höhe von Iguodalas Kopf, als LeBron den Ball gegen das Backboard knallte, direkt über dem Ring. Der Ball prallte von dort in die Hände von J.R. Smith. Der entscheidende Wurf von Golden State war mitten im Flug abgefälscht worden.

Der Spielzug ging so schnell über die Bühne – eine Analyse sollte später zeigen, dass LeBron 18 Meter in 2,67 Sekunden zurückgelegt hatte, was circa 20 Meilen pro Stunde entsprach –, dass die Kommentatoren die Bedeutung dieser Leistung erst bei der Zeitlupenwiederholung erkannten. „Oh … meine … Güte", sagte Jeff Van Gundy von ABC. „Toller Pass von Curry. Knapp an Iguodala vorbei. Und eine übermenschliche Defensivleistung von LeBron James."

Auf der anderen Seite, während die Wurfzeit ablief und Curry ihn von jenseits der Dreipunktelinie bewachte, trat Kyrie einen Schritt zurück und verwandelte einen entscheidenden Wurf, der sein Team mit 92:89 in Führung brachte. Curry, der Kevin Love nicht abschütteln konnte, erzwang einen Dreier, der vom Ring in die Hände von LeBron prallte, der gefoult wurde. LeBron verwandelte einen Freiwurf, brachte Cleveland zehn Sekunden vor Schluss mit vier Punkten in Führung und besiegelte damit den Sieg. Wenige Augenblicke später scheiterten die Warriors mit einem verzweifelten Wurf, gerade als der Buzzer ertönte.

„Es ist vorbei! Es ist vorbei", rief Mike Breen von ABC, während Kevin Love LeBron von den Füßen hob. „Cleveland ist wieder eine Stadt der Champions. Die Cavaliers sind NBA-Meister."

Die Cavs stürzten sich auf LeBron. Im Chaos rannte Maverick Carter aufs Spielfeld und umarmte seinen Freund.

Überwältigt sank LeBron auf die Knie.

Als er bei den Heat spielte und schließlich seine erste Meisterschaft gewann, hatte er nicht die Fassung verloren. Er hatte auch nicht geweint, nachdem er den zweiten Titel in Miami gewonnen hatte. Aber das hier war anders, epischer, als er es sich erträumt hatte. Er hatte sich aus einem 3:1-Loch befreit und ein Team besiegt, das unschlagbar schien, und er hatte für die Menschen in Nordost-Ohio entgegen aller Wahrscheinlichkeit geliefert. Die 52-jährige Durststrecke von Cleveland in Sachen Meisterschaft war vorbei. Dafür war er nach Hause gekommen.

LeBron drückte sich mit dem Gesicht auf den Boden und weinte.

35

BELIEVELAND

Die NBA-Finals des Jahres 2016 waren LeBrons Meisterstück, und Spiel 7 hatte die höchste Einschaltquote, die ABC je bei einem NBA-Spiel erreicht hatte. Eine Rekordzahl von 45 Millionen Zuschauern verfolgte, wie LeBron mit seinem Block gegen Andre Iguodala 52 Jahre Herzschmerz beendete. Lange Zeit war Cleveland von berüchtigten Momenten geprägt gewesen – von The Drive, The Fumble, The Shot und The Decision. Jetzt hatte es einen legendären Moment – The Block. Es sollte der kultigste Shotblock aller Zeiten und zum Markenzeichen von LeBrons Karriere werden. Da das Spiel großartig gewesen war und sein Vermächtnis durch einen Defensivspielzug definiert wurde, der seinem Team zum Meisterschaftsgewinn verholfen hatte, freute er sich darüber.

LeBron musste sich immer noch in den Arm kneifen, um sicherzugehen, dass er nicht träumte, als am 22. Juni mehr als 1,3 Millionen Menschen zur Siegesparade in die Innenstadt von Cleveland strömten. Medienhubschrauber schwebten über den Köpfen, Hupen ertönten, Sirenen heulten, und Menschen kletterten auf Gebäude, Bäume, Straßenschilder und Laternenpfähle, um einen Blick auf das Team zu erhaschen. Zusammen mit Savannah und seinen Kindern saß LeBron auf dem Rücksitz eines Cabrios. Als es zum Stehen kam, drängte sich die Menge um ihn, die Arme nach oben gestreckt. Mit einer Zigarre im Mund stand LeBron auf, breitete die Arme aus und blickte in das Meer der Handykameras. Es war ein überwältigender Moment. „Wir haben es geschafft", sagte er zu Savannah.

Nach der Parade, als seine Mannschaftskameraden hinter ihm auf einer Bühne vor dem Cleveland Convention Center saßen und „M-V-P"-Sprechchöre erschallten, wandte sich LeBron an die Fans. „Was gerade passiert, ist für mich immer noch so unwirklich, dass ich es noch nicht begriffen habe", sagte er. „Aus irgendeinem verrückten Grund glaube ich, dass ich aufwachen werde, und es wird wieder wie in Spiel 4 sein. Und ich werde wieder sagen: ‚Scheiße, wir liegen immer noch 2:1 zurück.'"

Jim Brown, die Football-Legende von den Cleveland Browns, stand auf der Bühne, lächelte und nickte zustimmend.

Dann sprach LeBron 15 Minuten lang über seine Mannschaftskameraden, hob jeden Einzelnen hervor, dankte ihnen für ihren Beitrag und lobte ihre Fähigkeiten. Er verlor kein Wort über sich selbst.

„Ich bin nichts ohne diese Gruppe hinter mir", sagte LeBron. „Verdammt noch mal. Bereiten wir uns auf das nächste Jahr vor."

Er legte das Mikrofon weg, und die Menge brüllte.

***

LeBrons Wandlung vom meistgeschmähten Sportler Amerikas im Jahr 2010 zum meistbewunderten Spieler der NBA war abgeschlossen. Man musste sich Cleveland nicht verbunden fühlen, um sich von LeBrons Leistung inspirieren zu lassen. Er hatte sein Vermächtnis als Sportheld gefestigt, indem er nach Hause zurückgekehrt war und sein Wort gehalten hatte. „James' Karriere", so die *New York Times*, „war nun der Stoff für einen Bildungsroman." Im Hinblick auf den Basketball war es fast egal, was als Nächstes geschehen würde. Mit 31 Jahren hatte er eine entscheidende Phase seines Lebens abgeschlossen.

Aber sein Einflussbereich war nie größer gewesen. Und in diesem Sommer wurde LeBron ermutigt, sich auf einen anderen Aspekt seines Vermächtnisses zu konzentrieren. Während der Finalrunde war Muhammad Ali gestorben. Je älter LeBron wurde, desto mehr wusste er Alis Mut zu schätzen, und er bewunderte, was Ali durchgestanden hatte. Als LeBron eingeladen wurde, bei der Verleihung der ESPY-Awards zu moderieren, wollte er etwas tun, um Ali zu ehren.

In jenem Sommer waren weitere Schwarze durch Polizeigewalt gestorben, darunter Philandro Castile, ein 32-jähriger Kantinenarbeiter, der in St. Paul, Minnesota, von der Polizei angehalten worden war, weil er mit einem defekten Rücklicht gefahren war. Als Castile nach seinem Führerschein und der Zulassung griff, schoss die Polizei mehrfach auf ihn. Castiles Freundin und ihre vierjährige Tochter befanden sich ebenfalls in dem Fahrzeug. Der Vorfall wurde auf Video festgehalten. Castile verstarb im Krankenhaus.

LeBron war bereits aktives Mitglied einer Partnerschaft, die zwischen der NBA und der Obama-Regierung gebildet worden war, um Gräben zu überbrücken und Spannungen in Gemeinden abzubauen. Er wollte die ESPY-Verleihung als Plattform nutzen, um sich zu diesem Thema zu äußern. Dwyane Wade, Carmelo Anthony und Chris Paul schlossen sich ihm an. Auf der Bühne des Microsoft Theater in Los Angeles reichten sich die vier die Hände und riefen ihre Sportlerkollegen dazu auf, sich gegen Rassismus, Waffengewalt und soziale Ungerechtigkeit in farbigen Gemeinschaften einzusetzen. LeBron erklärte dem Publikum:

> *Wir alle fühlen uns angesichts der Gewalt hilflos und frustriert. Das ist so. Aber es ist nicht akzeptabel. Es ist an der Zeit, in den Spiegel zu schauen und uns zu fragen, was wir tun können, um Veränderung zu erreichen …*
>
> *Ich weiß, dass wir heute Abend Muhammad Ali ehren. Den Größten aller Zeiten. Aber um seinem Vermächtnis gerecht zu werden, sollten wir diesen Moment nutzen, um alle Profisportler aufzurufen, sich zu informieren. Es geht um diese Themen. Erheben wir unsere Stimmen. Nutzen wir unseren Einfluss. Und verzichten wir auf jegliche Gewalt.*
>
> *Und am wichtigsten ist, dass wir in unsere Gemeinden zurückkehren, unsere Zeit und unsere Ressourcen investieren, um sie wieder aufzubauen, zu stärken und zu verändern. Wir alle müssen es besser machen.*

Als LeBron sich auf die Idee einließ, die NBA als Kraft für Veränderungen zu nutzen, veränderte sich die Landschaft der Liga grundlegend. Nachdem er gesehen hatte, wie LeBron und die Cavaliers einen 1:3-Rückstand aufholten und LeBron seinen dritten Titel gewann, entschied sich Kevin Durant, die Oklahoma City Thunder zu verlassen und bei den Warriors zu unterschreiben. Im Jahr 2010, als LeBron angekündigt hatte, Cleveland in Richtung Miami zu verlassen, war Durant als „Anti-LeBron James“ gepriesen worden, weil er bei Oklahoma City unterschrieben hatte. Doch nach neun Spielzeiten in der NBA ohne eine Meisterschaft hatte sich die Einstellung des 27-jährigen Superstars geändert. Nachdem es ihm nicht gelungen war, Curry und die Warriors in den Western Conference Finals zu schlagen, war Durant nun bereit, sich ihnen anzuschließen. LeBrons Vorbild folgend, verkündete er seine Pläne Anfang Juli in einem Essay in der *Players' Tribune*.

Durch den Zusammenschluss von Durant und Curry wurden die Warriors zu einem All-Star-Team, das von zwei der drei besten Spieler der Liga angeführt wurde. Im *New York Times Magazine* zog Sam Anderson den Vergleich, dass es so sei, wie wenn Jimi Hendrix den Rolling Stones beigetreten wäre, nachdem er gegen sie in einem Bandwettbewerb verloren hatte. Stephen A. Smith von ESPN nannte Durants Entscheidung „den schwächsten Schritt, den ich je bei einem Superstar gesehen habe“. Aber es war auch ein Beweis für LeBrons großen Einfluss auf die NBA. Sein Wechsel nach Miami hatte eine neue Ära eingeläutet, in der die Macht, Superteams zusammenzustellen, von den Clubeigentümern und -führungskräften auf die Spieler übergegangen war. Durant musste zwar einige Kritik einstecken, aber sie war minimal und von kurzer Dauer. In der Ökonomie des Profisportes hatte die NBA hinsichtlich der Stärkung der Spieler eine Vorreiterrolle inne.

Ebenso war LeBron durch seinen Willen, seine Ressourcen und seine Plattform zu nutzen, um einen sozialen Wandel herbeizuführen, zu einer Führungspersönlichkeit geworden, deren Stimme weit über die NBA hinaus große Bedeutung hatte. Einige Wochen nach LeBrons Äußerungen bei der ESPY-Verleihung kniete der Quarterback der San Francisco 49ers, Colin Kaepernick, sich hin, während die Nationalhymne vor einem Saisonvorbereitungsspiel erklang. „Ich werde nicht aufstehen und der Flagge eines Landes die Ehre erweisen, das Schwarze und Farbige unterdrückt“, sagte er gegenüber den NFL-Medien. „Für mich geht es um mehr als Football, und es wäre egoistisch von mir wegzuschauen. Da sind Leichen auf der Straße und Leute, die bezahlten Urlaub erhalten und mit Mord davonkommen."

Mehrere Profisportler, darunter Mitglieder der Women's National Basketball Association, gingen dazu über, während des Abspielens der Hymne zu knien, um ihre Solidarität mit Kaepernick zu zeigen. LeBron nahm jedoch eine andere Haltung ein und entschied sich, beim Abspielen der Hymne stehen zu bleiben. Bei der NBA gab es eine Regel, die die Spieler dazu verpflichtete. Aber nicht deshalb hatte LeBron beschlossen, stehen zu bleiben. „Das bin ich, daran glaube ich", sagte er. „Das heißt aber nicht, dass ich nicht respektiere oder gutheiße, was Colin Kaepernick tut. Man hat das Recht, seine Meinung zu äußern, für seine Meinung einzustehen, und er tut das auf die friedlichste Art und Weise, die ich jemals bei irgendwem gesehen habe."

Steph Curry entschied sich ebenfalls, bei der Hymne zu stehen. Und wie LeBron sagte er, er respektiere Kaepernicks Entscheidung, und nannte sie „einen mutigen Schritt".

Die Kontroverse um die Proteste der Sportler während der Nationalhymne fiel in die letzten Monate vor den Präsidentschaftswahlen. Der republikanische Kandidat Donald Trump setzte spaltende Wahlkampftaktiken ein. Er hatte die mexikanische Regierung beschuldigt, Vergewaltiger und Drogenhändler an die Südgrenze der USA zu schicken. Bei Kundgebungen versprach er, eine Mauer zu errichten, um Migranten fernzuhalten, ermutigte seine Anhänger, Zwischenrufer zu „verprügeln" und rief dazu auf, seine Gegnerin, die demokratische Kandidatin Hillary Clinton, „einzusperren".

Angesichts der Tatsache, dass Trump in den Umfragen gegen Clinton aufholte, wollte LeBron seinen Teil dazu beitragen, damit sie gewann. Er bereitete sich darauf vor, sie zu unterstützen, als die *Washington Post* eine Videoaufnahme veröffentlichte, auf der Trump sich vulgär über Frauen äußerte. Die Aufnahme war aus dem September 2005. Trumps Frau Melania war zu diesem Zeitpunkt schwanger gewesen, und Trump hatte einen Gastauftritt in der Fernsehsendung *Days of Our Lives*. Am Set fing er an, sich mit seinen Bemühungen zu brüsten, eine verheiratete Frau zu verführen. „Ich habe versucht, sie zu ficken", sagte Trump. „Ich habe sie angemacht wie eine Schlampe." Dann prahlte Trump gegenüber Billy Bush von *Access Hollywood:*

„Wenn man ein Star ist, darf man das tun. Man kann alles machen. Sie bei der der Pussy packen."

Die Bemerkungen lösten Empörung aus, und zahlreiche republikanische Senatoren und Gouverneure forderten Trump auf, sich aus dem Rennen zurückzuziehen. Doch Trump weigerte sich. Und ein paar Abende später, während einer Debatte mit Clinton, bezeichnete er seine Bemerkungen als „Gerede in der Umkleidekabine".

Profisportler aus dem gesamten politischen Spektrum nahmen Anstoß an Trumps Behauptung, dass das Prahlen mit sexuellen Übergriffen „locker room talk" sei. Sie waren der Meinung, Trump habe die Sportler beleidigt, indem er sie in seine Angelegenheiten hineinzog. Doch LeBron war einer von wenigen Sportlern, die Trumps Aussage öffentlich infrage stellten. „Wir reden in unseren Umkleideräumen in keiner Weise respektlos über Frauen", sagte LeBron gegenüber Reportern. „Ich habe eine Schwiegermutter, eine Ehefrau, eine Mutter und eine Tochter, und solche Gespräche finden in unserer Umkleidekabine einfach nicht statt."

LeBron ging noch einen Schritt weiter und veröffentlichte für *Business Insider* einen Meinungsartikel, um Clinton zu unterstützen. Auch wenn er Clinton nicht persönlich kannte, hielt LeBron es für wichtig, dass sie sich gegen Trump durchsetzte. Und aufgrund seiner Zusammenarbeit mit Obama war er zuversichtlich, dass sie Obamas innenpolitische Agenda vorantreiben würde. Außerdem war LeBron der Meinung, dass es für das Land gut wäre, eine Frau zur Präsidentin zu wählen. Er schrieb:

> *Wir müssen uns mit Gewalt aller Art auseinandersetzen, die die afroamerikanische Gemeinschaft auf unseren Straßen erlebt und in unseren Fernsehern sieht. Ich glaube, dass der Wiederaufbau unserer Gemeinden durch den Fokus auf gefährdete Kinder ein wichtiger Teil der Lösung ist. Ich bin jedoch kein Politiker. Ich weiß nicht, was alles nötig sein wird, um die Gewalt endlich zu beenden. Aber ich weiß, dass wir einen Präsidenten brauchen, der uns zusammenbringt und zusammenhält. Politische Programme und Ideen, die uns weiter spalten, sind keine Lösung.*

Es störte LeBron, dass Clinton in Ohio hinter Trump lag. In der Hoffnung, ihr Auftrieb zu verleihen, setzte sich LeBron für sie ein. Zwei Tage vor der Wahl trafen sie sich hinter der Bühne des Public Auditorium in Cleveland. „So groß wie Sie sind, so beschäftigt wie Sie sind", sagte Clinton zu ihm, „macht es mich demütig, dass Sie sich die Zeit dafür nehmen."

„Aber natürlich", sagte LeBron.

Wenige Augenblicke später betrat er zusammen mit Clinton die Bühne und wurde mit tosendem Beifall begrüßt. „Ich möchte, dass die Leute verstehen, wie ich in Downtown aufgewachsen bin", sagte LeBron. „Ich war eines dieser Kinder und lebte in einer Gemeinschaft, in der es hieß: ‚Unsere Stimme zählt nicht.' Aber sie zählt. Sie zählt, sie zählt wirklich."

LeBron elektrisierte die Zuschauer in seiner Heimatstadt. Und er machte deutlich, warum es seiner Meinung nach unbedingt notwendig war, für Clinton zu stimmen. In Bezug auf seine gemeinnützige Stiftung und deren Aufgabe, Kindern zu helfen, durch Bildung voranzukommen, sagte er: „Als Präsidentin kann Hillary Clinton ihre Träume wahr werden lassen, das ist sehr wichtig für mich. Und ich glaube, dass diese Frau hier das fortsetzen kann."

In der Wahlnacht verloren die Cavs zu Hause gegen die Hawks. Nach dem Spiel blieben LeBron und Savannah fast die ganze Nacht auf und verfolgten die Auszählung der Stimmen. Es war hart, Trump dabei zuzusehen, wie er einen umkämpften Bundesstaat nach dem anderen gewann. Es war besonders schmerzhaft, ihn Ohio holen zu sehen. Am folgenden Morgen räumte Clinton ein, von Trump besiegt worden zu sein. „Wir schulden ihm Unvoreingenommenheit und die Chance zur Führung", sagte sie. „In unserer verfassungsmäßigen Demokratie ist der friedliche Übergang der Macht verankert. Wir respektieren das nicht nur, wir schätzen es."

LeBron war entmutigt. Obama war ein starkes Vorbild für seine Söhne und so viele andere junge Menschen gewesen. In ähnlicher Weise, dachte LeBron, wäre Clinton ein großartiges Vorbild für seine Tochter und unzählige andere Mädchen gewesen. Aber Trump war so spalterisch, dass LeBron Schwierigkeiten hatte, ihn als Vorbild für junge Menschen zu sehen. Beim Frühstück erklärte er Savannah, dass sie ihre Bemühungen verstärken und ihren Einfluss nutzen müssten, um ein größerer Katalysator für positive Veränderungen zu werden.

LeBron wusste, dass Spieler und Trainer in der gesamten NBA bei Trump das Schlimmste befürchteten. „Du kommst herein und siehst die Gesichter deiner Spieler, von denen die meisten direkt als Minderheiten beleidigt wurden", sagte Warriors-Trainer Steve Kerr. „Es ist überaus schockierend. Plötzlich sieht man sich mit der Tatsache konfrontiert, dass der Mann, der an der Spitze stehen soll, gewohnheitsmäßig rassistische, frauenfeindliche und beleidigende Worte benutzt hat." Spurs-Trainer Gregg Popovich und Clippers-Trainer Doc Rivers äußerten sich ähnlich. Aber LeBron hatte über zweihundert Millionen Follower in den sozialen Medien, darunter viele junge Menschen. Er fühlte sich verpflichtet, einen ermutigenderen Ton anzuschlagen.

„Minderheiten und Frauen insgesamt sollten wissen, dass dies nicht das Ende ist, sondern nur ein schwieriges Hindernis, das wir überwinden werden!", sagte er auf Instagram. „An alle Jugendlichen da draußen: Ich verspreche, dass ich euch weiterhin jeden Tag ohne zu zögern anleiten werde!! Es ist an der Zeit, meine Kinder zu erziehen und noch mehr zu formen, damit sie die bestmöglichen vorbildlichen Bürger werden!"

Am 10. November 2016 besuchten Donald und Melania Trump das Weiße Haus, um sich mit den Obamas zu treffen und den Übergabeprozess einzuleiten. Zufälligerweise war es der gleiche Tag, an dem die Cavaliers ins Weiße Haus gingen, um sich von Präsident Obama ehren zu lassen. Vor der Zeremonie trafen sich LeBron und seine Mannschaftskameraden mit Mitgliedern der Obama-Regierung im Roosevelt Room, um über Möglichkeiten zur Verbesserung der Beziehungen zwischen den Strafverfolgungsbehörden und den Mitgliedern der Gemeinschaft in Cleveland zu diskutieren. LeBron verbrachte auch Zeit mit der First Lady. Niemand erwähnte Trump. Aber alle dachten an ihn.

Obama zeigte sich optimistisch, als er und Vizepräsident Joe Biden das Team auf dem südlichen Rasen versammelten.

„Willkommen im Weißen Haus, und Applaus für den Weltmeister Cleveland Cavaliers", sagte er mit einem Lächeln. „Richtig gehört. Ich sagte Weltmeister und Cleveland im selben Satz."

Alle lachten.

„Das meinen wir, wenn wir von Hoffnung und Wandel sprechen", sagte er.

Wieder lachten alle.

Obama machte sich über die Spieler lustig. Er machte sich über sich selbst lustig. Dann wurde er ernst. „Durch die Art und Weise, wie jemand Basketball spielt, kann man viel über seinen Charakter lernen", sagte er. „Wenn man LeBron James sieht, geht es nicht nur um seine Kraft, seine Geschwindigkeit und seine Sprunghöhe. Es geht um seine Selbstlosigkeit. Um seine Arbeitsmoral. Um seine Entschlossenheit. All das macht ihn zu einem der größten Spieler aller Zeiten."

Während der Präsident sprach, wurden alle Spieler still.

„Sie haben gesehen, wie dieser Junge aus Akron auf die Knie fiel, als ihm klar wurde, dass er endlich ein Versprechen erfüllt hatte, das er vor so vielen Jahren gegeben hatte, und die Meisterschaft wieder nach Nordost-Ohio holte", so Obama weiter. „Bei alldem war Cleveland immer Believeland."

LeBron genoss den bittersüßen Moment. Es gab nichts Schöneres, als Schulter an Schulter mit seinen Mannschaftskameraden zu stehen und von seinem Präsidenten gelobt zu werden, den er so verehrte. Kein amerikanischer Präsident hatte mehr für schwarze Sportler getan und für ihre Unterstützung bei der Durchsetzung seiner innenpolitischen Ziele geworben. Basketball war für Obama etwas, das Menschen vereinte: „Diese Cavs sind ein Beispiel für eine wachsende Generation von Sportlern, die ihre Popularität nutzen. Kevin [Love] kämpft gegen sexuelle Übergriffe auf dem Campus. LeBron äußert sich zu Themen wie Waffengewalt und engagiert sich mit Michelle zusammen dafür, dass mehr Kinder aufs College gehen können."

LeBron wünschte sich, die Zeit würde stehen bleiben. Er wusste, dass dies das letzte Mal war, dass er mit dem Präsidenten und der First Lady im Weißen Haus sein würde, die eine so entscheidende Rolle in seinem Leben gespielt hatten.

36

SIE PENNER

In seiner dritten Saison in Cleveland verbesserte sich LeBron in den wichtigsten statistischen Kategorien. Er erzielte mehr Punkte, holte mehr Rebounds und verteilte mehr Assists pro Spiel als in den beiden vorangegangenen Spielzeiten. Und mit seinen 32 Jahren spielte er im Durchschnitt fast 38 Minuten pro Spiel. Doch was seine 14. Saison in der NBA auszeichnete, waren seine Aktionen abseits des Platzes.

Im November 2016, als das Team zum ersten Mal nach New York reiste, um gegen die Knicks anzutreten, beschloss LeBron, nicht im Trump SoHo zu übernachten, dem Hotel, das die Organisation lange vor der Präsidentschaftswahl gebucht hatte. Er wurde in einem anderen Hotel einquartiert, und einige Teamkollegen schlossen sich ihm an. Der Schritt machte landesweit Schlagzeilen: „LeBron James boykottiert Donald Trumps Hotel", titelte die *New York Times.* LeBron erklärte den Reportern, das sei nicht als Statement zu Trump zu verstehen. „Letztendlich hoffe ich, dass er für uns alle – für meine Familie, für uns alle – einer der besten Präsidenten aller Zeiten sein wird", sagte er. „Hier geht es nur um meine persönliche Vorliebe. Es ist so ähnlich, wie wenn ich in ein Restaurant gehen und mich für Hühnchen statt für Steak entscheiden würde."

Der selbstbewusste LeBron hatte verstanden, dass Sportler verschiedene wirtschaftliche Hebel in der Hand haben, und er war bereit, sie zu nutzen. Das Trump SoHo war beliebt bei Profiteams, die New York besuchten. Nachdem LeBron sich öffentlich entschieden hatte, woanders zu wohnen, schlossen sich etwa zwanzig Sportteams und mehrere weitere Firmenkunden seinem Beispiel an. Innerhalb eines Jahres kam die Trump Organization mit dem Hotelmanagement überein, den Namen Trump von der Immobilie zu entfernen. In der Zwischenzeit hatten mehrere NBA-Teams unabhängig voneinander beschlossen, auch in anderen Städten nicht mehr in Trump-Bauten abzusteigen.

LeBron legte Wert darauf, Präsident Trump nicht öffentlich zu kritisieren. Er gab sich große Mühe, den Namen nicht einmal zu erwähnen. Doch als Phil Jackson, der Präsident der Knicks, LeBrons Freunde mit einem rassistisch aufgeladenen Wort verunglimpfte, legte er seine Zurückhaltung ab. In einem Interview mit ESPN im November 2016 bezeichnete Jackson LeBrons Entscheidung, Miami zu verlassen, als „Schlag ins Gesicht" für Pat Riley und die Heat-Organisation. Dann meinte Jackson, dass LeBron eine Sonderbehandlung erwarte. „Als LeBron noch bei den Heat spielte, fuhren sie nach Cleveland, und er wollte dort übernachten", sagte Jackson gegenüber ESPN. „Das wird sonst nie gemacht. Man kann nicht das ganze Team aufhalten, nur weil man mit seiner Mutter und seiner *posse* eine Nacht länger in Cleveland bleiben will."

Maverick Carter war aufgebracht. Auf Twitter taggte er Jackson und postete einen Screenshot mit der Definition des Wortes „posse" im Wörterbuch: „eine Gruppe von Männern, in der Regel bewaffnet, die von einem Sheriff gerufen wird, um das Gesetz durchzusetzen." Es wäre eine Sache gewesen, so Maverick, wenn Jackson LeBrons Agenten oder Geschäftspartner erwähnt hätte. „Aber da es um einen jungen Schwarzen geht", schrieb er, „kann er das Wort posse benutzen." Bei jedem Schritt, den wir machen, so dachte Maverick, erinnern sie uns daran: „Ihr seid aus dem Ghetto."

LeBron stimmte Maverick zu, und während er noch überlegte, wie er reagieren sollte, erfuhr er, dass Jackson das Wort posse bereits in seinem 2004 erschienenen Buch *The Last Season* verwendet hatte:

> *So talentiert [LeBron James] auch zu sein scheint, ich glaube nicht, dass ein 19-Jähriger in der NBA spielen sollte. Diese jungen Männer werden so abhängig von ihrer posse, die ihnen Autos und Mädchen beschaffen, dass sie sich unmöglich zu reifen,*

selbstständigen Menschen entwickeln können. Eines Tages, davon bin ich überzeugt, werden wir das wahre Ausmaß des entstandenen psychologischen Schadens erkennen.

LeBron hatte Jackson lange als Trainer respektiert, der mit den Bulls sechs und mit den Lakers fünf Meisterschaften gewonnen hatte. Aber es schmerzte ihn, Jackson so respektlos über seine Freunde sprechen zu hören, ganz zu schweigen von ihm selbst. Als LeBron Profi wurde, hatte er Maverick, Rich und Randy in die Lage versetzt, erfolgreich zu sein. Es hatte keine Almosen gegeben. Sondern eine Menge harter Arbeit und Beharrlichkeit. Sie hatten 14 Jahre gebraucht, um dorthin zu gelangen, wo sie nun waren. Maverick war Gründer und Geschäftsführer eines erfolgreichen Unterhaltungsunternehmens in Hollywood. Rich war Gründer und CEO der Klutch Sports Group, die eine wachsende Zahl von NBA-Spielern zu ihren Kunden zählte. Und Randy leitete die Logistik bei der Cavaliers-Organisation.

„Es ist einfach scheiße", sagte LeBron zu Reportern, „dass jetzt an diesem Punkt posse der Titel für junge Afroamerikaner ist. Wenn man sich die Definition des Wortes posse anschaut, passt es nicht zu dem, was ich im Laufe meiner Karriere aufgebaut habe. Dafür stehe ich nicht. Dafür steht meine Familie nicht. Ich glaube, dieses Wort hat er nur deshalb benutzt, weil er sieht, dass junge Afroamerikaner etwas zu verändern versuchen."

Jackson hatte legendäre Spieler von Michael Jordan bis Kobe Bryant trainiert. Keiner von ihnen verteidigte LeBron. Doch Knicks-Star Carmelo Anthony scheute sich nicht, den Kontext von Jacksons Kommentaren zu beleuchten. „Für manche Leute bedeutet das Wort ‚posse' vielleicht gar nichts", sagte Anthony. „Für einige andere Menschen könnte es ein abfälliges Statement sein. Es kommt darauf an, wem gegenüber man es erwähnt und über wen man spricht. In diesem Fall hat [Jackson] von fünf schwarzen Männern gesprochen." Auch wenn Anthony es diplomatisch formulierte, brachte er seine Meinung klar zum Ausdruck, dass der Präsident seines Teams ein schlechtes Urteilsvermögen bewiesen hatte.

Zu diesem Zeitpunkt waren Maverick und Rich bei den Spielern der NBA für ihren Geschäftssinn hoch angesehen, und viele von ihnen stellten sich hinter LeBron. Die Knicks dümpelten vor sich hin, und die Medien warfen Jackson vor, arrogant zu sein.

LeBron machte deutlich, dass er allen Respekt vor Jackson verloren habe, aber er sagte auch, dass er nicht auf eine Entschuldigung aus sei und nach vorn schaue. Weniger nachsichtig war er, als es um Charles Barkley von TNT ging, der sein Verhalten als „unangemessen" und „weinerlich" kritisiert hatte. Im Anschluss an Jacksons Äußerungen deutete Barkley in einer NBA-Sendung an, dass LeBron Dan Gilbert etwas vorgaukele, indem er sich öffentlich dafür einsetze, einen weiteren Spielmacher in den Kader aufzunehmen. „Er hat Kyrie Irving und Kevin Love", sagte Barkley. „Er will alle haben. Er will keinen Wettkampf. Er will immer der Favorit sein. Es nervt mich einfach, dass ein so großartiger Kerl den Wettkampf scheut."

Barkley war für seine Kritik an NBA-Stars berüchtigt. Jahre zuvor hatte er durch negative Äußerungen über Michael Jordan ihre bis dahin enge Freundschaft beendet. Barkley hatte sich mit etlichen Spielern angelegt. LeBron war von Barkley schon häufig mit Sticheleien bedacht worden – LeBrons Entscheidung, bei Miami zu unterschreiben, hatte er einen „Punk-Move" genannt und dem TNT-Publikum immer wieder erklärt, dass LeBron niemals zu den fünf besten Spielern der NBA-Geschichte gehören würde. LeBron hatte ihn bis dato ignoriert, doch nun beschloss er, Barkley in die Schranken zu weisen.

„Ich habe niemanden durch ein Fenster geworfen", sagte LeBron gegenüber ESPN. „Ich habe nie ein Kind angespuckt. Ich hatte nie Schulden in Las Vegas. Ich bin nie am Sonntag zum All-Star Weekend gekommen, weil ich das ganze Wochenende in Vegas war und gefeiert habe. Ich habe in meiner gesamten Karriere nichts anderes getan, als die NBA zu repräsentieren. 14 Jahre lang. Ich bin nie in Schwierigkeiten geraten. Ich habe den Basketball respektiert. Drucken Sie das."

Es war erschütternd, einen Spieler so offen über ein anderes Mitglied der NBA-Familie sprechen zu hören, und die Medien waren auf Vergeltungsmaßnahmen gefasst. Ein paar Abende später antwortete Barkley in der TNT-Sendung *Inside the NBA:* „Ich habe kein Problem mit dem, was LeBron gesagt hat … Ich habe in meinem Leben einige dumme Dinge getan. Davon abgesehen habe ich nie etwas Persönliches über einen bestimmten Mann gesagt. Und das werde ich auch nie tun. Niemals!"

Shaquille O'Neal, Barkleys Gegenüber bei TNT, erinnerte ihn live daran, dass er seine Behauptung, LeBron scheue den Wettkampf, durchaus persönlich gemeint habe. „Das haben Sie auf diesen Mann persönlich gemünzt", sagte O'Neal. „Und dieser Mann hat es genauso persönlich genommen."

***

Die Heat beendeten die Saison mit der zweitbesten Bilanz in der Eastern Conference. Nachdem sie in den ersten Runden der Play-offs beide Gegner besiegt hatten, standen sie in den Eastern Conference Finals den Celtics gegenüber. Danny Ainge, der Präsident der Celtics, hatte das Team durch die Verpflichtung von Nachwuchsstars wie dem zwanzigjährigen Jaylen Brown und dem zweiundzwanzigjährigen Marcus Smart neu aufgestellt, und Boston war der Favorit in der Conference. Doch Cleveland dominierte und zog ins Finale ein, wo es zum dritten Mal in Folge gegen Golden State ging.

Einmal mehr stand für NBA und ABC eine Meisterschaftsserie mit den größten Stars des Sportes an. Doch während sich LeBron in Oakland auf Spiel 1 der Finals vorbereitete, erreichte ihn die Nachricht, dass jemand auf seinem Grundstück in Brentwood Hassparolen hingeschmiert hatte: Auf das Eingangstor seines Hauses war das N-Wort gemalt worden. Zum Glück waren Savannah und die Kinder wieder in Ohio. LeBron schaute nach ihnen und dachte anschließend über Mamie Till nach, die in den Fünfzigerjahren auf einem offenen Sarg für ihren vierzehnjährigen Sohn Emmett bestanden hatte, der in Mississippi von zwei weißen Männern brutal ermordet worden war.

Als LeBron in der Arena eintraf und sich an die Reporter wandte, war er nervös. „Das bringt mich gerade innerlich um", sagte er. „Egal wie viel Geld du hast, egal wie berühmt du bist, egal wie viele Leute dich bewundern – in Amerika schwarz zu sein, ist … es ist hart."

Dann kam er auf die Mutter von Emmett Till zu sprechen. „Sie wollte der Welt zeigen, was ihr Sohn wegen eines Hassverbrechens und als Schwarzer in Amerika durchmachen musste", sagte er.

Eine solche Pressekonferenz hatten die Basketballjournalisten bei den NBA-Finals noch nie erlebt.

„Offensichtlich“, sagte LeBron, „bin ich nicht so energiegeladen wie sonst. Das geht vorbei. In Ordnung. Ich werde es sehen.“

LeBrons Worte fanden Anklang bei dem Baseball Power Hitter Hank Aaron. „Ich kann LeBron verstehen, denn ich habe mich genauso gefühlt wie er“, sagte Aaron vor Spiel 1 dem *Atlanta Journal-Constitution.* Anfang der Siebzigerjahre, als Aaron kurz davor war, den Homerun-Rekord von Babe Ruth zu brechen, wurde er mit Morddrohungen und Hassbriefen von Leuten überhäuft, die nicht wollten, dass ein Schwarzer den Heiligen Gral des Baseballs bekam. „Als ich älter wurde, konnte ich etwas besser damit umgehen“, sagte er. „Aber ich ging abends nach Hause und fragte mich: ‚Was habe ich falsch gemacht?‘ Selbst jetzt, mit meinen 82 Jahren, denke ich noch über die Dinge nach, die damals passiert sind. Dabei wollte ich doch einfach nur Baseball spielen.“

Früher wollte LeBron einfach nur Basketball spielen. Aber diese Zeiten waren längst vorbei. Sein Ruf als berühmtester schwarzer Sportler Amerikas hatte nach wie vor Gewicht.

LeBron glänzte in Spiel 1 und während der gesamten Finals. Genau wie Kyrie Irving. Als Duo waren sie auf dem Höhepunkt ihres Könnens. Irving erzielte in den Finals im Durchschnitt über 29 Punkte pro Spiel. Und LeBron wurde der erste Spieler in der Geschichte der NBA, der in den Finals ein Triple-Double erzielte: 33,6 Punkte, 12 Rebounds und 10 Assists pro Spiel. Aber die Cavs waren den Warriors trotzdem nicht gewachsen. Kevin Durant, Steph Curry, Klay Thompson, Draymond Green und der Rest des Teams überrannten Cleveland und gewannen die Serie in fünf Spielen. Durant wurde zum MVP der Finals ernannt.

Nach dem Schlusston umarmte LeBron Durant. NBA-Experten hatten Durant kritisiert, weil er durch seinen Wechsel zu den Warriors einen einfacheren Weg zur Meisterschaft gewählt hatte. LeBron sah das nicht so. Er liebte es, gegen Durant und die Warriors anzutreten. Und seiner Meinung nach waren die Warriors ein nachhaltig starkes Team. Ihre vier All-Stars waren in ihren Zwanzigern. LeBron hingegen hatte gerade seine 14. Saison hinter sich. Wenn Cleveland mit Golden

State mithalten wollte, mussten die Cavaliers Verstärkung für LeBron und Irving beschaffen.

Doch im Sommer wurde LeBron überrumpelt: Er erfuhr, dass die Cavaliers Irving an die Celtics verkaufen würden. Nach den Finals 2017 hatte Irving von Dan Gilbert verlangt, ihn an einen anderen Club abzugeben. Gilbert hatte LeBron nicht gewarnt. Irving ebenso wenig.

Celtics-Präsident Danny Ainge war fasziniert, als er durch Irvings Agenten erfuhr, dass Irving Cleveland verlassen wollte. Die Celtics hatten gerade Jayson Tatum verpflichtet, um ihren Kader für die Meisterschaft zu verstärken. Boston wollte die Vorherrschaft in der Eastern Conference zurückerobern, und einzig die Cavaliers standen ihnen im Weg. Und die Gelegenheit, Irving von Clevelands zu Bostons Kader transferieren, kam einem Coup gleich. Mit seinen 25 Jahren war Irving viermaliger All-Star und hatte sich zu einem der größten Talente der NBA entwickelt. Ainges Ansicht nach lagen Irvings beste Jahre noch vor ihm.

Es überraschte Ainge nicht, dass Irving LeBron und ein Team, das dreimal in Folge die NBA-Finals erreicht hatte, verlassen wollte. „Es geht nicht immer ums Gewinnen", sagte Ainge. „Oberflächlich betrachtet machte es keinen Sinn, dass Kyrie LeBron und die Cleveland Cavaliers verlassen wollte. Aber es macht auch keinen Sinn, dass Menschen sich wegen irgendwelcher Dummheiten scheiden lassen. Emotionen sind real. Wir reden hier von Jungs in ihren Zwanzigern. Der emotionale Aspekt ist für sie sehr real."

Ein Jahr zuvor, nach dem Titelgewinn der Cavs, hatte Irving LeBron mit Beethoven verglichen, der eine Sinfonie komponierte. Doch nach drei Jahren mit LeBron wollte Irving nicht länger in dessen Schatten spielen. Boston schien ein Ort zu sein, an dem er der hellste Stern sein und ein Team zum Titel führen würde.

LeBron wollte nicht, dass die Cavs den Deal durchzogen. Irvings Vertrag lief noch drei Jahre, daher hatte er kein Druckmittel, um seinen Wechsel zu erzwingen. Doch zu dem Zeitpunkt, als LeBron intervenierte, musste Irving nur noch eine medizinische Untersuchung bestehen und die Zustimmung der Liga erhalten. Der Spieler, den LeBron unter seine Fittiche genommen und als Mentor betreut hatte, war gegangen. Und er hatte sich nicht einmal die Mühe gemacht, sich zu verabschieden.

Insgeheim war LeBron verletzt. Auf Twitter wünschte er Irving alles Gute: „Man ist nur einmal jung! Besonderes Talent / spezieller Typ! Nichts als Respekt – und was für ein Trip waren unsere drei gemeinsamen Jahre …“

Während LeBron den Verlust seines Flügelmannes verarbeitete, hielt Präsident Trump eine politische Kundgebung in Huntsville, Alabama, ab. Vor einem überwiegend weißen Publikum sprach Trump über Sportler, die während der Nationalhymne knieten, um gegen Polizeibrutalität und Rassismus zu protestieren. „Wenn jemand unsere Flagge nicht respektiert, wäre es toll, wenn einer der NFL-Clubbesitzer sagen würde: ‚Schafft den Mistkerl sofort vom Feld. Aus. Er ist gefeuert.‘“ Die Menge jubelte. „Er ist gefeuert!“, wiederholte Trump und versetzte die Menge in Erregung.

Zu diesem Zeitpunkt war Kaepernick bereits aus der NFL ausgeschieden, und die Kontroverse über das Knien während der Hymne war eingeschlafen. Doch Trumps Breitseite entfachte den Streit aufs Neue. Viele seiner Anhänger brachten in den sozialen Medien ihre Unterstützung zum Ausdruck. Gleichzeitig waren viele NFL-Spieler der Meinung, dass die Rhetorik des Präsidenten rassistisch spaltend und gefährlich sei. Um die Situation zu entschärfen, gab NFL-Kommissar Roger Goodell eine diplomatisch formulierte Erklärung zur Unterstützung der Spieler ab. Doch Trump wetterte auf Twitter gegen Goodell: „Sagen Sie ihnen, sie sollen bei der Hymne stehen!“

LeBron konnte es nicht fassen. Einen Monat zuvor hatte eine „Unite the Right“-Kundgebung weißer Nationalisten in Charlottesville tödlich geendet, als ein Neonazi mit seinem Auto absichtlich in eine Menge von Gegendemonstranten raste, wobei eine Frau getötet und Dutzende verletzt wurden. Trump hatte betont, dass es „auf beiden Seiten sehr gute Leute“ gebe. Und nun zog Trump über einen schwarzen Sportler her, der durch Niederknien friedlich gegen Rassismus protestierte, statt sich vom Aufmarsch der weißen Rassisten in Charlottesville zu distanzieren. LeBron bereitete die Situation bereits Kopfzerbrechen, als er am 23. September 2017 aufwachte und feststellen musste, dass sich Trumps Zorn auch gegen Steph Curry richtete.

Nach Trumps Rede in Alabama erklärte Curry am 22. September gegenüber Reportern, dass die Warriors, wenn es nach ihm ginge, nicht ins Weiße Haus gehen würden. „Ich weiß nicht, warum er das Bedürfnis hat, bestimmte Personen ins Visier zu nehmen und andere nicht", sagte Curry nach dem ersten Training der Mannschaft in der neuen Saison auf einer Pressekonferenz. „Ich kann mir vorstellen, warum, aber so etwas ist unter der Würde eines Staatsoberhauptes. So etwas sollten verantwortliche Politiker nicht tun."

Am folgenden Morgen, um 8.45 Uhr Eastern Time, twitterte Trump: „Der Besuch im Weißen Haus ist eine große Ehre für eine Meistermannschaft. Stephen Curry zögert, deshalb wird die Einladung zurückgezogen!"

Curry war LeBrons Rivale. Aber LeBron hatte genug. Der Präsident benutzte den Sport, um zu spalten. An diesem Morgen, um 11.17 Uhr Eastern Time, twitterte LeBron an Trump: „Sie Penner @StephenCurry30 hat gesagt, er geht nicht! Es gibt also keine Einladung. Ins Weiße Haus zu gehen war eine große Ehre, bis Sie aufgetaucht sind!"

Auch andere Sportler und Trainer hatten sich zuvor mit Trumps Worten und Taten auseinandergesetzt. Aber LeBron war der erste, der Trump so energisch und direkt angriff. Die Reaktion war unmittelbar und tiefgreifend. Am Nachmittag wurde Draymond Green von Reportern gefragt, was er von LeBrons Tweet halte. „Er hat ihn Penner genannt", sagte Green und lächelte. „Ich respektiere das." Kobe Bryant twitterte, dass ein Präsident, „dessen Worte Zwietracht und Hass schüren, unmöglich ‚America Great Again' machen kann". Die National-Championship-Basketballmannschaft der Universität von North Carolina gab bekannt, dass sie nicht ins Weiße Haus gehen werde. Und am folgenden Tag knieten Spieler in der gesamten NFL aus Solidarität während der Nationalhymne nieder. Innerhalb von 24 Stunden wurde LeBrons Tweet von 1,5 Millionen Menschen gelikt und mehr als 620.000-mal retweetet. Damit übertraf er Trumps populärsten Post – seinen in Großbuchstaben geschriebenen Sieg-Tweet vom Wahltag –, der 335.000-mal retweetet worden war, um Längen. LeBrons Tweet war der am häufigsten geteilte Twitter-Post eines Sportlers im Jahr 2017. „Es hat sich herausgestellt, dass der Basketball-Superstar besser darin ist, die Amerikaner zu vereinen, als der Oberbefehlshaber", witzelte das Magazin *Slate.*

Mit vier Zeichen und einem Leerzeichen („U bum" – „Sie Penner") hatte LeBrons Tweet die Art und Weise neu definiert, wie sich Sportler politisch äußerten. Und obwohl es nicht seine Absicht gewesen war, stand er nun im Zentrum einer Auseinandersetzung zwischen Sportlern und dem Präsidenten über Rassismus und soziale Gerechtigkeit. Die *New York Times* titelte: „Trump attackiert Curry von den Warriors. LeBron James' Antwort: ‚Sie Penner.'" David Remnick von *The New Yorker* schrieb: „Wie kann man dem Gefühl hinter dem prägnanten Tweet von LeBron James an Trump widersprechen? ‚Sie Penner'? Man kann es nicht."

Und LeBron machte keinen Rückzieher. Als die Cavaliers während des Trainingslagers ihren Medientag abhielten, wurde er von der Presse gefragt, ob er bedauere, den Präsidenten einen Penner genannt zu haben. LeBron verneinte.

„Er versteht nicht, welche Macht er als Anführer dieses wunderschönen Landes hat", sagte LeBron. „Er versteht nicht, wie viele Kinder, egal welcher Ethnie sie angehören, zum Präsidenten der Vereinigten Staaten aufschauen, um Orientierung zu finden. Um angeleitet zu werden. Um ermutigende Worte zu hören."

LeBron unterbrach sich. „Das macht mich mehr als alles andere krank – dass wir da jemanden haben, der die Nummer eins in der Welt ist. Stimmen Sie mir zu?" LeBron schaute die Reporter an. „Der Präsident der Vereinigten Staaten hat das mächtigste Amt der Welt inne", fuhr er fort. „Und wir befinden uns in einer Phase, in der der Inhaber dieses mächtigsten Amtes der Welt uns als Volk näher zusammenbringen, die Jugend inspirieren und beruhigen und ihr sagen könnte: ‚Geht unbesorgt raus auf die Straße, ihr werdet nicht aufgrund eurer Hautfarbe oder eurer Ethnie beurteilt werden.' Das erkennt er nicht, und es ist ihm auch egal!"

LeBron kam auf die ursprüngliche Frage zurück, ob er bedauere, den Präsidenten einen Penner genannt zu haben. „Nein", sagte er. „In diesem Fall hätte ich meinen Tweet gelöscht."

Seine Wortwahl hatte anderen Sportlern die Möglichkeit gegeben, sich zu äußern. Seine Erklärung hatte auch eine unausgesprochene Kluft zwischen vielen schwarzen Spielern und weißen Clubbesitzern offenbart. Viele NFL- und NBA-Clubeigner hatten Trump finanziell unterstützt, darunter Dan Gilbert, dessen Hypothekenbank Quicken Loans 750.000 Dollar zu Trumps Amtseinführung beigesteuert hatte.

LeBron hatte nach seinem „Sie Penner"-Tweet nichts von Gilbert gehört. Aber Gilbert bekam von den Leuten, die über LeBrons Kommentar verärgert waren, einiges zu hören. Die Äußerungen auf Gilberts Mailbox zählten zu den abscheulichsten und rassistischsten, die ihm je zu Ohren gekommen waren. Für Gilbert war es eine Erfahrung, die ihm die Augen öffnete.

„Es gibt ein Element des Rassismus, von dem ich nicht einmal wusste, dass es in diesem Land existiert", sagte Gilbert in der CNBC-Sendung *Squawk Box*. „Das war mit das Widerlichste, was ich je gehört habe. Und man merkte es an ihrer Stimme. Es ging gar nicht um das konkrete Thema. Sie haben die Masken fallen gelassen."

Gilbert war nicht der einzige Clubbesitzer, dem durch LeBrons Tweet und die Proteste, die sich im gesamten Profisport ausbreiteten, die Augen geöffnet wurden. Zahlreiche Clubeigner in NBA und NFL stellten sich offen hinter die Spieler, selbst nachdem der Staatspräsident die Fans zum Boykott von NFL-Spielen aufgerufen hatte, falls die Spieler weiterhin während der Hymne knien würden. In NBA und NFL protestierten Spieler während der Saison 2017/2018 mit großem Engagement. Nachdem die Philadelphia Eagles die New England Patriots im Superbowl 2018 besiegt hatten, machten zahlreiche Eagles-Spieler deutlich, dass sie das Weiße Haus nicht betreten würden. Trump sagte daraufhin den Besuch des Teams ab.

Am 14. Januar 2018 fiel Schnee in Akron, Ohio. Es war der Abend vor dem Spiel der Cavaliers gegen die Warriors, und LeBron zeigte Kevin Durant seine Heimatstadt. Sie saßen auf dem Rücksitz eines SUV, der von der ESPN-Moderatorin Cari Champion gefahren wurde. Mit einer am Armaturenbrett montierten Kamera zeichnete Champion ein Gespräch zwischen LeBron und Durant auf, zu dessen Beginn sie darüber sprachen, wie es war, Rivalen zu sein. Aber das Gespräch nahm bald schon eine Wendung: LeBron kam auf Muhammad Ali zu sprechen, der den Titel des Schwergewichtsweltmeisters aberkannt bekam und ins Gefängnis musste, weil er sich geweigert hatte, in Vietnam zu kämpfen. Durant bewunderte LeBrons Bereitschaft, darüber zu reden. Mit einem Blick in den Rückspiegel sagte Cari Champion:

„Wir sind in diesem Land an einem Wendepunkt. LeBron, Sie haben den Präsidenten einen Penner genannt."

„Direkter Block", sagte er.

Durant lächelte. „Direkter Block."

„Wie würden Sie das Klima für einen Sportler beschreiben, der eine Plattform hat und über die Geschehnisse in der Welt sprechen möchte?", fragte Champion.

„Der wichtigste Job in Amerika", sagte LeBron, „wird von jemandem ausgeübt, der die Menschen nicht versteht und sich einen Dreck um die Menschen schert ... Wir können zwar nicht ändern, was aus dem Mund dieses Mannes kommt, aber wir können die Menschen, die uns zusehen und zuhören, weiterhin darauf aufmerksam machen, dass das nicht der richtige Weg ist."

„Wir sprechen über Führung und darüber, was in unserem Land vor sich geht", sagte Durant. „Ich habe das Gefühl, dass unser Land, als Team betrachtet, von keinem guten Trainer geführt wird."

Champion deutete an, dass einige Leute glaubten, als reiche schwarze Männer seien LeBron und Durant von Rassismus nicht betroffen.

„Ich bin ein schwarzer Mann mit einem Haufen Geld, der eine Hütte in Brentwood hat und dem das Wort ‚Nigger' auf sein Tor gesprayt worden ist", sagte LeBron.

„Das ist irre", sagte Durant.

„Egal wie viel Geld du hast, welche Türen dir offenstehen oder wie hoch du als afroamerikanischer Mann oder als afroamerikanische Frau aufsteigst, sie werden immer nach einem Weg suchen, um dir zu zeigen, dass du nach wie vor unter ihnen stehst", sagte LeBron. „Entweder gibt man dieser Vorstellung nach, oder man verbucht sie unter: ‚Weißt du was? Ich werde dieses verdammte Tor neu lackieren und es höher machen.'"

Als junger Teenager hatte Durant LeBron vergöttert. Jetzt schaute er aus anderen Gründen zu ihm auf. „Du hast deinen ersten Sohn bekommen", sagte Durant. „Dann noch einen Sohn. Dann eine Tochter. Ich selbst bin noch nicht so weit. Was machst du, um jeden Tag ein besserer Vater und Ehemann zu werden?"

„Um in die Vaterrolle hineinzuwachsen, hat es mir sehr geholfen, dass ich selbst als vaterloses Kind aufwachsen musste", sagte er zur Erklärung seines Verständnisses von Elternschaft. „Ich habe drei Kinder und lerne immer noch, wie ich als Ehemann und Vater besser werden kann."

„Es ist also ein fortlaufender Prozess", sagte Durant.

„Es hört nie auf, Bro", sagte LeBron. „Am Ende kann man nur hoffen, dass man seinen Kindern genug beigebracht hat, damit sie als Erwachsene auf eigenen Füßen stehen können."

Durant nickte. Champion auch.

„Beim Thema Ehemann ist es nicht anders", sagte LeBron. „Wenn man weiß, dass man sich verpflichtet hat, erledigt sich alles andere von selbst."

„Mann", sagte Durant, „das ist gut."

Es war ein außergewöhnliches Gespräch zwischen den beiden größten Basketballspielern der Welt. Als die Sendung einen Monat später ausgestrahlt wurde, griff die Fox-News-Moderatorin Laura Ingraham auf, was LeBron über Trump gesagt hatte. In ihrer Sendung *The Ingraham Angle* verhöhnte sie LeBron und Durant, weil sie „kaum verständlich" und „ungrammatisch" gesprochen hätten. „Müssen sie so reden?", fragte sie. „Leider nehmen viele Kinder – und einige Erwachsene – diese ignoranten Kommentare ernst ... Und es ist immer unklug, politische Ratschläge von jemandem einzuholen, der hundert Millionen Dollar im Jahr dafür bekommt, mit einem Ball zu spielen."

In vielerlei Hinsicht tat Ingraham genau das, was LeBron beschrieben hatte – sie suchte einen Weg, ihnen zu zeigen, dass sie immer noch unter ihr standen. Sie verhöhnte eines der ergreifendsten und ehrlichsten Gespräche, die mit den beiden prominentesten schwarzen Sportlern des Landes über Ehe, Elternschaft und den Kampf, seinen Überzeugungen treu zu bleiben, je geführt worden waren.

„Oh, und LeBron und Kevin", sagte sie, „ihr seid tolle Spieler. Aber niemand hat euch gewählt. Millionen haben Trump als ihren Coach gewählt ... Behaltet also eure politischen Kommentare für euch oder, wie jemand mal gesagt hat: Klappe halten und dribbeln."

Ingrahams Breitseite wurde wenige Tage vor dem NBA-All-Star-Spiel in Los Angeles ausgestrahlt. Die Reaktionen ließen nicht lange auf sich warten. Maureen Dowd, Kolumnistin der *New York Times*, schrieb: „‚Klappe halten und dribbeln.' Diese vier Wörter fassen die Haltung von Donald Trump und seinen Gefolgsleuten gegenüber Sportlern zusammen, die sich zu Wort melden, wenn der Präsident den Sport nutzt, um

Rassismus zu schüren und seine Anhängerschaft aufzuwiegeln." Sportler und Trainer im ganzen Land empörten sich über Ingrahams Äußerungen. Durant nannte sie „rassistisch". Und LeBron gab im Vorfeld des All-Star-Spiels eine Pressekonferenz. „Das Beste, was sie getan hat, ist, mir bei der Erzeugung von mehr Problembewusstsein zu helfen", sagte er. „So kann ich hier oben sitzen und über soziale Ungerechtigkeit und Gleichberechtigung sprechen. Also danke, wie auch immer sie heißen mag. Ich kenne nicht einmal ihren Namen."

Den Basketballjournalisten gefiel es, dass LeBron ihren Namen angeblich nicht nannte. Auch Maverick Carter wusste nicht, wie sie hieß. Und er meinte, sie sollte den Satz „Klappe halten und dribbeln" als Grundlage für eine Fernsehsendung verwenden. Er und LeBron entwickelten die Idee einer achtteiligen Dokuserie mit dem Titel *More Than an Athlete*. ESPN+ wollte die Serie ausstrahlen. LeBron und Maverick übernahmen die Produktion.

***

Auch wenn er an vorderster Front die Spieler-Aktivisten unterstützte, ließ LeBrons Leistung auf dem Spielfeld in seiner 15. Saison nicht nach. Als LeBron Mitte der Saison 33 wurde, führte er die ligaweite Liste der Field-Scorer an und war Zweiter im Ranking bei den erzielten Punkten und den gespielten Minuten. Warriors-Trainer Steve Kerr meinte, dass LeBron mit 33 womöglich besser war als mit 28. „Wie viele Spieler sind in ihrem 15. Liga-Jahr besser als in ihrem 10. Jahr?", fragte Kerr. „Gehen Sie die Liste durch: Michael, Bird, Magic, Wilt, Kareem, Bill Russell. Viele von ihnen waren nicht einmal 15 Jahre dabei. War irgendwer von ihnen im 15. Jahr besser als im 10.? Ich glaube kaum."

Aber für die Cavs war es ein turbulentes Jahr. Sie hatten Mühe, konstant zu gewinnen. Trainer Tyronn Lue musste sich wegen beruflich bedingter Angstzustände beurlauben lassen. Und die Cavaliers machten während der Saison so viele Tauschgeschäfte, dass sich etliche Spieler aus dem Meisterschaftskader bei anderen Clubs wiederfanden. Bei so viel Chaos humpelten die Cavs als Vierte der Eastern Conference in die Play-offs, und die wichtigste Frage für die Organisation lautete: War LeBrons Zeit in Cleveland abgelaufen?

Darüber hatte LeBron schon eine Weile nachgedacht. Seine Beziehung zu Gilbert war rein geschäftlicher Natur. Die Organisation befand sich im Umbruch. Und LeBron musste an seine Kinder denken. Sein ältester Sohn Bronny war in der Mittelstufe, und LeBron und Savannah überlegten, wo sie während der Highschool-Zeit ihrer Söhne leben wollten. Eine Option war Los Angeles, wo er während der Saison ein weiteres Haus in Brentwood gekauft hatte. Doch in der Zwischenzeit bereitete sich LeBron auf einen letzten Play-off-Lauf in Cleveland vor.

Mit einem dezimierten Kader und mehreren verletzten Spielern überstanden die Cavs in der ersten Runde gegen Indiana eine brutale Serie von sieben Spielen. In Spiel 7 erzielte LeBron 45 Punkte und führte die Cavs zum Sieg. Die topgesetzten Toronto Raptors besiegte LeBron im Alleingang mit einem dramatischen Wurf nach dem anderen, darunter ein Buzzer-Beater, den er zum Sieg in Spiel 3 vom Backboard abprallen ließ, und ein zermürbender Fallaway kurz vor Ende von Spiel 4, bei dem er über das Backbord einlochte, während er selbst im Aus landete. Auf ESPN bezeichnete Stephen A. Smith LeBrons Leistung als „übermenschlich" und fügte hinzu: „Es gehen einem einfach die Superlative aus, um zu beschreiben, was dieser Mann tut."

Nach dem Sieg über Toronto traf Cleveland im Finale der Eastern Conference auf Boston. Kyrie Irving musste verletzungsbedingt aussetzen, und Boston baute eine 3 : 2-Führung in der Serie auf. Aber LeBron erzielte 46 Punkte beim Sieg in Spiel 6. Als dann Kevin Love mit einer Gehirnerschütterung ausfiel, spielte LeBron in Spiel 7 in Boston die gesamten 48 Minuten und führte Cleveland mit 35 Punkten, 15 Rebounds und 9 Assists zu einem kaum für möglich gehaltenen Sieg. Es war das erste Mal in der Geschichte der NBA, dass die Boston Celtics ein Spiel 7 zu Hause verloren hatten. „Niemand hat jemals mehr auf sich genommen und damit sein Team in die Finals gebracht", sagte der Experte Jeff Van Gundy. „Einen größeren Erfolg, als dieses Team in die Finals zu bringen, wird er niemals erzielen können."

Für LeBron war es die achte NBA-Finalteilnahme in Folge. Und zum vierten Mal in Folge standen die Cavaliers den Warriors gegenüber. Obwohl zwischen den beiden Teams der Serie ein kolossales Missverhältnis bestand, hoffte LeBron, dass sein Team ein letztes Mal den Schalter umlegen und einen Weg finden könnte, Golden State zu schlagen. In Spiel 1 erzielte LeBron 51 Punkte, aber in der Verlängerung verlor sein Team. Steve Kerr zeigte sich beeindruckt: „Sie haben einen Spieler, der Basketball auf einem Niveau spielt, wie es, glaube ich, niemand je zuvor gesehen hat."

Die Warriors fegten die Cavs hinweg. Aber LeBron lieferte eine seiner besten Leistungen als Cavalier ab, spielte buchstäblich jede Minute in allen vier Spielen und erzielte durchschnittlich 34 Punkte, 8,5 Rebounds und 10 Assists pro Spiel.

Trotz allem war der finale Showdown zwischen den Cavaliers und den Warriors von einem Geist der politischen Solidarität zwischen den beiden Teams, insbesondere zwischen LeBron und Curry, geprägt. Eine Schlagzeile in der *New York Times* während der Finalrunde – „LeBron James und Stephen Curry sind gemeinsam gegen Besuche im Weißen Haus" – zeigte, wie sehr sich das politische Klima in der NBA innerhalb von vier Jahren verändert hatte. „Wer auch immer diese Serie gewinnt, ich weiß, dass niemand eine Einladung will", sagte LeBron.

Gegen Ende von Spiel 4 in Cleveland lagen die Warriors 4:03 Minuten vor Schluss mit 25 Punkten in Führung, als der Ball ins Aus ging. Als LeBron sah, dass die Reservespieler der Cavs am Tisch der Offiziellen warteten, wusste er, dass seine Zeit abgelaufen war. Während die Menge aufstand und jubelte, gab LeBron Draymond Green, Kevin Durant, Andre Iguodala und Klay Thompson Fistbumps. Der Applaus wurde immer lauter, und „M-V-P"-Sprechchöre erfüllten das Q. LeBron ging auf Curry zu, der ihm auf den Rücken klopfte und sich dem Applaus der Cleveland-Fans anschloss. LeBron nahm auf der Bank Platz, das Spiel wurde fortgesetzt, und die „MVP"-Gesänge wurden lauter. Ein weiteres Kapitel in LeBrons Leben war zu Ende. Die Fans spürten das. Genauso wie LeBron. Die Saison 2017/2018 war eine der schwierigsten in seiner Karriere gewesen. Mehr denn je war er froh, dass er nach Hause zurückgekehrt war. Jetzt konnte er anderen Träumen hinterherjagen.

37

EIN GANZER KERL

Am 1. Juli 2018 veröffentlichte die Agentur von Rich Paul auf Twitter eine Pressemitteilung, die aus einem Satz bestand: „LeBron James, vierfacher NBA-MVP, dreifacher MVP der NBA-Finals, vierzehnfacher NBA-All-Star und zweifacher olympischer Goldmedaillengewinner, hat sich mit den Los Angeles Lakers auf einen Vierjahresvertrag über 154 Millionen Dollar geeinigt."

Die nüchterne Ankündigung stand in krassem Gegensatz dazu, wie LeBron Cleveland zuvor verlassen hatte. Und auch Dan Gilberts Reaktion war diesmal völlig anders. Wenige Stunden später veröffentlichte er seine eigene Erklärung. „LeBron, du bist nach Hause zurückgekommen und hast das ultimative Ziel erreicht", schrieb Gilbert, „eine Meisterschaft, die Generationen von lebenden und ehemaligen Clevelanders vereint hat ... Nichts als Anerkennung und Dankbarkeit dafür, wie du dich in jeden Moment im Cavaliers-Trikot eingebracht hast. Wir freuen uns auf die Zeit, wenn der berühmte Träger des Cavs-Trikot mit der Nummer 23 eines Tages im Ruhestand ist."

Es war ein stilvolles Ende einer Comeback-Geschichte für die Ewigkeit.

Obwohl er nach L. A. ging, würde der Nordosten Ohios immer seine Heimat bleiben, stellte LeBron klar. Am 30. Juli 2018 kehrte er mit seiner Familie und seinen Freunden nach Akron zurück, um etwas zu verkünden, dass das Leben von mehr Menschen verändern würde als das Meisterschaftsbanner, das im Q hing – die Eröffnung seiner I Promise School, die er und Savannah für benachteiligte Kinder gegründet hatten. In Anzug und Krawatte stand LeBron auf einer Bühne vor der neuen Institution und blickte auf die Mitglieder der Gemeinde und die Pädagogen, die das Vorhaben unterstützten. Dann schaute er nach unten und sah Maverick Carter, Rich Paul und Randy Mims zusammen in der ersten Reihe sitzen. Ihre Anwesenheit versetzte ihn in die Vergangenheit zurück. „Als ich in Akron, Ohio, aufgewachsen bin und so viele Dinge passiert sind", sagte er, „Waffengewalt und Drogen und so weiter, was hat mich davon abgehalten, in die andere Richtung zu gehen? Wenn ich mich umschaue, sehe ich meine Freunde, mit denen ich zusammen bin, seit ich sechs, sieben Jahre alt war."

Maverick, Rich und Randy schauten ihn an.

„Sie sind der Grund, der mich davon abgehalten hat, den anderen Weg zu gehen."

Bei ihrer Eröffnung hatte die Schule 240 Schüler. Sie alle würden kostenlosen Unterricht, Uniformen, Transport im Umkreis von zwei Meilen, Frühstück und Mittagessen sowie Snacks, Fahrräder und Fahrradhelme erhalten. Außerdem gab es eine Speisekammer für Familien, für Eltern nachträgliche Schulabschlussprüfungen und Arbeitsvermittlungsdienste sowie für alle Absolventen die garantierte Übernahme der Studiengebühren der University of Akron.

Nach der Eröffnungsfeier setzte sich LeBron zu einem Interview mit Don Lemon von CNN zusammen, um über die Schule und sein Engagement für die Bildung von Kindern zu sprechen. Während des Interviews lenkte Lemon das Gespräch auf Präsident Trump.

„Was würden Sie dem Präsidenten sagen, wenn er hier sitzen würde?", fragte Lemon.

„Ich würde ihm niemals gegenübersitzen", sagte LeBron.

„Sie wollen nicht mit ihm reden?", fragte Lemon.

„Nein", sagte LeBron. „Ich würde mich aber Barack gegenübersetzen."

Es war ein historischer Moment. Der berühmteste Sportler Amerikas sagte, er würde nicht mit dem Präsidenten der Vereinigten Staaten sprechen.

LeBron erläuterte sein Statement. „Unser Präsident versucht, uns irgendwie zu spalten."

„Irgendwie?", fragte Lemon.

„Ja, das tut er. Sagen wir nicht ‚irgendwie'. Sagen wir, er spaltet uns. Und in den letzten Monaten ist mir aufgefallen, dass er den Sport benutzt, um uns zu spalten. Das kann ich nicht nachvollziehen, weil ich weiß, dass ich durch den Sport zum ersten Mal mit Weißen zu tun hatte."

LeBron nutzte die Gelegenheit, um darauf hinzuweisen, dass man durch Sport die Schranken zwischen den Ethnien überwinden könne, so wie er es als Teenager in einem Team mit weißen Schülern erlebt hatte. „Ich hatte die Gelegenheit, sie zu sehen und etwas über sie zu erfahren", sagte er. „Und sie bekamen die Gelegenheit, mich kennenzulernen, und wir wurden sehr gute Freunde."

Wenige Stunden nach der Ausstrahlung des Interviews twitterte Präsident Trump: „LeBron James wurde gerade vom dümmsten Mann im Fernsehen, Don Lemon, interviewt. Er hat LeBron klug aussehen lassen, was nicht leicht zu erreichen ist. Ich mag Mike!"

Mit einem Schlag hatte der Präsident die Intelligenz zweier schwarzer Männer herabgewürdigt, Michael Jordan – „Mike" – in die Sache hineingezogen und LeBron wieder einmal in den Mittelpunkt eines nationalen Rassismusdisputs gerückt. Am nächsten Tag eröffnete *CBS Saturday Morning* die Sendung so: „Unsere Topstory heute Morgen: Präsident Trump hat letzte Nacht auf Twitter über den NBA-Superstar LeBron James hergezogen …" Es war die Topstory im ganzen Land. LeBron bezog mit einem eigenen Tweet Stellung: „Auf geht's, Kinder! Ich liebe euch, Leute." Der Tweet enthielt einen Link zu seiner I Promise School.

Jeanie Buss, die Franchise-Eignerin der Los Angeles Lakers, gab eine Erklärung ab: „Wir könnten nicht stolzer sein, dass LeBron James Teil unserer Lakers-Familie ist. Er ist ein unfassbar aufmerksamer und intelligenter Anführer und weiß die Macht des Sportes zu schätzen, Gemeinschaften zu einen und die Welt zu einem besseren Ort zu machen."

Rivale Steph Curry meldete sich zu Wort: „Mach weiter so @kingjames!"

Sogar die First Lady trat zu LeBrons Verteidigung in Erscheinung. Am 16. August 2018 berichtete Wolf Blitzer in *The Situation Room* auf CNN: „Die First Lady Melania Trump widerspricht wieder einmal ihrem Mann und lobt LeBron James für seine wohltätige Arbeit, nachdem ihr Mann ihn angegriffen hat." Die First Lady gab eine offizielle

Erklärung ab, in der sie erklärte, dass sie die I Promise School gern besuchen würde.

Die größte Überraschung war jedoch, dass Michael Jordan in die Auseinandersetzung eingriff. Die Debatte darüber, ob Jordan oder LeBron der größte Spieler aller Zeiten war, würde noch jahrelang weitergehen. Aber wer von ihnen mehr für den gesellschaftlichen Wandel getan hatte, würde niemals strittig sein. LeBron hatte seine Position und seine Ressourcen genutzt, um sich bei einer Reihe politischer Themen einzumischen, von Waffengewalt über Rassismus bis hin zum Wahlrecht. Jordan hatte während und nach seiner Karriere bekanntermaßen alles Politische gemieden. Aber Trump hatte Jordans Namen in seinem Tweet erwähnt, und Jordan machte LeBron ein großes Kompliment: „Ich unterstütze LJ", sagte Jordan. „Er leistet großartige Arbeit für seine Community."

Während in den USA der Wirbel um Trumps Angriff auf LeBron weiterging, reiste LeBron nach China. Als er an der Theaterakademie in Schanghai vor einem großen Publikum sprach, trug er ein T-Shirt mit der Aufschrift „I am more than an athlete". Anschließend trug er seine Botschaft des Sportler-Aktivismus nach Paris und Deutschland, wo er die Überreste der Berliner Mauer besichtigte und zu Reportern sagte: „Die Menschen brauchen einfach etwas Hoffnung."

Nach seiner Rückkehr in die USA machte er einen Zwischenstopp in New York, wo er den Harlem's Fashion Row Award für sein philanthropisches Engagement entgegennahm. LeBron nutzte die Gelegenheit, um seinen neuesten Nike-Schuh vorzustellen, einen von starken Afroamerikanerinnen inspirierten Damen-Sneaker. Im Beisein seiner Mutter, seiner Frau und seiner Tochter betrat er das Podium und dankte seiner Mutter dafür, dass sie ihn allein großgezogen hatte. Er wies darauf hin, dass auf den Sohlen seiner neuen Nike-Schuhe die Wörter stünden, die seine Mutter beschrieben: Stärke, Loyalität, Würde und Mut. „Jeder, der seinen Fuß in diesen Schuh steckt, steht darauf", sagte er. „Dank dir, Gloria James, kann ich heute etwas zurückzugeben und zeigen, warum ich glaube, dass Afroamerikanerinnen die stärksten Frauen der Welt sind."

LeBron sah sich in dem Raum voller Frauen um. „Dieses hübsche Mädchen hier", sagte er und nickte seiner Tochter zu, „das ist mein Fels.

Die Leute haben mir immer gesagt: ‚Wenn du jemals eine Tochter hast, wird sie dich verändern.' Ich habe gesagt: ‚Nein. Unmöglich. Niemand kann mich ändern.' Dann, vor drei Jahren, erschien dieser Lichtblick in unserer Familie. Und sie hat mich nicht nur verändert, sondern auch zu einem besseren Menschen gemacht – zu einem engagierteren und stärkeren Menschen. Und wohl auch zu einem sensibleren Menschen, der erkannt hat, dass er eine viel größere Verantwortung gegenüber Frauen im Allgemeinen hat. Also, danke, Zhuri. Ich liebe dich, mein Töchterchen."

Savannah strahlte.

LeBron schaute sie an und hielt inne. In diesem Raum voller Frauen, die ihn ansahen, verriet LeBron viel über seine Persönlichkeit und warum die Bindung zwischen ihnen beiden so stark war. „Savannah war bei mir in der Sporthalle, als ich rein gar nichts hatte", sagte er.

Es rührte ihn, als er daran dachte, wie weit sie gekommen waren und wie viel sie gemeinsam durchgemacht hatten.

Doch die Zeit des Nachdenkens war vorbei. Die Lakers würden in Kürze das Trainingscamp eröffnen. Er musste nach L. A. gehen, um das nächste Kapitel in seinem Leben aufzuschlagen.

EPILOG

An einem warmen, sonnigen Nachmittag Mitte September 2018 betrat LeBron ein beliebtes Sushi-Restaurant in der Nähe seines neuen Zuhauses in Brentwood. In Shorts und T-Shirt und mit einem Lendenstützkissen in der Hand setzte er sich mit Adam Mendelsohn und Marisa Guthrie vom *Hollywood Reporter* zusammen. Mendelsohn reichte ihm eine Flasche Wein. Es war ein Geschenk zu LeBrons Hochzeitstag am folgenden Tag. Mendelsohn fragte LeBron, ob er sein Trainingsprogramm dafür unterbrechen würde.

LeBron warf ihm einen komischen Blick zu. „Das ist, als würde man fragen, ob ich morgen atmen werde", sagte er. „Natürlich werde ich trainieren."

LeBron ging in seine 16. Saison, aber er trainierte unnachgiebiger als bei seiner Aufnahme in die Liga. Guthrie bewunderte LeBrons Arbeitsmoral. Sie hatte einen Teil des Vortags mit ihm auf dem Gelände von Warner Bros. in Burbank verbracht, wo LeBron und Maverick ein Büro in einem blauen Haus im Cape-Cod-Stil besaßen, das als Kulisse für *Gilmore Girls* gedient hatte. Es war vier Jahre her, dass Guthrie LeBron zum ersten Mal porträtiert hatte. Jetzt schrieb sie an einer Titelgeschichte über ihn und das Wachstum von SpringHill Entertainment und seiner Sportler-Empowerment-Marke Uninterrupted, die die HBO-Talkshow *The Shop* produzierte. In der NBA spielte er noch immer auf höchstem Niveau, und währenddessen baute LeBron in Los Angeles ein Imperium auf.

„Auf geht's", sagte LeBron und straffte sich. „Sie können mir Fragen stellen."

Guthrie holte ihr Aufnahmegerät heraus. Aber sobald die Leute LeBron sahen, kamen sie auf ihn zu und wollten Selfies mit ihm machen.

„Im Moment nicht", sagte LeBron höflich. „Wir führen ein Interview."

Guthrie fragte LeBron, ob er sich jemals nach Anonymität gesehnt habe.

„Ich bin kein anonymer Typ", sagte LeBron. „Ich bin ein Einzelkind, verstehen Sie. Ich mag Menschen."

Guthrie fragte nach den neuen Projekten, die LeBron und Maverick in Planung hatten. In dieser Woche hatten sowohl NBC als auch das CW Network neue Sendungen mit SpringHill angekündigt. Maverick hatte auch Verträge für neue Projekte mit HBO unterzeichnet, darunter eine Dokumentation über Muhammad Ali. LeBron und Maverick hatten einen Krimi für Netflix in Arbeit, außerdem eine Miniserie mit Octavia Spencer in der Hauptrolle. Aber Maverick hatte Guthrie einen Scoop für ihre Geschichte geliefert – er hatte gerade den *Black Panther*-Regisseur Ryan Coogler davon überzeugt, den neuen *Space Jam*-Film für Warner Bros. zu produzieren. LeBron, der die Hauptrolle in dem Film spielte, konnte es kaum erwarten, mit den Dreharbeiten zu beginnen.

„Coogler hat den Kindern dieser Generation etwas gegeben, das ich als Kind nicht hatte", sagte LeBron. „Einen Superheldenfilm mit afroamerikanischer Besetzung."

Für LeBron war die Chance, mit Coogler an *Space Jam* zu arbeiten, die Erfüllung eines Kindheitstraums. „Ich wollte schon immer ein Superheld sein", sagte er. „Batman war mein Favorit. Aber ich wusste, dass ich niemals Bruce Wayne sein konnte. Ich hatte nie das Gefühl, dass ich der Präsident eines Multimilliarden-Dollar-Unternehmens sein könnte."

Jetzt war LeBron schätzungsweise eine Milliarde Dollar wert, und Warner Bros. hatte LeBron gecastet, damit er in einem Live-Action-Animationsfilm an der Seite von Bugs Bunny, Daffy Duck und anderen Zeichentrickfiguren der Looney Tunes Gang sich selbst spielte. In vielerlei Hinsicht hatte LeBrons Umzug nach Los Angeles das Zeug zu einem echten Hollywood-Finale seiner legendären Basketball-Karriere.

Während LeBron und Guthrie sich unterhielten, tauchte Rich Paul auf und setzte sich an den Tisch neben ihnen. Auch Rich hatte viel zu tun. Neben der Aushandlung von LeBrons Vierjahresvertrag über 154 Millionen Dollar mit den Lakers hatte er eine Reihe neuer Kunden für seine Klutch Sports Group gewonnen. Als er einen Anruf auf seinem Handy entgegennahm, war er gerade einem der größten Superstars der Liga auf den Fersen, Anthony Davis, dem Center der New Orleans Pelicans, der wenige Tage zuvor seinen Agenten gefeuert hatte. Guthrie konnte nicht umhin, das Gespräch mitzuhören. Nachdem Rich das Telefonat beendet hatte, drehte er sich zu ihr um: „Sagen Sie nichts."

Guthrie versicherte ihm, dass er sich keine Sorgen zu machen brauche. Das war nicht die Story, wegen der sie hier war.

Eine Woche später erschienen LeBron und 28 Mitarbeiter seiner Teams bei SpringHill und Uninterrupted auf der Titelseite des *Hollywood Reporter*, zusammen mit der Schlagzeile „LeBron erobert L. A.". Die Zeitschrift nannte LeBron „einen der begehrtesten Produzenten der Stadt".

Rich seinerseits war einer der angesagtesten Agenten der NBA. In derselben Woche gab die Klutch Sports Group bekannt, dass Anthony Davis bei ihm unterschrieben hatte. Und schon bald würde Rich mit Davis über einen Wechsel zu den Lakers und die Zusammenarbeit mit LeBron sprechen.

Aber während LeBron sich auf sein erstes Spiel im Lakers-Trikot vorbereitete, träumte er von einem anderen zukünftigen Teamkollegen – seinem ältesten Sohn Bronny, der bereits das Interesse von College-Basketball-Anwerbern auf sich zog. LeBron fragte sich schon seit geraumer Zeit, wie es wäre, mit Bronny in der NBA zu spielen. Er war nicht bereit, seinen Wunschtraum öffentlich zu machen. Doch zu Beginn der Saison 2018 ließ er die Welt wissen, was er von Bronny hielt. Auf Instagram schrieb er:

> *Alles Gute zum 14. Geburtstag für meinen Erstgeborenen Bronny! Ich bin an jedem Tag stolz darauf, dass du mein Sohn bist. Sei deinem kleinen Bruder und deiner kleinen Schwester auch weiterhin ein gutes Vorbild und sei der Mann im Haus, wenn dein Papa auf der Arbeit ist. Ich liebe den jungen Mann,*

zu dem du herangewachsen bist, und das ist erst der Anfang! Ich freue mich darauf zu sehen, wie du weiter wächst bei allem, was du tust. Ich liebe dich, Bronny!

#ProudDad.

Die Saison 2018/2019 war frustrierend. Die Lakers schafften es nicht in die Play-offs. Aber im Sommer 2019 fädelte Rich einen Handel ein, durch den Anthony Davis nach Los Angeles kam. Im selben Jahr verließ Rich Cleveland und zog nach Beverly Hills, wo er ein Millionen-Dollar-Anwesen kaufte. Später in diesem Jahr lernte er die Singer-Songwriterin Adele kennen, die ihn auf einer Party ansprach und fragte: „Wollen Sie mich unter Vertrag nehmen?" Sie wurden Freunde und begannen schließlich zu daten.

LeBron und Anthony Davis führten die Lakers 2020 zur NBA-Meisterschaft. Es war LeBrons vierter Titel, und er war der erste Spieler, der mit drei verschiedenen Teams zum MVP der NBA-Finals gewählt worden war.

Kurz nach den Finals kauften LeBron und Savannah das Anwesen in Beverly Hills, das zuvor Katharine Hepburn gehört hatte. In der Zwischenzeit eröffnete LeBron in Akron das House Three Thirty, eine mehr als 5.500 Quadratmeter große Einrichtung voller Banker und Finanzberater, die einkommensschwachen Familien bei der Finanzplanung zur Seite stehen würden. Das Projekt wurde durch eine Partnerschaft zwischen der LeBron James Family Foundation und JPMorgan Chase finanziert.

LeBron war auch stark in die Wahl des Jahres 2020 involviert. Er gründete eine politische Organisation namens More Than a Vote, deren Ziel es war, Minderheiten bei der Registrierung zu helfen und sie zur Teilnahme an den Wahlen zu bewegen. Es war eine direkte Reaktion auf die von Republikanern initiierten Bemühungen in Staaten wie Georgia, farbigen Menschen die Wahlbeteiligung zu erschweren.

Am 6. Januar 2021 sah LeBron im Fernsehen, wie ein Mob von Trump-Anhängern das US-Kapitol stürmte und durchwühlte. LeBron musste feststellen, dass der Mob überwiegend aus Weißen bestand und dass es keine Soldaten oder Verstärkung gab, die der überforderten

Kapitol-Polizei hätten helfen können. Am folgenden Tag erschien Le-Bron nach dem Spiel zur Pressekonferenz in einem T-Shirt mit der Aufschrift „Do you understand now?". „Wir leben in zwei Amerikas", erklärte er den Medien. „Und wenn Sie das nicht verstehen oder nach dem, was Sie gestern gesehen haben, nicht erkennen, müssen Sie wirklich einen Schritt zurücktreten." Er erinnerte an die gewaltsamen Bilder vom Vortag. „Wenn meine Leute das Kapitol gestürmt hätten", fügte er hinzu, „was wäre dann passiert? Ich denke, das wissen wir alle. Es gibt hier kein Wenn und kein Aber – wir wissen bereits, was mit Leuten meiner Art passiert wäre, wenn sich einer von ihnen dem Kapitol auch nur genähert hätte, geschweige denn in die Büros gestürmt wäre."

Im Jahr 2021 wurde die von LeBron und Maverick 2007 gegründete Produktionsfirma mit fast einer Milliarde Dollar bewertet. Und durch ihre Partnerschaft mit der Fenway Sports Group wurden LeBron und Maverick im Jahr 2021 Teilhaber der Boston Red Sox und des Liverpool FC. „Für mich und meinen Partner Maverick ist es verdammt cool, dass wir als die ersten Schwarzen Teil dieser Eigentümergruppe sind", sagte LeBron. „Das verleiht nicht nur mir, sondern allen Menschen, die aussehen wie ich, Hoffnung und Inspiration, dass auch sie eine solche Position erlangen können, dass es möglich ist. Es bedeutet auch für die Kids an meiner I Promise School mehr und mehr Inspiration."

2021 war auch für Rich ein großes Jahr. Seine Klutch Sports Group hatte NBA- und NFL-Verträge in Höhe von 1,8 Milliarden Dollar ausgehandelt. Und Rich und Adele beschlossen, ihre Beziehung öffentlich zu machen, indem sie gemeinsam ein NBA-Play-off-Spiel besuchten. „Was werden die Leute sagen?", fragte Rich sie. „Dass du mich unter Vertrag genommen hast", sagte Adele.

Rich und Adele hatten Plätze am Spielfeldrand. Ein paar Plätze weiter saß LeBron neben Randy Mims. Die Lakers waren nicht in den Play-offs. Aber LeBron machte eine Bestandsaufnahme. Die Four Horsemen waren immer noch zusammen, sie lebten in L. A. und hatten großen Erfolg. Und Savannah und den Kindern ging es an der Westküste gut. Das Leben hatte sich genau so entwickelt, wie er es sich erhofft hatte. Basketball war unermesslich gut für ihn gewesen. Und obwohl er bald vierzig sein würde, hatte er das Gefühl, dass er noch viele Jahre spielen könnte.

In der Saison 2022/2023, seiner fünften mit den Lakers und seiner insgesamt zwanzigsten Saison, wurde LeBron 38 Jahre alt. Weniger als zwei Monate später, am 7. Februar 2023, erreichte er den Meilenstein von 38.388 Punkten, womit er Kareem Abdul-Jabbar als bester NBA-Scorer aller Zeiten überholte.

Es gab nur noch einen unerfüllten Basketballtraum für ihn: zusammen mit seinem 18-jährigen Sohn Bronny, der 2023 die Highschool abschließen sollte, in einem NBA-Match zu spielen.

Für Gary

Ich habe immer geglaubt, dass du Mom und mich verlassen hast.
Als Kind war ich überzeugt, dass wir dir egal waren.
Als ich erwachsen war, fragte ich mich, warum.
Ich wusste, wo ich dich erreichen konnte.
Aber ich habe mich nie gerührt.

Erst in meinen späten Vierzigern rief ich dich an.
Du hast mich Sohn genannt, und es zeigte sich,
dass du fast alles gelesen hast, was ich je geschrieben hatte.
Es zeigte sich, dass du Sehnsucht nach mir hattest.
Du bist zu mir gekommen.
Hast meine Familie kennengelernt.
Hast mich in die Arme genommen.

Mir gesagt, dass du mich liebst.
Dass du stolz auf mich bist.
All die Jahre … habe ich mich geirrt.
Ich erkannte, dass wenn zwei unverheiratete Jugendliche
ein Kind bekommen, vieles begraben wird. Ich liebe dich.

Danke, dass du mein Vater bist.
Dieses Buch widme ich dir.

DANK

Ich beginne mit den Journalisten und Autoren.

Über LeBrons Highschool-Jahre haben eine Reihe erstklassiger Reporter des *Akron Beacon Journal* und des *Plain Dealer* ausführlich berichtet, allen voran David Lee Morgan Jr., Terry Pluto, Tim Rogers und Brian Windhorst. Ich weiß nicht, was in Utah los ist. Aber als ich wissen wollte, was in Akron von 1999 bis 2003 vor sich ging, habe ich mir die Berichte von Morgan, Pluto, Rogers und Windhorst angesehen.

Einige der besten Basketballjournalisten der Branche haben über LeBrons Profikarriere und seine Einsätze im US-Olympiateam berichtet. Aber für mich stachen eine Handvoll von ihnen heraus. Die tägliche Berichterstattung von Liz Robbins, Howard Beck und Scott Cacciola in der *New York Times* war aufschlussreich, klug und unterhaltsam. Der Kolumnist Ira Berkow, ein Magier der Worte, hat das erste landesweit erschienene Porträt über LeBron geschrieben, und es ist wunderschön. Michael Holley, ein absoluter Profi, hat das zweite Porträt über LeBron verfasst, das meist übersehen wird. Ich habe mich bei einer wichtigen Szene in meinem Buch darauf gestützt. Mike Wise und Tom Friend haben eindringliche Beiträge verfasst, die dieser Biografie zugrunde liegen. Larry Platt hat einen wunderbaren Artikel für *GQ* verfasst, der mit einer Fülle von Einblicken in LeBron und seinen inneren Kreis der Anfangszeiten bot. Dann sind da noch Chris Ballard und Jack McCallum – zwei erfahrene *Sports Illustrated*-Journalisten, die im Laufe der Jahre außergewöhnliche Artikel über LeBron verfasst haben.

Weitere Sportreporter, die meine Arbeit beeinflusst und geprägt haben, sind Jonathan Abrams, Harvey Araton, Frank Litsky, Jere Longman, Jackie MacMullan, Chris Mannix, Dave McMenamin, Michael Powell, William C. Rhoden, S.L. Price, Billy Witz und Adrian Wojnarowski.

Ebenso hat eine Gruppe von Journalisten aus den Bereichen Mode, Wirtschaft, Musik, Politik und Unterhaltung aufschlussreiche Beiträge verfasst, die hervorragende Quellen darstellen. Dazu gehören Tim Arango, Isaac Chotiner, Joe Drape, Sean Gregory, Boaz Herzog, Charles McGrath, Jason Quick, Lisa Robinson, Eli Saslow, Robert Sullivan, Toure und Patrick Varone.

Am meisten bin ich einer Gruppe von Journalisten zu Dank verpflichtet, die im Laufe der Jahre bahnbrechende Arbeiten über LeBron verfasst haben. Diese Liste enthält einige der besten Storyteller meiner Generation im Printjournalismus: Grant Wahl, Lisa Taddeo, Buzz Bissinger, J.R. Moehringer, Lee Jenkins, Marisa Guthrie und Wright Thompson. Es war einer der Höhepunkte meiner Arbeit an dieser Biografie, dass ich Grant kennenlernen durfte, dessen Reportagestil seine liebenswerten Charaktereigenschaften – Freundlichkeit, Bescheidenheit und Einfühlungsvermögen – widerspiegelt. Kein Wunder, dass er die Titelgeschichte von *Sports Illustrated* schrieb, mit der LeBron der Welt vorgestellt wurde. Lisa ist eine äußerst unterhaltsame Journalistin ... und eine verdammt gute Interviewerin. Buzz – der beste Name im Journalismus, und aus meiner Sicht ist das Buch, das Sie mit LeBron geschrieben haben, ein Meisterwerk! J.R.: Falls Sie sich jemals entschließen, Journalismus zu unterrichten, werde ich wieder zur Schule gehen. Es hat einen Grund, warum LeBron Lee die Abfassung des Essays anvertraute, mit dem er seine Rückkehr nach Cleveland ankündigte. Hut ab vor dem Journalisten, der souverän genug ist, außer Sichtweite zu bleiben. Marisa ist ein Ausbund an Professionalität und eine Lotsin. Sie ist eine Journalistin, zu deren Nachahmung ich meine kleine Tochter ermutigen werde. Wright zieht sich schlecht an, aber er ist ein unerschrockener Reporter und lyrischer Schriftsteller.

Es wäre nachlässig von mir, nicht den Dutzenden leitender Angestellter, Redakteure und Mitarbeiter von *Sports Illustrated*, ESPN, *Vanity Fair* und *The Hollywood Reporter* zu danken, die mir geholfen haben, Interviews zu ermöglichen, Kontext zu liefern, Dateien zu durchsuchen, Daten und Informationen aufzuspüren, und die meine verschiedenen schriftlichen Anfragen beantwortet haben. Mein Dank gilt auch den Bibliothekaren, Archivaren und Redakteuren des *Akron Beacon Journal*, des *Plain Dealer* und des *Miami Herald*, mit deren Beistand ich genug Geschichten gefunden habe, um damit Ordner zu füllen.

Tim Bella und John Gaughan haben an der Forschungsfront ganze Arbeit geleistet.

Dann sind da noch meine Kollegen.

Es bedarf vieler Hände und kluger Köpfe, um eine Biografie dieses Ausmaßes zu verfassen. Das Schreiben ist ein langer und oftmals einsamer Marathon, aber ich habe das Glück, mit einem authentischen und vertrauten Team laufen zu dürfen. Da ist der Brain Trust – Richard Pine, Jofie Ferrari-Adler und Jon Karp. Die Geheimwaffe – Dorothea H. Die Mitwisser – Justin L., Jeff K., Andy D., Steve Y., Bill M., Eric Z. und der Weiseste von allen. Die Verlässlichen – John von Southport, AEK, Justin aus Chester sowie Jeanne und Steve, die mich auf Trab halten und mir bei The Garde einen Platz zum Schreiben geben. Und die Profis, die das Buch zum Klingen und Schweben bringen – Jonathan Evans, David Kass, Carolyn Kelly, Meredith Vilarello, Paul O'Halloran, Eliza Rothstein, Gideon Pine, Jeff Miller und Kelvin Bias.

Und dann ist da noch die Familie. Lydia ist meine ultimative Vertrauensperson, Geheimwaffe und Gefährtin. Sie ist außerdem meine Geliebte. Ich war hingerissen, als ich sie 1988 zum ersten Mal zu einem Date ins Ivar's in Seattle mitnahm. Ich bin immer noch in sie vernarrt. Tennyson Ford, Clancy Nolan, Maggie May und Clara Belle haben dieses Buch mit mir gelebt. Aber kein Buch, kein beruflicher Erfolg kann mit dem Stolz und der Freude mithalten, die ich fühle, weil ich ihr Vater bin.

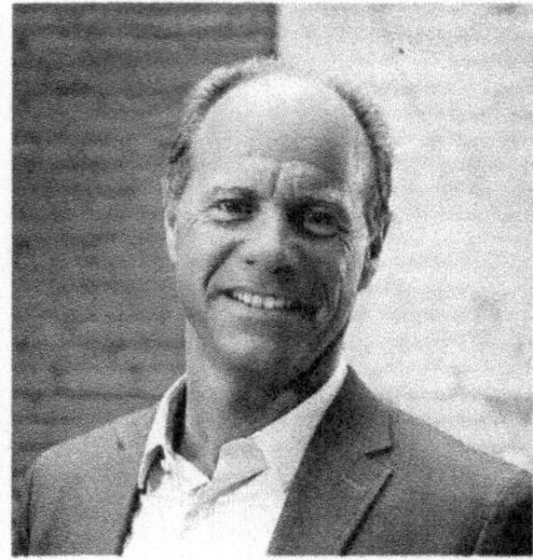

© Jed Wells

ZUM AUTOR

Jeff Benedict, renommierter US-Journalist und Bestsellerautor, eroberte mit „Tiger Woods" die Nr. 1 der New York Times-Bestsellerliste. „The Dynasty" beleuchtet die Insidergeschichte der New England Patriots um Football-Legende Tom Brady. Seine neueste Veröffentlichung, die lang ersehnte Biografie von LeBron James, erschien im April 2023 in den USA.

IMPRESSUM

Projektleitung: *Dr. Marten Brandt*
Übersetzung und Redaktion: *Rotkel e.K.*
Layout und Satz: *Datagrafix GSP GmbH, Berlin | www.datagrafix.com*
Grafische Gestaltung und Satz: *Groothuis. Gesellschaft der Ideen und Passionen mbH | www.groothuis.de*
Lithographie: *Frische Grafik*
Gestaltung der Bildstrecke: *Groothuis. Gesellschaft der Ideen und Passionen mbH*
Druck und Bindung: *GGP Media GmbH, Pößneck*

2. Auflage 2024

Neumühlen 17
D-22763 Hamburg
ISBN: 978-3-98588-066-9

LIEBE LESERINNEN, LIEBE LESER

wie schön, dass Sie ein Buch von EDEL SPORTS lesen! Wir lieben große Geschichten, herausragende Persönlichkeiten und starke Meinungen aus der faszinierenden Welt des Sports und freuen uns sehr, dass Sie diese Leidenschaft mit uns teilen. Sport ist Emotion, Entertainment und Business zugleich. Geben Sie uns gern Ihr Feedback auf Instagram (@edel.sports) oder schreiben uns an: *info@edelsports.com.*

UNSER VERLAGSHAUS

Mit Standorten in Hamburg und München zählt die Edel Verlagsgruppe zu den größten unabhängigen Buchanbietern Deutschlands. Zur Gruppe gehören die Verlage Dr. Oetker Verlag, Edel Sports, KARIBU und ZS.

EDEL Sports – Ein Verlag der Edel Verlagsgruppe
www.edelsports.com
www.instagram.com/edel.sports